2005

YEARBOOK OF CHINA AGRICULTURAL PRODUCTS PROCESSING INDUSTRIES

中国农产品加工业年鉴

科学技术部农村与社会发展司
中国农业机械化科学研究院 编
中国包装和食品机械总公司

中 国 农 业 出 版 社
CHINA AGRICULTURE PRESS

内 容 简 介

本年鉴较系统地记述了我国有关农产品加工业发展的方针、政策、法律、法规和规划等贯彻执行情况；有关领导、专家对发展我国农产品加工业的论述；本领域内相关行业的发展综述；简介了相关行业经济运行情况及名、优、特、新产品；登载了农产品加工业的国内外统计资料；记载了相关的国家标准、行业标准、专利及本行业的大事记。本年鉴资料新颖、准确、科学、翔实，内容丰富，可供政府管理部门、协会、学会、中介组织、生产企业、科研教学单位的管理人员、策划人员、教育工作者和科技工作者参考。

《中国农产品加工业年鉴》编辑委员会

编　辑　部

地　　址：北京市德胜门外北沙滩 1 号 82 信箱

邮　　编：100083

电　　话：010－64882617

传　　真：010－64878271　64862459

E－mail：cpfmchy@caams. org. cn

编辑出版说明

一、为紧跟我国农产品加工业发展的时代脉搏和大力宣传主旋律，在各级领导和行业专家的支持和帮助下，我们组织编辑出版的《中国农产品加工业年鉴》（2005）与广大读者见面了，其宗旨是为我国农产品加工业的发展起到桥梁和促进作用。

二、《中国农产品加工业年鉴》由科学技术部、国家发展和改革委员会、农业部、国家林业局、国家粮食局、中华全国供销合作总社、中国机械工业联合会、中国轻工业联合会的有关主管部门及农产品加工业相关协会、学会、科研院所、大专院校等，与中国农业机械化科学研究院、中国包装和食品机械总公司联合编辑出版。

三、《中国农产品加工业年鉴》（2005）安排了7个部分的框架内容，其中的内容和数据均以2004年的基本情况为主。但根据资料的获取难易程度也有部分2004年前后的情况，并保持每卷年鉴的连续性，其中的政策法规及重要文件、大事记均以2005年的基本情况为主。

四、《中国农产品加工业年鉴》记述了相关方针、政策、法律、法规和规划等贯彻执行情况；记述了有关领导、专家对发展我国农产品加工业的论述；记述了本领域相关行业的发展综述；介绍了农产品加工业行业经济运行情况及名、优、特、新产品；登载了农产品加工业国内外统计资料；记载了相关的国家标准、行业标准、专利以及本行业的大事记。

五、本年鉴既述事，也记人，每年编辑、出版一卷。若干年后，不但可以见证我国每年的农产品加工业发展情况，而且将是系统、全面、可靠、翔实的史册和工具书。由于年鉴的权威性和正式的连续出版发行，将有益于国内外各界了解和研究中国农产品加工业现状与发展等情况，促进相互交流与合作；有益于各部门借鉴现实和历史经验，掌握全局，运筹帷幄，制定政策和发展规划，指导本行业健康发展；有益于社会各界沟通行业信息、产品信息，互相学习，取长补短，推动我国农产品加工业的发展和国民经济的腾飞。

六、本年鉴各部分所列数据，因来源渠道不同，不尽一致。全面的数据均以国家统计局提供的为准。本年鉴全国性统计数据均不包括香港、澳门两个特别行政区和中国台湾省。两区一省的相关数据，在年鉴的附录中列出。

七、为系统、准确、科学、翔实地反映我国农产品加工业现状，并力争办出本年鉴的特色，我们在编辑中继续突出了综述文章以当年国家重点抓的农产品加工业中的有关行业为主，全书内容以推动产业发展为主，国标、行业标准与专利以加工工艺、设备和相应的产品为主，统计数据以国家统计局经济行业分类为主，国外的统计数据以特点显著的部分发达国家和少数发展中国家为主等。

八、本年鉴的编辑、出版、发行等工作，得到了中央及各级有关部门、协会、学会、科研院所、高等院校、生产企业、社会团体的大力支持和帮助，谨此表示衷心的感谢。

目　录

第四部分　国内综合统计资料

第五部分 标准、专利

第六部分 大 事 记

第七部分 附 录

Contents

Part Ⅱ Development Situation of Related Trades

Part Ⅲ Policies, Regulations and Important Documents

Part Ⅳ Domestic Comprehensive Statistics Materials

Part Ⅴ Standards and Patents

Part Ⅵ Chronicle of Events

Part Ⅶ Appendix

1

第一部分

专题论述

加强科技合作　提升农产品加工与食品安全的技术水平

科学技术部副部长　李学勇

尊敬的任筑山副部长：

女士们、先生们、朋友们：

去年7月，我率团赴美参加了首届“中美农产品加工高层论坛”，双方围绕农产品加工领域共同关心的问题，进行了广泛交流和深入研讨，取得了富有成效的成果，达成了60多项科技合作意向，其中部分项目已经取得实质性进展，开创了双方农产品加工科技合作的美好前景。在本月19日召开的中美农业科技合作第四次联合工作组会议上，双方签订了共同组建“中美农产品加工技术研究中心”的协议书，构建了一个深入交流与合作研究的平台，奠定了中美农产品加工业共同发展的坚实基础。金秋9月，在北京最美丽的季节里，召开“中美农产品加工与食品安全高层论坛”，我谨代表中华人民共和国科学技术部对大会的召开表示祝贺！对远道而来的美国朋友以及各位来宾表示热烈的欢迎和衷心的感谢！

此次论坛，有来自中美双方的100多位代表参加，将就“农产品加工与食品安全”进行交流和研讨，共同推进“中美农产品加工技术研究中心”的建设，进一步研究科技发展与产业合作等重大问题。借此机会，我就农产品加工与食品安全谈几点意见。

一、中国农产品加工业进入了一个新的发展时期

农业是安天下、稳民心的战略产业。无论是发达国家，还是发展中国家都高度重视并致力于农业的可持续发展。人口众多、人均耕地少、资源相对匮乏，是中国的基本国情。我们深刻认识到，解决好中国的农业问题，特别是解决好十多亿人口的吃饭问题，不仅对中国的经济发展和社会稳定至关重要，而且对世界的经济发展和粮食安全也有重大意义。中国政府历来高度重视农业，始终把加强农业和人民的吃饭问题，作为事关全局的头等大事来抓。经过改革开放以来20多年的不懈努力，中国农业取得了历史性突破，用占世界9%的耕地养活了占世界21%的人口，这是中国对世界和平与发展做出的重大贡献。目前，中国主要农产品总量已跃居世界首位。2004年粮食总产量4.7亿t，肉类总产量7 244万t，水果1.5亿t，蔬菜5.5亿t，实现了主要农产品供应从长期短缺到供求基本平衡、丰年有余的历史性转变。中国既是农产品生产大国又是农产品消费大国，随着农业的快速发展，农产品加工业进入了一个新的发展时期。

1. 农产品加工业成为国民经济中的战略性、全局性支柱产业　2004年中国农产品加工业完成工业总产值4 500亿美元，同比增长12.5%。占整个国民经济总产值的25%，近五年总产值年均增幅超过11%。占农产品加工业主导地位的食品工业，2004年工业总产值2 000亿美元，同比增长30%，占全国工业经济份额的8.6%，近5年年均增长速度超过15%，占农产品加工业总产值的比重由2001年的40%上升到44%左右。农产品加工业从业人员约1 700万人，农产品加工业成为中国国民经济中增长最快的产业之一，为促进国民经济增长、提高人民生活水平、促进产业结构调整、吸纳劳动力就业和带动农民致富发挥了重要作用。

2. 优势农产品加工产业带基本形成　各地立足农业资源条件，发挥区位优势和市场优势，积极发展农产品加工业，在全国范围内初步形成了玉米、苹果、乳品及肉类等一批特色鲜明的农产品加工产业带，促进了农产品资源的充分利用，推动了优势农产品产业带的形成和发展，形成了加工带农业、农业促加工，协同发展、良性互动的新格局。

3. 食品安全水平显著提高　食品安全事关人民身体健康和生命安危，事关经济健康发展与社会和谐稳定。近十年来，绿色有机农业在中国的发展方兴未艾，为食品工业提供了安全可靠的原料。在食品的加工过程中，广泛采用了GMP等质量控制规范，建立了HACCP等过程质量安全控制体系，并加强了在流通环节的质量监测，初步形成了从田间到餐桌的全程质量安全跟踪监控体系。

在新的发展时期，农产品加工业对促进中国国民

经济发展、人们生活水平提高、解决劳动力就业、加速农业结构调整，具有重要的现实意义。

第一，发展农产品加工业是拉动国民经济快速发展的必然选择。通过发展农产品加工业，可以延长农业产业链，带动农产品区域化、优质化、规模化生产，推进优势农产品布局，加快装备制造、包装印刷、运输物流等行业的发展，优化经济结构，实现持续增长。

第二，发展农产品加工业是增加农民收入的有效途径。通过发展农产品加工业，可以实现农产品多层次、多环节深度转化增值，促进种植业、养殖业和农村其他产业的发展，提高农业综合效益，促进农民增收。

第三，发展农产品加工业是提高生活水平的迫切需要。通过发展农产品加工业，可以发挥中国农产品资源丰富、消费市场广阔的优势，满足人民食物消费结构向安全卫生、营养保健、经济方便和提高生活质量转变的需求。

第四，发展农产品加工业是促进农业结构调整和农村劳动力转移的重要措施。通过发展农产品加工业，可以引领农业发展，促进农业增效；可以带动农业产业结构和农村经济结构的优化与调整，具有明显后发优势；可以拓展就业领域，加快农村劳动力向非农产业的转移，充分发挥劳动力资源优势，解决农村劳动力就业难的矛盾。

中国农产品加工业虽然取得很大成绩，但是总体上尚处于快速发展初期，对农产品精深加工产业化技术研究刚刚起步，具有自主知识产权的关键技术缺乏，重大产业核心技术与装备成为制约其发展的“瓶颈”，食品安全隐患依然存在。上述问题最终都需要依靠提高农产品加工业的科技创新能力和水平，通过科技进步来加以解决。

二、科技进步提升了农产品加工与食品安全的整体水平

中国政府十分重视依靠科学技术，加快农产品加工业的发展。加大科技支撑力度，设立“农产品加工与食品安全”重大专项，全面提升农产品加工水平，确保食品安全，并产生了十分显著的效果。

1. *通过加强科技攻关，取得了一批高水平的科研成果*　在主要农产品加工和食品安全技术领域，组织开展科技攻关，攻克了膜分离、物性修饰、无菌冷灌装、浓缩、冷加工等关键技术难题，开发了冷却肉、大豆分离蛋白、浓缩苹果汁、玉米变性淀粉等一批市场潜力大的名牌产品，部分关键技术达到国际同期先进水平，有力推动了农产品加工业的发展。

2. *食品安全技术水平进一步提高，食品安全状况得到极大改善*　针对影响食品安全的主要食源性污染进行了系统攻关，在农产品加工快速检测技术与装备研究等方面取得一批重大科技成果，在视觉测控技术、蛋白质显色快速处理与稳定技术等领域取得重大突破。完善了食品安全的检验、监测、标准和全程质量控制体系，食品安全得到了进一步保障。

3. *一批重大科技成果推进了产业化进程*　通过重大科技攻关成果的应用孵化与技术集成，改造了传统产业，催生了一批新兴产业，培育了一批知名企业，全面提升了农产品加工业的整体水平，使农产品加工企业的综合经济实力显著提高。

4. *培养了一批农产品加工与食品安全领域的科技骨干，使研究开发能力大大加强*　近年来，通过各种优惠政策和激励制度，吸引和培养了一大批农产品加工和食品安全领域的科研人才，增强了科研单位和企业的研发能力，为中国农产品加工与食品安全的科技进步，奠定了十分坚实的基础。

5. *组建了一批研发机构，为农产品加工与食品安全的科技进步提供了研究平台*　近年来，中国已先后建设了大豆、小麦、玉米、水稻及农产品保鲜等国家工程技术与食品安全研发机构，针对主要农产品加工与食品安全的重大关键技术问题进行攻关，构建了新的农产品加工与食品安全科技创新平台，改善了科研条件，有效促进了农产品加工与食品安全的科技发展。

6. *产学研结合，加速了科技成果的转化和产业化*　发挥科研单位、大专院校和企业各自的优势，强强联合，优势互补。积极推进科技资源的优化配置，推动大中型企业建立技术研发中心，增强企业的科技创新能力，加快了农产品加工科技成果的转化和应用。

总之，农产品加工与食品安全的科技进步，有力地促进了农产品加工与食品安全的发展，大幅度提高了农产品加工的产品质量和经济效益，为农产品加工业的持续发展提供了有力的科技支撑。

三、未来农产品加工与食品安全的发展重点

农产品加工与食品安全是国民经济和社会发展的重要科技领域。中国政府将把强化农产品加工与食品安全科技创新能力建设摆在突出位置，加大科技投入，集成优势力量，重点解决农产品加工与食品安全中的关键问题；建立以企业为主体、科研院所和高校

为技术支撑的产学研相结合的攻关模式；促进科技与产业的有机衔接，构建多渠道、多层次、多元化的长效投资机制，带动农产品加工与食品安全技术素质的持续提升，促进农产品加工业的持续发展。

针对中国农产品加工业与食品安全的现状，将以粮食、油料、畜产品、果蔬等主要农产品为重点，以提高农产品加工转化能力和附加值、提高经济效益、增强农产品的国际竞争力为核心，以产品研发、装备研制为主要内容，以食品安全为主线，突出自主创新，加强国际合作与交流，建立健全符合中国国情和国际惯例的农产品加工业的技术创新体系，提高科技创新能力和水平。

1. 加强前瞻性、重大共性技术的研究　开展农产品加工过程控制、精细加工、增值转化机理、新产品研制等基础理论与应用基础研究，重点开展定向分离与物性重组技术、非热杀菌与无菌包装技术、蛋白淀粉油脂修饰技术、纳米/微波加工技术和食品生物工程技术等农产品加工共性技术研究，提升农产品加工整体水平和创新能力。

2. 加强农产品加工装备技术的研究开发　强化对现有设备的改造与升级，以关键工艺、关键设备带动工程成套，突破制约农产品加工产业发展的“装备瓶颈”，重点开展传统食品工业化加工成套技术装备以及干燥、杀菌、包装、提取分离等重点环节的关键设备研发，加速高新技术应用，提升工程转化能力。

3. 加强食品安全检测控制关键技术的研究　重点开展农药、兽药多残留检测技术的研究和快速检测技术设备及仪器的研制。发展食源性危险评估技术、食品安全检测技术和物流安全控制技术。

4. 加强标准与检验体系建设　加快标准的制（修）订工作，加大国际标准的等效力度，使我国主要农产品加工、包装、储藏、保鲜、运销等方面的国家标准或行业标准基本配套，加快农产品加工与食品安全标准与国际标准接轨的步伐。建立一整套技术先进、功能齐备、运行高效的农产品加工与食品安全检验监测体系。

5. 继续推进农产品加工的体制与机制创新　逐步完善产业化体系建设，着力建设投资主体多元化、具有较强能力的企业集团，提高创新能力和竞争能力，推进农产品加工的产业化进程。

四、开展中美农产品加工领域科技合作的几点建议

在中美双方的共同努力下，架起了农产品加工与食品安全科技合作的桥梁，为今后的进一步合作奠定了良好的基础。我们也高兴地看到，美国在农产品加工与食品安全领域拥有先进的技术装备、严格的标准检测体系和高效的科技创新模式，而中国则具有广阔的市场空间、巨大的发展潜力和一定的科技基础，双方的科技合作具有很强的互补性。我们将一如既往地致力于推动中美农产品加工与食品安全的合作与交流，这既是中美两国政府和农业科技界的共同愿望，也符合两国人民的共同利益。为把农产品加工与食品安全领域的科技合作推向一个新的阶段，我代表中国科学技术部提出几点建议：

1. 建立长效的互访交流机制，凝聚交流与研讨的重点，构建中美科技合作互访与交流的畅通渠道　在中美农业科技合作协议框架下，双方本着互惠互利、平等和突出实效的共同愿望，通过互派研究学者与留学生和论坛等多种方式开展广泛的交流与增进了解，不断总结合作中的经验，在巩固已有成果的基础上，集成双方共同关注的内容，开拓新的合作领域，探讨合作的切入点，争取在技术交流和科技合作上有新突破。

2. 推进“中美农产品加工研究中心”的建设　双方就共同建立“中美农产品加工技术研究中心”协议已经签订，其目的是重点开展农产品加工技术研究、示范、推广和培训，使其成为双方科技交流与合作的桥梁和纽带。双方已将该“中心”的组建列为促进农产品加工发展的重点计划，并落实了牵头单位、组织机构和运行机制等相关工作，希望通过本次论坛继续向前推进。

3. 继续加大力度，开展实质性科技合作　建议双方拟定专项计划，支持做好已有合作意向的筛选落实。去年7月，在美国举办的首届“中美农产品加工高层论坛”活动中，经过双方的共同努力，共达成了60多项科技合作意向，部分内容已得到有效实施。过去了一年的准备时间，希望双方的科技界代表、企业界代表充分利用这次机会，使合作意向的筛选和落实得到巩固和发展。

女士们、先生们：

经过三年多的努力，中美农业科技合作取得了实质性进展，促进了两国农业的发展，推动了世界农业科技的进步。中国政府真诚欢迎和全力支持双方以各种方式开展农产品加工与食品安全的科技合作，优势互补，实现双赢。

最后，预祝论坛圆满成功！

谢谢大家！

（本文为作者于2005年在“中美农产品加工与食品安全高层论坛”上的讲话）

充分发挥乡镇企业作用 认真组织实施农产品加工推进行动

农业部副部长　范小建

一、精心组织实施“农业产业化和农产品加工推进行动”

农业产业化和农产品加工农业部原有两个计划，考虑到基层和企业的要求，我们把这两个计划整合在一起，目的是减轻基层和企业的负担，提高工作效率。农业产业化经营是农业和农村经济工作中一件带全局性、方向性的大事。“十五”期间农业产业化快速发展，部分地区已经进入了创新提升阶段。农业产业化龙头企业和农产品加工示范企业的带动能力和示范效应明显提高，已成为促进农业增效、农民增收、农村繁荣新的经济增长点。“十一五”是我国农业和农村经济发展的关键时期，为进一步发挥农业产业化经营和农产品加工业在提高农业综合生产能力，加快农业增长方式转变，发展现代农业，建设社会主义新农村方面的重要作用，农业部决定从2006年起组织实施“农业产业化和农产品加工推进行动”。

（一）推进行动的总体目标和主要内容

农业产业化和农产品加工推进行动是农业部确定的九大行动之一，非常重要。推进农业产业化和农产品加工行动必须认真贯彻落实十六届五中全会精神，围绕农业增效、农民增收和农产品竞争力增强的目标，以科学发展观为统领，以培育壮大龙头企业为关键，以完善带动农户的组织制度和利益联结机制为核心，以建设标准化生产基地为基础，通过市场引导、政策扶持和项目带动，逐步实现由数量增长向质量效益提高转变，由初级加工为主向精深加工延伸，由单一组织形式向多元化发展，全面提升农业产业化经营和农产品加工水平，为发展现代农业、建设社会主义新农村奠定坚实基础。

按照杜青林部长在全国农业工作会议和全国农业产业化工作会议上的要求，农业产业化和农产品加工推进行动的主要目标有两个：一是要始终围绕提高对农户的带动力这个核心，今后五年龙头企业对农户的带动能力，要力争年均提高1个百分点以上；二是要抓住农产品加工增值这个关键环节，“九五”末农产品加工业产值与农业产值之比是0.6：1，2005年达到1：1，预计到2010年达到1.5：1，平均每年提高0.1个点。到2010年末，要努力达到：一是龙头企业集群要有一个大发展，培育一批年销售收入超过100亿元和超过50亿元的龙头企业，培育一批成长性好的农产品加工示范企业和国际竞争力强的出口企业，整体上提高农业竞争力；二是农产品加工水平要有明显提高，主要农产品加工转化率（初加工以上）达40%～50%，精深加工比重明显增加，促进农产品增值增效；三是基地建设布局要进一步优化，根据优势企业、优势产业以及农产品出口需要，建设一大批高标准农产品生产和加工基地，广泛带动农户实行标准化生产，提高农产品质量安全水平；四是农产品品牌建设要有新的突破，培育一大批优质、高效、安全、生态名牌产品，培育中国名牌和中国驰名商标100个以上；五是产业化经营带动能力要有显著提升，扶持发展一批农民专业合作经济组织和中介服务组织，力争使更多农户进入农业产业化经营领域，有力促进农民增收。

为实现行动中提出的目标，我们在工作中要坚持统筹规划，整体推进，重点突破，切实抓好以下工作：

1. *以提升竞争力为重点，培育壮大龙头企业*　以市场为坐标，以提高自主创新能力为核心，围绕优势产业培育壮大一批起点高、规模大、带动力强的龙头企业，结合推进新农村建设，引导优势企业向优势区域集聚，把主导产业做大做强，创立一批在市场上叫得响、占有率高的名牌产品。到2010年末，在种养业、特产业等优势产业，打造一批对行业发展具有较强的示范带动作用的大企业集团，形成100个左右特色优势鲜明、发展潜力大的产业集群，培育一大批农业名牌。

2. *以提高带动力为核心，大力发展农民专业合作经济组织*　通过加快立法、项目带动、示范推广，促进农民专业合作经济组织稳步发展。到2010末，引导更多的农户通过合作进入市场，组织化程度明显提高。

3. 以创新体制机制为动力，建立完善四个机制 加快体制机制创新，经过不断探索，总结不同产业和产品的利益联结机制、风险保障机制、监督约束机制、行业协调机制的经验与模式。到2010年末，这四个机制的建设逐步得到完善。

4. 以发展精深加工为突破口，提升农产品加工水平 2010年末，要重点推进和完成三个方面的工作：一是推进技术创新。以科技为先导，提升农产品加工水平。依托大专院校、科研单位，建设国家农产品加工研究中心和工程技术中心，建立一批重点农产品加工工程技术分中心。健全完善企业技术创新机制，提高企业自主创新能力。引进、研发、推广一批重大关键技术，对经专家筛选论证的140多项粮油、果蔬、畜产品、水产品等行业的重大关键加工技术，有步骤、有重点地进行引进、研发和推广，提高再创新能力。二是优化加工布局。结合优势农产品区域布局规划和优质粮食产业工程，优化农产品加工区域布局和产业布局。在粮食主产区建设一批示范基地。在优势农产品产业带，以产业化经营和精深加工企业为龙头，建设一批与加工业配套标准化程度高的粮油、果蔬、畜产品、水产品以及特色产品示范基地。三是主攻加工增值。培植农产品加工示范企业，大力发展科技含量高、精深加工、产业链条长、增值水平高、出口能力强、符合综合利用和循环经济要求的产品和产业。

5. 以标准化生产为基础，提高质量安全水平 支持强化龙头企业和农产品加工企业带动农户进行标准化生产，从田间到餐桌实行全过程农产品质量控制。到2010年末，基本建成农产品加工国际标准跟踪平台，建立全程质量控制体系，推行良好操作规范(GMP)、危害分析与关键控制点（HACCP）和ISO9000等质量管理与控制体系。

6. 以强化服务功能为支撑，构建四个平台 到2010年末，基本完善对信息服务、市场开拓服务、技术培训服务、创业发展服务平台的构建工作，形成为农业产业化经营和农产品加工宏观管理和间接指导服务的工作体系。

（二）2006年的重点工作

2006年是推进行动的第一年，开好局、起好步对于全面完成行动计划至关重要，必须采取有力措施，切实抓紧抓好。

1. 积极开展龙头企业集群试点，鼓励和引导龙头企业创名牌 要在调查研究的基础上，尽快制定龙头企业集群试点方案，选择那些基础条件好、龙头企业集中、产业关联度高的地方进行试点，以点带面，逐步推开。引导和推动优势龙头企业组建企业集团，成为优势产业的“航空母舰”。要引导支持龙头企业开展创名牌活动，以品牌拓市场，靠品牌提高竞争力。

2. 大力发展农民专业合作经济组织 各地要根据条件因地制宜扩大农民专业合作经济组织试点范围，组织实施农民专业合作经济组织示范项目；积极配合全国人大做好合作社立法调研和起草工作，制定《农民专业合作经济组织示范章程》，引导农民专业合作经济组织健康发展。初步打算在2006年召开全国农民专业合作经济组织建设工作会议，总结发展经验，部署推进各项工作。

3. 进一步完善利益联结机制 总结推广龙头企业通过开展定向投入、定向服务、定向收购，为农户提供种养技术、市场信息、生产资料和产品销售等多种服务的做法和经验，强化龙头企业为农户服务的功能。发展规范订单农业，完善合同内容，明确权利责任，提高订单履约率。组织开展“龙头企业＋合作组织＋农户”和“农产品行业协会＋龙头企业＋合作组织＋农户”试点，探索适合不同产业、不同产品内在发展要求的利益联结方式。选择部分在国际市场上有竞争力的产业和产品，组建行业协会试点，探索政府引导，以企业为主体，以价格形成、权益保护、争端解决等为内容的协调机制，建立符合国际运行规则的行为准则。

4. 探索建立产业化经营风险保障机制 要在总结经验的基础上，探索依托龙头企业为组织载体，按照风险共担原则，争取政府引导和帮助、龙头企业带动、农户自愿参与的方式，逐步建立符合我国国情的农业保险制度，提高各市场主体运用市场手段规避生产经营和市场风险的能力。

5. 提高农产品加工技术水平 要抓紧对建立国家及重点农产品加工研究中心和工程技术中心的可行性研究，争取尽快批准立项，重点推广20～30项农产品加工适用和重大关键技术；结合实施优质粮食产业工程，组织粮食加工企业进行技术设备工艺的改造与创新，提高其精深加工和综合利用的能力。制定实施《“十一五”农产品加工标准制修订指南》和扶持农产品加工业创业的实施意见，选择100家农业产业化龙头企业开展全程质量控制体系试点。

6. 加强各项基础工作和服务 要完善农业产业化统计指标体系，加强对重点龙头企业经济运行情况的统计和分析，提高工作指导和宏观调控水平。加强和完善农业产业化信息网建设，组织编写《中国农业产业化发展报告》。健全完善农产品加工信息网络，推动政府与企业、企业与科研、企业与企业间的互动，发挥其行业引导与指导的作用。构建农产品加工市场信息预警机制，推动农产品加工企业开展电子商务。继续举办农产品加工龙头企业西部行、玉米产销衔接、中国农产品加工业发展与奥运经济精品展示活动。鼓励支持农业产业化龙头企业参加相关国际农产品展销展示活动，扩大农产品出口和对外交流与合作。

7. 开展多种形式的培训 继续开展蓝色证书培训，依托现有培训基地，开展各种形式的职业培训和重点工种的职业技能培训与鉴定工作。依托中央农业干部教育培训中心及其在华北、华东等地的分院，有计划、分层次地对农民专业合作经济组织负责人、基层辅导员进行培训。继续开展国家重点龙头企业厂长经理培训和农业产业化指导部门人员培训。开展第三次国家重点龙头企业动态监测，加强对国家重点龙头企业的监管，促进国家重点龙头企业健康发展。

（三）实施推进行动的几点要求

1. 要贯彻落实好会议精神 各地要认真贯彻落实党的十六届五中全会、中央农村工作会议、全国农业工作会议和全国农业产业化工作会议精神。参加今天会议的同志，要及时将会议精神向领导汇报，争取领导支持。要按照农业部制定的行动方案，结合本地实际，抓紧制定具体实施意见。前不久，中编办批准在农业部内加挂农产品加工局的牌子，负责农业部职责范围内的农产品加工业指导和管理工作。各级农业行政主管部门要积极地把农业产业化和农产品加工的工作结合起来，加大对这项工作指导和管理的力度。

2. 完善并落实好各项政策 近年来，党中央国务院制定了一系列扶持农业产业化和农产品加工业发展的政策措施，我们要继续落实好这些扶持政策，对政策落实中出现的问题要加强调查研究，加大协调力度，指导和帮助落实相关政策。《关于加快发展农业产业化经营的意见》，要争取尽快修改定稿，在明年初以八部门名义或国办文下发。各地要根据当地情况，制定符合实际情况的扶持政策，加大支持力度。

3. 搞好协调配合，形成推进合力 农业产业化和农产品加工推进行动涉及多部门、多行业，是一项复杂的系统工程，要正确处理政府与企业、企业与中介组织和农户之间的关系，充分发挥各方面的积极性和优势，形成多方联动、共同推进的工作局面。要积极争取计划、财政、科技、银行、土地、工商、税务等部门的支持，形成推进行动的合力。农业部实施的相关工程与项目资金，与农业产业化经营和农产品加工业都有密切联系，在推进中要统筹考虑行动的共性与特殊性，以确保有机结合、相互促进。

（四）要坚持的几条原则

在实施这个推进行动过程中，必须科学把握工作定位，找准着力点，正确有效地行使政府职能，重点加强指导与服务，始终把握好以下基本原则：一是坚持服务方向。龙头企业和农产品加工企业的发展，必须紧紧围绕“十一五”农业和农村经济发展目标，以服务农民为本，通过不断转变增长方式促进农业发展、农民增收和企业增效，使农民从产业化经营中真正得到实惠；二是坚持市场导向。要充分尊重龙头企业、中介组织和农户的市场主体地位，发挥市场对资源配置的基础性作用；三是坚持分类指导，重点突破。要根据不同地区、不同阶段、不同产品和产业的发展情况、特点，因地制宜探索切合实际的发展方向和发展路子，为实现5年总体目标，每年要有侧重，逐步推进；四是坚持创新促发展。要按照科学发展观的要求，以试点示范为先导，创新发展模式，拓宽发展思路，提高发展质量，实现农业产业化经营和农产品加工又快又好地发展。

二、关于明年和“十一五”期间乡镇企业工作

乡镇企业是在我国二元经济格局和改革开放大背景下涌现出来的，经过长期的发展，乡镇企业素质不断提高，体制机制不断创新，结构不断优化，布局趋向聚集，已经成为县域经济的主导力量和国民经济中最具活力的一个增长点。在统筹城乡发展、全面建设小康社会、推进现代农业发展和社会主义新农村建设新的历史时期，乡镇企业仍然具有不可替代的作用，因此要切实做好“十一五”期间的各项工作，推动其更快更好地发展。

（一）进一步深化和统一对乡镇企业的认识

进入20世纪90年代以来，乡镇企业坚持与时俱进，积极适应外部环境的变化，在所有制结构、产业结构、企业布局、产品层次、科技水平、支农方式等方面都发生了重大的变化。由此，也引起了社会上对乡镇企业不同的认识。但是，无论怎么变，在今天的形势下我们讲发展乡镇企业，其实质就是讲要发展农村的二、三产业。建设社会主义新农村，中央文件概括了五句话：“生产发展，生活宽裕，乡风文明，村容整洁，管理民主”。这第一句话，也是最基础的，就是“生产发展”。生产发展，不仅包括第一产业，也包括二、三产业。破解“三农”问题，要把农业和非农产业两篇文章一起做。现代农业建设与乡镇企业发展，是实现农村经济发展、社会稳定、农民富裕相辅相成的两个方面。当年小平同志“异军突起”的重

要论断，就是充分肯定乡镇企业在市场经济条件下解决“三农”问题的特殊作用。党的十六届五中全会提出了建设社会主义新农村宏伟目标。我们回顾多年来新农村建设搞得好的典型，有一个共同的特点，就是都搞了乡镇企业。因此我们要高举乡镇企业这面旗帜，为建设社会主义新农村再立新功。乡镇企业的地位作用至少可以从以下五个方面来统一认识：

1. 农民就业、增收和构建农村和谐社会的主导力量　构建农村和谐社会的基础是农民就业和增收，而乡镇企业为农民就业和增收提供了较为稳定的方式和载体。迄今为止，乡镇企业已安排了1.4亿农民就业，2005年为农民人均纯收入贡献约1 100元，占农民人均可支配收入的34%，成为农民收入的重要来源。乡镇企业的发展，不仅培育了一大批农村企业家，造就了一大批新型产业工人，同时改变了农民的生活方式，缩小了城乡差距，成为保证农村社会和谐稳定的重要力量。

2. 适应“两个趋向”和建设现代农业的现实选择　乡镇企业脱胎于农业，反过来又承担反哺农业的义务。“十五”期间乡镇企业支农补农及补助农村社会性支出累计达780亿元，年平均156亿元（如果将农民的工资性收入投入到农业的部分也计算在内，每年补农资金至少在300亿元左右）。通过资金支持，极大地改善了农业的基础条件，有效地推进了农业现代化建设。近年来通过大力发展农产品加工业，参与农业产业化经营，带动了农产品原料基地建设和营销网络建设，促进了农业生产向规模化、专业化、标准化、优质化方向发展。乡镇企业率先顺应“两个趋向”，成为工业反哺农业最直接的方式和最便捷的桥梁与纽带。

3. 推进农村城镇化和建设社会主义新农村的积极因素　我国农村大、农民多、农业弱的国情，决定我国必须走农村工业化、农村城镇化的发展道路（据测算，我国人口峰值将达16亿，城镇化率由现在的41%提高到60%多后，农村人口仍将近7亿）。乡镇企业的二三产业向小城镇集中发展，不仅为城镇建设直接提供了产业支撑，同时还带动了农村非农人口向城镇转移，走出了一条具有中国特色的农村城镇化道路，有效避免了农民过度向大城市集中的弊端。目前我国城市化率已达41.8%，镇的数量已于2003年开始超过乡的数量。这一变化，乡镇企业功不可没。没有乡镇企业就没有像今天这样星罗棋布、欣欣向荣的小城镇。

4. 发展县域经济和广开地方财源的重要载体　县域经济主要由农业经济、乡镇企业和县城经济组成。一般而言，我国县城经济规模都比较小，地方财政收入在很大程度上靠乡镇企业来支撑，特别是全面取消农业税和农林特产税以后，乡镇企业在增加地方财力中的作用将会进一步突显出来。2005年，全国乡镇企业实交税金预计将达4 200亿元，约占全国工商税收的20%左右。在那些乡镇企业发达的地方，不仅地方财政比较殷实，而且县域经济的扩张能力和发展后劲也比较足，城乡发展也比较协调。最近有关部门评选的经济实力百强县，一个共同特点就是乡镇企业都十分发达。实践充分证明，乡镇企业在落实“五个统筹”方面发挥了独特的不可替代的作用。

5. 促进国民经济全面协调可持续发展的有生力量　乡镇企业的发展，形成了农村工业化和城市工业化两翼齐飞的局面，推动了国家工业化，增强了综合国力，激发了经济发展活力，同时也架起了沟通城乡的桥梁。它一方面接受城市和大工业的辐射和带动，另一方面向农村和农业进行辐射，从而起到沟通城乡、衔接工农的重要作用，使农业和工业、农村和城市相互促进。目前国内生产总值的近30%、工业增加值的45%、出口的34%都来自乡镇企业。

（二）“十五”期间乡镇企业发展的成就和“十一五”期间乡镇企业发展的基本要求

“十五”期间，全国乡镇企业抓住中央高度重视“三农”、我国加入WTO、国民经济进入新一轮持续协调发展、区域间产业梯度转移和分工、科学技术日新月异等重大机遇，坚持以市场导向为坐标，以改革、发展、提高、调整为主题，以服务“三农”为主线，以体制创新、机制创新、管理创新和技术创新为动力，转变发展理念，强化发展特色，激活发展主体，增长方式、增长主体、增长产业、增长区域都发生了深刻的变化。经过五年的努力，全面和提前完成了“十五”规划目标，初步形成了结构较为合理、布局较为集中、机制更加灵活的崭新格局。

1. 主动适应国家宏观调控政策环境，乡镇企业发展的稳定性、协调性不断增强　“十五”末的2005年，乡镇企业增加值突破46 000亿元，比“九五”末2000年的27 025亿元翻了一番半，年平均增长11.5%，超过计划目标8.2%。5年间各年份没有明显起伏，尤其是后三年，基本上扭转了“九五”期间的低迷增长态势，发展比较平稳。“十五”期间，乡镇企业利润总额、上交税金年平均增速分别为11.62%和15.62%，与速度指标基本趋同，2005年分别达到11 200亿元和4 200亿元，均比“九五”末的2000年翻了一番。乡镇企业发展带来的贡献也越来越大。预计到2005年末乡镇企业职工达14 180万人，年平均增加272.8万人，比计划目标多增400万人；农民人均从乡镇企业获工资性收入2000年为

760元，2005年达1 100元，年平均增长7.68%；五年间乡镇企业支农补农及农村各种社会性支出累计达780亿元，平均每年支出156亿元。出口交货值2000年为8 792亿元，2005年达19 800亿元，年平均增长17.63%，超过计划目标20%；外向依存度达到13.7%。

2. *产权制度改革和体制创新日趋深化，乡镇企业增长的主体已转到个体私营和混合所有制上来* 159万家集体企业中的130万家改制成私营企业，20万家构造多元化产权主体，改制成混合型企业（还有近10万家集体企业，但很多也实行了股权多元化）。目前，个体私营企业和混合型企业创造的增加值已占整个乡镇企业的70%以上，其中中西部地区占到80%，“十五”期间乡镇企业固定资产投资中来自民间资本已占到76%。投资主体的变化是乡镇企业发展中根本性的变化。

3. *经济结构的调整和产业优化升级，乡镇企业的主导产业得到改造提升，特色产业和新兴产业迅速崛起* 2005年乡镇企业三次产业的比重达到1.35∶76.76∶21.89，而“九五”末是1.15∶78.89∶19.96。食品、服装、机械、电器、化工与建材等主导行业保持了快速发展势头，农产品加工业增加值占规模乡镇工业的比重达到31.2%。乡镇企业从传统行业向技术含量较高的加工组装型制造业延伸的趋势日趋明显。乡镇企业外向度提高，出口交货值占工业总产值的比重达到13.7%。特色优势产业、高新技术产业和具有国际竞争力的企业大量出现。

4. *技术进步和技术创新能力逐步提高，乡镇企业增长的支撑点逐步驶入做大做强、规模经营和品牌提升的轨道* 2005年，全国规模以上乡镇企业达到18.1万家，比“九五”末增加9.5万家，涌现出一大批中国名牌产品和驰名商标。在年营业收入过1 000万元的企业中，有65%以上的企业建立研发机构，创造了38.6%的乡镇企业增加值，形成了一批拥有自主创新能力和自主知识产权的知名企业。

5. *发展布局相对集中和集聚，乡镇企业逐步向小城镇和产业集群方向发展* 通过多年的乡镇企业工业园区的建设，目前全国30%以上的乡镇企业聚集到产业集中区和小城镇。各地通过大企业带动、专业化市场拉动和特色产业推动，形成一大批颇具特色的产业集群，集群优势开始显现，延伸了产业链条，发挥了专业化分工和社会化协作的功能，实现了规模效益，创造了全国乡镇企业40%以上的增加值。

在充分肯定“十五”期间乡镇企业所取得的巨大成就的同时，我们还要清醒地看到乡镇企业在坚持和落实科学发展观上还面临严峻的挑战。比如产业层次低，增长方式还没有得到根本性转变，企业自主创新能力不强，技术装备水平不高，土地、资金、人才、能源等资源约束越来越突出。乡镇企业在新时期的发展还面临着很大的困难，我们必须保持清醒的头脑，切实解决好这些问题。

“十一五”期间是社会主义现代化建设和实施我国第三步战略目标承上启下的关键时期，也是乡镇企业能否再上新水平、再创新佳绩的关键时期。这一时期，乡镇企业要抓住机遇，认真贯彻落实科学发展观，按照“两个趋向”重要论断、构建社会主义和谐社会和建设社会主义新农村的要求，坚持服务“三农”的方向，促进农民创业就业和增收致富，加快转变经济增长方式，以制度创新和自主技术创新为动力，以提升竞争力和培育优势产业为主线，以完善服务体系为保障，努力实现改革和发展的新突破，为全面建设小康社会做出更大的贡献。

“十一五”期间，乡镇企业发展总的目标，是继续保持稳定、协调增长，年均增长速度为10%左右；年均吸纳农民就业250万人以上；主要经济技术指标达到或接近国内先进水平，以工促农、反哺农业的能力进一步增强。到2010年要力争达到以下目标：

——经济总量持续增长，增加值达到67 400亿元左右，年均增长9.6%左右；工业增加值达到48 800亿元左右，年均增长10%左右；出口交货值达到26 600亿元左右，年均增长11%左右；实缴税金达到5 000亿元左右，年均增长9.5%左右。

——吸纳农民就业能力不断提升，达到1.53亿人以上。

——结构进一步优化，布局渐趋合理，区域协调发展，产业集聚能力增强，主导产业优势突出。

——科技创新能力进一步提升，东部地区乡镇企业和中西部地区大中型乡镇企业经济技术指标和物耗、能耗、环保、安全等指标达到同期国内先进水平。

上述目标的制定，主要是考虑了以下五个方面的因素：一是考虑到与整个国民经济发展相协调，保持稳定性和连续性，乡镇企业增长速度应适当高于国民经济的增速。同时，考虑到乡镇企业已有的基础和“十五”期间的增速，以及目前乡镇企业固定资产投资投入产出比的状况。二是考虑到我国经济发展依然处于上升时期，市场拉动、出口带动能力依然较强，乡镇企业增长的优势依然存在。三是考虑到我国农村劳动力转移压力在不断增强，乡镇企业肩负的责任不断增大。“十五”期间，我国乡镇企业年均转移农村劳动力在270余万人，因而“十一五”期间年均转移250万人的目标也是需要的和可行的。四是考虑到乡镇企业的发展必须按照科学发展观的要求，着眼于优化结构、增强自主创新能力以及构建资源节约型、环境友好型社会，因而提出了乡镇企业技术进步、结构优化等目标。五是考虑到乡镇企业与“三农”的天然联系和“十五”期间的实际，提出了“以工促农”、反哺农业的能力要进一步增强。这是一个原则的目标，也是一个非常重要的目标。基于上述五个因素制定的“十一五”期间总体目标，我们认为经过积极努力是完全可能实现的。为了实现这些目标，我们将在2006年继续积极地推动以国务院名义下发关于发展乡镇企业方面的一系列指导性文件。

（三）2006年乡镇企业的工作重点

2006年是“十一五”规划的开局之年，乡镇企业面临的任务十分繁重。我们要紧紧围绕十六届五中全会和中央经济工作会议、中央农村工作会议和全国农业工作会议确定的经济社会发展的指导方针、奋斗目标、主要任务和重要举措，坚持改革、发展和提高，把增强自主创新能力和服务“三农”作为落实科学发展观、促进经济增长方式转变的中心环节，努力营造发展新优势，进一步开创乡镇企业工作新局面。

1. *要坚持农村能人创业与农民就业有机结合，为促进农民增收作出新贡献*　实现充分就业是增加农民收入的根本性措施，也是乡镇企业发展和产业结构调整的主要目标。随着农村工业化、农业现代化和城乡一体化步伐的加快，“十一五”期间，全国还将有4 000万左右农村富余劳动力要转移就业，平均每年800万人左右。根据目前的情况，乡镇企业大体每年可吸收1/3，这是一个了不起的成绩，也是乡镇企业区别于城市企业的一个鲜明特点。为此，我们要围绕农村富余劳动力转移大做文章，以创业促就业，继续因地制宜大力发展农产品加工业、城乡服务业等就业容量大的产业；鼓励农村能人自主创业，积极发展就业密度大的中小型乡镇企业；发展新兴产业、高新技术产业，也要着眼于农民就业，在结构升级中拓展产业就业空间，以容纳更多劳动力。

2. *要坚持产业集群与推进农村城镇化有机结合，充分发挥乡镇企业在新农村建设中的生力军作用*　产业集群化是农村工业化发展的必然结果，与农村城镇化建设相辅相成，密不可分。要按照建设社会主义新农村的总体要求，一方面，引导乡镇企业向小城镇集中，坚持走集中连片开发的发展路子。这样做，有利于优化资源配置，提高基础设施综合利用率，打造先进生产基地，促进非农产业的聚集和市场繁荣，提高小城镇的品位和知名度。另一方面，就产业集群本身而言，要充分发挥集成效应，以主导产业为纽带，以骨干企业为龙头，带动相关产业的发展，从平面化竞争向立体化分工转变，形成“雁阵效应”。同时，要引导量大面广的中小型乡镇企业与大企业大集团开展配套协作生产，在分工中提高效益，在协作中实现双赢，从单打独斗向形成合力转变。各地要统筹规划，合理布局，优化资源配置，做大做强做优产业集群区块，进一步提高农村工业化水平，为促进社会主义新农村建设奠定物质基础。

3. *要坚持投入与研发有机结合，切实增强乡镇企业自主创新能力*　创新是企业发展的不竭动力，是提高乡镇企业核心竞争力的治本之举。只有不断强化创新意识，完善创新体制和机制，培育创新人才，增加创新投入，才能逐步走出一条具有乡镇企业特色的创新之路。对条件具备的规模企业和企业集团，要加大研发的投入，组建研发机构，在提高自主创新能力上有新突破；对广大的中小型乡镇企业，要加大与大专院校、科研院所的科技对接力度。我们各级乡镇企业行政管理部门要为企业搭建这方面的平台，组织好科教与企业的联姻，加快科技成果向现实生产力转化。

4. *要坚持节能降耗与发展循环经济有机结合，为新农村建设提供环境保证*　推进能源资源节约，既是缓解能源资源供求矛盾的重大举措，也是从源头上减少污染、改善生态环境、建设环境友好型社会的重要途径。乡镇企业量大面广，每家企业一天节约一度电、一月节约一吨煤，一年累计就是几十个亿。从现在起，我们要大力推进以节能降耗为主要目标的技术改造，综合运用财税、价格等政策手段，促进能源资源的节约和有效利用，限制和淘汰高消耗、低效益、污染大的乡镇企业。对新建扩建项目要严格执行环境影响评估和“三同时”制度，保证投产项目符合国家规定的排放标准，决不能再走先污染、再治理的发展老路。在推进农村工业化的进程中，我们一定要按照建设社会主义新农村的要求，搞好清洁生产，造福广大农民。要加快发展循环经济，在重点行业、重点领域、产业园区积极开展循环经济试点，鼓励企业循环式生产，推动产业循环式组合，树立一批减量化、再利用、资源化的先进典型。与此同时，要进一步盘活乡镇企业的闲散资产，增强工业园区、创业基地投资的容积率。

5. *要坚持区域合作与扩大开放有机结合，更好地实现互利双赢*　一方面，要抓住当前国内区域间生产要素和产业流动、转移加快的有利时机，从各地自身条件出发，按照国家产业政策的要求，发展优势产业，加快形成分工合理、重点突出、比较优势得以发挥的区域产业结构，促进区域经济优势互补、协调发展。乡镇企业发达地区要加强对欠发达地区的援助和支持，通过资本、技术、人才、资源的对接互动，进一步推进东西互助合作工程和振兴东北老工业基地建设。另一方面，要积极引导乡镇企业实施“走出去”战略，加强国际间的合作与交流，更好地顺应全球经济一体化的新趋势，互惠互利，共同发展。要鼓励乡镇企业开拓对外承包工程，推动对外劳务合作。尤其要注重在外向度高、资本实力雄厚的乡镇企业中培育和发展一批具有国际竞争力的跨国公司，通过实行本土化经营，使国内外的资源通过互换、转移、融合，得到更充分的利用，价值得到更有效的提升。要切实加强乡镇企业出口产品基地建设，促进出口产品结构优化，增强自营出口能力。总之要密切关注国际产业转移发展的动态及其趋势，深入研究在全球经济一体化分工中的产业发展定位，积极承接国际产业转移，参与国际产业链分工，不断提高乡镇企业在国际市场的竞争力。

6. 要坚持引进人才和职业技能培训有机结合，努力造就一支高素质的乡镇企业人才队伍　企业的竞争说到底是人才的竞争，人力资源是企业的第一重要资源。乡镇企业员工的文化知识和职业技能先天不足，目前具有高中、中专以上学历的员工尚不足30%，具有专业技术职称的员工则更少，这与现代化大生产对产业工人的要求形成鲜明的反差。为此，要多管齐下，加强人才引进力度，加强职业技能培训力度，站在企业长远发展的高度，努力造就一支文化素养高、专业技能强的人才队伍。要采取多种途径加强对员工的职业技能培训，农业部将继续深入实施“蓝色证书培训工程”。浙江、江苏、山东、北京、天津、新疆、甘肃、宁夏、湖南、黑龙江、辽宁、重庆等地已建立了一批务工农民技能培训基地和农民就业基地，这些举措值得各地学习借鉴。

（本文为作者于 2005 年 12 月在“全国农业产业化和农产品加工推进行动暨乡镇企业专业工作会议”上的讲话，略有删改）

正确分析形势　准确把握方向
努力提高农产品质量安全的整体水平

农业部副部长　牛　盾

一、正确分析形势，增强加快发展的紧迫感

20 世纪 90 年代，我国农业和农村经济迈入了新的发展阶段，农产品生产实现数量供求基本平衡、丰年有余，农业发展战略由单纯追求数量向数量与质量并重转变，加强农产品质量安全管理成为农业和农村经济工作的重要方面。为从源头上解决农产品质量安全问题，农业部党组按照国务院领导同志的指示要求，于 2001 年 4 月启动了“无公害食品行动计划”，并率先在北京、天津、上海、深圳四个城市进行试点。2002 年 7 月，根据全国“菜篮子”工作会议精神，农业部党组做出决定，在四大城市试点的基础上，在全国范围内全面推进“无公害食品行动计划”的实施。各地区、各部门围绕“无公害食品行动计划”的实施，采取了强有力的措施，在农产品质量安全管理方面做了大量工作，取得了阶段性的进展和明显的成效。

1. 农产品质量安全体系建设进程加快　农业部会同财政部、国家发改委启动了全国农业行业标准制修订财政专项计划和农产品质量安全检验检测体系建设规划。截至目前，全国已组织制定农业国家标准691 项，行业标准 1 613 项，地方农业标准 7 000 多项。其中，新制定无公害农产品标准 334 项，绿色食品标准 90 项，有机农产品标准 4 项，已基本建立起以国家标准为龙头、行业标准为主体、地方标准为基础的全国农产品质量标准体系框架。近年来，农业部已在全国规划建设部级农产品质检中心 280 个，省级农产品（含投入品）质检中心 30 个，地（市）级农产品检验机构 439 个，县级农产品质检站 1 122 个，已基本建立起部、省、县三级配套、互为补充、常规检验与快速检验相结合的农产品质量安全检验检测体系。农产品质量安全认证体系基本建立，农产品认证进程明显加快，成效显著。全国农产品质量安全例行监测制度已全面实施，部分省会城市和计划单列市的农产品质量安全例行监测工作也已制度化和规范化，并定期向社会公布农产品质量安全信息，及时准确引

导农产品的生产和消费。农产品质量安全专项整治全面启动，种植业产品农药及农药残留和有机磷污染专项整治、畜产品兽药及兽药残留和“瘦肉精”污染专项整治、水产品药物残留及氯霉素污染专项整治，取得了明显成效。建设了一批农产品标准化生产示范基地和示范区，加大了农业标准的实施力度。农产品质量安全立法取得了突破性的进展，由农业部承担起草的《中华人民共和国农产品质量安全法（草案）》，经过广泛的调研和征求意见，已于6月15日经国务院常务会议审议通过，正式提请全国人大常委会审议。

2. 农产品质量安全水平明显提高　“无公害食品行动计划”实施以来，农产品质量安全水平大幅度提高。以京津沪深四城市为例，2004年全年蔬菜中农药残留平均合格率比“无公害食品行动计划”实施之初的2001年提高了29.2个百分点，畜产品中“瘦肉精”污染合格率提高了32.3个百分点。在2005年的前三次例行监测中，全国37城市蔬菜农药残留监测结果按照CAC标准判定，平均合格率为94.2%，20城市畜产品中“瘦肉精”污染平均合格率为97.8%，5城市水产品中氯霉素污染平均合格率为96.2%。例行监测结果表明，“无公害食品行动计划”的实施和各项监管措施的落实，有效地推动了农产品从农田到餐桌的全程管理，治理了污染，提高了质量，保证了消费安全。

3. 无公害农产品绿色食品有机农产品迅速增长　无公害农产品、绿色食品和有机农产品作为农产品质量安全认证体系的主导产品，最近几年得到了快速发展。无公害农产品从2003年4月第一批全国统一标志的认证开始，到今年6月底，在短短的两年多时间里，已通过认证的无公害农产品为14 088个，认定有规模的无公害农产品产地16 679个；绿色食品从1990年开始推出，经过10多年的发展，已成为极具市场影响力的农产品知名品牌，特别是最近几年发展迅速。到今年6月，全国已有3 044家企业的7 219个产品获得了绿色食品标志使用权，实物总量达到4 988万t，产地监测面积611万hm^2。农业系统的有机食品认证从2002年正式启动，到目前已有288家企业（基地）的843个产品获得认证，面积169万hm^2，产量为45万t。

总体上看，我国的农产品质量安全管理工作，最近几年取得了比较大的成绩和可喜的变化。特别是无公害农产品、绿色食品和有机农产品得到了长足的发展。这得益于党中央、国务院对农产品质量安全工作的高度重视；得益于国务院有关部门、地方各级政府和农业部门的大力支持和积极推动；得益于广大农业工作者长期不懈的努力。从发展的态势和方向看，当前和今后一个时期，加快发展无公害农产品、绿色食品和有机农产品，已成为我国农业和农村经济工作的一项重要任务。主要表现在如下几个方面：

第一，从生产方面看，发展无公害农产品、绿色食品和有机农产品是推动农业标准化和增加农民收入的重要措施。实行农业标准化已经成为农业和农村工作的主攻方向。借鉴工业理念，加强农业质量管理，是提高农产品质量安全水平、提升农业经济效益的基本途径。发展无公害农产品、绿色食品和有机农产品，是推动农业标准化，实现农业比较优势，促进农业增效和农民增收的重要措施。黑龙江省坚持打绿色牌、走特色路的农业开发路子，仅2004年，农民人均从发展无公害农产品、绿色食品和有机农产品直接得到的收入达866元，占农民人均纯收入的29%，比1999年增加了26个百分点。在一些地方，发展无公害农产品、绿色食品和有机农产品，已经成为当前农民增收和农业增效的一个重要“增长点”。

第二，从消费方面看，发展无公害农产品、绿色食品和有机农产品是保证消费安全，维护公众健康的重要手段。民以食为天，食以安为先。让广大的老百姓吃上安全放心的农产品，是各级政府和农业部门的基本职责，也是构建和谐社会的基本要求。发展无公害农产品、绿色食品和有机农产品，推行农产品生产全过程质量控制，实施标志管理，是解决农产品质量安全问题的根本措施，是保障农产品消费安全、维护公众健康的重要途径，也是维护广大消费者选择权和知情权的重要手段。事实证明，通过认证的无公害农产品、绿色食品和有机农产品，质量是信得过的，安全是有保证的。2004年，在国家认监委实施的农产品认证专项检查中，无公害农产品、绿色食品和有机农产品的市场抽检合格率为100%。

第三，从流通方面看，发展无公害农产品、绿色食品和有机农产品是实行农产品市场准入和实现优质优价的重要方式。对农产品实行市场准入制度，是从市场环节把住农产品质量安全关的重要手段，也是政府实施市场监管、规范市场秩序的基本方向。发展无公害农产品、绿色食品和有机农产品，对农产品实施认证，是实行农产品市场准入制度，促进农产品生产与消费有效衔接，实现农产品优质优价的重要形式。大连、郑州、深圳等大中城市在推行农产品市场准入过程中，都是将通过无公害农产品、绿色食品和有机农产品认证作为重要条件。通过认证的产品，可以免除产品检测直接进入市场销售。应当说，市场准入制度的实施，有力地促进了安全优质农产品的贸易流通，也推动了农产品优质优价机制的形成。从市场销售情况看，通过认证的无公害农产品、绿色食品和有机农产品，受到消费者普遍欢迎。

第四，从贸易方面看，发展无公害农产品、绿色食品和有机农产品是提高农产品市场竞争力和扩大农产品出口的重要途径。加入世界贸易组织以后，我国农业的国际化进程明显加快，农业和农产品面临的国际竞争压力明显加大。特别是随着入世后过渡期的到来，我国农产品正面临低关税进口和严技术壁垒出口的双重挑战。最近两三年的出口统计表明，发展无公害农产品、绿色食品和有机农产品，是将我国的农业资源优势、劳动力优势转化为质量优势和竞争优势的重要措施，也是提高我国农产品市场竞争力、扩大农产品出口的重要途径。以绿色食品为例，加入WTO后的2001—2004年，绿色食品出口以50%以上的速度增长，年出口规模从2001年的4亿美元增加到2004年的12.5亿美元，纵向比增长了2倍多；绿色食品出口的比重也由6.5%提高到12.4%。2004年，有机农产品的出口额达到2.3亿美元，出口率达到36.4%。

但综合分析农产品质量安全形势，问题依然不少，监管的任务还仍然十分艰巨。当前，我国农产品质量安全管理正面临两大突出问题：一是整个农产品质量安全管理已进入攻坚阶段。管理难度加大，例行监测中的质量合格率出现徘徊，农药、兽药等违禁药物禁而不止，农业标准化水平低，出口农产品质量安全问题依然严峻；二是安全优质农产品的生产和市场供应不足，特别是通过认证、有质量保证、有品牌形象的无公害农产品、绿色食品和有机农产品数量少、比重小。从生产规模看，认定的无公害农产品种植业产地面积1 311万hm^2，仅占耕地总面积的10%；认证的无公害农产品总产量为8 297万t，仅占农产品总量的6.2%。绿色食品除了个别种类产品占同类产品总量的比重较大以外，大多数产品只占总量的1%～1.5%。有机农产品的比例更小。这一数量与市场对安全优质农产品的需求相比，与全面建设小康社会和构建和谐社会的任务要求相比，显然是不相适应的。因此，我们一定要增强紧迫感，加快发展无公害农产品、绿色食品和有机农产品，全面提高农产品质量安全水平，不断满足日益增长的安全优质农产品市场消费需求。

二、进一步理清工作思路，准确把握发展方向

目前，我国发展无公害农产品、绿色食品和有机农产品，有其规律性。总体上看，无公害农产品、绿色食品和有机农产品是我国安全优质农产品生产和消费的基本类型，是我国农业阶段性发展的必然产物，也是我国农产品发展的基本方向。无公害农产品产生于20世纪初，是伴随着入世和食品安全受到广泛关注应运而生的；绿色食品产生于20世纪90年代初期，是在我国大力发展高产、优质、高效农业的大背景下发展起来的；我国的有机农业和有机农产品是顺应国际有机农业发展潮流，结合国情，于20世纪90年代中期开始推动起来的。

2002年，农业部从全面推进“无公害食品行动计划”，提高农产品质量、保证农产品消费安全、推动农业产业化发展的大局出发，审时度势，因势利导，提出无公害农产品、绿色食品和有机农产品作为农产品质量安全体系的重要组成部分，要按照“三位一体，整体推进”的工作思路，加快发展。全国性的无公害农产品、绿色食品和有机农产品事业，也正是在这样一个大的政策背景下注入了新的生机和活力，得到了迅速发展。但从发展的制约因素看，目前的无公害农产品、绿色食品和有机农产品发展也还存在一些突出的问题，比如，认识不到位、定位不准确、发展不平衡、监督跟不上等。要加快发展无公害农产品、绿色食品和有机农产品，树立中国农产品品牌形象，大致可从三个方面把握：

（一）要科学把握好三个定位

1. 科学把握好发展的水平定位　突出的是要满足三个需要。无公害农产品作为农产品市场准入的基本条件，目的是满足大众消费需要，保证基本安全；绿色食品作为安全优质农产品的精品品牌，质量安全指标达到发达国家水平，主要是满足人们更高消费层次的需求；有机农产品作为一种追求生态安全的产品，主要是满足国际市场需求。

2. 科学把握好发展的方向定位　重点是要推进三个转变。无公害农产品在产地认定和产品认证的基础上，逐步从阶段性认证走向强制性要求，依法推动标志管理，全面实现农产品的无公害生产和安全消费。绿色食品在坚持证明商标与质量认证管理相结合的前提下，通过政府和市场的双重作用，带动农产品市场竞争力全面提升。在农产品生产和消费安全目标基本实现以后，绿色食品将成为农产品认证的主体，逐步提高在农产品总量中的比重。有机农产品将按照国际通行做法，在政府的指导下，立足国情，发挥农业资源优势和特色，因地制宜地发展。

3. 科学把握好发展与推进的重点定位　关键是要各有侧重。无公害农产品发展的重点是迅速扩大总量规模，提高市场占有率。绿色食品发展的重点是在加快发展的基础上，着力打造农业精品品牌，提升农业产业素质。有机农产品发展的重点是突出资源优势

和市场需求，提升质量和效益。无公害农产品推进重点是"菜篮子"和"米袋子"产品；绿色食品推进重点是优势农产品、加工农产品和出口农产品；有机农产品重点发展有国际市场需求的农产品。

（二）要正确处理好四个关系

1. 要正确处理好加快发展与强化监督的关系　当前，加快发展无公害农产品、绿色食品和有机农产品，是工作的重点，特别是无公害农产品和绿色食品要尽快扩大总量规模，满足消费需求。在加快发展的同时，监管工作也要切实跟进。要按照"数量与质量并重、认证与监管并举"的原则，着力抓好对获证产品、企业（产地）的监督管理，促进无公害农产品、绿色食品和有机农产品快速健康发展。

2. 要正确处理好政府推动与市场拉动的关系　发展无公害农产品是保障农产品消费安全的根本途径。各级农业部门必须采取有力措施，全面推进。发展绿色食品和有机农产品是树立农业品牌、提高农产品市场竞争力的重要措施，也是各级农业部门的重点工作。在工作推进过程中，首先要按照市场经济规律办事，同时要加强政府的推进力度，发挥政府和市场两种力量，全面推进农产品市场竞争力的提升。

3. 要正确处理好当前重点与长远目标的关系　当前，要把大力发展无公害农产品作为工作的重点，扩大总量规模，确保消费安全；有条件的地方，要根据资源优势和市场需求，加快发展绿色食品，积极发展有机农产品。在农产品生产和消费安全目标稳定实现以后，要把绿色食品作为农产品认证的主要类型，加快发展，进而全面提高农业生产技术水平和农产品质量安全水平。

4. 要正确处理好保障安全与提高效益的关系　保障农产品消费安全、提高农业效益、促进农民增收都是农业和农村经济工作的重要任务，也是各级农业部门义不容辞的责任。农业部门既要通过发展无公害农产品，着力解决农产品基本安全问题，也要着手打造安全优质农产品品牌，提高农产品市场竞争力，积极发展绿色食品和有机农产品，进一步发挥农业品牌效应，提高农业综合效益和促进农民增收。

（三）要坚持做到五个紧密结合　无公害农产品、绿色食品和有机农产品的发展，要坚持科学的发展观，围绕提高农业综合生产能力和增加农民收入两大主题，在工作推进过程中必须做到五个紧密结合：

1. 要与农业区域化紧密结合　农业区域化，是实现农业专业化生产和产业化经营，将农产品生产优势转化为市场优势的前提和基础。无公害农产品、绿色食品和有机农产品发展，要按照优势农产品区域布局规划，充分依托优势产业带建设，实现基地化建设、规模化生产和专业化加工，充分发挥区位优势。各地在推进农业区域化过程中，要立足资源优势，适应市场需求，有计划、有重点地发展无公害农产品、绿色食品和有机农产品，培育和打造农产品品牌，提高农产品市场竞争力。陕西省西北黄土高原 16 万 hm^2 苹果绿色食品开发，就是将优势产业带建设与发展绿色食品紧密结合，成功地打造了陕西苹果的精品品牌形象，有力地推动了苹果的质量升级和对外出口。

2. 要与农业标准化紧密结合　发展无公害农产品、绿色食品和有机农产品，是推进农业标准化工作的重要措施，是实现农产品标准化生产的重要途径。在农业标准化推进过程中，各地要以发展无公害农产品、绿色食品和有机农产品为基本手段，实施农业品牌化战略，加速农产品优质化进程。特别是各类农产品生产性项目和标准化基地建设项目，要把发展无公害农产品、绿色食品和有机农产品作为项目的实施目标和建设重点。要通过发展无公害农产品、绿色食品和有机农产品，提高基地建设水平，实现经济、社会和生态效益协调统一。要通过无公害农产品、绿色食品和有机农产品生产基地建设，辐射周边，带动和扩大安全优质农产品生产的标准化。江苏在这方面做得很有成效。江苏的成功做法是将农产品质量建设工程、标准化基地建设与发展无公害农产品、绿色食品和有机农产品紧密结合起来，取得了显著效果。目前，江苏全省通过认证的无公害农产品、绿色食品和有机农产品数量均居全国第一；在历次农产品质量安全例行监测中，南京市场的农产品合格率也一直名列前茅。

3. 要与农业产业化紧密结合　产业化经营是农业发展的基本方向。无公害农产品、绿色食品和有机农产品的发展要与农业产业化紧密结合，要将无公害农产品、绿色食品和有机农产品的技术制度、品牌效应，与龙头企业的专业化生产、市场化营销有机结合，融为一体，相互促进，共同发展，带动我国农产品市场竞争力全面提升。特别是绿色食品开发，要以技术和资金实力雄厚的龙头企业为重点，着力打造农业精品品牌。各类农业合作经济组织，要根据资源优势和市场需求，组织基地农户生产无公害农产品、绿色食品和有机农产品，推行标准化管理和全程质量控制，提高上市农产品质量安全水平。吉林省把发展绿色食品产业作为地域经济发展的突破口，通过政策和资金扶持，引导农业产业化龙头企业开发系列绿色食品，打造了一批知名品牌，形成了极具吉林特色的优势产业，增强了吉林农业的综合生产能力。

4. 要与农业市场化紧密结合　无公害农产品、

绿色食品和有机农产品发展，要以市场为导向，充分发挥市场机制作用，搞活贸易流通，实现品牌价值。要通过加强品牌宣传和市场营销，增强无公害农产品、绿色食品和有机农产品消费拉动力，从而推动生产、贸易和流通。有条件的地区，要在农产品产销批发市场等集散地设立无公害农产品、绿色食品和有机农产品专销网点、柜台，对通过认证的农产品实施免检入市销售。同时，各地要尽快建立健全农产品市场营销公共信息平台，促进无公害农产品、绿色食品和有机农产品产销衔接和市场流通。

5. *要与农业服务社会化紧密结合* 农业服务社会化是解决农业小生产与大市场矛盾的客观要求。发展无公害农产品、绿色食品和有机农产品，要充分利用农产品质量安全认证的全程控制、过程追溯和配套服务的制度优势，推进农产品生产的技术、信息服务一体化。要充分发挥政府统筹和市场拉动的双重作用，引导各类农业技术推广机构、农民专业合作经济组织和农业产业化龙头企业，为农产品生产提供及时、周到、有效的生产技术、生产管理和市场信息服务，推动农业服务社会化向纵深方向发展，拓宽服务领域，提高服务质量和效益。

与此同时，在无公害农产品、绿色食品、有机农产品的发展过程中，要时刻防止两种倾向。一要防止“重数量、轻质量”的倾向。质量是认证农产品的生命力所在。加快发展、扩大总量规模是当前工作的重点，但对产品质量的要求丝毫不能放松。要严格按照制度和程序办事，确保无公害农产品、绿色食品和有机农产品的质量水平，维护品牌形象。二要防止“重认证、轻管理”的倾向。认证是对生产过程质量控制的一种外在客观评价，具有阶段性和局限性。持续规范的管理是确保产品质量安全水平的重要环节。各级农业部门一定要认真履行职能，切实担负起监管的重任，加强对获证产品、企业（产地）的监管，督促获证单位严格管理、规范生产，确保质量、提高水平。

三、采取有力措施，全面加快发展

当前和今后相当长一个时期，无公害农产品、绿色食品和有机农产品的发展，要以“三个代表”重要思想为指导，全面落实科学发展观，以推进农业增长方式转变为核心，以提高农产品质量水平为主线，以保证消费安全为出发点，以树立农产品品牌为基本目标，以标准化生产为主要手段，以标志管理为突破口，以监督检查为保障措施，大力发展无公害农产品，加快发展绿色食品，因地制宜发展有机农产品。

1. *加强领导，在整合资源力量方面下功夫* 各级农业部门要从提高农业综合生产能力和增加农民收入的大局出发，把发展无公害农产品、绿色食品和有机农产品纳入农业和农村经济工作的重要议事日程，切实加强领导，采取有力措施，抓紧、抓实、抓出成效。要通过制定“十一五”发展规划，有目的、有计划、有重点地推进无公害农产品、绿色食品和有机农产品加快发展。要加强组织协调，整合力量，调动各方面积极参与和支持无公害农产品、绿色食品和有机农产品发展，要尽快形成“行政事业共同推进、部门之间相互支持、系统内外紧密合作”的发展大环境。

2. *增加投入，在政策支持方面下功夫* 发展无公害农产品、绿色食品和有机农产品，属于公共财政和 WTO 绿箱政策支持范围。各级农业部门要继续增加对无公害农产品、绿色食品和有机农产品发展的资金投入，有条件的地区鼓励设立发展专项资金。同时，要创造条件将农业生产性投资项目实施与无公害农产品、绿色食品和有机农产品发展有机结合起来，整合资源，形成合力，提高质量，增加效益。要积极争取将鲜活无公害农产品、绿色食品和有机农产品尽快纳入绿色通道实施范围，降低生产成本，搞活市场流通。鼓励有条件的地方将获得无公害农产品、绿色食品和有机农产品认证的企业和农户，纳入地方财政支持范围。

3. *积极推行标准化，在基地建设方面下功夫* 实施标准化是发展无公害农产品、绿色食品和有机农产品的基本手段。无公害农产品、绿色食品和有机农产品发展，要把标准化的生产基地建设作为工作的重点。要按照优势农产品产业带建设规划和农产品标准化生产布局，以产地（基地）认定和产品认证为依托，加快建设一批有规模、有影响、有品牌、有效益的无公害农产品、绿色食品和有机农产品生产基地，以基地建设推动实施农业标准化，全面提升农产品质量安全水平。

4. *加快认证进程，在完善体系方面下功夫* 无公害农产品要按照简便快捷的工作原则，加快产地认定和产品认证步伐。有条件的地方，鼓励采取整体认定、连片认定和基地化认定，迅速扩大生产规模。绿色食品要依托大型标准化基地建设和农业产业化龙头企业，加快产品认证进程。为保障工作的顺利推进，各地要积极争取编制部门的支持，加快充实和完善省、地（市）、县农产品认证机构，提供相应的工作条件。要将无公害农产品、绿色食品和有机农产品的标准体系、检测机构、检查员和监管员队伍建设一并纳入农产品质量安全体系建设内容，整体规划，同步发展。要充分利用各级农业技术推广机构的力量，加大生产技术和农业标准的培训力度，扩大农业标准化的实施范围。要通过加强支撑体系建设，全面提高认证工作的质量和效率。

5. *加强监督，在规范管理方面下功夫* 各级农业部门要把加强监管摆到更加突出的位置。监督管理要从完善制度和程序着手，规范无公害农产品、绿色食品和有机农产品工作的各个环节。无公害农产品、绿色食品和有机农产品要在严格执行现有法规制度的基础上，加快健全和完善相关的监督管理制度，规范管理，加强监督。要抓紧制定符合中国农业生产特点的有机农业推进办法，强化监管措施，促进有机农产品质量与效益的统一。同时，要按照《农产品质量安全法》的基本框架，进一步完善无公害农产品、绿色食品和有机农产品的管理办法，确保无公害农产品、绿色食品和有机农产品依法认证、规范管理、健康发展。

6. *强化市场营销，在打造品牌方面下功夫* 一手抓生产、一手抓市场，是现代农业管理的两个基本着眼点。无公害农产品、绿色食品和有机农产品的发展，要充分利用金农工程、农产品营销等项目，加大宣传和营销。要通过市场营销及时引导农产品消费，促进农产品生产。要通过农交会、绿博会等展示展览活动，搭建无公害农产品、绿色食品和有机农产品公共贸易平台。要通过组织获证产品、企业到境外展示、展销等方式，拓宽对外贸易渠道，积极推介安全优质农产品，树立无公害农产品、绿色食品、有机农产品品牌形象，打造中国安全优质农产品公共品牌形象。要通过搞活流通和激活消费，全面带动安全优质农产品的生产和加工。

7. *加强协调配合，在优化发展环境方面下功夫* 无公害农产品、绿色食品和有机农产品发展历程不长，也没有经验可循，需要方方面面的理解、支持和配合。各级农业部门要积极争取财政、计划、工商、税务、质检等相关部门的大力支持，为无公害农产品、绿色食品和有机农产品发展创造良好的政策和投资环境。

总之，发展无公害农产品、绿色食品和有机农产品，是新时期做好农业和农村经济工作的一项长期性、战略性任务。各级农业行政主管部门，要从农业和农村经济发展的大局出发，按照农产品质量安全工作的总体部署，切实加大对无公害农产品、绿色食品和有机农产品事业的支持力度，为无公害农产品、绿色食品和有机农产品加快发展提供强有力的组织保障和资金支持。无公害农产品、绿色食品和有机农产品工作机构，要与时俱进，求真务实，加快完善工作制度，努力改进工作方式，不断提高工作效率和水平。要通过大家的共同努力和开拓创新，尽快形成“政府重视、部门支持、社会关注”的无公害农产品、绿色食品、有机农产品发展新格局。以实际行动推动“无公害食品行动计划”的深入实施，不断提高农产品质量安全管理水平，为推动循环经济发展、构建和谐社会和实现小康社会的宏伟目标做出更大的贡献。

（本文为作者于2005年8月在“全国无公害农产品绿色食品工作会议”上的讲话，略有删改）

农产品加工业与农业结构战略性调整

国务院研究室副主任 李炳坤

一、对农业结构战略性调整的再认识

改革开放以后，我国提出了农业结构调整的概念。农业结构调整是指农业内部比例关系的调整，主要是指不同农作物种植面积的调整和不同农产品生产数量的调整，适应于农产品短缺时代的要求。到20世纪90年代后期，我国农业发展进入了农产品供求基本平衡、丰年有余的新阶段，为了适应农业发展新阶段的要求，提出了农业结构战略性调整的概念，与过去的农业结构调整相比，农业结构战略性调整有以下几个方面的区别：

1. *农业结构战略性调整强调农产品的优质化* 从过去单纯追求农产品数量的增加，到重视农产品质量的提高，重视农产品的安全水平的提高。

2. *大力发展畜牧业* 强调粮食的转化，通过转化来实现增值，增加农民的收入。

3. *强调发展农产品加工业* 从原来只提供原料型的农、畜产品，到发展大规模的农产品加工，通过加工来增值。

4. *强调发展农产品的流通业* 从偏重生产到重视流通，开拓市场，使生产的农产品能够尽快销售出去，通过销售实现价值增值。

5. 强调发展特色农业　产业发展从追赶市场，到发挥区域优势，培育自己的品牌，农产品的生产、加工、流通都围绕着特色农业来开展。

从总体来看，我国农业结构战略性调整的目标是建立完整的农业产业体系，农产品加工业是其中一个重要环节，农业结构战略性调整的一个标志就是加工环节的产值应当明显高于生产环节的产值，特别是食品工业的产值应当达到或者超过农业原料型产品的总产值。

二、农产品加工业在农业结构战略性调整中居于主导地位

农产品加工业会给农业结构和相关的经济发展带来九个方面的影响：

1. 农产品加工业直接导致农产品形态的改变　农产品加工业改变了农产品原来的形态，把农产品内部存在的各种功能开发出来，分别进行加工、处理，满足社会对农产品多方面的消费需求。

2. 农产品加工业直接导致农业附加值的增加　农产品经过加工后，价值会大幅度提升，使农业从一个低效益的产业变为高效益的产业。

3. 农产品加工业直接导致就业容量的增加　农产品加工业的发展给农民和城市居民带来了大量的就业机会，随着农产品加工业的发展，它所提供的就业机会也将越来越多。

4. 农产品加工业直接导致农民收入的增加　由于农产品加工环节增值和效益的提高，给农民收入的增加带来了希望，农产品加工业成为农民增收的一条重要途径。

5. 农产品加工业直接导致财政收入的增加　农产品加工企业会向国家提供税收，成为财政收入的一个重要来源。

6. 农产品加工业直接导致区域经济的发展　一个地区农产品加工业的发展状况不仅影响农业本身的发展，而且会影响整个区域经济的发展。

7. 农产品加工业直接导致农业市场的拓宽　农产品加工业开发的各种产品，不仅能满足社会的消费需求，而且能引导社会的消费需求，开辟一些新的商品消费领域，使整个农业的市场大大扩展了。

8. 农产品加工业直接导致农业服务的兴起　农产品加工业的发展带来了运输、包装、各种商务服务业的发展以及旅馆、餐饮、旅游业的发展。

9. 农产品加工业直接导致农业竞争力的提升　单纯的原料型的农产品生产对市场风险的承受能力是有限的，农产品变成加工品后，无论是对市场风险的承受能力，还是对自然风险的承受能力都会大大增强。

从总体上看，农产品加工业是评价农业现代化水平的重要尺度。农业是否发达，不仅取决于生产环节，更取决于加工环节，农业能否由弱势产业转化为优势产业，主要是看农产品加工业发展状况如何。

三、我国发展农产品加工业的潜力所在和市场前景

1. 我国农产品加工业发展的潜力巨大　我国的农产品加工业与过去相比虽然有了很大的发展，但是与发达国家相比，还是比较落后的。到目前为止，我国农产品加工业的产值与农业产值相比只是大体相当，食品工业的产值仍然大大低于农业总产值，说明我国农产品加工业发展的空间仍然很大。

2. 加快发展农产品加工业的要素基本具备　现在，原料型的农产品供给在数量上是充裕的，质量和加工的专用性也有所提高，未利用的各种副产品数量更加庞大；我国还有大量未开发的生物资源；劳动力的供给充裕；农产品加工业的技术装备水平也在逐年提高，并且我们可以通过自己研究和从国外引进两个方面，使我们的加工技术不断向前推进；我国有大量的国民储蓄和外汇储蓄，资金供应充足。这些都为我国农产品加工业的发展提供了良好的条件。

3. 农产品加工业的市场前景看好　随着国内的消费水平，特别是城镇居民的消费水平不断地提高，每年都有相当一部分的农村人口转变成城镇人口，他们的消费也从自给型消费转变为商品型消费，这也会大大增加农产品加工业的市场容量；与此同时，农产品加工品的用途也在不断增加，所应用的行业和领域不断扩展；在国际市场上，我国的农产品加工品具有巨大的比较优势，可以通过出口拓展我们的市场，为农产品加工业的发展进一步创造条件。

4. 农产品加工业发展具有独特的优势　农产品是可再生的资源，符合我国可持续发展战略的要求。

5. 我国农产品加工业发展所面临的突出问题　一是缺乏统筹规划，布局比较凌乱；二是科研开发和技术发展落后，加工的技术水平不够高；三是粗放经营，能源、资源消耗比较大；四是农产品加工的各种要素整合比较薄弱，没有把各种要素集聚起来，形成合力；五是管理体制不顺，与建立完整的农业产业体系的要求不相符；六是与国际大跨国集团相比，我国农产品加工企业的整体规模优势还没有形成，规模还

比较小，竞争力还比较弱。

从总体上看，我国农产品加工业发展落后，不是因为没有资源，而是因为没有充分、合理地开发利用各种资源；不是因为没有条件，而是因为没有最大限度地利用各种条件。只要我们充分、合理地开发利用各种资源，最大限度地利用各种条件，发展农产品加工业是大有作为的。

四、今后我国农产品加工业发展的趋势分析

1. 农产品加工业仍然处于一个快速发展的阶段

我们首先要争取的一个目标就是食品工业的产值要接近、达到或者超过农业的总产值，与此同时，整个农产品加工业的产业规模也要相应地扩大。2008年在北京举办的奥运会将会大大促进我国农产品加工业，特别是食品工业的发展，不仅在量上，特别是在质量、安全方面会有一个大的提高和飞跃。

2. 农产品加工业提供的就业机会、农民收入和财政收入还将继续增加

在许多地方，农产品加工业将成为地区经济发展的支柱产业，就业机会、农民收入和财政收入的增加将成为农产品加工业发展的强大的内在动力。

3. 农产品加工业制成品更趋多样化、多用途

随着人民生活的不断提高和工业化领域的不断扩展，农产品制品的应用领域更加广泛，则需求农产品加工品的品种更加多样化。

4. 农产品加工业将构成生物经济的主体产业

生物经济时代正向我们走来，农产品加工业正是将各种生物技术转化为生产力的主要产业。

总体上来看，我们必须牢固树立科学发展观，从战略和全局的角度，从长远发展的角度，加深对农产品加工业的认识，采取更有远见、更具实效的重大措施，加快我国农产品加工业的发展，尽快缩小与发达国家的差距，力争在生物经济时代使我国农产品加工业技术跃居世界领先水平。

（本文为作者于2005年9月在“中国农产品加工业发展与奥运经济论坛”上的讲话，略有删改）

发展农产品加工业 构建现代农业产业体系

农业部总经济师 薛 亮

一、充分认识发展农产品加工业的重大战略意义

我国改革开放以来，农业的发展大体上经历了三个阶段：第一个阶段，从1979年到20世纪90年代后期，是以提高农产品产量为主要目标的阶段。第二个阶段，大体上从1998年以后，是以提高农产品品质量和优化布局为重点的阶段。目前可以说进入了第三个阶段，就是以发展农产品加工业、延长农业产业链为重点的阶段。通过这三次跨越，我国构建现代农业产业体系的轮廓初步显现。

发展农产品加工业，推进农业产业化经营，对于实现小规模农业生产与现代化大生产对接，破解农产品卖难、农业增效难和农民增收难具有重要的战略意义。具体可以从以下五个方面来认识：

1. 走中国特色农业现代化发展道路的基本方向

进行规模化生产，实现农业高效益，是现代农业发展的基本规律和根本出路。我国有8亿农民，户均耕地0.52hm²，不及欧盟国家的1/40，美、加的1/400，与俄罗斯相差也很大。经过不断探索和中国农民的创造，中国特色的农业现代化发展道路的基本方向逐渐明朗。例如通过减少农民来富裕农民，加快转移农村劳动力，逐步扩大农户种粮的土地规模；通过农机跨区作业服务，实现农业作业规模化，取得比发达国家更高的作业效率和农机利用率；畜禽养殖业通过小区集中饲养等逐步过渡到规模化集约饲养。从农产品加工业来看，通过加长产业链，发展劳动密集型的农产品加工业，向前延伸，把众多的农户组织起来，形成规模化、标准化生产基地；向后延伸，建立市场营销网络，推进农业产加销一体经营，也是把小规模生产集合成大产业，把小生产连接到大市场的重要方式。

2. 促进农业和农村经济结构调整的有力措施

从20世纪90年代末起，随着农产品供给告别短缺，农业和农村经济发展进入新阶段之后，为农产品加工业发展提供了充足的原料供应，创造了加快发展的条件。农产品加工业的发展，推进了农业从主要供食用向食用、饲用和加工用“三元农业”发展。新阶段的农产品加工业以市场为导向，引导农民为加工而种、为加工而养，促进大量农产品进工厂、进市场，大大消除了农民的后顾之忧，推动农业结构的调整，适应市场多样化的需求。

3. *满足城乡居民生活水平不断提高的重要途径* 目前，随着我国城乡居民生活水平的提高，对农产品加工品的需求也不断上升。我国13亿人口吃穿用的产品大多与农产品及其加工制品相关，而且越来越要求营养、安全、优质、快捷、方便和多层次、多样化，这为推动农产品加工业发展和农业产业升级提供了有利机遇和强大动力，同时农产品的加工产品也越来越成为人们生活水平不断提高的重要内容。

4. *提高农业国际竞争力的根本举措* 中国加入WTO以后，我国农业就愈来愈紧密地同国际市场联系在一起，农业参与国际竞争，从根本上说是农产品产加销产业体系的竞争，是农产品加工和营销企业的竞争。这就要求加速推进优势农产品的区域化生产，构建以农产品加工为核心的现代农业产业体系，实行标准化、产业化、国际化生产，全面提高我国农业的国际竞争力。

5. *增加农民收入的主要手段* 目前在城乡产业格局调整变化中，发展农村产地农产品加工业对农民增收有两个方面的作用：一是农产品加工业提高了农产品的附加值，可以增加原料生产基地农民的销售收入；二是扩大了农民就业，使农民通过在加工企业就业增加收入。据测算，我国农产品加工业产值与农业产值的比值，每增加0.1个百分点，就可以带动230万人就业，带动农民人均增收193元。对此，乡镇企业比较发达的地区以实践提供了最有说服力的证明。

二、努力把握当前我国农产品加工业发展的现状和机遇

在政策推动、科技驱动和市场拉动下，近年我国农产品加工业得到了长足的发展。到2004年底，我国共有规模以上农产品加工企业7.1万家，比上年增加0.6万家；从业人员1 754万人，比上年增加146万人；全年完成工业总产值3.8万亿元，比上年增长16.5%，占全国工业总产值的20.3%，已经成为国民经济中最具发展活力和后劲的重要产业之一。

农产品加工业在快速发展中呈现了一些好的趋势，至少有三个突出特点：一是各地立足资源禀赋和区位优势，围绕本地优势产品、特色产业发展农产品加工业，在全国范围内形成了一批特色鲜明的农产品加工产业带。二是注重研究推广了一批优质专用品种，开发了一批具有新科技含量的加工技术，如生物工程技术、超高温灭菌、冷冻保鲜、分子蒸馏等。三是培育壮大了一大批骨干企业和名牌产品，成为地区经济的重要支柱。但是，从总体上看，我国农产品加工业与发达国家相比还存在很大差距，发达国家农产品加工业产值与农业产值比例平均为3∶1，而我国只有0.6∶1。当前我国农产品加工业至少存在四个突出问题：一是企业规模小；二是工艺技术装备落后；三是加工标准和质量控制体系不健全；四是技术创新能力不强等。还有很长的路要走。

当前，我国农业发展进入新阶段，进行农业结构战略性调整的一项重要任务，就是要延长农业产业链，发展农产品加工业，提高农业的整体经济效益。这为乡镇企业的发展提供了新的历史机遇。目前乡镇企业从事农产品加工业的大约只有30%，而从事多个行业的乡镇企业都在激烈的竞争中分化重组。农产品加工业在我国是个朝阳产业、常青产业，乡镇企业靠近农产品产地，有原料资源优势和低成本生产的条件。因此，发展农产品加工业是乡镇企业的一个新增长点，应当抓住机遇，加快发展。

三、用科学发展观统领我国农产品加工业的发展

2005年农业部实施的农产品加工推进行动已经进入第二年，推进农产品加工业发展，最关键的就是要牢固树立和落实科学发展观，坚持以人为本这个核心，按照“五个统筹”的要求，顺应“两个趋向”，实现农产品加工业全面、协调、可持续发展。当前和今后一个时期，要力求做到增强五个观念，处理好五个关系。

1. *增强五个观念* 一是树立以人为本的观念。农产品加工业要为扩大农民就业、增加农民收入服务，要以农业和农民作为立足之本。二是增强现代产业发展的观念。要以龙头企业为核心，用现代工业的观念、思路、机制和办法来发展农产品加工业，全面提高行业水平。三是增强可持续发展的观念。要切实转变增长方式，把农产品的精深加工作为产业提升的主攻方向，大力发展循环经济，减少资源损耗和环境污染。四是增强发挥区域优势的观念。要发展有区域优势和特色的农产品加工业，打造加工企业与原料基

地结合、上下游产品衔接的农产品加工产业群。五是增强开拓市场的观念。要深入研究消费需求和市场竞争的规律，提高农产品市场竞争力。

2. 处理好五个关系　一是要处理好传统与现代的关系。从市场需求和企业实际考虑，有的加工企业要保留历史和地方特色的传统工艺和产品特点，但也需要用现代技术来改造、优化传统工艺。二是要处理好扶持企业和扶持农户的关系。农产品加工业要真正把农产品生产基地作为“第一车间”，切实建立让农户分享利益的机制，让企业通过产业化的形式带动农民致富。三是要处理好扶持大企业和鼓励发展中小企业的关系。扶持一批大企业有利于充分发挥带动示范作用，有利于形成市场规模，但也要积极鼓励和扶持成长型的中小型农产品加工企业的发展，可以安置更多的劳动力，可以培养一批企业家。四是要处理好深加工和初加工的关系。到任何时候农产品加工制品市场需求都是多层次、多样化的，深加工是农产品加工的高端领域，但初加工为深加工提供中间产品，同时也能为消费者提供最终产品。农产品加工业要与生产的发展水平相适应，与消费者的收入水平相适应，与生产技术的更新能力相适应。五是要处理好开拓国际市场与国内市场的关系。要在扩大城市、小城镇和农村的消费需求的同时，通过多种方式利用外资，开拓国外市场，有比较优势的要“走出去”对外投资，带动商品和劳务出口，形成一批有实力的跨国企业和著名品牌。

（本文为作者于2005年8月在“中俄经济发展高峰论坛”上的讲话，略有删改）

做好粮食体制改革　确保国家粮食安全

国家粮食局局长　聂振邦

一、粮食流通体制改革和国有粮食购销企业改革进展顺利，初见成效

最近几年来，按照党中央、国务院的部署，积极稳妥地推进粮食流通体制改革。从2001年放开东南沿海主销区8个省、直辖市，到2003年主产区的安徽省实行市场化改革试点，再到2004年全面放开粮食购销市场，在各地区、各有关部门的共同努力下，粮食流通体制改革进展顺利，取得重大突破。粮食市场已经全面放开，初步实现了粮食购销市场化和市场主体多元化；粮食市场体系发展步伐加快，市场机制在配置粮食资源中的基础性作用日益加强；对种粮农民的各项补贴机制初步建立，有力地促进了粮食增产和农民增收；粮食宏观调控机制逐步完善，国家对粮食市场的宏观调控能力进一步增强；依法加强对全社会粮食流通的监管，粮食行政管理部门职能转变迈出了新的步伐。总体来看，经过几年来特别是2004年以来的改革实践，已经初步建立了符合社会主义市场经济发展要求和我国国情的新的粮食流通体制的基本框架。

国有粮食购销企业改革是粮食流通体制改革的重点和难点。党中央、国务院对这项工作高度重视，中央领导同志做出了一系列重要批示，及时指导粮食流通体制改革和各项粮食流通工作。国家粮食局和地方各级粮食行政管理部门，认真贯彻落实国家关于推进粮食流通体制改革的各项政策措施和领导同志的指示精神，下大气力推动这项工作。2002年以来，国家粮食局会同有关部门，起草下发了三个指导和推动国有粮食购销企业改革的文件，进一步明确企业改革的方向，及时给予分类指导，适时出台一些支持企业改革的配套政策。各地结合当地实际，制定具体的改革方案，积极探索企业改革的路子，摸索了不少典型经验和成功做法。主要体现在以下几个方面：

1. 企业产权制度改革取得突破　目前，中央储备粮垂直管理体系已基本建立，一部分省（自治区、直辖市）也相继成立了地方储备粮管理公司，通过直接掌握一批地方骨干储备粮库，负责地方储备粮的经营和管理，形成了地方储备粮的管理体系，与中央储备粮垂直管理体系相补充。同时，各地通过兼并重组、拍卖出售、股份制改造、整体转制等多种形式，推进国有粮食购销企业产权制度改革。大部分地方以县为单位，组建一个或几个国有独资或国有控股的粮食公司，对原国有粮食购销企业进行重组和整合，使国有粮食购销企业的布局和结构得到合理调整，竞争力明显加强。截止2004年底，国有粮食企业改制数达到13 963家，比上年增加1 164家，比1998年增加7 922家，改制企业数占全部企业数34 302家的

41%。其中，国有粮食购销企业改制数 7 027 家，比上年增加 2 958 家，比 1998 年增加 6 276 家；改制企业数占全部购销企业数 20 522 家的 34%。从各地的进展情况看，东部沿海省份进展快一些。江苏省国有粮食购销企业从改革前 2000 年底的 1 890 家重组整合为 1 564 家，企业改革改制面达 100%。与此同时，国有粮食附营企业通过采取改组联合、整体转制、股份合作、分离重组、国有民营等多种形式，优化产权结构，实现投资主体多元化。截止 2004 年底，全国国有粮食附营企业 13 780 家，已改制 6 936 家，占 50%。与 1998 年相比，附营企业数减少 8 900 家，减幅 40%。

2. *粮食产业化经营取得新进展* 各地国有粮食购销企业适应粮食购销市场化需要，主动向粮食生产和加工转化领域延伸。一方面通过“订单农业”、“公司＋农户”等形式，建立订单粮食生产基地，既掌握了粮源，又减少了粮食生产风险，增加了农民收入。另一方面通过加工转化增值，提高粮食产品的市场竞争力。与此同时，积极培育产业化龙头企业，组成集科研、生产、收购、加工和销售一体化的经济实体，大力开展粮食产业化经营。截止 2004 年底，全国国有粮食产业化龙头企业数 938 家，其中购销企业 519 家。通过开展粮食产业化经营，涌现出了黑龙江冰灯米业、吉林吉粮集团、山东半球集团、湖南金健米业、湖北银欣集团、四川川粮米业等一批粮食产业化龙头企业。粮食产业化的发展，不仅带动了粮食生产发展和农民增收，而且提高了企业的经济效益。四川省产业化龙头企业目前达 100 家，仅川粮米业公司 2004 年就在 10 个县建立了 3.33 万 hm^2 优质稻生产基地。山东莱州市粮食部门紧紧围绕服务“三农”，依靠“协会＋产业”的有效形式，走出了一条农民增收、粮企增效的发展之路。

3. *国有粮食企业继续发挥主渠道作用* 2004 年实行粮食购销市场化改革以来，国家取消了粮食保护价收购，对粮食主产省的稻谷实行最低收购价。国有粮食企业适应粮食购销市场化改革的新形势，一边加快自身改革步伐，一边主动参与市场竞争，积极入市收购粮食，掌握粮源，保护种粮农民利益。2004 年，全国国有粮食企业收购粮食 892 亿 kg（贸易粮），仍占全社会粮食商品量的 50%左右。截止 2005 年 8 月末，河北、河南、陕西、山东、山西、江苏、安徽、湖北、四川等 9 个小麦主产省国有粮食企业累计收购小麦 241.5 亿 kg，占全部收购量的 89%，同比增加 10%。安徽、浙江、福建、江西、湖北、湖南、广东、广西等 8 个早稻主产省国有粮食企业累计收购稻谷 75.5 亿 kg，占全部收购量的 66%，同比增加 57%。同时，国有粮食企业通过深化改革，转换机制，加强管理，经济效益也有了明显提高。据初步统计，2005 年 1～8 月，国有粮食购销企业比上年同期减亏了 128 亿元，减幅达 66%。

4. *企业富余职工分流安置工作进展顺利* 各地粮食部门从当地实际出发，指导国有粮食购销企业充分利用各种非主业和闲置资源，采取多种方式增加就业岗位，安置企业富余人员。另一方面，通过从粮食风险基金中列支一部分，争取地方财政安排一部分，企业变现资产等方式自筹一部分，千方百计筹措改革成本，落实各项社会保障政策，保护职工合法权益，妥善做好富余人员的分流工作。截至 2004 年底，全国国有粮食企业职工总数 166.3 万人，其中购销企业 104.8 万人，与 1998 年实行粮改前相比，分别减少 164.3 万人和 90.0 万人，减幅 50%和 46%。同时，通过企业改制安置、组建新企业返聘和购买公益性岗位等方式，积极安排下岗职工再就业。1998 年至 2004 年，全国累计安排国有粮食企业下岗职工再就业 118.9 万人，占全部分流人员的 72%。河南省至 2005 年 3 月底，国有粮食购销企业累计分流安置富余职工 18.3 万人，占改革前 2002 年底职工数 23.4 万人的 78.2%，占减员分流计划的 116.6%。黑龙江、吉林两省把国有粮食企业分流安置职工，与职工依法解除劳动关系，纳入当地完善城镇社会保障体系试点范围统筹安排。安徽省国有粮食企业下岗职工中，有 6 万人自谋职业，多数成为农村粮食经纪人。也有部分职工在转制的商业网点就业，开拓农村市场，发展产业化企业，如山东省的章丘、莱州市，河北省的黑马集团等企业，都取得了比较成功的经验。另外，对暂时没有再就业的职工，各地还主动负责与劳动、民政等部门搞好衔接，使这部分职工领到失业保险费和最低生活保障费。由于各地改革方案考虑比较周到，政策设计比较合理，工作措施比较得力，在近几年粮食部门大幅度减员的情况下，改革比较平稳，下岗职工再就业和自谋职业的总体情况也比较好，维护了社会稳定。

在充分肯定国有粮食购销企业改革成绩的同时，我们也要看到各地改革进展不平衡，当前在改革中还存在一些突出问题，需要认真研究解决。主要有如下几个方面：

1. *有些地方对粮食政策性财务挂账认定不足，制约国有粮食企业改革与发展* 首先是财务挂账清理认定工作进展没有达到预定的要求。目前，除北京、安徽、广东、河南、河北、青海等省、直辖市外，绝大多数省份尚未完成对政策性财务挂账的认定，从而不能对政策性挂账实行从企业剥离。其次是有些地方对政策性财务挂账认定不足。一些粮食主产省担心清理审计后，政策性粮食财务挂账金额过大，地方财政难以消化，采取了缩小粮食财务挂账清理范围或少认定政策性挂账的办法，将部分政策性财务挂账留给企业，使企业仍然背着沉重的包袱。有些地方将新增亏损挂账的清理审计和消化责任下推，导致挂账性质认定不准确，消化责任不落实。此外，还有少数地方已认定的政策性财务挂账不能全部从企业剥离上划。主要是企业因欠发工资、欠缴“三险”以及欠还职工集资款、上岗保证金等因素，形成企业政策性挂账数大于农发行贷款数，从而使多出部分不能从企业剥离上划。由于对政策性挂账清理认定进展迟缓和不足，造成政策性财务挂账不能及时和全部从企业剥离，企业在农发行办理的资产抵押关系不能解除，一定程度上制约企业产权制度改革和经营机制的转换，影响到企业继续发挥主渠道作用，还容易引发社会不稳定问题。

2. 企业分流安置富余职工的资金缺口仍然较大，分流人员的经济补偿金较低　目前困难比较大的是粮食主产省。粮食主产省往往多是经济欠发达地区，地方财政一般比较困难，国有粮食购销企业分流安置职工所需资金虽然从粮食风险基金中安排了一部分，但仍存在一定缺口。企业自筹部分，由于基层国有粮食购销企业负债多，可变现资产少，难以落实到位。有些省（直辖区）通过收取“上岗职工保证金”来支付企业改革成本，如果企业不能通过今后的盈利归还职工，就会出现新的债务风险，引发新的社会矛盾。河北省反映，全省国有粮食购销企业分流安置职工需要改革资金 22.5 亿元，目前地方财政和企业共同筹集了 14.9 亿元，还有近 8 亿元的资金缺口。

3. 有些地方企业内部退养人员“三险”缴纳、解除劳动关系职工的档案移交和社会保险接续等问题还没有很好解决，企业分流人员的再就业比较困难　按照现行的有关规定，国有粮食企业内部退养人员的养老保险、医疗保险统筹应一次性交到当地社保部门，但由于企业和基层社保部门在交纳社保费用方面还存在分歧，使粮食企业不能为这部分人员办理一次性交接手续。同时，对解除劳动合同人员的档案管理，也因企业难以交纳社保部门的有关费用问题，影响这些人员的档案移交和社会保险接续，并影响他们的再就业。由于国有粮食企业大多地处农村乡镇，就业渠道少，尽管粮食购销企业通过利用闲置资源，开展多种经营，以及兴办农村服务社等多种渠道安置了一部分分流人员，但还有相当一部分下岗分流人员的再就业仍比较困难。这些问题如不妥善解决，将影响到职工生活和带来不稳定因素。

此外，目前各地还存在国有粮食购销企业改革进展不平衡，有些地方企业产权制度改革不规范，以及粮食购销企业的税收政策需要进一步完善等问题。

要解决好以上问题，还必须继续深化改革，进一步完善和落实有关政策措施。第一，要认真做好国有粮食购销企业政策性粮食财务挂账从企业剥离和上划工作，切实减轻企业负担，为国有粮食购销企业改革和发展创造良好的条件。对挂账认定不足的地方，粮食主管部门要积极向当地政府反映情况，争取按照有关规定实事求是地核定政策性挂账；对已认定政策性挂账的地方，要及时做好剥离和上划工作。第二，要采取多种方法筹集资金，按照有关规定对解除劳动关系的职工给予合理的经济补偿，并做好这部分人员的保险关系接续和档案移交工作，切实注意保护好职工的合法权益，维护社会稳定。第三，要尽可能地帮助下岗分流人员重谋职业。就业是民生之本。粮食部门和粮食企业要充分利用各种资源，发展多种经营，采取多种方式增加就业岗位。对自谋职业和自主创业的，要积极予以支持。第四，要继续推进企业产权制度改革，建立新的企业经营机制。今年上半年，我局编印了一本《为耕者谋利　为食者造福》的小册子，介绍了各地在推进企业改革中的典型做法，在产权制度改革方面也有不少成功的经验，各地可以学习和借鉴。但关键是在产权制度改革中，要规范操作，确保国有资产不流失。第五，要转换经营机制，建立企业法人治理结构。企业改革改组后，如果不建立企业法人治理结构，切实转换经营机制，就有可能使改革半途而废。对已经推进了企业产权制度改革的地方，要及时按照建立现代企业制度的要求，建立法人治理结构，增强企业经营活力，提高经济效益。第六，要大力发展粮食产业化经营，继续发挥国有粮食企业的市场主渠道作用。从近几年粮食购销市场化改革和国有粮食购销企业改革的情况看，国有粮食企业仍然是粮食购销的主体，在粮食流通中发挥着积极作用。今后，改革改制后的国有粮食企业仍然要担负起国家粮食宏观调控和搞活粮食流通的重要职责，为国家粮食安全和粮食流通的发展做出重要贡献。

二、适时适度实行粮食宏观调控，引导粮食生产和流通，保证国家粮食安全

20 世纪 90 年代后期，我国粮食连续几年获得丰收，1996 年、1998 年、1999 年我国粮食年产量都超过 5 000 亿 kg。针对粮食生产连续四年丰收，库存过大，粮价下跌的情况，国家对粮食生产及时进行了适

度的宏观调控，将南方早籼稻、华北玉米、东北春小麦等先后退出保护价收购。2000年至2003年，由于我国粮食生产连续四年下降，粮食供求关系发生了重大变化，由阶段性供过于求转变为供求逐步趋紧，市场粮价大幅度回升，保证粮食供应的压力明显增大。针对粮食供求形势出现的新变化，为了鼓励和促进粮食生产的恢复和发展，增加国内粮食供给，2004年年初国家出台了对种粮农民直接补贴、减免农业税、对稻谷实行最低收购价等一系列支持粮食生产的政策措施，极大地调动了农民的种粮积极性，收到了明显成效。在政策、市场和气候等有利因素的共同作用下，2004年粮食生产得到较快恢复，粮食总产量达到4 694.5亿kg，比上年增产387.5亿kg，是历史上增产幅度最大的一年，但当年粮食产需仍存在一定的缺口。由于国家粮食库存比较充裕，可以弥补当年产需缺口，保证全年粮食供应，但年末国家粮食库存下降较多。2005年以来，按照中央1号文件精神，继续稳定、完善、强化各项支农政策，进一步加大各项支农政策的实施力度，有效地调动和保护了农民种粮的积极性，粮食生产继续呈现出良好的发展局面。

1. *粮食产量增加，消费平稳增长，当年产需仍存在一定缺口*　据有关部门统计，2005年我国夏粮产量1 062.5亿kg，同比增加51亿kg；早稻产量318亿kg，同比减少4.5亿kg。预计2005年我国粮食产量大体在4 750亿kg以上，除早籼稻比上一年略减，其他品种都不同程度增产。从消费看，近几年我国粮食消费量一直以0.6%～1%的速度保持平稳增长的态势。其中，居民口粮稳中趋降，种子用粮基本稳定，饲料用粮和工业用粮有所增长。从总体上看，2005年我国粮食仍产不足需，但考虑国家库存因素，我国粮食供给是有保证的。

2. *目前国家粮食库存比较充裕，可以保证市场供应，但仍存在区域和品种结构不平衡的矛盾*　目前国家粮食库存仍处于较高水平，可以满足市场供应的需要，但存在一定的区域和品种结构不平衡的矛盾。从生产和库存分布看，我国气候等条件南北差异较大，粮食生产受区域经济和自然条件等制约，地域性特征比较明显。我国小麦生产主要集中于冀鲁豫和黄淮海地区，玉米生产主要集中在东北三省和内蒙古、冀鲁豫，大豆生产主要集中在东北三省和内蒙古，稻谷生产主要集中在湖南、湖北、广东、广西、江西、安徽、江苏、四川等省、自治区。粮食生产优势化布局特点比较明显。与粮食生产相一致的，粮食主产区国家粮食库存量大，所占比重高，而主销区粮食库存量少，所占比重较低。另外，我国粮食消费区域性特征比较突出，不同地区粮食消费数量、品种存在一定的差异。从口粮消费结构看，南方地区以稻米为主，北方地区以面食为主。这些都需要通过区域和品种结构的调剂来解决不平衡问题。

3. *粮食购销比较平稳，市场价格在国家宏观调控下有所回升*　由于粮食产需形势有所缓解，2005年上半年，玉米、小麦、稻谷等主要粮食品种市场价格均有所回落。为稳定粮食市场价格，保护种粮农民利益，国家有关部门及时采取措施，加强了对粮食市场的宏观调控，取得一定成效，基本稳定了粮食市场价格。一是加大东北地区玉米购销和总量调剂力度，价格稳定趋升，效果非常明显。二是指定中储粮总公司结合储备小麦轮换，采取先轮入的方式，在小麦主产区积极入市挂牌收购，稳定市场价格。三是在安徽、江西、湖北、湖南4个早稻主产省启动了《早籼稻最低收购价执行预案》，由指定收购库点以1.4元/kg的最低收购价格挂牌收购2005年产早籼稻。中籼稻上市后，又先后在湖北、安徽、四川等省启动了《中晚稻最低收购价执行预案》。通过采取以上措施，目前粮食市场价格基本平稳。据我局2005年9月中旬价格监测显示，目前小麦、早籼稻、中籼稻、晚籼稻收购价格基本稳定在最低收购价水平之上。这些宏观调控措施受到了地方政府和广大农民的欢迎，保护了种粮农民的利益。预计后期粮食市场价格仍将以稳为主，上涨空间有限。

随着我国粮食流通市场化改革的不断深化，粮食宏观调控工作正面临着许多新情况。一是宏观调控的市场环境发生了深刻变化。2004年国务院决定全面放开粮食收购和价格，粮食资源配置的方式和流通主体与过去不同。二是宏观调控的政策体制环境发生了变化。粮食部门由过去管理国有粮食企业转变为全社会粮食流通管理，管理方式由过去的重事前审批转变为事前、事中和事后的全过程监管。三是粮食宏观调控的内容和方式发生了变化。最低收购价政策、监测预警体系、粮食应急体系等都是粮食宏观调控的新内容。四是作为宏观调控的基础，粮食统计范围明显拓宽，工作难度也随之增大。因此，当前和今后一个时期，做好粮食宏观调控工作，确保国家粮食安全的任务十分艰巨，需要重点把握好以下几个方面：

第一，正确分析和把握粮食供求形势，认真做好粮食总量和品种结构的平衡工作　2005年，我局根据粮食流通形势的变化和调控工作的需要，不定期地召开了粮食形势分析会，邀请有关专家和各省有关负责同志对全国粮食供求总量和品种平衡、区域平衡等问题进行分析和预测，提出粮食宏观调控的政策措施建议，并及时发布了相关信息。先后召开和准备召开主销区、产销平衡区和主产区的座谈会，针对夏粮、

早稻、秋粮收购工作召开不同地区座谈会，分析形势，研究对策，提出做好粮食流通工作的政策建议。在粮食收购季节或市场价格波动比较剧烈的时期，我们根据形势需要，及时研究分析供求和市场形势。各级粮食部门应当根据粮食生产和流通形势的新变化，进一步加强对粮食市场供求形势的分析，及时做出客观准确的判断，更好地为领导决策提供依据，同时为指导企业经营提供服务。

第二，积极做好粮食收购工作，落实好稻谷最低收购价执行预案，把市场粮价稳定在一个合理水平上　针对2005年早籼稻、中晚稻市场价格可能低于国家公布的最低收购价的情况，我们会同有关部门及时启动了最低收购价执行预案，对粮食价格的稳定起到了直接的拉动和托市作用。目前，中晚稻收购工作已陆续展开，秋粮收购在即，要密切关注粳稻、小麦和玉米等市场价格，积极做好新粮收购工作，努力使粮价稳定在一个合理水平，防止再度走低，保护好种粮农民积极性。

第三，继续稳定、完善和强化中央关于支农的各项政策措施，进一步加大对粮食生产的支持力度　一是继续加大农业税免征减征、对种粮农民直接补贴、良种补贴、农机具购置补贴，以及对农业基础设施建设和科技进步的支持力度，支持粮食主产区加强粮食综合生产能力建设。二是采取财政贴息等方式，支持粮食主产区立足资源优势，发展粮食精深加工和产业化经营，提高粮食经济效益，逐步建立起粮食稳定增产、农民持续增收的长效机制。三是完善对产粮大县财政转移支付的政策措施。除继续加大对主产区产粮大县的支持力度外，对西部地区和非主产区的产粮大县也要加大扶持力度。扶持非主产省建设商品粮生产基地，加强西部地区基本口粮田建设，提高粮食综合生产能力，确保口粮基本自给。

第四，继续完善中央和地方粮食储备调节体系，增强宏观调控能力　粮食市场放开后，各级储备粮将成为国家调控粮食市场的重要手段。一是中央储备粮轮换要把握好节奏和力度。在粮食收购旺季，要防止大量集中轮出打压市场粮价，切实保护种粮农民利益。二是优化储备粮布局和品种结构。要综合考虑供需状况、轮换、交通运输等因素，对一些商品库存数量较少的缺粮地区，应适当增加储备粮数量。同时，要适当增加大米等口粮品种的储备数量。三是切实充实地方粮食储备。主销区和主产区的地方储备，要按照国家要求分别保持6个月销量和3个月销量。处于主产区和主销区之间的产销平衡区，地方储备规模要保持在4～5个月的销量，其中产需缺口较大的要比照主销区保持6个月销量充实地方储备。

第五，采取有效措施，积极支持和鼓励产销区发展长期稳定的产销合作关系　粮食产销区建立长期稳定的购销协作关系是解决我国粮食供需矛盾、促进国内区域平衡的重要途径之一。各地政府和有关部门要高度重视，做好指导、协调和服务，建立有利于产销区协作发展的支持体系。要鼓励销区粮食工贸企业到主产区建设粮食生产和收购基地，继续鼓励主产区粮食企业在销区粮食市场经销粮食，建立集储、加、销为一体的粮食经营企业。

第六，建立和完善粮食安全预警系统及应急机制，保持粮食市场基本稳定　按照《国家粮食应急预案》的要求，建立健全全国性和区域性粮食应急机制，进一步细化和完善中央储备粮、地方储备粮的紧急动用预案，确保需要时按有关要求及时投放市场保证供应。

三、加强粮食法制建设，实行依法行政，依法管粮

近几年来，全国粮食系统在加强法制建设、依法管粮方面取得了重大进展。相继出台了《中央储备粮管理条例》和《粮食流通管理条例》，并陆续制定了配套的实施办法和制度，为推进依法管粮提供了法律依据。依法开展了中央储备粮代储资格认定和粮食收购资格审核工作，培育和发展多元化粮食市场主体，加大了粮食流通市场的监管力度，粮食流通秩序逐步规范，依法管粮的法治环境初步形成。

1. 制定出台了两个条例，为依法管粮提供了法律依据　《中央储备粮管理条例》和《粮食流通管理条例》两个条例的出台，总结和归纳了我们在粮食流通管理中的成功经验和做法，保持了粮食流通管理政策和措施的连续性和稳定性，理顺了政府有关部门之间、政府与企业、中介组织之间的关系，维护了粮食生产者、经营者和消费者的合法权益，有力地推动和规范了粮食流通体制改革的市场化进程，是我国粮食流通法制建设的里程碑。条例出台后，各地反映很好，粮食行政管理部门有了粮食流通管理的法律依据，粮食经营者、农民也找到了维护自身合法权利的法律武器。2005年5月，在《粮食流通管理条例》颁布实施一周年之际，我们在全国范围内进行了大规模宣传活动，举办了“国粮杯”电视知识大赛和面向全社会的《粮食流通管理条例》有奖答卷活动。各地粮食部门也组织开展了形式多样的“宣传周”、“宣传月”活动，使条例的内容和作用进一步为社会熟知和认可，为实现依法管粮营造了良好的社会氛围。

2. 制定两个条例的配套实施办法，进一步贯彻

落实条例　两个条例是我们依法规范粮食流通活动的重要依据。为配合两个条例的贯彻实施，我局抓紧起草并出台了相关的配套制度和办法。一是《中央储备粮代储资格认定办法》和《中央储备粮代储资格认定办法实施细则》，明确了代储企业的具体条件和申请程序，使代储企业的选择更加公平、公正和规范；二是《粮食收购资格审核管理暂行办法》，为建立粮食收购市场准入制度，依法规范粮食收购秩序提供了依据；三是《粮食流通监督检查暂行办法》、《粮食监督检查工作规程（试行）》、《粮食监督检查行政处罚程序（试行）》、《粮食监督检查证件管理规定》，使粮食流通监督检查工作的顺利开展有了制度保障；四是《粮食质量监管实施办法（试行）》，进一步明确了粮食流通质量监管的具体制度和相关部门的职权分工；五是《国家粮食流通统计制度》，确保了粮食流通统计信息的及时、准确上报和发布。各地根据当地的实际情况，也都制订了相应的配套实施办法。这些配套制度和办法的制定，细化了条例的有关规定，使条例的实施更具有可操作性，也为进一步推动依法管粮提供了制度保障。

3. 依法开展中央储备粮代储资格审核和粮食收购资格审核工作，培育多元粮食市场主体，建立健全粮食市场体系　一是按照《中央储备粮管理条例》和《中央储备粮代储资格认定办法》、《中央储备粮代储资格认定办法实施细则》的有关规定，我们抓紧启动了中央储备粮代储企业的资格认定工作。截至目前，我们已经完成了两批认定工作，为1 170家企业授予中央储备粮代储资格。第三批认定工作也即将开始。二是根据《粮食流通管理条例》和《粮食收购资格审核管理暂行办法》的规定，开展粮食收购资格审核工作。目前，国家粮食局已为9家在国家工商总局注册的粮食企业办理了粮食收购许可证。全国绝大多数省份都已经制定了粮食收购资格审核的具体办法，并按照办法规定，对申请企业进行了资格审核。截至2005年7月中旬，安徽省已批准了5 467家入市收购资格，其中国有粮食企业1 564家，约占29%；非国有粮食企业3 576家，约占71%。山东省共办理粮食收购许可证2 359份。通过资格审核，既规范了粮食收购市场秩序，加强了市场监管，又鼓励和支持了多元主体参与粮食收购，发挥了他们搞活流通的积极作用，对进一步建立统一开放、竞争有序的市场秩序有着积极的意义。

4. 依法开展粮食流通监督检查工作，建立粮食市场检查制度　按照《粮食流通管理条例》和《中央储备粮管理条例》赋予的监督检查职能，积极开展面向全社会粮食流通的监督检查工作。一是继续开展国有粮食购销企业库存清查工作。2001年全国粮食清仓查库以后，对国有粮食购销企业的库存清查工作已经形成制度。近两年，为落实国务院领导关于摸清全国粮食库存家底的指示精神，我们会同有关部门加强了对粮食主产区和主销区中央储备粮、地方储备粮和商品粮库存的监督检查，库存检查的内容包括粮食数量、质量、储存安全、仓储管理、储备粮轮换和资格认证、财务等粮食管理的各个方面，2005年又增加了对非国有粮食企业统计制度建立和执行情况以及中央储备粮代储资格认定情况的检查。2005年，我局会同有关部门分两批对全国15个省的粮食库存情况进行了抽查，进一步核实和掌握了国有粮食购销企业的粮食库存情况，为深化粮食流通体制改革、实施粮食宏观调控提供了可靠的决策依据。二是开展面向全社会的粮食流通监督检查。各级粮食行政管理部门与有关部门密切配合，查处了一批倒卖陈化粮等群众反映强烈、社会影响较大的涉粮案件，打击了违法违规经营行为，维护了粮食市场秩序，保护了农民利益和消费者权益。三是配合最低收购价的执行，加强对粮食收购工作的指导和检查。2005年，根据稻谷产需情况，国家决定对稻谷继续实行最低收购价政策，并公布了最低收购价格。由于市场价持续低于最低收购价，早籼稻、中晚稻主产省先后启动了最低收购价执行预案。为确保最低收购价政策得到落实，切实保护种粮农民利益，我局多次派出调查组，由局负责同志带队赴稻谷主产区和粮食主产区进行调研，督促相关企业按照国家规定收购，发现并解决实际操作中存在的问题。

5. 贯彻落实两个条例、推进依法行政、实现依法管粮，地方各级粮食部门做了积极的探索和努力　《粮食流通管理条例》颁布后，各地都开展了形式多样的宣传和贯彻活动，安徽省粮食局印制《条例》宣传册2万册和公告1万份，发到基层粮食部门。湖南省粮食局与省政府法制办联合召开了全省实施条例办法新闻发布会，以记者访谈、知识问答等形式在电视、广播、报纸上进行广泛宣传。江苏省粮食系统印发宣传手册9.5万多册，开辟宣传橱窗1 153期，张贴宣传资料3万多份，使用宣传车553次，利用电视广播211次。甘肃省粮食局把6月25日至7月2日作为《条例》学习宣传周，各地印发宣传材料30多万份，接受宣传教育的人数达到了200多万人次，收到了很好的社会效果。在条例配套制度建设方面，全国大多数省份在参照国家局制定的办法和制度的基础上，结合各省的实际情况，制定了相应的配套办法。在依法行政和依法治理方面，四川省粮食局印发了粮食行业依法行政五年规划，安徽省、江西省粮食局制定了贯彻全面推进依法行政实施纲要的意见，北京市粮食局制定了全面推进依法行政的工作要点，对本省（直辖市）粮食部门依法行政提出了要求。黑龙江、安徽等省开展了行政执法培训和人员资格认证。重庆、甘肃、黑龙江等省（直辖市）制定了省粮食行业“四五普法依法治理总结验收方案”。这些工作有力地推动了粮食流通法制建设的进程，提高了粮食部门依法行政的能力和水平。

国务院对依法行政工作非常重视。2004 年 3 月，国务院印发了《全面推进依法行政实施纲要》（国发［2004］10 号）（以下简称《纲要》），确立了今后十年建设法治政府的基本目标、任务和要求。在广泛征求意见的基础上，2005 年 4 月，国家粮食局制定了《国家粮食局关于粮食行政管理部门贯彻国务院全面推进依法行政实施纲要的意见》，对粮食系统推进依法行政做出了总体安排和部署。总的看，粮食系统依法行政工作还刚刚起步，粮食依法行政虽然有了一定进展。但困难很多，问题也不少，比如制度建设还需要进一步健全，人员素质还需要进一步提高。因此，下一阶段的工作任重道远，需要各级粮食行政管理部门的共同努力。今后，进一步推进粮食系统依法行政主要有以下几项工作：

第一，切实加强对依法行政、依法管粮工作的领导 全面推进粮食系统依法行政，实现依法管粮，是一项长期而艰巨的任务。各级粮食行政管理部门一定要充分认识到这项工作的重要意义和紧迫性，切实加强领导，把这项工作落到实处。领导干部要带头学法、守法和用法，要积极转变观念，改变粮食流通管理的理念和方式，学会运用法律和经济手段解决粮食流通管理中存在的问题。要有计划、有步骤地推进粮食流通依法行政。对依法行政工作的进展情况，可以适时进行检查和交流来进一步推动。初步打算 2006 年国家粮食局要在全国范围内开展《粮食流通管理条例》贯彻实施情况的大检查。各省可以结合自身情况，开展自查。在推进依法行政的过程中，要充分重视和发挥好法制机构的作用，法制机构要认真履行职责，发挥好参谋、助手和顾问的作用。

第二，进一步建立健全两个条例的配套制度，并抓紧落实 目前各地在两个条例配套制度的建设方面进展不均衡，有的省份在地方储备粮管理、粮食收购资格管理、粮食流通监督检查及统计制度等方面，已经建立比较健全的制度体系。而有的省份则进展较慢，相应的工作也没有及时开展。因此，要继续加强研究，对已经制定的配套制度和措施，要根据粮食流通形势的新变化，进一步修改和完善，制定实施细则，使之更具有可操作性。而对于配套制度建设相对滞后的省份，则要加大工作力度，抓紧建立相关的实施办法，并严格贯彻执行。尤其是要抓好条例规定由地方制定的配套措施的制定工作，如最低和最高库存量的具体标准，目前在这方面已经出台相关标准的省份很少，要抓紧研究制定。在这方面国家粮食局也会加大指导力度，共同推动这项工作。

第三，加强粮食行政执法，规范行政执法行为 粮食行政执法是整个粮食行政机关的日常性管理活动，不仅仅是哪一个机构的事情。各级粮食部门一定要澄清认识，树立法制观念，做到知法、懂法、守法，严格、文明、公正地执法。首先行政执法必须按照法定权限和程序行使职权。各级粮食行政机关及其工作人员一定要按照《粮食流通管理条例》等法律赋予的职责，在法律授予的权限内、按照法定的程序管理粮食流通事务，既不能失职不作为，又不能越权乱作为。其次要抓紧建立粮食行政执法体制。2005 年 7 月，国务院办公厅下发了《关于推行行政执法责任制的若干意见》。各省级粮食行政管理部门要按照该意见的要求，坚持职权法定、权责一致的原则，清理和规范粮食行政执法主体，稳定和加强县级粮食行政管理机构，建立权责明确、行为规范、监督有效、保障有力的行政执法体制。要抓住机遇、集中力量加强行政执法队伍的建设，通过教育、培训、考试和学习实践，不断提高行政执法人员的法律素质和道德素质，提高行政执法的水平。

第四，完善行政监督机制，加强对行政行为的监督 加强行政监督，当前很重要的一件事就是尽快启动行政复议工作，国务院对行政复议工作非常重视。前不久，中编办批准给国务院法制办增设了行政复议司，专职处理行政复议事务。《行政复议法实施条例》也正处于征求意见阶段。2005 年 7 月，我局下发了《粮食行政复议办法》，对粮食行政复议的范围、程序进行了规定。8 月，在全国粮食政策法规工作会议上，我局又对这项工作作了专题部署。目前，有的省份已经着手启动了这项工作，上海、黑龙江省粮食局已经制定了粮食行政复议办法，江西、新疆粮食局成立了粮食行政复议委员会。应当说，行政复议工作是粮食行政管理部门面临的一项全新的工作任务，仅仅出台一个办法是远远不够的。随着粮食市场的全面放开和粮食行政执法工作的深入开展，各级粮食行政管理部门与法人、其他经济组织等行政管理相关人之间的行政纠纷将会随之而来。因此，各级粮食行政管理部门一定要高度重视并尽快启动这项工作。一是抓紧建立粮食行政复议制度，包括粮食行政复议案件相关材料查阅制度、听证制度、行政复议人员管理制度等。二是充实相关的行政复议人员。粮食行政复议是

一项法律性、专业性很强的工作，涉及到许多具体制度和程序的健全、执行等工作，需要有一支法律基础较好的人员队伍。同时，完善行政监督还需要完善地方性粮食法规、规章和其他规范性文件的备案审查制度。地方性粮食法规、规章在向地方政府法制机构备案的同时，也要向上一级粮食行政管理部门法制机构备案。其他重要的规范性文件也要向上一级粮食行政管理部门法制机构备案。通过备案，加强对抽象行政行为的监督，从制度源头上避免不当执法。

（本文为作者于 2005 年 10 月在“中国粮食行业协会三届二次理事会和中国粮食经济学会五届二次理事会”上的讲话，略有删改）

全面落实科学发展观
不断推进食品药品监管工作的新发展

国家食品药品监督管理局局长　郑筱萸

一、食品药品监管工作回顾

2004 年，是我国改革开放和经济建设取得新的重大进展的一年。一年来，全系统职工以“三个代表”重要思想为指导，坚持科学发展观，认真贯彻落实国务院《关于进一步加强食品安全工作的决定》（简称《决定》）和温家宝总理、吴仪副总理等领导同志的重要指示，继续坚持“以监督为中心，监、帮、促相结合”的工作方针，按照国务院统一部署，抓住机遇，推进改革，各项工作取得新成效。

（一）稳步推进食品安全工作，食品安全形势有所好转

2004 年，我们以深入开展食品安全专项整治、落实国务院《决定》为中心，推进食品安全工作。在卫生、工商、质检、农业、商务、公安、海关、国务院法制办、整规办等有关部门大力支持和共同努力下，食品安全专项整治取得实效，食品安全整体形势有所好转。

1. 食品安全专项整治初见成效　一是制定方案，开展宣传。为推进食品放心工程向纵深发展，2004 年 5 月，国务院决定在全国开展食品安全专项整治，我局会同有关部门拟定整治方案，吴仪副总理在电视电话会议上作出了全面部署，提出明确要求。各地各部门先后组织开展了食品安全宣传周等多种形式的宣传活动，普及食品安全知识，动员群众广泛参与监督。二是督查督办，狠抓落实。我局会同各部门分赴各地，加强督查督办，指导整治工作。积极探索综合监督的方式方法，与各部门联合发布了《实施食品放心工程综合评价办法（试行）》，加强对各地管理指标、检测指标和消费者满意度三方面的综合评价。已在大庆、辽源等 11 个市县开展试点。三是抓住重点，查处大案。2004 年，各地发生一系列重大食品安全事件，涉及种类多、环节多、地域广、原因复杂。特别是阜阳劣质奶粉事件，震惊全国。按照国务院领导指示，我局会同公安、监察、卫生、质检、工商等部门组成调查组，展开全面彻底的调查，查清事实，分析原因，总结教训。还先后组织查处了“广州散装假酒”、“黄花菜二氧化硫超标事件”等影响重大的食品安全事件；督查督办“重庆火锅底料”、“龙口粉丝”、“太原陈醋”等 40 多起食品安全事件。四是既抓整治，又抓规范，开展食品安全信用体系建设试点工作。我局会同有关部门制定了《关于开展食品安全信用体系建设的若干指导意见》和试点方案，在大庆等 5 个城市、粮食等 3 个行业开展试点。先后召开两次交流会，组织行业协会推出食品生产企业信用档案示范文本。目前，全国已有 20 个省、自治区、直辖市的 39 个市县开展试点工作。部署食品放心工程三年规划，将阶段性目标和中长期目标、治标和治本结合起来，把食品放心工程引向深入。

一年来，各地各部门树立大局意识，讲风格，在协调和配合方面下功夫，推进专项整治，使食品安全状况有所好转，食品源头污染初步得到遏制，生产经营秩序进一步规范，制假售假违法活动受到打击。据统计，2004 年，全国共查处有关食品违法案件近 40 万起，总货值金额 14.7 亿元。其中立案查处 13 万起，货值金额 15 万元以上的 988 起，移送司法机关 1 585 起，涉案人数 7 872 人，逮捕 270 人，有力打击了食品违法犯罪行为。此外，各地各部门开展了奶粉、儿童食品专项整治，成效显著。浙江开始探索建立食品安全“三网”（放心食品供应网、监管责任网和社会监督网）模式；上海确立“堵源头、端窝点、严准入、强监管”的思路；河南初步建立食品安全风险评估和整治效果评价制度。

2. *贯彻落实国务院《决定》工作逐步展开* 2004年6月23日、7月21日，温家宝总理两次主持国务院常务会议听取食品安全工作情况汇报，并作重要指示。按照会议精神，我们会同各有关部门研究起草了国务院《关于进一步加强食品安全工作的决定》（代拟稿），9月1日以国务院名义下发。各部门认真学习国务院《决定》，在领会精神实质、统一思想、提高认识的基础上，结合自身职能，提出贯彻落实国务院《决定》的思路和具体措施。按照一个监管环节由一个部门监管的原则，采取分段监管为主、品种监管为辅的方式，进一步理顺食品安全监管职能。国务院法制办启动了《食品卫生法》修订工作，我局也组织有关专家开展立法调研。我们还积极参与质检总局、国家标准委、认证认可委组织的食品安全标准体系和食品安全检验检测体系建设工作。我局会同相关部门发布了《食品安全监管信息发布暂行管理办法》，明确了食品安全信息发布的原则、内容以及发布形式，初步建立了食品安全信息员制度、信息通报制度、责任制和协调机制，确定奶制品和蔬菜作为规范信息发布的试点。

为落实国务院《决定》中关于地方政府对当地食品安全负总责的要求，各地加强了食品安全的统一领导和组织协调。目前，31个省、自治区、直辖市先后成立了食品安全委员会、协调委员会或联席会议等，由政府主管领导担任主任、食品药品监管部门领导任副主任，相关部门负责人参加，办事机构一般设在食品药品监管部门。15个省、自治区、直辖市的全部市县，其他省份的部分市县，也都建立了相应的机构。各级协调机构健全制度，建立协调机制，明确责任制和责任追究制，进一步强化了政府的统一领导和各部门间的协调配合，增强了监管合力，强化了日常监管和专项整治。

（二）深入开展药品监管工作，药品安全保障水平不断提高

1. *加强药品生产监管，GMP认证工作取得突破性进展* 2004年，是监督生产企业实施GMP认证的攻坚阶段。严格执行截至7月1日未取得GMP证书的生产企业或车间一律停止生产的规定，任务繁重，情况复杂。为保证认证质量，各级食品药品监管部门按照“标准不降低、时限不延长”的要求，精心组织，付出了极大的努力。各地严格按时限、程序和标准开展认证，进一步规范行为，完善认证审查公示、督察和备案制度，充分发挥层级监督、社会监督作用；国家局加强监督指导和组织抽查，有效防止了违规行为，保证了认证质量。国家局及时出台了涉及认证的相关政策措施，各地将依法监督停产的责任落实到现场检查人员，实行GMP动态情况周报告制度，积极配合地方政府做好企业的关、停、并、转等后续工作，妥善处理好改革、发展与稳定的关系。总的看，GMP认证工作达到了预期目标。

截至2004年底，全国5 071家药品生产企业中已经有3 731家通过了GMP认证，占74%；未通过GMP认证的1 340家企业已全部停产。通过监督实施GMP认证，进一步增强了企业的质量意识，药品抽样检查合格率逐年上升；促进了制药企业的结构调整和产业升级，在一定程度上抑制了低水平重复；我国医药产业的国际竞争力有所提高。

2. *规范药品流通秩序，严厉打击制售假劣药品行为* 一是GSP认证工作取得阶段性成果。截至2004年底，全国8 108家应认证批发企业中已有7 445家通过认证，1 624家零售连锁企业中已有1 410家通过认证。全国76 295家县及县以上零售企业中已有58 065家通过认证。初步建立经营企业退出机制，已有1 400家批发企业、11 600家零售企业被淘汰出局。通过认证，药品经营整体水平有所提高，市场秩序进一步规范。二是严厉打击制售假劣药品违法行为。与公安部门建立联合打假长效工作机制，增强了打假治劣工作力度。截至2004年11月底，全国共查处药品案件24.6万件，涉案总值3.6亿元，没收金额1.32亿元，罚款金额3.98亿元，取缔无证经营户12 701个，捣毁制假窝点691个，停业整顿86户，吊销许可证33件，移交司法机关207件，刑事处罚55人；全国共查处医疗器械案件3.9万件，涉案总值0.86亿元，罚款总额0.82亿元，没收金额0.2亿元，取缔无证经营户2 949个，捣毁制假窝点123个，停业整顿15户，吊销许可证1个，撤销终止批准文号10个，移交司法机关16人，刑事处罚1人。加大对重点媒介发布药品、医疗器械广告监测检查力度。截至2004年11月底，共公告批评违法药品广告8 369个，移送工商查处的违法广告11 913份，其中未经审批违法发布的占73.7%。

3. *加强专项监管，开展整治行动* 一是开展医疗器械专项整治。继续加强医疗器械生产环节的监管，对一次性使用塑料血袋、外科植入物、生物填充材料等产品实施严格监管，组织对11个省（直辖市）生产与采供血液和单采血浆相关的企业进行质量体系抽查。开展打击无证医疗器械专项行动，积极配合卫生等部门，查处非法回收、不按规定采购、倒卖或重复使用一次性输血器材等违法行为。二是加强血液制品血浆来源及其生产的监管。会同有关部门，加强血液制品企业监管，严厉打击非法采供血液和单采血浆行为。初步建立原料血浆采集、血液制品生产年度审核制度和企业血液制品产量及血浆来源和数量报告制度。组织对36家企业进行GMP复查，责令4家限期整改。三是进行特殊药品专项检查。适应禁毒形势要求，及时将氯胺酮调整为第一类精神药品管理。同时，会同卫生部开展医疗机构麻醉药品、第一类精神药品使用管理的专项检查。

4. 农村药品“两网”建设顺利开展，农村药品安全保障水平不断提高 在总结北京、江西、陕西、成都等地农村药品“两网”建设试点经验的基础上，下发了加强农村药品“两网”建设的指导意见。各地明确目标、落实责任、细化工作，农村药品“两网”建设逐步展开。大部分市县已初步建立以乡、镇、村干部为主，医药卫生人员为辅，其他人员参与的乡药品协管员和村信息员队伍，促进了农村医药市场的监管。全国通过乡镇和行政村监督网，共发现、查处假劣药品案件11 763起。各地遵循“政府引导、市场运作、多方参与、法律规范”的原则，引入竞争机制，促进农村药品供应网建设。一些地区探索了以集中配送、连锁经营为主，其他形式为补充的农村药品供应之路。农村药品“两网”建设，既有利于解决农村，特别是边远山区的药品供应问题，又保证了农民用药质量；同时促使农村药品价格有所下降，部分地区药价下降了10%～20%，受到农民欢迎。

5. 规范和加强药品、保健食品、医疗器械注册审批 在药品注册工作方面，初步建立了自上而下的注册咨询网络体系，建立了数据完整、记录准确、查询方便的12个数据库。继续确保“快速审批通道”的畅通。批准首个用于改善艾滋病症状的中成药“唐草片”上市，批准“艾滋病疫苗”进入Ⅰ期临床研究，批准并监督“SARS病毒灭活疫苗”完成Ⅰ期临床研究，批准“SARS病毒抗原检测试剂盒”生产，批准“人源抗SARS病毒特异性免疫球蛋白”供应急使用。在保健食品、药包材及药用辅料注册工作方面，改革了保健食品审评专家遴选办法，进一步规范保健食品技术审评；制定了药包材标准、药包材检测方法标准；配合有关部门研究确定了药用辅料注册管理方式。在医疗器械注册管理方面，严格技术审评和行政复核的要求，为审评工作提供了有力的行政、技术保障，开展了医疗器械国家标准和行业标准的制修订等工作。

6. 加快药品分类管理，加强不良反应监测工作 制定了处方药与非处方药分类管理的实施规划，明确提出2006年1月1日起基本实现药品分类管理。开展规范非处方药说明书、药品评价转换工作，初步实现非处方药目录动态管理。为遏制抗菌药物滥用，确保公众用药安全，国家局做出了未列入非处方药目录的所有抗菌药从2004年7月1日起需凭处方才能销售的决定。各地采取措施加强监管，进一步保证了公众用药的安全有效。药品不良反应监测工作进一步加强，国家局与卫生部联合颁布了《药品不良反应报告和监测管理办法》。截至2004年底，共收到药品不良反应病例报告70 074例，比上年增加近一倍。在北京、上海、广东等地开展了医疗器械不良事件监测试点工作，初步建立医疗器械不良事件报告技术体系。

此外，还启动了GAP认证、GLP检查和复核检查、药物临床试验机构资格认定等工作。继续加强了执业药师制度建设。2004年底，执业药师人数已达112 897人，从业药师达96 740人，在保障公众安全合理用药方面发挥了重要作用。积极开展国际交流合作，不断扩展与WHO的合作，积极参与国际上关于药品、医疗器械法规、技术规范的协调活动，与法、加、美等国和香港特别行政区的合作取得实质性进展。

（三）深化“三抓”工作，为行政执法提供动力和保障

在前两年广泛开展抓作风、抓基础、抓基层的基础上，2004年进一步把“三抓”引向深入，取得积极成效，保证了各项任务的顺利完成。

1. 深入开展向高志全学习和争先创优活动，推进队伍建设 按照吴仪副总理的指示精神，国家局党组作出向高志全同志学习的决定，把学习活动作为加强队伍建设的大事来抓，为队伍建设提供了强大的精神动力。一是以学习高志全为契机，广泛开展争先创优活动。国家局机关和部分省市组织了高志全同志先进事迹巡回报告，各地以多种形式广泛开展了学习教育活动。“药监卫士”的英雄事迹，激励了全系统人员牢固树立正确的理想信念和人生观、价值观，形成了见贤思齐、爱岗敬业、争创一流的良好氛围，推动了身边先进典型脱颖而出。在此基础上，人事部和国家局决定，在全国食品药品监管系统开展评选先进集体和先进工作者活动。经各级食品药品监管机关评选、推荐、审核，人事部和国家局决定联合表彰40个先进集体和10名先进工作者，国家局表彰先进个人22名。二是贯彻人才强国战略，提升队伍整体素质。国家局党组印发了《关于加强省以下食品药品监督管理系统队伍建设的指导意见》，各地结合机构组建，严把进人关，坚持公开、公平、公正、竞争、择优的原则，进一步充实队伍，加大干部交流力度，进

一步优化了班子和队伍结构。国家局印发了《关于进一步加强培训管理工作的意见》，组织了省级局长培训班和地市县局长培训示范班，各地普遍加大了培训力度，提高了培训质量和成效。

2. 加强法制建设，认真开展执法检查 认真做好《行政许可法》实施前的准备工作。各地普遍开展了多种形式的学习、培训和宣传活动，认真做好有关行政许可规定、行政许可实施主体以及行政规章、规范性文件的清理、许可项目的公示等工作。国家局清理、修订涉及行政许可的规章 11 项。继续深化行政审批制度改革，经与国务院审改办协商、论证，国务院三批共取消和调整药品行政审批 35 项。继续加强立法工作，制修订、颁布了《医疗器械临床试验规定》、《药品经营许可证管理办法》等规章，配合国务院法制办审核论证了麻醉药品、精神药品管理条例和预防性生物制品监管条例。为落实《行政许可法》，贯彻国务院《全面推进依法行政实施纲要》，在全系统开展执法检查工作，并作为一项重点工作。在各地自查的基础上，国家局组织 5 个检查组，分赴 10 个省、自治区、直辖市，对行政执法的基本情况、制度建设、规范性文件、行政许可和行政处罚等进行了检查。了解了各地依法行政的基本情况和存在的问题，及时发现了越权执法、随意执法、执法程序不规范、认定事实证据不充分、执法不文明、执法监督机制不完善等问题。国家局党组专门听取执法检查汇报，认真研究检查中发现的问题，特别是各地对国家局的意见建议，强调作风要从国家局抓起，一级带一级，一级抓一级，并要求国家局机关各司室严肃对待基层反映的情况，查找原因，认真整改，做到件件有着落，条条有回音，进一步规范自身的行为。并决定把问题整改作为全系统 2005 年的一项重要工作，作为全面提高行政执法能力的切入点，不断提高行政执法水平。

3. 抓好基础性工作，不断提高服务和保障水平 一是加快政务信息化建设。初步建立了覆盖国家局直属单位和各省局的食品药品业务专网，为公众提供方便、快捷的政务信息服务。国家局政府网站先后获国家“十佳政府网站”等荣誉。进一步规范了机关办文、办会，促进了工作效能和管理水平的提高。二是注重做好中央补助地方专项工作。2004 年，中央补助中西部县级机构购置执法装备专项经费 6 320 万元；中央补助地方药品快速检测车装备经费 23 680 万元，补助用于 25 个省的地市级机构和部分县级机构装备药品快速检测车及车载检测工具。此外，还根据国债资金投向重点，经调研论证，提出利用国债资金建设和完善食品药品监管系统基础设施项目建议。

4. 坚持防范和惩处并重，加强党风廉政建设 全系统干部职工认真学习胡锦涛总书记“七一”讲话和在中纪委三次全会上的讲话，落实国务院廉政会议精神，始终把党风廉政建设列入重要议事日程，结合实际，做好反腐倡廉工作。认真学习贯彻《党内监督条例（试行）》和《纪律处分条例》，积极开展向任长霞、牛玉儒等英模人物学习活动，并以反面典型为鉴戒，开展警示教育。普遍重视从源头上预防和治理腐败，在制度建设、加强监督方面有所创新，制定了一些行之有效、较为科学、具有较强约束和监督作用的运行机制和管理办法，进一步规范了监管业务和财务、人事工作中的权力运行。各地普遍制定了落实党风廉政建设责任制实施细则，狠抓任务分解和责任目标的落实，强化责任追究。各地还认真纠正损害群众利益的不正之风，坚决查处违纪案件，惩治腐败分子。

在肯定工作成绩的同时，我们必须清醒地认识到，还存在不少差距。主要表现在：一是从队伍状况看，存在结构不尽合理、执法队伍整体素质亟待提高的问题。一些同志对市场经济、食品药品专业知识、法律知识知之不深。少数干部还存在官僚主义、形式主义，如办事效率不高，责任不清，甚至内部推诿扯皮；有的图形式、走过场，报喜不报忧；有的墨守成规、不思进取，不善于调查研究、深入思考问题，不能准确把握食品药品监督管理发展的客观规律，工作被动；个别人员法制观念不强，在一定程度上存在乱执法、越位执法、执法扰民的现象；极个别人还走上了违法违纪的道路。二是从法治建设情况看，与依法行政要求不完全适应。日常监管法律依据不足的现象还一定程度存在，一些法规、规章规定过于笼统，可操作性不强，也增加了工作中的随意性。法规和政策制定的透明度不高，统一性、稳定性、连续性也不够。在制定发布某些法规、政策时，统一协调不够，甚至前后不一，相互矛盾。与此同时，有法不依、执法不严的问题也还存在。执法监督缺少制度保障，或有制度而落实不够，自查自纠的自觉性有待提高。三是从监管工作的长远发展看，制度和机制创新不够。在履行食品安全综合监管职责方面，与国务院要求还有差距。虽然作了积极努力，但规范化的监管模式还在探索中；虽然建立了部际协调会议制度，但还缺少刚性协调机制；虽然边组建边开展工作，但基础还很薄弱。依然严峻的食品安全形势，迫切要求我们提高综合监管能力。在药品监管方面，单一、静态和事后执法已不能适应形势发展，深化改革，开拓创新，建立综合的、动态的，事前、事中、事后相结合的，全方位、多层次、规范化的药品监管新机制、新模式，是摆在我们面前的重要课题。四是从物质条件看，基层还存在一些实际困难和薄弱环节。各地发展不平衡，工作条件差别较大，特别是欠发达地区，基层办公用房普遍短缺，执法装备比较匮乏，检验检测设备和手段相对落后，难以适应工作要求，急需统筹安排，逐步解决。

二、牢固树立和落实科学发展观，做好2005年食品药品监管工作

（一）2005年食品药品监管工作总体要求

以邓小平理论和"三个代表"重要思想为指导，认真贯彻党的十六届三中全会、四中全会和中央经济工作会议精神，以科学发展观统领食品药品监管工作，全面落实国务院《决定》提出的各项任务，继续坚持"以监督为中心，监、帮、促相结合"的工作方针，强化监管职能，深入开展食品药品安全专项整治，继续开展抓作风、抓基础、抓基层的工作，着力提高依法行政能力和执法水平，最大限度地保障人民群众饮食用药安全，促进食品、药品产业健康发展，为实现全面建设小康社会的奋斗目标作出新的贡献。实现这一总体要求，最重要的是，要从全面落实科学发展观的高度，充分认识食品药品监管工作的地位和作用，把科学发展观贯穿到食品药品监管工作的各个方面，增强做好工作的责任感和使命感。

1. 树立和落实科学发展观，就要充分认识食品药品监管工作的根本目的是坚持"以人为本"，保证人民群众饮食安全和用药安全有效　"以人为本"是科学发展观的本质和核心。食品药品监管工作，一方面要把保护人的生命安全和健康作为工作的出发点和落脚点；另一方面要引导和规范食品药品生产经营企业把质量安全放在第一位，严厉打击危害人们健康的各种制假售假行为，同时提高群众的安全防范意识，在全社会形成关注安全、关爱生命、珍视健康的良好氛围。

2. 树立和落实科学发展观，就要充分认识食品药品监管工作的重要目标是服务于执政兴国的第一要务，促进经济社会全面、协调、可持续发展　要充分运用监管手段，通过政策引导、信息发布和市场准入，促进企业组织结构和产品结构的调整优化，遏制低水平重复，促进食品行业和医药经济的健康发展；必须依法对市场主体及其行为进行监管，维护公平竞争的市场环境，逐步形成统一、开放、竞争、有序的现代食品药品市场体系。

3. 树立和落实科学发展观，就要充分认识在食品药品监管中统筹兼顾的重要性、必要性　食品药品安全，不仅关系公共安全、社会安全，而且关系国家安全。统筹经济社会发展，统筹人与自然的和谐发展，就要在发展经济的同时，更加注重食品药品安全，切实维护人的生命权益，实现人们的健康愿望，为构建和谐社会作出贡献。适应城乡一体化发展的新形势，树立城乡并重的观念，把城市和农村食品药品监管工作作为一个有机的整体，建立布局合理、结构优化的城乡食品药品监管格局，着力强化薄弱环节、薄弱领域、薄弱地区的监管，发挥城市监管的优势和示范、带动、辐射作用，以城带乡，使城乡之间相互促进、协同配合、同步发展。

（二）2005年的主要任务

1. 全面贯彻落实国务院《决定》　目前食品安全的总体形势虽有所好转，但存在的问题和事故隐患还很严重。贯彻落实国务院《决定》，推进食品安全状况的根本好转，是一项长期的战略任务，需要各方面密切协作，共同努力。我们要按照温家宝总理、吴仪副总理的指示精神，继续加强与各部门的协调配合，以深入开展食品安全专项整治为重点，推进国务院《决定》提出的各项重点任务和各项重要措施的落实。

（1）继续开展食品安全专项整治，确保取得实效　要按照国务院《决定》和整规领导小组会议部署，在实施食品放心工程、开展专项整治取得一定成效的基础上，继续深入开展食品安全专项整治，在抓落实、求实效上下功夫。一是抓住关键，引向深入。要继续按照食品安全专项整治方案的要求和出现的新情况、新问题，抓住与老百姓生活关系密切的粮、肉、菜、奶等重点品种，容易发生问题的种植养殖、加工、流通等重点环节开展整治，特别是对媒体曝光的、老百姓危害严重的大案要案和恶性事故，要做到及时、彻底查处，严厉打击违法犯罪行为，坚决遏制不法之徒的嚣张气焰；查清责任，严肃追究相关人员的责任。坚决把重大案件、恶性事故的发生率降下来，增强老百姓的安全感，维护法律的尊严，维护社会稳定。要把握食品安全的整体状况，掌握专项整治的动态，剖析大案要案、重大事故发生的特点和深层次原因，探索规律性，增强预见性和主动性，把"整治"和"建设"结合起来，突出大案要案查处后的整改，建立有效防范机制，防患于未然。二是各负其责，整体推进。要继续按照"全国统一领导，地方政府负责，部门指导协调，各方联合行动"的工作格局，强化地方政府的责任，健全食品安全协调机制，强化行政执法部门监管责任。要按照责权一致的原则，积极探索建立和切实落实食品安全监管责任制和责任追究制。各

地要紧密结合实际，针对本地区的食品安全状况，制定具体方案，采取切实可行的措施，抓住主要矛盾，抓住关键环节，解决突出问题，务必抓出成效。各级食品药品监管部门，在专项整治中，要坚持全面把握、平台运作、重点突破的工作方法，充分发挥“抓手”作用。三是考核评价，促进落实。为保证专项整治健康发展，确保各项工作落到实处，要建立和完善食品安全综合评价体系。国家局在总结2004年11个城市开展综合评价试点工作的基础上，对所有省会城市进行综合评价。及时发现和宣传好经验、好典型，使食品安全更加深入人心，使保障群众饮食安全成为各级政府和各部门的自觉行动。

（2）着力治本，加强食品安全制度和机制建设 一是全面推进食品安全信用体系建设。要认真总结试点工作经验，推进信用体系建设，建立健全食品企业生产经营质量档案和食品安全监管信用档案，建立信用信息评价、披露等制度和奖惩机制，强化食品生产经营者的责任意识和信用意识。力争用3至5年时间，逐步建立起我国食品安全信用体系的基本框架和运行机制。要发挥行业协会的自律作用和龙头企业的示范带动作用。会同有关部门组织相关行业协会，扶持龙头企业，引导产业结构调整，开展实施良好的种植、生产、经营管理规范试点工作。二是加强食品安全信息管理和综合利用。第一，建立食品安全信息监测系统和信息通报网络，提高对食品安全风险和事故的快速反应能力。加强从生产到消费各个环节的监测，为决策提供科学支撑，推动我国食品市场健康发展。2005年要选定几个高风险食品品种开展食品安全调查试点，构建以省级和副省级城市为重点的信息通报网络，选择部分地区进行网络设到县级食品药品监管机构的试点。第二，落实《食品安全监管信息发布暂行管理办法》，建立和规范各部门信息发布程序，落实责任制，保证信息发布的准确性、规范性和统一性。推进奶制品和蔬菜两个品种规范信息发布试点工作。第三，建立食品安全信息报送制度，建立食品安全形势分析评估和预警机制。对信息来源归档、整理、分析，迅速研判，及时传递，准确评估，找出规律，适时预警，准确预测安全走势，为预防事故提供决策依据。选择粮油、儿童食品、饮用水、清真食品、豆制品及包装材料等6个行业，部分省市大型乳品生产企业，部分食品添加剂、保健品、化妆品开展安全性调查分析和信息跟踪，提高综合监督的针对性和目的性。第四，加快健全食品安全标准和检验检测体系。组织协调有关部门，尽快清理与食品安全有关的标准，构建食品安全标准体系。充分发挥各部门检测机构的作用，按照“严格资质审核、逐步面向社会、实现资源共享、不搞重复建设”的原则，完善检验检测体系，实现检测信息共享。

2. 以药品安全专项整治为重点，进一步强化药品监管 吴仪副总理强调要深入开展药品安全专项整治，并作为2005年整规工作的重点。为此，要认真分析药品安全现状，确定整治重点，集中精力，采取有力措施，务求实效。

（1）开展药品、医疗器械、保健食品广告专项治理 违法药品、医疗器械、保健食品广告屡禁不止，违法发布率居高不下，群众对这种欺诈行为反映强烈。为此，2005年要联合相关部门开展广告专项治理，严格规范药品、医疗器械、保健食品广告发布行为。治理的重点是：处方药在大众媒体发布广告；未经审批擅自发布药品、医疗器械广告；擅自篡改广告审批内容，夸大药品、医疗器械功能主治；以专家、医生、患者等形象宣传疗效；以“最新、最优”等绝对化的语言夸大疗效，篡改或使用过期广告批准文号；对保健食品宣传药用功能等违反《药品管理法》和《广告法》的行为。

各级食品药品监管部门要依法切实加强药品、医疗器械广告审批和监管，尽快建立保健食品广告审查制度。在严把审批关的同时，继续向社会公布审批内容，接受社会监督。组织协调工商、新闻出版和广电等部门，开展联合专项整治行动。对严重违法发布药品、医疗器械广告的企业，要坚决予以曝光；对电视、报刊发布药品、医疗器械广告的情况继续开展有重点的监督检查，定期向社会公布查处结果；对违法发布广告的企业、广告中介机构和广告媒体作出严肃处理。

（2）源头整治保健食品，有效净化保健食品市场 一是进一步完善保健食品法规体系和技术标准体系。二是改革保健食品技术审评机制，提高审评工作的透明度，促进审评工作科学、准确和高效。三是加强对保健食品注册申请资料的真实性、安全性审查，重点加强对市场上添加违禁药品问题相对突出的减肥、辅助降血糖、抗疲劳以及改善睡眠等产品的检验和审查。四是开展保健食品的清理整顿和换证工作。在对已批准上市的所有保健食品进行全面清理整顿的基础上，开展换证工作，确保保健食品安全、有效。

（3）稳步扩大农村药品“两网”建设，保障农民用药安全 解决“三农”问题是全党和政府工作的重中之重，农村药品供应和监管与解决“三农”问题密切相关。要认真总结农村药品“两网”建设经验，特别要从切实履行自身职责出发，高度重视药品监督网的建设和作用的发挥，解决面临的困难和问题，稳步推广。一是农村药品“两网”建设要与新型农村合作医疗试点工作紧密结合。建立新型农村合作医疗制度，是维护广大农民身体健康的重要措施，是我国整体实现小康社会的重要方面。加强农村药品监督，规范农村药品供应，保证农村药品质量，是建立新型农村合作医疗制度的重要基础和重要内容。要按照《关于进一步做好新型农村合作医疗试点工作的指导意见》和《关于加强农村药品监督和管理的意见》要求，在总结经验的基础上，进一步加强农村药品监督，规范供应网络，采取有效形式保证农民用药安全、有效、经济和方便。二是健全监管制度，建立长效监管机制。以创新务实的态度，逐步完善覆盖全国的药品监管网络，实现监管到位，为广大人民群众用药安全提供组织保障。要拓宽监管渠道，建立以社会力量参与的群众监督员队伍。建立多种形式的激励和约束机制，发挥其宣传法律法规、举报违法违规等作用，提高消费者自我保护意识。推行药品流通企业不良行为警示制度，完善市场准入和退出机制，建立基层监管长效机制，提高监管效能。通过建章立制，规范基层医疗机构，尤其是乡镇卫生院和村卫生室的药品采购和使用行为，促进医疗机构加强自律。三是运用监管手段，促进农村药品供应网络建设。在发挥市场机制作用的同时，利用监管手段，推进现代药品流通方式向农村延伸，把加强监管与引导企业发展统一起来，调动企业创业积极性，着力推动农村药品集中配送、连锁供应，提高供应的集中度和效率，通过健全供应网络把假劣药品和非法经营挤出农村市场，确保农民用药安全有效。四是要坚持因地制宜，稳步推进的原则，重在建立机制、把握规律。为此，各地必须在先搞好试点、取得经验的基础上，逐步推广。必须以农村药品质量是否得到有效保证，农民群众用药安全是否得到有效保证，农民群众有没有获得实际利益、获得多少实际利益，农民群众对用药安全的满意度如何，来评价农村药品“两网”建设的成效。坚决防止贪多求快，盲目攀比，单纯追求数量，图形式，走过场，重建轻管的倾向，而要狠抓农村药品“两网”建设的质量，充分发挥其社会效用，确保建得起、立得住、运转好。

在抓好以上三项重点工作的同时，要做好以下各项工作：不断完善药品注册程序及药品审评模式，提高效率和质量；巩固和扩大药品 GMP、GSP 认证成果，做好《药品生产许可证》、《药品经营许可证》的换发工作；加快推进药品分类管理；进一步贯彻实施《药品不良反应报告和监测管理办法》，积极开展上市后药品再评价；继续加强和规范医疗器械产品注册审批、生产企业日常监管和产品上市后的不良事件跟踪；依法开展各项认证、认定和检查工作；制定规划并分阶段监督实施《医疗器械生产质量管理规范》（医疗器械 GMP）；继续整顿和规范药品、医疗器械市场秩序，重点打击一些涉及面广、影响较大、群众反映强烈的制售假劣药品、医疗器械的大案要案和假冒名优新药品的违法犯罪活动；有重点地开展医疗器械产品说明书、标签和包装标识的专项检查；继续开展整顿中药材专业市场和打击非法回收药品、非法添加药品、邮售假药等专项行动；积极推进药品、医疗器械安全信用工作向纵深发展。

3. 以执法检查整改工作为契机，全面推进依法行政　国务院《全面推进依法行政实施纲要》（以下简称《纲要》），明确提出全面推进依法行政、建设法治政府的宏伟目标。食品药品监督管理部门是政府工作部门，各项工作必须依法进行。从 2004 年执法检查的情况看，我们在依法行政方面还存在不少差距，为此，2005 年全系统要把执法检查整改工作作为一项重点来抓。针对执法检查中发现的突出问题，对归纳整理的问题要逐条进行整改。整改要抓住关键，在立法、执法和执法监督上下功夫，见成效，不断提高食品药品监管法制化水平。

（1）进一步加强立法工作，提高立法质量　一是全力配合国务院法制办做好《食品卫生法》的修订工作，解决法律法规之间不统一、不衔接以及重要食品安全制度缺失等问题。尽快出台《重大食品安全事故应急处理办法》，规范食品安全事故报告、通报、应急、调查处理等制度。二是按照《药品管理法》赋予的职责，抓紧制定、修订与之相配套的法规、规章，力争使药品监管执法依据更完备，执法手段更充分。重点做好《中药品种保护条例》（修订）、《处方药与非处方药分类管理条例》、《执业药师法》（草案）等送审稿的起草工作和《药品流通监督管理办法》、《保健食品注册管理办法》、《听证规则》等规章的制定工作。在立法工作中，要遵循立法权限、立法程序，提高立法质量，确保法规的统一性、连续性和稳定性。要注重深入实际调查研究，广泛听取各方面意见，认真对待专家的咨询意见，反复酝酿，进行多方面论证，使得法规公平、公正，防止“依法打架”的问题，杜绝部门权力利益化、利益法制化现象，切实提高立法质量。三是抓好《纲要》的贯彻落实工作。国家局 2005 年将出台贯彻《纲要》的实施意见。各级食品药品监管部门要高度重视这项工作，紧密结合实际，抓紧制定本级贯彻落实《纲要》的实施意见和配套措施，确定阶段性目标，突出重点，分步实施，整体推进；对食品药品监管面临的新情况、新问题要及时进行调查研究；不断推进依法行政的理论创新、制度创新、机制创新和方法创新。

（2）进一步推进执法监督的制度化、规范化　进一步完善监督制约机制，建立推行行政执法责任制和责任监督，规范执法行为。充分发挥行政复议的层级监督作用，逐步推行执法责任制和评议考核制。继续开展执法检查，坚决纠正和查处有法不依、执法不严、违法不究、以罚代刑等错误行为。国家局在条件成熟时，将建立申诉专员制度，针对企业和群众反映的系统内执法中出现的突出问题进行调查和督导。

总之，食品药品监管系统肩负着人民群众饮食用药安全和身体健康的神圣使命，责任重大，任务繁重，我们一定要在胡锦涛同志为总书记的党中央领导下，坚持以邓小平理论和“三个代表”重要思想为指导，全面落实科学发展观，齐心协力，锐意进取，开拓创新，扎实工作，为促进经济社会全面协调发展作出新的更大的贡献！

（本文为作者在2005年“全国食品药品监督管理工作暨‘双先’表彰会议”上的讲话，略有删改）

落实科学发展观　实施品牌战略　全面推进农产品质量安全的快速发展

中国绿色食品发展中心主任　马爱国

一、无公害农产品、绿色食品和有机食品工作的新进展

自全面实施“无公害食品行动计划”以来，农业部做出了无公害农产品、绿色食品和有机食品“三位一体、整体推进”的战略部署。三年来，在各级政府和农业部门的推动下，经过共同努力，无公害农产品、绿色食品和有机食品获得了迅速发展。截至2005年6月底，全国共有9 043个生产单位的14 088个产品获得全国统一标志的无公害农产品认证，总产量达8 297万t，认定产地16 679个。其中种植业生产面积1 311万hm^2，畜牧业饲养规模17.5亿头（只），渔业养殖面积167万hm^2。全国共有3 044家企业的7 219个产品获得绿色食品标志使用权，总产量达4 988万t，产地环境监测面积611万hm^2。中绿华夏有机食品认证中心认证有机食品企业288家，产品843个，总产量45万t，认证面积169万hm^2。近几年，无公害农产品、绿色食品和有机食品的发展呈现以下四个特点：

1. *发展速度持续加快*　2004年与2003年相比，无公害农产品数量增长了3倍，产地数量增长了3.6倍，总产量扩大了1.6倍。2002年至2004年，绿色食品企业和产品平均增长速度分别为27.1%和46.0%，总产量增长了84%。2004年有机食品企业和产品比2003年分别增长了1.2倍和1.4倍，总产量扩大了1.7倍。无公害农产品、绿色食品和有机食品继续保持了快速发展的良好势头，总量规模进一步扩大。

2. *产品质量稳定可靠*　按照保持认证有效性的基本要求，整个工作系统规范运作，加强监管，保证了产品质量。2003年以来，无公害农产品、绿色食品和有机食品产品质量管理监督抽检合格率平均达到97.3%。从近几年国家有关部门开展的食品质量抽查以及2004年国家认监委开展的农产品认证专项检查的结果来看，无公害农产品、绿色食品和有机食品均未发现不合格产品。

3. *品牌影响日益扩大*　无公害农产品、绿色食品和有机食品日益受到消费者的欢迎，打造出了我国安全优质农产品的主导品牌。认证产品越来越多地进入大型超市，走向国际市场，成为国内商家的“新卖点”和农产品出口的新的“增长点”。在优质优价的市场机制作用下，企业和农户发展认证产品的积极性不断增长。

4. *综合效益不断提高*　发展无公害农产品、绿色食品和有机食品，实现了经济效益、生态效益和社会效益的同步增长。强化了安全消费意识，增进了消费者健康；提高了农产品附加值，促进了农业增效和农民增收；培育和壮大了龙头企业，推动了农业产业化发展；突破了国际贸易技术壁垒，带动了农产品扩大出口；保护了农业生态环境，促进了可持续发展。

近几年，为了推动无公害农产品、绿色食品和有机食品全面加快发展，整个工作系统在农业部和各级

农业部门的领导下，狠抓全局性、关键性重大工作的落实，取得了明显进展。

1. 加快推进产品认证工作　无公害农产品在开展统一认证的基础上，完成了22个省（自治区、直辖市）9 755个产品由地方认证向全国认证的整体转换，重点加快了各类生产示范基地的产地认定和“菜篮子”、“米袋子”产品认证。绿色食品以农业产业化龙头企业、大型食品骨干企业、优势农产品产业带以及地方名特优产品认证为重点，推动全面加快发展。有机食品不断加强与国外认证机构的合作，以出口产品为重点，加快推进认证工作。

2. 逐步完善技术标准体系　无公害农产品和绿色食品建立了包括产地环境、生产技术规程、产品质量、包装标签在内的较为完善的标准体系；有机食品配合国家认监委和国家标准委制定了与国际基本接轨的技术标准。目前，经农业部发布无公害食品行业标准335个，标准种类覆盖90%以上的大宗食用农产品；发布绿色食品通用准则和大类产品标准90项，基本覆盖了主要农产品及加工品。

3. 不断加大监管工作力度　无公害农产品通过开展产品质量抽检，依托各地农业部门实施标志监管，保证了认证的有效性和规范性。绿色食品全面推行企业年检制度，重点实施产品质量监督抽检，同时加强规范用标管理，配合各地市场监管部门，及时查处假冒侵权和违规用标行为。有机食品通过保持认证，进行跟踪检查，对企业实施监管。

4. 积极推进制度机制创新　无公害农产品根据工作量大面广的特点，确保重点环节，突出简便快捷，不断改进认证制度。绿色食品工作适应新形势，以“简化程序、提高效率、降低成本、完善制度”为目标，积极推进认证和收费制度改革，企业认证成本总体降低77.8%，认证周期缩短一半，同时逐步建立健全了企业年检、标志管理公告通报等一系列监管制度。有机食品以通过认证机构国家认可为契机，进一步完善了认证管理制度。

5. 全面扩大品牌形象宣传　围绕提升无公害农产品、绿色食品和有机食品整体品牌形象，通过全国农产品质量安全宣传周、农产品交易会、农产品认证报告会、绿色食品博览会、绿色食品发展论坛、公益性宣传等活动，开展了一系列宣传工作。组织开展国际交流、国际认证合作、境外认证、出口促销和贸易推介等工作，扩大了农产品认证的国际影响，促进了出口贸易的发展。

6. 切实加强工作体系建设　建立了以工作机构为主体、监测机构为支撑、专家队伍为补充的工作体系。无公害农产品现有省级承办机构67个，委托环境监测机构150个，产品检测机构120个，注册认证检查员1 169名，聘请专家283名。绿色食品现有委托管理机构42个，地市县级管理机构1 020个，定点环境监测机构60个，产品检测机构30个，注册认证检查员269人，注册标志监管员362人，聘请专家439人。有机食品设立分支机构38个，注册认证检查员140人，聘请专家42人。

回顾和总结三年来的工作，各地取得了许多宝贵的经验，我们也从中得到了一些有益的启示：

1. 政府推动是发展的关键因素　农业部党组高度重视无公害农产品、绿色食品和有机食品的发展，各地政府将其作为农产品质量安全管理工作的“切入点”和行之有效的“抓手”，在组织协调、政策引导、资金扶持、市场建设、技术服务等方面采取有力措施，对加快发展起到了关键作用。

2. 市场拉动是发展的内在动力　近几年，随着无公害农产品、绿色食品和有机食品整体品牌知名度和影响力的不断提高，消费需求不断增长，促进了流通，呈现出供不应求的好势头，形成了拉动生产发展的内在动力。

3. 服务大局是发展的前提条件　把无公害农产品、绿色食品和有机食品的发展与农业结构调整、农业产业化、农产品出口和农民增收等农业和农村经济的中心工作紧密结合，找准工作定位，积极发挥作用，进一步得到了各级政府的重视和支持，创造了有利于加快发展的环境。

4. 形成合力是发展的基本保障　按照“三位一体、整体推进”的战略部署，积极发挥各级农业部门的职能作用，整合农业系统资源，形成上下密切配合、部门相互协调、共同推动工作的合力，为加快发展提供了基本保障。

5. 开拓创新是发展的必要措施　近几年来，在推动发展和推进工作的过程中，积极探索，大胆实践，不断拓展发展思路，优化工作机制，创新工作手段，丰富理论体系，有力地促进了加快发展。

无公害农产品、绿色食品和有机食品工作虽然取得了重要进展，但也面临压力和挑战。主要是：总量规模发展不够，难以满足消费者对安全优质农产品快速增长的需求；市场流通体系和优质优价竞争机制发育相对滞后，品牌价值尚未得到充分实现；生产资料、加工原料以及科研与技术服务等产业支撑体系仍不完善，一定程度上制约了加快发展；部分地方工作力量相对薄弱，导致区域发展不平衡。因此，在看到成绩的同时，我们还必须保持清醒的头脑，增强忧患意识和紧迫感，抓住当前难得的发展机遇，加大工作力度，不断开拓进取。

二、以新的农业和农村经济发展理念为指导，促进全面协调持续健康地加快发展

我们要以科学发展观和新的发展理念为指导，适应新形势和新任务的要求，更新发展理念，创新发展思路，实现无公害农产品、绿色食品和有机食品发展观的与时俱进。基于对发展内涵的全面理解和发展规律的深入认识，以及对发展形势和任务的分析判断，新时期无公害农产品、绿色食品和有机食品的发展，必须坚持增进消费者健康安全、保护农业生态环境和促进可持续发展的基本理念，立足于促进农产品竞争力增强、农业增效和农民增收的工作基点，努力实现全面、协调、持续、健康地加快发展。

全面发展：就是要努力实现无公害农产品、绿色食品和有机食品全面推进；产品数量和产出规模全面增长；产品质量、企业素质和综合效益全面提高；产品生产体系、市场流通体系、技术支持体系等产业体系全面发展。

协调发展：就是要准确把握无公害农产品、绿色食品和有机食品各自的基本定位，统筹谋划，各有侧重，彼此衔接，相互促进，协调有序地发展。

持续发展：就是要在市场导向和政府职能作用下，建立以市场为基础、政府推动的长效发展机制，稳定已有存量，不断扩大增量，实现总量规模持续增长。

健康发展：就是要始终保持认证管理工作规范有效，产品质量稳定可靠，市场流通秩序良好，品牌的社会公信力、影响力和认知度、美誉度不断提高。

加快发展：就是要以国内外市场需求为导向，加快认证产品总量增长，带动整个产业体系和产业规模的快速扩张。

以上是科学发展观和新的农业农村经济发展理念在无公害农产品、绿色食品和有机食品工作中的具体体现。树立和落实新的发展观，必须注重把握以下几点：

（一）全力打造安全优质的整体品牌形象，带动全面发展

实施品牌战略，是借鉴现代工业理念谋划农业发展，推进农业标准化和实现农业优质化的一项战略举措。无公害农产品、绿色食品和有机食品是我国安全优质农产品的主导品牌，体现了政府社会管理和公共服务的公信力，其品牌效应将日益成为产业核心竞争力的重要组成部分。全力打造无公害农产品、绿色食品和有机食品的整体品牌形象，将会有力地引导消费、促进流通、拉动生产，同时，还将促进企业创立名牌产品，带动整个农业品牌战略的实施。

目前，无公害农产品、绿色食品和有机食品的品牌发展处于不同阶段，在打造整体品牌的过程中，应确定各自的阶段性目标。无公害农产品要进一步提高社会的认知度和知名度，增强市场影响力；绿色食品已是公认的知名品牌，要进一步提高美誉度，不断增强市场竞争力；有机食品应注重提高认证的国际认可度，增强国际影响力和竞争力。随着品牌战略的推进，无公害农产品、绿色食品和有机食品将进入品牌带动发展的新阶段，品牌效应将日益成为全面发展的强劲动力。

（二）牢牢把握发展的中心任务，推动加快发展

近几年，无公害农产品、绿色食品和有机食品虽然发展很快，但在全国食物生产总量中所占比重仍然偏小，产品总量相对不足仍是发展的主要矛盾，继续推进加快发展是当前和今后一个时期的中心任务。从消费需求看，只有加快发展，才能不断增加有效供给，与城乡居民快速增长的安全优质消费需求相适应，实现增进消费者健康安全的基本理念；从农业和农村经济发展要求看，只有加快发展，才能发挥更大的产业带动作用，与促进“三增”的任务相适应，实现服务“三农”的目标；从自身发展规律看，只有加快发展，才能进一步提高市场占有率，增强品牌影响力，与打造整体品牌形象的要求相适应，实现全面加快发展的战略任务。

推动加快发展必须统筹兼顾，突出重点。在加快产品数量增长的同时，加快产品产量增长，扩大产出规模；在重视“菜篮子”、“米袋子”产品发展的同时，加快园艺产品、水产品和畜产品等劳动密集型产品发展，促进农业产业结构调整，扩大农产品出口；在实行全面推进的同时，加快地方特色农产品的发展，促进优势农产品产业带的建设。现阶段，无公害农产品、绿色食品和有机食品加快发展的各方面有利因素日益增长，正处于发展的重要战略机遇期，一定要牢牢把握发展的中心任务，不失时机地推进加快发展。

（三）继续贯彻“三位一体、整体推进”的战略部署，保持协调发展

实行无公害农产品、绿色食品和有机食品“三位一体、整体推进”，是农业部全面加强农产品质量安全工作的一项战略部署。三年来所取得的工作成效表明，构建“三位一体、整体推进”的发展格局，既适应了现阶段我国农业生产力发展水平和农产品质量安全工作阶段性目标的要求，也满足了国内市场多层

次、多元化的消费需求和参与国际市场竞争的需要，是加快推进农产品质量安全工作的有效途径和有力措施。

继续坚持“三位一体、整体推进”的发展方向，是处理好无公害农产品、绿色食品和有机食品三者之间的关系，保持协调发展的工作基础。要准确把握无公害农产品、绿色食品和有机食品各自的基本定位，着眼全局，统筹谋划；要从发挥当地的比较优势和提高农业综合效益的要求出发，紧密结合农业发展目标，确定认证产品的发展重点；要根据无公害农产品、绿色食品和有机食品各自发展方向和发展阶段，采取相应的推进方式和工作措施，建立协调发展的长效机制；要正确引导企业根据实际条件和发展规划，合理选择认证产品类型，制定阶段性发展目标，不断提高产品水平。目前，全国“三位一体、整体推进”的发展格局已初步形成，应在推进中不断加以完善和深化。

（四）建立以市场为基础、政府推动的长效机制，实现持续发展

发展无公害农产品、绿色食品和有机食品的目的是，增进消费者健康安全，保护农业生态环境和促进可持续发展，同时促进农业发展和农民增收，具有显著的社会效益和生态效益，积极推动这项事业发展是政府的职能所在。另一方面，在市场经济条件下，无论是满足较高消费层次和国际市场需求的绿色食品和有机食品，还是保障基本消费安全的无公害农产品，都无法摆脱市场的约束，都必须以市场为导向，市场需求是发展的基础。为此，既要继续加大政府推动的力度，进一步创造发展的有利条件，又要重视发挥市场机制的作用，努力增强市场拉动力，由此建立以市场为基础、政府推动的加快发展长效机制。

当前，政府推动的着力点要从继续推进认证，向优化市场环境和为企业拓展市场服务等方面深化和延伸，提高认证产品的竞争力和效益。要以培育市场和增强市场拉动力为目标，针对无公害农产品、绿色食品和有机食品各自的市场定位，采取不同的推动措施。无公害农产品，要通过加快建立健全市场准入制度，创造有利于发展的市场环境；绿色食品，要通过大力宣传、引导消费、促进流通和加快培育专业化营销主体，扩大国内市场的有效需求和有效供给，同时开拓国际市场；有机食品，要通过加强国际认证合作和组织企业开展贸易促销活动，创造进入国际市场的有利条件。建立以市场为基础、政府推动的加快发展长效机制，是当前发展中面临的重大课题，也是实现持续发展的必由之路和根本保证。

（五）牢固树立诚信、责任、自律的意识，保障健康发展

健康发展是持续加快发展的前提条件，是新发展观的内在要求。保障健康发展，必须在包括工作机构、监测机构和认证企业在内的整个系统中，牢固树立诚信、责任和自律的意识，并坚持付诸实践。诚信，要求把质量认证作为对消费者的一种承诺，坚持质量标准，遵守管理规定，以真实的水平和可靠的质量取信于民；责任，要求把维护品牌信誉作为对事业发展高度负责的一种态度，加强质量管理，规范用标行为，不断为提高品牌的公信力和美誉度做出贡献；自律，要求在整个系统内部建立起自我约束、自觉规范和有效监管的自律机制，自觉执行认证制度，加强监督管理，保证认证的有效性、公正性和规范性。树立诚信、责任和自律的意识，既是重要的思想建设，又是必要的机制建设。要在整个系统中加强诚信、责任和自律的宣传教育，同时进一步完善运行机制，不断提升诚信度，强化责任感，增强自律能力，为事业健康发展奠定坚实的基础。

三、明确工作主攻方向，全方位打造整体品牌形象

新发展观的确立，将引导无公害农产品、绿色食品和有机食品工作迈向一个新的高度。为此，当前和今后一个时期工作推进的基本指导思想是：以科学发展观和新的农业农村经济发展理念为指导，以推进品牌战略为主线，以加快发展为中心任务，把握工作的主攻方向，全方位打造安全优质农产品的整体品牌形象，实现全面、协调、持续、健康地加快发展。

推进无公害农产品、绿色食品和有机食品品牌战略，是贯彻落实工作指导思想的关键，也是贯穿于事业发展进程的一项长期任务，必须按照全方位打造品牌形象的要求，运用综合手段，抓好各项工作。要加快扩大总量规模，不断提高市场的占有率和影响力；注重认证的有效性，确保产品质量；严格规范标志使用行为，维护良好的市场秩序；加快标准体系建设，抓好标准的贯彻执行；加强社会宣传，不断提高品牌的认知度和美誉度；继续扩大国际交流与合作，加快国际化发展进程；不断推进制度和机制创新，持续增强发展的活力。在全面开展工作的同时，必须突出工作着力点，明确主攻方向。

（一）以推进农业标准化为基础，加快基地建设

无公害农产品、绿色食品和有机食品标准化生产基地建设决定着认证产品的质量水平、产出规模和发展速度，是推进品牌战略和加快发展的一项基础性和方向性工作，对推进农业标准化和建设现代农业也将

产生十分重要的影响。

当前，推进农业标准化已成为农业和农村经济工作的一个主攻方向，对无公害农产品、绿色食品和有机食品的基地建设也提出了新的任务，并创造了更为有利的条件。要把推进农业标准化作为基地建设的重要基础，加快建设步伐，以基地建设促进农业标准化生产。要把基地建设纳入农业标准化工作之中，落实有关政策措施，予以同步推进。无公害农产品产地认定要与推行农产品质量安全标准和生产技术规程相结合，提高生产的标准化水平，促进标准的贯彻实施。创建绿色食品标准化生产基地，是发挥绿色食品制度优势和品牌优势、推进农业标准化和优质化的一项新探索，要与农业标准化工作紧密衔接，加快组织实施。要把基地建设与创建全国农业标准化示范县活动和建设优势农产品产业带紧密结合起来，依托创建活动和产业带建设加大基地建设力度，并通过基地建设，把全程质量管理、产业化、品牌化等现代工业理念引入农业标准化示范县和产业带建设，提高效益和水平。

无公害农产品、绿色食品和有机食品标准体系建设是推进农业标准化工作的有机组成部分，也是基地建设的一项重要基础性工作。要制定标准体系建设规划，并通过实施“农业行业标准制修订专项计划”，加大标准制修订工作力度，加快标准体系建设步伐。要结合基地建设，加大标准宣贯工作力度，推动标准的全面贯彻落实。

（二）以龙头企业为主导，加快产品认证进程

龙头企业是农业产业化的主体，也是无公害农产品、绿色食品和有机食品发展的主导力量，充分发挥龙头企业的示范带动作用，是加快无公害农产品、绿色食品和有机食品认证进程和推进品牌战略的重要途径。目前，在国家级和省级农业产业化龙头企业中，无公害农产品、绿色食品和有机食品企业分别约占38%和25%，发展潜力还很大。要把国家级和省级龙头企业作为认证工作的重点之一，制定工作规划，实施倾斜政策，加快推进龙头企业的认证工作。以促进企业提高素质、打造产品品牌和增强市场竞争力为契合点，引导龙头企业积极发展认证产品。积极引导龙头企业结合实施国家和地方政府有关扶持项目，提高生产技术水平，创造和完善发展认证产品的条件。充分利用龙头企业在产业一体化经营中的主导作用，带动原料产品认证和原料基地的发展。发挥龙头企业市场影响力和经济实力的优势，加强无公害农产品、绿色食品和有机食品整体品牌形象的宣传。要积极为龙头企业开展产品认证创造有利条件。适应龙头企业规模化、区域化和国际化发展的需要，进一步改进认证和管理工作，建立和不断完善跨地区认证的管理体制和工作机制；积极开展境外认证，拓宽加工企业的进口原料来源；积极组织和引导龙头企业与无公害农产品、绿色食品和有机食品基地实行产销对接，建立“以市场需求为导向、认证标志为纽带、龙头企业为主体、基地建设为依托、农户参与为基础”的一体化经营体系，促进龙头企业与基地建设共同发展。

（三）以实现品牌价值为核心，加快市场培育和流通体系建设

实现品牌价值，是推进无公害农产品、绿色食品和有机食品品牌战略的核心目标，也是增强市场对生产的拉动力，建立加快发展长效机制的必要条件。实现品牌价值的重要基础是培育认证产品市场和建立专业化流通体系，而目前这个基础还相对薄弱，亟待加强和加快发展。

加快无公害农产品、绿色食品和有机食品的市场培育和流通体系建设，是推进农业市场化的重要内容，应置于农业市场化推进工作的全局之中，借助政府行政职能加大工作力度。要加强品牌宣传，进一步引导消费，扩大有效需求。加快建立健全市场准入制度，对认证产品实行入市免检，并随着认证工作的推进，逐步实行无公害农产品强制性市场准入制度。要加快发展专业化流通体系，增强有效供给能力。积极引导大型超市、连锁店设立认证产品销售专区、专柜，并给予认证产品入市优惠待遇。鼓励有条件的地方建立认证产品专业化批发市场，或在定点批发市场中设立专销经营区。大力培育专业化营销主体，逐步发展全国性和区域性专业化经营网络。继续组织企业参加农产品交易会和绿色食品博览会，推动厂商合作和产销衔接。利用农产品市场营销公共信息网络，建立认证产品的营销平台。国际市场是绿色食品和有机食品巨大的发展空间，要加快推进国际化发展战略，扩大出口贸易。继续实施农业部农产品促销项目，组织企业出国参展和开展贸易推介活动，同时积极争取地方政府的支持，强化出国参展工作推动机制。积极开展国际交流，发展国际认证合作，为开拓国际市场创造有利条件。

（四）以质量管理和规范用标为重点，加强监管工作

加强对获证企业的监督管理，保证产品质量和规范用标是维护认证的公信力和市场秩序的基础，也是打造品牌形象和健康发展的前提。在加快发展的形势下，必须把质量管理和规范用标作为监管工作的核心内容，摆在更加突出的位置，强化依法监管，实施标本兼治。

质量监管工作，要以产品质量监督抽检为基本手段，不断提高监管的有效性和权威性。要把各地工作机构开展的产品质量监督抽检纳入全国抽检工作总体计划，统筹协调，形成合力，以提高工作效率，加大抽检力度。规范用标管理工作，要以企业现场检查和市场抽查为主要手段，强化企业自律机制。现阶段，无公害农产品要尽快采取措施提高标志加贴率，绿色食品要重点纠正各种违规用标现象。继续积极配合各级工商行政管理部门加强市场监管，打击假冒行为，查处违规用标，维护良好的市场秩序。绿色食品要继续推行企业年检制度，实行规范化管理；坚持公告通报制度，使监管工作公开、透明。《农产品质量安全法》颁布以后，要依法建立健全监管制度，使监管工作进一步纳入法制化的轨道。

（五）以不断增强发展活力为目标，推进制度、机制和体制创新

发展无公害农产品、绿色食品和有机食品是我国一项开创性事业，要在不断探索和创新中推进。现阶段形成的以无公害农产品、绿色食品和有机食品为主体的农产品认证管理模式、制度安排及发展机制，定位准确、结构合理、运行规范，具有鲜明的特色，符合我国国情，实践证明也是行之有效的。

在坚持现行基本制度的前提下，不断推进制度、机制和体制创新，是事业持续加快发展的活力所在，也是不断打造整体品牌形象的长期任务。要以提高认证效率和监管能力为主要目标，加快推进制度创新；以增强认证管理工作的有效性、公正性、规范性和提高自律能力为主要目标，积极推进机制创新；以社会化服务、公益性发展为基本方向，随着发展进程稳健推进认证管理体制创新。通过不断推进制度、机制和体制创新，使认证制度更增优势，工作运转更有效率，事业发展更具活力。

发展无公害农产品、绿色食品和有机食品是一项长期的任务，当前的工作十分艰巨，未来的发展任重道远。我们要以邓小平理论和“三个代表”重要思想为指导，牢固树立和贯彻落实科学发展观，在农业部和各级农业部门的领导下，振奋精神，扎实工作，继续推动无公害农产品、绿色食品和有机食品全面、协调、持续、健康地加快发展。

（本文为作者于2005年8月在“全国无公害农产品绿色食品工作会议”上的报告，略有删改）

农产品竞争力与我国农产品贸易分析

农业部农村经济研究中心　柯炳生

提高农产品竞争力，既是国内每个产业整体应对WTO框架下国际经济一体化挑战的要求，也是每个企业在国内和国际两个市场求生存求发展的要求。为提高我国农产品的整体竞争力，需要认真研究竞争力的构成要素，分析目前竞争力方面的不足，提出改进竞争力的重点方向和措施。

一、农产品竞争力的构成要素

农产品竞争力是由多方面因素构成的。总体上看，可以分解为三个方面：价格竞争力、质量竞争力和信誉竞争力。这三个方面是相辅相成的。任何一个方面的缺失、缺陷和不足，都会对竞争力产生突出的影响。

（一）价格竞争力

这是竞争力的传统性和基础性要素。在分析价格竞争力时，要注意考虑以下因素：

1. 价格竞争力是由成本决定的，而成本不仅仅包括生产成本，而且还包含流通成本和政策性成本（税费）　生产成本是基础，包括生产的物质装备成本和劳动成本。但是如果流通环节的效率较低，流通成本太高，也可能使得生产成本方面的优势最终不能够表现为价格优势。政策性税费在实质上也构成成本。

2. 价格竞争力高低的直接体现是国内产品与国际市场同类产品的价格比较关系　根据产品竞争市场的不同，可以将价格竞争力进一步分解为出口竞争力和国内竞争力。如果国产产品价格非常低廉，出口价格加上国际运费等等费用之后，仍然低于国际市场同类产品价格，那就是具有出口竞争力。如果国产产品虽然不具备出口竞争力，但是却可能在国内市场上低于进口产品的价格，这时就是具备国内竞争力。具备出口竞争力的产品肯定具备国内竞争力，而具备国内竞争力的产品却不一定具备出口竞争力。两种竞争力的差别相当于国际运费、保险、装卸和进口关税等费用的两倍。

3. 我国是一个农业大国，同一农产品在不同地区之间的国内竞争力可能不同，在销区不具备竞争力的农产品在产区可能具备竞争力　这是因为主产区和主销区的价格可能有较大的差别。也就是说，进口农产品的进口价格介于国内产区价格和国内销区价格之间，比产区价格高从而不能进入产区，但是却比销区价格低从而能够进入销区。

4. 资源比较优势是价格竞争力的内在决定因素　尤其是从长远发展看，只有具有资源比较优势的农产品，才会具备较为稳定的价格竞争力。而劳动生产率的高低及其发展情况，是其中一个重要的判定指标。

（二）质量竞争力

随着经济的发展和人民生活水平的提高，对农产品和食品的需求，日益从数量方面转变为质量方面。相应地，国际竞争也日益从单纯的价格竞争转变为价格和质量两个方面的竞争。对有些农产品，可能仍然是以价格竞争为主，但是对越来越多的农产品来说，正在转向以质量竞争为主。分析质量竞争力，需注意以下几点：

1. 农产品质量的含义非常宽广，可以分为两大类　一是农产品本身的生物学特性指标；二是食物卫生安全指标。前者包括大小、形状、色泽（好看）、口感（好吃）、养分含量（有益健康）、易于储藏运输（增值）、适于加工需要（专用）等；后者包括农产品是否有病害、各种药物和有害物质含量等。第一类质量指标由产品的生物遗传性质与生产技术与方法所共同决定，而第二类质量指标则主要是由生产技术和方法所决定的。

2. 农产品的质量既是一种客观存在，也带有相当的主观性　在多数情况下，绝大多数消费者对同一质量农产品的总体评价是一致的。但是在一些情况下，不同消费者对同质量农产品的评价可能有较大差异。对于最终消费者来说，这是由于消费习惯和偏好的不同。对于中间消费者（加工企业）来说，则是使用产品目的的不同。例如，对于大米消费来说，欧美消费者一般喜欢黏性较差的长粒米，而日本消费者则喜欢黏性较强的圆粒米。有的人喜欢很辣的辣椒，有的人则喜欢不太辣的辣椒等等。对于加工企业来说，同是大麦，饲料企业希望蛋白含量高一些，而啤酒企业则希望蛋白含量低一些。做面包的小麦面筋要强，而做饼干的小麦则与此相反。鲜食的苹果含酸要低，而做果汁的则要求酸度高。在个别情况下，消费者的主观判断可能起到非常极端的作用。这时，即使最终农产品的可验定质量完全一样，但是生产过程和方式不同，消费者的判断也会很不一样。例如，欧美的有机食品与常规食品在成分化验上没有任何差别，但是价格可以相差到几倍。

3. 消费者对农产品质量的要求是变化着的　随着人们收入水平的提高，对质量要求的总体发展趋势是从不太注重质量到高度重视质量变化，从要求的单一性向多样性变化，从关注农产品本身的生物特征向关注食品安全变化。

4. 不同农产品需求的“质量弹性”不同　某些农产品的质量问题，消费者可以有一定的宽容度。也就是说，质量差一些，只要价格低廉合适，消费者也会购买消费和使用。但是，对有些农产品来说，产品质量关系到的就不仅仅是价格问题，而是能否销售出去的问题。也就是说，质量差的农产品，即使价格很低，消费者也不会购买消费使用。例如，大豆的含油率高低，就是一个质量弹性较大的指标。对于榨油企业来说，含油率低的大豆与含油率高的大豆对最终产品质量并无影响。如果含油低的大豆的价格较低，足以弥补出油率方面的经济效益差异，榨油厂就会使用含油率低的大豆。糖料作物的情形也与此类似。而另一些农产品的质量弹性则较低或者非常低，这类农产品的质量如果不达到一定标准的话，无论价格怎样低，消费者或者使用者都不会购买。例如，如果棉花的质量较差的话，则无论价格如何低，生产高等级棉纺产品的棉纺厂都不会购买。又如面向出口的水果，如果达不到一定质量标准的话，也是质量起着决定性的作用。至于在食品卫生安全质量方面，就更是如此了，达不到规定要求的农产品，就更无法出口了。随着国内检疫体系的健全，达不到食品卫生标准的农产品，在国内市场也将无法售出。

（三）信誉竞争力

这是指产品、品牌和企业的市场信誉。信誉竞争力既包括供给者在供货方面能否不折不扣地履行承诺，也包括供给者或者产品品牌本身的声誉。即使农产品的价格和实际质量相同，消费者也倾向于购买名牌产品而不是购买非名牌产品。这是因为，对于最终消费者来说，有时候很难判断和检验产品的质量。因此，只好根据农产品的声誉和口碑进行选择。在另外的情况下，信誉竞争力涉及到企业的市场诚信行为。如果缺乏市场诚信的话，即使农产品本身并没有问题，同样也会缺乏竞争力的。签订了合同之后不能供货，或者不能严格按合同规定时间供货，或者不能按规定的质量或者其他条件供货，或者横生枝节提出额外的附加条件等等，均会严重地影响信誉竞争力。制约市场诚信的因素可以分为两个方面：

1. 企业自身原因　越是中小企业，越是没有品牌的企业，越容易不注意信誉竞争力，越容易出现

“一锤子买卖”的现象。

2. *体制原因* 体制原因也是政府原因。一些地方政府或者一些行业部门受计划经济体制的影响较强，仍然对企业进行各种各样的过多直接干预，从而造成了企业的商业信誉问题。

二、我国农产品国际竞争力与农产品贸易发展

按照以上分析框架，对目前我国主要农产品的国际竞争力及其发展趋势做一基本分析。

1. *价格竞争力分析* 我国有些农产品表现出了高度的价格竞争力，具有绝对的价格优势。这些农产品包括蔬菜、水果和花卉以及绝大部分畜产品和水产品。其中菜果花是劳动密集型产品，畜水产品在我国以劳动密集型为主，在发达国家则已经不是劳动密集型产品。我国另一些农产品的价格竞争力则相对较低一些，与国外农产品的价格比较关系较为复杂，在不同时间、不同地点和不同的营销阶段有所不同。这些农产品主要是劳动密集型的大田作物，包括粮食、油料、糖料和棉花等。总体上说，这些农产品在我国加入世贸组织前两年中，进口不多；而从2004年开始，却出现了全面的较大幅度的进口增长。由于所有劳动密集型农产品进口的增加，我国农产品贸易已经由原来的顺差变为逆差，并且逆差达到50多亿美元。如果按照世贸组织的划分，不计算水产品，则逆差的金额将达到近80亿美元。在畜产品方面，我国具有明显的价格比较优势，但是由于卫生检疫等方面的原因，实际贸易情况也是逆差。在蔬菜和水果价格方面，我国享有明显的价格优势。这两大类农产品也是出口增幅较大，贸易顺差较大的农产品。

2. *质量竞争力分析* 我国农产品在质量竞争力方面，具有一些明显的不足之处。不同的农产品有不同的表现。总的说来，在大宗农产品方面，主要问题是专用性不强，品种较多而杂，不能都满足大规模加工企业和现代化市场的需求。在水果蔬菜产品方面，主要是外在形态、口感和农药残留方面的问题，这不仅使得我国的水果蔬菜产品出口屡屡受限，而且也在国内市场引起了日益关注。在畜产品方面，主要是疫病、饲养方式、屠宰设备、动物药物使用等卫生安全方面的问题。由于这些方面的原因，我国的畜产品出口受到了极大的限制，所具有的价格优势远远没有能够得到发挥。在国际市场上，随着经济发展水平和收入水平的提高，消费者对食品卫生安全的担心日甚，各个国家尤其是发达国家都在不断提高食品的卫生检疫标准。因此，我国农产品在质量方面所面临的挑战日益突出。例如，由于疫病原因及有关食品安全方面的原因，我国的猪肉产品基本上没有向发达国家出口。又如，近年来，我国在禽肉出口方面屡受限制，所涉及到的不仅有发达国家，还有不发达国家。

3. *信誉竞争力分析* 在信誉竞争力方面，我国更是面临着明显的不利因素。一是我国的农产品加工企业规模较小，品牌效应不强。二是一些中小企业急功近利，短期行为，只顾眼前利益，不注意长期的市场培育。三是更有个别企业，不讲基本的企业道德，以次充好，掺杂使假，造假售假，成为害群之马，严重影响了整个国家农产品的形象。四是我国的农业生产规模极为狭小，缺乏农民组织，农民的素质较低，表现出较差的市场诚信行为。五是我国的管理体制不合理，政企不分，一些地方或者部门对企业进行过多干预，使得企业不能履约，诚信大受影响。从总体看，入世后我国农产品的净出口大量下滑（表1）。

表1 2002—2004年我国农产品进出口变化情况

单位：亿美元

时　间	进　口	出　口	净出口
2002年	124.5	181.5	57.0
2003年	189.3	214.3	25.0
2004年	280.3	233.9	−46.4

三、提高我国农产品国际竞争力的政策建议

提高我国农产品的国际竞争力，需要政府、农民和企业的共同努力。从农民和企业的角度讲，就是要积极采用先进科学技术，改善生产管理，降低生产成本，提高生产效率和资源利用效率，提高产品的质量和食品安全水平。从政府的角度讲，就是要切实转变政府职能，深化向着市场经济方向的体制与政策改革，加强市场规范管理，提高政府对农业的支持力度，改善政府对农业生产和流通的公共服务。具体提出以下几点政策性建议。

1. *加大对农业的总体支持力度* 按照世贸组织规则和我国加入世贸组织的承诺，我国对农业支持的可能空间很大。就绿箱政策而言，世贸组织现在没有约束。就目前正在进行的新一轮谈判而言，预计未来对绿箱政策也不会做出限制。在新一轮谈判中，没有哪个成员要求降低发展中成员的微量允许水平。因此，未来相当长的一个时期内，我国的农业支持财政支出基本上是不会受到世贸组织新老规则限制的。

2. *重点加大增强政府服务职能方面的投入* 一是加强农业科研和推广。经验表明，无论是土地生

产率的提高，还是劳动生产率的提高，都是以科技进步作为原动力的；要提高我国农产品的质量竞争力，更需要科技发展做支撑。离开了农业科技进步的支持，农产品的质量就无从提高，农业生产结构的调整，农业产业化的推进，也都是以农业科技的进步为前提条件的；在解决农产品贸易中的各种技术性壁垒、食品安全和卫生检疫标准等方面的问题和争端时，需要发达的科技水平做保证；知识产权保护程度的不断提高，引进国外技术将付出更昂贵的成本，这对加强我国农业科研力量提出了新要求。建议把增加对农业科研投入作为增加农业投入的重点，把对农业科研的投入作为对农业科技推广投入的重点，把对农业科研的投入向产前和产后部门扩展。二是加强对农民和涉农企业的培训。把培训和促销作为对企业和农民扶持的重点，这是提高农产品企业和农民素质的需要，而企业和农民素质的提高对发挥农业生产者和加工者自身的积极作用具有重要的意义。对农民的培训，不仅包括对农业产业结构调整所需要的农业技术的培训，也还需要进行专业方面的培训，以促进农业劳动力的外流。对涉农企业管理人员和技术人员的培训，可能比给予企业各种补贴所带来的收益要大得多。三是加强对动植物疫病防治方面的投入。食品卫生安全质量的提高，是一个复杂的系统工程。除了管理问题，更需要政府的强大投入。首先通过建立一些无规定疫病区，逐步在全国范围内消除一些流行疫病，会大大提高我国农产品的食品安全水平。四是加强农产品质量与安全标准体系、质量安全检测检验体系和农业市场信息服务体系的建设。这是市场经济条件下政府所应当担负的重要职能，也是提高农产品质量和提高营销效率的重要途径。其中，实行农产品的免费检验制度，将会起到积极的效果。农产品拍卖市场的建立，也将起到关键性的作用。这是我国目前的一个空白点，迫切需要政府投入，加以推动。通过市场拍卖系统的建立，农产品质量的可追溯体系和科学可靠的市场信息体系才会真正建立起来。

3. 改革和调整相关政策的支出　调整和改革的目的是提高财政支出的使用效率，使得有限的财政资源尽可能发挥较大的作用，尽量减少中间环节的损失。重点是进行以下调整：一是减少乃至停止对粮棉流通企业的补贴，将国有粮食流通企业推向市场，提高国有粮食流通企业的经营效率，减少乃至全部取消国家的巨额财政补贴。二是加大对农业基础设施建设的投资，这是保证长期生产力的基础；增加对农产品生产基地包括出口基地建设的投资补贴，这会促进主要产品生产能力的提高和农产品质量的提高，从而提高在国内市场和国际市场上的竞争力。三是增加对农业投入品尤其是种子的补贴。对种子补贴的实际作用效果远远超出减少农民生产成本方面上的意义。通过补贴种子，可以有效地引导极为分散狭小的农户统一种植品种，实现区域化统一品种种植，更好地满足市场需求，并有利于实现优质优价。四是对一些特殊农产品如新疆棉花等提供运费补贴，对所有农产品的铁路运输取消铁路建设基金的征收，建立全国的农产品绿色通道，对农产品的公路运输取消所有收费关卡。这些措施不仅会降低我国农产品在流通环节方面的成本，还会大大提高一些鲜活农产品如水果和蔬菜的质量保鲜程度，减少运输方面的质量损失。五是增加对农产品营销设施建设的补贴，包括农产品加工、储藏和运输。尤其是对新发展起来的各种农业合作组织，借鉴国外许多国家的经验，给予投资补贴。

4. 完善对农民的直接补贴制度　直接补贴政策尤其是脱钩支付方式的直接补贴，是各国农业补贴政策的发展方向，我国从 2003 年开始试行直接补贴政策。加强和完善我国直接补贴政策，需要对试行中的一些复杂的操作方法进行改进，提高工作效率。具体思路：一是按照国家财政收入的增加情况，逐年增加用于直接补贴的总量。二是将每个农户农业税的计税总产量（计税面积与计税单产之积）作为补贴的计算基础。税费改革工作为此创造了极为有利的条件，现在每个农户的计税总产量都是清楚透明的。三是每年按照国家可用于直接补贴的总额和全国计税总产量，计算出当年单位补贴额。每个农户的计税总产与当年的单位补贴额之积，就是该农户获得的补贴总额。每个农户开一个账户，各个省或县可直接将补贴转入农户的账户。

5. 加快农业管理体制改革　我国目前的农业宏观管理体制，远远不能适应市场经济和提高农产品国际竞争力的需要，必须加以改革。目前的主要问题是管理机构繁多，职能高度分散，部门分割严重，造成了生产、流通、加工和贸易的严重脱节。目前的这种高度分散的管理体制不能适应市场经济和开放经济的需要，不利于政府职能的合理有效发挥，部门间协调往往复杂费时，也不利于统筹规划。在农业投资方向、农业科研管理、农产品质量控制、农产品产销包括内贸外贸协调等等方面，都存在一些较突出的问题。尽管农业宏观管理体制的重大改革是一件复杂的事，但是建立一个高效的、协调的、统一的“从田间到餐桌”的农业宏观管理体制，是确保我国农业长期稳定发展、不断提高国际和国内竞争力的必由之路。

我国农产品进出口贸易分析

农业部

一、2004 年我国农产品进出口贸易的主要特点

（一）农产品进出口继续保持双增长势头，但进口增幅大大超过出口增幅

2004 年，我国农产品进出口额继续保持双增长，但进口增幅大大超过出口增幅。农产品贸易由上年顺差转变为逆差。2004 年我国农产品进出口贸易总额为 514.2 亿美元，同比增长 27.4%。其中，出口额为 233.9 亿美元，同比增长 9.2%；进口额为 280.3 亿美元，同比增长 48.1%。农产品贸易由上年顺差 25.0 亿美元转变为逆差 46.4 亿美元。从海关数据来看，主要是由于粮食出口大幅度下降，进口大幅度上升；同时，食用植物油、食用油料、棉花、食糖、畜产品的贸易逆差都有不同程度的扩大。农产品进出口贸易总额占全国进出口贸易总额的 4.5%。其中，农产品出口额占全国出口总额的 3.9%，农产品进口额占全国进口总额的 5.0%。

（二）土地密集型大宗农产品出口明显下降，进口大幅增长

1. 粮食（不包括大豆）出口明显下降，进口大幅增加，呈净进口格局 2004 年我国出口粮食 479.5 万 t，同比下降 78.2%；进口 975.3 万 t，同比增长 3.7 倍；粮食由上年净出口 1 991.7 万 t 转变为净进口 495.8 万 t。从 2004 年 12 月份当月来看，粮食出口为 49.0 万 t，同比下降 87.6%，环比增长 1.9 倍；进口为 80.6 万 t，同比增长 3.2 倍，环比下降 2%。其中，2004 年出口大米产品（包括大米、大米粉、稻谷和种用稻谷）为 90.9 万 t，同比下降 65.3%；进口 76.6 万 t，同比增长 2.0 倍；净出口 14.3 万 t，同比下降 94.0%。2004 年出口玉米产品（包括玉米、玉米粉、其他加工玉米和种用玉米）为 232.4 万 t，同比下降 85.8%；进口 2 485.6t，同比增长 259%；净出口 232.1 万 t，同比下降 85.8%。2004 年出口小麦产品（包括小麦、小麦粉和种用小麦）为 108.9 万 t，同比下降 56.7%；进口 725.8 万 t，同比增长 15.2 倍；由上年净出口 206.7 万 t 转变为净进口 616.9 万 t。2004 年进口大麦产品（包括大麦、加工大麦和种用大麦）为 170.7 万 t，同比增长 25.3%。

2. 食用油籽进出口双下降，食用植物油进出口双增长，贸易逆差扩大 2004 年我国出口食用油籽为 116.4 万 t，同比下降 6.1%；进口 2 075.6 万 t，同比下降 1.1%。其中，大豆出口 34.9 万 t，同比增长 18.3%；进口 2 023.0 万 t，同比下降 2.5%。2004 年大豆进口减少的主要原因是大豆进口政策稳定、国内豆油供给充足以及国家对进口大豆的严格检测。2004 年出口食用植物油为 6.6 万 t，同比增长 10.2%；进口 676.4 万 t，同比增长 24.9%。其中，豆油出口 1.9 万 t，同比增长 82.7%；进口 251.7 万 t，同比增长 33.6%。菜籽油出口 0.55 万 t，同比增长 0.7%；进口 35.3 万 t，同比增长 1.3 倍。棕榈油进口 385.7 万 t，同比增长 16.0%。食用植物油进口增长的原因主要是国内有需求缺口，国际价格低于国内。

3. 棉花、食糖进口增长，出口下降，贸易逆差扩大 2004 年我国出口棉花为 1.2 万 t，同比下降 90.2%；进口 198.4 万 t，同比增长 1.1 倍。进口增长的原因是国内有较大的需求缺口。2004 年出口食糖为 8.5 万 t，同比下降 17.4%；进口 121.4 万 t，同比增长 56.7%。进口增长的原因是国内市场当季产不足需。

（三）劳动密集型农产品进出口双增长

1. 蔬菜、水果进出口双增长，均为贸易顺差 2004 年我国出口蔬菜为 602.0 万 t，同比增长 8.9%，出口额为 38.0 亿美元，同比增长 23.7%；进口 10.7 万 t，同比增长 19.8%，进口额 0.92 亿美元，同比增长 27.1%。2004 年出口水果为 312.6 万 t，同比增长 17.2%，出口额为 16.5 亿美元，同比增长 20.1%；进口 106.2 万 t，同比增长 4.2%，进口额 5.9 亿美元，同比增长 17.4%。

2. 畜产品、水产品进出口双增长，畜产品贸易逆差扩大，水产品贸易顺差扩大 2004 年我国畜产品出口额为 31.9 亿美元，同比增长 17.5%；进口额 40.4 亿美元，同比增长 20.4%；贸易逆差 8.5 亿美元，同比增长 32.5%。其中，生猪产品出口为 9.7

亿美元，同比增长47.5%；进口2.4亿美元，同比增长21.5%。家禽产品出口6.5亿美元，同比下降23.7%；进口1.7亿美元，同比下降65.2%。2004年我国水产品出口额为69.7亿美元，同比增长27.0%；进口额32.4亿美元，同比增长30.4%；贸易顺差为37.3亿美元，同比增长24.1%。劳动密集型农产品出口均增长的原因，主要在于价格优势和品质的提高。

（四）东、西部地区进出口双增长，我国农产品进出口仍以东部地区为主

2004年，东部地区农产品出口额为189.0亿美元，同比增长17.5%，占农产品出口份额的80.8%；进口额为261.6亿美元，同比增长49.3%，占农产品进口份额的93.3%。中部地区农产品出口额为27.6亿美元，同比下降29.4%，占农产品出口份额的11.8%；进口额为13.5亿美元，同比增长37.2%，占农产品进口份额的4.8%。西部地区农产品出口额为17.3美元，同比增长20.8%，占农产品出口份额的7.4%；进口额为5.2亿美元，同比增长23.3%，占农产品进口份额的1.9%。

2004年我国农产品出口额居第一位的是山东省，出口额为59.2亿美元，同比增长16.5%；第二位是广东省，出口额为34.0亿美元，同比增长21.4%；第三位是浙江省，出口额为22.8亿美元，同比增长25.1%。2004年进口额居第一位的是广东省，进口额为50.8亿美元，同比增长24.3%；第二位是山东省，进口额为50.7亿美元，同比增长45.6%；第三位是江苏省，进口额为43.5亿美元，同比增长75.9%。

（五）亚洲仍是我国农产品第一大出口市场，市场份额略有下降，对北美洲出口市场份额略增

1. 对亚洲农产品进出口贸易实现双增长　亚洲是我国农产品第一大出口市场，2004年对亚洲农产品出口额为159.6亿美元，同比增长7.5%，占我国农产品出口总额的68.2%，下降1.1个百分点。其中，出口额前五位的国家和地区依次是：日本为74.0亿美元，中国香港地区为27.2亿美元，韩国为21.3亿美元，马来西亚为5.3亿美元，印度尼西亚为4.5亿美元。2004年，亚洲是我国农产品第三大进口市场，从亚洲进口额为55.3亿美元，同比增长39.7%，占我国农产品进口总额的19.7%，下降1.2个百分点。

2. 对欧洲农产品进出口贸易实现双增长　欧洲是我国农产品第二大出口市场，2004年对欧洲农产品出口额为34.2亿美元，同比增长11.7%（其中，对欧盟出口26.2亿美元，同比增长12.6%），占我国农产品出口市场的14.6%，上升0.3个百分点。其中，出口额前四位的国家依次是：德国为6.8亿美元，俄罗斯为6.0亿美元，荷兰为4.2亿美元，英国为3.15亿美元。2004年，欧洲是我国第四大进口市场，从欧洲进口额为25.8亿美元，同比增长22.1%，占我国农产品进口市场的9.2%，下降3.0个百分点。

3. 对北美洲、南美洲农产品出口实现增长　北美洲是我国农产品第三大出口市场，2004年对北美洲农产品出口额为27.1亿美元，同比增长15.8%，占我国农产品出口市场的11.2%，增长0.3个百分点。其中，对美国出口额为24.0亿美元，同比增长14.0%；对加拿大出口额为3.1亿美元，同比增长33.0%。对南美洲出口额为4.1亿美元，同比增长50.0%，占我国农产品出口市场的1.7%。

4. 从北美洲、南美洲进口农产品大幅增长　北美洲、南美洲分别是我国农产品第一、第二大进口市场，2004年从北美洲、南美洲分别进口额为91.6亿美元、66.1亿美元，同比增长64.7%、31.7%，分别占我国农产品进口市场的32.7%、23.6%，分别增长3.3个百分点、下降2.9个百分点。其中，从美国、巴西、阿根廷和加拿大分别进口额为76.9亿美元、28.4亿美元、27.0亿美元和14.4亿美元，同比增长分别为53.4%、34.6%、19.6%和1.8倍。

（六）一般贸易方式、进料加工方式贸易增长，我国农产品贸易主要以一般贸易方式为主

1. 出口贸易　2004年一般贸易方式出口农产品为176.7亿美元，同比增长5.0%，占农产品出口总值的75.6%；进料加工方式出口额为38.4亿美元，同比增长35.1%，占农产品出口总值的16.4%；边境小额贸易方式出口额为4.1亿美元，同比下降10.5%，占农产品出口总值的1.8%。

2. 进口贸易　2004年一般贸易方式进口农产品为206.5亿美元，同比增长52.0%，占农产品进口总值的73.7%；进料加工方式进口额为38.8亿美元，同比增长32%，占农产品进口总值的13.8%。边境小额贸易方式进口额为2.0亿美元，同比增长3.7%，占农产品进口总值的0.7%。

二、存在的主要问题

1. 总的来说，在2004年的农产品出口贸易中仍然存在缺乏品牌产品、出口企业规模小、实力弱、国际竞争力不强等问题，亟待加强政策支持力度，提高市场竞争力。

2. 目前我国农产品出口中年出口低于100万美

元的中小企业占全部出口企业总数的70%以上，这些企业进入农产品出口市场时间短、经营规模小、抗风险能力弱、信息渠道不畅，特别需要政府部门提供农产品出口政策、市场方面的信息。

3. 国际农产品市场瞬息万变，多边农业贸易规则和各国农产品贸易政策不断调整，进口检验检疫要求和技术性贸易壁垒增加，能否及时迅速准确掌握信息已经成为扩大农产品出口的一项关键工作。

三、相关建议

要选择有一定竞争优势和发展潜力的水海、园艺、畜禽等劳动密集型农产品及其加工品作为扩大农产品出口的重点，同时大力发展特色农产品、有机农产品和原产地标记注册农产品的出口，带动农业产业结构调整和整体竞争力的提高。

（中国农业信息网）

贯彻落实科学发展观 促进食品工业健康发展

国家发改委经济运行局副局长　牛建国

2004年，党中央国务院针对经济生活中的突出矛盾，及时做出进一步加强和改善宏观调控的科学决策，全国上下以科学发展观为指导，全面贯彻落实中央的各项政策措施，使经济生活中的突出矛盾得到缓解，不稳定、不健康因素得到抑制，避免出现大的起落，保持了经济发展的良好势头，国民经济取得了巨大成就。这一切，有力地促进了食品工业的健康发展。

一、食品工业的经济运行情况

食品工业和其他工业行业一样，在国家加强农业产业、增加粮食生产、减轻农民负担等政策影响下，取得了结构调整、技术进步、质量提高、效益增加的好成绩。2004年，全国规模以上食品工业完成工业总产值16 163.9亿元，占全国工业总产值的8.6%，同比增长25.9%；实现利税总额2 757.4亿元，同比增长22.4%，实现利润925.9亿元，同比增长31.9%；进出口总额为404.6亿美元，同比增长22.4%；完成投资额1 213亿元，同比增长27.3%；全行业从业人数达420万人。我国食品工业已发展成为门类比较齐全、具有一定的农产品转化能力，既能基本满足国内市场需求，满足城乡人民生活需求，又具有一定出口竞争能力和一定发展潜力的产业。2004年食品工业经济运行的特点：

1. *生产快速增长，一些主要产品产量居世界前列*　2004年，规模以上食品工业企业完成工业总产值同比增长25.9%，实现利税总额同比增长22.4%；食用植物油、饮料总产量分别达到1 235万t和2 620万t，位居世界前列；全国啤酒产量2 910万t，连续十几年位居世界第一。

2. *产品结构调整取得进展*　各类食品在质量、品种、档次、功能以及包装等方面基本满足了不同消费层次的需求。如不同包装规格的消毒液体奶和各种乳酸奶供应充足，已进入广大农村市场；速冻食品、各种保鲜食品已进入居民的一日三餐等。

3. *优势企业实力增强，产业集中度不断提高*　通过调整企业组织结构，涌现出一批具有较强经济实力和市场竞争优势的大中型骨干企业和企业集团。白酒行业前10位的企业产量占规模以上企业总产量的16%，实现税利占规模以上白酒企业税利总额的57%。啤酒行业中，青岛、燕京、华润三家企业生产量占行业总产量的30%以上。

4. *大中型企业技术装备水平有了较大的提高*　食品工业各行业技术装备水平都有了不同程度的提高和发展，乳品、啤酒、方便面等许多行业装备技术水平基本与世界先进水平同步。

5. *高新技术得到广泛应用，促进了行业的技术进步*　生物工程技术和保鲜、超高温杀菌、冷冻速冻、超临界萃取、膜分离、挤压膨化等应用技术在食品行业得到了进一步的推广应用，有力地促进了食品工业生产技术水平的提高和产品的更新换代。

6. *食品工业的发展，促进了农业产业化经营和农村经济的发展*　以公司带农户为主要形式的农业产业化经营，已成为工业反哺农业、促进农产品加工转化增值的有效途径。食品龙头企业的发展带动了农业的发展。特别是在西部地区，发展食品工业和农产品深加工，对当地经济发展和农民脱贫致富发挥了重要作用，并已成为吸纳农村剩余劳动力就业的主体。

二、食品工业存在的突出问题

1. 工业结构不尽合理　从行业结构上看，烟酒等嗜好食品所占比重较大，原料初、粗加工多，深、精加工少；从产品结构看，品种少、档次低，产品结构不能完全适应市场需求变化。

2. 农产品加工程度低，综合利用较差　我国是粮食生产和消费大国，但以粮食为原料的二次加工，用粮不到粮食总量的10%，而发达国家工业化加工用粮比例在70%以上。我国的苹果加工率不足15%，而国际上平均为25%，德国甚至达到75%以上。

3. 部分行业企业规模小，技术水平低，消耗高，与国际先进水平相比差距较大　如白酒行业现有企业3万多家，规模以上企业不到1 000家；食品行业中的部分企业综合耗能是国外同类产品的几倍，有的甚至几十倍。

4. 食品加工与农业原料基地的产业链尚未完全形成　食品加工企业缺乏固定的原料基地，分散农业提供的原料在品种、品质、规格等方面远不能适应食品工业的要求，食品加工与农业之间的联系尚处于简单的初级供需阶段。农产品品种改良和品质的提高与市场消费、食品加工的有机结合还很不够。例如，我国苹果种植面积和产量均为世界第一，但适宜生产高档苹果汁、苹果酒的苹果种植基地基本没有。

5. 地区发展不平衡，重复建设严重　东中西部地区食品工业发展不平衡，西部地区发展相对滞后，但同时存在忽视客观条件盲目发展某些食品行业的现象。

6. 食品质量安全问题与隐患较多　2004年，我国相继发生了阜阳毒奶粉事件、广州毒酒事件、致癌毒米事件、湖南黄花菜事件等影响重大的食品安全事件，最近又发生了“苏丹红一号”事件。食品安全问题一方面反映出落实科学发展观、构建和谐社会是食品工业发展必须长期坚持的指导思想；另一方面，显现出我国食品安全立法相对滞后，缺乏科学的、完备的行业标准体系和相应的食品检测制度以及严格的监管体系。

三、对食品工业发展的几点意见

国家宏观调控政策正在向积极扩大消费需求方向倾斜，实行有利于扩大消费的财税、金融和产业政策，改善消费环境，加快农村公共基础设施建设，进一步搞活农村流通，开拓农村市场，培育新的消费热点，扩大服务性消费，努力保持粮食等主要农产品价格在合理水平上基本稳定，重点抑制生产资料价格和房地产价格过快上涨，实现粮食稳定增产、农民持续增收，加快减免农业税步伐等。上述政策和措施的贯彻落实，为食品工业的健康发展带来新的发展机遇。食品工业应抓住这个机遇，着力加强以下几方面的工作：

1. 加快食品工业结构调整的步伐，促进结构优化和产业升级　落实科学发展观，加强对食品工业的政策导向。以结构调整为主线，加快食品工业新型化进程。研究制定并实施产业政策和市场准入标准，淘汰落后生产能力，防止重复建设，促进产业优化升级。企业要开发适销对路的产品，引导消费，扩大需求。

2. 深化体制改革，着力转换企业经营机制　落实国务院《关于鼓励支持和引导个体私营等非公有制经济发展的若干意见》，加快食品工业非公有经济、股份制和合作制经济的发展步伐。

3. 搞好原料基地建设，提高产业集中度　按市场经济的要求，因地制宜，推行工农结合、原料加工一体化等多种经济组织模式；引导农民科学种植，形成原料基地化、良种化、专用化；扶持和培育具有自主知识产权品牌的大型企业集团，提高产业集中度。

4. 合理调整区域布局　利用西部开发和振兴东北等老工业基地的政策机遇，充分发挥资源优势和产业比较优势，采取加大投入、建立基地、调整结构、优化品种等措施，在粮食、乳品、果蔬及西部特色资源的深加工等方面实现突破，使中西部和东北地区食品工业跃上一个新台阶。

5. 建立完善有效的食品质量保障体系　建立健全产品质量管理体系，严格执行食品卫生法规及标准，加强生产环节和最终产品质量检测验收，加强食品安全监管，认真落实《国务院办公厅关于印发2005年全国食品药品专项整治工作安排的通知》的有关精神，确保专项整治取得实效。

6. 加强科技创新，促进食品工业技术进步　加快食品工业产业信息化建设，大力推广新技术、新工艺、新装备；发展循环经济，减少过度包装；加强产学研的结合，加速形成企业技术创新机制；加强人才培养，广泛开展国际合作与交流。

7. 加强新闻媒体的正面引导和宣传监督　切实加强对食品工业的正面引导和舆论监督，新闻媒体对生产、销售假冒伪劣和有毒有害食品的违法犯罪行为要及时给予曝光，同时要注重正面引导，宣传一些好的企业和典型事例，做到有褒有贬、有力有度。

我们坚信，在科学发展观统领下，在政府和行业、企业的共同努力下，我国食品工业将会取得更快的繁荣与发展，为全面建设小康社会做出积极的贡献。

（本文为作者于2005年4月在“全国食品工业经济运行情况发布会”上的讲话，略有删改）

大力发展农产品加工业 全面提升农业国际竞争力的战略选择

农业部乡镇企业局副局长 张步江

党的十六届五中全会提出“推进现代农业建设”的要求，并把其作为建设社会主义新农村的重要组成部分，这为农业和农村经济下一步发展指明了方向。我国加入WTO后，国内市场国际化，国际市场国内化，我国农业与世界农业的相互联系和影响日益加深，全面提升农业的国际竞争力是推进现代农业建设的出发点和立足点。而构造以农产品加工业为核心的农业产业体系，积极拓展农业和农产品的功能、效益、品牌和研发，则成为提升农业国际竞争力的战略选择。

一、构建产加销一体化的现代农业产业体系

农业的国际竞争实质上是农产品产加销产业体系的竞争，是农产品加工和营销企业的竞争，而传统农业对市场风险、自然风险的承受能力都很有限。这就要求加速推进优势农产品的区域化生产，构建以农产品加工为核心的现代农业产业体系，实行标准化、产业化、国际化生产。

1. 围绕加工和市场需求组织农业生产　我国农业已经进入新的发展阶段，由于农产品比较丰富，质量有了较大提高，需求基本得到满足，农产品加工业已经从被动发展的“工业依附型”，即只考虑对剩余农产品进行加工，开始向主动发展的“市场主导型”现代农产品加工业转变，也就是围绕市场消费需求组织加工生产，围绕加工需要再安排专用农产品的生产，形成需求什么—加工什么—种养什么的新格局，从而引领农产品的生产品种、区域、规模和布局的战略性调整，全面提升农业的产业层次。

2. 依托一批现代龙头企业集团做强农产品加工业　产业要靠企业支撑，靠龙头企业带动，目前全国共有规模以上农产品加工企业7.1万家，涌现了一批起点高、成长快、规模大、辐射能力强的大型企业集团，带动形成了一批特色鲜明的农产品加工产业带。这些企业向前延伸，就可能把2.4亿的农户组织起来，形成规模化、标准化生产基地；向后延伸，建立市场营销网络，把一、二、三产业打通，把构成农业产业的各个要素和各个环节整合在一起，推进产加销一体化经营，逐步把小规模集合成大产业，把小生产连接到大市场，化解千家万户的农户和千变万化的市场之间的矛盾。

3. 切实激活农产品的流通环节　在市场构造方面，关键是加快培养市场网络，形成以批发市场为中心，以集贸市场、零售经营门店和超市为基础，布局合理、辐射力强的农产品流通网络，发挥期货市场的引领作用，鼓励发展现代物流、连锁经营、电子商务等新型流通方式。在市场组织方面，关键是发展各种中介服务组织、行业协会和商会，壮大农村经纪人队伍，培育多种市场主体。

二、全面拓展农业和农产品的功能

根据国际经验和规律，人均GDP超过1 000美元之后，市场对农产品的消费开始由直接消费向间接加工消费转变。我国正处在这个阶段，将会以发展加工业为契机和切入点，全面拓展农业和农产品的功能。

1. 拓展农业的功能，实现单元农业向多元农业的转变　农业从主要供应鲜食的“单元农业”向食用、饲用、加工用和能源用“四元农业”发展，如果再拓展就发现还有生态农业、观光农业、休闲农业、厨房农业、餐桌农业和超市农业等，也就是“T”的横越来越长。“T”的竖就是指向农产品的纵深开发，提取农产品中的蛋白、脂肪、纤维和各种新营养素，

这一竖越来越深。比如市场上出现的从“吃水果”向“喝水果”转变，“喝水果”向“吃胶囊”转变以及生物工程、生命产业发展较快等就印证了这一点。

2. *拓展农产品加工业的功能，实现由初加工向精深加工的转变* 农产品通过加工这一环节也改变了它原来的形态，把它内部存在的各种功能开发出来，分别进行加工处理，满足人民对农产品及加工制品多样化、方便化、营养化、安全化、个性化的需求。具体办法就是与优势农产品区域布局规划和优质粮食产业工程相结合，优先发展对农业生产影响大、农民增收关联度高、外贸出口拉动强劲的优势农产品加工业，并在粮食加工、肉蛋奶制品及饲料加工、水产品加工、果品加工、蔬菜及茶叶加工等行业中选择一批重点企业，引导各方面对其进行重点扶持，开展精深加工和综合利用，向农产品加工的纵深进行开发，提高质量和附加值。

3. *创新思路，树立发展加工业的新理念* 发展农产品加工业，新的思路和理念，可用六个字来概括，即“安全、营养、便捷”：一是安全。由于农产品面临动植物及病疫情、周边环境污染、投入品污染和流通加工过程中污染等“四大风险”，要求政府、企业和农户“三管齐下”，坚持以人为本，树立“食品工业就是道德工业”、“关注生命家园，奉献绿色食品”等理念，建立企业全过程质量控制、检测部门终端检测和市场可回溯制度，确保食品的质量和安全。二是营养。要开展一次“膳食革命”，目前人们饮食有的营养过剩，有的营养不协调，需要通过食品企业的技术创新、产品创新，不断引领消费，改变过度营养和过度吃喝的现状。三是便捷。食品有消费层次、消费时段和消费空间等方面的区分。如奶制品，有鲜奶、还原奶；成人饮用、儿童饮用；早餐奶、睡前奶等方面的区别。通过对农产品的深度开发，就会形成方便食品、快餐食品、休闲食品、营养保健食品等，全方位满足市场需求。

三、通过提高效益提升农业产业优势

以市场为坐标发展效益农业、加工农业是推进农业从弱势产业迈向优势产业、魅力产业的原动力，没有效益不赚钱，这一产业就不会吸引社会优势资源和要素向其靠拢，大型工商企业、科研单位、金融机构等就不会青睐和介入。如何提高效益，起码有如下途径：

1. *产业延伸增效益* 把农业产业链条向加工、储藏、运输、保鲜、包装等方面延伸。建立包括生产加工、储藏运输、市场营销新的产业体系，就会推动农业萌生新的亮点、新的发展空间。目前在城乡进行的产业格局调整，给农产品产地发展农产品加工业提供了巨大的空间。农产品加工业一头连产地，一头连销地；一头连农民，一头连市民；一头连农村，一头连城市；留利给农民，留就业岗位给农民，留税收给产区。农业产业链条的延伸，不但是农业结构调整的“转化器”和农业产业化的“推进器”，而且成为农业大户的“孵化器”。据测算，我国农产品加工业产值与农业产值的比值，每增加 0.1 个百分点，就可以带动 230 万人就业，带动农民人均增收 193 元。

2. *转变增长方式增效益* 发展农产品加工业要切实转变增长方式，变粗放型增长为集约型增长。把农产品的精深加工作为产业提升的主攻方向，大力发展循环经济，不断提高农产品及其加工副产品的综合利用水平和效率，提高农产品加工制品的附加值。这里的关键就是要以龙头企业为核心，借鉴现代工业的观念、思路、机制和办法来发展农产品加工业，学习工业企业组织形式培育农业市场主体，激励创新技术提升农产品加工水平，运用市场营销策略搞活农产品流通，引入多渠道融资方式增加农业和农产品加工的投入。按照产业化经营、工厂化生产、市场化营销、科学化管理、社会化服务的要求，全面提高农产品加工业的质量和效益。

3. *优化布局增效益* 目前我国农产品加工原料品质结构不适应加工的要求，分散生产与集中加工的矛盾突出，因此要结合本地资源禀赋和区域比较优势，对农业生产要素进行合理配置，使农产品生产向优势区域集中，加强适合加工的农产品新品种研发和标准化、规模化生产，发展有优势和有特色的农产品加工业，逐步形成适合不同区域的农产品生产和加工产业带，注重打造农产品加工产业群，推动加工企业与原料基地结合，实行上下游产品衔接，提高产业化生产规模。

4. *发挥比较优势增效益* 市场竞争的实质是追求差异化、稀缺化、精准化、高端化、国际化，人无我有，人有我优，人优我廉，人廉我转，永立潮头，步步领先。这就要在“开拓”两字上下功夫。开拓市场不仅要研究消费需求，还要研究竞争对手，不但要考虑国内市场的拓展，还要考虑国际市场的扩大，有比较优势的要“走出去”对外投资，带动商品和劳务出口，形成一批有实力的跨国企业和著名品牌。

四、积极实施品牌战略

品牌具有资源配置力、要素凝聚力、文化凝聚力和市场开拓力。在发达国家，企业品牌资产占资产比重已达 50%～70%，有的甚至达到 3～5 倍。而我国农业和农产品加工业的“软肋”正是缺少自己的专利、品牌和知识产权，在农业国际化中处于被动地位。因此必须实施品牌战略。

1. *注重品牌策略，树立牢固的名牌意识* 名牌意识是一个综合的概念，包括市场意识、信誉意识、质量意识、科技意识、宣传意识、革新意识和保护意识等内容。没有正确的名牌意识，对日趋激烈的农产品市场竞争认识不足，缺乏以质量安全求生存的危机感，就不可能创出农业名牌产品。

2. 注重市场策略，不断开发新产品　创名牌产品涉及到许多方面，但造就名牌产品最终还是市场和消费者。要使名牌产品长期具有吸引力，就必须以市场需求为目标，超前开发，使产品不断升级换代，实现维护名牌、发展名牌的目的。

3. 注重科技策略，提高名牌产品的档次　从提高职工技能、技术选择、技术积累、技术创新、强化管理、开发新品等方面着手，才能创造品牌的竞争优势，实现市场开拓的领先。

4. 注重质量策略，搞好名牌产品的质量改进　农产品质量是生命线，只有把好产品设计开发、采购、生产制造和销售等环节，持续不断地进行质量改进，不断推出高质量的产品，才能在市场竞争中产生过硬的名牌。

5. 注重规模经济策略，增强名牌产品的基础　以优势产品为龙头组建企业集团，以加大对优势农业资源和优势农产品的开发力度，才能形成规模优势，扩大名牌产品的市场占有率。

6. 注重宣传保护策略，增加品牌的价值　要为产品选好牌子，通过商标注册，取得专用权。利用宣传舆论工具，放大品牌效应。

五、增强自我研发能力和创新能力

目前，我国农业科技工作的重点在产中领域，80%以上的科技经费和研究力量投入在产中，对产后领域的科研工作重视不够，造成了农产品加工领域技术创新能力较低，科技储备特别是基础性的技术储备严重缺乏，使得我国农产品加工业的发展动力不足，技术水平落后；农产品加工研究机构和核心研究人员队伍力量薄弱。企业及整个行业发展只能依赖硬件进口，拼设备，整体技术创新能力难以提升。因此，需要从各个方面进行推动。

1. 增加投入提升整个行业技术创新能力　根据发达国家的经验，在企业自主创新能力比较弱的阶段，政府增加财政性研发投入，是对自主创新和品牌培育最直接的激励措施。1970 年以前，美国联邦政府研发投入曾占全美研发总投入的 65%，而到 2000 年，政府投入降低到 26.9%，而企业研发投入上升到 67.7%。另据统计，2000 年美国、日本、德国、法国等国政府投入的研发资金占 GDP 的比重在2%～3%之间，而我国 2002 年政府投入研发资金占 GDP 的比重仅为 1%左右。因此，政府增加投入在促进企业创新能力提高方面尚有大量工作要做。

2. 尽快推进“集成”创新　整合全国科技资源，加强国外先进技术的引进、消化和吸收，加大技术集成和原始创新力度，加快企业技术改造步伐，全力打造一批农产品加工技术创新基地和产业化示范基地。

3.“产学研”结合形成技术创新体系　进一步完善农产品加工科技成果转化机制，打造政府行为、科技行为、企业行为、农户行为“四位一体”的格局，形成多元化科技投入体制、创新机制和推广机制。建立国家及重点农产品加工研究中心和工程技术中心。在优势农产品主产区，依托现有科研机构，建立一批重点农产品加工工程技术分中心。建立完善企业技术创新机制，选择一批骨干农产品加工企业进行农产品加工企业技术创新试点，组建专业性的农产品加工研发中心或农产品加工企业的技术创新机构。

4. 推广一批重大关键技术　对筛选出粮油、果蔬、畜产品、水产品等行业的重大关键加工技术，有重点地分批进行示范和推广，不断提升农产品加工业的原始创新能力和核心竞争力。

总之，农业是万业之母，提高农业国际竞争力，推进现代农业建设，还有很长的路要走。只要我们以科学发展观为指导，全面贯彻落实十六大及十六届五中全会精神，不断加强和巩固农业的基础地位，就能永葆农业这一“母亲产业”的青春和活力，为建设社会主义新农村和全面建设小康社会作出更大贡献。

（本文为作者于 2005 年 11 月在“中国农业与农村经济形势报告会”上的讲话，略有删改）

我国食品安全发展状况

卫生部监督局副局长　苏　志

这些年来公共卫生发生的事件不少，实际上食品安全问题也属于公共卫生问题。我们应该本着对人民群众健康高度认真负责的态度，本着对构建和谐社会、促进小康社会的建设和国民经济的平稳发展，来客观地看待这个问题，把食品安全问题提高到一定的高度来认识。

一、当前食品安全问题

当前，食品安全问题十分突出，引起了全社会的高度重视，全国人大在立法方面也十分关注。我认为，食品问题主要是食品安全问题和食品卫生问题。作为食品首先应该无毒、无害，这是一个食品安全问题。但是，无毒、无害的物品很多，能不能都作为食品还有一个营养问题。按照这样一个概念，“食品卫生”关注的应该是无毒、无害，关注的是食品不要造成污染。这种污染可能来自于生产、加工、储存、消费等环节的不当因素等。还有一个很重要的问题是对添加剂的使用。由于添加剂的不当使用，造成食品的安全问题和质量问题。为什么要使用添加剂呢？一是通过添加剂能使食品更好地表现其具有的感官，包括色、香、味等特点；二是对食品的保鲜要求和加工要求需要相适应的添加剂。因此，某些食品加工需要使用食品添加剂。如果食品添加剂滥用，就会造成食品污染，也是添加剂的污染，这是食品工业卫生方面关注的一个要点。现举一个案例，最近湖南出现了大头娃娃事件，是由于婴儿的营养要求没达到标准而造成的。尽管卫生检验时微生物不超标、有毒有害物不超标，但是由于婴儿食品中应该拥有的蛋白质、矿物质、维生素等没有达到标准要求，所以这种食品给婴儿吃了以后会生病、会死亡以及造成营养不良。当然食品中间也有严峻的其他安全问题，主要是控制食品（加工）中的违法犯罪行为。所谓食品领域里的违法犯罪行为，是把有毒、有害的非食品原料用于食品生产，导致食品安全事故的发生。比方说“苏丹红”事件，苏丹红是一种工业染料，为什么敢拿来作为食品调料加工成辣椒油，然后再广泛地销售出去呢？这个问题本身不是一个食品生产经营的问题，而是一个违法犯罪的活动。这跟我国食品工业的市场经济秩序混乱有关。有些人利欲熏心，谋财害命，为了自己赚钱而从事犯罪活动。还有在食品里面超量加明矾、加一些不该用的漂白剂，这都是有毒有害的。此外，电视里曾曝光了一个“金针菇”事件，不法分子在金针菇罐头里加了六种成分，这六种成分都是不应该加的有毒有害物质。这些违法犯罪行为大都是一些小的、非法的企业所为，而不是我们正规食品生产经营企业所为。当然正规食品生产经营企业也有不规范之处，从卫生方面的行业部门来讲要加强自律，从安全方面来说要维护行业的权力。其中，维权主要是打击假冒伪劣、打击犯罪。自律主要是保护行业的利益，促进行业的企业全面发展。大企业在行业里能发挥带头作用，如果大企业的作用发挥得好，就会有利于行业的自律，那些违法乱纪者就挤不进这个行业里。为此，不仅政府的监管很重要，而且行业自律也十分重要。

二、2004 年卫生部做的主要工作

2004 年，在国务院的领导和有关部门的通力协调配合下，卫生部主要抓了以下几个方面的工作：

1. 组织实施《20004 年食品药品放心工程》　针对面粉、果冻、膨化食品、蜜饯、含乳饮料、肉制品、铁强化酱油、调味品、碳酸饮料等食品添加剂的使用情况进行了检查。共检查食品企业 27 000 多家，其中合格企业 14 900 家，不合格企业 2 960 家。查处的违法食品 341.7t，封存不合格食品 500 多 t，销毁不合格食品 300 多 t；查处不合格食品添加剂 5.5t，封存不合格食品添加剂 14.7t，销毁不合格食品添加剂 8 000 多 kg。卫生部主要围绕容易出现卫生问题的几大类食品开展了工作，把重点放在食品添加剂上。在食品商场、超市散装食品的专项整治中，共检查食品商场、超市 144 000 多家，没收、销毁过期变质不合格食品 200 多 t，行政处罚经营单位 74 500 多家，罚款 92.7 万元。在食品生产卫生许可证专项整治中，共检查 28.7 万家食品企业，其中不合格企业 3.45 万家。2004 年还整治了保健食品行业，按《保健食品良好生产规范要求》，检查企业 800 多家，其中合格企业 392 家，合格率 46%。目前国内食品行业的主要特点：一是好的食品企业为国际水平；二是差的食品企业是农村小作坊式的水平。这些企业水平跨度非常大，参差不齐，有些产品特别容易假冒，被违法犯罪者钻了空子。食品行业协会的作用非常关键，可协助政府打击违法犯罪行为，保护行业合法利益，促进食品行业的健康发展。

2. 加快完善食品卫生标准体系，与国际法典委员会标准（CAC 标准）的一致性明显提高　通过五年的工作，我们加强了我国食品卫生标准与国际法典的接轨、衔接。如食品标准中污染物限量有 129 项安全指标，已经与 CAC 完全一致。这对我国食品行业是一个促进，可提升我国食品产业的换代升级。还有“农残”指标与 CAC 的符合率，由修订前的 14.6% 提高到 85%。因此，我们在食品卫生标准与国际接轨方面做了大量的工作。

3. 开展食品危险性分析与预警工作，加强食品污染物和食源性疾病监测网的建设工作　从 2000 年

始，卫生部在全国建立了食品污染监测网，目前已在15个省、自治区、直辖市建立了省级食品污染监测网。该网重点对重金属、农药残留、致病型微生物进行连续性监测，掌握了相关监测信息和污染物的变化情况，采取了有针对性的工作措施，及时发布预警信息，向有关行业主管部门通报情况，共同控制食品污染。当发现食品不卫生苗头时，能及时发出预警公告，给食品行业提出建设性的建议。

4. 围绕加强食品安全信息的信用建设，全面实施食品卫生监督、量化、分析管理制度　面对全国几百万家餐饮企业如何进行监管，这就需要建立信用体系。几年来，卫生部实施了一项食品行业监管措施，即食品卫生的量化分级管理。对于信用好的企业，则监管力度可小，我们的监管工作重点是放在信用不好的企业上。加强诚信企业意识，开展食品卫生信誉度等级管理，以防止食品安全的隐患出现，工作中取得了较好的收效。

目前，由于我国市场经济秩序有待进一步规范、食品生产加工起点低、基础设施薄弱、发展参差不齐、部分从业人员素质不高等原因，造成我国食品安全形势严峻，重大食物中毒事件时有发生。2004年，全国共报告重大食物中毒事件397起，比2003年增长4.7%；中毒人数达14 000多人次，同比增长13.3%。其中死亡282人，比上年减少14.5%。从卫生部组织的全国食品卫生监督工作抽检中已完成的18类食品卫生状况来看，有9 271种食品抽测合格率为87.1%，合格率超过90%的产品有：茶叶、食用菌、乳酸菌饮料、月饼、果蔬汁饮料等12类。合格率不足50%的产品有：发酵类豆制品及蛋糕、糕点等产品。以上主要是各大城市、省会城市的食品卫生情况，农村食品卫生情况更加严峻。

三、今后工作重点

按照卫生部制订的《食品安全行动计划2003—2008年食品安全目标和战略》，提出以下工作重点：

1. 健全食品卫生法律法规和标准体系　修订相关食品卫生规章，现在制订和近期出台的主要有以下规章：

(1)《食品卫生许可证监督管理办法》，主要是提高市场准入门槛，规范许可行为。

(2)《食品卫生抽检管理规定》，使抽检工作更加公正、公平、公开，更具有代表性。

(3)《对标签的规范》，使食品包装上标识的内容与它的内在成分和质量相符合，防止欺诈行为。

(4)《对新资源产品的管理》进行修订，进一步规范食品监督行为，包括对食品卫生管理员的规范、餐饮业的卫生规范、建筑工地食品卫生规范、学校食堂卫生规范等等。明确监督卫生许可的权限，规范许可行为，强化社会监督，落实责任追究制度，指导各地做好执法监督的工作。同时根据国务院的规定，提出食品企业法人作为食品安全第一责任人的原则。将企业责任人与从业人员的法律、食品卫生知识的培训和教育，与卫生许可证的发放直接挂钩，以利提高企业的素质。把许可工作和许可之后的监督管理工作有机的结合，切实加强食品工作的市场准入管理。

2. 进一步推进食品安全计划的实施　加快完善食品卫生法规标准，扩展食品污染物和疾病的检测体系，建立食品经营企业的自身管理安全模式。加强卫生监督体制和自身体系的建设，从而控制食品的污染，减少疾病，保护消费者健康，促进经济发展总体目标的实现。进一步提高食品卫生整体水平，促进食品安全，同时加快完善食品污染物检测网和食源性疾病的预警及检测体系建设。到2007年，完成27个省、自治区、直辖市145～150个污染物检测点的建立工作。2007年将食源性疾病的建设点扩大到全国20个省、自治区、直辖市，建立5个具有食源性疾病溯源能力的省级实验室，初步建成我国食源性疾病的溯源、检测和控制网络。

3. 加强食品生产经营的行业管理及企业的自律工作　按照食品卫生的量化分级监督机制的要求，2006年年底以前，在食品生产经营和餐饮业单位，全面实施食品卫生的量化分级管理制度，并且选择重点行业如酱油、食醋、植物油、熟肉等进行重点评价总结。

4. 进一步加强餐饮业食堂等消费环节的食品卫生监管工作　近期要制定和发布餐饮业卫生规范，加大对食堂餐饮业卫生的检查力度。从生产经营、工具设备、食品采购、运输加工、储存出售、从业人员、企业管理等各个方面建立严格的市场准入制度，加大监管的力度。

5. 开展食品专项整治，推进食品卫生的量化分级的管理制度　在直辖市、省会城市和计划单列市等36个城市中，开展保健食品、乳制品、熟肉制品、调料、饮料的食品经营企业的卫生许可专项整治。在整治的基础上，推进量化分级管理。重点整治保健食品生产企业不符合保健食品良好生产规范要求的行为，重点整治婴幼儿奶粉食品企业不符合保健食品良好生产规范要求的行为，重点清理无证和不符合食品添加剂使用规范的企业，加强上述企业、餐饮业和学校食堂的卫生监管。

强化造纸行业污染防治
为构建和谐社会做出贡献

国家环境保护总局污染控制司副司长 李新民

一、积极探索与进取，造纸行业污染防治工作初见成效

造纸工业是国民经济的重要工业行业，具有资金技术密集和规模效益显著的特点，其产业关联度大。不仅发达国家拥有先进的造纸工业，而且发展中国家近年来造纸工业也在迅速发展。世界各国已将纸的生产和消费水平，作为衡量一个国家现代化水平和文明程度的重要标志之一。目前，我国造纸业正处于高速发展阶段。据统计，全球造纸行业生产与消费每年以2%～3%的速度增长，亚洲以8.5%的速度增长，名列各大洲之首，而中国造纸行业近10年来以18%的增幅列亚洲之首。2004年全国纸及纸板生产企业约有3 500家，纸及纸板生产量为4 950万t，消费量5 439万t，人均年消费量为42kg。我国造纸产量和消费量分别占世界总量的10%和14%，仅次于美国。近几年，我国的造纸工业虽然遇到了纤维原料、煤、电、油、运输供求关系紧张，原材料大幅度涨价，生产成本增高，产品销售价格提升艰难，利润空间减少，市场竞争激烈等困难和问题。但是在国家扩大内需、促进经济较快增长的宏观政策支持下，企业较好地抓住了消费和投资双重拉动作用的发展机遇，克服重重困难，加快技术改造和结构调整，加强环境治理，努力提升竞争实力，取得了可喜的生产经营业绩，全国造纸工业保持了平稳快速发展。

国家环境保护总局一直将造纸污染防治作为重中之重的工作。近年来，出台了一系列环境经济政策、环境管理政策、环境技术政策、环境产业政策和环境贸易政策等。如《当前工商领域固定资产投资重点》、《当前国家重点鼓励发展的产业、产品和技术目录》、《当前环境保护产业发展目录》、《国家重点行业清洁生产技术导向目录》、《淘汰落后生产能力、工艺和产品目录》、《草浆造纸工业废水污染防治技术政策》等。还制定了《造纸行业取水定额国家标准》、《造纸工业水污染物排放标准》、《造纸工业清洁生产标准》等各项标准。出台了《造纸工业清洁生产审核指南》，与联合国环境署联合开展了三期制浆造纸企业环境管理合作项目。在全国范围内关闭取缔了2万多家小型化学制浆生产线，对一大批造纸企业发放了排污许可证。淮河流域在2005年年底前关闭现有石灰法制浆生产线、年制浆能力3.4万t以下化学制浆生产线、年生产能力2万t以下黄板纸企业和1万t以下的废纸造纸企业。

经过方方面面的努力，造纸行业污染防治工作已初见成效。造纸业万元产值化学需氧量排放强度近7年大幅降低，已由1998年的462kg /万元降至2004年的75kg/万元。由于制浆造纸企业环境治理力度加大，造纸工业环境污染得到初步缓解，正朝良性方向发展。

二、机遇与挑战共存，强化造纸行业环境保护迫在眉睫

根据初步预测，2010年我国纸品市场需求量将达7 000万～8 000万t。需求和投资的加大，拉动了造纸行业的持续景气，人民币升值和反倾销政策实施为造纸行业创造了良好的外部环境。我国纸和纸板的生产在较长时期内尚不能满足市场的需求。应该说，我国造纸业发展前景十分广阔。

但是我们必须清醒地认识到，在造纸业面临巨大发展机遇的同时，环境也面临着巨大的压力。当前全国水环境质量状况仍十分严峻，排污总量远远超过水环境容量。2004年度《中国环境状况公报》显示，全国七大水系的412个水质监测断面中，劣Ⅴ类断面水质仍高达27.9%左右。除珠江、长江水质较好外，辽河、淮河、黄河和松花江水质较差，海河水质也差。我国水污染的主要特征仍是结构性污染，而作为工业行业用水大户之一的造纸行业，是造成结构性污染的主要危害者，由造纸产生的水污染仍十分突出，主要表现在：

1. 水污染物排放量大，经济贡献率低 2004年，

国家统计的41个工业行业中，造纸行业废水排放总量仅次于化工制造业，高居第二位。造纸及纸制品工业每年产生的废水量为31.8亿t，占全国工业废水总排放量的16.1%；COD排放量148.8万t，占全国工业COD总排放量的33.0%。而造纸行业经济贡献率却仅为2.2%。

2. *企业规模小，能耗物耗高* 全国造纸企业平均生产规模约1万t左右，与世界平均4万t的经济规模相差甚远。造纸行业平均吨纸耗水约140m^3，万元造纸工业总产值新鲜用水量为188 m^3，水重复利用率平均只有46%，吨浆综合能耗达1.5t标煤，能源利用率一般大中型企业只有30%左右。

3. *产品结构不尽合理* 近年来，虽然随着环保工作力度的加大，市场需求的改变，造纸业产品结构有了较大调整，但产品仍以中低档产品为主，企业技术水平低，治理落后，经济效益低下的面貌并没有得到根本改变，一个造纸厂污染一条河的情况仍比比皆是。由于环保和市场的原因，一些城市已退出造纸业。根治造纸行业的污染已迫在眉睫。

4. *造纸业生产与需求不平衡的矛盾日益突出* 不仅总量供给有缺口，产品结构性矛盾也很尖锐。我国造纸业进口量逐年增加，特别是木浆和废纸等纤维原料进口量大。以木浆为例，2000—2004年全国木浆进口量以平均每年22%的幅度增长。2004年全国纸浆进口量为734万t，废纸进口1 230万t，造纸业用汇仅次于石油。根据造纸产业结构规划，2010年造纸工业原料中木浆的比例将从目前的6%提高到20%，整整提高3倍。造纸业原料之忧逐步显现出来，随之对生态环境的压力也将日益突出。

三、以科学发展观为指导，大力实施产业结构调整

近年来，一些造纸企业通过污染治理，其观念也发生了改变。逐步认识到，不是环保影响了造纸企业的发展，而是市场淘汰了落后的造纸生产，环保提升了我国造纸工业的水平。这些企业优化技术结构，通过采用高强度、高得率、低污染的生产技术，向低定员、高任务，低消耗、高效率的造纸生产迈进。通过发展林浆纸一体化，优化原料结构，不仅改变了周围农村产业结构，在增加农民收入的同时，也为企业提供了优化的制浆原料，探索出企业经济、生态效益和社会进步三者共赢的新发展之路。通过产品升级换代，优化产品结构赢得了更多客户。

经验表明，一个污染行业和毫无社会责任感的企业，是没有前途的，只有改变传统造纸业的发展模式，才会有出路。只有通过结构调整，造纸工业才能摆脱落后局面。通过实施集中制浆、集中治污，实现规模经济和环保效益，造纸工业是可以走上新型工业化道路的。当前造纸企业真正面临的是生存之战，正像那句老话"物竞天择，适者生存"。因此，应抓住机遇，顺应市场经济规律，及时进行产业结构调整，转变发展思路，不能再以牺牲环境和大部分群众利益来换取个别企业的暂时效益。实践也证明了这一步早晚要走，"早调、早主动，早调、早受益"，晚走就有被制约、被淘汰出局的可能。同时，造纸结构调整，提高纸产品附加值，也将进一步促进造纸废水治理和环境保护工作的进一步开展。只有产业升级，才能协调资源、环境与发展之间的关系，才能保证造纸行业的可持续发展。

加大推行造纸行业全面结构调整力度，不仅涉及规模和布局的调整，也要优化产品结构、技术结构和市场结构等，压缩低档产品的生产，生产高附加值的产品，从根本上解决污染。当前环境、资源等的制约，对造纸行业既是严峻的考验，又是产业结构调整的最好时机。造纸行业和企业要以市场为导向，以提高企业竞争力为核心，结合实际情况，做到有进有退，有抑有扬，关小扶大，扶优汰劣，走资源消耗低、环境污染少、科技含量高、经济效益好、行业可持续发展之路。国家将督促按流域以省为单元的造纸行业结构调整计划的制定和实施，继续对影响水质特别是跨省界断面水质的一批造纸排污大户实行关、停、并、转、迁，对生产规模不经济、技术落后、经营分散、污染严重，而又无力治污或无法稳定达标的造纸企业予以淘汰。

四、实行清洁生产，发展循环经济，创建环境友好型的造纸企业

2004年5月，全国重点流域水污染防治现场会上，曾培炎副总理明确提出要强化对造纸等行业的清洁生产审核，认真执行《清洁生产促进法》，各地所有造纸企业都要实行清洁生产，实现稳定达标。要求对未达标企业实行强制性审核，已达标企业实行自愿性审核，查找薄弱环节，制定改造方案，认真组织实施，促进企业技术升级，真正实现长期稳定达标，减少污染物排放总量。企业应由末端治理向生产全过程控制转变，实现"节能、降耗、减污、增效"。各地要针对当前造纸企业治理现状，提出分类指导要求，全面实施造纸企业清洁生产审核，督促企业做到限期稳定达标。

从根本上化解我国造纸业原料危机，应该多条腿

走路。一方面要借鉴国外的做法，走林纸结合的道路，也就是走循环经济的道路解决我国造纸业原料问题；另一方面要节约资源，提倡废纸再利用，国内废纸利用率仅为27%，与世界平均水平的43.7%相比相差甚远，废纸回收空间很大。在污染治理中引入循环经济的理念，是中国造纸工业走向生态纸业的战略选择，也是适应我国加入世界贸易组织、面对绿色贸易壁垒、增强企业竞争力的重要措施。环境是资本，资本创造价值的理念正在渗透于造纸业发展和环境保护中。因此，要抓住典型，推动示范，促进我国造纸行业的根本性变革，主动顺应国家产业政策，紧紧抓住市场和环保机遇，向速度、结构、质量和效益相统一的发展道路迈进，成为当地拉动经济增长的亮点。

当前，国家正在组织编制重点流域水污染防治“十一五”规划和行业发展规划，还将制定区域发展规划，重大工程立项时应充分考虑环境影响问题。企业要按照国家的这些规划和政策，主动积极承担更多的社会责任，这既是我国融入经济全球化的必然趋势，也是企业获得持续健康发展的必然选择，更是构建和谐社会的客观要求。环保总局将鼓励更多的企业创建国家环境友好企业，支持更多的城市创建国家环保模范城市，创建更多的生态工业园、生态示范区，为构建资源节约型和环境友好型社会而不懈努力。

五、切实做好造纸行业环境监管和服务工作，实现造纸行业可持续发展

1. *要严格环境执法，巩固达标治理成果* 积极推行污染治理设施运行社会化、管理规范化和监督自动化。探索建立排污企业环保信用等级管理制度，定期公布重点企业环境保护信用信息，对信用好的企业给予优惠，对信用等级低的企业重点监督，强化社会监督。推行排污许可证制度，禁止无证和超总量排污。

2. *要加大对企业的服务支持力度，加大招商引资力度，降低外资进入门槛* 鼓励支持国内造纸企业走出去，到国外寻求有利发展条件，通过国外投资、兼并、重组、合作等多种方式，完善现代企业管理，为造纸产业跨越式发展奠定基础。

3. *加强科技交流，促进成果转化* 科技交流要打破狭隘的地域意识、企业意识，环境保护的本质是社会公益性事业，需要资源共享，共同进步，服务大众。造纸企业和科研院所在造纸制浆污染治理技术上都有多年的摸索和攻关，应加强技术交流和推广，推进造纸污染治理。

当前，应突出重点，以点带面，全面深化造纸行业污染防治工作。现在我们已有了一些有益的经验，取得了一定的成绩，树立了一批样板。下一步，要抓住典型，推动示范，加大推广力度，促进造纸行业的根本性变革。要在总结、分析的基础上，结合全国的工作和已有的经验，根据当地的实际情况，因地制宜地提出下一步工作的目标和计划，向社会公布，形成领导重视、群众参与的良好态势。这里我提“一个关键”、“二个目的”和“三个加强”，即：产业结构调整是关键，产业升级、环境改善是目的，强化交流、强化治理、强化监管。这中间至关重要的是目标的可达性、方案的经济性，其根本是环境与社会的协调发展、健康发展。我们现在需要的不是虚华的文章，引人遐想，而是坚定的步伐，永远求实。以科学的发展观，共同推进造纸行业污染防治工作，让中华造纸业傲视环宇。让我们携起手来，为建立一个充满绿色、充满生机，人与自然和谐相处的世界而努力。

（本文为作者于2005年10月在“中国纸业环保高层论坛”上的演讲，略有删改）

中国农产品加工业的科技发展

中国农业机械化科学研究院副院长 李树君

经过20多年的改革和发展，中国农业和农村经济进入了一个新的发展阶段。主要农产品的供求关系由长期短缺达到基本平衡、丰年有余；农业发展从以劳动密集型为主向资本、技术密集型增长方式转化；农业发展从追求产量最大化转为追求质量效益最大化发展目标转移；农民增收途径从过去的主要依靠农产品产量和价格向主要依靠多种经营和农产品精深加工、资源综合利用和循环经济模式发展。面对新形势和新要求，中国政府高度重视农产品加工业的科技进步，提出了一系列推进农产品加工科技发展的有效措施，并实施各种重大科技计划，促进了农产品加工业的科技发展。

一、初步形成了完善的技术创新体系

我们站在建立和谐社会的全局高度，树立“以人为本、创新跨越、支撑产业、持续发展、引领未来”的科学发展观，充分发挥政府的主导作用、国家级研究机构与研究性高校的骨干作用、市场的基础作用和企业技术创新的未来主体作用，实现了合理布局与资源整合。在技术创新体系的建设中，我们注重“产、学、研”战略联盟建设和“工程技术集成与推广服务”建设相结合，以国家级研究机构和研究能力强的高等院校为主体，构建国家农产品加工技术创新体系的核心层，开展基础理论与基础应用技术研究，使其成为技术的创新源头；以国家级工程中心和科技型企业为主体，组建农产品加工技术创新体系的转化层，开展产品创新开发与科技成果的工程转化，使其成为行业技术的集散地与孵化器；以具有行业优势的大型企业为主体，构建农产品加工技术创新体系的辐射层，开展成套技术的集成、产品生产制造与应用推广，使其成为农产品加工技术的辐射源。技术创新源头、创新技术的集散地与孵化器、创新技术辐射源的形成，在我国已初步创建了主攻方向明确、核心支撑突出、布局结构合理、区域分工明晰、资源优势互补的研究开发、生产、推广有机结合的国家农产品加工技术创新体系，这一技术创新体系的初步完善，进一步提高了我国农产品加工业的创新能力和创新效益。

二、技术创新取得重大进展

近年来，中国政府和社会各界高度重视农产品加工业的技术创新工作，实施了一批重大科技专项计划，攻克了一批农产品深加工关键技术难题，开发了一批在国内外市场具有较高市场占有率的名牌产品，扶持了一批具备竞争能力的龙头企业，建设了一批科技创新与产业化示范基地，培养了一批具有较强创新能力的科技队伍，从而全面提升了我国农产品加工业的技术水平。

1. 技术创新推进了农产品加工业的跨越式发展　中国农产品加工业起步于20世纪70年代，发展重点是粮、油、米、面等小规模加工技术，解决人们生活的温饱基本需求；80年代，重点发展了中型的初级加工成套技术，增加了产品品种，改善了产品质量，提高了经济效益，进入快速发展时期；90年代后期，进入了一个产品结构调整、质量提高改进、技术创新能力提升的高速增长期，实现了由初级加工向精深加工与资源高效利用的转变，更加注重高新技术的应用与食品质量安全。2004年我国农产品加工业总产值为4 500亿美元，同比增长30%，近五年增长速度超过12%，与农业总产值之比达到了1.2∶1，约占国民经济总产值的10%，实现了跨越式发展。

2. 一批关键技术与设备取得重大突破　近年来，国家实施了“农产品深加工关键技术”等重大科技与产业技术开发专项计划，重点研究了大宗粮油、果蔬、畜产品、林产品等主要农产品深加工技术与设备，攻克了膜分离、物性修饰、冷榨等关键技术难题；在果汁低温浓缩、大豆分离蛋白提取、冷却与发酵肉加工、油料脱皮膨化技术和马铃薯综合加工成套装备等方面，一批关键技术已接近或达到国际水平，促进了农产品加工业的科技进步。

3. 一批高新技术得到广泛应用　超微粉碎、超临界萃取、膜分离、冷杀菌及无菌罐装等技术在农产品加工业中的广泛应用，推进了高附加值新产品的不断涌现。在线自动监控、柔性制造、电子商务等信息化技术改造和提升了传统产业。生物技术的广泛应用催生了一批新兴产业。

4. 标准与质量控制技术取得重大成效　研究构建了粮油、果蔬、畜产、林产品加工等农产品加工标准体系框架；开发与应用了机器视觉无损伤快速检测、电子式小麦粉粉质、近红外品质分析等检测技术和仪器设备；在食品的加工过程中，广泛采用了GMP等质量控制规范，建立了HACCP等过程质量安全控制体系，并加强了在流通环节的质量监测，在我国初步形成了从田间到餐桌的全程质量安全跟踪监控体系。使我国农产品加工业的产品质量与安全上了一个新台阶，进一步增强了相关企业的国际竞争力。

三、科技进步促进了中国农产品加工业的战略性转变

科技进步对中国农产品加工业的高速发展，为实现战略性转变发挥了重要作用。

1. 促进了生产方式的转变　中国传统农产品加工生产方式，过去多采用小规模与手工作坊式为主，产量低，质量差，商品化率低。随着科技的不断进步，如今农产品加工业的机械化、自动化程度得到大幅度提高，已基本实现由小规模分散型向规模化大生产、由初加工向精深加工、由资源消耗型向资源节约型的战略性转变。

2. 促进了产品技术内涵的转变　过去农产品加工生产方式比较简单，品种也比较单一，以追求数量为主，营养与功能成分未得到充分提取和增值利用。随着人们生活水平的不断提高和技术的不断进步，信

息、生物、先进制造等多学科交叉、互动已成为农产品加工技术的必然趋势，赋予了加工品新的内涵，实现了农产品加工由数量型向质量安全与效益型的转变。

3. 促进了由传统农业向现代农业的转变　农产品加工业的发展，促进了传统单一种植模式向特色多元种植模式的发展；促进了种质繁育、原料生产、加工增值与商品流通等各产业链间的有机结合与协同发展；实现了由“种什么就加工什么”的传统理念，向以市场为先导，以加工为龙头，“加工什么就种什么”的生产与加工协同发展的现代观念转变，促进了传统农业向现代农业的发展。

虽然中国农产品加工业的科技发展取得了较大成就，但与发达国家尤其是与美国相比，还有很大差距，发展具有很大潜力与空间。我们一定按照中国科学技术部与美国农业部两位副部长的建议，积极推进“中美农产品加工技术研究中心”建设，加强联合研究与人才培养，增进科学家之间的相互交流，为促进双方农业和农产品加工业的共同发展做出新的贡献，造福于两国人民。

（本文为作者于2005年在“中美农产品加工与食品安全高层论坛”上的发言，略有删改）

我国食品进出口形势分析

海关总署综合统计司　张炳政

据海关统计，2004年我国实现食品进出口总值404.1亿美元，比上年增长22.4%，占当年农产品进出口总值的79%。其中食品出口203.1亿美元，比2003年增长7.7%，出口增速较上年回落12.1个百分点；进口食品201.3亿美元，同比增长41.9%，食品项下实现贸易顺差2.1亿美元。食品作为农产品的重要组成部分，在农产品进出口中的地位十分重要，食品出口占当年230亿美元农产品出口总值的88.3%；食品进口占当年279.7亿美元农产品进口总值的71.9%。

一、我国食品进出口概况

（一）食品出口方面

1. 除谷物外，其他各类食品出口普遍增长　2004年，我国谷物及谷物粉出口473万t，价值8.3亿美元，分别比上年下降78.5%和68.9%，占当年我国食品出口总值的4.1%。扣除谷物及谷物粉以外的其他食品出口增长20.2%，较2003年增速上升4.7个百分点。其中水海产品出口177万t，价值40.5亿美元，同比分别增长11.8%、21.6%，出口值占当年食品出口总值的20%；蔬菜出口470万t，价值27.8亿美元，同比分别增长8.7%和26.4%，出口值占当年食品出口总值的13.7%；鲜、干水果及坚果出口175万t，价值7.7亿美元，同比分别增长19.9%和27.7%，出口值占当年食品出口总值的3.8%。烤鳗出口61万t，价值7.3亿美元，同比分别大幅增长13.4%和55.6%，出口值占当年食品出口总值的3.6%。

2. 食品出口以一般贸易方式为主　我国食品出口主要以一般贸易方式为主。2004年我国一般贸易出口食品为149.5亿美元，同比增长2.2%，占当年食品出口总值的73.6%；此外，加工贸易方式出口46.1亿美元，同比增长33.3%，占当年食品出口总值的22.7%。

3. 对日本、欧美等主要消费国家和香港地区食品出口普遍增长　日本是我国最大的食品出口市场，2004年我国对日本出口食品67.5亿美元，同比增长19.8%，占当年我国食品出口总值的1/3。其他主要的出口市场有香港特区、欧盟和美国。其中对香港出口24.6亿美元，同比增长19.1%；对欧盟出口20.8亿美元，同比增长12.8%；对美国出口19.8亿美元，同比增长11.1%。对上述3个国家或地区的出口值合计占当年食品出口总值的1/3。

4. 私营企业出口大幅增长，外商投资企业为出口主体　2004年我国私营企业出口食品42.9亿美元，同比大幅增长77.6%，对总体出口增长的贡献率达129%。外商投资企业出口规模最大，当年实现出口总值90.5亿美元，同比增长23%，占当年食品出口总值的44.6%。国有和集体企业出口增长乏力，国有企业食品出口59亿美元，同比下降26.7%；集体企业出口10.6亿美元，同比增长3.6%。

5. 因质量问题退运食品货值大幅下降　2004年我国出口食品因质量问题遭退运货值有所下降，总退运值为 7 623 万美元，比 2003 年下降 15.2%。扭转了自 2000 年以来连年增长的势头。

（二）食品进口方面

1. 进口的主要食品有大豆和食用植物油　2004 年我国共进口大豆 2 023 万 t，价值 69.8 亿美元，进口量同比下降 2.5%，进口值同比增长 28.8%，进口值占食品进口的比重超过 1/3。进口食用植物油 676 万 t，价值 36.7 亿美元，同比分别增长 24.9%和 42.1%，占食品进口总值的 18.3%。其中豆油和棕榈油是食用植物油进口的主要品种，当年豆油进口 252 万 t，价值 15.5 亿美元，同比分别增长 34%和 52.6%；棕榈油进口 239 万 t，价值 11.7 亿美元，同比分别增长 2.6%和 12.6%。此外，谷物及谷物粉进口 975 万 t，价值 22.3 亿美元，同比大幅增长了 3.7 倍和 3.9 倍，进口值占食品进口总值的 11.1%。其中小麦进口 726 万 t，同比激增 15 倍；价值 16.5 亿美元，同比激增 18 倍。

2. 进口以一般贸易方式为主　2004 年我国一般贸易方式进口各类食品 161.7 亿美元，同比增长 45.2%，占当年食品进口总值的 80.4%。此外，以加工贸易方式进口食品 24.2 亿美元，同比增长 18.3%。

3. 美国、巴西和阿根廷是我国进口食品的主要来源地　2004 年我国自美国进口食品 49.7 亿美元，比 2003 年增长 41.7%；自巴西进口食品 27.3 亿美元，同比增长 36.3%；自阿根廷进口食品 26.7 亿美元，同比增长 18.9%。自上述 3 个国家合计进口食品 103.7 亿美元，占当年食品进口总值的 51.6%。

二、影响我国食品进出口的基本因素分析

（一）食品出口方面

近几年，我国加快农业现代化建设步伐，国内农业技术进步，农产品结构不断优化，越来越多的外资企业参与到我国农业生产和食品加工。国内涌现了像中粮、龙大等一批实力雄厚、国际竞争力强的出口企业，水海产品、蔬菜、水果等产品逐步成为优势出口商品。我国食品出口规模逐年稳步扩大和食品加工生产能力提高，自然是我国食品出口增长的根本原因。但是，也存在一些不利因素，制约我国食品出口的增长。

1. 政策调整导致我国谷物及谷物粉出口能力下降　2004 年我国食品出口增长速度为 7.7%，这一增幅较上一年同期回落 12.1 个百分点，其中谷物及谷物粉出口下降影响了 9.7 个百分点。我国自 1999 年起连续 4 年粮食减产，国内供需缺口基本上靠挖库存来平衡，直到 2004 年粮食产量才有所恢复，而当年以粮食为上涨动力的食品价格上涨了 9.9%。为了抑制粮价迅速上涨势头，国家加大了对粮食出口的管理力度，控制谷物出口规模，减少玉米的出口配额。当年的玉米出口配额仅为 400 万 t，相当于上年实际出口量的 1/4。当年玉米实际出口 232 万 t，同比下降 85.8%；价值 3.3 亿美元，同比下降 81.6%，净减少 14.4 亿美元。受此影响，2004 年我国谷物及谷物粉出口大幅下降，下拉了食品的出口增速。

2. “绿色壁垒”及国外反倾销措施阻碍了我国食品出口　近年来，我国食品卫生安全问题频发，假酒、毒泡菜、毒粉丝、劣质豆制品、劣质果脯、陈化粮等食品问题频频被媒体曝光，既给国内消费者造成很大的心理恐惧与心理障碍，也影响了外国消费者对我国食品的信心，针对我国出口食品的技术壁垒也日趋增多。近几年，日、韩等国多次以我国出口禽肉药物残留超标以及存在禽流感病毒等为由，加强对我国出口禽肉的检验检疫，并多次采取封关措施。2004 年我国家禽产品出口 6.5 亿美元，同比下降 23.6%。同时，日本以农药残留超标为由限制进口中国蔬菜，涉及大蒜、菠菜等诸多出口品种。又如 2004 年 4 月份，广东省输日烤鳗再次发生“恩诺沙星”超标，全省停止对日本出口烤鳗 1 个月。2004 年 5 月份，国内发生了毒龙口粉丝案件，造成 5 月份全国粉丝出口锐减，仅出口 0.5 万 t，同比下降 25.2%。2002 年 1 月，欧盟以抗生素残留超标为由，禁止进口我国包括蜂蜜在内的动物源性食品，当年对欧盟出口蜂蜜锐减至6 695t，比 2001 年骤降 84.6%。之后，我国蜂蜜基本退出了欧盟市场，2003 年仅对欧盟出口 201t。尽管 2004 年 7 月 18 日欧盟正式宣布对我蜂蜜出口解禁，但失地难收，我对欧盟蜂蜜出口仍处于低迷状态，2004 年全年仅出口 132t。同时，我国已连续 7 年成为世界头号反倾销目标国。欧、美发达国家先后指控我国蜂蜜、小龙虾、浓缩苹果汁、罐装蘑菇等食品倾销。2004 年，美国商务部又裁定我国虾产品出口倾销，并课以重税。致使 2004 年我国虾产品对美国出口大幅下降 47%，净减少 2 亿美元。我国南方虾产区广大企业深受影响，不少对虾加工厂被迫减产甚至关闭。随着绿色壁垒的趋势加强，对我国反倾销事情的增多，也对我国食品出口造成了很大的影响。

（二）食品进口方面

1. 国内需求旺盛带动进口大幅增长　近几年来，我国对大豆、谷物和食用植物油的需求持续增长。尽管 2004 年国内大豆丰收，产量达到 1 800 万 t。但是

相比巨大的加工能力仍然不能自给，依然需要依赖进口。而国内粮食库存连续多年挖潜，库存不足的问题比较突出，加上国内粮价上涨势头过快，需要适时大量进口粮食。同时，近几年随着国外企业采用转基因原料及大规模生产，国际市场食用植物油价格明显低于国内市场，也促进了食用植物油的大量进口。2004年我国进口食用植物油达676万t，与2001年相比，3年间食用植物油进口量增长3.1倍。值得一提的是，我国于2004年10月份实施豆油进口新标准，提高了豆油准入的门槛。受此影响，2004年前3季度不少企业突击进口豆油，增速高达71%，第4季度则同比下降31%。

2. 主要商品价格大幅上扬　2004年，大豆国际市场期货价格创17年以来新高，5月份我国大豆平均进口价一度达到413.6美元/t的高位，全年进口均价达到345美元/t，价格较2003年上涨了32.1%。因此，尽管大豆进口量较上年有所下降，但进口值仍然同比增长28.8%。我国企业在年初大豆期货价格高位上签订了大量进口合同，致使大豆进口平均价格持续上涨，而随即而来的国际市场大豆价格下跌使我国企业承受了巨额贸易亏损。在高位进口，自然推动了进口值的攀升。

（本文为作者于2005年4月在“全国食品工业经济运行情况发布会”上的讲话，略有删改）

安全问题挑战食品业发展模式

国家信息中心经济预测部　朱　敏

在我国食物卫生安全问题中，食物中毒仍是最普遍、最主要的危害，而食物中毒中细菌造成的中毒事故占绝大多数，达到98.5%，化学物质和自然毒分别只占0.7%和0.8%，可见食品的卫生管理重点是对微生物污染的控制，只有从源头上切断食品污染的渠道，才能有效控制食品安全问题的发生，因此近年食品卫生管理中预测食品微生物学受到格外关注。我国这方面的问题多集中在粮食、食品贮存运输环节、卫生管理薄弱的食品加工点和一些餐饮摊点。频繁发生的安全问题为快速发展的食品行业敲响了警钟，过量使用化肥、农药、工业污染、滥采滥伐造成的生态环境恶化，以及在食品生产加工环节过量使用添加剂、不合格原料等已经严重影响到食品安全，人与自然的和谐发展受到严重威胁，食品工业的可持续发展也将无以为继。

随着我国国民经济的快速发展及人民群众生活水平的日益提高，食品供给无论是数量还是质量均得到空前提高，主要食品产销量大幅度提高，居民食品消费结构进一步改善，食品工业生产与销售同步增长，较好地满足了人民生活需求。同时在国家相关政策的鼓励和支持下，食品流通环节也日益顺畅，为食品销售和物流创造了有利条件，食品安全已有了一定程度的保障。然而进入新世纪新阶段，我国食品安全仍面临着多方面挑战，近期我国不同地区先后出现食品安全问题，对我国传统的食品制造、流通及安全监管模式都提出了新的挑战。我国食品业亟需顺应时势，转变发展模式，变被动为主动，只有这样才能迎来这个历史悠久的传统制造业的“第二个青春”。

一、近年来我国食品行业发展迅速，效益显著提升

食品行业是满足人民“衣食住行”需求的基础性行业，在国民经济中处于重要地位，具有不可替代性，尤其是目前我国居民收入日益提高、生活质量不断改善，对食品的需求也日趋多样化，全国食品工业面临良好发展契机，食品工业规模快速增长，经济效益也大幅提升，产业结构和增长方式进一步优化。2004年食品工业增加值占全国工业经济比重达到1/10强，同比增长14.3%。自1995年10年来，全国食品工业取得了翻两番的业绩，尤其近3年来发展速度进一步加快，2004年全行业实现工业增加值是1995年的3.3倍。食品市场供需平衡，产销衔接良好，2004年全国食品工业销售收入达到15 634.19亿元，同比增长27.35%，食品工业产品销售率达到98.24%。伴随着产销量的快速增长，全行业经济效益水平也稳步提高，2004年食品工业实现利润总额915.90亿元，同比增长31.85%，尤其是卷烟制造、饮料酒制造、制糖业、水产品加工、屠宰及肉类加工、谷物磨制、蔬菜、水果和坚果加工、软饮料制造等行业利润增长尤为迅速。

食品消费市场突出“安全食品”消费意识，优质

名牌食品份额扩大。随着消费者营养意识加强，消费意识的转变，一批具有绿色、营养、健康概念食品销售形势看好，2004 年果蔬汁饮料产量比上年增长 28.90%，乳制品产量增长 34.74%，具有营养强化功效的食用油、奶粉、酱油等产品产销量显著提高。食品销售渠道灵活多样，百货商店、连锁超市、购物中心、集贸市场、社区商业服务中心等流通样式，构成充满活力的食品集散和销售市场体系，尤其是适应大工业生产的新型流通组织形式——连锁零售经营形式，在食品零售业务中已占有重要地位。

二、我国食品生产环境恶化、安全形势严峻

尽管我国食品工业已经取得了长足进步，但是与发达国家比较，我国食品行业的差距是显而易见的。尤其是食品安全形势面临严峻挑战，这不仅包括食品本身质量不符合要求带来的安全问题，也包括食品生产环境恶化、合格食品数量相对不足带来的安全问题，还包括食品制造、检测、运输、仓储、销售过程中存在安全隐患，以及配套政策不完善、监管不力等带来的一系列安全问题。

1. *环境污染是造成食品安全问题的首要因素* 目前在我国 78 条主要河流中，有 54 条已受到污染，其中 14 条受到严重污染；在大约 5 万条支流中，75%受到污染。已被污染的河流总长达 1.8 万 km，其中 1.26 万 km 河流的水已不能用为灌溉，鱼虾绝迹的水体达数千千米。由于化肥、农药等的大量使用，已造成我国地下饮用水的严重污染。我国受镉、砷、铬、铅等污染的耕地面积近 2 000 万 hm^2，约占总耕地面积的 1/5，其中工业“三废”污染耕地1 000 万 hm^2，污水灌溉的农田面积已达 330 多万 hm^2。有 20 多个省、自治区、直辖市出现了酸雨，上海、杭州、贵阳等城市每年都有漫长的时期沉浸在酸雨和酸雾之中，面积之广、酸度之强、危害之大，使我国正成为继北美、欧洲之后的世界第三大酸雨区。二噁英和有机氯的污染带来的危害更大，二噁英的毒性远远超过了 DDT、五氯酚钠，是氰化钾的 1 000 倍以上，俗称“毒中之王”。其化学结构稳定、亲脂性高，又不能生物降解，且具有很强的滞留性，无论在土壤、水还是空气中，它都强烈地吸附在颗粒上，使环境中的二恶英通过食物链的逐级浓缩聚集在人体组织中，而最终危害人类健康。

2. *食品中有毒有害物质残留量高，源头污染严重* 农药和兽药对食品源头的污染是主要问题，表现为经营者违法使用高毒农药如剧毒鼠药、高毒高残留农药；违法使用抗生素、激素等兽药；违法使用瘦肉精等饲料添加剂；贸易范围扩大和人口流动使动物疫病的防治面临新问题等。2000—2004 年，全国进行了 3 次针对蔬菜农药残留的国家监督抽查，共抽查 63 个大型蔬菜批发市场的 436 种产品，合格 267 种，平均抽样合格率 61.2%；2004 年农业部在全国第三次抽检 51 个蔬菜品种 3 988 个样品，农药残留不合格率为 9.2%。2005 年第一季度农业部在对全国 37 个城市蔬菜农药残留进行监测，平均不合格率为 5.8%。

3. *微生物引起的食源性疾病严重影响食品安全* 在我国食物卫生安全问题中，食物中毒仍是最普遍、最主要的危害，而食物中毒中细菌造成的中毒事故占绝大多数，达到 98.5%，化学物质和自然毒分别只占 0.7%和 0.8%，可见食品的卫生管理重点是对微生物污染的控制，只有从源头上切断食品污染的渠道，才能有效控制食品安全问题的发生，因此近年食品卫生管理中预测食品微生物学受到格外关注。我国这方面的问题多集中在粮食、食品贮存运输环节、卫生管理薄弱的食品加工点和一些餐饮摊点。

4. *使用不合格原料及应用新原料、新工艺带来的食品安全问题* 食品生产制造者为了降低生产成本、谋取超额利润，往往使用劣质原材料加工、制造食品，对食品安全构成极大威胁，如使用病死畜禽肉、过期产品、发霉变质原料等。其他还包括非法添加非食用成分，使用甲醛泡制海产品，火锅中添加罂粟壳，用硫磺熏制白馒头，保健食品里添加违禁药物，非法、超范围、超用量使用防腐剂、色素、过氧化苯甲酰钠等食品添加剂。而在食品生产中利用中草药、转基因食品等新资源；化学合成添加剂等新的食品添加剂；食品新型包装材料；大孔树脂吸附纯化、食品辐照等新的食品加工工艺，目前研究人员对这些新工艺在食品加工中的性能还未全面了解和掌握，因此可能带来新的食品安全问题。

三、安全问题频发给食品业的发展前景蒙上了一层阴影

目前国家已制定和出台了一系列食品安全的法律、法规，如《食品卫生法》、《食物中毒事故处理办法》等，但还远远不够，远不能满足新世纪、新形势的要求，已制定和出台的一些法律、法规也因执法不严而起不到应有的作用。目前我国食品安全面临着食品数量不足、合格率不高、食品中有毒有害物质残留量高、食物中毒事件增多并严重危及社会稳定，以及

食品安全的法律、法规不健全，执法力度不够等严峻挑战。同时，由于资源、生态、环境问题突出，我国的食品可持续发展能力也面临着巨大的潜在威胁。近几年来，我国发生的重大食品安全事件呈现上升势头，给人民生命、财产带来严重损失。2004年发生的重大食品安全事件就有：阜阳奶粉事件、龙口粉丝事件、彭州毒泡菜、广州毒酒事件、陈化粮事件等，而2005年上半年又先后发生肯德基苏丹红事件、雀巢奶粉碘含量超标，一度闹得沸沸扬扬，震惊国内外，引起社会各界的强烈不满，给快速发展的食品业蒙上了一层挥之不去的阴影。

四、我国食品业亟须转变发展模式

频繁发生的安全问题为快速发展的食品行业敲响了警钟，过量使用化肥、农药、工业污染、滥采滥伐造成的生态环境恶化，以及在食品生产加工环节过量使用添加剂、不合格原料等已经严重影响到食品安全，人与自然的和谐发展受到严重威胁，食品工业的可持续发展也将无以为继。因此，我国食品业亟须转变发展模式，大力推广生态农业，从源头上为食品工业输送清洁、无污染的原料，同时通过立法进一步规范食品生产、加工、运输、销售环节，建立起食品行业的全程动态监管机制，营造一个食品业的“绿色制造”环境和流程，真正使消费者吃上“放心食品”。

生态农业是新世纪农业发展的重要方向和主导模式之一，具有显著的增产、增收、增效作用，生态农业在解决当前及今后一个时期我国面临的食品数量安全、质量安全及食品可持续生态能力安全等方面将发挥重要的和不可替代的作用。由于生态农业具有绿色覆盖率高、光能利用率高、资源转化率高的“三高”特点，决定了其具有显著的增产作用，因而对解决我国食品数量安全问题具有十分重要的作用。推广生态农业模式，一般可比当地的常规农业模式增产8%～12%，高的可增产15%～20%，尤其是推广现代高效生态农业模式，其增产幅度可达25%以上。生态农业还可减少物质和人工的投入，发展生态农业，推广生态农业技术，一方面可最大限度地减少“废物”的排放，实现废物减量化；另一方面可最大限度地对废物进行再次利用、多次利用和循环利用，做到废物不废、资源再生，真正实现废物资源化和无害化。发展生态农业，就是要在生产实践中推广应用生态种植技术、生态养殖技术、生态加工技术、生态减灾技术、生态恢复技术等一整套清洁生产技术，其最终成果是生产出无公害食品、绿色食品和有机食品，而这些食品均是安全、健康的优质食品，受到国内外市场的广泛青睐，这正是保障食品质量安全的前提要求。

要使生态农业健康发展，必须高度重视生态农业的示范和推广工作，全程监控农业生产过程。生态农业的一条总的要求就是全程实行清洁生产。这就要求对整个农业生产的过程、环节进行全程监控，确保每个环节的规范化操作。一是加强对产前的管理，包括产前种子的种类、肥料的要求、农田土壤质量的保护等，均要符合生态农业和清洁生产的要求；二是加强对产中的管理，即要强化生产过程的农事操作，要求采用保护性耕作措施，少施化肥、慎用农药，尽量减少或避免对生态环境的破坏和农产品的污染；三是加强对产后各个环节的管理，尤其是产后加工、运输、贮藏、保鲜等各个环节，要禁止使用添加剂、防腐剂等各种制品。

推进建立食品行业的全程动态监管机制，健全食品卫生法律法规和标准体系，修订相关食品卫生规章，不断完善食品安全相关法律法规，进一步加大食品安全的监管力度，也是维护我国食品安全必不可少的环节；加大执法检查的力度，真正做到依法办事、违法必究、执法必严。同时加快完善食品污染物检测网和食源性疾病的预警和检测体系，初步建设我国食源性疾病的溯源、检测和控制网络。扩展食品污染物和疾病的检测体系，建立食品经营企业的自身管理的安全模式，加强卫生监督体制和自身体系的建设，从而控制食品的污染，保护消费者健康，促进经济发展总体目标的实现。

我国食品工业经济实现良好较快增长

中国食品工业协会会长 王文哲

2004年，在“三个代表”重要思想和“科学发展观”指引下，全国深入贯彻党的十六大和十六届三中、四中全会精神，中央不断加强对经济增长方式和产业结构的宏观调控，使我国国民经济实现平稳较快增长。全国食品工业面临良好发展契机，食品工业规模较快增长，总量扩大，经济效益大幅提升，产业结构和增长方式进一步优化。

一、食品工业增加值占全国工业经济十分之一强

2004年，全国规模以上食品工业经济实现工业增加值5 529.82亿元，占全国工业经济增加值的10.09%，比上年同期增长14.30%。自1995年以来的10年间，全国食品工业经济取得了翻两番的业绩。尤其近3年来发展速度进一步加快，2004年全行业实现工业增加值是1995年的3.3倍。全国食品工业完成工业总产值16 079.14亿元，同比增长25.65%，占全国工业经济份额的8.63%；全行业实现利税总额2 757.42亿元，占全国工业经济的13.65%；其中盈亏相抵后利润总额比上年增长三成，达到915.90亿元；全国食品工业吸纳从业人员419.33万人，占全国工业的6.88%。

二、食品市场供需平衡，产销平稳

随着我国工业化、城镇化进程加快，食品消费结构和消费模式升级，食品市场需求形成明显的层次性。同时，食物消费品供需两旺，主要食品产销量大幅度提高，极大地满足了人民生活需求。食品工业生产与销售同步稳定增长，2004年全国食品工业销售收入达到15 634.19亿元，同比增长27.35%；食品工业产品销售率为98.24%，食品产销衔接良好。

在国家相关政策的鼓励和支持下，食品流通环节更为顺畅，为食品销售和物流创造了有利条件。食品销售渠道灵活多样，百货商店、连锁超市、购物中心、集贸市场、社区商业服务中心等流通样式，构成充满活力的食品集散和销售市场体系。尤其是适应大工业生产的新型流通组织形式——连锁零售经营形式，在食品零售业务中具有重要的地位。2004年食品的消费特征是：

1. *食品消费市场突出“安全食品”消费意识，“优质名牌食品”份额扩大* 近年来，“食品安全”成为社会公众日益关注的首要话题，各级政府职能部门采取了一系列有力措施，加大对食品生产与流通的监管力度，使食品卫生、质量和安全状况得到改善。消费者突出“安全”消费意识，优质名牌产品市场份额迅速加大。

2. *营养健康消费概念形成，突出理性消费* 随着消费者营养意识加强，消费意识的转变，一批具有绿色、营养、健康概念食品销售形势看好。2004年果蔬汁饮料产量比上年增长28.90%，乳制品产量增长34.74%，具有营养强化功效的食用油、奶粉、酱油等产品产销量显著提高。

3. *节日消费、时尚消费商机巨大* 随着人民群众生活水平的提高，假日经济、时尚消费具备规模。传统的“元旦、春节”期间、“十一”黄金周、“中秋节”、“端午节”等节假日为食品生产商带来商机，掀起阵阵消费热潮，销售额大幅度提高。

4. *对假冒伪劣产品的整顿和打击力度加大* 食品市场销售秩序得到整顿，诚信度提高。

三、食品工业经济效益显著提高

2004年全国食品工业企业克服原辅料价格上涨、能源交通成本上升、部分地区突发的禽流感疫情等不利因素，全行业经济效益水平稳步提高。食品工业实现利税总额2 757.42亿元，同比增长22.36%。其中盈亏相抵后实现利润总额915.90亿元，同比增长31.85%，食品行业新增利润221.23亿元。食品企业经济效益有所提高，全国食品工业行业亏损面占19.03%，同比下降1.42个百分点。

新增利润额较高的食品重点行业有卷烟制造、饮料酒制造、制糖业、水产品加工、屠宰及肉类加工、谷物磨制、蔬菜、水果和坚果加工、软饮料制造等行业。受原辅材料涨价、产品结构限制和市场竞争加剧等因素影响，食用植物油加工、罐头制造等行业实现利润总额比上年同期下降。

四、全国食品进出口增长三成

加入WTO后，我国进口关税大幅调整，加之国际上针对我国食品出口的技术壁垒尤为突出，食品出口遭遇反倾销案例频频出现。在种种不利因素影响下，2004年前三个季度，全国食品进出口贸易持续呈现贸易逆差。在广大食品企业和进出口企业的共同努力下，2004年全国食品出口最终保持了较高增长，全年全国食品进出口总额404.1亿美元，占全国商品进出口总额的3.50%，同比增长22.40%。其中食品出口金额203.1亿美元，占全国全商品出口总额的3.43%，同比增长7.7%；食品进口金额201.30亿美元，占全商品进口金额的3.59%，同比增长41.9%。进出口相抵，食品进出口贸易顺差2.1亿美元。

五、重点食品行业生产运行情况

2004年，关系到人民生活的重点食品行业，如谷物磨制业（粮食行业）、肉类屠宰及肉制品加工行业、水产品加工业、乳制品制造业等行业，生产经营形势良好，保障了人民生活的需求。

1. *在国家宏观调控政策作用下，谷物磨制业（粮食加工业）运行态势良好*　长期以来，我国产业政策一直向城市和工业倾斜，2004年开始中央出台了一系列加强支农的政策和措施，迈出了“工业反哺农业”的步伐，构建了工业化条件下新型农业政策雏形，使我国农业形势呈现出“粮食增产、农业增效、农民增收”的良好局面。农业生产的好形势为我国谷物磨制业生产打下良好的基础，提供了强有力的保障。2004年谷物磨制业出现了“生产快速增长，效益明显上升”的良好局面，全国规模以上谷物磨制企业2 615家，累计完成产品销售收入865.62亿元，同比增长38.14%，为近年来增幅较高的水平；生产小麦粉3 424.37万t，同比增长二成；实现利税总额36.78亿元，同比增长51.47%。其中利润总额23.62亿元，同比增长61.40%。

2. *屠宰及肉制品加工业克服困难，呈现良好发展势头*　我国是肉类生产、消费大国，屠宰及肉制品加工业是我国优势产业之一。2004年全国肉类总产量为7 260万t，同比增长4.70%，我国猪肉、禽肉产量居世界第一位。2004年是我国屠宰及肉制品加工业克服困难快速发展的一年，我国部分地区突发禽流感疫情，食品安全问题十分突出，供应压力增加。另外全国生猪和猪肉的购销价格上涨，猪肉销售价格小于生猪收购价格涨幅，对肉类生产加工企业造成巨大的压力。2004年屠宰及肉类加工企业销售成本比上年增长40.92%，销售费用增长18.60%。全行业成本费用利润率比上年降低0.34个百分点，销售利润率比上年降低0.33个百分点。2004年全国屠宰及肉类加工企业克服困难，挖潜节支，最终取得工业生产较好成绩，全国规模以上屠宰及肉类加工企业2 155家，工业产品销售收入1 620.58亿元，同比增长39.33%；实现利税71.55亿元，同比增长24.28%；其中利润总额48.68亿元，同比增长25.81%。

3. *乳制品制造业生产高速增长，经济效益增长放慢，市场销售疲软，增长方式亟待改善*　液体乳及乳制品行业在国家宏观政策支持及消费市场需求影响下，几年来，全行业工业生产以年均超过三成的速度增长，成为食品工业热点、亮点之一。进入2004年，液体乳及乳制品行业增长方式出现变化，出现了工业生产持续增加、经济效益增长幅度降低的局面，亏损额增加，市场销售显出疲软。全行业规模以上企业636家，从业人员17.13万人，共计完成产品销售收入625.19亿元，生产液体乳806.74万t。工业生产快速增长的同时，产品销售成本大幅度上升，2004年全行业销售成本475.00亿元，同比增长29.77%，销售费用增长30.06%，销售税金及附加增长六成。全行业亏损企业亏损额6.29亿元，同比增长25.86%，经济效益水平下降。全行业成本费用利润率、总资产贡献率、销售利润率分别比上年下降0.93、0.38、0.89个百分点。全行业上缴利税59.52亿元，同比增长13.49%。其中利润总额33.83亿元，同比增长10.24%，利润总额增长幅度下降。

4. *水产加工业产品产量和经济效益平稳增长，对满足居民消费需求和扩大出口贡献突出*　水产品是我国居民食物消费的重要产品，同时也是我国食品行业主要出口产品之一。我国水产品总产量约为世界水产品总产量的1/3，连续多年位居世界第一位。2004年我国水产品产量稳步增加，总产量达到4 855万t,同比增长3.2%。其中，淡水产品同比增长约6%，海洋捕捞和海水养殖产品同比增长2%和4%。2004年，我国水产品行业经济效益显著，全行业实现销售收入1 053.76亿元，同比增长35.18%；全行业实现利润39.94亿元，同比增长45.21%。同时，产品出口继续保持健康增长势头，尽管由于技术壁垒等原因，虾业出口受阻，但水产品出口依然获得了69.66亿美元的好成绩，贸易顺差32.37亿美元。

5. *白酒制造业经济效益显著，但产量和利税增长不平衡*　白酒是我国特有的传统产品，是居民消费量最大的蒸馏酒，白酒制造业是食品工业中创税能力较强、对国家财政贡献突出的行业之一。2004年，我国白酒产量311.68万kl，同比增长1.98%；销售白酒314.20万kl，产销率达到102.20%，白酒行业产销基本平衡。实现销售收入612.30亿元，同比增长15.17%；完成税收100.08亿元，同比增长7.95%；实现利润58.66亿元，同比增长38.79%。2004年白酒行业在实现较好经济效益的同时，也显现出经济运行中的突出问题，即白酒行业以1.98%的产量增长，使销售收入增长了15%以上，利润增幅近39%，而国家税收增长只有8%。目前，白酒行业销售收入、实现利税和产量增长之间的矛盾极其突出，产品结构失衡，税收增长缓慢。造成这一问题的原因是白酒行业税制复杂，税率过高，影响了白酒骨干企业优质低价白酒的生产积极性。特别是实施对白酒征收每千克1元的从量消费税，导致企业生产低价产品无利或亏损，白酒企业加速调整产品结构，减产低价酒或变相涨价。造成一方面白酒行业以较低产量增长，大幅度提高利润水平，却使税收增幅减缓；另一方面，骨干企业的优质低价酒供应量减少，小酒厂乘势而起，对白酒产品质量安全造成隐患。目前，这一现象通过行业协会和白酒企业的强烈反映，引起有关部门的高度重视，政府有关部门正在研究利用产业政策对白酒行业的健康协调发展，进行积极的引导和调控。

六、食品工业区域发展运行情况

我国幅员辽阔，农牧渔业物产资源丰富，全国各区域食品产业优势突出，区域经济协调发展取得新进展，有力地推动了全国食品工业的发展。

1. 东部地区的食品工业　东部地区主要省市综合实力较强，人均GDP水平领先，食品工业经济基础雄厚，发挥了中心城市辐射作用，在我国经济比较发达的长江三角洲和珠江三角洲，土地面积不足全国的2%，人口不足全国的10%，却创造出近30%的国内生产总值，超过60%的进出口贸易额。2004年东部地区规模以上食品工业企业11 457家，为全国食品工业提供了近六成的产品销售收入，超过五成的总资产及超过四成的利税总额。2004年产品销售收入前10个省份，有7个是东部地区。其中：

（1）山东省　2004年山东省实现生产总值15 490.70亿元，同比增长15.30%。山东省农业基础地位进一步加强，全省积极落实扶持“三农”各项政策，农林牧渔各业生产全面增长。主要农牧业产品产量处于全国领先地位，其中粮食产量为3 516.7万t，蔬菜为8 883.7万t，猪牛羊肉为461万t，禽肉为223.5万t。规模以上食品企业实现工业总产值3 032.71亿元，同比增长32.17%，占全国食品工业总产值的18.76%；凭借优越的地理位置，山东省对外贸易再上新台阶。食品对外贸易有效地拉动了山东省食品工业的增长，2004年全省实现食品工业总产值及产品销售收入列全国各省、自治区、直辖市食品工业总产值第一位。

（2）广东省　2004年广东省实现生产总值16 039.46亿元，同比增长14.20%。全省粮食产量为1 390.00万t，同比下降2.80%；蔬菜产量为2 557.64万t，同比下降1%；水果产量为787.85万t,同比增长9.60%。全省肉类总产量为365.32万t,同比增长1.90%；水产品产量为671.38万t,同比增长3.5%。规模以上食品企业实现工业总产值1 403.44亿元，同比增长21.42%，占全国食品工业总产值的8.68%，列全国食品工业第二位。广东省食品工业引进外资工作成果突出，外贸对全省经济的拉动效果显著，广东省食品进出口贸易额在全国处于领先地位。

2004年全国完成食品工业产品销售收入前10个省、直辖市除山东省、广东省外，还有江苏省、河南省、四川省、浙江省、河北省、云南省、上海市、福建省。以上10省、直辖市共计实现食品工业产品销售收入占全国食品工业经济的67.98%。

2. 中部地区　中部地区是我国农副产品尤其是粮食主产区，养殖业发达，资源丰富。2004年中部地区共有规模以上食品工业企业5 613家，总资产3 088.43亿元，同比增长11.24%；完成食品工业产品销售收入3 446.84亿元，同比增长27.43%，高出全国食品工业行业平均增长速度，占全国食品工业份额的22.05%。其中河南省是我国中部地区食品大省，2004年实现生产总值为8 815.09亿元，同比增长13.70%；粮食产量为4 260.00万t，同比增长19.30%；肉类总产量643.00万t，同比增长6.5%，处于全国领先地位。全省规模以上食品企业实现工业总产值1 105.13亿元，同比增长28.18%，占全国食品工业总产值6.84%。

3. 西部地区　在国家西部大开发战略、农业产业化等宏观产业政策指导下，西部地区食品工业经济良好发展。2004年规模以上食品工业企业3 853家，完成食品工业产品销售收入2 907.50亿元，同比增长23.03%。增长速度低于全国食品工业增长速度的4.32个百分点，占全国食品工业经济份额的18.60%。

七、食品工业固定资产投资增长近三成

为了提高企业生产力水平、增强竞争力和发展潜力，食品工业企业积极筹措资金，开展技术进步和科技创新，以改善生产条件和技术装备。2004年全国食品工业固定资产投资规模500万元以上的项目为6 262个，其中新开工项目为4 453个，比上年增加706个。新开工项目主要围绕扩大生产规模，提高生产能力，引进先进技术设备等。食品行业完成投资额1 213.06亿元，比上年同期增长27.31%；全行业新增固定资产668.98亿元，同比增长21.00%；新增固定资产交付使用率为55.15%。从食品工业固定资产投资额的主要来源分析，国家预算内资金占投资额比重的0.46%，国内贷款占11.54%，利用外资占

6.82%，企业自筹资金占投资额的74.46%。以上数据中，国家预算内资金、国内贷款、利用外资占投资额的比重较低，食品工业固定资产投资额的主要来源是企业自筹资金，其他来源份额较低。由于食品工业进入门槛较低，是较早完全放开的竞争性行业，受国家预算内资金扶持力度较小，行业固定资产投资金额匮乏，表现出固定资产投资水平不高，占全国比重较低。

八、当前食品工业经济运行中的主要问题

1. 部分食品产品结构亟待调整和转变　2004年，乳制品制造、食用植物油加工等行业出现了生产总量持续高速增长，而经济效益增长幅度较低，没有取得同步增长的现象。这说明，一些行业产品结构不适应目前消费市场需求，产品更新换代慢，技术含量不高。相关食品行业应进一步提高生产经营水平，减少中间消耗，努力开拓市场。在适应市场需求的变化基础上，加强食品产品结构调整，增加新产品的技术含量。另外，对高耗能、环境污染的食品行业要加强治理和调整。

2. 进一步规范食品市场秩序　要继续严厉打击生产、销售假冒伪劣食品，大力规范市场秩序，加强食品工业安全信用体系建设，提倡依法经营、公平竞争和诚信经营。

3. 食品工业企业总体规模偏小，竞争力处于弱势，发展潜力受到影响　2004年，在2万余家规模以上食品企业中，完成产品销售收入亿元以上的食品工业企业数量，占全行业1/10强，完成销售额占全行业四成。食品行业小型企业众多，在激烈的市场竞争中处于弱势地位。

九、继续保持我国食品工业持续健康发展的良好态势

从2004年全国食品工业的总体运行情况看，在国家进一步加强宏观调控和改善产业政策的大环境下，2005年食品工业将面临更为有利的发展机遇。

1. 食品工业产业链延伸到多个环节，涉及农业、制造业、零售业，并直接面对消费　源头产业和下游产业的发展，有利于食品工业经济持续增长。从源头上看，一是2004年我国农业增产，农民增收，农业生产出现良好局面。农作物生产结构改善，粮食种植面积增加，农产品产量增长。2004年粮食总产量为4 695亿 kg，同比增长9.0%，扭转了1999年以来连续5年下降的局面；粮食单产4 620kg/hm^2，同比增长6.6%；粮食单产和当年粮食增产量创历史最高水平。二是畜牧业、渔业生产稳步增长。全国油料产量为3 057万 t，同比增长8.80%；糖料产量为9 528万 t，同比下降1.20%；肉类产量为7 260万 t，同比增长4.70%；水产品产量为4 855万 t，同比增长3.2%。三是农产品价格上涨。受国际价格走势影响，市场供需和中央优惠政策影响，种植业、畜牧业、渔业产品价格全线上涨。下游行业表现出零售业快速发展，消费者需求旺盛，2004年社会消费品零售总额增长一成。城市消费品零售总额增长14.70%，县及县以下消费品零售总额增长10.70%；批发零售贸易业零售额增长12.50%，餐饮业零售额增长21.60%。市场销售渠道畅通，方式多样，充满活力。各类连锁店、专卖店快速发展，我国连锁店个数比上年同期增长二成，营业面积、销售额大幅提高。

2. 人民生活水平的提高，拉动了食品工业的发展　2004年城镇居民人均可支配收入9 422元，同比增长7.70%；农民人均纯收入达到2 936元，同比增长6.80%。城乡居民收入增长，人民群众可支付能力的增加和人民生活水平不断提高，将有力拉动食品消费需求的增长，提高食品工业经济效益。

3. 食品安全问题得到全社会的高度重视　国家对食品生产经营行为的行政监管更为有力，生产经营秩序得到进一步改善，食品卫生、质量和安全水平得到进一步提高。2004年9月国务院发布《关于进一步加强食品安全工作的决定》，对我国新形势下食品安全监管工作做出安排和部署，我国食品安全监督管理工作的综合协调与部门职责更为明确。在此基础上，国家食品药品监督管理局等各有关部门陆续出台了一系列政策和措施，并安排了对市场准入和市场经济秩序的整顿，对遏制食品领域的假冒伪劣行为，规范食品生产流通秩序，保护食品骨干企业的生产经营活动，将起到非常重要的积极作用。

（本文为作者于2005年4月在“全国食品工业经济运行情况发布会”上的讲话，略有删改）

建立规避风险长效机制 把粮油企业做大做强

中国粮食经济学会会长　白美清

由于“十一五”期间我们面临着如何进一步发展粮油行业，如何培育一批具有核心竞争力的粮油大企业、大品牌，现在来研讨粮油企业如何规避风险、做大做强的问题正是时候，也是粮油企业亟待解决的问题。

一、为什么提出规避风险、建立长效机制的问题

当前我国粮油行业正进入市场化、国际化、产业化的新阶段，多元化经营的格局已经形成。各种经济成分、不同类型的粮油企业都在思考如何适应新的形势，避免落入陷阱，加快前进的步伐，从而把企业做大做强。现在大部分国有粮油企业已经基本完成分流和改制的工作，正蓄势待发，谋求新的发展。目前国有粮食企业只占10%以上，而80%以上都是民营企业和其他企业。在“十一五”期间甚至更长一段时间内，我们要面临的问题是充分就业的问题。粮油行业在下岗分流中的目的是为了更好地轻装前进、更好地发展，通过发展进一步来解决存在的问题和历史的包袱。各类民营企业正在整合力量，加速扩张，好多民营企业，包括粮食、饲料企业正在加速扩张。外资企业正规划蓝图，加速渗透，占领中国市场。现在粮食系统中，第一是国有参股控股企业，第二是民营企业(包括个体企业)，第三是外商投资企业、合资企业，这三者互相联系、互相配合、互相竞争和互相补充。在这样一个新形势下，已经酝酿着一场比实力、比智慧、比人才的更为激烈、更为深刻的竞争。事实证明，企业要想在竞争中取得胜利，必须具备两种能力，既要有调动各种因素、创造利润的本领，又要有利用各种可能、规避风险的工夫。企业就是要降低成本、创造利润，必须要注意利用各种可能，规避风险、化解风险、减少风险损失，这是大型企业在现代化进程中、在市场经济国际化这样一个新形势下必须具备的两种能力。过去我们只注重于创利，而不是规避风险，现在同时要学会这两种本领。

应当看到粮油行业进入市场化、国际化以后，机遇与风险并存，商机与陷阱同在。市场化越深入，经济全球化越发展，交易的范围和数量越大，风险也越大。而且各种风险的概率与频率也在加大、加快。从入世以来这几年的情况看，总的来说形势是好的，但是应该看到一部分依赖从国外进口原料的商品、依赖国外市场的商品风险更大，吃亏上当的可能性、陷入泥潭的危险性大为增加。客观地讲，我们对于运用两个市场、运筹两种资源还缺乏足够的经验，特别是如何应对国际投资资本和垄断操纵，我们的对策不多，经验不足。在这场国际竞争和较量中，搞得好就为我所用，搞得不好就会受制于人，这绝不是危言耸听，而是严峻的现实。从国内市场化遇到的风险来看，改革开放以来，有许多粮油企业甚至知名的企业遭风险打击后有的倾家荡产，有的一蹶不振，在市场经济的大潮中被吞没。这些事例不胜枚举。市场波动瞬息万变，竞争方式层出不穷，稍有不慎就会堕入陷阱。这方面我们付出的学费已经够多了，取得的沉痛教训足够深刻。因此，我们的企业在努力创利的同时必须努力地学会避免风险，化解风险。我们既要追求利润的最大化，也要追求风险的最低化。风险的防范与化解已成为现代企业经营管理一个不可分割的部分，这是企业生存与发展的关键问题，切不可等闲视之。一个成熟的企业家必须具备强烈的风险意识，必须从制度上、机制上、措施上把防范风险工作做好，使之能够化解风险、减少风险带来的损失，这样才能在竞争中立于不败之地。

二、粮油行业风险的主要表现

根据中国粮食协会、学会的调查，我们认为粮油行业的风险大体上有以下四个方面：

1. *在粮油及食品安全上的风险*　由于粮油食品是关系人民身体健康、甚至关系人民生命的商品，所以必须要把食品的安全放在第一位。安全性是食品、粮食安全的本质属性。粮食一是能吃，二是有营养，

这是它的本质所在。食品的安全性如果不能保证就不能叫食品，应该叫废品甚至是毒品。因此，安全性是食品的特征，决不可马马虎虎，予以忽视。哪个企业、哪种商品如果在安全上发生问题，不仅是这个产品、这个企业的问题，甚至会影响全行业乃至全社会。现在食品安全、粮食安全问题很多，新闻媒体常见曝光，如出现月饼问题、面粉问题等等。关键是要树立安全第一的思想，要坚决按照国家、国际的标准生产，并严格检测与监督。粮油企业不大注意质量认证工作，这是很危险的。要堵住源头，克服安全中的薄弱环节，就必须加强质量认证认可工作。这项工作，要和推进放心粮油工程、名牌战略工程和信用工程相结合，标本兼治，综合治理。各企业一定要一把手把关，抓重点、抓落实，常抓不懈。

2. *粮油市场经营中的风险*　主要有两个：一是盲目扩张、盲目多元化、盲目投资的风险。国内外许多大企业都在这个问题上栽过跟头，我们一定要引以为戒。特别是企业领导，头脑一定要清醒，重大项目一定要做好可行性研究，听取多方面意见，民主决策、科学决策，切忌头脑发热，切忌赶风、赶浪潮，力求避免大的投资失误。现在油脂工业的盲目扩张就比较严重，许多大型油脂加工厂没有国产原料使用，都是靠进口大豆进行加工，现在到了非管理不可的时候了。盲目扩张将来会造成更大的损失，不知道这个灾难将降临到谁的头上。此外，有的地方一个乡甚至是一个村就搞一条面粉生产线和大米加工生产线，这是根本不行的，应避免盲目扩张，尽量利用现有的设备。二是市场价格特别是主要原材料价格大幅波动带来的风险。前几年，进口大豆、大麦、鱼粉、泰国香米都出现过大幅度涨价的现象，今后也难以避免。粮油企业一定要注意研究市场，研究价格，关注价格变化发展的趋势，警觉重视国际投资资本的操纵，研究价格波动的规律与周期，避免上当。粮食生产是有周期的，经营上也是有周期的，油脂也是如此。市场经济必须研究市场价格，这是必然的，否则就要吃亏。因此，一定要注意研究价格，特别是要学会分析国际国内价格、现货价格、期货价格。现在是销区的价格低于产区的价格，这是不正常的。

3. *涉及粮油金融方面的风险（主要是汇率、利率、参加股市等方面的风险）*　市场放开以后，企业一定要关心利率、汇率的变化，注意股市、汇市的波动，及时采取对策。20世纪90年代，我们借用日元贷款来建面粉厂、建米厂，就是因为日元的升值吃了大亏。凡是参加股市的企业，对于股市的变化要特别小心，要采取相应的措施，以免被动。当前另一个问题是企业资产负债率太高。据中国粮食协会的调查，2004年规模以上大米加工企业的资产负债率为71.9%，面粉企业为70.7%，油脂加工企业为74.8%，均超过安全线。我们认为企业一定要控制贷款，一定要重视资金占用率、资产负债率。要千方百计积累自有资金，使之滚动发展。希望企业领导注意一下自有资金的发展。

4. *法律方面的风险*　市场经济就是法制经济，企业必须依法经营。企业的各种经营活动，如改制、重组、对外投资、契约合同、产销行为、注册商标等都涉及到法律方面的问题，都存在法律风险。前一段时间面粉行业的企业为使用"雪花粉"品牌商标问题就涉及到20多个企业，打了一场官司。特别是企业的合同，契约是企业经营行为最基本的法律文本，加强合同管理，建立符合法律的标准合同是防范企业法律风险的基础工作。市场化、国际化后，企业经营活动日益扩大，对外交往日见增多，国际贸易中的纠纷也日趋频繁。因此，粮油企业和企业家一定要学会用法律武器来保障企业的权利，我们既要学会运用国内法，也要学会国际法。有些法律上的风险可能造成企业灭顶之灾。要积极探索建立事前防范、事中控制和事后补救的制度，以防范、控制为主，以防不测。在WTO过渡期过后怎么办，这些都涉及到法律问题，最近粮食行业与国际贸易仲裁委员会建立了联系，国际贸易仲裁委员会是得到国际上140多个国家承认的机构，是与贸促会平行的机构。我们设立了一个仲裁调查中心，这个仲裁中心抓两件事：一是逐步推广标准合同，规范化文本，这样打国际官司就不怕了；二是把过去到法院打官司逐步争取到行业内的调节、仲裁，减少打官司中的麻烦。

三、建立规避风险的机制、制度和办法

我们面临的课题是要尽快探索建立规避风险、减少损失的机制、制度与办法，能够使来之不易的利润不致赔掉。希望大家重视这个问题。

1. *建立对付风险的应急预案，特别是针对威胁本企业最大的风险*　采取有力措施予以预防与化解，不要风险到来的时候措手不及。

2. *有条件的逐步建立风险基金，还可以参加多种形式的保险*　要舍得花小钱，保平安。现在农业保险正在进行实验并逐步推广。

3. *大宗商品可以到商品期货交易所参加期货的套期保值*　根据这几年的情况来看，农产品的期货交易、商品的期货交易风险不是很大，对国家宏观经济

影响不大。比如说玉米刚刚恢复，我们正在考虑猪肉是不是能够上市，发挥套期保值的作用。但参加期货交易只能局限于套期保值，决不可搞投机，陷入泥潭，造成在规避风险中堕入风险。照我们的想法期货要建立一定的基金，期货是很重要的方面，大家要学会用期货。大交所、郑交所做了十几年才把农产品期货搞开。

4. 建立联合对付风险的机制与模式　单家独户难以抗拒风险，要采取联合对外的办法，试办多种形式的联合体，一致对外，对抬价抢购、削价定销也要通过行业自律等形式予以制裁。

5. 建立法律顾问制度　最近几十家国家重点企业已经发出了"加强法律风险防范倡议书"，提出建立法律总顾问，粮油行业的大中型企业可以参考。

6. 建立责任制　对于规避风险有功的职能部门和有关人员要予以奖励，要如同奖励创利者那样奖励规避风险者。对失职人员要追究责任，不要一阵风，要经常化。

当然建立防范风险的机制和办法，不是简单的临时措施。风险是无限的，我们建立的机制应当是长效的。这不单是企业领导人的事，而且要发动全体员工想办法，出主意，群策群力，注意分析新形势、研究新对策，坚持抓下去，积累经验，抓住重点，走出新路。

我国粮食改革发展到现在已经形成了多元化经营的格局，关键是要帮助企业发展，帮助各种所有制企业发展，特别是帮助控股所有制和民营企业的发展，企业发展了，我们的粮油行业将会取得更大的发展。当前行业内面临着重新组建、构建新的粮油服务体系的问题，而新的粮油体系的主体就是企业，有些是一体化里的大企业。我对企业做大做强也发表过一些看法，关键是要找准骨干企业、龙头企业为依托，以民办为纽带，整合提升，纵深发展形成一些大企业、大集团，然后再形成一些工业园区、产业集群带，应该走这样一条路。所以，"十一五"期间要集中抓骨干企业，带领民营企业，因此创利和避险的问题就提到议事日程了。

总之，在经济全球化的今天，在市场化、国际化、产业化的新形势下，作为粮油企业、企业家来说，我们既要有创造利润的本领，又要有规避风险的工夫。为此，我们需要在国内外竞争中学习，在市场风浪中探索，实践中学习，学习中提高。只有在这两方面有扎实的功底才会立于不败之地，才会涌现出一批实力雄厚、竞争力强的大型企业和卓越的企业家。中国是世界上粮食生产大国、消费大国、粮食进出口大国，我们应该有一批企业能够在世界粮油行业中具发言权、有地位，甚至有举足轻重的作用。时势造英雄，要把战略储备、人才抓好，产品目标一个个抓好。我们有一个想法，20世纪90年代初期，我们建立专项储备制度，现在已经发展起来了，中央地方粮食专项储备建立起来了，仅用了3年的时间。我认为再过10年、15年可能会涌现出一批真正的大企业，粮食、油料、饲料行业一定会出现一批企业跟跨国公司相媲美。

（本文为作者于2005年9月在"全国粮油贸易规避风险研讨会"上的讲话，略有删改）

突飞猛进的中国油脂工业

中国粮油学会油脂专业分会会长　王瑞元

一、油料、油脂生产与消费快速增长

植物油料在国民经济中占有重要地位，其产量在农业生产中居第三位，仅次于粮食和棉花。1985—2004年，全国植物油料的产量由3 295.81万t发展到5 937万t，增加了2 641.19万t。在国产油料中，扣除大豆、花生、葵花籽和芝麻的直接食用部分后，折油1 086.9万t。2004年我国大豆、花生、油菜籽、棉籽、葵花籽、芝麻、油茶籽、亚麻籽8种主要油料的总产量为5 937万t，其中大豆产量1 720万t，花生产量1 431万t，油菜籽产量1 304万t，棉籽产量1 074万t，葵花籽产量197万t，芝麻、油茶籽和亚麻籽产量合计为211万t。2004年我国进口大豆2 023万t，油菜籽47万t；进口大豆油252万t，菜籽油35.3万t，棕榈油385.6万t，总计折油1 055万t。出口花生果9.5万t，花生仁40万t，扣除出口折油30万t，净进口折油1 025万t。2004年我国食用油的总供给量为国产油料折油1 086.9万t和净进口油1 025万t之和，总计为2 111.9万t，人均可供给量达到16.2kg。2004年食用油的消费量约为1 750万t，人均年消费量为13.5kg，进一步缩小了与世界人均年消费量15kg的差距。

根据预测，到2010年中国人口将增加到15亿人，人均食用油消费按15kg计算，食用油的总量将达到2 250万t，食用油的消费量将增加500万t。为满足食用油消费量的不断增加，我们除了要进一步发展油料生产外，每年进口一定数量的油脂油料也是必需的，而油料增产和进口油脂油料的增长，为中国油脂工业的发展提供了必要的条件。

二、油脂工业水平得到了极大的提升

20世纪80年代初期，我国的油脂工业形势空前大好，许多地区的政府部门为当地的食品工业投入了大量资金，特别是对粮油工业基础设施给予了极大的关注。许多企业从国外引进了成套先进的油脂设备和技术，使中国油脂工业企业的技术装备水平有了较大提高，缩短了同国外先进国家水平的差距。根据不完全统计，在这一阶段全国油脂工业从国外引进了50多条生产线，外汇总投资约5 000多万美元。其中，仅北京市就引进了6条生产线，投资近600万美元，配套资金约5 500万元人民币。20世纪80年代是油脂浸出技术和全精炼油技术大力推广的年代，浸出制油厂在全部油厂中所占的比率大幅度提高。根据统计，1984年，全国国营粮食部门共有浸出油厂（车间）363个，浸出制油能力332万t，浸出油产量仅40.4万t，浸出油脂的加工能力占当时油厂加工能力的20%，浸出油的产量占油脂总产量的17.2%；1984年全国共有全精炼设备年生产能力50万t左右，年生产全精炼油约8.9万t，平均设备利用率不足20%。根据不完全统计，到2004年，全国浸出油厂（车间）约1 500个，其中千吨以上的大型浸出油厂近100家，油脂浸出能力突破了8 400万t大关，浸出油产量约达1 100万t，浸出油脂的能力占油脂加工能力的90%以上，浸出油的产量是油脂总产量的80%以上；2004年全国共有炼油设备的能力达到3 400万t，年产精炼油1 400万t。其中一级油352万t，二级油70万t，人造奶油设备能力约100万t，年产量约50万t。

自1980年起，随着北京、上海等地一批人造奶油、起酥油、粉末油脂、可可脂、代可可脂生产企业的建成投产，结束了中国没有食品专用油脂的历史，使中国油脂工业由单一的植物油生产向油脂及制品的深加工方向发展，有力地促进了中国食品工业的发展。根据资料显示，1984年我国人造奶油设备的设计生产能力只有2万t左右，而到1996年我国人造奶油的设计生产能力已达15万t，2001年生产能力又增至30万t。近几年来，新的更大规模的人造奶油企业还在不断建设，仅从丹麦引进的人造奶油生产线就多达49条，单条生产线的生产能力为1.5～6t/h。到2004年底，我国各类人造奶油的生产能力已突破100万t。同时，通过我国油脂科技工作者自主研发和消化吸收国外先进技术装备，油脂机械生产厂家和油脂生产企业密切配合，也取得了许多可喜成绩，使油脂机械生产水平上了一个新台阶。如在大型油料预处理设备方面，有大型榨油机、轧坯机、油料挤压膨化机、软化机、蒸炒锅的开发等；在油脂浸出成套技术方面，有混合油负压蒸发新技术、浸出油厂闭路循环节能新技术、四号溶剂浸出技术、日处理1 000t以上油料浸出成套技术的开发等；在油脂精炼技术方面，有大型碟式离心机、阿玛过滤机、大型脱色和脱臭设备的开发等。另外还在米糠油物理精炼新技术、塔式炼油新技术、棉籽油混合油精炼技术、生物酶精炼技术以及油脂油料综合利用技术等方面都取得了许多可喜成果。新技术、新工艺、新设备的采用，不仅为中国的油脂工业带来了显著的社会效益，同时也带来了显著的经济效益。1984年全国油脂工业产值为23.09亿元，利润为1.21亿元；到2003年全国油脂工业产值即增加到862.74亿元，利润增加到21.89亿元。20年间中国油脂工业产值增加了37.5倍，利润增加了18.2倍。

三、琳琅满目的油脂产品

众所周知，中国油脂市场自1956年起实行计划定量供给，市场产品以"二级油"为主（相对于新标准的四级油），兼有少量的"一级油"（相对于新标准的三级油）。过去的"二级油"是一种经简易精炼的低品质食用油，这种油酸值较高，色泽较深，有明显的原料油气味。在20年前中国改革开放的初期，这种低品质油脂已在多方面不能适应当时消费市场的要求，特别是在花生油消费区更为明显，他们对计划供应的食用油不爱吃，因为这些油无法满足城市居民对家庭环境卫生的要求和西方饮食文化传统的要求。

为顺应市场的需求，1982年，由山东省粮油进出口公司在北京化工实验厂（后改北京黄油厂）率先引进油脂全精炼成套设备和人造奶油设备。随后全国大中城市及一些县级市也相继引进了生产能力在50～100t/d的全套精炼成套设备，全年总精炼能力在30万t以上，油脂制品总能力在5t～8万t。这些引进的生产设备的投产，引导了中国油脂工业向精加工、深加工方向发展，调整了中国油脂工业的产业结构，同时也为食品工业产品的更新换代，提供了多种高品质油脂和专用食品用油，促进了食品工业的发展。

20世纪90年代前，国营粮店都是凭票供应食用油，在一些大中城市也仅有为数极少的全精炼油，人造奶油、起酥油的数量就更少，小包装油几乎没有。而现在我们的超市或连锁店，清晰、透明的各品牌的小包装食用油琳琅满目，色拉油、高级烹饪油、营养调和油、浓香花生油、小磨香油、特种油脂以及专用油脂等产品应有尽有。现在的中国食用油市场上，名牌产品竞相开花，如金龙鱼、福临门、鲁花三足鼎立，成为全国家喻户晓的著名品牌。可以说，中国超级市场货架上的各类小包装油品，与国外超市的小包装油品没有什么两样。改革开放20多年，中国食用油消费市场就发生了这样巨大的变化，这对我国这个人口众多、油料资源供需相对趋紧的国家来说，是一个了不起的进步！

四、油厂规模日趋大型化

20世纪80年代，我国的浸出油厂大多是30～50t/d的浸出油厂（车间），1988年开封正大建设的300t/d浸出油厂在当时就是较大的浸出油厂，当时我国最大的浸出油厂——大连油脂工业总厂的生产能力也不过500t/d，而当时国外1 000t/d以上的浸出油厂已经很多了。近几年，随着我国人口的增长及人民生活水平的提高，人们对油脂的消费也提出了新的要求。为了满足油脂消费日益增长的需要，我国油脂加工企业除了依靠国产油脂油料外，每年需要进口部分油脂油料以补充缺口。从1986年起我国开始进口油脂油料以来，逐年呈上升趋势。2003年我国进口油料大幅度增加，仅进口大豆就超过了国产大豆的产量，达到2 074万t。2004年我国进口大豆2 023万t,油脂消费的日益增长，促进了中国油脂工业快速地向大型化方向发展。

2001—2004年，在我国从辽宁大连到广西北海的几千公里的沿海港口兴建及正在兴建了约100个大型油脂加工企业，日处理量均在1 000～3 000t，其中辽宁大连、河北秦皇岛、天津塘沽、山东日照、江苏连云港和张家港、浙江宁波、福建厦门、广东汕头和东莞、广西北海等地兴建了约占全国80%以上的大型油脂加工企业，而其原料几乎都是进口大豆。在辽宁大连、天津塘沽、广东东莞等港口出现了“一港多厂”的现象，广东东莞麻涌镇的一条街上就建设大型大豆加工企业6个。2004年，国内民营企业和国外一些大集团公司又开始在内地兴建一些大型油脂加工企业，如新疆昌吉1 000t/d油厂、陕西石羊2 500t/d大豆油厂（西安邦淇）、重庆3 000t/d大豆油厂、湖北天门1 500t/d菜籽油厂、黑龙江九三油脂5 000t/d大豆油厂、安徽蚌埠花园3 000t/d菜籽油厂等。至今，在我国已形成了五大油料加工区：即东北加工区（黑龙江九三油脂集团和吉林德大油脂公司为代表）、环渤海加工区域（大连华农公司、大连华良企业集团、山东莱阳鲁花、秦皇岛金海粮油公司、河北汇福粮油、山东益海油脂和山东黄海油脂为代表）、长三角加工区域（以江苏张家港东海粮油、浙江新市油脂、南通宝港油脂、宁波金光油脂、上海良友集团、安徽大平工贸集团和蚌埠花园油脂等为代表）、珠三角加工区域（以广州植之源、湛江华农饲料蛋白开发公司、东莞中谷油脂、东莞嘉吉油脂、南天油粕工业和南海粮油公司为代表）和西部加工区域（以四川金石油脂公司、陕西邦淇油脂、新疆昌吉油厂和重庆大豆油厂为代表）。

根据了解，目前全世界有11家日处理油料为6 000t以上的大型油厂，其中5家在中国，即江苏张家港东海粮油（12 500t/d）、广西防城港大海油脂（7 500t/d）、河北秦皇岛金海油脂（7 000t/d）、连云港益海油脂（6 000t/d）和河北三河汇福粮油（6 000t/d）。全国拥有油料加工能力最大的集团有益海油脂、中粮集团、九三油脂、大连华农和大连华良，目前，这几家企业集团已拥有日处理大豆加工能力为10万t以上。中国是一个油料生产大国和油料加工大国，也是一个油脂消费大国和油脂油料进出口大国。根据不完全统计，我国全年加工大豆的能力已经超过7 000万t，加上花生、油菜籽、棉籽、葵花籽等油料的加工能力，我国的油料加工总能力已超过亿吨，成为世界上油料加工能力最大的国家。中国油脂工业的快速发展，中国油脂消费水平和油脂油料进口数量的快速增长，无疑是对世界油料生产的一大贡献。

五、油料资源综合利用有了长足发展

20年来，我国在油料油脂综合利用方面取得了较大成绩，有了长足发展。20世纪80年代初，我国油脂工业企业生产的饼粕大多作为动物饲料和肥料应用，炼油中油脚、皂脚和脱臭馏出物等副产品，不仅没有很好利用，有的甚至污染环境。一些油料油脂的功能性成分（如维生素E、大豆低聚糖和蛋白肽）等的开发还停留在科研探索阶段。

随着我国食品工业的发展，特别是肉制品工业对大豆蛋白产品需求猛增，为大力发展油料蛋白工业提供了良好的机遇。如今，我国的油料蛋白生产线达100多条，大豆蛋白年生产能力30万t，年实际生产量约20万t。据不完全统计，2003年我国已建成或在建的大豆分离蛋白的生产企业38家，生产线达79条，设计年产量为25万t；大豆浓缩蛋白的生产企业9家，生产量约为1万t；大豆组织蛋白的生产企业12家，生产量为4万t。在开发大豆蛋白的同时，菜籽蛋白、棉籽蛋白、花生蛋白、葵花籽蛋白和米糠蛋白也得到了不同程度的开发应用。另外，对大豆低聚糖、膳食纤维、大豆异黄酮、天然维生素E、大豆磷脂等深加工产品的开发也取得了可喜的成果。

六、油脂机械装备水平有了很大提高

改革开放以来，通过消化吸收和不断自主创新，无论是油脂机械单机的技术水平或单机最大处理能力，还是成套设备和生产线的生产能力都得到了很大提高，我国的油脂机械装备业已经完全有能力为我国油脂加工行业提供技术含量高、生产能力大、性能先进、质量可靠的产品和设备，其中有些装置的技术性能指标已接近或达到国际先进水平，而且还有不少中国的油脂机械设备出口到国外。

我国的油脂加工机械设备产品门类齐全，油脂加工设备包括了从大豆、油菜籽、花生、棉籽、葵花籽、米糠、玉米胚芽、油茶籽等各种不同油料作物收获后的干燥、清理、筛选、储藏及运输；油料的预处理、预榨、浸出、精炼、油脂包装与副产品的精深加工等全过程中各个单元操作所需的各种专用设备和通用设备。有些生产技术含量需求较高，只能依靠进口的设备。随着我国基础工业的科技进步，现在都能由国内的企业生产制造，从而基本满足了中国油脂工业发展的需要。

七、飞速发展的油脂科研和教育

我国油脂科研和专业人才的教育工作，是新中国成立后才真正重视并成长起来的。1950年南京工学院首次招收油脂专业学生，之后我国的油脂工业仅在四个专业院校设立（无锡轻工业学院、天津轻工业学院、郑州粮食学院和武汉粮食工业学院），另外还有一些中专粮校设有油脂专业。1956年11月，成立了食品工业部北京轻工设计院，从此中国油脂工业科研工作发展起来。1965年国家在西安成立了我国唯一的油脂专业科学研究机构——粮食部西安油脂制备研究所。与此同时，国家粮食局科学研究院、国家粮食局无锡、武汉科研设计院及上海粮食科学研究所、浙江粮食科学研究所、北京粮食科学研究所等都设立了油脂专业研究室，开展了许多卓有成效的研究工作。

20世纪80年代初，油脂行业主要的科研工作是准备和完成国家“六五”、“七五”科技攻关项目。80年代开始，中国各地从国外引进了50多条生产线，为控制重复引进和提高对油脂设备的设计和制造水平，择优消化吸收引进的设备成为“七五”攻关的主要内容之一。“七五”攻关项目的重点是对油脂生产工艺流程和油脂专用设备的设计与研制，其中主要有植物油连续精炼技术、大豆的开发利用技术和人造奶油生产技术，分别交给无锡、西安和上海等粮油科研所承担。经过8年的努力，“七五”攻关项目顺利完成，为中国油脂工业与国际先进水平接轨奠定了良好的基础。经过多年的努力，在油料油脂的成分结构与营养、特种油脂与专用油脂、加工技术与装备、“双低”油菜籽制油及浓香花生油生产新技术，油菜籽低温压榨、浸出制油新技术、大豆挤压膨化、油料蛋白与综合利用等方面的研发做了大量的工作，取得了许多科研成果。

八、2004年油脂工业发展特点及展望

1. 2004年我国油脂工业的发展特点 一是国家对农业生产和农产品种植业直接补贴政策的落实，使2004年度国内植物油料普遍增产，尤其是大豆、花生、棉籽增产幅度较大；二是进口油料油脂再创新高，净进口油脂和油料折油合计首次超过1 000万t；三是油脂加工厂效益下滑，许多以加工进口大豆为主要原料的大型油厂的效益直线下滑，有些厂出现了前所未有的亏损；四是油厂新建扩建的势头有所缓解，由于国家宏观经济调控，使一些重复建设和盲目扩建的油脂工程停建或缓建；五是品牌意识不断增强，出现了许多名牌产品和放心粮油产品；六是特种油脂引起了业内人士的高度重视。

2. 今后我国发展油脂工业的展望和建议 我国是一个具有13亿人口的农业大国。油脂工业的兴衰与国民经济的发展和“三农”问题的解决息息相关，可以说，油脂工业是一个朝阳产业。油脂是人们一日三餐的主要消费品，随着我国市场经济的逐步完善、人口的不断增加和生活水平的稳步提高，人们对食用油的消费也将不断增加。中国对入关承诺的兑现，今后进口食用油和大豆的税率将逐步降低，未来几年中国对食用油和大豆的进口量将保持在较高水平上，中国油脂工业的发展前景是十分美好的。

今后我们要以科学发展观为指导，加强对油脂行业宏观调控能力的集成，加强行业管理工作，有的放

矢，进行油脂加工企业的改扩建工作；继续下大力气研制新工艺、新设备，提高效率，降低成本，有条件的油脂加工厂应加大科技的投入力度，增强新产品的研发，拓宽油脂产品的广度和深度；进行专用油脂、功能性油脂的研发，加大新油源的开发力度，对米糠油、玉米油、油茶籽油以及特种油脂进行深度开发；要重视对食用油的营养安全功能的研究，进一步重视油料蛋白的开发利用，对大豆、油菜籽、花生和葵花籽等的副产品进行综合开发，创造出更多的经济效益和社会效益。

当前我国奶业形势与发展前景

中国奶业协会常务副理事长　魏克佳

奶业的发展水平，是一个国家畜牧业以至于整个农业发展水平的重要标志，也是节粮、高效、行业关联度高的产业。奶业持续健康发展，对于改善城乡居民膳食结构、提高全民身体素质、促进农村产业结构调整、增加农民收入、带动国民经济相关产业发展都具有十分重要的意义。2004 年初，中国奶业协会组织国内外有关专家、学者对中国奶业发展战略进行了为期一年的调查研究。下面谈几点意见，供业界思考。

一、当前我国奶业发展形势

改革开放以来，特别是近几年来，我国奶业发展迅速，成效显著。奶牛养殖、乳品加工和市场消费均实现了快速增长，呈现产销两旺的良好局面。据统计，2004 年全国奶牛存栏 1 063 万头，比 1998 年增长了 149%，年均增长 16.4%；奶类总产量 2 368 万 t,比 1998 年增长了 217%，年均增长 21.2%；生产干乳制品 142.4 万 t，比 1998 年增长 159.4%，年均增长 17.2%；生产液态奶 806.7 万 t，比 2000 年增长 501.6%，年均增长 56.6%。2004 年我国人均奶类占有量 18.4kg，其中人均牛奶占有量 17.3kg，比 1998 年分别增长 208.2%和 225.8%，年均增长分别为 20.64%和 21.76%。但是，我国奶业发展也出现了一些问题和新的情况，存在的主要问题有：

1. 奶牛养殖仍处于“小、散、低”的状况　“小”是指奶牛饲养规模小，平均饲养规模在 5 头左右；“散”是指奶牛饲养分布在千家万户，人牛混居，非常分散；“低”是指生产水平低。我国奶牛养殖主要存在以下四个方面的问题：一是奶牛良种数量不足，单产水平低。在全国 1 063 万头奶牛存栏量中，真正属于优良品种的荷斯坦奶牛不到 1/3，总数在 300 万头左右，而发达国家的良种覆盖率接近 100%。我国成年母牛平均单产为 3 500kg，而美国、以色列等国家成年母牛平均单产在 8 500kg 以上，瑞典、丹麦、法国、日本等国平均也在 6 500kg 以上。有许多农牧区养殖的奶牛是荷斯坦与我国地方母牛的杂交改良牛，多年来没有对这些品种进行以乳用为目的的系统选育。二是奶牛饲料开发不足，饲养管理水平低。我国奶牛饲料研究与开发较晚，已不能满足奶业发展的需要，优质牧草和饲料作物十分缺乏，能量饲料供销日趋紧张，蛋白质饲料原料也出现匮乏。同时，天然草场由于长期过度利用，退化沙化严重，大部分草场已经处于急需减轻利用强度的状况。饲料工业生产结构也不尽合理，奶牛专用饲料仅占工业饲料总产量的 4%左右，而欧美发达国家这个比例可达到 30%以上。大部分奶牛养殖户采取的是低水平粗放饲养，日粮结构不合理，缺乏优质饲草、饲料。奶牛营养代谢疾病发病率高，生产水平低。对分阶段饲养、机械挤奶、TMR 全混日粮技术，定期防疫检疫等科学适用的奶牛管理方法还未完全推行。三是奶牛生产造成周边环境污染，环境保护问题突出。目前我国奶牛养殖仍是以农户散养为主，约占全国总存栏数的 70%，多数奶牛饲养在房前屋后，牛舍简陋，卫生条件差，一般没有专门粪污处理设施，对周围环境污染很严重。据测定，一头体重为 500～600kg 的成年乳牛，每天排粪量为 30～50kg，尿量 15～25kg，由于缺乏有效的粪污防治措施，对周边空气、水体环境造成污染。四是原料奶质量问题突出，质量安全检测体系不健全。由于奶牛种质、饲料质量较差，直接导致原料奶营养价值不高。我国 80%以上的个体散养户仍采用手工挤奶，致使原料奶生产卫生条件差，细菌数量偏高、杂质较多。我国国家标准对原料奶的细菌总数和体细胞总数的要求远低于发达国家水平。同时，我国原料奶及奶产品各地区质量标准不一，缺乏国家统一的技术标准及配套检测技术。已颁布的原料奶和奶产品的质量标准和卫生标准涉及指标少，检测方法落后，已不能适应新时期食品安全的要求。

2. 乳品市场消费增长趋缓 城镇居民人均乳制品消费支出，2002 年比上年增长 30.85%，2003 年为 19.03%，2004 年为 6.15%。我国乳制品消费人群的范围小，消费主体主要为部分城镇居民和农村的特殊群体，乳品消费人群有很大的局限性，农村尚未形成商品乳制品的消费格局。我国乳制品消费结构单一，消费需求还处于较低的层次。农村居民消费主要是奶粉，城镇居民主要是液态奶。受收入水平的制约，高浓缩乳制品如奶油、黄油、奶酪等消费量很小。从总体上看，我国多数居民对乳制品还缺乏了解。

3. 乳品加工企业利润下滑 由于奶类消费增长趋缓，加上市场竞争无序，互相杀价，原材料价格上涨幅度较大，导致乳制品实际销售价格降低。2004 年与 2003 年相比，白糖上涨 30%，成品包装材料上涨 55%，水、电、煤价格也不断攀升，造成企业利润下滑，亏损面扩大。规模以上乳品加工企业的亏损面，2002 年占 24.2%，2003 年占 27.5%，2004 年占 30.8%。乳品企业利税总额增幅下降，2004 年比 2003 年下降 18 个百分点。

4. 受进口乳制品冲击较大 从 2000 年以来，我国乳制品进口逐年增加，2004 干乳制品进口量 34.36 万 t，年均增长 14.3%。其中奶粉进口量 14.5 万 t，年均增长 18.8%；奶油进口量 1.24 万 t，年均增长 41.5%；奶酪进口量 0.72 万 t，年均增长 38.5%。干乳制品进口量已占我国生产总量的 1/4，奶粉占国内生产的 1/5。仅按目前奶粉进口量计算，等于替代国内原料奶 120 万 t，相当于 6 万多户奶农生产总量。奶业是世界各个国家最保守、保护性最强、最封闭的产业。世界奶的平均关税是 100%左右，其中欧洲达到 200%，美国和加拿大为 150%，巴西、南美为 75%。中国在加入 WTO 后，关税被压到鲜奶 15%，奶粉 10%，我国奶业在关税上已失去了保护。

我国奶业发展正处于一个关键性的发展阶段，在这个关键阶段，机遇与挑战并存，希望与困难同在。促使奶业由跨越式增长转入渐进式增长，由超常规发展转入正常发展，由数量型转为质量效益型，由粗放式转为集约式，我国奶业就能够持续增长。反之，则可能徘徊，甚至滑坡。

二、新时期我国奶业的发展前景

今后一个时期，我国奶业发展不仅有巨大的需求，而且有巨大的潜力和广阔的发展前景。

1. 随着人均 GDP 的增长，奶类消费量将持续增加 《中国奶业发展战略研究》成果表明，居民人均奶类消费水平的提高，与人均 GDP 的增长密切相关，其相关系数达到 0.935（最大相关系数为 1）。这表明，中国奶类消费的快速增长与国民经济快速增长的过程是一致的。研究表明，未来 20 年内，我国 GDP 年增长率如果保持在 7%左右，GDP 总量将达到 4 万亿美元，GDP 的持续增长将进一步拉动奶类的消费。专家估算，到 2020 年，我国奶类消费年均增长将保持 6%左右。另外，居民收入每增长 1%，城镇居民乳制品消费就会增长 0.67%，农村居民也会增长 0.27%。因此，随着国民经济的发展、城乡居民收入水平的提高，牛奶消费量将大幅度增加。

2. 我国奶业具有广阔的市场需求 我国是世界上人口最多的国家，也是饮奶水平很低的国家。2004 年我国人均奶类占有量仅为 18.4kg，不及世界平均水平的 1/5、亚洲平均水平的 1/2，奶类占有量在世界上排在百名之后。如果到 2020 年，我国奶类人均占有量达到目前亚洲平均 40kg 的水平，奶类总产量将超过 5 000 万 t，即可位居世界第三位，仅次于印度、美国，步入世界奶业大国的行列。

3. 奶业能够在较短的时期内崛起成为一个大的产业 世界许多国家奶业发展的历史证明，奶业能够在短期内迅速扩大，并成为国家经济的支柱产业，印度就是一个突出的例证。印度过去奶业并不发达，从 1970 年开始，政府发起“白色革命”，把发展奶业作为关系国计民生的支柱产业和农民赖以就业的扶贫产业，在总理直接领导下，成立了全国奶业发展委员会，对发展奶业给以大力支持，使全国奶业的发展进入了快车道，牛奶产量从 1970 年的 2 722 万 t 飙升至 9 000 万 t，成为世界第一奶业生产大国。印度奶业具有发展热带奶水牛的优势，而我国不仅有发展热带奶水牛的优势，还有发展温带奶牛的优势。在奶牛良种繁育、饲料资源、饲养管理、疫病防治等方面，也具有较好的基础。只要奋起直追，经过若干年的努力，我国奶类人均占有量达到亚洲平均水平是完全可能的。

三、奶业发展的对策建议

1. 加强奶源基地建设，夯实奶业发展基础 奶牛养殖业应积极转变养殖方式，推行适度规模经营，提高奶牛的单产和养殖效益。在改善奶牛饲料品种结构和饲养管理方面，利用退耕地种植优质牧草，应享受退耕补贴政策；种植专用青贮玉米，应视作种植粮食作物予以补贴；按照农业用地的原则，优先安排奶牛养殖小区和规模奶牛场的用地；对采用先进饲养管理技术和机械挤奶予以扶持。在奶牛防疫和环境保护方面，进一步加大防疫基础设施的扶持力度，制定重大疫病应急预案，并在组织上、财力上、物资上予以保证，做到有效控制和扑灭疫情；采取国家、地方、奶牛场（户）共同出资的办法，建立奶牛保险制度，增加抵御风险的能力；对奶牛养殖小区和规模奶牛场建设环保设施，提供财政补贴和优惠贷款，解决粪便污染环境问题。在奶牛品种改良方面，完善奶牛育种、繁育推广体系；扶持推广奶牛优质冻精、胚胎移植技术；扶持开展奶牛生产性能测定、良种登记、青年公牛后裔测定等基础性工作，为加快品种选育和改良创造条件。

2. *培育开拓规范乳品消费市场，拓展奶业发展空间* 这里需要做好四个方面的工作：一是广泛宣传。引导广大消费者文明消费、科学消费、健康消费。建议各新闻媒体把宣传喝奶的好处，作为公益性事业，开辟专栏，长年坚持不懈，使广大城乡居民真正认识到喝奶的好处，养成喝奶的习惯。二是加大“学生饮用奶”实施力度。发达国家的实践证明，养成喝奶习惯，要从儿童抓起。因此，从幼儿园到中小学都要提倡喝奶。建议教育部门把“饮奶与健康”纳入小学生课本。在各级政府领导下，修订“学生饮用奶计划”方案，并加大实施力度。三是调整乳制品结构。改变目前产品同质化的现状，针对不同消费群体的需求，开发多种多样的产品。调整营销策略，加强销售网络建设，特别是小城镇和农村销售网络建设。四是规范消费市场。认真贯彻执行好《国务院办公厅关于加强液态奶生产经营管理的通知》精神。乳制品生产企业必须保障产品质量，保障食用安全，这是奶业发展的生命线。要提高乳制品市场准入门槛，加大市场监管力度，杜绝不合格产品上市。对生产假冒伪劣产品者，坚决打击，决不姑息。

3. *推进奶业产业化经营，促进产加销协调发展* 牛奶生产、加工、销售环节联结度非常紧密，迫切需要产业化经营。应当把产业化经营作为我国发展奶业的长久之计。国家应有重点地扶持一批大型乳品企业，加大对现有企业的改造和布局调整，形成一批在国内外乳品市场富有竞争力的“航空母舰”或“联合舰队”，充分发挥龙头企业开创品牌、开拓市场的功能。龙头企业与奶农应在双方协商的基础上，吸收奶农入股，逐步实行股份合作制经营，与奶农形成风险共担、利润共享的利益共同体。龙头企业要严格履行公证的合同或契约，按原定的价格收购奶农的原料奶，要在良种、饲料、防疫等环节，加大对奶农扶持的力度，逐步建立配套的服务体系。引导并扶持奶农联合起来，建立奶业合作社、奶业协会等专业合作经济组织，作为联结龙头企业与奶农的桥梁纽带。

4. *加强奶业科研投入和基础性研究，为奶业发展提供科技支撑* 科技进步是推动奶业发展的强大动力。我国奶业科技水平还相当落后，因此必须加强奶业基础性研究和新技术的开发研究。一是依托国内具有较强科研实力的国家级或省部级重点实验室，充分利用“863”计划、“973”计划、“948”计划、农业科技跨越计划等，加强奶业技术的自主研发，形成具有我国自主知识产权的核心技术成果。二是要加强国家奶业科技平台建设。充分发挥各级政府及有关部门的组织优势、信息优势、资金优势，充分调动企业和社会力量的积极性，有效吸引社会资源，加快优秀科技人才和高新科技成果的聚集，提高奶业科技研发能力和水平。三是加强人才队伍建设。加快培养一批奶业战线上高科技人才和经营管理人才。同时，不断提高广大基层技术人员和奶农的技术水平。四是加强国际技术交流与合作，尽快缩短我国与奶业发达国家的差距。

5. *加强法律法规体系建设* 我国奶业法规标准不健全，缺乏规范奶业健康发展所需要的行业规范和法规体系。完善相关法律、法规体系，一是要建立健全符合我国国情并与国际接轨的奶业法规和标准体系，包括制定和修订全国奶业发展规划纲要、全国奶业管理条例、生鲜牛奶生产和收购办法、乳品质量安全管理办法、乳和乳制品的标准和市场准入制度等。二是要建立权威的第三方监测机构，对奶业生产各环节的产品进行检测，为加强管理和监督提供依据。三是加强行业自律和企业诚信体系建设，为企业创造一个公平竞争的市场环境。切实把好市场准入关，使我国奶业生产和市场营销纳入法制化轨道，保护民族奶业的发展。

我国奶业形成一个大的支柱产业，是一项复杂的系统工程，涉及牛奶生产、加工、流通诸多环节，因此，需要国家各有关部门密切配合，各相关环节有效衔接，形成合力，联成一体，从而推动我国奶业健康发展。

我国肉类禽蛋业产销营运分析

中国肉类协会常务副会长 邓富江

2004年我国肉类禽蛋业经历了一次新的考验，先期高致病禽流感疫情给禽业形成巨大冲击波，严重危及了养殖、加工及出口；后期饲料价上调和国家燃料动力产业结构性调整，引发了畜禽养殖成本增加，导致畜禽肉价格上涨，制品成本猛增。但销售价尚不能与市场同步，给优势企业带来承受过量消化上的梗阻。由于我国肉类禽蛋业已形成较大的产业基础，虽冲击使发展受到一定影响，但产销营运还是表现出良好态势。

我国已是世界肉类禽蛋生产和消费大国，其肉类产量占世界总产量25 750万t的28.1%，其中猪肉、羊肉、禽蛋分别占世界10 039万t、1 210万t、6 277万t的46.8%、32.9%和43.4%，均居世界第一位；禽肉占世界7 822万t的17.3%，居世界第二位；牛肉占世界6 187万t的10.9%，居世界第三位。按产品市场交易年均价计算，2004年畜肉禽蛋类产品产值约9 436亿元，占GDP的6.94%。

一、畜禽生产情况

据资料显示，2004年年末生猪存栏为48 189.1万头，比上年增加1 587.4万头，同比增长3.4%，同比增加3.2个百分点；出栏为61 800.7万头，比上年增加2 600.2万头，同比增长4.4%，出栏率达到128.2%，同比增加1个百分点。牛存栏为13 781.8万头，比上年增加314.6万头，同比增长2.3%；出栏为5 018.9万头，比上年增加315.9万头，同比增长6.7%，出栏率达到36.4%，同比增加1.5个百分点。羊存栏为36 639.1万只，比上年增加2 585.5万只，同比增长7.6%；出栏28 343万只，比上年增加2 384.7万只，同比增长9.2%，出栏率为77.3%，同比增加1个百分点。家禽养殖存栏为516 187.9万只，比上年增加10 375.8万只，同比增长2.05%，同比增幅下降4.8个百分点；出栏为907 021.8万只，比上年增加18 434万只，同比增长2.1%，同比增幅减少4.5个百分点，出栏率为175.7%，与同比持平。

二、肉类禽蛋产量情况

2004年全国肉类（猪、牛、羊、禽及杂畜肉）总产量为7 244.8万t，比上年增加311.8万t，同比增长4.5%。其中，猪肉产量为4 701.6万t，占肉类总产量的64.9%，比上年增加183万t，同比增长4.0%；牛肉产量为675.8万t，占肉类总产量的9.3%，比上年增加45.4万t，同比增长7.2%；羊肉产量为399.2万t，占肉类总产量的5.5%，比上年增加42.0万t，同比增长11.8%；禽肉产量为1 351.4万t，占肉类总产量的18.7%，比上年增加39.3万t，同比增长3.0%。禽蛋产量为2 723.6万t，比上年增加116.9万t，同比增长4.5%。禽肉和禽蛋产量增长速度低于上年水平。上述数据表明动物性食物源肉与蛋结构比近似7∶3，在肉类中猪肉、牛肉、羊肉、禽肉结构比为65∶9∶6∶19。

2004年，我国肉类产量居前10位的省、自治区、直辖市区依次是鲁、豫、川、冀、湘、粤、苏、皖、辽、鄂，占全国肉类总产量64%。其中，猪肉产量前10位的是川、湘、豫、鲁、冀、鄂、粤、云、苏、皖，占66%；牛肉产量前10位的是豫、冀、鲁、吉、辽、皖、黑、新、内蒙古、川，占74%；羊肉产量前10位的是内蒙古、新、豫、鲁、冀、川、苏、皖、甘、湘，占75%；禽肉产量前10位是鲁、粤、苏、辽、冀、吉、豫、皖、川、湘，占73%；禽蛋产量前10位的是冀、鲁、豫、辽、苏、川、皖、鄂、黑、吉，占79%。

三、肉类加工情况

全国肉类行业有3万多家畜禽定点屠宰企业，其肉类食品加工规模以上（指国有及年销售额500万元以上）企业2 232家。据统计，肉类行业排序50强企业虽然数量仅占全国规模以上企业的2.9%，但2004年其资产规模约占工业总资产的67.3%；销售收入占全行业的67.5%，创利占行业总利润的97%，出口创汇占畜禽出口总额的58.1%。

据资料显示，2004年全国肉类食品行业（国有及规模企业）肉类加工业资产总额达到1 014.43亿元，比上年增加164.27亿元，同比增长19.32%。其中，屠宰加工为408.13亿元，比上年增加144.2亿元，同比增长54.63%；肉类制品及副产品加工为560.29亿元，增加10.34亿元，同比增长1.88%；肉禽类罐头制造为46.01亿元，比上年增加9.74亿元，同比增长26.85%。数据表明，屠宰加工投资量快速增长，制品加工投资量明显放慢。全国肉类食品行业工业资产总额中前10位的省、自治区、直辖市依次是鲁、豫、苏、内蒙古、吉、辽、川、冀、粤、京，占全国的79%。2004年，肉类加工业销售总收入达到1 656.57亿元，比上年增加444.59亿元，同比增长36.68%。其中，屠宰加工为744.56亿元，增加325.38亿元，同比增长77.62%；肉类制品及副产品加工为876.04亿元，增加108.26亿元，同比增长14.2%。折合肉制品加工量为700.8万t，比上年同期增长14%；肉禽类罐头制造为35.99亿元，比上年增加10.99亿元，同比增长43.96%。数据表明，屠宰原料肉销售收入和增速大幅上升，肉制品加工销售增量和增速明显降低。在全国肉类食品行业中，肉类工业销售收入前10位的省、自治区、直辖市依次是鲁、豫、川、辽、苏、冀、内蒙古、吉、黑、粤，占全国的83%。全国肉类工业资产与销售收入比达到1∶1.63，比上年增高0.21，应该是竞争比状态为良好。2004年，肉类加工业总利润达到49.48亿元，比上年增加10.1亿元，同比增长25.64%。其中，屠宰加工为16.65亿元，增加5.73亿元，增长52.47%；肉类制品及副产品加工为32.02亿元，同比增加4.26亿元，同比增长15.34%；肉禽类罐头制造为0.8亿元，比上年增加0.11亿元，同比增长16.09%。全行业销售利润率平均为2.99%，仍处于微利运作中。

四、肉类市场情况

据工商资料显示，2004年先期受高致病性禽流感疫情影响及后期受粮价上涨影响，使肉禽蛋类产品城乡市场交易量处于低增长中。由于上半年市场不振，价格低迷，尽管第四季度回升很快，但全年综合价格水平还是低于上年，总交易额下降。

2004年，我国肉类产品市场城乡交易总量为3 852.1万t，占肉类总产量的53.17%，较上年增销72.8万t，同比增长1.9%。其中，猪肉销售量为2 079.9万t，占产量的44.24%，增销50.6万t，同比增长2.5%；牛肉销售量为394.9万t，占产量的58.43%，增销7.6万t，同比增长2%；羊肉销售量为238.8万t，占产量的59.82%，增销5.0万t，同比增长2.14%；禽肉销售量为652.4万t，占产量的48.3%，增销12万t，同比增长1.87%。禽蛋市场交易量为1 012.1万t，占产量的37.16%，增销20.5万t，同比增长2.07%。

2004年，我国肉禽蛋类产品市场交易总额为4 750.57亿元，较上年减少163.93亿元，同比下降3.3%。其中，猪肉交易额为2 237.03亿元，减少104.1亿元，同比下降4.45%；每吨平均价格为10 755.39元，同比价下降781.1元。其中，城市交易价每吨平均为11 201.7元，农村为10 396.9元。牛肉交易额为514.0亿元，减少59.8亿元，同比下降10.4%；每吨平均价格13 015.94元，同比价下降1 799.45元。其中，城市交易价每吨平均为14 434.15元，农村为11 764.18元。羊肉交易额为318.28亿元，增加4.48亿元，同比增长1.43%；每吨平均价格为13 326.51元，同比价下降95.22元。其中，城市每吨平均价格为14 853.98元，农村为11 972.32元。禽肉交易额为671.62亿元，增加2.42亿元，同比增长0.36%；每吨平均价格为10 295.3元，同比价下降154.42元。其中，城市每吨平均价为10 969.27元，农村为9 778.6元。禽蛋交易额为547.03亿元，减少4.87亿元，同比下降0.88%；每吨平均价格为5 404.8元，同比价下降160.95元。其中，城市每吨平均价为5 518.86元，农村为5 311.34元。

五、畜禽肉类产品进出口贸易情况

2004年我国肉类产品出口形势是严峻的，进口的压力仍在增大。据中国海关资料显示，全年畜禽产品出口量为96.2万t，同比增长20.8%；贸易额为19.27亿美元，同比增长36.5%。其中活畜禽为17.2万t、3.3亿美元，同比增长1.1%；畜肉类为34.4万t、5.56亿美元，同比增长74%；禽肉类为12万t、1.45亿美元，同比下降54.7%；肉类制品为32.6万t、8.9亿美元，同比增长100.9%。2004年鲜蛋和蛋制品出口量为9.7万t，同比下降9.85%；贸易额为6 724万美元，同比增长32%。

1. *出口形势严峻*　一是国外对我国肉类出口限制仍是制约我国肉类产品出口的最大障碍。目前，由于禽流感等原因，欧盟尚未解除对我国主要动物性食物源及禽类产品的进口禁令，日本、韩国等也没有恢复对我国冻鸡等禽肉产品的进口，俄罗斯不仅继续对猪肉、牛肉和禽肉进口实施关税配额管理，而且在

2004年9月又宣布禁止我国肉类产品输入，这些都限制和影响了我国肉类产品恢复和扩大出口。二是2004年底以来，我国玉米、豆粕、预混饲料等原料价格大幅上涨，增加了肉类产品的出口成本，导致我国肉类产品的出口竞争力受到一定影响。

2. 进口的压力继续增大　2004年，我国畜禽进口量为56.3万t，同比下降46.7%；贸易额为6.98亿美元，同比下降3.08%。其中活畜禽为2.4万t、2.2亿美元，同比增长87.5%；畜肉类为35.2万t、3.22亿美元，同比增长8.9%；禽肉类为18.5万t、1.54亿美元，同比下降66.7%；肉类制品为0.04万t、267万美元，同比下降98%。2004年鲜蛋和蛋制品的进口为9t、7万美元，同比下降81.7%。虽然进口波动较大，但显现增长苗头。一方面随着我国经济进一步持续高速增长，对肉类进口需求继续增加，特别是部分高档肉品和低档副产品类需求旺盛。另一方面，2004年四季度以来，我国解除了对美冻鸡的进口禁令，对智利、阿根廷、巴西、爱尔兰等国家也开放肉类产品进口，预期肉类产品的进口会进一步增加。

六、肉类产业运行特点

综上资料分析，2004年我国肉类产业运行表现了如下特点：一是显示出我国肉类产量十几年来已居世界之冠不可动摇的位置。二是我国肉类生产初具抗风险能力，虽然上年的禽流感和饲料价格上涨影响猪肉和禽肉出现生产和销售滞缓，但肉类总量还是增长的。三是我国肉类行业仍处在追求产量型模式，因而增加肉类生产和消费，提高肉品质量乃是行业发展的战略重点。四是肉类食品安全是世界共同关注的问题，动物疫病如疯牛病、禽流感、口蹄疫等仍经常性严重地威胁着许多国家，同时工业化污染使食品安全变得突出，我们不能不引起高度重视。由于我国正处于现代化建设的转型期，肉类行业中肉类资源配置地域性突出，活畜禽流动跨度过大，肉类业又是长链产业，涉及养殖、屠宰、制作、包装、冷藏、运输、流通，形成多环节性的不安全因素。如养殖中农药残留、药物残留、抗生素控制；加工过程的接触、交叉、媒介、投入品的控制；流通中的冷链的控制等。同时，其大规模的现代生产方式与传统的小生产方式并存，先进流通方式与落后流通方式并存，发达的城市市场与分散的农村市场并存，另外一些为其服务的如包装、机械、添加剂企业还处于小规模的分散的制造、制作中，这种并存式的结构使肉类生产和肉类食品安全管理的难度必然增大，成本提高，矛盾突出。所以，优势企业的自律和对其的保护成为行业发展的重大课题。五是行业发展必须坚持龙头企业联合优势中小企业主导市场，共同发展；大企业要以主业为主，相关服务配套经营，做强做大；中型企业要抓住主业，做精做优；没有优势的企业不可能有优势而持久的市场。六是中心城市企业为保障市场占有的份额，适时采取屠宰加工外移战略，在资源地寻找合作对象；一些优势品牌企业适时调整市场拓展战略，开展优势联盟组合。这些做法对于配置新的生产力无疑是正确选择，但要充分利用现有设施进行技术提升改造，防止重复建设。七是产业结构调整应以产品结构改革为基础。肉类行业到2004年已有10个企业13个品种评为中国名牌产品，极大地影响着肉类产品市场，如高温火腿肠6家名牌企业已占据市场90%的份额。在当今呼吁肉类食品安全的环境中，消费市场变得越来越理性，所以形成这样一个共识：20世纪80年代有产品就有市场，90年代有广告就有市场，新世纪有信誉、有品牌才有市场。

我国饮料工业的发展态势分析

中国饮料工业协会理事长　汤天曙

一、当前世界饮料工业的发展特点

1. 饮料工业发展较快　近10年来，全球范围饮料工业始终保持着良好的发展态势。据国际饮料界权威性杂志《饮料世界》统计，1995年世界饮料总产量为9.35亿t，2000年世界饮料总产量达10.47亿t，比1995年增长约12%；预计2005年世界饮料总产量将达12.22亿t，比2000年增加约16.7%，比1995年增加30.7%。

2. 饮料市场呈现多样化趋势　世界饮料市场多样化，具体表现为饮料品种日趋繁多，饮料消费群体发生变化。全球饮料发展到今天，其品种极其繁杂。这些大类品种还可以进一步细分成更多的小品种。此外，消费群体不再固守原来的消费习惯和偏好。例如，近些年来欧洲、美洲等地茶饮料消费量呈急剧上升趋势，而亚洲的茶饮料却在相对减少，充气饮料却在大幅度增加。

3. 保健功能饮料越来越受到关注 如何通过饮食来达到健康保健效果，一直是消费者和饮料生产企业高度重视的课题。发达国家特别是欧美发达国家在不断推出功能饮料，这种饮料已经不再局限于补充营养这一范畴，甚至拓展到防病治病领域。有资料表明，在美国几乎所有的饮料生产企业都在开发生产功能饮料，就连拥有世界饮料第一品牌的可口可乐也不例外。

4. 酒精饮料消费趋向减少 纯粹的酒精饮料消费呈下降趋势，如烈性酒。而其他酒种如葡萄酒在发达国家中的消费也呈下降趋势，不过在发展中国家却呈上升态势。特别是亚洲，其中中国消费势头增长最旺。其主要原因是各地区、各国的消费观念的转变，健康意识的提高等。酒精饮料消费的减少，为非酒精饮料的生产和消费扩大了发展空间。

5. 饮料新品种频频进入市场 在当今世界饮料市场上，新品种层出不穷。据不完全统计，仅美国每年的饮料新产品就达 14 000 种之多，平均每天有 38 种饮料新品种问世。市场调查结果显示，消费者所需要的是注重天然和健康的新型饮料。除对方便和安全的考虑外，消费者还对市场上的新产品表现出一贯的热情。

二、我国饮料工业现状

2004 年，我国规模以上饮料生产企业 961 家，完成饮料产量 2 912.43 万 t。其中，碳酸饮料 671.23 万 t，占饮料产量的 28.05%；果汁及果汁饮料 500.04 万 t，占 13.09%；瓶（罐）装饮用水1 205.94万 t，占 40.26%。这些企业实现工业总产值 914.82 亿元，产品销售收入 878.18 亿元，利税总额 104.48 亿元，利润总额 63.40 亿元，从业人员 17 万人。2004 年我国人均饮料消费约 22.4l/年。经过多年努力，饮料工业的结构调整已见成效，主要表现在三个方面：一是适应区域经济结构调整和发展的水平。饮料工业三大支柱产品：瓶装水、碳酸饮料和果汁饮料在原料丰富区域及经济、技术水平适应区域得以充分发展，饮料工业产值排名在前列的省区均为东部省区。二是饮料产品打破了单一品种包打天下的局面，各类饮料产品均得以发展，特别是瓶装水、果蔬汁饮料和茶饮料等得到快速发展。三是饮料工业企业经过体制改革、资产整合和品牌战略的实施，全行业涌现了一批大型企业集团，成为各类饮料品种行业的排头兵和骨干企业。我国已经初步形成了具有中国特色的饮料品种结构，而且各品种的生产量和比例与市场销售的情况基本匹配。我国饮料三大品种瓶装水、碳酸饮料和果蔬汁饮料以 81.6% 的产量比例主导饮料业。最大的品种不是碳酸饮料，而是瓶装饮用水，这是与美国及世界平均状况相比最大的区别所在，与日本、香港特区的情况比较接近。瓶装饮用水产量约占饮料总量的 41.4%，人均年消费 9.27kg，约是世界平均水平的 60%；碳酸饮料产量占 23%，人均年消费约 5.15kg，是世界平均水平的 19%；果蔬类饮料的市场份额为 17.2%，人均年消费 3.85kg，约是世界平均水平的 50%。茶饮料的市场份额约为 10%，人均年消费 1.5kg，是日本人均消费水平的 4%。中国饮料市场的品牌主要有以可口可乐和百事可乐（简称“两乐”）为代表的国际品牌及以中国饮料工业十强企业（简称“中国十强”）的产品品牌为代表的中国品牌。近年来，“统一”和“康师傅”的饮料产品在国内也有旺盛的增长。这些大品牌在市场中的主流地位基本确立，骨干企业在行业中的龙头地位和导向作用越来越突出，经济效益的优势更加明显。饮料“十强”企业占行业全部企业数的 1.04%，2004 年其产量合计 791.18 万 t，占全行业的 27.17%。我国饮料工业的进口主要是作为生产原料的浓缩果汁，其中大部分是浓缩橙汁，2004 年进口量为 47 007t，占进口总量 57 941t 的 81.13%。我国加入 WTO 以后，浓缩果汁的进口关税降低，从 75%先后降低至 35%和 7.5%，直接降低了果汁饮料的生产成本，扩大了果汁类饮料的消费量。果汁是我国饮料最主要的出口品种，2004 年我国果汁出口总量为 52.8 万 t。在出口果汁中，苹果汁所占比例最高，浓缩苹果汁在我国的生产优势越来越突出。2004 年我国浓缩苹果汁出口 48.7 万 t，占出口果汁总量的 92.21%。苹果汁出口企业所在的区域主要是山东和陕西。目前我国的苹果品种以低酸类型偏多，正在进行高酸品种的引种和扩大种植。

三、我国饮料工业存在的问题

1. 人均消费水平低 2004 年我国人均饮料消费量为 22.4l/年，这个消费数量与过去相比有巨大的变化。但是，全球人均饮料消费水平为 54l/年，世界头号饮料消费大国美国的人均饮料消费接近 300l/年，西欧国家约为 150～210l/年，日本则达 114l/年，韩国、新加坡的人均消费也在 50l/年以上。我国人均饮料消费只是上述国家的1/15～1/2。我国的果汁和果汁饮料人均消费只有1.5kg，与世界人均消费7kg的差距也很大。

2. *饮料品种结构仍不够合理* 随着营养、健康、安全和回归大自然的国际饮料新潮流的出现，各种添加有矿物质和维生素的功能饮料、茶饮料、咖啡饮料、果汁类饮料以及调味矿泉水等一系列被称为新时代饮料的新品种，发展十分迅速。而我国的饮料品种结构近年来虽然有了一些改变，但基本上仍是以碳酸饮料和瓶装饮用水（含天然矿泉水、各种纯净水）为主的格局。近年来茶饮料、果蔬饮料、含乳饮料以及植物蛋白饮料等健康、营养型饮料虽增长比较迅速，但仍属于起步阶段。从2003年开始，运动型饮料和矿物质、维生素补充型饮料等已批量面市，但其他特定的功能性饮料有的尚处于待开发研制阶段，有的还只是小批量生产。

3. *企业规模小，品牌集中度低* 我国饮料企业集中度整体水平不高，饮料企业规模普遍较小。国家统计局2004年统计数据显示，规模以上软饮料企业的平均年产量约为3.03万t，平均销售收入为9 138.2万元，平均利税收入1 087.2万元。获得中国驰名商标的九个饮料品牌，产量规模也大多是从几万吨到几十万吨左右，占全国饮料产量比重相对较小，品牌占有率低。

4. *原料生产与加工脱节* 我国食品工业中尚未形成农业—农产品—加工—市场的合理产业链。这在果汁类饮料中表现突出。我国是水果生产大国，苹果产量居世界第一，柑橘产量为世界第三，但由于原料品种不对路，导致加工率很低。浓缩苹果汁由于原料的制约，影响产品质量，导致出口价格很低。柑橘适宜加工果汁的品种就更少，目前浓缩柑橘汁仍以进口为主。我国其他特色水果品种如：枣、龙眼、荔枝、枇杷等由于没有按加工要求进行品种筛选和大面积规范化种植，难以实施规模化工业加工。

5. *标准化和质量管理工作落后* 食品产品的标准化是规范食品质量的重要手段。我国现行的饮料标准大部分是在20世纪80年代后期和90年代初期制订实施的。随着国内外饮料市场的迅速发展，各种新产品、新工艺、新材料及各种添加剂成分的采用，我国饮料行业现有的产品标准、卫生和质量管理规范等已经明显滞后，远远不能适应市场和管理的要求，迫切需要加强规范。

四、饮料工业的发展思路和工作重点

（一）发展思路

在今后几年间，饮料工业要以国内外饮料市场需求为导向，继续提高总量；积极发展新型产品和市场需求迫切，特别是消费者在休闲、营养、健康等方面需求强烈的饮料产品；进一步调整产品结构，重点发展以我国优势农产品资源为原料的果蔬汁饮料产品；重点建设好大型骨干企业，带动企业结构调整和饮料行业的全面产业化升级；进一步规范和保证饮料产品质量，特别是其营养和安全性质量，满足消费者需求，实现我国饮料工业的可持续发展。

（二）工作重点

1. *加快发展以我国优势农产品为原料的饮料加工生产* 我国现已成为世界水果和蔬菜生产大国，多种果蔬的产量在世界上占据领先地位，尤其是苹果和热带水果具有突出的优势。充分利用比较优势，继续改良品种，在现有基础上进一步提高出口浓缩苹果汁的质量水平和出口价格，稳步增加出口量和创汇额；进一步加强具有我国特色且种植面积较大的热带水果（荔枝、菠萝、龙眼等）和大宗蔬菜（番茄、胡萝卜等）浓缩汁及相应饮料产品的开发和生产，拓展果蔬原料深加工的途径，稳定水果、蔬菜种植户的收入，促进区域农业经济的稳步发展，满足日益扩大的国内果蔬汁饮料市场和国际果蔬汁产品贸易发展的需求，改善我国水果浓缩汁出口品种单一的现状，增加市场上果蔬汁产品的花色品种，更好地满足消费者的需求。我国茶叶和植物蛋白（大豆、花生等）原料资源非常丰富，亦有饮用这些饮料的传统习惯。进一步丰富我国茶饮料和植物蛋白饮料品种、扩大产量势在必行。要进一步加快发展茶饮料和植物蛋白饮料产品，集中多方面力量，开发各地具有区域优势的农产品为原料的饮料生产。

2. *进一步调整产品结构* 在今后的几年里，我国饮料产品排名前三位的仍然将是瓶（罐）装饮用水、碳酸饮料和果蔬汁饮料。由于近期我国公用供水系统的水质不可能有质的飞跃，所以工业化的高品质瓶装（桶装）纯净水和矿化水产品在现有市场的占有率基础上还会进一步提高。同时，加香调味的瓶装水、特定用途瓶装水等新型饮用瓶装水将会得到发展。鉴于人们对健康关注程度的提高和人们将对饮品的兴趣逐渐从嗜好型转向营养型，碳酸型饮料产量的增长会保持相对稳定，而且其占饮料产品的比例会逐渐缩小。由于我国拥有丰富的水果和蔬菜资源，且产量已居世界前列以及市场对果蔬汁和含果蔬汁的饮料需求旺盛，果蔬汁饮料将继续高速发展。应创造条件继续提高浓缩果蔬汁和果蔬汁产品的产能，特别应优先发展我国大宗水果、热带水果果汁和蔬菜汁产品，丰富果蔬汁产品品种，满足消费者的需求。大力发展国内外市场热销的运动型和功能型等先驱型饮料产品，研制开发针对不同消费类群、不同功能要求的饮料产品，逐步改变仅仅为解渴而喝饮料的现状。

3. *增强企业实力，扩大企业规模，实现产业升级* 我国饮料行业经过多年发展，产量和产能有非常大的提高。总体而言，饮料行业大型和超大型企业（集团）不多，国内最大的饮料生产企业年产量为320万t左右。在企业实力、产品产量、经营能力等各个方面，我国饮料生产企业与国外相比有较大差距。应重视培育和发展饮料行业的大型企业集团，致力于提高企业的核心竞争力，促进规模经营，形成规模效益。要提高市场的准入条件，限制那些技术水平低、生产环境恶化、管理水平差的企业进入饮料行业，要鼓励和支持饮料行业中的龙头企业向跨地区经营转变，积极参与国际竞争。

4. *确保产品质量* 近年来，饮料产品质量尤其是大型企业的产品质量逐步上升，合格品率已超过90%。但是饮料行业在其发展过程中有自身的特点：一是进入市场比较早，市场化程度较高，产品品种更新快；二是中小型企业数量多而分散。这些客观因素使得饮料产品质量短期内无法很快提高到一定水平。要加大市场监管和处罚力度，强化对市场上不合格生产企业、不合格饮料产品和假冒伪劣产品的清理和打击，特别应加强对城乡结合部以及农村市场的管理，使劣质饮料产品没有生存的空间。同时，在全行业内逐步实施饮料生产企业准入制度，通过规范饮料产品生产和质量管理的基本条件，促使企业加快改善生产工艺技术、装备和质量监控水平的步伐，组织力量制订与饮料产品相关的新行业标准，缩短与国际先进水平的差距，在行业内加速质量管理体系、HACCP体系以及GMP生产规范的推广和实施，提高全行业的产品质量水平。

5. *抓紧完成标准规范化* 这不仅是规范产品、保证质量的重要基础，也是衡量工业化发展水平的重要标志之一，还是产品进入国际市场的通行证。工业发达国家依靠其先进的技术优势往往率先制订或改进饮料产品的标准和指标，使之逐渐成为国际公认的标准。在现行市场化的大环境下，强化产品的标准化，一方面可以更加有效地保护人们的健康和安全；另一方面，尽快缩短与国际现行标准的差距，是我国饮料产品塑造国际化品牌、逐步走向国际市场的必需。我国饮料工业标准化的现状不容乐观。由于缺少强制性标准，矿泉水等饮用水生产企业“定牌加工”现象突出；而果汁产品由于目前除橘汁外其他种类的果汁没有国家强制性生产标准，最终产品中纯果浆含量无法实现量化监控；新型饮料产品的频繁出现使得相关标准的制订和实施滞后于产品的发展速度。种种现状促使我国应进一步加快饮料产品标准化的进程。对于涉及饮料产品加工、生产和销售的各个方面，比如原料、添加物、包装材料、标签等尽快制订与国际现行标准接轨的强制性标准，缩短与国际标准间的差距，完善和建立一套完整而科学的饮料产品标准，使我国的饮料工业能够跟上世界饮料工业发展的步伐。

6. *规范功能性饮料* 自21世纪以来，功能性饮料与功能性食品一样获得迅猛发展。据预测，未来10年全球的功能性食品（包括功能性饮料）的市场份额将以每年10%的速度递增，远高于其他食品和饮料的年均2%的增长速率，发展潜力巨大。我国功能性饮料产品主要是以补充多种营养物质及提高免疫力为目的的强化型饮料产品和以提高机体健康和身体状态为目的的运动型饮料产品。近两年，“脉动”等为代表的国产功能性饮料和“红牛”为代表的国外品牌功能性饮料迅速发展，带动了我国功能性饮料的初步发展。目前我国市场上已出现了十几个旺销的功能性饮料产品，显示出功能性饮料在我国有良好的发展势头。在此形势下，也应看到功能性饮料迅速发展潜伏的问题。其一，与其他具有保健功能的食品一样，由于功能性饮料市场好，利润空间大，一些企业不顾客观条件和技术水平盲目上马，混战市场，阻碍了功能性饮料正常和健康的发展。其二，由于相关标准不健全或检测手段不完善，造成功能性饮料产品中功能性成分的含量不到位。其三，由于相关法律、法规规定不明确和消费者与生产厂家信息获取渠道的不对称，造成产品的功能性被有意夸大进而误导消费者的消费。要充分认识到这些问题对功能性饮料发展产生的负面影响，采取切实可行的措施规范功能性饮料的生产和销售。

我国纺织工业的布局和结构现状

中国纺织工业协会

改革开放以来，我国纺织工业快速发展，已形成了世界上规模最大、产业链较为完整的纺织工业体系，在国际上具有明显的比较优势。为国民经济增加积累、解决就业、改善人民生活水平、出口创汇、进行产业配套等发挥了重大作用，同时也积极推动了解决“三农”问题和农村城镇化水平的提高。随着国内需求的不断增长和国际市场的拓展，纺织工业仍将处于快速增长态势，同时也面临着进一步优化布局、调整结构、加大培育自主创新能力等问题。

一、纺织工业布局和结构现状

1. 纺织工业概况　目前，我国已具有世界上规模最大、产业链最完整的纺织工业体系，从纺织原料生产开始（包括天然和化学纤维），纺纱、织布、染整到服装及其他纺织品加工，形成了上下游衔接和配套生产，成为世界纺织品服装的第一大生产国和出口国。2004 年，我国纤维加工量为 2 400 万 t，占世界纤维加工总量的 1/3，其中国内消费比例为 76%，是纺织产业发展的主要动力。据海关统计，2004 年我国纺织品服装出口 974 亿美元，超过世界纺织品服装出口贸易额的 1/5。到 2004 年末，我国化学纤维、棉纺织、毛纺织、丝绢纺织、服装等生产能力居世界第一；主要产品如化学纤维、棉纱、棉布、印染布、丝织品、服装等产量居世界第一。2004 年末，我国纺织产业工人为 1 900 万人，每年为纺织工业提供棉花、羊毛、蚕茧、麻等天然纤维的农村劳动力大约为 1 亿人。

2. 纺织工业区域发展状况　“十五”时期以来，我国纺织工业在东部地区的发展速度始终高于中西部地区，区域布局逐渐向东部地区集中，东部和中西部的差距也逐步拉大。东部沿海的浙江、江苏、山东、广东、福建、上海五省一市成为全国纺织工业发展的主体。2004 年，东部地区的纺织工业总产值占全国纺织工业总产值的 87%，其中五省一市的纺织工业总产值占全国的 81%，资产占 74%，利润占 88%，企业数占 78%，从业人员占 70%，出口交货值占 87%。中部地区纺织工业总产值占全国的 9%，而西部地区工业总产值只占全国的 4%，中部和西部的纺织工业在全国的比重越来越小。

3. 纺织产业集群地区状况　改革开放以后，在东部沿海开始涌现出一批县、镇区域为依托、中小民营企业为主体、纺织经济占主导的纺织产业集群地区，这些地区和区域有适应市场经济的灵活机制，有特色突出的产品，有与产业密切互动的专业化市场，有正在形成的集群规模效应和产业链，有不断提升技术装备水平的内在功力，有成本较低、素质较高、形成市场的丰富劳动力资源，还有较好的地方政府服务与日渐完善的第三产业，显示出纺织产业集群的勃勃生机与活力。在全国，各类县、镇区域的纺织产业集群地区有上百处，有 95%分布在浙江、江苏、广东、山东和福建省。这些产业集群的纺织销售收入占全国纺织销售收入的 30%，纺织品服装出口占全国纺织品服装出口的 20%，是我国纺织工业的又一支生力军。

4. 纺织工业经济成分结构情况　我国纺织工业的市场化程度较高，民营经济和外资企业发展很快。据统计，到 2004 年，纺织行业规模以上企业中，非国有企业销售收入占全国纺织工业销售收入的 88%，创造的利润占全行业的 97%，出口交货值占全行业的 92%。1978 年国有资本占全行业的 94.6%。到 2003 年底，规模以上企业实收资本中，国有资本只占 13%，全行业中国有资本比例已不足 8%。

5. 纺织装备水平和产品水平状况　纺织行业中先进技术装备比例有了较大幅度的增长，提高了我国纺织工业的产品附加值。以棉纺和化纤为例，2004 年我国棉纺织行业的精梳纱比重、无结头纱比重和无梭布比重分别为 23.26%、58%和 50%。在棉纺业设备中，20 世纪 90 年代水平和国际先进水平的比重已经从 2000 年的 30%上升到 2004 年的 50%。化纤设备也有不同程度的增长，最具代表性的聚酯和涤纶长丝行业目前已经达到国际先进水平。

二、行业发展中存在的问题

1. 科技开发能力不强，缺乏发展后劲　主要表现在：一是高性能、高功能性纤维的开发应用不够。高性能纤维已成为 21 世纪重要的新材料之一，成为国防、航空及其他工业的重要材料。由于受到技术和机制方面的限制，我国在这些领域的开发和应用缓慢。二是机电一体化的先进纺织机械研发滞后。与国际先进纺机比，我国纺织机械在工艺性能、产品软件开发能力、机器的精度和稳定性以及能耗等方面均有明显差距。如我国印染生产万米布耗煤 3t、耗电 450 kW·h，是国外先进水平的 3～5 倍；用水量 300～400t，是国外先进水平的 2～3 倍。三是自主开发创新能力弱，缺乏专业技术人才。纺织产品原创能力差，缺乏自主品牌产品，产品来料加工和贴牌多，企业重硬件轻软件，重生产缺管理现象严重，缺少专业技术人才、生产技工和熟悉纺织专业的管理经营人才。

2. 国际原料资源依存度高，制约行业发展　化纤和棉花是纺织工业最重要的原料。2004年，纺织用棉花743万t，其中国产棉552万t，进口191万t，由于进口棉花配额体制的管理不到位以及人为市场的炒作等原因，在一年内棉花的价格大起大落，影响了棉纺行业的经济效益和国际竞争力。2004年，我国化纤产量1 425万t，其中主要原料PTA、MEG、CPL分别进口572万t、340万t和45万t，进口依存度分别高达56.4%、77.8%和66.4%。在国际油价上涨带动化纤原料价格提高的时候，化纤行业也不得不大量进口，给化纤企业带来巨大的成本压力。

3. *产业的社会化服务水平较低，行业自律有待加强* 目前纺织企业的中小企业发展缺少技术和市场的支撑，公共服务体系不健全，设计研发、质量检测、人员培训、信息化等各项工作都跟不上，社会服务也跟不上，企业的社会责任落实不到位，诸如加班加点、不按规定发加班费、不缴纳保险金、不注意劳动环境改善、环保意识不强等等；知识产权得不到保护，多数企业属跟进型，模仿、抄袭走“捷径”；市场竞争缺乏行业自律。这些都是引起国际贸易摩擦和出口产品“量增价跌”的重要原因。

4. *中西部纺织发展滞后，产业比重逐步下降* 纺织工业的区域布局逐渐向沿海地区集中，东部和中西部的差距有逐步拉大的趋势，中部和西部的纺织工业在全国的比重越来越小。2000年中西部纺织工业产值占全国比重为16.23%，到2004年比重减至12.87%，下降了3.36个百分点。与东部相比，中西部的纺织产业发展滞后，在整体上产业的市场竞争力不足。

三、纺织工业发展政策建议

1. *做好《“十一五”纺织工业发展指导意见》编制工作* 编制好《“十一五”纺织工业发展指导意见》，运用产业政策引导和推进纺织工业结构调整。大力支持优势企业、出口骨干企业的发展，培育壮大一批拥有知名品牌和自主知识产权、主业突出、核心竞争力强的大型企业和企业集团。加速培养具有竞争潜力、科技含量高、有创新能力的中小企业，提高其与大企业的配套能力，形成更具竞争优势的企业群体结构。培育一批具有自主品牌的出口产品，提高直接进入终端国际市场的比重。

2. *积极促进纺织工业技术创新能力的提高* 鼓励企业和社会资金对技术创新的投入；创造有利于技术创新的政策环境，如税收政策和知识产权保护法律法规；建立和完善技术创新激励机制，构筑以技术创新为竞争重点的社会和市场氛围。大力发展以自主开发创新为主的、具有高技术含量的、适应产业信息化要求的新型纺织、印染、化纤生产技术设备，提高纺机产品的先进性、可靠性和稳定性，为产业技术进步和竞争力的提高提供保障。

3. *稳定纺织纤维原料供应* 一是棉花。预计到2010年，我国用棉量将超过1 000万t，要稳定扩大棉花种植面积，制订最低收购保护价，真正保护农民利益。同时继续推进棉花市场体系建设，完善棉花宏观调控的方式和手段，建立棉花市场应急机制，尽快使棉花价格、棉花标准、棉花销售方式与国际接轨。二是化纤。解决好上游合纤原料自给的问题，加快化纤原料的配套协调发展，提高PTA、PX、EG等主要化纤原料的自给率，逐步减少对国际市场的依赖，促进化纤工业健康发展。三是大力开发麻类、蚕茧、羊毛、竹等天然纤维资源。

4. *加强公共服务体系建设，促进产业升级* 尽快建立起科学先进与国际接轨的标准化指标体系，完善行业准入体系，规范行业发展，帮助企业克服发达国家各类技术性贸易壁垒的限制。在纺织产业集群地区，从产业研发、质量检测、人员培训、信息化、电子商务和现代物流方面，建立真正为中小企业服务的平台。

5. *积极推动中西部地区纺织产业的发展* 抓住国家西部大开发战略实施的历史机遇，充分利用中西部地区的资源优势、劳动力优势和潜在的市场优势。通过政策导向，鼓励东部地区劳动密集型的纺织产业向中西部地区进行战略转移，使中西部地区得到东部地区的资金和技术优势的支持，为中西部地区纺织产业发展注入活力。

6. *发挥中介作用，规范企业行为* 充分发挥行业协会等中介组织在政府与企业之间的桥梁作用，加强行业协会的服务与自律职能，规范企业行为，避免行业内的恶性竞争。支持行业协会等中介组织开展以质量检测、建立企业社会责任和保护知识产权为重点的行业自律工作。支持行业协会等中介组织积极开展民间外交，建立与各国同行间的合作伙伴关系及民间对话机制。

纺织行业产业损害预警机制建设的思路、模式及方法

商务部产业损害调查局 张 勇

加入世界贸易组织以来，随着我国对外贸易总量不断扩大，部分产品进出口异常变动对国内产业的影响逐渐显现。在坚持扩大开放的同时，维护产业安全的工作日显重要，加快产业损害预警体系建设被列入2004年国务院重点工作中。自2000年以来，我局会同地方商务主管部门、行业协会、有关科研院所，积极研究开展产业损害预警工作的方法，并在重点敏感商品、重点行业建设产业损害预警机制以及指导试点省市开展产业损害预警工作的过程中，理清了思路，探索了方法，积累了经验。现主要介绍对产业损害预警机制的认识、怎样开展产业损害预警工作，以及产业损害预警机制建设的工作重点。

一、什么是产业损害预警机制

（一）预警的法律思考

2004年7月1日正式实施的《中华人民共和国对外贸易法》第49条规定，国务院对外贸易主管部门和国务院其他有关部门应当建立货物进出口、技术进出口和国际服务贸易的预警应急机制，应对对外贸易中的突发和异常情况，维护国家经济安全。这一条款的实施表明，建立预警应急机制已成为中国政府的法定职责，对在促进国际贸易的正常开展中保护产业发展安全具有重要的意义。

从国际法原理上看，预警机制是国际法上情势变更原则在国际贸易关系中的具体表现，是WTO例外条款生效和各成员方实施相应贸易救济权的构成要件之一。就情势变更的构成要件而言，预警机制的主要内涵为确定情势之改变是否达到根本改变当事国义务的程度，以及是否能够对该类情势变更进行预见，进而确定根本性变更何时发生。它的外延是在国际贸易中，通过评估和预测发生的情势变更程度，协助确定情势变更是否达到根本改变当事国义务，而使缔约国享有的条约所规定的利益受到损害，并与另一缔约国之间发生利害关系的严重失衡时，为最终使该缔约国为保护本国的利益终止条约或寻求贸易救济措施方面提供便利。

（二）各国或地区的做法

目前，很多国家的政府出于保护产业、及时发起贸易救济案件的目的，纷纷建立预警体系，对重点行业进行长期的跟踪监测和预警分析，以便及时发现案件的苗头。而且一旦立案，这些监测信息又成为其裁决的重要依据。较为成熟的模式以美国为代表，美国商务部2003年9月建立了“工业分析办公室”，负责审查和评估进出口贸易、政府政策对产业及企业的影响，主要通过产业国际竞争力调查与评价，最终编制形成报告，并成为发起贸易救济措施的基础性信息。又如，南非和欧盟建立的“进口监测快速反应机制”、印度建立的进口监测机制，以及台湾省建立的贸易救济防火墙系统等。

（三）产业损害预警机制的概念

三年来，我们在探索建立产业损害预警机制过程中，逐渐理清了有关概念和含义。在我国，贸易救济领域中的产业损害预警机制，由预警、预案、应对实施三个部分组成，是国家宏观管理的重要组成部分。

1. 内涵 产业损害预警机制主要通过对货物进出口、技术进出口和国际服务贸易异常情况的连续性监测，分析其对国内产业的影响，及时发布相关预警信息，为政府主管部门、产业和企业决策服务，实现“为之于未有，治之于未乱”。建立和完善产业损害预警系统是有效运用贸易救济措施的基础性、前瞻性、预防性的重要手段，对维护国内产业安全具有重要的作用。

2. 外延 产业损害预警机制是政府宏观管理的重要组成部分，是产业损害调查与裁决工作的有机组成部分，它不同于传统的经济运行分析，也不同于一般意义上的进出口监测。产业损害预警机制是转变政府职能、依法行政、为产业和企业服务、切实维护产业安全的途径之一。

二、如何建立纺织行业产业损害预警机制

明确了产业损害预警机制的概念及其在经济管理

中的重要地位后，我想结合三年来我局的工作经验，着重介绍如何建立纺织行业的产业损害预警机制。

（一）我局开展产业损害预警工作的探索

开展产业损害预警工作三年来，我局摸索了开展产业损害预警工作的模式和方法，会同有关科研院所编制了产业损害预警监测指标体系、重点行业产业损害预警模型；会同有关工程人员建立并完善了预警数据报送平台、预警信息定制与发布平台、预警数据挖掘分析平台；会同有关行业协会相继建立了汽车、钢铁、化肥等重点行业产业损害预警机制，定期监测分析，并编写上报产业损害预警报告；会同有关省市研究开展区域性进出口产业损害预警工作的方法；指导部分试点省市开展了地方优势产品产业损害预警监测工作。

（二）纺织行业产业损害预警机制的内容及实施方法

纺织行业产业损害预警机制，重点监测进出口与国内产业发展的相关指标以及国外相关产业发展的状况等因素，通过预警模型和专家系统，以定量和定性相结合的分析方法，分析评价进出口变化对我国纺织行业发展的影响，并对可能发生的贸易摩擦及其对产业发展的阻碍进行预测评估。预警机制将通过及时向政府、行业协会及企业发布预警信息，为有关方面提供决策支持。

（三）纺织行业产业损害预警机制建设的工作重点

1. *要确定重点监测产品目录、监测指标体系和相应的监测企业，并根据运行情况适时调整* 监测产品目录确定的原则主要有：一是本地区规划中拟重点发展，目前尚属幼稚工业产品；二是本地区的主导产品，市场份额在全国占相当重要的地位，且易受进口冲击；三是本地区独有的、出口有优势、在全国出口量较大，且对本地区经济发展具有重要意义的出口产品。综合考虑这几项原则，认真研究近年来我国纺织产品出口的情况，第一批选择了美国、欧盟、加拿大、土耳其、日本、印度等六个我国纺织品服装主要出口国家进行重点研究和对标分析。针对具体国家，根据我国对其出口的纺织产品数量及价格变动情况，挑选了八类商品，涉及120个海关八位税号作为第一批重点监测产品。并确定了这些产品的主要企业共计48家进行重点跟踪。

2. *要建立健全纺织行业产品监测指标体系* 监测指标体系包括进出口指标、国内相关产业生产经营指标、国内外市场价格指标以及影响因素四个部分。月度监测指标包括进出口数量、平均进出口价格和国内同类产品产量、销售量、销售额、库存、利润率以及市场价格等。影响因素包括国内外重大贸易政策调整、技术进步等。

3. *探索纺织行业产业损害预警的分析方法* 目前，我们拟采用的方法是定量分析与定性分析相结合。定量部分主要根据获取的监测数据，从出口产品的数量、价格对国内工业的影响等方面，运用预警数学模型，定量判定行业是否遭到损害。定性部分主要是建立专家系统，根据监测产品的行业经营状况和对其产生影响的各层次因素，建立阶梯层次结构和判断矩阵，各专家依据知识和经验，填写专家问卷。再根据专家问卷确定相关限值，计算各因素权重，通过逻辑运算，算出专家评估指数，从而判定行业是否遭到损害。

通过定量分析与定性分析相结合，发挥定量和定性的各自优势，进而确定产业损害预警指数。在此基础上，编制产业损害预警报告和产业国际竞争力报告，提出应对措施，并上报国务院，适时向企业发布预警信息。

4. *确定适当的信息收集和反馈渠道* 畅通的信息收集渠道是确保信息及时、准确、方便传输的手段。为此，我局开发了信息报送平台。

为充分发挥该系统的作用，产业损害预警信息的反馈就显得至关重要，我局依托“中国贸易救济信息网”的会员系统建立了产业损害预警信息定制与发布平台，以确保企业能及时获得本行业及相关行业的动态信息，以及国外同行业的发展状况，为企业的决策提供依据。

三、产业国际竞争力调查与评价工作的进展

最后，我再简要地介绍一下我局在产业国际竞争力调查与评价方面已经开展的一些工作。在产业损害预警工作的基础上，产业国际竞争力的基础性工作也取得了一定进展。首先，外贸法关于产业竞争力调查的内容，使产业竞争力评价工作的开展有了法律依据；其次，汽车、化肥等重点行业开展的产业国际竞争力评价研究，为产业竞争力调查与评价工作进行了实践上的探索，并已取得了初步成果；第三，我局已会同上海WTO事务咨询中心和有关省市开始着手对全球纺织业变革对中国纺织产业竞争力的影响进行研究。这些工作为纺织产业国际竞争力研究积累了经验。产业损害预警与竞争力评价是一项大的工程，要真正发挥其作用，要靠商务部、行业协会和企业的共同努力来实现。让我们携起手来，共同做好这项工作，为维护产业安全贡献力量。

我国造纸工业的经济形势分析

中国造纸协会

一、全国纸及纸板产品生产及消费情况

据中国造纸协会对综合信息资料调查，2004 年全国纸及纸板生产企业约有 3 500 家，全国纸及纸板生产量为 4 950 万 t，较上年的 4 300 万 t 增长 15.12%；消费量为 5 439 万 t，较上年的 4 806 万 t 增长 13.17%（表 1）；人均年消费量为 42kg，比上年增加 5kg。从 2004 年的生产和消费形势分析来看，全年生产和消费均呈现升高的走势，并保持了较高速度的增长。特别是纸及纸板生产增量为 650 万 t，达历年最高水平。生产量增幅较大的主要品种有新闻纸、轻量涂布纸、铜版纸、涂布白纸板、箱纸板、瓦楞原纸等；消费量增幅较大的主要品种有新闻纸、轻量涂布纸、铜版纸、书写纸、箱纸板、涂布白纸板、瓦楞原纸等。

表 1　2004 年我国造纸工业主要产品生产及消费情况

品　种	生产量（万 t）			消费量（万 t）		
	2003 年	2004 年	同比增长（%）	2003 年	2004 年	同比增长（%）
总量	4 300	4 950	15.12	4 806	5 439	13.17
新闻纸	207	300	44.93	241	310	28.63
未涂布印刷书写纸	960	1 020	6.25	973	1 045	7.40
其中：书刊印刷纸	520	550	5.77	534	575	7.68
书写纸	250	280	12.00	250	280	12.00
涂布纸	240	300	25.00	298	358	20.13
其中：铜版纸	210	250	19.05	227	274	20.70
生活用纸	347	384	10.66	328	361	10.06
包装用纸	480	470	−2.08	504	496	−1.59
白纸板	550	670	21.82	645	772	19.69
其中：涂布白纸板	510	630	23.53	603	731	21.23
箱纸板	680	830	22.06	796	956	20.10
瓦楞原纸	670	810	20.90	802	921	14.84
其中：高强瓦楞原纸	230	270	17.39	362	381	5.25
特种纸及纸板	80	85	6.25	109	114	4.59
其他纸及纸板	86	81	−5.81	110	106	−3.64

二、主要生产经济指标完成情况

据国家统计局统计，2004 年，年销售收入 500 万元以上的造纸企业为 3 009 家，较上年的 2 766 家增加了 243 家；从业人员为 76.02 万人，较上年的 76.77 万人减少了 0.75 万人；资产总计为 2 775 亿元，较上年增长 9.39%；工业总产值（当年价）为 2 103亿元，较上年增长 23.06%；产品销售收入为 2 009 亿元，较上年增长 20.96%；产销率为 97.26%，较上年下降 1.36%；利税总额为 185.3 亿元，较上年增长 14.74%，其中利润总额为 99.63 亿元，较上年增长 17.04%；资产负债率为 62.03%，较上年的 64.47% 减少了 2.44%；负债总额为 1 721.4亿元，较上年增长 5.24%。在统计的 3 009 家造纸企业中，亏损企业有 577 家，占造纸企业总数的 19.18%，比上年的 19.49%下降了 0.31%。从以上数据看，2004 年全国造纸生产保持了较好的增长态势，主要生产经济指标完成情况及总体经济效益较好。

三、纸浆生产和消耗情况

据中国造纸协会对综合信息资料调查，2004 年

全国纸浆消耗总量为 4 455 万 t，较上年增长 13.94%。其中木浆为 970 万 t，较上年增长 18.29%，比例占 22%，较上年增加 1 个百分点；非木浆消耗总量为 1 180 万 t，较上年增长 0.85%，比例占 26%，较上年下降 4 个百分点；废纸浆消耗总量为 2 305 万 t，较上年增长 20.05%，比例占 52%（表 2），较上年增加 3 个百分点。木浆中，进口木浆比例增加 1 个百分点；废纸浆中，进口废纸浆比例增加 3 个百分点；非木浆中，禾草浆、苇（荻、芒秆）及蔗渣浆消耗量均比上年有少量增加，但所占纸浆消耗总量的比例却有所降低。以上数字表明，全国纸浆消费总量随着纸及纸板的增长呈增加趋势。纸浆结构中，非木浆比例下降，废纸浆增幅加大，进口木浆和进口废纸大幅增加，支撑着纸浆结构的调整。进口纤维原料量已占纸浆总消耗量的 38.5%。

表 2　2004 年我国造纸工业纸浆消耗情况

单位：万 t

品　种	2003 年	占比例(%)	2004 年	占比例(%)	同比增长(%)
总　量	3 910	100	4 455	100	13.94
木　浆	820	21	970	22	18.29
废纸浆	1 920	49	2 305	52	20.05
非木浆	1 170	30	1 180	26	0.85

四、纸及纸板、纸浆、废纸及纸制品进出口情况

2004 年全国纸及纸板进口量为 614 万 t，比上年的 635 万 t 减少 3.31%；出口量为 125 万 t，比上年的 129 万 t 减少 3.10%。纸浆进口量为 732 万 t，比上年的 603 万 t 增长了 21.39%；出口量为 1.8 万 t，比上年的 2.5 万 t 减少了 28.00%。废纸进口量为 1 230万 t，比上年的 938 万 t 增长 31.13%；出口量为 0.07 万 t，比上年的 0.11 万 t 减少 36.36%。纸制品进口量为 16 万 t，比上年的 23 万 t 下降 30.43%；出口量为 96 万 t，比上年的 107 万 t 下降 10.28%。

2004 年进口纸及纸板、纸浆、废纸、纸制品合计为 2 592 万 t（表 3），较上年的 2 199 万 t 增长了 17.87%；用汇为 96.87 亿美元，较上年的 82.33 亿美元增长了 17.66%。2004 年进口纸及纸板平均价格为 641.65 美元/t，比 2003 年的 598.6 美元/t 平均上涨了 7.19%；进口纸浆平均价格为 487.37 美元/t，比上年的 440.99 美元/t 平均上调了 10.52%；进口废纸平均价格为 140.34 美元/t，比上年的 131.2 美元/t 平均上调了 6.97%。

表 3　2004 年我国纸浆、废纸、纸及纸板、纸制品进口情况　单位：万 t

品　种	2003 年	2004 年	同比增长（%）
1. 纸浆	603	732	21.39
2. 废纸	938	1 230	31.13
3. 纸及纸板	635	614	−3.31
(1) 新闻纸	35	12	−65.71
(2) 未涂布书写印刷纸	40	47	17.50
(3) 涂布纸	101	102	0.99
其中：铜版纸	52	63	21.15
(4) 包装用纸	28	29	3.57
(5) 箱纸板	117	128	9.40
其中：涂布箱纸板	5	3	−40.00
(6) 白纸板	104	108	3.85
其中：涂布白纸板	103	107	3.89
(7) 生活用纸	4	5	25.00
(8) 瓦楞原纸	135	114	−15.56
(9) 卷烟纸	1	1	0.00
(10) 特种纸及纸板	44	41	−6.82
(11) 其他纸及纸板	26	27	3.85
4. 纸制品	23	16	−30.43
总　　计	2 199	2 592	17.87

表 4　2004 年我国纸浆、废纸、纸及纸板、纸制品出口情况　单位：万 t

品　种	2003 年	2004 年	同比增长（%）
1. 纸浆	2.51	1.75	−30.28
2. 废纸	0.11	0.07	−36.36
3. 纸及纸板	129.09	124.78	−3.34
(1) 新闻纸	1.19	1.74	46.22
(2) 未涂布书写印刷纸	25.93	21.73	−16.20
(3) 涂布纸	43.31	44.24	2.15
其中：铜版纸	35.30	38.40	8.78
(4) 包装用纸	3.80	2.90	−23.68
(5) 箱纸板	1.71	1.53	−10.53
其中：涂布箱纸板	0.49	0.09	−81.56
(6) 白纸板	9.95	6.44	−35.28
其中：涂布白纸板	9.94	6.43	−35.31
(7) 生活用纸	22.98	27.58	20.02
(8) 瓦楞原纸	3.02	2.76	−8.61
(9) 卷烟纸	0.97	1.03	6.19
(10) 特种纸及纸板	14.92	12.41	−16.82
(11) 其他纸及纸板	1.31	2.42	84.73
4. 纸制品	106.65	95.97	−10.01
总　　计	238.36	222.57	−6.62

2004年纸及纸板进出口总量中，进口量较大的品种有涂布纸、箱纸板、涂布白纸板和瓦楞原纸，合计进口量为451万t，约占纸及纸板总进口量的73%。进口增幅较大的主要品种有未涂布书写印刷纸（为17.50%）、铜版纸（为21.15%），降幅较大的品种有新闻纸（为65.71%）。出口量增幅较大的品种有新闻纸（为46.22%）、生活用纸（为20.02%）等（表4）。而作为造纸原料的木浆、废纸进口量仍然继续增加，以弥补国内造纸原料的不足。

五、生产布局与集中度

从全国范围看，2004年纸及纸板生产量除了天津、辽宁、黑龙江、上海、海南、青海等6个省、直辖市有所下降之外，其余省份都有不同程度地增长。增幅较大的省（自治区、直辖市）有陕西（64.86%）、江苏（49.17%）、江西（43.98%）、甘肃（41.71%）、湖南（34.80%）、浙江（24.38%）、重庆（23.89%）、宁夏（22.76%）、云南（22.67%）、贵州（22.35%）、新疆（22.61%）等，山东、广东、河南、福建增幅均在10%以上。

2004年纸及纸板产量超过100万t的省份有山东、浙江、广东、江苏、河南、河北、湖南、福建、安徽和四川10个省，纸及纸板产量合计已达4 199万t，占全国纸及纸板总产量的86.29%。这10个省产品销售收入比上年分别增长32.90%、27.99%、15.73%、2.03%、27.47%、19.07%、41.64%、17.04%、11.55%和13.36%。以上10个省的企业数、产量和产品销售收入，是我国造纸工业经济规模最突出的企业代表（表5）。

表5 2004年我国纸及纸板产量100万t以上省的企业数、产量和销售收入

省 份	企业数（个）		产 量（万t）		产品销售收入（万元）		
	2003年	2004年	2003年	2004年	2003年	2004年	同比增长（%）
山东	248	282	853	997	4 257 734	5 658 356	32.90
浙江	471	553	601	748	2 040 234	2 611 203	27.99
广东	274	289	543	598	1 978 010	2 289 064	15.73
江苏	143	147	339	506	2 168 162	2 212 095	2.03
河南	315	287	420	495	1 041 034	1 327 045	27.47
河北	197	202	275	313	796 599	948 501	19.07
湖南	131	163	125	168	556 986	788 889	41.64
福建	140	149	144	166	596 142	697 733	17.04
安徽	69	72	99	105	261 973	292 224	11.55
四川	104	111	102	103	395 349	448 169	13.36

2004年我国东部地区12个省（自治区、直辖市），纸及纸板产量占全国纸及纸板产量比例为72.8%，比上年提高0.3%；中部地区9个省（自治区）比例为21.4%，比上年降低0.4%；西部地区10个省（自治区、直辖市）比例为5.8%，比上年提高0.1%（表6）。

表6 2004年我国造纸工业区域布局变化情况

名 称	2003年		2004年	
	产量（万t）	比例（%）	产量（万t）	比例（%）
纸及纸板产量	4 117	100	4 866	100
其中：东部地区	2 983	72.5	3 543	72.8
中部地区	899	21.8	1 043	21.4
西部地区	235	5.7	280	5.8

从全国各地纸及纸板产量完成情况和造纸区域布局变化看，东部地区所占比例比上年又有所提高，是我国造纸工业生产的主要基地。2004年年产量超过100万t的企业有3家，东莞玖龙纸业有限公司年产170万t，山东晨鸣纸业集团股份有限公司年产144万t，金东纸业（江苏）有限公司年产130万t。

六、造纸企业经济类型结构

根据对2004年年销售收入500万元及以上造纸企业分析，在企业数量中，国有及国有控股企业306家，占企业总数的10.17%，较上年的14.06%减少了3.89个百分点；“三资”企业259家，占8.61%，较上年的9.04%减少0.43了个百分点；集体及其他企业2 444家，占81.22%，较上年的76.90%增加了4.32个百分点。在产品销售收入中，国有及国有控股企业占24.84%，较上年的29.23%减少了4.39

个百分点；“三资”企业占 28.60%，较上年的 31.18%减少了 2.58 个百分点；集体及其他企业占 46.56%，较上年的 39.59%增加了 6.97 个百分点。在利税总额中，国有及国有控股企业占 27.52%，较上年的 31.12%减少了 3.6 个百分点；“三资”企业占 33.21%，较上年的 36.74%减少了 3.53 个百分点；集体及其他企业占 39.27%，较上年的 32.14%增加了 7.13 个百分点。其中在利润总额中，国有及国有控股企业占 24.21%，较上年的 27.33%减少了 3.12 个百分点；“三资”企业占 40.00%，较上年的 43.24%减少了 3.24 个百分点；集体及其他企业占 35.79%，较上年的 29.43%增加了 6.36 个百分点。

以上数据表明，2004 年国内造纸企业经济类型结构仍在调整变化，“三资”企业数量虽然仅占 8.61%，但经济效益最好，利润总额已占 40%。另外，集体及其他经济企业发展较快，企业数量有所增加，产品销售收入、利税总额和利润总额等主要经济指标，均比上年有较大幅度的增长。

七、环境保护

制浆造纸行业“三废”防治的重点是废水。据环保部门统计，2003 年造纸及纸制品行业废水排放量为 31.8 亿 t，占全国重点统计企业废水排放量的 18.4%。其中达标量为 27.3 亿 t，达标率为 85.9%，比上年提高了 1.6 个百分点。化学需氧量 COD 排放量为 152.6 万 t，占全国工业废水污染物排放量的 29.8%，比上年降低了 5.5 个百分点。造纸业万元产值化学需氧量排放强度近 6 年大幅降低，已由 1998 年 0.462t/万元降至 2003 年的 0.094t/万元。由于制浆造纸企业环境治理力度加大，治理效果显著，造纸工业环境污染得到较大程度的缓解，正向良性的方向发展。

综上所述 2004 年我国的造纸工业，虽然遇到了纤维原料、煤、电、油、运输供求关系紧张，原材料大幅度涨价，纸及纸板生产成本增高，产品销售价格提升艰难，利润空间减少，市场竞争激烈等困难和问题。但是在国家扩大内需，促进经济较快增长的宏观政策支持下，企业较好地抓住了消费和投资双重拉动作用的发展机遇，奋力抗争，克服重重困难，加快了技术改造和结构调整，加强环境治理，努力提升竞争实力，取得了可喜的生产与经营业绩，使全国造纸工业保持了平稳快速发展。全行业总体呈现出市场和投资需求活跃，但竞争更加激烈的局面。

我国橡胶制品业的市场分析及预测

中国橡胶工业协会理事长　鞠洪振

2004 年，伴随国内经济快速增长，世界主要经济全面复苏，橡胶工业经历两年较快发展以后，依旧保持旺盛的发展势头，橡胶消耗量达到 340 多万 t，居世界第一位。轮胎产量达到了 2 亿多条。从行业经济运行情况看，销售收入、工业增加值、实现利税和进出口贸易额，主要经济指标都有大幅度增长，表现出经济运行质量有明显的提高。

一、市场形势

2004 年，橡胶工业产品很多，轮胎的产量、销售产值都占一半，轮胎销售量、轮胎销售收入也占行业的一半。所以，从轮胎就可以看整个行业。这几年汽车工业发展很快，汽车保有量也在增加，尽管销售增幅有所回落，但是轮胎工业发展没有受到干扰。我们从本协会数据分析，轮胎行业有以下四个特点：

1. 轮胎产量销售利润全面增长　2004 年轮胎产值实现了 5 814 亿元，销售收入达到 5 400 亿元，实现利润总额 23 亿多元，与上一年相比增长了 27.7%、30.6%和 68.4%。轮胎生产需要的天然橡胶，其价格居高不下，天然胶在 2002 年的胶价为 6 000～8 000 元/t，随着时间的推移，2003 年达到了 12 000～13 000 元/t，而在 2004 年仍保持了这个水平。受石油价格暴涨的影响，合成橡胶包括一些配合剂、碳黑、尼龙帘子布等都大幅提价。合成橡胶 2002 年价格为 6 000～8 000 元/t，2003 年下半年涨到了 12 000～13 000 元/t，2004 年的一年中也一直居高不下。由于天然胶和合成胶主要原材料价格的提高，使轮胎成本提高了 37.7%，涨价以后占到轮胎成本的 70%，这给生产企业带来了很大的困难。由于子午线轮胎是替代产品或换代产品，比斜胶胎性能好，所以企业在优化产品结构中，大力挖掘潜力和降耗，扩大了子午胎的产量，并适当提高了子午线轮胎的出厂价格，扩大了出口，使轮胎行业整体运营情况保持了稳步健康发展的良好态势。

2. 轮胎子午化率快速提升　2004 年，我们协会统计了 45 家轮胎企业，综合外胎产量为 1.27 亿条，而全国产量为 2 亿条，占行业总产量的 65％以上。其中子午线轮胎产量为 7 228 万条，总产量和子午胎比上年增长 18.7％和 38.8％，子午化率达到 56.6％，总体增长 8.1％。而斜胶胎一直维持这个比率，与 2003 年相比增长了 0.32％，维持在 7 000 万条左右。应该指出的是，全钢载重子午胎产量达到 1 610.9 万条，比上年净增 605.3 万条。全钢子午胎是大型客车和载重汽车用的高档轮胎，其质量和价格都比较高。我国全钢子午胎已从起步的 600 多万条发展到 2004 年的 1 600 多万条，同比增幅达 60％，发展速度很快。2004 年全钢子午胎销售收入实现 200 亿元，其产量占轮胎总产量的近 20％，其销售收入占 30％以上。

3. 出口量继续保持高增长　2004 年，全国出口轮胎交货量为 5 262.5 万条，其中子午胎出口 3 168.1 万条，分别比上年增长 35％和 77.9％，出口轮胎占当年轮胎产量的 41.2％，子午胎出口占其产量的 44％。这两个数字说明我国轮胎出口形势非常好，一是出口量大，二是产品质量比原来有很大改善。过去出口主要是斜胶轮胎，而现在出口子午胎占了很大比例，使出口的产品结构发生了很大的变化，也是我国出口创汇增加销售收入的一个主要方面。

4. 轮胎产业实现利润大幅度提高　2004 年轮胎实现利润总额为 23.05 亿元，比上年净增 10 亿元，增幅达 68.4％，表明行业整体经营管理水平有明显提高。在原材料大幅涨价的情况下，出现这个利润水平，应该说行业做了很大努力，企业想了很多办法，这是来之不易的。汽车胎、胶管胶带，2004 年实现利润略低于 2003 年，而其他产品各种指标都不同程度地增长，应该说整个发展态势很好。

从国家统计局统计数字看，2004 年统计了 2 245 家橡胶企业，完成工业总产值 1 623.75 亿元，实现产品销售收入 1 648.6 亿元，同比增长 31.69％；上缴利税总额 129.4 亿元，同比增长 19.45％；出口交货值实现 373 亿元，同比增长 37.3％。从行业发展趋势来看，2004 年橡胶工业运转形势比较平稳，发展较快。从行业发展现状看，不仅国有企业、民营企业发展较快，而且三资企业包括外资企业发展也很快。现在大家都清楚，法国米其林轮胎跟我国合作，在沈阳、上海建厂，美国在大连建厂，世界上前 10 名的大公司在我国已经有八家合资厂，使我国轮胎行业竞争更加激烈。

2004 年，橡胶行业的另一项重要工作是实施名牌战略，积极培育民族品牌。我协会和中国经济联合会、经济日报向社会推荐了十家民族轮胎品牌，它们是广州华南橡胶轮胎公司万力牌、三角集团有限公司三角牌、青岛双星轮胎工业公司的双星牌、上海轮胎橡胶集团双钱牌、风神轮胎风神牌、成山轮胎公司的成山牌、贵州轮胎公司的前进牌、山东玲珑公司的玲珑牌、青岛黄海橡胶轮胎公司的黄海牌、杭州中策橡胶公司的朝阳牌。这不仅评出了名牌产品，评出了产品的荣誉，而且更重要的是评出了民族工业的精神，评出了民族工业同外资企业进行市场竞争的信心和决心。因此，我们跟国外的差距也在不断缩小。

二、存在的主要问题和困难

行业处于好的发展态势时，我们要冷静思考，橡胶行业之所以有这么大的市场空间和回旋余地，离不开这几年来国内经济持续大幅度增长和世界经济环境的支撑。我国的橡胶产品产能很大，这就要求我们行业与关联产业协调发展，避免行业大起大落，重要的是适时转变经济增长方式。在看到出口高速增长的同时，还应关注进口产品的大幅增长。从数量和价格分析来看，进口都是附加值高的产品，出口都是附加值低的产品。另外，在进出口贸易中，亟待建立反倾销预警体系和国际贸易争端体系。2004 年国外对我国橡胶产品的反倾销（包括复审）多达 14 起，其产品涉及胶鞋、轮胎、自行车内外胎、帘子布、橡胶助剂，提出的国家既有发达国家，更多的是同我国水平相当的发展中国家，包括欧洲、拉美、非洲和亚洲地区。现在贸易摩擦确实越来越多，愈演愈烈，贸易壁垒层出不穷，这需要我们建立预警机制，加强行业自律，维护行业利益。我们准备在行业内成立预警中心，为行业服务。由于我国的橡胶产业发展比较快，导致原材料对国际市场依赖性越来越大。2004 年天然橡胶进口量为 128 万 t，占橡胶需要量的 70％，而我国天然胶国内只能生产 56 万 t，因此需要进口量为 128 万 t。2004 年我国进口合成胶为 109.5 万 t，占消费量的 46.3％。随着今后橡胶产业的发展，对其需求量还会增大。面对这个问题我们考虑：第一，建立产业发展基金发展行业，学习和借鉴国际贸易通行做法，鼓励国内企业到国外投资建设天然橡胶种植园和加工厂。这次搞行业产业政策时，其中一条就是鼓励大型企业到国外（缅甸、泰国、越南等）建橡胶园和办加工厂，在国外建立自己的产业基地。第二，鼓励上下游企业参股，互相参股，注入新产品、新技术的应用，提高产品档次，重点要搞全钢子午线轮胎和半钢子午线轮胎，把技术档次提高。现在，虽然我们的产品档次主要是子午线轮胎，但是我们的技术档次还比较低。

我国天然胶消耗量居世界第一，而合成胶的消耗量也比较大，但天然胶的进口关税很高。在2002年、2003年，当时因为有配额管理，天然胶配额内的关税是10%，2004年开始统一关税为20%，使配额企业的天然胶的价格不但没有降，反而升了8个百分点，这给企业造成很大的困难。我国是橡胶大国，也是进口橡胶大国，这么多关税限制了我国橡胶业的发展，这是个很不利的因素。再一个老问题，斜胶轮胎消费税问题一直困扰我国橡胶企业的发展，1994年国家税率改革增加了消费税，当时为了增加财政收入把消费税加到轮胎行业，开始是19%的消费税，从加税那天起，行业反映非常强烈。2001年子午线轮胎把消费税免除了，但是斜胶轮胎消费税一直存在，这是毫无道理的。为解决消费税本行业已呼吁多年，国家正在考虑税率改革，我们也在积极反映此问题。消费税它属于生产资料类的税种，不是针对消费者，如果轮胎再收消费税等于是重复收税，这是不合理的。目前，斜胶轮胎还有一定的市场，不管是发达国家怎么发展，他们的斜胶轮胎仍需要进口，有一定的需求量。估计在"十一五"期间，斜胶轮胎会保持一定需求量，六七千万条这个数量是不会减少的。因此，应该把消费税降下来。斜胶轮胎大部分由国有企业生产，从事斜胶轮胎生产的国有企业，既要承担大幅度的税收，还要担负十几万人的就业，现已不堪重负。如果把斜胶轮胎生产停掉，会造成社会不稳定，牵扯到许多人的就业问题。我们认为国家应该在税收上给予支持。

三、2005年发展形势

2005年，预计橡胶工业仍会以8%以上的速度增长，销售收入将会达到1 600亿元以上。我国橡胶工业正在从长期快速发展进入成熟期，产业更加理性化，主要表现在许多橡胶产品产量非常大。轮胎在2005年将超过2.1亿条（不包括摩托车胎），如果包括摩托车胎将为2.4亿到2.5亿条。其产量超过日本，跃居世界第二，接近世界第一的美国，轮胎子午化率可能达到60%以上。摩托车胎有望冲破1亿条大关，自行车胎预计保持在5亿条左右，胶鞋总量会在15亿双左右徘徊。虽然橡胶制品产量很大，关键要提高产品档次。对企业来讲，最关键的还是要做好基础工作，打造以自主知识产权为基础的品牌，加快发展适应国内外市场需求的新产品，下大力气搞好核心技术的研发和产业化。攀登橡胶新产品的市场制高点，就是要建立和完善自主市场营销体系，品牌产品和品牌营销商要建立相对稳定的战略合作伙伴，而不受或少受市场盲目竞争的冲击。做大不是目标，做强才是根本。

2005年，是我国国民经济发展的关键一年，决定着"十五"计划能否全面完成，同时为"十一五"的发展奠定一个良好基础。中国橡胶工业协会作为行业的代表，是会员企业权益的维护者。作为政府与企业之间的纽带与桥梁，必将更好地肩负起历史使命，进一步做好信息服务、发展规划、国内外的交流与合作、国际贸易争端协调与服务、行业管理与协调、市场建设和规范化等全方位的服务，促进全行业科学发展、可持续发展，并争创更多的中国名牌、世界名牌，由橡胶工业大国向橡胶工业强国挺进。

快速发展的中国包装工业

中国包装联合会副会长　吕海燕

一、中国包装工业基本现状

我国包装工业经过连续多年的快速发展，到2004年，规模以上企业有10 868个，工业产值已经达到3 283亿元，同比增长17%。其中，纸包装业完成1 135亿元，同比增长24.3%；塑料包装业完成929亿元，同比增长18.6%；玻璃包装业完成89亿元，同比增长4.2%；金属包装业完成231亿元，同比增长7.8%；包装印刷业完成628亿元，同比增长11.4%；包装机械制造业完成170亿元，同比增长8.6%。包装工业总产值在全社会总产值中的比例由20世纪80年代初的0.4%上升到2004年的2.4%。包装行业在我国国民经济42个主要行业中，从80年代初期的倒数第二位跃升到现在的第14位，成为我国经济发展的重要产业之一。在世界约6 000亿美元的包装消费市场中，我国已成为仅次于美国、日本之后的第三大“包装大国”。2004年包装工业为全年社会消费品零售总额超过5万多亿元的国内商品和出口总额达6 000多亿美元的出口商品提供了配套服务，为保护产品、促进销售、方便运输和物流管理、提升商品国际竞争力做出了卓越贡献。

“十五”期间，我国包装工业加快技术进步，壮大重点骨干企业，坚持走国际化道路，积极引进国外先进技术和设备，包装工业的整体水平得到了较大提高，缩小了与发达国家的差距。国际上通用的大部分现代包装系统、包装设备、包装材料和包装制品我们都已能够生产；瓦楞纸包装制品、塑料编织袋、复合软包装、金属桶的产量已居世界前列；包装材料和包装机械开始参与国际竞争，出口量逐年增加；由于包装落后造成商品严重破损的局面已基本得到控制和改观。包装工业已从一个分散发展的行业成为一个相对独立完整的工业体系，从包装产品的产量、质量、品种等综合来看，我国已经进入了“包装大国”的行列，在为我国成为“世界制造工厂”的进程中提供了必不可少的配套服务。我们用20多年的时间，走完了发达国家40年的发展路程，实现了我国包装工业的历史性跨越。

“六五”时期，我国包装工业刚刚聚合，经济发展对包装的需求逐步增大，使包装工业进程呈加快趋势；“七五”期间，我国包装工业积极推进企业技术进步，引进部分国外先进技术设备，使包装工业的技术装备水平普遍提高，继续高速增长；“八五”期间，我国包装工业步入了平稳发展的时期；“九五”期间，我国包装工业实现了持续、快速、健康地发展。“十五”期间，我国包装工业继续保持高于国民经济增长速度的快速增长势头。2004年我国包装工业同整个国内经济状况一样，出现了高速发展的势头。

但是，我们必须清醒地看到：我国包装企业大都规模较小，产业集中度较低。在世界上有一定影响力的包装企业集团很少，绝大多数包装企业仍然是中小规模的加工厂；我国包装工业的一些主要包装设备和部分原辅材料还要依赖进口，其中包装机械2004年进口额约20亿美元；我国包装机械工业增长缓慢，2003年工业总产值仅为208亿元，占包装工业总产值的5.6%，成为影响我国包装产业快速发展的主要瓶颈；包装制品成本较高，对商品的竞争力有较大影响；许多企业仍未摆脱高投入、高消耗、高污染和低产出的粗放性经营模式；全国包装工业发展很不平衡，包装工业产、供、销的运输半径过大，浪费也大，而且不符合东、西、南、北、中区域协调发展的要求；包装企业技术创新能力较差，适应现代化经济发展的包装企业家、科学管理和技术人才严重不足，缺乏大量的熟练技术工人；在建设节约型社会进程中，部分产品存在包装过度的问题；包装生产的宏观调控亟待加强，涉及包装的法规严重不足。

二、我国包装工业具有很大的发展空间

2004年，我国国内生产总值GDP达到了13.65万亿元，同比增长9.5%，成为1997年以来增长最快的年份。我国经济呈现出增长速度明显加快、效益水平显著提高、出口增长保持较高水平、经济结构继续改善的良好发展态势。有商品就有包装，食品、电子、医药、烟草、日化等相关行业的持续、快速、健康发展，为我国包装工业的持续、快速发展提供了必要的前提和强劲的动力。

1. *食品行业* 随着我国商品经济的繁荣与发展，人民生活质量的提高以及生活节奏的加快，消费者对微波食品、休闲食品、冷冻食品等速食品的需求量越来越大，这种趋势将加速对速食品、方便食品包装的需求。与此同时，我国政府提出了农业产业化发展计划，重点发展农副产品深加工，而农副产品深加工项目需要配套大量包装机械和包装材料；国家发展和改革委员会将食品加工和包装机械列为食品工业发展的重点优先发展领域，这些都将给包装机械行业的发展带来广阔的前景，今后较长一段时间，食品与包装机械的年增长率可望超过12%。乳品及饮料行业近年已成为我国最具成长性的行业之一，随着人们对健康的日益重视，乳饮品产品品种及其配套包装的产品品种层出不穷。同时，无菌灌装技术、啤酒、牛奶的PET塑瓶包装等技术正在被越来越多的厂家所看好和采用。

2. *电子行业* 2004年在国民经济中的增速超过了30%，我国现在已发展为世界家电业的制造中心，为更好地面对国际家电及电子包装的绿色浪潮，降低我国出口商品在流通过程中的破损率，就要提高包装产品的质量。目前，我国政府正在全面贯彻落实《清洁生产促进法》，起草制订《包装物回收利用管理办法》，与欧盟接轨的《电子信息产品污染防治管理办法》也于不久前正式出台。海尔、长虹、格力、科龙等我国著名家电企业的产品包装已致力于向减量化和轻量化方向发展，对新型、节能、环保包装材料的需求持续增高；国内一大批家电企业也正在对蜂窝纸

板、纸浆模塑、可降解塑料、植物纤维、气垫缓冲材料等各种绿色包装材料进行测试和试用。包装作为电子工业的主要配套产业，将会在今后几年内有更加快的发展速度。

3. 医药行业　2004 年完成工业增加值 1 388.39 亿元，同比增长 16.92%。随着我国经济的快速发展，人民生活水平提高和人口老龄化引起的医疗费用增加，新药品开发力度加大，医疗保障体系改革的步伐加快和城镇居民医疗保险的扩大，医药工业将会继续保持快速增长的势头。为加强对直接接触药品包装材料和容器的监管，国家食品药品监督管理局在近两年相继颁布了 34 项国家药品包装材料和容器标准、25 项药品包装材料检验方法标准，并下发了《关于加强中药饮片包装监督管理的通知》。另外我国医药包材质量及包装品种都明显低于国际水平。在发达国家，医药包装占医药产品价值的 30%，而我国只有 10%。目前，我国医药包装行业的年产值在 150 亿元左右，仅能满足国内制药企业 80%左右的需要，这就促使医药包装产业在近年快速发展。专家预测，今后 5 年将是我国医药包装产业的快速发展时期。

4. 烟草行业　2003 年 11 月，我国政府在联合国签署了全球第一个关于控烟的国际公约《烟草控制框架公约》，成为该公约第 77 个签署国。该公约中“烟草制品的包装和标签”的条款将对目前我国的烟草包装产生实质性的影响，我国烟草企业在 2006 年 11 月 10 日前将要进行一次全面、彻底的“换装”运动。为此，我国烟草企业现正在烟包设计、包装材料和印刷工艺等方面积极寻找有效的对策。同时，国家烟草专卖局也在烟草行业内积极推广环保的烟草包装材料，一些技术已相对成熟的绿色烟包材料如真空镀铝卡纸等被越来越多的烟草企业所认可。

5. 日化产品行业　我国日化用品正进入繁荣期，发展潜力和利润空间都十分巨大。随着跨国集团收购步伐的加快，引发众产业巨头跨行介入日化行业。在未来几年内，行业的整体规模将进一步扩大。另外国内日化产品包装已经越来越重视时尚潮流，各种新颖包装层出不穷，成为我国包装更新最快的市场之一。随着人民生活水平的提高和市场需求量加大，日化用品包装将会有更快的发展。

6. 出口贸易　除了颇具魅力的国内市场外，我国产品出口市场同样看好。加入 WTO 后，我国主要出口产品的出口额每年增加 80 亿～100 亿美元左右。产品出口量的增加，必将带动相应产品包装的增长。

综上所述，伴随着我国国民经济的快速、健康发展，我国包装工业已成为一个极具发展潜力的产业，必将有着广阔的市场空间。

三、采取有效措施，促进包装工业持续健康发展

我国目前正在全面建设惠及十几亿人口的小康社会，国内生产总值到 2020 年力争比 2000 年翻两番。按照这一目标，到 2020 年，我国国内生产总值（按 2000 年价格计算）将超过 35 万亿元。包装工业按照目前的发展水平，工业总产值到 2020 年将达到 9 000 亿元。提升我国包装工业生产技术水平，解决包装产业存在的突出问题，在我国实现“包装大国”到“包装强国”的跨越式发展，是我国政府、包装行业协会和企业关注的主要问题。我们必须采取强有力的应对政策和措施，努力使我国尽快建成一个科技含量高、经济效益好、资源消耗低、环境污染少、人才资源得到充分发挥的现代包装工业大国。提升我国包装工业整体水平的主要战略是：抓紧对中小包装企业的集约整合，加快包装基地建设，提高包装企业管理水平，实施“联合发展”战略；加大对包装行业高新技术研发资金的投入，提高包装企业技术含量，实施“科技兴包”战略；扩大高层次人才的培养，大量培养实用性包装专业人才，大力开展包装工程技术职业培训，提高包装企业技术和管理人员水平，实施“人才战略”；加快包装立法和标准体系建设，大力发展我国绿色包装产业，实施“绿色包装”战略；加快振兴包装机械制造业，加强包装信息统计工作，实施“重点工程”战略。为实现以上目标和战略措施，保持我国包装工业持续、健康、快速发展，中国包装联合会目前正在开展以下主要工作：

1. 组织制订中国包装工业“十一五”发展规划

中国包装联合会在总结以往发展经验和教训的基础上，在党的十六大精神的指引下，全面落实贯彻科学发展观、坚持实施可持续发展战略、建立节约型社会，根据国民经济整体布局，综合包装工业发展的现状和未来趋势，从战略性、政策性、科学性、创新性和可操作性入手，立足长远，纵观全局，组织编制《中国包装工业“十一五”发展规划》，对我国包装工业的未来发展进行科学的、前瞻性的预测和规划，明确我国包装工业发展重点和阶段性目标，更好地指导和促进我国包装工业持续、协调、健康地发展。

2. 加强包装基地建设和指导，推动企业做大做强　在鼓励、支持中小包装企业发展时，努力改变我国包装企业规模小、产业集中度低、经济效益差的同时，努力提高我国包装基地建设和管理水平，提高

包装企业在国际上的影响力和竞争力。我们目前正在制定《中国包装基地管理办法》，逐步规范对包装基地管理，加大对包装基地的支持力度。目前主要是加强对已经建立的江阴、中山、上海、浙江、武汉等一批包装专业生产基地和杭州亚洲包装中心的支持和服务，推动我国大型包装企业树立形象和品牌。同时要通过修订《中国包装联合会章程》，规范会员管理，加大对常务理事以上会员单位的支持力度和服务项目，为企业融入经济全球化搭建一个广阔的平台。

3. 推动企业科技创新，加快包装科技成果转化 为鼓励包装行业积极开发新产品和采用新技术，促进我国包装行业的发展，中央财政决定从2005年起，安排包装行业高新技术研发资金，支持包装行业高新技术项目产品开发、技术创新、新技术推广等。支持的范围是具有国际领先水平和填补空白的新型包装制品、包装材料和包装机械的研制及产业化项目；产学研一体化高新技术研发项目和国家有关部门认定的国家级新产品研制项目；保障人身健康安全的新型环保包装材料项目；包装减量化和节能化项目、包装废弃物处理和利用项目；包装法规和标准化的研究、技术标准的制订和测试项目；符合国家包装行业政策的其他新技术项目。中国包装联合会作为项目的评审单位，要充分发挥中央给予的政策和资金，引导企业积极开展技术创新，研发具有自主知识产权的包装技术、装备和新材料，促进包装领域的科研成果转化，缩短技术转移和推广应用的周期，推动包装产业的技术进步和结构调整。

4. 适应循环经济需要，大力发展绿色包装产业 我国包装工业的增长仍属粗放型的经济增长方式，资源利用率低下，单位产值能耗是世界平均水平的2倍，日本的11.5倍，美国的4.3倍。包装工业粗放的、大量消耗资源的生产方式必然会造成严重的环境污染。我国目前包装废弃物已占城市固体废物的1/3左右。随着经济的发展和人民物质文化生活水平的提高，包装废弃物还在以每年10%的速度不断递增。尤其是由发泡塑料、小提袋等不可降解的塑料包装废弃物造成的“白色污染”更成为社会一大公害，发泡塑料采用的氟氯烃物质破坏臭氧层，纸板和复合塑料黏接时采用的有机溶剂型黏接剂，更会直接对人体造成严重伤害。针对这种情况，中国包装联合会正在开展“适应循环经济需要，大力发展绿色包装产业”课题研究工作，我们将通过课题的研究，提出相关政策和措施，鼓励企业开发绿色包装材料和产品，以促进环保型高性能包装材料的开发，利用先进技术提高包装物的复用率和再生利用率。

5. 加快包装法规和包装标准体系建设 市场经济社会是法制社会，包装工业的健康有序发展，需要法律规范和指导。包装立法是指导我国包装工业健康发展的需要；是发展绿色包装产业、保护环境与资源，保证经济可持续发展的需要；是维护我国国内市场秩序的需要；是促进我国产品参与国际市场竞争的需要。在调研的基础上，中国包装联合会将积极开展包装法规体系研究工作，配合国家发改委起草《包装法》，积极参与《包装物回收利用管理办法》等规章的起草工作，推动我国包装法规体系建设。另外就是起草制订中国包装标准体系，加快标准制修订工作。对短缺的、不配套的包装标准进行制定；对不符合市场经济规则和制约技术进步的标准进行修订。加强包装标准基础工作的研究，以保护环境、保护产品、减少国际贸易壁垒、促进经济发展和产品出口为原则，加快标准制修订速度。

6. 理顺行业管理职能，完善行业管理体系，更好地为企业服务 努力做好“三个服务”是中国包装联合会服务宗旨和工作重点。根据我国包装行业发展需要，我们要积极向政府提出发展我国包装工业的各种政策性建议，如包装发展规划建议、包装立法和法规方面的建议、包装质量标准等建议。在包装行业组织实施贯彻国家有关政策和法规，强化包装行业统计工作，组织开展包装工业发展的专题研究。

代表和维护包装企业利益，协调企业政府之间的关系，协调企业之间的关系；开展国内外市场调研，跟踪世界包装发展方向，协助企业开拓国内外市场，积极为企业提供国内外市场信息和最新科技信息；组织技术交流，推广倡导采用最新科技成果；组织包装行业的职工培训；组织国内的专家和优秀科技人才，跟踪世界包装发展动向和技术发展优势，对具有共性的、前瞻性的、战略性的包装领域课题进行研究，并争取国家有关部门在政策上、组织上和精神上给予支持；组织国内外的包装展览和专业考察等；尽快理顺包装行业中政府与协会、中国包装总公司的关系，安排好诸如包装科技三项费、包装科技成果鉴定、包装技术职称评定、包装企业定点、包装项目论证等职能工作，充分发挥行业管理的作用，引导和推动我国包装行业持续健康发展。

7. 发展科技教育、壮大人才队伍，充分发挥专业委员会和专家作用 科技创新，人才是基础；人才发展，教育是根本。包装行业要做强，必须加大对包装教育的投入，建立包装学科重点实验室和工程中心，改善人才培养模式，实行校企结合，实施产学研相结合的工作模式，解决我国科技创新和高素质人才培养目前存在的突出问题。通过加大投入，建立和完善科技教育工作体制，争取多出人才，快出有实质性的科研成果。要高度重视我国包装工业职业教育，扩大包装职业教育的规模，为包装工业现代化培养更多高素质、高技能的技术实用人才。大力开展在职培训，不断更新包装企业技术与管理骨干的知识。

为了加强对中国包装联合会分支机构的管理，更好地发挥专业委员会的作用，我们根据民政部有关规定，制订了《中国包装联合会分支机构管理暂行办法》。按照分支机构管理办法，我们对现有的专业委员会进行人员调整和力量充实，规范管理，强化专业服务工作。根据我国包装工业发展的需要，经国资委和民政部批准，我们成立了循环经济专业委员会，旨在适应我国循环经济发展需要，大力发展绿色包装产业。为充分发挥现有包装专家的作用，我们建立了包装工业专家库，并在 2005 年包装行业项目论证和评审、科技成果鉴定和技术标准制订工作中发挥了应有的作用。我们将在现有专家基础上，恢复成立中国包装联合会专家委员会。

8. 坚持对外开放，促进国际合作和交流　我国目前已经进入加入世界贸易组织的后过渡期，我国市场的进一步放开和参与国际市场竞争对我们既是挑战又是机遇。我们要发挥行业协会的作用，着力提高对外开放水平，加快转变对外贸易方式，继续积极有效利用外资，欢迎国外企业和专家积极参与我国包装行业建设，支持有条件的企业“走出去”。我们将坚持互信、互利、平等、协作的原则，实施互利共赢，为包装行业、为提高人民生活质量做出应有的贡献。

全面建设小康社会的宏伟目标，预示着拥有 13 亿人口的我国将走出低收入国家，并向中等收入国家迈进。国际经验表明，这将是一个“黄金发展时期”和难得的机遇。我们要利用好这个“黄金发展时期”，抓住这个难得的机遇，利用我国经济、政治、社会稳定等综合优势，加快我国包装强国建设。我们也希望国外企业和专家积极参与我国的包装强国建设，我们一定坚持互信、互利、平等、协作的原则，为国际友人提供合作平台，促进国际合作和交流，为人类发展做出应有的贡献。

2 第二部分

相关行业发展概况

粮油食品加工业

一、基本情况

经过20多年的改革开放，我国粮食行业实现了一个历史性的过渡。当前我国粮食行业发展形势呈现以下三方面特点：一是随着国内全面放开粮食购销市场，对种粮农民实行直接补贴政策，使得全国粮食流通正向粮食购销市场化转变；二是全国粮食供求形势由基本平衡略有节余向供求偏紧转变，认真研究在市场化条件下解决粮食供求偏紧、确保国家粮食安全问题已成为全社会十分关注的问题；三是为适应市场化、国际化和大粮食、大市场、大流通的发展形势，全国粮油企业正向重新组合方向转变，以利于形成以大型企业为龙头、以中小型企业为依托、布局合理、分工协作的企业群体。改革开放取得的多方面成果，有力地推进了我国粮食行业步入生产、销售、消费良性循环的步伐。2004年，在我国粮食、油料总产量分别增长9%和9.06%的情况下，粮油加工业也取得了可喜的成绩。

据统计，2004年全国规模以上粮油加工企业8 546个，实现产值2 459亿元。其中国有及国有控股企业1 949个，占粮油加工企业总数的22.8%，产值占10.8%；外商及港澳台投资企业105个，占1.2%，产值占25.1%；民营企业6 492个，占76%，产值占61.1%。入统企业工业总产值2 459亿元，产品销售收入2 445.2亿元，出口交货值50.2亿元，利润总额17.5亿元，分别比上年增长47.4%、49.5%、104.9%和－47.9%；总资产负债率73.2%，年末从业人数为34.8万人。按工业总产值排序，前10位的省依次是河南、江苏、山东、河北、安徽、黑龙江、湖北、广东、福建、辽宁。总产值超过100亿元的有9个省，其中河南、江苏、山东均超过300亿元。主要粮油食品加工业分述如下：

1. 大米加工业　2004年全国规模以上大米加工企业5 666个，年生产能力9 463万t。其中日加工能力为100t以下的企业有4 741个，日加工能力为100～200t的企业有754个，日加工能力为200～400t的企业有123个，日加工能力为400～1 000t的企业有38个，日加工能力为1 000t以上的企业有10个。在入统企业中，国有及国有控股企业1 228个，占企业总数的21.7%；外商及港澳台商投资企业23个，占0.4%；民营企业4 415个，占77.9%。入统企业大米总产量为2 257.1万t，其中特等米764.2万t，占33.9%；标准一等米1 310.2万t，占58.1%；标准二等米139.2万t，占6.2%。总产量超过100万t的有湖北、江西、黑龙江、江苏、安徽、四川、福建、辽宁、广东等9个省，其中湖北省达323.2万t，江西省达262.5万t，黑龙江省达219.2万t。入统企业工业总产值为712亿元，产品销售收入709.5亿元，出口交货值5.3亿元，利润总额9.2亿元，资产总计335.3亿元，负债合计240.9亿元，资产负债率71.9%，年末从业人数11.5万人。

2. 小麦粉加工业　2004年全国规模以上小麦粉加工企业1 990个，年生产能力6 508万t。其中日加工能力为100t以下的企业1 184个，日加工能力为100～200t的企业460个，日加工能力为200～400t的企业236个，日加工能力为400～1 000t的企业95个，日加工能力为1 000t以上的企业15个。在入统企业中，国有及国有控股企业520个，占26.1%；外商及港澳台商投资企业36个，占1.8%；民营企业1 434个，占72.1%。入统企业小麦粉总产量为2 938.1万t，其中特制一等粉1 215.3万t，占41.4%；特制二等粉781万t，占26.6%；标准粉342.8万t，占11.7%；专用粉380.4万t，占13%。总产量超过100万t的有河南、山东、江苏、河北、广东、安徽、陕西、福建8个省，其中河南省达747.5万t，山东省达464.7万t。入统企业工业总产值为610.4亿元，产品销售收入569.4亿元，出口交货值5.1亿元，利润总额4.6亿元，资产总计326亿元，负债230.5亿元，资产负债率70.7%，年末从业人数11.6万人。

3. 食用植物油加工业　2004年全国规模以上的食用植物油加工企业890个，年生产能力为：油料处理5 138万t，精炼1 460.5万t。其中日处理能力为100t以下的企业475个，日处理能力为100～200t的企业187个，日处理能力为200～400t的企业107个，日处理能力为400～1 000t的企业74个，日处理能力为1 000t以上的企业47个。在入统企业中，国有及国有控股企业201个，占22.6%；外商及港澳台商投资企业46个，占5.2%；民营企业643个，占

72.2%。入统企业食用植物油总产量为953.8万t，其中大豆油527.7万t，占55.3%；菜籽油230.8万t，占24.2%；花生油53.3万t，占5.6%；棉籽油35.5万t，占3.7%。在总产量中，一级油346.8万t，占36.4%；二级油211.5万t，占22.2%；三级油68.7万t，占7.2%；四级油190.3万t，占20%。总产量超过50万t的有江苏、山东、上海、福建、湖北、河南、河北、浙江等8个省、直辖市，其中江苏省达170.9万t，山东省达117.9万t。入统企业总产值为1 136.6亿元，产品销售收入1 166.2亿元，出口交货值39.8亿元，利润总额3.7亿元，资产总计732.8亿元，负债合计548.4亿元，资产负债率74.8%，年末从业人数11.7万人。

二、行业集中度和产品质量

随着市场竞争的加剧和企业结构调整的优化，2004年粮油加工企业数量有所减少，规模有所扩大，生产集中度明显提高。2004年入统规模以上企业共有8 546个，比上年减少33.3%，但汇总后的总产量、总产值、销售收入等均高于上年，平均每个企业年销售收入达2 861万元，比上年的1 280万元增加1 581万元。从粮食购销企业看，据初步统计，2004年全国10万多个企业中国有粮食企业为34 302个，其余均为非公有制经济企业。在国内粮油企业的构成上，已有国有（国有参股控股）、民营（含个体）、外资三者并崎、多元经营的局面。2004年我国1 000家大企业集团中，中粮集团名列第5位，进入100强范围，而黑龙江农垦、中储公司、中谷集团、大连华农、吉粮集团、上海良农集团、京粮集团、深圳粮食集团、津粮集团、安徽粮油进出口集团、河北华龙面业集团等大型企业也入围国内1 000强企业集团中。

1. *大米加工企业*　日加工能力400t以上的大型米厂达48个，其中1 000t以上的企业有10个。年产量超过5万t的企业有47个，其中超过10万t的企业有17个。前30名企业大米总产量达385.4万t，占全部入统企业大米总产量的17.1%，比上年提高7.6个百分点。大米加工企业中，黑龙江省北大荒米业有限公司、绿都集团、湖南金键米业股份有限公司、黑龙江省米业股份有限公司、安徽省稼仙米业集团有限公司、湖北银欣集团有限公司、安徽省绿一粮油集团、安徽省桐城青草香米业集团有限公司、鞍山市第五粮库、湖南天龙米业有限公司等已列为行业中排名前10位的大型企业。

2. *小麦粉加工企业*　日加工能力400t以上的大型面粉厂110个，其中1 000t以上的企业达15个。年产量超过5万t的企业有97个，其中超过10万t的企业有39个。河北五得利面粉集团有限公司小麦粉年产量达101万t，中国粮油食品（集团）有限公司小麦粉年产量达91.5万t。前30名企业小麦粉总产量达843.2万t，占全部入统企业小麦粉总产量的28.7%，比上年提高5.2个百分点。面粉加工企业中，中国粮油食品进出口（集团）有限公司、河北五得利面粉集团有限公司、郑州金苑面业有限公司、华龙面业集团甲家面粉有限公司、河南莲花面粉有限公司、北京古船食品有限公司、山东半球面粉有限公司、湖北金华麦面集团有限公司、天津利金粮油股份有限公司、上海福斯面粉有限公司等已列为行业中前10位的大型企业。

3. *食用植物油加工企业*　日加工能力400t以上的大型油厂达121个，其中1 000t以上的企业达47个。年产量超过5万t的企业有38个，其中超过10万t的企业有18个。中国粮油食品（集团）有限公司食用植物油年产量达285.3万t，嘉里粮油（中国）有限公司食用植物油年产量达157万t，前30名企业总产量达859.9万t，占全部入统企业食用植物油总产量的90.2%，比上年提高26个百分点。食用植物油加工企业中，大连华良企业集团、大连华农豆业集团股份有限公司、中国粮油食品进出口（集团）有限公司、三河汇福粮油食品制作有限责任公司、山东香驰粮油有限公司、吉林德大有限公司、嘉里粮油有限公司、上海油脂公司、莱阳鲁花浓香花生油有限公司、重庆市油脂公司等已列为行业中前10位的大型企业。

随着人民生活水平和企业生产技术水平的提高，粮油产品加工精度和档次不断提升，优质高档米面油产品已占有较大比重，成为城市消费者的首选。2004年，特等米在大米中所占比重达到33.9%，比上年提高2.1个百分点；特一粉、专用粉在小麦粉中所占比重分别达到41.4%和13%，分别比上年提高2.8个百分点和0.5个百分点；一级油、二级油（分别相当于原国家标准中色拉油和高级烹调油）在食用植物油中所占比重合计达到58.5%，比上年提高14.5个百分点。国家有关部门和各地方的产品质量抽查结果显示，米面油产品合格率较前几年均有较大提高，从整体上看大米和食用植物油产品合格率均达到90%以上，小麦粉合格率由2001年的40%左右上升到目前的70%左右。

三、质量管理

为贯彻党中央、国务院关于加强社会信用体系建设、实施食品药品放心工程的重要部署，中国粮食行业协会积极协助国家各级政府粮食主管部门，协同各地粮协在行业内加大了宣传力度，扩大了销售、普及粮油食品科学知识，增强了消费者和企业粮油食品的质量意识、自我保护意识和自我保护能力，积极实施了“放心粮油工程”、“名牌工程”，强化了粮油产品信用体系建设工作，从而有效地提高了企业产品质量和信用度，使行业内粮油食品安全上了一个新台阶。

1. 积极实施“放心粮油工程” 自2003年“放心粮油工程”成为全国食品药品放心工程的组成部分后，实施“放心粮油工程”的发展速度进一步加快。通过采取骨干带动、典型引路、严格评审、监督管理、广泛宣传、实物展示等办法，“放心粮油工程”由点到面，在全行业推展开来。截止2004年，共推出2 029个“放心粮油产品”，涉及1 146个企业，不断拓展了放心粮油市场，推出了365个“粮油销售放心店”，“放心粮油销售量”每年都以10%的速度递增，让“放心粮油”进了社区、进了超市、进了展销点、进了校园、进了军营。

在粮食行业的努力下，由于实施了“放心粮油工程”，所以开展了大量务实而有效的工作。通过评审放心粮油产品、进行放心粮油抽查监管、开展多种形式放心粮油宣传活动等引导居民科学消费，扶持名、特、优产品，为净化粮油市场秩序起到了积极作用，受到了政府、企业、消费者的欢迎。通过企业的实践和消费者的检验，“放心粮油”已成为一个响哨哨的品牌，其知名度越来越高，含金量越来越高，门槛越来越高，企业申报的积极性越来越高，这项工作运作越来越规范，监管力度越来越大，覆盖面越来越宽，企业群体自主创新开发能力越来越强。由于实施了“放心粮油工程”，从而加快了我国粮油行业产品结构的持续调整和优化升级的步伐，产品质量和档次取得了新的提高，为保障广大人民群众身体健康和生命安全做出了积极贡献。

2. 积极实施“名牌工程” 2004年初，中国粮食行业协会在摸清了重点企业和品牌状况后，向名牌战略推进委员会提出2004年中国名牌产品评检目录和申报条件，国家质检总局和中国名牌战略推进委员会，将粮油行业中的大米和小麦粉列入中国名牌产品评检目录，经过严格评检，共有7种大米即黑龙江省北大荒米业有限公司的北大荒牌大米、五常市绿风优质米开发有限公司的五常牌大米、黑龙江省泰丰粮油食品有限公司的梧桐牌大米、莆田市东南香米业发展有限公司的东南香牌大米、江西金佳谷物股份有限公司的金佳牌大米、江西省樟树粮油公司的玉珠牌大米、湖南金键米业股份有限公司的金键牌大米以及13种小麦粉产品即北京古船食品有限公司的古船牌小麦粉、河北五得利面粉集团有限公司的五得利小麦粉、河北华龙面业集团有限公司的甲家牌小麦粉、河北廊雪面粉有限责任公司廊雪牌小麦粉、东海粮油工业（张家港）有限公司福临门牌小麦粉、江苏三零集团公司的苏三零牌小麦粉、青岛白樱花实业有限公司的白樱花牌小麦粉、德州巨嘴鸟工贸有限公司的巨嘴鸟小麦粉、郑州金苑面业有限公司的金苑牌小麦粉、郑州海嘉食品有限公司的神象牌小麦粉、蛇口南顺面粉有限公司的金象牌小麦粉、新疆天山面粉（集团）有限责任公司的天山牌小麦粉的产品被授予“中国名牌产品”称号。通过实施“名牌工程”，起到了优化产品结构和企业的组织结构，促进了企业做大做强的发展态势，形成了一批具有较强竞争能力和较高市场占有率的企业和名牌产品，带动了全行业健康发展，促进了我国粮油加工业的国际竞争能力的提高。

3. 强化信用体系建设 为贯彻党中央国务院关于加强社会信用体系建设，实施食品药品放心工程的重要部署，国家食品药品监督管理局等8个部门联合启动了“食品安全信用体系建设试点工作”，并选定粮食行业作为试点行业。这对粮食行业深入开展“放心粮油工程”、提高企业信用、确保粮油食品安全具有重要意义和作用。为此粮食行业给予了极大关注，根据试点工作要求，粮食行业协会经过认真分析研究，确定了本行业内第一批39家生产、经营企业参加试点工作。为了推动这项工作，粮食行业协会初步制定了《粮油食品安全信用试点工作方案》；成立了粮油食品安全信用体系建设试点工作领导小组，下设制度规范组、系统建设组和宣传培训组，负责组织实施试点工作。2004年5月16日粮食行业协会在南京召开了行业内“粮食行业食品安全信用体系建设试点工作动员会”，对试点工作做了全面部署。会上由129家粮油企业首倡向全国粮油企业发出了《粮油食品安全诚信宣言》，在行业内大造了声势。在行业内，经粮食行业协会组织、反复研究论证，已出台了小麦粉企业生产经营档案示范文本，在试点企业中积极推广试行，不久还将推出大米、方便面等示范文本一并在试点企业中推广试行。有关“食品监管信用档案框架”和“信用制度建设工作思路”也在积极探索和开拓。这项工作在政府主管部门的支持、指导和推动下，已继续取得了不少可以借鉴的成功经验，这将会大大促进全行业信用体系建设工作。

综上所述，由于中国粮食行业协会将实施“放心粮油工程”、“名牌工程”以及“粮油食品安全信用体系建设试点工作”紧密地结合起来，打好基础，创造名牌，建立质量信用保障，扎扎实实做了很多工作，使行业内产品结构和企业组织结构得到进一步优化，为把企业做大做强打下了坚实的基础，创造了有利的条件。

四、行业工作

中国粮食行业协会，在向“民间性”、“自律性”、“服务性”、“国际性”等四个方面转变的改革中，坚持以服务为宗旨，增强服务功能，以利更好地为各级政府、为行业、为企业、为社会服务，并以此作为协会工作的生命线。2004年中国粮食行业协会在协助各级粮食主管部门，在行业内开展了以提高我国粮油食品质量和安全为目的，除实施了“放心粮油工程”、“名牌工程”和强化信用体系建设工作外，还开展了下列诸多项行业工作。

1. *举办2004年“中国杂粮豆类展示交易会”、“第五届中国粮油精品绿色食品展示交易会”和“首届中国国际粮油企业发展高峰论坛”* 为了适应我国加入WTO和深化粮食流通体制改革的需要，进一步促进我国粮油产业和粮油加工业健康、稳步发展。中国粮食行业协会协助国家粮食局、中国贸促会粮食行业分会、江苏省粮食局、南京市政府等单位于2004年5月14～17日在南京同时举办了上述两个展示交易会和一个高峰论坛。来自全国各省、自治区、直辖市800多家企业5000多位代表和英国、韩国、美国等13个国家和地区200多位粮食官员、专家、学者、经营商参展参会。本次两个展会展出面积1万 m^2，分设杂粮豆类、精油精品、粮油机械设备等四个展区，有6万多人参观了这次展会。由于这次展会是全国规模最大、参展品种最全、展品档次最高、参观人数最多的一次盛会，因此在国内外影响很大。在杂粮豆类展示交易会中，展示了来自山西、陕西、四川、内蒙古、黑龙江、甘肃、河北等杂粮豆类主产区的丰富多样的杂粮豆类产品及深加工产品，有几十种优质、环保、营养的杂粮豆类食品受到参观者的青睐。举办的“第五届中国粮油精品绿色食品展示交易会”，展示了国内外各种优质粮食、油料、油脂等粮油食品、深加工综合利用产品以及相应的技术设备和检测化验仪器，均受到了参观者的好评。在以粮食企业发展与对策为主题的“首届中国国际粮油企业发展高峰论坛”上，中国经济体制改革研究会会长高尚全等著名专家、学者作了演讲。与会国内外代表就当前粮油市场形势、粮食流通体制改革、粮油进出口政策与管理、国际粮油贸易趋势与经济技术合作、粮油加工新技术、企业发展战略以及如何运用仲裁解决粮油贸易纠纷等问题进行了研究和探讨，来自国内外500多位代表出席了论坛，大家受益匪浅。在展示交易期间，现场粮油交易量达300万t，交易金额48亿元，其中江苏粮油交易量18.4万t，交易金额4.33亿，粮油加工机械成交量187台套，成交金额4 000多万元。

2. *举办“首届东北大米产业交流会”、“第三届中国优质稻米博览交易会”、“中国（南昌）稻米交易展示会”* “首届东北大米产业交流会”是在振兴东北老工业基地背景下，在国内首次以稻米生产区域、经济区域为要素，搭建的产业交流平台。此会，由中国粮食行业协会支持，东北辽、吉、黑三省粮食局和地方粮协承办，于2004年2月28～29日在长春举行，有550多位代表与会。大会围绕东北大米产业现状与发展、政府产业政策及从育种开始到加工技术、市场、营销等开展了专题论坛，进行了国内外经销商与东北大米生产企业的供需洽谈，国内外投资商与东北大米基地建设、项目建设、改造及企业重组、合作洽谈；大米加工机械企业向全国推介了品牌机产品；东北大米生产企业向国内外经销商推介了东北名牌大米。这次会议办成了国内规模比较大的一次稻米产业专业大会，受到了与会企业好评和业内人士的认可。“中国（南昌）稻米交易展示会”于2004年10月28日在南昌举办，中国粮食行业协会协助国家粮食局以及全国21个省、自治区、直辖市粮食部门近3 000多位代表和客商参加了活动，有来自全国各地上百家稻米组织和企业以及国内七大品牌稻米诸如湖南金健、江西金佳、玉珠、黑龙江五常、北大荒、梧桐、东南香米等均参加此会。展会采取网上交易、竞价交易、协商交易等多种交易方式，以早晚籼稻和粳稻为主要交易品种，交易总量超过80万t，其中江西稻米交易量约为30万t，占交易总量的37%，交易会上同时还展示了各种稻米和以稻米为原料的深加工产品、综合利用产品以及相关的技术与设备。“第三届中国优质稻米博览交易会”，是中国粮食行业协会会同中国农技推广协会等9个单位于2004年11月19日在江苏淮安举办的，来自全国28个省、自治区、直辖市的264个企业参展，有15个省农业系统组团参展。会上，同时举办了精品展示展销、深加工技术推介、项目洽谈签约、国家放心粮油授牌、产品金奖评定等活动。评出江苏“九牛”牌粳米等10大金牌大米和宿迁市“大槐树”牌粳米等25种品牌的优质大米。总之，中国粮食行业协会针对稻米产业，一年内组织了三次很有影响的交流会、交易会、博览会，创造了南北呼应，东北地区和长江中下游地区区域经济互动的良好局面，有力地推动了我国稻米产业的发展，深受政府主管部门、企业以及广大消费者好评。

3. 举办“第五届中国粮食市场论坛” 本次论坛，是由中国粮食行业协会会同郑州粮食批发市场、郑州商品交易所、北京粮油交易服务中心、粮油市场报、期货日报、中华粮网于2004年4月3～4日在北京共同举办的，有200多位代表参加了会议。中国粮食行业协会会长白美清致辞，中国社科院经济研究所所长刘树成、国务院研究发展中心农村部部长韩军等有关专家做了专题报告，来自国内小麦、玉米生产区的专家、期货行业以及其他业内人士发表了各种见解，大家共同探讨我国粮食市场的发展趋势。由于这次论坛紧密地结合我国粮食行业面临的新形势、遇到的新问题进行了深入而切合实际的探讨，大家在不少问题上取得了共识，拓展了粮食行业市场化改革的思路。

4. 积极开展粮食仲裁业务 为了推动粮食仲裁业务，中国粮食行业协会积极配合中国贸仲委制修订了《粮食仲裁规划》，组织了行业内仲裁调研，开展了仲裁咨询，编印了《粮油贸易争议仲裁知识读本》加强宣传。2004年3月经中国国际经济贸易仲裁委员会批准，在行业内聘请了20名粮食行业专家作为已成立的“仲裁中心”首批仲裁员。为了提高首批仲裁员以及业内企业领导和法律工作者仲裁业务水平，中国粮食行业协会于2004年4月22日在大连举办了“首届仲裁员培训班”。首批仲裁员以及大连北良有限公司、大连良运集团公司、吉粮集团、上海良发集团等部分粮油企业领导及法律工作人员参加了培训班。听取了贸仲资深仲裁员赵承璧教授所作的《仲裁规划》和仲裁庭审实务讲座，随后又到大连北良港和大连商品交易所进行了参观学习。在2004年5月份于南京举办的“首届中国国际粮油企业发展高峰论坛”上，中国粮食行业协会组织与会代表专门就“运用仲裁解决粮油贸易纠纷”的专题进行了深入研讨。通过仲裁业务培训和企业高层论坛上的探讨，为行业内推广仲裁业务打下了良好基础。

（中国粮食行业协会）

油料加工业

一、基本情况

2004年我国大豆、花生、油菜籽、棉籽、葵花籽、芝麻、油茶籽、亚麻籽等8种主要油料的总产量为5 937万t。其中大豆产量1 720万t、油菜籽1 304万t、花生1 431万t、棉籽1 074万t、葵花籽197万t、芝麻89.5万t、油茶籽83.5万t、亚麻籽38万t。2004年我国进口大豆2 023万t、油菜籽47万t，进口大豆油252万t、菜籽油35万t、棕榈油385.6万t，总折油1 074.9万t。扣除出口折油49.9万t，净进口折油1 025万t。2004年我国食用油的总供给量为国产油料折油1 086万t和净进口油1 025万t之和，总计为2 111万t。人均可供给量达到16.8kg，油脂社会总消费量约在1 700万t以上，植物油人均年消费量13.5kg，缩小了与世界人均年消费量15kg的差距。

2005年我国油料种植面积比上年略增，主要品种油菜籽、花生、芝麻的面积都将有不同程度的增长，但单产和总产有所减少。油菜籽总产量将从2004年的1 304万t下降到1 170万t左右，下降10.5%。2005年我国食用油总消费量为1 313万～1 410万t，生产量为1 043万t，油脂、油料进口将继续保持较高水平；2005年世界油料和油脂产量仍保持较高水平，对于长期依赖进口的我国来说，进口又会对国内市场带来冲击，国内油脂库存量较大，市场供应充足。

二、科研、新产品、新技术

1. 国家粮食局于2005年2月2日在北京组织召开了“植物油脂精炼脱臭馏出物提取天然维生素E、甾醇新工艺生产技术开发”项目科技成果鉴定会，承担单位为中谷天科（天津）生物工程有限公司及国家粮食储备局西安油脂科学研究设计院，该项目符合我国油脂行业向精深发展延伸的方向，新工艺具有节省溶剂、催化剂等辅助材料和水电气消耗的特点，生产成本显著降低，技术水平国内领先。

2. 武汉工业学院科研项目“油菜籽脱皮冷榨制纯天然油的方法”，于2005年5月24日获国家发明专利。采用油菜籽脱皮冷榨工艺在湖北建成我国首条油菜籽脱皮冷榨生产线，较目前不脱皮热榨技术工艺简单，生产成本低。由该工艺生产出的纯天然菜籽油是一种健康营养食用油，富含维生素E、植物甾醇、功能性食品色素等对人体健康极为有益的成分，不含反式脂肪酸及油脂聚合物等对人体有害的物质。

3. 受科技部委托，国家粮食局于 2005 年 6 月 1 日在北京组织召开了由国家粮食局科学研究院主持的“2t/d 分子（短程）蒸馏制取富含谷维素营养型米糠油中试”项目验收会。项目实现以“分子（短程）蒸馏”为核心的米糠油精炼中试成果转化，完成了生产流程、管理体系文件的工作，建成了以“分子（短程）蒸馏”为核心的米糠油精炼中试生产线。该项技术成果的成功转化和推广应用，对带动地方经济发展、改善生态环境具有重要作用。

4. 受科技部委托，国家粮食局于 2005 年 6 月 1 日在长春市组织召开了由河南工业大学承担的“高纯度磷脂酰胆碱制备和工业化试验”项目验收会。专家组认真听取了项目组的工作汇报，审查了有关文件资料，考察了有关现场，经过质疑讨论后通过项目验收。该项目经过两年的实施，完成了项目的任务，建成了年产 50t 磷脂酰胆碱的生产线，形成了一定的生产能力。项目建立的磷脂酰胆碱的萃取提纯、连续离心分离、离心薄膜浓缩、三氧化二铝层析柱层析分离及真空干燥等关键技术的集成应用，具有创新性，工业化规模达到国内同类技术产品的领先水平。

5. 由武汉工业学院与安陆市天星粮油机械设备有限公司合作发明的“油菜籽脱皮、低温压榨、挤压膨化、浸出制油方法”，于 2005 年 6 月 22 日获得国家发明专利授权，连同此前授权的“低温螺旋榨油机”和“油菜籽脱皮机”等实用新型专利，现在已拥有了从工艺到关键设备的自主知识产权，成功地解决了油菜籽脱皮、脱皮菜籽仁低温压榨、低温压榨饼膨化浸出的技术难题，实现了同时制取天然低温压榨菜籽油和高蛋白饲用菜籽粕的目标，并为菜籽蛋白资源的深度开发打下了基础，开创了我国油菜籽加工领域的一种崭新工艺。

6. 由中国农业科学院油料作物研究所研制的“农产品黄曲霉素速测新技术及速测仪”，于 2005 年 6 月 15 日通过科学技术部组织的项目验收。这种新型快速检测技术及速测仪达到国际先进水平。黄曲霉素是迄今发现的污染农产品毒性最强的一类生物毒素，能致癌、致畸、致突变，在粮食、油料、调味品、发酵品甚至一些酒类等多种农产品和加工制品中都曾发现黄曲霉素。该项目的研制成功，对保障粮油食品安全具有重要意义。

7. 国家粮食局于 2005 年 6 月 28 日组织召开了由国家粮食储备局无锡科学研究设计院承担的“植物油精制智能化装备的研究和开发”项目验收会。专家认为，该项目实现了碱炼工段中油与辅料的配比、混合、离心分离、水洗的自动控制，实现了白土运送和添加脱色工序的智能化控制，实现了过滤工段的智能化控制，实现了脱臭塔工艺的连续液位智能化控制，建成了计算机智能化控制。该成果整体技术水平属国内领先，具有推广价值。

三、标准化工作

1. 根据《中华人民共和国标准化法》和《中华人民共和国标准化法实施条例》的有关规定，结合 CB1534—2003《花生油》等一批新的食用油标准的发布实施情况，国家粮食局决定，自 2005 年 2 月 1 日起废止 14 项食用植物油行业标准，包括 LS/T3226—1987 大豆色拉油、LS/T 3227—1987 菜籽色拉油、LS/T33228—1988 花生色拉油、LS/T3229—1988 棉籽色拉油、LS/T3230—1988 葵花籽色拉油、LS/T3231—1988 米糠色拉油、LS/T3232—1988 花生高级烹调油、LS/T33233—1988 棉籽高级烹调油、LS/T33234—1988 葵花籽高级烹调油、LS/T3235—1988 米糠高级烹调油、LS/T3236—1987 高级菜籽烹调油、LS/T3237—1987 高级大豆烹调油、LS/T3238—1987 玉米胚油和 LS/T3239—1989 精炼米糠油。

2. 劳动和社会保障部培训就业司和职业技能鉴定中心，于 2005 年 6 月 23 日在京组织召开了“粮食行业国家职业标准审定会”，与会专家审阅了粮油购销员、粮油质量检验员、粮油保管员、粮油竞价交易员、制米工、制粉工和制油工等 7 个粮食行业国家职业标准。与会专家一致认为，这些标准的制定遵循了有关技术规程的要求，反映了现阶段粮食行业各职业的水平和对从业人员的基本要求。在考虑粮食行业发展和科技进步等各种因素对各职业影响的基础上，对职业活动范围、工作内容、技能要求和知识水平都作了明确规定，体现了以职业活动为导向、以职业技能为核心的特点，基本符合粮食行业开展职业培训和职业技能鉴定工作的需要。这 7 个粮食行业国家职业标准，于 2005 年 11 月由劳动和社会保障部颁布。

3. “全国粮油标准化技术委员会一届四次会议”，于 2005 年 7 月 14～15 日在内蒙古自治区呼伦贝尔市召开。全国粮油标准化技术委员会委员及部分企业代表参加了会议，国家标准化管理委员会的有关负责同志到会进行指导。国家粮食局副局长、全国粮油标准化技术委员会主任委员任正晓同志在粮标委工作报告中，总结回顾了一年来粮标委在加强粮油标准化队伍建设、健全管理体制、组建工作机构、开展标准制修订工作、积极参与国际交流等方面所作的工作和取得的成绩，对粮标委的下一步工作进行了部署。粮标委秘书处通报了国标委下达的2005年粮油标准制修订计划，报告了标准技术工作组筹备情况，并就《粮油标准制修订管理办法》、《技术工作组工作细则》等四个规章制度的制修订情况作了说明。2005年11月全国粮油标准化技术委员会批准了武汉工业学院作为全国粮油标准化技术委员会油料及油脂技术工作组组长单位。

四、企业建设与投产情况

1. 山东油脂油料批发市场于2005年4月1日在山东青岛开始运营，这是一个专业化电子交易的油脂油料批发市场。该市场的成立，其出发点是为完善国内相关企业在国际采购中的报价体系，组织油用大豆及食用棕榈油、豆油、豆粕、花生仁的现货交易，是基于中国油脂油料市场网进行远程电子交易，所遵循的业务原则是《大宗商品电子交易规范》和《山东油脂油料批发市场交易管理办法》。批发市场的电子交易平台较大程度上利用了现货远期交易模式，同时创新出适合油脂油料市场和贴近现货、衔接期货的新型交易模式。

2. 中粮集团下属的东海粮油工业（张家港）有限公司第四期工程，于2005年1月16日正式竣工投产，成为全球最大的榨油厂。东海粮油由中粮集团、美国ADM公司和新加坡KENSPOT公司先后投资2.28亿美元共同兴建，主要从事大豆、小麦、大米加工以及油脂深加工。目前，东海粮油的主要品牌“福临门”小包装食用油市场份额达20%，全国市场占有率为第二；其“四海”豆粕市场份额为18%，全国市场占有率为第一。

3. 亚洲最大的油脂加工及化工生产基地——嘉里粮油高东新项目，于2005年3月28日在浦东投产，嘉里粮油首度进军油脂化工领域引起业界极大关注。该项目占地32hm^2，总投资额达3亿美元。这是嘉里集团为谋划未来而锁定的长期增长点，意味着该集团在全国战略投资布局的完成，并在“粮油大王”的发展历程中具有重要的战略意义。

4. 九三集团投资建设的天津惠鑫大豆科技有限公司于2005年8月20日竣工投产。该项目日加工大豆能力为5 000t以上，是天津地区最大的大豆初榨厂。九三集团隶属黑龙江农垦总局，该集团在北安、讷河、九三、宝泉岭、哈尔滨、大连和天津共拥有8个大豆加工厂，集团日加工处理大豆能力达到22 000t。在天津厂开业之前，一直利用其地缘优势单纯压榨国产大豆，拥有绿色食品种植基地、大豆产品初加工基地和大豆产品精深加工基地；在大连和天津两厂开业后，该集团开始涉足压榨进口大豆。九三集团固定资产净值4.5亿元，并拥有外贸进出口经营权。

5. 一座现代化植物油加工厂于2005年5月在广西钦州市钦州港区正式投产，其加工大豆2 600t/d，年设计生产豆油14万t、豆粕65万t，该厂投资6.8亿元。项目于2004年2月正式动工兴建，经过一年多的紧张施工建成。该厂设备先进，关键设备从瑞典、丹麦订购，其他设备从国内知名厂家购买。项目采用目前国内最先进的油脂浸出生产工艺技术，在国内同行中具有较强的竞争优势。

6. 日照粮油加工与物流中心于2005年6月8日在日照开发区奠基，该项目总投资约2亿元，拥有12万t粮食筒仓、5万t油脂储罐、一条铁路专线和国内最先进的粮油储存、计量、中转工艺，是功能齐全、配套完备的现代化粮食物流中心。整个项目完工后，将形成以日照“加工与物流中心”为龙头，为港口形成每年300万t的吞吐量。在该中心的厂区建设日处理2 500t大豆、600t精炼油的油脂加工厂的投资事宜也正在洽谈之中。

7. 大连日清制油有限公司追加投资3 000万美元兴建的第二制油工厂，于2005年5月10日在大连经济技术开发区竣工投产。该工厂占地13.5万m^2，年加工处理大豆可达60万t。这是日清制油公司创办16年来第四次追加投资以扩大生产规模，将有力地带动大连及周边地区大豆产业的发展。大连日清制油有限公司成立于1988年，是大连开发区最早的、生产规模较大的外商投资企业之一，现在投资总额已达1.05亿美元。

五、行业工作

1. “全国油脂加工及副产物综合利用新技术研讨会”于2005年9月9～12日在江苏省无锡市召开，大会就大豆异黄酮、大豆分离蛋白、浓缩蛋白、天然维生素E、甾醇、泔水油、生物柴油等生产加工技术进行了深入的研讨。

2. “中国粮油学会油脂专业分会第一次常务理事会”，于2005年4月在江苏扬州召开。会议由中国粮油学会油脂专业分会副会长刘大川教授主持，王瑞元会长作了《中国油脂工业现状和面临的问题》的报告，会议通过了左恩南常务副会长所作的《中国粮油学会油脂专业分会2004年工作总结》和《中国粮油学会油脂专业分会2005年工作要点》的报告。

3. 根据社会需求，结合当前大众对粮食油脂生产、流通、加工、消费中产品质量、加工方法、食用方法与营养、卫生安全等方面所关心的问题，中国粮油学会于2005年5月组织行业内专家、学者，从科学与技术的角度，编著了《粮油食品营养与健康知识百问》一书，为广大消费者提供了一本通俗易懂的读物，帮助了解粮油食品的营养功能，指导大家科学合理地使用和消费，确保粮油及其加工食品的安全，共同为构建百姓健康的和谐社会做贡献。

4. 中国名牌战略推进委员会于2005年8月2日发表公告，在2005年中国名牌产品的评价中，入选的食用植物油品牌有金龙鱼、福临门、富虹油品、口福大豆油，金龙鱼、福临门、禧万年、大平菜籽油和鲁花、胡姬花花生油。获得2005年中国名牌产品称号的大豆油加工企业有：嘉里粮油商务拓展（深圳）有限公司、中国粮油食品（集团）有限公司、秦皇岛金海粮油工业有限公司、辽宁富虹集团；菜籽油加工企业有：嘉里粮油商务拓展（深圳）有限公司、中国粮油食品（集团）有限公司、安徽大平工贸（集团）有限公司、南通宝港油脂发展有限公司；花生油加工企业有：山东鲁花集团有限公司、青岛嘉里植物油有限公司。

5. “中国粮油学会科学技术奖评审会议”于2005年12月在北京召开，这次会议得到国家粮食局和中国科协的大力支持，其会议内容是评选“中国粮油学会科技奖”，以奖励在粮油科技领域开展研究、技术创新与开发、粮油科技成果的推广应用和实现高新技术产业化等方面取得成果或做出实际贡献的个人或单位，以推进粮油科技成果的推广和转化工作，促进粮油科技的发展。这次会议共评出一等奖3项，二等奖16项，三等奖35项。

（武汉工业学院食品学院　何东平）

大豆加工业

一、基本情况

（一）资源概况

1. *世界大豆生产情况*　2004年世界大豆收获面积91 610khm²，同比增长9.8%；平均单产2 253kg/hm²，同比增长−1.0%；总产量20 641万t，同比增长9.1%。世界大豆主产国有美国、巴西、阿根廷、中国和印度等（表1）。表1中5个国家的大豆总产量，占世界总产量的92.7%，构成世界大豆产量的主要市场份额。

表1　2004年世界大豆主产国生产情况

国别	收获面积（khm²）	单产（kg/hm²）	总产量（万t）	同比增长（%）	占世界比例（%）
美国	29 940	2 864	8 574	28.4	41.5
巴西	21 470	2 291	4 921	−4.4	23.8
阿根廷	13 950	2 293	3 200	−8.0	15.5
中国	9 589	1 815	1 740	13.1	8.4
印度	7 550	927	700	2.9	3.4

注：表中数据来自于《2005年中国农村统计年鉴》。

2. *我国大豆生产情况*　2004年，我国大豆播种面积9 589khm²，同比增长3.0%；单位面积产量1 815kg/hm²，同比增长9.8%；总产量1 740万t，同比增长13.1%。产量较大的省、自治区为黑龙江、吉林、安徽、山东、辽宁、江苏、河南、内蒙古等地，约占全国总产量的74.2%（表2）。

表2　2004年我国大豆主产区生产情况

主产区	播种面积（khm²）	单产（kg/hm²）	总产量（万t）	同比增长（%）	占全国比例（%）
黑龙江	3 555.5	1 796	638.5	13.9	36.7
吉林	525.9	2 892	152.1	1.2	8.7
安徽	888.1	1 268	112.6	12.7	6.5
河南	522.5	1 981	103.5	85.3	5.9
内蒙古	752.9	1 369	103.1	92.4	5.9
山东	241.2	2 973	71.7	3.6	4.1
江苏	216.4	2 634	57.0	0.4	3.3
辽宁	295.9	1 761	52.1	−19.3	3.0

注：表中数据来自于农业部《2004年中国农业统计资料》。

（二）加工业概况

1. *世界大豆加工概况*　根据美国农业部2005年公布的世界大豆供需平衡和豆油、豆粕主产国产量报告显示，2004/2005年度世界大豆压榨量为17 305万t，同比增长5.7%；世界豆油总产量为3 340万t，同比增长6.5%；世界豆粕总产量为14 399万t，同比增长7.7%。其中，世界各主要大豆加工国2004/2005年度大豆压榨量、豆油和豆粕产量见表3。

表 3 2004 年世界豆油、豆粕主要生产国加工情况

主要加工国	压榨量		豆油		豆粕	
	产量（万 t）	同比增长（%）	产量（万 t）	同比增长（%）	产量（万 t）	同比增长（%）
美国	4 599	10.5	839	11.0	3 552	10.2
巴西	2 939	0.2	668	11.9	2 764	12.0
阿根廷	2 553	2.0	484	5.2	2 069	4.4
中国	2 978	17.1	518	2.0	2 342	8.3

2. 我国大豆加工概况　据不完全统计，2004 年全国大豆加工企业为 4 400 多家，年设计大豆加工能力为 8 700 万 t。实现大豆油脂年产量为 390 万 t，豆制品产量为 1 500 万 t，豆粕产量为 2 300 万 t。2004 年生产色拉油 364 万 t，比 2003 年的 352 万 t 增长 3.4%，占食用植物油产品的 37%；生产的大豆高级烹调油 74 万 t，比 2003 年的 67 万 t 增长 10.3%。大豆各种类基础产品、中间产品和终端产品品牌共计 600 多个，其中国家与地方名牌（名优特产品）为 90 个。油脂类名牌，如金龙鱼、福临门、九三、富虹四足鼎立，占据了一级油市场 40%以上份额。2004 年全国植物油料、蛋白、磷脂等产品生产总值约为 876.3 亿元，利润总额为 23.4 亿元。我国规模以上大豆油脂加工行业前 5 名均为独资与合资企业，销售收入超过 5 亿元的企业有 18 家，其中 13 家为合资企业，占 70%以上。销售收入超亿元的前 20 名加工企业中，13 家为外资控股企业，参股占 65%。

根据中国植物油行业协会统计，截止到 2004 年底，全国共有日处理大豆 200t 以上的大豆压榨企业 169 家，总加工能力为日处理大豆 23.37 万 t，按 300 个工作日计算，折合年加工能力 7 010 万 t。其中，日处理大豆 1 000t 以上的加工企业 90 家，平均日加工能力达 2 192t，等于年加工能力 5 920 万 t，占全部大豆压榨能力的 84.5%。2004 年全国仍在运营的日处理大豆 200t 以上的大豆压榨企业，分布在 19 个省、自治区、直辖市。其中，日处理大豆 1 000t 以上的榨油企业主要分布在辽宁、山东、江苏、浙江、福建、广东和广西等沿海地区。这 7 个地区共有 1 000t 以上的大豆压榨企业 63 家，大豆日处理能力为 14.4 万 t，占全国 1 000t 以上榨油企业总加工能力的 73%。从我国大豆压榨的资源供给来看，2004 年国产大豆1 740万 t 之中，大体上有 900 多万 t 用于榨油；同年进口大豆 2 023 万 t。所以，2004 年我国大豆压榨业的原料供给为 2 900 多万 t，远远低于每年 7 010万 t 的大豆压榨能力。因此，我国大豆压榨业的年综合平均开工率为 41.4%。浸出法制油工艺是大豆加工业的一大亮点，按日加工大豆 1 000t 左右为大型油脂加工厂，500t 左右为中型厂，200t 以上为小型厂（200t 以下油脂加工厂不在内）按上述划分统计：2004 年大型厂为 35 家，中型厂为 70 家，小型厂为 130 家，浸出能力已达到 5 800 万 t。在大豆加工产业建设中，一些加工企业采取“公司＋科技＋基地＋农户”的产业化建设模式，推进了大豆专项产业化的快速发展。订单农业保证了建设质量，推进了建设速度，为打造综合、专业性产业奠定了基础，创造了条件。另据统计，大豆加工及与大豆相关的产业全国省级龙头企业为 30 家，支柱产业为 45 家；地（市）级龙头企业为 40 家，支柱产业为 60 家；县（乡镇）级龙头企业为 55 家，支柱产业为 70 家。

二、科研、新产品、新技术

2004 年，由科学技术部等部门组织实施的“十五”国家科技攻关重大专项之一“大豆深加工关键技术及设备研究与开发”取得了重大科技进展，主要成就是：

（1）开发了利用振动式动态超滤膜分离提取大豆乳清蛋白的生产工艺，解决了动态膜预涂过程中粒子大小及分布控制技术难题，提高了膜通量；解决了大豆异黄酮酶水解过程中负反应的控制问题，探索出糖苷酶水解或酸水解大豆异黄酮水解物的技术。水解物中大豆异黄酮总含量大于 15%，分离后染料木黄酮和黄豆苷元纯度大于 60%，所得产品具有抗氧化活性和抗菌活性。

（2）建立了大豆脂肪氧化酶同工酶缺失类型电泳图谱卡，完善了无豆腥味大豆的快速检测方法，筛选出五个大豆品种，确定了其中的“中特 1 号”的最佳加工工艺。获得了多种无腥无糖速溶豆奶粉和速凝豆奶粉、发酵豆奶等的生产工艺。

（3）采用在线改性、连续中和的新工艺，独创并采用双磷脂填加、塔内喷涂技术，应用双酶解工艺、后修饰技术、膜分离技术、超临界萃取技术等现代食品加工新技术，使大豆深加工关键技术取得突破性进展。开发出 6 种乳、肉和面制品专用大豆分离蛋白；开发出 5 种高异黄酮等一系列高附加值的新产品。在课题新建成的专用分离蛋白生产线上，建立了 HAC-

CP和大豆分离蛋白全程质量控制体系。

(4) 选育和筛选出高蛋白、高异黄酮、无腥味等特用型大豆品种13个，建立优质高产专用大豆原料基地40khm²，直接带动农户2万户。通过订单农业的实施，搭建了企业、农民沟通的桥梁，为“三农”问题的解决进行了积极的探索和尝试。大豆基地收购了8万t大豆，平均收购价格2 800元/t，农民直接收入22 400万元。较项目实施前，农户年均增收2 100元。

(5) 解决了大豆蛋白组分分离、大豆蛋白功能基团的修饰、大豆蛋白膜分离提取、大豆制品腥味快速检测、大豆蛋白定向控酶解、高纯度皂甙和异黄酮的提取和纯化、大豆磷脂的超临界萃取分离、动态膜处理大豆乳清废水提取乳清蛋白、异黄酮水解、功能肽提取等关键技术，开发出专用（乳、肉和面制品等专用）分离蛋白、异黄酮、大豆功能肽、大豆乳清蛋白等24种新产品，实现销售收入1.5亿元，利税2 280万元，出口创汇1 016万美元。

(6) 产业化开发取得重大进展，建成了年产6 000t专用分离蛋白生产线，已生产出专用大豆分离蛋白6种；并开发以大豆异黄酮、大豆皂甙和大豆磷脂为主要原料的冲剂、胶囊、糖衣片剂等保健品，建立了日产3t膜分离连续反应器系统中试生产线，建立了一条日产50kg的大豆肽中试生产线。

三、国内外市场概况

（一）国内市场

1. 大豆供需平衡分析　据国家粮油信息中心资料显示，在2004/2005年度，我国大豆总供给量为4 205万t，同比增长4.8%；总需求量为3 830万t，同比增长1.0%；年度结转库存375万t，同比增长25%（表4）。由于2004/2005年度我国大豆供需有375万t的结转库存，所以该年度供给环境仍相对宽松。

表4　2004/2005年度我国大豆市场供需平衡情况

单位：万t

项　目	2003/2004年度	2004/2005年度	同比增长(%)
期初库存	447	300	−32.9
产量	1 539	1 805	17.3
进口量	2 025	2 100	3.7
总供给量	4 011	4 205	4.8
压榨量	2 900	2 900	0.0
食品与其他用量	864	880	1.9
出口量	28	50	78.6
总需求量	3 792	3 830	1.0
结转库存	300	375	25.0

2. 豆油供需平衡分析　根据国家粮油信息中心统计数据分析，2004/2005年度，我国豆油总供给量为729万t，同比增长15.7%；总需求量为755万t，同比增长19.8%；总需求量大于总供给量26万t，则该年度供给环境仍相对偏紧（表5）。

表5　2004/2005年度我国豆油市场供需平衡情况

单位：万t

项　目	2003/2004年度	2004/2005年度	同比增长(%)
生产量	510	499	−2.2
进口量	120	230	91.7
年度供给量	630	729	15.7
食用消费量	560	680	21.4
年度国内消费	625	750	20.0
出口量	5	5	0.0
年度需求量	630	755	19.8
年度结余量	0	−26	

3. 豆粕供需平衡分析　根据国家粮油信息中心统计数据分析，2004/2005年度，我国豆粕总供给量为2 243万t，同比增长11.0%；总需求量为2 168万t，同比增长7.3%；总需求量小于总供给量75万t，则该年度供给环境仍相对宽松（表6）。

表6　2004/2005年度我国豆粕市场供需平衡情况

单位：万t

项　目	2003/2004年度	2004/2005年度	同比增长(%)
生产量	2 019	2 237	10.8
进口量	2	6	200.0
年度供给量	2 021	2 243	11.0
饲用消费量	1 898	2 000	5.4
年度国内消费量	1 956	2 068	5.7
出口量	65	100	53.8
年度需求量	2 021	2 168	7.3
年度结余量	0	75	

（二）国际市场

1. 世界大豆供需平衡分析　据美国农业部公布的供需报告显示，2004/2005年度世界大豆总供应量（包括期初库存量、产量和进口量）为33 185万t，同比增长8.90%；总需求量（包括压榨量、国内消费量和出口量）为44 759万t，同比增长0.94%（表7）。其中主要出口国家有美国、阿根廷和巴西，大豆供需平衡情况见表8；主要进口国家除中国外，有欧盟、日本和墨西哥，其大豆供需平衡情况见表9。

表 7　2004/2005 年度世界大豆供需平衡情况

单位：万 t

项　目	2003/2004 年度	2004/2005 年度	同比增长（%）	名　称	2003/2004 年度	2004/2005 年度	同比增长（%）
期初库存量	3 815	3 886	1.90	国内消费量	20 169	20 613	2.20
产量	19 946	23 077	15.70	出口量	6 684	6 274	－6.10
进口量	6 698	6 222	－7.10	总需求量	44 340	44 759	0.94
总供给量	30 459	33 185	8.90	期末库存量	3 607	6 080	68.60
压榨量	17 487	17 872	2.20				

表 8　2004/2005 年度美国、阿根廷和巴西大豆供需平衡情况　单位：万 t

项　目	美　国	同比增长（%）	阿根廷	同比增长（%）	巴　西	同比增长（%）
期初库存	306	－93.4	1 268	1.4	1 539	15.0
产量	8 501	27.4	3 900	6.8	5 300	－11.7
进口	15	－31.8	69	130.0	53	－64.7
压榨量	4 616	14.2	2 731	7.1	2 897	－8.4
国内消费量	5 125	16.6	2 893	7.1	3 191	－7.7
出口	3 001	23.9	951	－17.3	2 054	－20.4
期末库存	696	105.3	1 392	28.9	1 648	17.0

表 9　2004/2005 年度欧盟、日本和墨西哥大豆供需平衡情况　单位：万 t

项　目	欧　盟	同比增长（%）	日　本	同比增长（%）	墨西哥	同比增长（%）
期初库存	74	－30.2	30	－57.7	4	－20.0
产量	79	21.5	17	－39.3	13	44.4
进口	1 540	－17.2	430	－16.5	350	－21.3
压榨量	1 473	－16.3	315	－21.4	359	－19.3
国内消费量	1 613	－16.9	450	－17.1	363	－19.2
出口	1	－83.3				
期末库存	79	－7.1	26	－63.4	4	－20.0

2. 世界豆油供需平衡分析　据美国农业部公布的供需报告显示，2004/2005 年度世界豆粕总供应量（包括期初库存量、产量和进口量）为 4 346 万 t，同比增长 7.1%；总需求量（包括国内需求量和出口量）为 4 136 万 t，同比增长 6.8%（表 10）。其中，主要进出口国家豆油供需平衡情况见表 11。

表 10　2004/2005 年度世界豆油供需平衡表　单位：万 t

项　目	期初库存	产　量	进　口	国内需求	出　口	期末库存
2003/2004	229	2 983	845	2 975	899	184
2004/2005	184	3 246	916	3 201	935	209
同比增长	－19.7	8.8	8.4	7.6	4.0	13.6

表 11　2004/2005 年度世界豆油主要进出口国家供需平衡表　单位：万 t

项　目	期初库存	产　量	进　口	国内需求	出　口	期末库存
主要出口国	62	1 333	16	547	791	73
阿根廷	4	513	0	13	497	7
巴西	37	556	0	308	241	44
欧盟	21	264	16	226	52	22
主要进口国	44	630	381	1 013	5	37
印度	10	90	200	290		20
巴基斯坦	1	1	6	7		1

3. 世界豆粕供需平衡分析　据美国农业部公布的供需报告显示，2004/2005年度世界豆粕总供应量（包括期初库存量、产量和进口量）为18 877万t，同比增长5.71%；总需求量（包括国内需求量和出口量）为18 368万t，同比增长5.64%（表12）。其中主要进出口国家豆粕供需平衡情况见表13。

表12　2004/2005年度世界豆粕供需平衡表　单位：万t

项　目	期初库存	产　量	进　口	国内需求	出　口	期末库存
2003/2004年度	531	12 832	4 495	12 847	4 541	470
2004/2005年度	470	13 834	4 573	13 753	4 615	509
同比增长	-11.5	7.8	1.7	7.1	1.6	8.3

表13　2004/2005年度世界豆粕主要进出口国家供需平衡表　单位：万t

项　目	期初库存	产　量	进　口	国内需求	出　口	期末库存
主要出口国	235	4 752	19	1 106	3 642	258
阿根廷	54	2 134	0	85	1 988	115
巴西	178	2 242	19	881	1 424	133
印度	4	377	0	140	230	10
主要进口国	113	3 749	2 762	6 403	107	114
欧盟	0.85	11.58	22	33.21	0.36	0.86

四、质量管理与标准化工作

质量管理和标准化工作，是我国大豆加工产业化的重要组成部分，其目的是有效控制和提高产品质量。2004年，我国涉及大豆加工领域的质量管理和标准化工作主要有：

（一）质量管理

1. 质量抽查　2004年12月，卫生部通报了2004年上海、吉林、辽宁、山西、福建、山东、湖南、海南、贵州、陕西和新疆等11个省、自治区、直辖市非发酵豆制品质量抽检情况。抽检结果显示：在351份非发酵豆制品中，只有143份合格，抽样合格率为40.7%，不合格的超过半数。抽检结果还显示：在208份不合格的样品中，有190份的菌落总数超标，占不合格数的91.3%；大肠杆菌超过标准的有137份，占不合格数的65.9%。另外，菌落总数和大肠菌群2项指标均超标的有117份，占不合格样品总数的56.3%。对本次监督抽检工作中发现的不合格非发酵豆制品及其生产经营单位，当地卫生行政部门已进行查处，对仍在市场流通的及被消费者购买的食品，地方卫生行政部门已责令生产单位依照《中华人民共和国食品卫生法》的规定予以公告收回。

2. 大豆品质鉴定　2004年，有关部门开展了对黑龙江、辽宁、吉林等7个省地的大豆品质鉴定，抽查样品中粗蛋白质、粗脂肪总量大于60%（干基）的，黑龙江省有60份样品占134份样品的44.7%，吉林省有11份样品占15份样品的73.3%，辽宁省有19份样品占23份样品的82.6%，内蒙古自治区有24份占35份样品的68.6%。与美国2号大豆对比：2004年黑龙江省26个品种134份样品粗脂肪和粗蛋白质总量（干基）平均为59.5%，比美国2号大豆粗脂肪和粗蛋白质总量62.1%（干基）低2.6%；吉林省6个品种15个大豆样品粗脂肪和粗蛋白质总量（干基）平均为60.6%，低1.5%；辽宁省7个品种23个样品粗脂肪和粗蛋白质总量（干基）平均为61.3%，低0.8%；内蒙古自治区19个品种35个样品粗脂肪和粗蛋白质总量（干基）平均为60.5%，低1.6%。安徽、河北、河南三省10个样品的粗脂肪和粗蛋白质总量（干基）平均在63%以上，分别为64.4%、62.9%和63.2%，均高于美国2号大豆最低要求。

3. 绿色品牌标志　截至2004年底，共获得绿色食品标志138个，其中原料大豆31个，大豆油脂23个，传统豆制品10个，新兴豆制品大豆蛋白制品27个，原料豆粕9个，大豆磷脂制品12个，大豆红花营养调和油、大豆卤汁豆腐干、大豆高钙低糖粉、大豆卵磷脂胶囊、大豆异黄酮口含片、大豆皂甙冲剂等终端产品为26个，为农作物、经济作物及油料作物全部绿色食品标志的27.6%，占有相当大的比重。

（二）标准化工作

1. 2004年农业部颁布了《大豆产地环境技术条件》（NY/T 850—2004）行业标准，为大豆种植生产提供了良好的环境条件和技术条件。

2. 《大豆油》（GB1535—2003）新标准于2003

年11月11日发布后，根据企业按新标准组织加工生产和重新印制产品标签有一定的难度，将原定实施日期2004年5月1日延迟到2004年10月1日。

3. 由于《大豆油》(GB1535-2003) 等一批新标准的发布实施，国家粮食局于2004年10月8日发出《关于废止有关粮食行业标准的通告》（国粮通［2004］2号），废止了《大豆色拉油》(LS/T 3226—1987)、《高级大豆烹调油》(LS/T 3237—1987) 等14项粮食行业标准。

五、行业管理

1.“第十七届全国大豆科研生产研讨会”于2004年8月在辽宁省沈阳市举行，来自全国21个省、自治区、直辖市和香港特别行政区，97个科研单位、高等院校和农业推广部门的213位大豆科技工作者参加了会议。在本次会议上，共有33位代表分别在大会和分组会议上做了报告，内容涉及大豆育种、栽培、资源、生物技术、植保、土肥、加工、大豆宏观形势等各个方面。本研讨会是由中国作物学会大豆专业委员会主办、辽宁省农业科学院作物研究所承办召开的。

2.“大豆食品发展论坛”于2004年4月在北京举行，来自国内外63个科研院所、大专院校、社团公司派出近100位代表参加了会议。会议期间，政府主管部门领导、国内外知名专家学者、企业家围绕国际大豆食品的发展态势、我国大豆食品发展现状、科学研究、新产品的研制开发、营养与安全、消费市场等方面进行广泛而深入的交流。本论坛是由中国食品科学技术学会、中国食品发酵工业研究院、中国农业大学联合主办和美国杜邦公司协办召开的。

3. 国家食物与营养咨询委员会“大豆行动计划”推广中心于2004年6月成立，专门负责规范实施国家“大豆行动计划”的权威机构。其主要职责是倡导大豆食品消费、提高大豆食品供应水平、提高全民身体素质。工作思路为：推广工作由农村向城镇扩展，推广对象由试点群众向广大居民扩展，推广产品由单一品种（豆奶）向多样化和深加工产品扩展，推广工作重点由消费者环节向生产、加工、销售、科研领域扩展；建立以加工企业为龙头的现代大豆产业体系，加强对产品营养卫生安全的监督，提高企业的自律意识；积极争取政策、宣传、引导和协调等方面的支持，提高人民群众对大豆食品的认可程度；引导地方利用国家“大豆行动计划”，调整种植结构、振兴地方经济，提高农产品的经济效益。

4. 中国植物油行业协会于2004年4月在安徽省黄山市召开了“2004年全国夏季油脂油料市场形势分析会”。商务部、农业部、国务院发展研究中心、农业部农村经济研究中心、国家粮油信息中心、中国饲料工业协会信息中心等单位有关领导、专家分别作了《我国植物油进口关税配额管理的有关情况》、《我国油脂油料加工业发展战略初探》、《今年我国油料生产发展战略态势》、《我国大豆市场现状及未来取向》、《国际国内油脂油料现状与展望》、《我国饼粕需求现状分析与预测》的专题报告。同时，业界代表东海粮油工业有限公司蔡庆贤经理作了《对我国大豆加工业发展的几点看法》的发言，上海中申实业有限公司王微总经理作了《以信息技术提升油脂企业管理水平》的发言。参会人员共计600多人。

5. 国家发展和改革委员会于2004年5月组织召开了“了解、研究当前大豆、豆油进口有关情况”座谈会。会上，有关单位就适当进口大豆、减少进口豆油的方式、方法、机制等问题进行了充分的研究和探讨。参加会议的有财政部、商务部、农业部、国家质检总局、国家粮食局、中国食品土畜进出口商会、中国植物油行业协会、中国饲料工业协会、国家粮油信息中心和中国植物油行业协会。

6. 国家发展和改革委员会于2004年6月组织召开了“分析今年豆油进口增长过快的原因和大豆进口中存在的矛盾和问题”的座谈会，会议由经贸司司长毕井泉主持。会议期间，大家就完善大豆进口机制、控制转基因大豆进口、鼓励豆粕出口、加强控制大豆压榨规模等问题发表了各自的意见。参加会议的有中国植物油行业协会、中国食品土畜进出口商会、中粮国际（北京）有限公司、中国植物油公司、中纺粮油进出口有限公司、汇福粮油食品制作有限公司、金海粮油工业公司、北京东方华垦粮油公司等。

7. 国家发展和改革委员会、商务部委托中国植物油行业协会进行大豆压榨能力统计工作，并进行行业预警，以抑制大豆加工能力的盲目扩张。为了做好这项工作，协会于2004年11月在北京组织召开了“全国油脂油料加工工业发展座谈会”，有30多个重点大型油脂油料加工企业的代表参加座谈会。座谈会由会长高秀山主持，秘书长王俊籽传达了国家发改委办公厅、商务部办公厅《关于落实大豆进口政策措施有关问题的通知》。与会企业的领导在会上畅谈了各地油脂油料加工业的情况和存在的问题，并表示将积极支持、配合协会做好全国大豆加工能力统计和监测工作。

（中国包装和食品机械总公司行业办公室　王国扣）

淀粉加工业

2004年，由于国家对“三农”问题的高度重视，采取了免征农业税试点、对种粮农民直接补贴、扩大良种补贴品种、对土地实施最严格保护措施和加大农业综合开发力度等重大政策；农业部也从2004年起开展了农产品加工推进行动。所有这些，都为淀粉加工业的持续、健康发展起到了积极的推动作用。

一、基本情况

（一）资源概况

2003年我国玉米产量虽然减少，但由于2004年玉米出口量大大少于往年，同比减幅85.86%，从而保证了工业用粮的需要。据国家粮食部门资料显示，2004年我国玉米播种面积为24 500khm^2，比2003年增加432khm^2；2004年全国玉米总产量达到13 028万t，比2003年增产12.48%，出现了近5年来最好的供求局面，其中主产区的产量见表1。2004年我国玉米总消费量为饲料用9 000万t，工业用1 300万t，食用720万t，种子用190万t，出口232万t。2004年世界玉米产量为70 809万t，比2003年增加9 379万t，增幅15.27%，其中主要国家的产量见表2。

表1　2004年我国玉米主产区生产情况

省　区	播种面积（khm^2）	单产（kg/hm^2）	产量（万t）
吉　林	2 901.5	6 238.2	1 810.0
河　北	2 630.6	4 400.5	1 157.6
山　东	2 455.1	6 106.6	1 499.2
河　南	2 420.0	4 338.6	1 050.0
黑龙江	2 179.5	4 310.6	939.5
内蒙古	1 675.6	5 657.7	948.0
辽　宁	1 598.8	6 753.2	1 079.7

表2　2004年主要国家玉米产量　单位：万t

国　家	2003年	2004年	同比增长（%）
美国	25 690	29 992	16.75
中国	11 583	13 028	13.70
阿根廷	1 250	1 950	56.00
巴西	4 150	3 550	−38.56
墨西哥	2 030	2 200	8.37
欧盟25国	3 900	5 335	36.79
总计	61 430	70 809	15.27

（二）加工业概况

根据中国淀粉工业协会不完全统计，2004年我国淀粉总产量达933万t，比2003年增加202万t，增长27.63%。其中玉米淀粉862万t，比2003年增长36.09%；木薯淀粉由于2004年进口量猛增至72万t，所以国内木薯淀粉产量比2003年下降13.30%，仅为42万t；马铃薯淀粉24.5万t；红薯淀粉4万t；小麦淀粉0.8万t。

1. *我国淀粉及深加工品产量和品种情况*　2004年我国淀粉总产量的增长幅度较高，达到了27.63%，预计2005年我国淀粉总产量肯定突破1 000万t，稳居世界第二。在深加工品种方面，结晶葡萄糖增长幅度达39.16%，由于该品种用途的不断扩大，拉动了市场对该品种需求的增长（表3、表4）。

表3　2004年我国淀粉产量和品种情况

品　种	产量（万t）	占总淀粉（%）	同比增长（%）
玉米淀粉	862.27	92.36	36.09
木薯淀粉	42.04	4.50	−13.20
马铃薯淀粉	24.47	2.62	377.93
甘薯淀粉	4.00	0.43	380.77
小麦淀粉	0.78	0.09	−64.75
合计	933.56	100.00	27.63

表4　2004年我国淀粉深加工品产量与品种情况

主要品种	产量（万t）	占深加工（%）	同比增长（%）
变性淀粉	32.89	9.91	5.03
结晶葡萄糖	71.36	21.51	39.16
其中：一水注射葡萄糖	6.49		
无水注射葡萄糖	0.52		
口服葡萄糖	62.64		37.74
液体淀粉糖	227.51	68.58	30.96
糖醇	39.33		
其中：山梨醇	37.85		
木糖醇	1.10		
甘露醇	0.39		
合计	331.76	100.00	29.43

2. *淀粉产量分布及生产规模情况*　从我国地区

生产情况统计，山东省仍然占据着我国淀粉总产量和深加工产品总量的首位，分别是40.73%和47.27%；其次是河北省，占全国淀粉总产量的23.96%；第三是吉林省，占全国淀粉总产量的16.28%。这三个省淀粉产量占全国淀粉总产量的86.96%（表5）。全国淀粉产量10万～30万t的省（自治区）有陕西、广西、甘肃、宁夏、河南五省（自治区），这五省（自治区）淀粉产量为129.13万t，占淀粉总产量的13.83%。其余的12个省（自治区、直辖市）淀粉产量不足50万t。

表5　2004年我国淀粉产量分布及生产规模情况

地　区	淀粉产量（万t）	占总产量（%）	生产规模情况	
			企业数（个）（5万t/a）	企业最大淀粉产量（万t/a）
山　东	380.20	40.73	9	126.82
河　北	223.64	23.95	10	36.24
吉　林	151.99	16.28	3	90.45
陕　西	42.38	4.54	1	35.00
广　西	31.53	3.37		
甘　肃	19.66	2.11	1	13.33
宁　夏	18.92	2.03	1	50.29
河　南	16.65	1.78	1	10.00
其余12省（自治区、直辖市）	48.59	5.21	3	8.00
合　计	933.56	100.00	29	

注：其他12个省（自治区、直辖市）为：北京、山西、内蒙古、辽宁、黑龙江、浙江、四川、贵州、云南、广东、海南、新疆。

3. *我国淀粉加工业的特点*　一是西部地区薯类淀粉发展速度加快；二是淀粉和深加工项目规模更大型化；三是乡镇企业正在进行战略调整；四是结晶葡萄糖发展迅猛；五是现有企业在异地发展的项目增多。六是外资独资或合资企业明显增多。

4. *我国淀粉加工业与发达国家相比的差距*　一是淀粉及深加工产品人均占有量低；二是生产装备自动化水平低；三是深加工高科技产品少，综合利用率低；四是加工生产规模偏小；五是淀粉转化率低。

二、市场及进出口情况

2004年我国淀粉及其深加工品市场比往年都好，各类产品都很畅销。与2003年相比，2004玉米淀粉售价除个别省外，最高的省上涨幅度在14%左右，上涨幅度最低的省也在6%左右，全国平均涨幅在10%左右。口服葡萄糖虽然产量增加幅度很大，售价仍比2003年上涨13%左右。

2004年我国玉米淀粉进出口量比2003年均有所下降；木薯淀粉进口量是逐年上升的趋势，特别是2004年实行零关税后，木薯淀粉进口量猛增至72.47万t，创历史最高水平，比2003年增长34.22%，占国内木薯淀粉市场量的63%；马铃薯淀粉进口量比2003年下降21.4%，说明我国马铃薯淀粉自给能力增强且产品质量有所提高，出口量比2003年增长49.29%；山梨醇由于国内产量增加，进口量比2003年减少61.4%；糊精及变性淀粉进出口量比2003年均有增长，特别是出口量，增长143.47%，说明我国变性淀粉的质量大有提高。2004年我国淀粉及深加工品进出口情况见表6。

表6　2004年我国淀粉及深加工品进出口情况

品　种	进口量（t）	同比增长（%）	出口量（t）	同比增长（%）
玉米淀粉	3 095	－72.40	105 482	－3.89
木薯淀粉	724 699	34.22	367	66.06
马铃薯淀粉	19 908	－21.40	7 596	49.29
小麦淀粉	2 758	7.31	19 479	－44.21
化学醇果糖	2 201	82.35	616	－2.69
山梨醇	20 463	－61.40	4 033	平
甘露糖醇	552	3.76	1 470	6.29
肌醇	4.69	－27.90	2 014	－8.48
糊精及变性淀粉	178 393	30.43	36 677	143.47

三、淀粉加工业生产技术发展情况

1. *生产规模和装备水平*　国内外经济发展的经验已经证明，只有达到一定的经济规模才能取得最好的经济效益。所以近年来，淀粉加工业中各类产品的生产规模都在向大型化发展（表7、表8）。随之而配套的淀粉机械制造业也在不断发展，如广州广重企业集团有限公司研制的XJZ1600－G/N葡萄糖用离心机和 GKH1800－N 卧式、全自动控制虹吸式卸料离心机均在生产企业有所应用；重庆江北机械有限公司的新产品 XJZ1320－N 离心机和 GIG11600－N 虹吸刮刀卸料离心机以及 LZN1000－N 立式针型冲击机已鉴定，并投入生产；安庆船用柴油机厂的 DPF520 型碟式离心机和安徽赛而特离心机有限公司的 DPF530 型碟式离心机都有了各自用户；由郑州精华淀粉工程技术开发有限公司推出的每小时处理 30t 马铃薯的淀粉生产线和每小时处理 10t 红薯的淀粉生产线，对薯类淀粉的发展起到了推动作用。由东台食品机械有限公司研制的国内第一条马铃薯颗粒全粉生产线成套设备，已通过鉴定。

表 7　2004 年我国玉米淀粉生产规模

项　目	2003 年	2004 年	同比增长（%）
年产 40 万 t 以上企业（个）	4	6	50
年产 40 万 t 以上企业总产量（万 t）	239.22	424.67	77.52
占全国玉米淀粉总产量（%）	37.76	49.25	30.43
年产 30 万 t 以上企业（个）	1	5	400
年产 30 万 t 以上企业总产量（万 t）	34.12	138.29	305.30
占全国玉米淀粉总产量（%）	5.39	16.04	197.59
年产 10 万 t 以上企业（个）	9	10	11.11
年产 10 万 t 以上企业总产量（万 t）	151.92	139.42	－8.23
占全国玉米淀粉总产量（%）	23.98	16.17	－32.57
年产 5 万 t 以上企业（个）	6	8	33.33
年产 5 万 t 以上企业总产量（万 t）	39.71	52.62	32.51
占全国玉米淀粉总产量（%）	6.27	6.10	－2.71
年产 3 万 t 以上企业（个）	8	10	25
年产 3 万 t 以上企业总产量（万 t）	30.29	37.39	23.44
占全国玉米淀粉总产量（%）	4.78	4.34	－9.21

表 8　2004 年我国部分淀粉深加工品生产规模

项　目		2003 年	2004 年	同比增长（%）
变性淀粉	年产 3 万 t 以上企业（个）	3	3	平
	年产 3 万 t 以上企业总产量（万 t）	12.57	13.00	3.42
	占全国总产量（%）	40.13	39.53	－1.5
	年产 1 万 t 以上企业（个）	4	6	50.00
	年产 1 万 t 以上企业总产量（万 t）	6.53	9.83	50.54
	占全国总产量（%）	20.85	29.89	43.36
	年产 0.5 万 t 以上企业（个）	9	11	22.22
	年产 0.5 万 t 以上企业总产量（万 t）	6.06	7.25	19.64
	占全国总产量（%）	19.35	22.04	13.90
结晶葡萄糖	年产 10 万 t 以上企业（个）	1	2	100.00
	年产 10 万 t 以上企业总产量（万 t）	14.66	28.20	92.36
	占全国总产量（%）	28.59	39.52	38.23
	年产 5 万 t 以上企业（个）	4	4	平
	年产 5 万 t 以上企业总产量（万 t）	28.21	29.93	6.10
	占全国总产量（%）	55.01	41.95	－23.74
	年产 2 万 t 以上企业（个）	2	3	50.00
	年产 2 万 t 以上企业总产量（万 t）	4.63	8.00	72.79
	占全国总产量（%）	9.03	11.21	24.14
	年产 1 万 t 以上企业（个）	2	3	50.00
	年产 1 万 t 以上企业总产量（万 t）	2.12	4.12	94.34
	占全国总产量（%）	4.13	5.77	39.71

（续）

项	目	2003年	2004年	同比增长（%）
液体葡萄糖	年产10万t以上企业（个）	6	8	33.33
	年产10万t以上企业总产量（万t）	102.58	166.45	62.26
	占全国总产量（%）	59.05	73.16	23.90
	年产5万t以上企业（个）	5	4	−20.00
	年产5万t以上企业总产量（万t）	34.17	29.58	−13.43
	占全国总产量（%）	19.67	13.00	−33.81

2. 科研，新产品与新技术　淀粉品种除原有的玉米、木薯、马铃薯、小麦、芭蕉芋、葛根外，2004年又增加了工业化荞麦精淀粉的生产。变性淀粉品种中，又增添了多孔淀粉和玉米淀粉脂肪代用品。糖醇类中的赤藓糖醇年产3 000t的生产线已建成投产。国家“十五”重点科技攻关项目——高纯度甘露低聚糖项目系列产品已问世。L乳酸发酵新工艺和聚乳酸合成新技术项目已通过鉴定，必将对我国L乳酸和聚乳酸的发展起指导作用；水酶法提取植物油脂技术也取得了重大进展。由武汉工业学院和金地食品科技有限公司共同完成的“复合玉米肽片”研制项目通过了鉴定，该产品有良好的市场前景。膜过滤技术已经开始在淀粉糖行业中推广使用。

四、值得关注的问题

1. 生产规模问题　尽管玉米深加工的产品不但满足了其他工业发展的需要，而且为改善农民的生活质量起到了积极的作用（据报道，某村3 922人，其中有1 850人在淀粉工厂工作，按人均年收入为5 000～6 000元计，全村农民工业收入是农业收入的2倍），但也应根据我国的粮食等资源情况去发展淀粉生产规模，不能一味地追求大，更不能盲目发展。

2. 环保治理问题　新闻媒体对玉米淀粉工厂废水污染现象进行了多次曝光，说明我国部分淀粉企业的领导，既没把环境治理放在重要的位置，又没有治理污染的措施，以致给环境造成了污染。还有一个值得注意的问题是，有的企业依靠西部地区地方政府的优惠政策，采用低投入建淀粉厂，不但技术不先进，而且污染不治理，这个问题如不妥善解决，也将会影响行业的健康发展。

3. 名牌意识问题　虽然我国玉米淀粉产量已居世界第二位，但要使我国由玉米淀粉生产和消费大国转向玉米淀粉强国，在很大程度上取决于我国所拥有的、具备国际竞争力的大型企业数量和质量，也取决于我国淀粉行业所拥有的真正知名品牌的数量和质量。但是，我们许多企业创名牌意识不强，平时没有从制度创新、观念创新、技术创新、市场营销创新等多方面着手去全面提高企业素质。目前，我国玉米淀粉已列入了名牌评价目录，可以评中国名牌产品，但有些企业却无缘进入评比行列，白白丢失了中国名牌产品这一无形资产。希望企业从现在开始增强创名牌的意识，为把我国淀粉行业做大做强而努力。

我国宏观经济的发展，为淀粉工业创造了良好的发展环境，同时也带来了机遇，我们要抓住机遇，坚持科学发展观，走循环经济之路，发展我国的淀粉工业。

（中国淀粉工业协会　董延丰）

制　糖　工　业

我国有18个省区产糖，沿边境地区分布。主产糖区集中在北部、西北部和西南部，甘蔗糖产区主要分布在广西、云南、广东、海南及邻近省区；甜菜糖主要分布在新疆、黑龙江、内蒙古及邻近省区。

一、制糖期基本情况

1. 制糖期　我国的食糖生产销售年度为当年10月1日至翌年的9月30日，开榨时间由北向南各不相同。甜菜糖厂一般在9月底或10月初开机生产；甘蔗糖厂中江西、湖南省10月底或11月初开榨，广西、广东、海南等省区11月中或12月初开榨，云南省12月底或次年1月初开榨。2004/2005年度制糖期历时226天。2004年9月28日新疆自治区伊利特绿源糖业有限公司开机生产标志着本制糖期开始，2005年5月11日云南省临沧晶莹糖业有限责任公司晶鑫糖业公司是本制糖期最后一个停机生产企业。

2. 食糖生产　2004/2005年度制糖期，我国食糖生产（表1）受连续两年干旱影响，全国共生产食糖917.4万t，比上个制糖期下降8.47%。其中甘蔗糖857.1万t，甜菜糖60.3万t。随着我国糖业结构和区域布局的调整，一部分地区和企业相继退出制糖行业，截止到2005年底，全国共有制糖生产企业（集团）212家，开工糖厂304家，其中甜菜糖生产企业（集团）32家，糖厂38家；甘蔗糖生产企业（集团）165家，糖厂259家；炼糖企业7家。

表1　2004/2005年度制糖期我国食糖生产情况

地　区	播种面积（khm^2）	糖料入榨量（万t）	产糖量（万t）	开工厂数（家）
全国合计	1 362.5	7 457.0	917.4	304
甘蔗糖小计	1 204.7	6 970.9	857.1	259
广　东	135.3	1 012.7	112.1	40
其中湛江	103.3	810.3	90.1	22
广　西	684.0	4 185.0	532.0	95
云　南	286.7	1 301.3	159.2	80
海　南	70	299.2	38.5	24
福　建	7.5	50.4	5.7	4
其　他	21.2	122.3	9.6	16
甜菜糖小计	157.9	491.2	60.3	38
黑龙江	54.7	96.7	13.4	13
新　疆	63.6	292.0	34.5	14
内蒙古	24.3	56.2	7.4	7
其　他	15.3	46.3	5.0	4

3. 糖料与食糖价格　2004/2005年度制糖期，随着食糖价格的合理回升，甘蔗收购价在192元/t左右，甜菜收购价在250元/t左右，糖料价格普遍比上年提高15～20元/t。2004/2005年度，我国食糖价格稳步提高，全国食糖综合平均价格在3 300元/t左右，工业累计销售平均价格为3 000元/t。

4. 食糖品种　2004/2005年度制糖期，全国共生产食糖917.4万t。其中白砂糖784.8万t，绵白糖82.6万t，精制糖11万t，赤砂糖和红糖34万t，原糖5万t。

5. 主要生产技术指标　2004/2005年度制糖期，全国制糖行业主要技术指标为：甘蔗平均含糖分14.24%，甜菜平均含糖分16.05%；甘蔗平均单产286.7kg/hm^2，甜菜平均单产151.3kg/hm^2；甘蔗糖产糖率12.19%，甜菜糖产糖率13.8%。

6. 食糖消费　本制糖期食糖消费量较上制糖期略有减少，消费量为1 050万t，比上制糖期减少50万t，同比减少4.5%。食糖消费总量中，工业消费比重为69%，民用消费比重为31%。

7. 行业效益　2004/2005年度制糖期，全国制糖行业销售收入为271.1亿元，实现利润39亿元，实现税收25.97亿元，利税总额为64.9亿元。

二、行业运行特征

1. 2004/2005年度制糖期全国食糖产量继续下降　受上制糖期甘蔗主产区干旱的影响，全国食糖产量继续下降，同比减少8.47%。其中甘蔗糖减少9.16%，甜菜糖增加2.67%。

2. 企业重组和整合工作进一步深化，食糖生产集中度进一步提高　2004/2005年度制糖期，全国产糖量超过10万t的糖业集团已有21个，产糖606.69万t，占全国产糖总量的66.13%；糖业生产地区性优势越来越明显，广西、云南、广东、海南和新疆五大产区产糖量为876.3万t，占全国产糖总量的95.5%。

3. 全国糖业结构进一步优化　2004/2005年度制糖期，全国食糖生产成本进一步降低，加上糖价的合理回升，全国制糖行业效益再创历史最好水平。尤其是加大了对食糖的支持力度，加快了设备更新和技术进步的步伐，促进了企业规模的扩大和经济效益的连续好转。

4. 食糖销售稳定，价格稳步提高　工商企业克服能源涨价、交通运输紧张的困难，保证了食糖的均衡供应。全国食糖消费量继续维持在较高水平，全年消费量为 1 050 万 t。随着全国食糖市场价格稳步提高和企业效益的好转，糖料价格同步提高。吨糖料价格比上个榨季普遍提高 15～20 元/t，糖厂兑付农民糖料款 190 亿元，同比增加约 20 亿元。

三、食糖进出口情况

据海关统计，2000—2004 年我国食糖进出口与贸易方式统计情况分别见表 2、表 3。

表 2　2000—2004 年我国食糖进口与贸易方式统计情况　单位：万 t

年　份	合　计	一般贸易	来料加工	进料加工	边　贸	其　他
2000 年	64.07	16.01	0.82	46.61	0.28	0.35
2001 年	119.87	85.07	3.52	30.86	0.11	0.31
2002 年	118.31	80.77	1.12	35.24		1.18
2003 年	77.51	61.74	1.30	14.17		0.30
2004 年	121.43	99.26	1.19	18.63		2.35
总　计	501.19	342.85	7.95	145.51	0.39	4.49

表 3　2000—2004 年我国食糖进口与贸易方式统计情况　单位：万 t

年　份	合　计	一般贸易	来料加工	进料加工	边　贸	其　他
2000 年	41.48	3.74	0.8	36.8	0.11	0.03
2001 年	19.56	1.25	2.96	15.31		0.04
2002 年	32.58	1.77	0.87	29.82		0.12
2003 年	10.32	2.15	0.88	5.71	1.29	0.29
2004 年	8.52	1.92	0.87	5.26		0.48
总　计	112.46	10.83	6.38	92.90	1.40	0.96

四、食糖国际市场

2004/2005 年度榨季，食糖国际市场在经过了数月的盘整之后，展开一波单边上涨行情。其中，纽约 11 号原糖期货市场从 8 美分/磅上涨至近 12 美分/磅，伦敦 5 号白糖期货市场也于 2005 年下半年突破 300 美元/t。导致 2004/2005 年度榨季国际食糖市场上涨是由来自市场内部和外部的因素共同造成的。内因方面，巴西食糖虽然每年都在增产，但其国内酒精市场受多功能燃料车销量影响，需求非常强劲，甘蔗用于生产食糖/酒精的比例已调整为 48%：52%，这在一定程度上影响了食糖的生产和价格；最大白糖生产国——欧盟在 2005 年糖业改革有了新进展，已宣布削减 180 万 t 配额，并自 2006 年新榨季起，按照 WTO 协议将出口锐减至 120 万 t，此举将改变白糖国际市场的供求关系；此外，泰国干旱减产，印度、巴基斯坦、俄罗斯的补库进口，也刺激了糖价上涨。外因方面，国际油价的持续高涨影响了商品价格，食糖作为与石油间接关联的商品，受影响更大；同时，基金在食糖市场的投机炒作有加强的趋势，推动食糖国际市场上涨。2005/2006 年度榨季，国际食糖产量将继续稳步增加至 1.486 亿 t，但产量的增加能否满足日益增长的需求仍有待观察。初步判断是 2006 年食糖国际市场将在每磅 10～13 美分之间做高位波动。

五、行业工作

1. 中国糖业协会于 2004 年 11 月 1 日至 3 日，在广州市召开了“2004/2005 年度制糖期全国食糖产销工作会议暨全国食糖、糖蜜酒精订货会”。会议分析了 2004/2005 年度制糖期糖料生产、食糖产销形势和存在的主要问题，提出了解决问题的意见和建议。会议期间还就“国际食糖市场”、“当前我国糖业发展中的若干问题”以及“‘十一五’时期我国制糖工业发展战略”等专题举办了论坛，并进行了相关问题的探讨。

2. 中国糖业协会于 2005 年 5 月 9 日至 10 日，在北京召开了“中国糖业协会第三次会员代表大会”。大会全面总结了中国糖业协会第二届理事会的主要工作，认真总结了二届理事会期间我国糖业所取得的成就，并分析了行业面临的新形势，对今后一段时间的工作提出了设想和建议。会议审议并通过《中国糖业协会第二届理事会工作报告》、《中国糖业协会章程》（修订稿）、《中国糖业协会第二届理事会财务工作报告》以及《中国糖业协会会费收缴办法》。经协商，会议选举产生了 135 名理事组成的中国糖业协会第三届理事会。会议同期举办了“中国糖业发展高峰论坛”，业内专家分别就“欧盟糖业制度的改革和WTO能帮助世界食糖市场吗”、“理顺食糖管理调控体制，加强食糖市场调控”、“食糖流通体系的建设”、“我国淀粉糖工业发展现状”、“对我国制糖业可持续发展问题的思考”、“2004/2005国际食糖市场介绍”等专题进行了深入研讨。

3. 中国糖业协会于2005年8月11～14日，在西安召开了理事长工作会议。会议听取了协会秘书处近期工作汇报和下一步工作设想，研究了协会人事安排及近期主要工作，做出了“关于中国糖业协会人事任免的决定”等。根据工作变动，焦念民同志不再担任秘书长职务；增补胡志江同志为中国糖业协会副理事长；任命闫卫民同志为中国糖业协会秘书长。

（中国糖业协会　柳　振）

乳制品制造业

一、基本情况

2004年我国乳制品制造业继续保持了高速度发展的态势，生产销售都取得较好业绩。根据国家统计局的信息，全国规模以上（国有和年产品销售收入500万元以上非国有企业）乳制品制造企业为636家，乳制品工业产值663.25亿元，同比增长28.78%。其中国有及国有控股企业120家，产值120.73亿元，同比增长5.55%；港澳台投资企业15家，产值32.06亿元，同比增长8.32%；外商投资企业45家，产值163.50亿元，同比增长29.49%。产品销售收入625.19亿元，同比增长28.25%。其中国有及国有控股企业115.12亿元，同比增长2.05%；港澳台投资企业31.27亿元，同比增长13.97%；外商投资企业151.80亿元，同比增长32.70%。利税总额59.52亿元，同比增长13.49%。其中国有及国有控股企业8.59亿元，同比增长－5.94%；港澳台投资企业3.64亿元，同比增长9.83%；外商投资企业21.81亿元，同比增长17.43%。销售收入利润率为5.41%，其中国有及国有控股企业3.16%，港澳台投资企业7.77%，外商投资企业8.85%。2004年，乳制品行业的销售收入占全国食品制造业的23.25%，成为食品制造业中最大的行业。

2004年，全国规模以上乳制品工业企业年产量为949.18万t，同比增长32.33%。其中液体乳产量806.74万t，同比增长30.91%。乳制品产量前五位的省、自治区、直辖市依次是：内蒙古270.14万t，同比增长57.69%，占全国总产量的28.45%；河北省126.53万t，同比增长30.10%，占全国总产量的13.33%；黑龙江省76.71万t，同比增长15.36%，占全国总产量的8.08%；山东省59.59万t，同比增长40.97%，占全国总产量的6.28%；上海市40.74万t，同比增长－2.59%，占全国总产量的4.29%。乳制品工业企业年产值前五位的省、自治区、直辖市依次是：内蒙古159.99亿元，同比增长56.21%，占全国的24.12%；黑龙江省96.55亿元，同比增长17.70%，占全国的14.56%；河北省86.92亿元，同比增长18.12%，占全国的13.11%；山东省56.56亿元，同比增长26.85%，占全国的8.53%；上海市38.15亿元，同比增长3.85%，占全国的5.75%。

2004年，液体乳的增长幅度比较快，液体乳的品种结构变化比较大，灭菌乳所占的比例进一步提高。根据中国乳制品工业协会的统计测算，2004年超高温灭菌乳、巴氏杀菌乳、酸牛乳在液体乳所占的比例分别为66.7%、18.1%、15.2%；而2003年的比例分别是59.7%、23.5%、16.8%。2004年，乳粉产量约90万t，乳粉类产品构成为全脂乳粉20.7%，全脂加糖乳粉13.6%，脱脂乳粉3.0%，婴幼儿乳粉37.7%，其他乳粉25.2%。

二、市场概况

（一）进出口情况

2004年，由于国际市场乳制品价格较高，乳制品进口增长幅度有所回落。全年共进口乳制品34.72万t，同比增长10.20%，货值4.44亿美元，同比增长28.25%。其中乳粉进口量为14.49万t，同比增长8.38%，货值2.71亿美元；乳清粉进口17.80万t，同比增长10.42%，货值1.20亿美元；奶油进口1.12万t，同比增长10.71%，货值0.24亿美元；干酪进口0.72万t，同比增长56.52%。2004年乳制品出口增长幅度大于进口。2004年共出口乳制品6.01万t，同比增长23.05%，货值金额0.56亿美元，进出口逆差3.88亿美元。其中出口液体乳3.06

万 t，货值金额 0.20 亿美元，占出口总金额的 35.71%；乳粉出口 0.93 万 t，货值金额 0.21 亿美元，占出口总金额的 37.27%；炼乳出口 1.74 万 t，货值金额 0.12 亿美元，占出口总金额的 21.08%。

（二）收购奶价格

各地乳制品制造企业生鲜乳收购价格较上年没有明显变化，一般是南方高于北方，城市高于农村。2004 年，由于饲料、饲草价格提升，牛奶生产成本上涨过快，奶农经济效益下降。进入 2004 年 6 月份以来，由于阜阳假奶粉事件的影响，一些企业原料奶收购量减少、奶价下降，在一些地方出现倒奶现象。为减少农民的损失，一些大型企业顾全大局，为了保护奶农的利益，维护原料奶市场的平稳发展，制定最低保护价格，收购农民的牛奶。如石家庄三鹿集团在一些外地企业减少或停止收奶的情况下，除按照协议收购了自己奶农所产的牛奶外，同时还收购了大量其他卖奶困难的奶农的奶，仅 5 月份就为石家庄周边市场消化掉近 1 万 t 牛奶。宁夏回族自治区乳制品工业协会为了保护奶农的利益，在全区实施统一鲜奶收购最低保护价格，规定合格达标的鲜奶最低市场保护价格为 1.5 元/kg，最高不得超过 1.7 元/kg，并由政府有关部门进行监督，取得了很好的效果。根据中国乳制品工业协会调查，2004 年 6 月全国部分企业的收奶价格见表 1。

表 1　2004 年 1～6 月全国部分乳制品企业生鲜乳平均收购价格

企业名称	元/kg	企业名称	元/kg
北京市南郊牛奶公司德茂乳品厂	1.87	北京市延庆华庆乳品厂	1.86
天津海河乳业有限公司	1.89	天津津河乳业有限公司	1.95
石家庄三鹿集团股份有限公司	1.87	邢台大曹庄三鹿乳业有限公司	1.63
唐山明乐乳业有限责任公司	1.80	秦皇岛市秦牛乳业有限公司	1.65
唐山市银河乳业有限公司	1.64	山东亚奥特乳业有限公司	1.88
东营市广北农场乳品厂	1.75	烟台山村果园乳业有限公司	1.76
文登市金洋乳品有限公司	1.65	济南佳宝乳业有限公司	2.10
烟台磊磊乳品有限公司	1.58	额尔古纳梅鹿乳业有限责任公司	1.44
内蒙古牛妈妈乳业有限公司	1.94	扎兰屯伊利乳业有限责任公司	1.41
内蒙古蒙牛乳业（集团）股份有限公司	1.75	黑龙江红星集团股份有限公司	1.73
呼伦贝尔市青松乳业有限公司	1.65	黑龙江乳业集团有限责任公司	1.78
呼伦贝尔三元乳业有限责任公司	1.57	黑龙江省完达山乳业股份有限公司	1.64
黑龙江光明松鹤乳品有限责任公司	1.65	黑龙江飞鹤乳业有限公司	1.60
黑龙江省富裕明星食品有限公司	1.65	哈尔滨市万家宝鲜牛奶有限公司	2.00
嫩江县辰鹰乳业有限责任公司	1.57	山西应县乳制品公司	1.90
山西恒康乳业科技股份有限公司	1.54	陕西富华乳业有限公司	1.24
陕西正和乳业有限公司	1.72	新疆伊犁沙漠乳生物制品有限公司	1.50
江西阳光乳业集团有限公司	2.35	江西牛牛乳业有限责任公司	2.20
大连渤海乳品厂	1.95	丹东派波乳业有限公司	1.90
沈阳乳业有限责任公司	1.48	湖南亚华乳业有限公司	2.85
郴州市牛牛乳业有限公司	2.80	湖南南山食品有限公司	1.90
湖南阳光乳业股份有限公司	2.25	漯河三剑客奶业有限责任公司	1.56
洛阳巨尔乳业有限公司	1.70	中德合资阿姆斯饮品公司	1.72
河南三鹿花花牛乳业有限公司	1.71	贵阳三联乳业有限公司	2.59
贵州好一多乳业有限公司	2.75	宁夏夏进乳业集团股份有限公司	1.71
宁夏东方乳业有限公司	1.77	银川市金河乳业有限公司	1.80
深圳市光明华侨畜牧场晨光饮料公司	4.03	广东燕塘乳业有限公司	2.78
湛江市湖光奶业有限公司	2.35	广州金鼎乳制品厂	2.80
广西柳州市奶业有限责任公司	2.60	云南多喝乳业有限责任公司	1.85
无锡市天资乳品饮料厂	2.05	徐州维维食品饮料股份有限公司	1.72
瑞安市百好乳业有限公司	1.75	南京奶业（集团）有限公司	2.20
金华市好源乳业有限公司	1.56	杭州娃哈哈集团有限公司	1.97
浙江熊猫乳品有限公司	1.94	宁波市牛奶有限公司	2.27
福建长富乳业集团股份有限公司	2.25	四川菊乐食品有限公司	1.93
天津市福是妙乳业有限公司	1.73	陕西关山乳业有限责任公司	1.40
徐州绿健乳业有限公司	1.95		

三、质量管理

自2003年以来，一些假婴幼儿奶粉、劣质婴幼儿奶粉在安徽省阜阳农村泛滥。这些伪劣奶粉是以廉价的淀粉类原料为主添加少量奶粉制成的，蛋白质含量仅有2%～3%，造成使用婴幼儿重度营养不良，全身水肿，体重不增反减，内脏器官功能受损，免疫力下降，导致众多婴儿受害甚至死亡。2003年阜阳市就曾开展过劣质奶粉专项整治工作，但不到半年劣质奶粉再次回潮。2004年初，阜阳市工商部门查封了33种伪劣奶粉，伪劣奶粉改头换面，仍旧横行阜阳农村。4月份，阜阳各大医院又收治了十余名“大头娃娃”，其中多为3～5个月的婴儿。

阜阳劣质奶粉坑害婴幼儿事件经媒体曝光后，引起国务院领导的重视，要求国家食品药品监督管理局对这一事件进行调查。2004年4月19日由国家食品药品监督管理局、国家质检总局、国家工商总局、卫生部组成的专项调查组，紧急由北京出发奔赴安徽阜阳。4月20日，安徽省政府向全省发出紧急通知，要求各地迅速开展奶粉市场专项整治工作，严惩违法犯罪分子，切实做好受害婴儿的医疗救助工作。4月22日晚，由国家食品药品监督管理局局长郑筱萸带队，公安部、监察部、卫生部、商务部、质检总局、工商总局等部门参加的国务院调查组迅速赶往合肥市，连夜会同安徽省政府有关负责人召开调查组全体会议，组成六个小组，并安排了调查日程。4月23日，调查组抵达阜阳市开展调查。经查，阜阳市因使用劣质奶粉导致婴幼儿营养不良的住院和死亡的分别为171例、13例，阜阳市政府对住院患儿实行免费治疗，对死亡患儿家庭每户救助1万元。阜阳市累计检查奶粉经销户为7 894个，抽检196组，扣留涉嫌不合格奶粉21 912袋，就地封存了29 550袋进货不明、有关手续提供不全的奶粉，责令暂停销售89 256袋，没收过期奶粉382袋；查处涉嫌销售不合格奶粉案件42起，立案14起，打掉劣质奶粉分装窝点1个，依法刑事拘留17人，留置审查9人，依法传讯25人；阜阳市有关部门公布了45种不合格奶粉名单。在安徽阜阳查处劣质奶粉的同时，全国各地也都紧急行动查处劣质奶粉。据新华社报道，一周来，全国工商系统已查处各类劣质奶粉127.38t，捣毁了一批制售伪劣奶粉的窝点，封存了一批存在质量问题的奶粉。2004年5月9日，阜阳市举行了伪劣奶粉案件涉嫌犯罪人员公开处理大会，刘标等24名涉嫌犯罪人员被检察机关批准逮捕。阜阳劣质奶粉，使国产奶粉的信誉产生危机，销售受到严重影响。为此，国家质检总局于5月10日公布了30家质量稳定、消费者可以信赖的产品名单，并说这30家企业的奶粉产量已超过全国产量的80%。5月11日，中国乳制品工业协会携石家庄三鹿集团等11家乳粉市场主导品牌，在新闻媒体发表《诚信承诺书》，严厉谴责不法商贩的制假售假行为，承诺所生产的产品完全符合国家标准。2004年6月3日，中国乳制品工业协会在北京举行“喝牛奶送健康——世界牛奶日大型公益慈善活动”，22家大型骨干企业向中国人口福利基金会“健康辅助行动”捐赠灭菌乳10 000箱、奶粉1 000箱，同时向行业同仁及社会发出了《诚信倡议书》。

据人民日报2004年5月17日报道，经国务院调查组核实，阜阳市因使用劣质奶粉造成营养不良而死亡的婴儿共计12人。其中，阜阳市政府先前公布的13人中，3人分别死于其他疾病，本次又新查处2名婴儿因使用劣质奶粉导致营养不良而死亡。经对当地2003年3月1日以后出生、以奶粉喂养为主的婴儿进行营养状况普查和免费体检显示，因使用劣质奶粉造成营养不良的婴儿229人，其中轻度营养不良的189人，尚在医院接受治疗的患儿28人。经初步调查，阜阳市共查出不合格奶粉55种，涉及10省、自治区、直辖市的40家企业。在国务院调查组的统一组织下，共检查各类奶粉586组，扣留、封存、暂停销售奶粉10万多袋；立案查处涉嫌销售不合格奶粉案件39起，打掉生产及分销窝点4个，刑事拘留47人，留置审查59人，宣布正式逮捕31人，依法传讯203人。

四、科技进步与基本建设

（一）科技进步

由中国农科院畜牧研究所完成的“提高牛奶共轭亚油酸含量的营养调控研究”项目于2004年11月通过了农业部组织的技术成果鉴定。这标志着我国在功能（CLA）牛奶生产技术领域达到了国际先进水平。共轭亚油酸（CLA）具有抗癌、增强免疫力、降低动脉粥样硬化、预防糖尿病、减肥等多种保健功能。目前人工合成的CLA均为多种异构体的混合物，且生物学功效不确定，因此人工合成CLA的应用受到限制。反刍动物源性食品是人类唯一的天然CLA来源，而且有效成分含量为80%以上。采用营养调控技术生产优质的（CLA）牛奶无疑是广大消费者最可靠、最便捷的选择。该技术成果系统研究了脂肪酸在瘤胃的氢化机理、CLA的主要前提物质的定量累计规律、脂肪酸与纤维降解的互作关系。在牛奶CLA合成基因筛选技术、日粮营养素优化组合技术和瘤胃氢化过程调控技术三个方面取得重大突破。通过这三个关键技术的集成应用，将牛奶脂肪酸中共轭亚油酸的含量从3～6mg/g提高到50mg/g以上，比国外同类技术指标提高一倍以上，处于国际领先水平。

（二）竣工的大型乳制品工程项目

1. 三鹿张北中都乳品厂　于2004年2月8日投产，全厂占地6.67hm^2，建筑面积6 411m^2，总投资2 000万元，主体喷塔为“900”型，日处理鲜奶能力为150t。

2. 三元乳品一厂超滤奶生产线　于2004年2月12日正式投产，全套设备由国外引进。超滤奶是牛奶使用膜过滤方法杀菌的一种加工模式，不经过热杀菌，其加工的牛奶没有蒸煮的味道，这种产品在国外很受欢迎。三元的超滤奶在国内是第一家。

3. 河南巨尔乳业一期灭菌乳生产线　于2004年2月投产。一期工程能力为日加工灭菌乳300t，可生产4个系列、40多个品种。二期工程将于2005年投产，届时将形成日加工鲜奶600t的规模。

4. 齐齐哈尔伊利乳业有限公司　于2004年2月27日投产，总投资3 700万元，灭菌乳生产线3条，日加工鲜奶90t。

5. 安徽益益乳业科技园　于2004年6月18日自淮南市经济技术开发区正式开园。工业总投资2亿元，一期工程投资8 000万元，5条液体乳生产线，日加工鲜奶能力90t。

6. 邢台三鹿乳业有限公司　于2004年6月24日正式开业。工厂位于邢台市宁晋县西城区，占地面积8.67hm^2，总投资1.8亿元。一期工程投资1.1亿元，规模为日加工液体乳500t，项目全部投产后，日加工液体乳能力将达1 000t。

7. 济南佳宝乳业二期工程　于2004年11月1日正式投产。二期工程车间面积达26 000m^2，安装生产线40余条，突出了巴氏奶和酸奶的优势。二期工程的投产使佳宝公司的鲜奶加工能力达到1 300t。

8. 赤峰伊利乳业有限公司生产线　于2004年12月8日正式投产，总投资3 000万元，安装液体乳生产线6条，日处理鲜奶能力280t。

（中国乳制品工业协会　宋昆冈）

蔬菜加工业

一、基本情况

（一）资源情况

近年来，我国蔬菜产业发展十分迅速，蔬菜生产从品种单一向多样化方向发展，从普通菜、低档菜向名特优方向发展，蔬菜产业已成为促进农业结构调整、增加农民收入的一个重要增长点。蔬菜生产在经过多年大幅增长后，2004年部分地区压缩了蔬菜面积，但蔬菜产量仍呈增长态势。据中国农业统计资料统计显示，2004年我国蔬菜种植面积为17 560.6 khm^2，同比减少2.2%；总产量为55 064.7万t，同比增长1.9%。其中，全国蔬菜产量排名前5位的省份是：山东产量为8 883.7万t，占全国总产量的16.1%；河北产量为6 187.5万t，占11.2%；河南产量为5 237.5万t，占9.5%；江苏产量为3 678.7万t，占6.7%；湖北产量为2 996.2万t，占5.4%。

（二）加工业概况

2004年，随着农业产业结构的调整，产业资金不断投入，使我国蔬菜加工业继续发展壮大，蔬菜保鲜贮藏和加工能力已达商品量的25%。全国“三绿工程”取得了良好的效果，放心菜、无公害蔬菜已大量进入市场，蔬菜加工量已达到全国蔬菜总量的10%。2004年全国具有一定规模的蔬菜加工企业有12 000多家。近20年来，我国自行设计制造和从国外引进了大量的蔬菜加工设备，建设了一大批速冻蔬菜、果蔬汁加工、番茄酱加工、冷冻干燥等蔬菜加工厂。蔬菜加工业是需要产前、产中和产后密切结合的产业，是从生产到贮藏、加工、流通的一项系统工程。为适应国际、国内市场不断提高的质量要求，近年来许多蔬菜加工企业建起了规模化、集约化的蔬菜基地，采取“企业＋基地＋农户”的运作方式，以合同、订单形式确定企业与基地、农户的利益分配关系，控制蔬菜生产、加工、流通的全过程。加强蔬菜生产的标准化管理和环保意识，推行绿色食品蔬菜和有机蔬菜成为当前蔬菜生产的发展趋势。

蔬菜加工业规模和数量居全国首位仍是山东省，蔬菜加工业已经成为山东省种植业中的优势产业和全国最大的蔬菜产销基地。目前全省蔬菜有100多个种类、3 000多个品种，70%以上销往省外，出口量占全国的四分之一。全省蔬菜加工企业已有2 000多家，其中山东省莱阳市有各类果蔬加工企业247家；苍山县有266家蔬菜加工企业和318座恒、低温库。近年来，针对国际市场"绿色壁垒"不断升级，国内市场准入越来越严的实际，山东省蔬菜加工业及时调整工作思路，确立了农业产业化、标准化、国际化和龙头带动、市场带动、科技带动"三化、三带动"的农业发展战略，并把推行标准化生产作为增创农业发展新优势的一项关键措施，渗透到生产、加工、流通的各个环节，加快了农业国际化进程。

2004年，山东省肥城市的6.13 khm^2有机蔬菜获得OCIA国际质量认证，至此肥城成为我国最大的有机蔬菜种植基地。近年来，为确保有机蔬菜的质量，让放心菜真正让人放心，肥城制定了规范的有机蔬菜生产操作规程，并培训菜农严格按操作规程种植，形成了"公司＋合作社＋农户"的有机蔬菜产业链条。"工厂化"的规范种植模式在肥城推开后，所生产的有机蔬菜没有发生一起质量事故，产品全部被选中出口。如今肥城生产的青刀豆、日本松菜、牛蒡等有机菜由20多家有机食品企业收购加工，源源不断地出口日本、韩国、西欧。2004年，我国蔬菜加工龙头企业、强势企业的出口效应更加突出。如山东龙大食品集团全年出口额超过1亿美元，其速冻菠菜出口量占到了全国的1/6，菠菜出口供不应求，价格每吨同比提高了400美元。

二、科研、新产品与新技术

2004年，我国蔬菜加工企业在蔬菜加工技术方面，进一步加大了从使用传统的加工技术生产传统蔬菜产品向采用高新技术加工产品方面转化。各地政府积极引导企业走科技创新之路，培壮育强科技型龙头企业，从项目、资金、技术上给予重点倾斜，鼓励龙头企业引进高新科技嫁接改造传统产业。如浙江宁波海通公司承担的国家级星火计划重点项目《真空冷冻干燥蔬菜技术开发及产业化》2004年通过实施验收，海通公司通过对各种产品前处理技术以及冻干技术的不断攻关，产品基本保持原料的色泽，Vc损失率降至15%以下，保持成品的形态与冻干前的一致，达到成品水分5%以下，产品复原率92%以上，一般保持期在3年以上，已经达到国内领先的技术水平。项目实施两年来，成功开发了脱水草莓、脱水青梅酱、脱水油菜芯、脱水甘蓝、脱水金宝汤系列以及脱水酱汤系列等6类产品，为企业创汇近800万美元，为广大农户直接、间接增收600万元以上。

2004年，科学技术部组织实施的"十五"科技攻关项目《名特优蔬菜加工关键技术与设备研究》、《蔬菜汁加工关键技术与设备研究》课题取得重大突破。其中名特优蔬菜课题速冻青花菜、青刀豆、荷兰豆速冻加工的预处理、速冻技术和设备取得进展。基本形成了青花菜、青刀豆、荷兰豆三个品种的速冻工艺；解决了速冻设备蒸发器体积大、传热系数低的问题；蒸发器的设计已申请专利，二种结构形式的蒸发器制造即将完成。蔬菜汁课题在胡萝卜与南瓜的生物酶法液化制汁技术和番茄红素分离提取技术上取得突破，申请了一种酶工程技术制备南瓜混汁的方法和一种复合蔬菜汁——南瓜胡萝卜混汁的制备方法两项专利。另外还申请了高胡萝卜素含量的胡萝卜浓缩汁加工方法和防止胡萝卜汁中白色沉淀的方法两项专利。在产业化方面，名特优蔬菜速冻加工课题年产万吨速冻蔬菜生产线基建工程和前处理设备安装已经完成，并进入试生产阶段。课题成果使企业年销售收入增长1 400万元，利税增长150万元，出口创汇165万美元，带动800户农民增收120万元。蔬菜汁课题在石家庄、廊坊建成了年产1万t的番茄汁、胡萝卜汁及复合汁生产线，在新疆乌鲁木齐市和昌吉市建成了年产10t番茄红素生产线，在江苏常熟建成了南瓜汁、南瓜浓缩汁中试生产线，在新疆吉木萨尔县建成南瓜混汁中试生产线。课题成果使企业年销售收入增长6 217万元，利税增长903万元，出口创汇500万美元，节约成本1 200万元，带动10万户农民增收1.5亿元。

三、国内外市场概况

（一）国内市场

2004年全年蔬菜价格基本平稳，第一季度蔬菜价格总体水平低于2003年同期，北方菜价相对平稳，南方菜价波动较大。第二季度，受季节性因素影响，蔬菜价格呈下降趋势。三季度价格开始回升，主要是部分地区因洪涝灾害使蔬菜生长和运输受到影响、整治公路运输超限超载以及油价上涨造成运量和成本提高。受季节性影响，四季度出现的雨雪天气造成部分地区交通不畅，给蔬菜的采摘、运输、保存带来影响，上市量的减少，导致细菜价格大幅上涨，但大白菜、胡萝卜等冬季大众菜的价格下降。2004年蔬菜价格波动的主要特点：一是生姜价格陡涨。2004年第一季度生姜全国平均价格由2.74元/kg迅速上涨到7.19元/kg，涨幅高达262%。主要原因是过去几年生姜种植面积逐年减少，但2004年以来生姜加工出口销量激增，我国生姜对韩国的出口就比2003年增长近9倍，下半年生姜价格受新姜上市和内外贸比较效益影响，出现一定幅度的回落，但绝对价格仍处于1998年以来历史高位区域。二是大白菜价格的陡降。2004年气候条件好，大白菜产量提高，价格一路走低，山东大白菜价格7年来最低，北京也创出4年最低价。

（二）国际市场

目前我国蔬菜出口市场已覆盖世界150个国家和地区。2004年我国蔬菜出口数量和金额均呈增长态势，截止2004年12月底海关统计，我国累计出口蔬菜（含鲜冷冻蔬菜、加工保藏蔬菜和干制蔬菜，下同）602万t，同比增长8.92%；出口创汇金额37.96亿美元，同比增长23.73%。2004年，全国鲜冷冻蔬菜和加工保藏蔬菜出口增长，干制蔬菜出口量下降但出口金额增长。鲜冷冻蔬菜出口362.5万t，同比增长9.4%，占蔬菜出口总量的60.22%；加工保藏蔬菜出口206.18万t，同比增长10%，占蔬菜出口总量的34%；干制蔬菜出口33.22万t，同比减少1.51%，占蔬菜出口总量的5.5%。山东、福建、浙江、广东、新疆是我国蔬菜出口的主要省区。2004年，上述五省区蔬菜出口金额分别为12.49亿美元、6.32亿美元、2.71亿美元、2.54亿美元和1.78亿美元，同比增长26.88%、22.24%、17.96%、20.01%和0.82%。在其他省（自治区、直辖市）中，2004年蔬菜出口同比增幅较大的有贵州（增长136.85%）、北京（增长92.48%）、内蒙古（增长92.45%）和云南（增长58.43%）；降幅较大的有陕西（下降36.98%）、青海（下降32.82%）和黑龙江（下降12.61%）。

从出口目的国家和地区看，日本仍是我国蔬菜出口最主要的贸易伙伴，但2004年以来我国对韩国、美国的蔬菜出口增长迅速。2004年，我国对日本出口蔬菜161.46万t，同比增长17.95%；对美国出口31.25万t，同比增长30.14%；对韩国出口52.76万t，同比增长19.87%。蔬菜输港56.63万t，同比增长8.17%。除上述对美、日、韩出口之外，我国对俄罗斯的蔬菜出口增长较快，中俄边境省份的企业充分利用地缘优势，积极发展对俄出口，市场前景十分看好。东盟也是我国蔬菜出口贸易的重要伙伴。2004年，我国出口东盟的蔬菜数量以及出口金额与上年同期相比呈量减价增趋势，其中蔬菜出口数量为115.27万t，同比减少1.93%，占全国出口总量的19.15%，出口金额同比增加34.5%。在东盟各成员国中，我国蔬菜主要输往马来西亚和印度尼西亚，分别占我国对东盟出口蔬菜金额的38.25%和26.07%。中国和泰国自2003年10月1日起正式实施两国间蔬菜及水果产品贸易“零关税”以来，我国蔬菜出口增长迅速。2004年，我国蔬菜对泰国出口5 841万美元，同比增长97.91%。与国际市场相比，我国蔬菜在价格上具有绝对优势，比日本、美国等主要贸易国至少低30%以上，一些重要的品种如黄瓜、大蒜等低60%以上。虽然受到国际上很多技术壁垒和贸易保护政策的限制，但我国蔬菜出口仍具有很大的发展空间。目前，大蒜、番茄酱等产业发展形势较好，已经在国际上具有较强的竞争力。

从总体上看，我国出口蔬菜的品种仍然较少，出口的地区市场主要集中在亚洲，这种单一的市场结构难以抵御市场风险。此外，蔬菜生产规模小，无法形成规模经济，不利于形成大市场、大流通格局。我国蔬菜加工企业必须大力引进先进农业科学技术，培育、引进、推广普及农产品新品种、新技术，充分发挥中国和东盟国家农产品比较优势的互补性。突破性地发展具有比较优势的蔬菜深加工产业，依靠科技进步提升蔬菜产品国际市场竞争力，实现蔬菜出口市场多元化。努力提高绿色、有机蔬菜生产覆盖面，提高蔬菜产品的质量和档次。加大贮运技术攻关，开拓多地域国际市场，增强我国蔬菜出口企业在国际市场上的竞争。

四、质量管理与标准化工作

2004年，我国的蔬菜生产标准体系建设取得了很大进展，在3月份制定的《2004年全国食品放心工程实施方案》中规定蔬菜生产预期目标是：对我国直辖市、省会城市、计划单列市和山东寿光等37个城市蔬菜农药残留平均超标率下降3～5个百分点。2004年4月，农业部组织有关质检机构对以上37个城市蔬菜中13种农药残留进行了2004年第二次监测，共监测52个蔬菜品种、3900个样品，按国际食品法典委员会标准，农药残留合格率为96.4%，蔬菜农药残留合格率排名前20位的城市依次为上海、贵阳、南京、福州、郑州、银川、南宁、武汉、成都、大连、济南、重庆、西安、兰州、北京、合肥、寿光、长沙、青岛、杭州。监测结果表明，经过几年的努力，蔬菜中农药残留超标的情况已经得到有效控制，质量安全水平有了大幅度提高，我国蔬菜产业的产品安全得到肯定。

2004年质量管理和标准化工作在我国蔬菜加工业得到空前的重视，国内、国外市场对蔬菜质量安全标准明显提高。6月5日，我国第一个专业蔬菜质量检验机构——国家蔬菜质量监督检验中心在山东潍坊市正式挂牌成立。该中心的成立不仅为山东省和全国蔬菜的发展提供了强有力的技术性支持，也为山东蔬菜出口开通了一条“绿色通道”。今后，山东蔬菜的国际市场之路将更加顺畅。2004年9月29日国家制定和颁布了一系列关于农产品生产、加工的技术标准，关于蔬菜加工质量安全方面有《蔬菜和水果中有机磷、有机氯、拟除虫菊酯和氨基甲酸酯类农药多残留检测方法》（NY/T 761—2004）、《蔬菜农药残留检测抽样规范》（NY/T 762—2004）等40多个标准。

五、行业管理

1. 举办了“食品质量安全管理培训班” 中国蔬菜流通协会于2004年8月11～13日，在湖南省长沙市举办了ISO9000、ISO14000、HACCP、有机食品一体化体系暨食品质量安全管理培训班。旨在贯彻落实《国务院办公厅关于实施食品药品放心工程的通知》精神和国家食品药品监督管理局等8部门《关于印发〈食品药品放心工程实施方案〉的通知》的要求，确保食品的质量和安全。培训中，专家就ISO9000（质量管理体系）、ISO14000（环境管理体系）、HACCP（食品安全管理体系）、有机食品国际标准在生产基地、生产加工过程、流通领域中如何应用以及进行相关认证的重要性、迫切性和必要性，国内食品行业质量安全控制的发展趋势和国际食品安全管理背景以及如何突破农产品国际贸易的质量安全技术、绿色壁垒等内容开展讲座。来自全国各地的40余家食品生产、加工及流通企业的相关人员和部分行业协会的代表参加了本次培训学习。

2. 举办了“中国蔬菜出口贸易机会论坛” 为了进一步扩大中国果蔬产品的国际营销，突破国际市场上现存的“绿色壁垒”，扶植国内重点果蔬企业提高国际市场竞争力，扩大对外出口贸易。中国蔬菜流通协会于2004年4月22～23日在山东省寿光举办了“中国蔬菜出口贸易机会论坛”，与业内企业就中国蔬菜与食品安全、中国蔬菜流通与出口现状、中日蔬菜贸易机会等问题进行探讨。中国蔬菜流通协会及中日贸易专家分别以“我国的蔬菜流通现状与食用安全”、“中日蔬菜贸易的回顾与贸易机会”、“中国蔬菜生产与出口及中日蔬菜贸易”为题发表演讲。来自全国各地的百余家蔬菜企业的代表200余人参加了论坛，共同探讨蔬菜出口贸易相关问题。该论坛的举办为我国蔬菜出口开拓更大的国际市场、寻求更多的合作伙伴起到了积极的推动作用。

3. 举办了“中国蔬菜果品产销论坛” 2004年5月中旬，中国蔬菜流通协会和山东省枣庄市人民政府在枣庄市共同举办了“中国蔬菜果品产销论坛及枣庄产品推介会”。来自全国各地从事蔬菜、果品及其他农副产品生产、加工、储藏、运输及销售的企、事业单位的代表和部分地区的运销商户参加了本次论坛会。枣庄市农业局领导介绍了当地蔬菜果品产销情况及促进蔬菜果品流通的相关政策，与会代表交流了多年来蔬菜果品营销的经验和体会，深感提升企业和产品的国际竞争力的必要性和迫切性。会议期间举办了枣庄地区名特优、无公害、绿色农副产品展销，与会代表参观了当地蔬菜、果品生产基地和批发市场等。

4. 举办了“第三届中国大蒜节” 由中国蔬菜流通协会主办、江苏省邳州市人民政府承办的“第三届中国大蒜节”于2004年5月18～19日在江苏省邳州市隆重举行。江苏省人民政府和徐州市人民政府的有关领导、中国蔬菜流通协会大蒜委员会委员单位的代表及来自美国、日本、德国、法国、澳大利亚、菲律宾等国的客商400余人参加了本届大蒜节。大蒜节期间，举办了中国大蒜产业发展研讨会、大蒜经贸洽谈会、大蒜专业委员会工作会议，代表们参观考察了当地的大蒜生产基地、加工企业和批发市场，观摩了“金蒜王擂台赛”，进行了广泛的贸易洽谈和经验交流。本届大蒜节的举办，将进一步加强产销之间的联系，推动高新技术在大蒜产业链中的广泛应用，全面提升大蒜产业的整体水平，促进中国大蒜产业的市场化、规范化、国际化发展。

5. 举办了“海峡两岸园艺论坛” 2004年9月，由海峡两岸农业交流协会和财团法人农村发展基金会共同主办，中国园艺学会、中国农科院蔬菜花卉研究所及台湾中兴大学承办的“海峡两岸园艺论坛——加入世贸组织与提高园艺业竞争力”研讨会在京举行。来自海峡两岸的业内专家分别就蔬菜、水果和花卉三大领域的热点进行了交流，共同探讨了加入世贸组织后园艺产业的科研、推广、生产和流通园艺产品的食品安全与进出口贸易、休闲农业及农民组织的建立与发展，两岸园艺业比较优势与产业合作，大陆地区蔬菜、水果、花卉进出口贸易态势与对策等主题。中国蔬菜流通协会应邀参加了本次论坛并作了题为《祖国大陆蔬菜流通现状》的演讲。

6. 举办了“山野特菜经贸合作洽谈会暨山野特菜产业高峰论坛” 2004年11月，“中国山野特菜经贸合作洽谈会暨山野特菜产业高峰论坛”在温州举行。中国蔬菜流通协会应邀在论坛上介绍了我国蔬菜产销情况及山野特菜概况。我国山野特菜资源丰富，生产、加工、出口的空间很大，国际市场年需求量在

200万t左右。借此论坛，中国蔬菜流通协会召开了成立“中国蔬菜流通协会山野特菜专业委员会的筹备会”。

（山东省农业机械科学研究所 孙众沛）

茶叶加工业

一、全国茶叶生产情况

（一）茶园面积和茶叶总产值

2004年，由于国家在政策上给予支持，促进了茶叶生产效益的不断提高，带动了茶区尤其是西部山区茶农发展茶叶生产的积极性，导致我国茶园面积呈继续扩大态势。2004年全国茶园总面积达到1 270khm²，同比增长5.2%。其中投产面积970 khm²，同比增长4.9%。

2004年我国茶叶总产值达到130亿元，比上年的115亿元增加13%。全国全年的茶叶单价平均达到16.3元/kg，比上年上涨8.5%。究其原因：一是由于气候原因，造成春茶减产，但也造成了市场上对名优茶的需求增加，出现名优茶，特别是高档名优茶供不应求现象，使茶叶平均销价有所提高；二是茶叶出口中高档绿茶比例增加，加上对日本蒸青绿茶出口量大幅增加，促使了茶叶出口价格的回升；三是全年的农产品价格的普遍上涨，对茶叶价格起到一定推动作用。

（二）茶叶产量

2004年我国的茶叶生产虽然还是受到不良气候的影响，春茶期间主要产茶省份的福建、浙江、云南旱情严重，加上3～4月份浙江、安徽、江苏等省严重冻害，造成春茶产量有所下降。然而由于近两年我国新投产茶园面积不断增加，从而减少了气候灾害对茶叶产量的影响。加上进入夏季后，国内的茶叶价格上涨，出口市场开始回暖，各地气候条件也较适宜，故夏秋茶产量增加明显。2004年我国茶叶总产量达到79.7万t，同比增长3.8%。据联合国粮食及农业组织2005年7月14日发表的报告说，2004年全世界茶叶产量为320万t，那么我国茶叶产量占世界茶叶总产量的24.9%。2004年我国茶叶产量变化情况见表1。

由表1看出，2004年与2003年相比，各类茶叶产量均未出现减产现象，除红茶产量持平外，其余茶叶产量均为增长情况，形成增长的原因分析如下：

表1 2004年我国茶叶产量变化情况

项　目	2003年产量（万t）	2004年产量（万t）	同比增长（%）
茶叶总产量	76.78	79.7	4.9
绿　茶	57.00	59.0	3.5
红　茶	4.00	4.0	0
乌龙茶	8.10	8.7	7.4
紧压茶	2.55	2.6	2.0
其他茶	5.08	5.3	4.3
花　茶	9.00	9.5	5.6
名优茶	20.00	21.8	9.0

1. 绿茶　2004年，我国绿茶需求量增加，同时绿茶的出口价格上升，尤其是对日本蒸青绿茶的出口快速增长，加之国内茶叶深加工业的发展，特别是茶多酚和茶叶食品加工对绿茶原料需求增加，促进了绿茶产量的增长，尤其是夏秋茶产量增加较快，从而弥补了春茶因气候原因引起的产量下降。使我国全年绿茶产量达到59万t，同比增长3.5%。

2. 红茶　近年来，由于我国红茶出口持续下降，加上其他茶类产量增长对红茶的冲击，使得红茶生产一直处于低迷状态，这几年产量连续下降。不过2004年由于红茶产区开始采取措施，尤其是重视拓展国内市场，使红茶内销量增长抵消了外销出口量的下降，故2004年我国红茶产量与上年持平，保持在4万t。

3. 乌龙茶　乌龙茶主产区为福建，其产量约占全国乌龙茶总产量的80%。2004年福建省闽北茶区乌龙茶产量保持稳定，而闽南茶区乌龙茶的生产近几年发展较快，使整个乌龙茶的产量增加也较快，2004年乌龙茶的总产量达到8.7万t，同比增长7.4%。

4. 紧压茶　紧压茶是我国少数民族地区广大农牧民的生活必需品，需求比较稳定，向来由国家采取措施保证供应。2004年由于实施边销茶的原料茶储备，故边销茶产量有所增加，达到2.6万t，同比增长2%。当然也应该看到，由于边销茶收购价格较低，生产效益低下，已经影响到茶农和企业生产的积极性，2004年在湖南、四川等紧压茶主产区，已经出现紧压茶原料茶收购的紧张情况，应该引起有关部门的注意。

5. *花茶* 在经历了2003年花茶加工量的下降后，进入2004年花茶市场趋于平稳。从我国花茶主产区广西横县出现茉莉花收购价格上升现象，可看出茉莉花茶产量上升的趋向。2004年，横县西南茶城茉莉花平均成交单价达到5.42元/kg，同比增长25%，表明市场对茉莉花需求量和花茶产量的增加。当然，在福建茉莉花产区也出现过雨水过多和干旱，到后期出现供花不足，而影响花茶加工。但是，2004年全国的花茶加工量还是达到了9.5万t，同比增长5.6%。

6. *名优茶* 各地统计表明，2004年全国名优茶产量继续呈上升趋势。我国西部茶区由于政府对茶叶生产的普遍重视，并且名优茶加工技术较快普及，不仅茶叶生产获得快速发展，而且春茶加工名优茶比重上升，效益提高。如贵州省2004年春茶期间名优茶产量就比上一年增长了65.8%。因此，虽然春茶冻害和干旱对华东茶区影响较大，名优茶的采摘劳动力的不足也日趋严重，但2004年我国名优茶的总产量还是达到了21.8万t，同比增长9%。

7. *其他茶* 因为普洱茶健康功能和文化内涵，近两年在国内的宣传力度很大，使其成为继乌龙茶之后最有发展潜力的茶叶种类，国内销售量增加很快，促使普洱茶产量快速增加。2004年其他茶产量增加的主要原因就是依赖于普洱茶的增加，当然产于福建省的白茶也有上升趋势，故使得其他茶产量达到5.3万t，同比增长4.3%。

二、全国茶叶销售情况

（一）国内销售

2004年我国各类茶叶国内销售总量达到52.5万t，比上年的50万t增长5%（表2）。销售总额达到145亿元，比上年的128亿元增加17亿元，增幅达13.3%，创历史最好水平。我国各茶类销售量和销售额普遍增加，主要原因是随着人民生活水平的不断提高，人们对名优茶、礼品茶的需求量增加，茶文化活动和茶叶知识的普及，大大促进了茶叶的消费。我国是绿茶生产大国，尤其是在绿茶更有利于健康概念的引导下，使绿茶消费显著增加。

1. *花茶销售* 在经历了2003年SARS影响花茶销售有所下降后，2004年花茶销售开始恢复，而且花茶的生产和销售企业也积极采取措施，宣传和积极推销花茶，促进了花茶销售量的增加。加之花茶在北京、天津、山东等传统销区销售基础较好，花茶的销售量在茶叶销售总量中占到60%以上，致使2004年全国花茶的销售量增加了3.3%。

表2 2004年国内茶叶销售状况

项　目	2003年销售量（万t）	2004年销售量（万t）	同比增长（%）
销售总量	50.00	52.50	5.0
绿　茶	29.45	30.70	4.2
红　茶	1.55	1.60	3.2
乌龙茶	3.30	4.00	21.2
花　茶	9.20	9.50	3.3
其他茶	6.50	6.70	3.1

2. *乌龙茶销售* 近年来乌龙茶的消费群体不断扩大，支持了乌龙茶需求量的快速上升，特别是闽南乌龙茶区，为迎合消费者需求，采用轻发酵技术提高乌龙茶香气，市场销售效果十分成功，带动了乌龙茶销售量的上升，使2004年全国乌龙茶内销量达到4万t，增幅达21.2%，是国内销售增幅最大的茶类。

3. *红茶销售* 红茶是近年来我国出口一直受阻的茶类，但是由于红茶生产企业开始转向国内市场，使2004年的红茶销售也有所上升，比上年增长3.2%。

4. *其他茶销售* 继乌龙茶之后，在国内普洱茶热销市场正在形成，销售量增加很快，带动了其他茶类销售量增长，使2004年全国其他茶销售量增加了3.3%。

（二）茶叶出口

2004年我国茶叶出口量为28.02万t，出口金额为4.37亿美元，平均单价1 559美元/t，分别比2003年增长9.45%、18.92%和8.65%，茶叶出口总量和总金额再创历史新高。2004年我国茶叶出口量较多的省、自治区、直辖市为浙江省15.22万t、广东省2.35万t、湖南省2.03万t、安徽省1.74万t、福建省1.39万t、重庆市1.24万t、北京市1.05万t、上海市0.99万t、江西省0.43万t、江苏省0.29万t、湖北省0.28万t和广西壮族自治区0.17万t。在2004年的茶叶出口量中，国有企业出口量为15.77万t，出口金额为2.58亿美元，分别比2003年下降10.69%和0.72%；民营企业出口7.69万t，出口金额1.07亿美元，分别比2003年增长73.43%和103.23%；三资企业出口0.6万t，出口金额1 746万美元，分别比2003年增长27.79%和44.9%。在这些出口企业中，绝大部分规模较小，出口金额在2 500万美元以上的仅有3家，1 000万美元以上的有11家，500万美元以上的有8家，100万美元以上的有44家。

2004 年我国茶叶出口国的 80%集中在亚非地区，其次是欧洲和北美洲。其中对非洲出口茶叶 12.15 万 t，出口金额为 1.94 亿美元，分别比 2003 年增长 4.64%和 17.13%，分别占我国茶叶出口总量和出口总额的 43.35%和 44.39%。对亚洲出口茶叶 10.27 万 t，出口金额为 1.6 亿美元，分别比 2003 年增长 18.13%和 27.15%，分别占我国茶叶出口总量和出口总额的 36.65%和 36.61%。对欧洲出口茶叶 3.77 万 t，同比下降 3.98%；出口金额为 5 566 万美元，同比增长 4.61%；分别占我国茶叶出口总量和总额的 13.44%和 12.74%。对北美洲出口茶叶 1.79 万 t，出口金额为 2 620 万美元，分别比 2003 年增长 3.28%和 19.3%，分别占我国茶叶出口总量和出口总额的 6.4%和 6.0%。对南美洲出口茶叶 262t，出口金额为 59 万美元，分别比 2003 年增长 69.54%和 43.33%，分别占我国茶叶出口总量和出口总额的 36.65%和 36.61%。对大洋洲出口茶叶 174t，同比下降 7.13%；出口金额为 73 万美元，同比增长 25.74%。2004 年我国茶叶出口量前 20 位的国家和地区见表 3。

表 3　2004 年我国茶叶出口量前 20 位的国家和地区情况

国　别 或地区	出口量 (t)	出口量同比 (%)	出口额 (万美元)	出口额同比 (%)
摩洛哥	49 551.8	0.60	86 069.4	11.47
日　本	37 403.0	35.58	83 922.3	43.49
乌兹别克斯坦	17 652.4	0.56	9 558.4	7.64
美　国	17 288.0	3.85	24 232.2	19.89
俄罗斯联邦	14 821.0	−0.79	16 850.7	14.01
中国香港	12 802.4	−4.19	27 598.5	2.73
加　纳	9 076.6	21.02	14 701.8	31.82
毛里塔尼亚	8 922.1	19.30	19 597.6	39.51
阿尔及利亚	8 176.3	−6.90	15 659.4	13.08
马　里	7 420.1	−24.31	12 340.7	−11.55
塞内加尔	7 404.8	13.61	11 564.2	39.30
巴基斯坦	6 897.5	−0.41	4 727.0	13.93
阿富汗	5 564.1		3 641.8	31.98
德　国	5 502.8	23.28	10 723.5	11.80
英　国	5 515.6	3.83	7 882.0	35.14
波　兰	4 918.8	−30.21	6 674.4	−17.90
利比亚	4 257.2		5 122.9	
尼日利亚	4 257.2	−26.67	1 343.9	−39.84
冈比亚	3 737.3	−7.35	6 325.5	9.66
突尼斯	3 194.6	−31.42	2 884.8	−40.12
合　计	280 196.6	9.45	436 882.0	18.92

1. 绿茶出口量　2004 年我国绿茶出口量为 19.62 万 t，出口金额为 2.94 亿美元，分别比 2003 年增长 7.97%和 22.09%，占我国茶叶出口总量和总金额的 70.02%和 67.28%。2004 年我国对非洲绿茶出口量最大，为 11.84 万 t，其次为亚洲和欧洲，出口量分别为 5.56 万 t 和 1.45 万 t。摩洛哥、乌兹别克斯坦、日本、加纳、毛里塔尼亚 5 国是 2004 年我国绿茶出口前 5 位的国家，向上述 5 国的茶叶出口量和出口金额分别占我国茶叶出口总量和出口金额的 49.64%和 55.1%。当前我国绿茶在世界范围内的出口前景看好，迄今我国绿茶出口已达世界 97 个国家和地区。

2. 红茶出口　2004 年我国红茶出口量为 3.94 万 t，出口金额为 4 118 万美元，平均单价 1 046 美元/t，分别比 2003 年增长 4.23%、13.4%和 8.8%。2004 年我国红茶出口量的 47.21% 出口至欧洲 (18 600t)，其次为亚洲 (9 175t) 和北美洲(8 582t)，分别占我国红茶出口量的 23.29%和 21.78%。我国红茶出口前 5 位的国家为美国、俄罗斯、英国、波兰、印度。

3. 特种茶出口　2004 年我国特种茶出口量为

4.46万t，出口金额为1.01亿美元，平均单价2271美元/t，分别比2003年增长10.3%、12.65%和2.13%。2004年我国特种茶出口量的84.98%出口至亚洲（37 900t），其次为欧洲（4 612t）和北美洲（1 858t），分别占我国特种茶出口量的10.34%和4.17%。日本、俄罗斯、马来西亚、韩国、新加坡、斯里兰卡、荷兰、加拿大、英国、越南等国进口我国特种茶类有较大幅度增长。在2004年的特种茶出口量中，乌龙茶的出口量为1.95万t，出口金额为4 499万美元，平均单价2 312美元/t，分别比2003年增长2.57%、3.71%和1.11%。我国对日本出口乌龙茶为1.36万t，出口金额为3 200万美元，分别比2003年增长10.54%和10.83%。

三、行业大事及重要活动

1. 近年来，党和国家领导人十分重视茶叶事业的发展。2004年4月10日，中共中央总书记、国家主席胡锦涛到陕西南郑县红庙镇罗帐岭茶场视察和调研，了解茶叶生产和茶农增收情况。6月14日中共中央政治局常委、全国政协主席贾庆林视察四川省峨眉山竹叶青茶业有限公司；10月19日，贾庆林在福州闽侯县会见在当地投资茶业的台商林圣光、陈秀卿夫妇。10月5日，中共中央政治局委员、国务院副总理吴仪在杭州考察了杭州的老龙井茶园。11月27日，全国人大常委会副委员长司马义·艾买提到福建省漳浦县视察了天福茶博物院。

2. 2004年1月5日，中国工程院公布我国茶学学科带头人、著名茶学专家、中国农业科学院茶叶研究所研究员陈宗懋当选为中国工程院院士。这是迄今为止，我国首次也是唯一茶学领域当选的院士。

3. 2004年5月19日，国务院发布《关于第三批取消和调整行政审批项目的决定》国发（2004）16号文件，决定取消对茶叶（绿茶、乌龙茶）出口经营资格的审批管理，凡是有出口经营权的企业均可经营茶叶出口。在此之前，原对外经济贸易合作部已在1999年12月9日发布《关于进一步改革茶叶出口经营体制的通知》，取消了红茶、特种茶（乌龙茶除外）出口经营资格的审批。

4. 近两年，液体茶饮料一直在市场上保持较快的增长速度，康师傅、统一、娃哈哈三大巨头一直在茶饮料市场中唱主角。但近来茶饮料行业整合速度加快，不少饮料企业跟进。2004年3月14日，正式涉足于茶饮料市场的健力宝，一下子推出了冰红茶、冰绿茶和麦香茶三大系列茶饮料产品，并动用2亿元投入广告宣传，全力推广茶饮料。4月中旬，可口可乐首先在北京推出了雀巢“冰极”饮料，该饮料是在原雀巢冰爽茶基础上，加入冰凉成分制成的新型茶饮料，并在广州、北京展开一系列宣传活动，声称“雀巢冰极茶”、“雀巢冰爽茶”将强势进入茶饮料市场。百事可乐与联合利华在中国市场推出“立顿”500ml塑料瓶包装即饮冰红茶，为了确保投放成功，进行了一系列的重大营销活动，如媒体、户外广告和店内促销等。由于以上6个饮料巨头的加入，将使茶饮料市场的竞争更为激烈。

5. 为了打击茶叶的掺杂使假，2004年7月19日中央电视台《每周质量报告》栏目对安徽省十字铺茶场在茶园内乱用农药和在茶叶加工中违规添加变质糯米糊等进行曝光；7月27日又对浙江省松阳县在茶叶加工中滥用色素和一些茶叶加工场所脏乱情况进行曝光，引起业界的很大震动。

6. 为有效改善茶叶加工环境，完善配套设施，消除卫生隐患，实现茶厂标准化、规范化和无害化加工，提高茶叶加工品质和市场竞争力，浙江省在全省范围内实施的茶叶加工厂优化改造工程从2004年起正式启动。计划用5年左右的时间，对全省5 000座左右茶厂逐步改造和完善。要求改造后的茶厂规模，以年加工大宗茶30t或承担20hm^2左右丰产茶园的加工任务为宜，设备配备合理，有完善的茶叶加工技术规程，配备健全的质量和卫生管理制度，建立加工技术档案，实现产品质量的全程控制。

四、茶叶产销展望

近年来，我国的茶园面积不断增加，茶叶产量上升将成为一个时期内我国茶叶生产的主要特征。国内茶叶生产效益的增加，将仍然主要依赖名优茶效益的发挥。名优茶产量的上升，可能会在一定程度上抑制茶叶产量的快速上升，但不断投产的新茶园，所具备的产能可能会出乎预料。为此，预计2005年绿茶、乌龙茶、普洱茶生产量上升较快，花茶、红茶、紧压茶生产保持稳定，而名优茶的前景仍然趋好，产量和产值将会继续增加，存在的问题是名优茶的采摘劳力将更为紧张。由于其他饮料的冲击和茶叶企业本身竞争力不强，虽然茶叶的国内销售近年来上升较快，但是增幅有开始减弱的趋势。2005年茶叶消费的重点仍然将集中在名优茶，绿茶、乌龙茶、普洱茶的销售也会继续上升，花茶、红茶、紧压茶销售则变化不大。在政策上，国家目前已经取消了茶叶出口经营权的审批，这给更多的企业进入国际市场创造了机会。预计2005年我国茶叶传统市场出口数量变化不会太大，只要是出口茶叶结构和档次调整得当，日本和欧美市场开拓良好，2005年我国茶叶出口形势还是十分看好。当然，在茶叶出口经营权放开后，对于如何协调和管理好我国茶叶出口，也给有关部门提出了新的课题。

（中国农业科学院茶叶研究所　权启爱）

蜂产品加工业

一、基本情况

我国共有900多家蜂蜜注册企业，遍及全国。中国蜂产品协会中的团体会员单位有275家，其中76家重点生产、经营企业的固定资产总值为47 393.28万元（人民币），销售总额为129 378.98万元，年销售额最高的企业为26 000万元，最低的为20.6万元，年人均销售额为21.21万元；出口企业有32家，年出口总额为31 146.35万元，年出口额最高的企业为7 000万元；年缴利税15 177.18万元，人均利税为2.486万元；按销售额的多寡，可将这76家企业分为6个组：A组销售额超过1亿元人民币的企业3家，B组销售额在5 000万元～1亿元人民币的企业3家，C组销售额在1 000万元～5 000万元人民币的企业20家，D组销售额在500万元～1 000万元人民币的企业17家，E组销售额在100万～500万元人民币的企业22家，F组销售额在100万元人民币以下的企业11家。现将这几组企业销售额及职工总数等情况列于表1中。在销售额中，A组的年人均销售额为45.12万元，B组的年人均销售额为14.9万元，C组为30.68万元，D组为15.98万元，E组为4.1万元，F组为2.52万元。年人均销售额最高的企业是103.17万元，年人均利税最高的企业为9.44万元。在这些企业中出口额占销售额的24.07%，各组别的出口额和利税额情况见表2。

表1　蜂产品加工企业各组别职工人数和产品销售情况

组别	职工数（人）	占总人数比（%）	年销售额（万元）	占百分比（%）
A组	1 188	19.48	53 602.00	41.43
B组	1 145	18.78	17 065.00	13.19
C组	1 319	21.63	40 469.00	31.28
D组	793	13.00	11 808.53	9.13
E组	1 461	23.96	5 994.58	4.63
F组	174	2.85	439.25	0.34

表2　各组别的出口额和利税额情况

组别	出口额（万元）	所占百分比（%）	年利税额（万元）	占百分比（%）
A组	9 423.00	30.25	8 212.00	54.31
B组	32.00	0.1	984.04	6.48
C组	18 946.68	60.83	4 142.00	27.96
D组	2 253.02	7.44	1 056.80	7.14
E组	430.00	1.38	536.62	3.64
F组			111.345	0.74

在上述76家重点生产、经营企业中，国家级龙头企业1家，省、市级龙头企业6家；专利31项，保健食品批号45个，20家企业的商标获省、市著名商标；22家企业通过ISO9000国际质量体系认证，4家企业通过ISO14000国际环保体系认证，4家企业通过HACCP食品危害与关键控制点体系认证，3家企业获得有机食品证书，9家企业获得绿色食品证书，6家企业获无公害食品证书等。职工总数为6 098人，其中大专以上学历者1659人（占职工总数的27.21%），中级以上技术职称者702人（占职工总数的11.51%）。蜂产品加工企业的规模仍然以中小型为主，集养蜂生产、蜂产品初制和精制为一体，自营自销。

二、生产与出口情况

我国是世界蜂蜜生产和出口大国，蜂蜜年出口量占世界蜂蜜年出口总量的20%左右，多年居世界首位，出口遍布全球60多个国家和地区，主销日本、美国和欧盟，年创汇1亿美元左右。在因氯霉素残留问题遭遇欧盟禁运两年之后，在商务部、国家质检总局、农业部以及各地各级政府、行业组织、科研院所和蜂农、企业的共同努力下，2004年7月16日，欧盟食物链与动物卫生委员会决定解除对来自中国的虾、养殖鱼类、蜂蜜、蜂王浆、兔肉等动物原性产品的进口禁令。我国蜂蜜由此拨开了长达两年多的欧盟禁运阴霾，以“健康、无药残”的崭新面貌重返欧盟市场。

近年来，在各有关部门和全体蜂业同仁的共同努力下，我国蜂业在前进中求发展，各方面均取得了可喜的进步。在2002—2004年暂时失去欧盟市场、其他市场发生连锁反应的严峻出口形势下，我国蜂蜜生产出口业界“穷则思变”，在各有关部门的高度重视和推动下，从源头抓起，从每个企业自身做起，生产、出口行业整改工作全面展开，并取得一定成效。企业质量监控体系和溯源体系得以建立和完善，氯霉素残留问题得到解决，在两次欧盟来华检查中均获得外方好评。与此同时，在养蜂过程中尽可能避免使用含抗生素的蜂药，按照国际惯例收取成熟蜜已成为出口企业备案蜂农蜂蜜生产的发展方向，行业整体质量卫生安全管理意识和水平大幅提高，出口蜂蜜品质得到全面改善。

2004年世界蜂蜜总产量为130.97万t，同比增长仅为0.13%。其中亚洲50.77万t，欧洲30.49万t，大洋洲3.55万t，北美和中美洲18.84万t，非洲14.30万t，南美洲13.00万t。与2003年相比，亚洲、大洋洲、北美和中美洲蜂蜜产量增加，增加数量分别为4 218t、3t和1 320t，幅度分别为0.80%、0.01%和0.70%。欧洲、非洲、南美洲蜂蜜产量下降，分别比2003年减少了2 012t、430t和4 457t，减少比例为0.70%、0.30%和3.30%。2004年，世界蜂蜜生产国前10位的生产情况见表3。

表3　2004年世界蜂蜜生产国前10位的生产情况

2004年				2003年				同比增长（%）
排序	国　别	产量（万t）	占世界比例（%）	排序	国　别	产量（万t）	占世界比例（%）	
1	中国	27.60	21.1	1	中国	27.33	20.9	1.00
2	美国	8.20	6.3	2	阿根廷	8.50	6.5	－0.20
3	阿根廷	8.00	6.1	3	美国	8.21	6.3	5.90
4	土耳其	7.50	5.7	4	土耳其	7.50	5.7	0
5	墨西哥	5.58	4.3	5	墨西哥	5.58	4.3	0
6	乌克兰	5.40	4.1	6	乌克兰	5.20	4.0	3.80
7	印度	5.20	4.3	7	印度	5.20	4.0	0
8	俄罗斯	5.20	4.0	8	俄罗斯	5.00	3.8	4.00
9	西班牙	3.60	2.8	9	西班牙	3.61	2.8	0.20
10	加拿大	3.50	2.7	10	加拿大	3.36	2.6	4.30
合计		79.79	60.9	合计		79.50	60.8	

2004年，我国蜂蜜生产为27.60万t，出口量为8.10万t，出口平均单价为1 098美元/t，与2003年的出口量8.40万t和出口平均单价1 226美元/t相比有所下降。我国蜂蜜收购价基本由出口厂家确定，出口价高低决定收购价高低。2004年我国蜂蜜出口国主要是美国、日本。以浙江省出口为例，1～4月出口美国蜂蜜4 000余t，占全年出口量60%以上，出口价从1 500美元/t下降到1 140美元/t，平均价格为1 250美元/t。夏季出口日本蜂蜜价格下降到800美元/t。因油菜蜜主要供出口，所以2004年收购价出现前高后低恰与2003年相反。尽管2004年下半年欧盟解除对中国蜂蜜进口，但欧盟进口蜂蜜质量要求很严格（除了允许治螨药物微量残留，不允许使用其他药物）。内销蜂蜜逐年增加，但是因假蜜冲击，内销企业低价竞争，蜂蜜内销市场始终兴而不旺。

我国是蜂王浆生产大国，也是蜂王浆主要出口国。2004年蜂王浆产销两旺，蜂王浆与蜂农见面价基本取决于外贸。我国全年出口鲜蜂王浆（粉）1 280t,同比增长1.19%。其中鲜王浆出口量665t，与2003年持平，出口价平均为14.73美元/kg，同比增长8.73%。干粉出口量205t，同比增加5t；干粉出口价平均42.34美元/kg，同比增长7.74%。蜂王浆和蜂王浆干粉的出口总值为1 848万元，同比增长8.07%。2004年春季鲜王浆收购价为60元/kg，同比高5～10元/kg，主要是内销拉动王浆市场。一般内销鲜王浆市场价在140～300元/kg。通过调查，蜂农自销王浆价一般在120～160元/kg，进一步开发国内蜂王浆市场是明智之举。

2004年鲜蜂王浆和蜂王浆干粉出口增速减缓的主要原因有：一是王浆抗生素超标等不利因素的影响，一些市场的进入仍然存在困难；二是10-羟基-2-癸烯酸偏低（出口要求在1.8%以上）；三是国外经销商的经营信心受到打击，很难建立新的营销渠道；四是出口价格长期恶性竞争，企业利润空间有限，国内企业无力再投资开发新市场。

表4 2003年和2004年鲜蜂王浆和蜂王浆干粉出口市场统计表 单位：t

国家和地区	鲜蜂王浆			蜂王浆干粉			折合鲜蜂王浆总计		
	2004年	2003年	同比增长（%）	2004年	2003年	同比增长（%）	2004年	2003年	同比增长（%）
日本	443	436	1.60	124	102	21.60	815	739	10.30
美国	23	38	−39.50	26	27	−3.70	101	119	−15.10
澳大利亚	29	44	−34.10	18	26	−30.80	82	122	−32.80
瑞士	8	9	−11.10	17	10	70.00	58	38	52.60
中国香港	28	18	55.60	2	2	0	34	24	41.70
马来西亚	19	20	−5.00	5	3	66.70	34	30	13.30
韩国	12	16	25.00	5	10	−50.00	27	46	−41.30
沙特	19	12	58.30	1	0		22	12	83.30
土耳其	18	27	−33.33	1	5	−80.00	21	41	−48.50
泰国	19	19	0	1	1	0	21	22	−4.55

三、质量管理、标准化工作

近些年来，我国蜂产品市场比较混乱。例如在各地蜂产品市场上，有不少流动商贩、黑窝点，生产、销售假冒伪劣蜂产品，包装也比较精美，每盒卖价由几十元到几百元不等，一些所谓的蜂蜜礼品装，表面上看非常精美高档，其实有不少是转化糖或高果糖浆制成的“人造蜂蜜”。蜂胶、王浆以次充好的也不少。如此种种，扰乱了蜂产品市场，对正规蜂产品生产加工厂家和名牌蜂产品生产企业的生产和销售造成巨大的冲击。为进一步贯彻党中央、国务院关于整顿与规范市场经济秩序的决定精神，完善市场监督体系，严厉打击制假售假、商业欺诈、虚假宣传等违法行为，维护蜂产品生产、经营企业及消费者的合法权益，2004年2月6日中国蜂产品协会制订了《全国蜂产品行业自律公约》，向全行业发出通知，由从事蜜蜂产品生产、加工、经营企业自愿签约，共同遵守，并希望会员单位自觉遵守自律公约的各项要求，发挥示范带头作用，促进全国蜂产品行业健康发展。据统计中国蜂产品协会秘书处共收到《全国蜂产品行业自律公约》签约文本184份，其中团体会员单位109份，个人会员75份。

2004年，我国蜂产品行业正在积极推行QS认证。实施QS认证后，那些不具备生产条件或产品不合格的蜂产品生产企业，将被强制实行整改，或不允许其产品上市，或坚决予以取缔，从而促进了蜂产品产业健康发展。从硬件的角度，QS认证对蜂产品生产企业的生产条件、生产环境、检测能力和产品质量均有系统的严格要求，不具备条件的企业不予认证，没有通过认证的企业生产的蜂产品不得直接上市销售。这就要求生产条件较差的企业主动整改，使之达到认证的要求；自身无能力整改的，可由数家或数十家较小的蜂产品生产企业整合成较大的企业。在软件方面，QS认证是一个综合的管理体系，它包含了世界上较先进的ISO9000和HACCP的核心内容，它不仅要对生产企业的生产原料、生产环境、生产设备、生产工艺、产品质量检测等各个环节进行系统、科学的管理，还要对蜂产品企业的管理、人员素质、科技投入等实行严格的认证。通过实施QS认证，蜂产品企业的综合实力将得到有效提高，市场的开发力度更大。

四、科研、新产品、新技术

2004年1月10日，中华全国供销合作总社组织和主持召开了科技成果鉴定会，会议对广州市宝生园有限公司承担的中华全国供销合作总社科学技术发展计划项目“花粉中类脂物质的研究及利用”和自有项目“蜂胶产品加工新技术的研究”两个项目成果进行鉴定。专家组听取了课题组的工作报告、技术研究报告，并审查了科技查新报告、指标检测报告、功能性实验报告。一致认为研究成果整体上处于国内先进水平。

2004年5月18日和6月27日，国家“十五”科技攻关计划《特产资源高效利用与产业化技术研究项目总结暨后续项目论证会和课题论证会》在北京召开。会议分别由科学技术部和“特产资源高效利用与产业化技术研究”项目管理办公室主持。由中国工程院、中国科学院、中国蜂产品协会、中国林科院、中国人民解放军军事大学、中国科技大学、安徽农业大学、湖南农业大学、云南农业大学、中国蚕丝协会、中国纺织工业协会等单位的专家组成项目论证专家组，对“十五”科技攻关《特产资源高效利用与产业化技术研究》项目前三年取得的成果进行总结，对后续项目和8个课题逐一论证。由中国农科院蜜蜂研究所、吉林省蜜蜂研究所、广州宝生园有限公司等单位承担的，以研究西方蜜蜂蜂胶高产品系抗螨品系的稳定、纯化和开发以蜂王浆、蜂花粉、蜂胶为主要原料的功能性制品及蜂胶剂为主要内容的科技攻关项目《蜂资源专用品系纯化保存与功能性制品开发》等8个课题通过可行性论证，开始启动。《蜂资源高效利用与产业化研究》科技攻关项目的实施，对改良我国蜜蜂种质资源、提升蜂产品加工技术水平和产品质量、推动蜂产品行业资源高效利用与产业化进程、提高蜂业科技含量附加值和国际国内市场竞争能力等具有重要意义。

五、行业管理

1. 由中国蜂产品协会、中国养蜂学会主办，中国蜂产品协会蜂产品医疗保健专业委员会、广州市宝生园有限公司、广东省养蜂学会承办的“中国蜂胶新技术应用及保健功效主题‘蜂’会”，于2004年1月10日在广州市举行。出席“蜂”会的有中国蜂产品协会会长罗梦传，中国养蜂学会理事长张复兴等行业领导及代表共计150多人参加会议。会议就“蜂产品(特别是蜂胶、蜂王浆）的地位与作用”、“蜂胶新技术应用”、“蜂胶的主要营养成分及功效”、“蜂胶产业发展中应注意的问题”等进行广泛的研讨。广州“蜂”会的召开，对促进蜂胶生产、引导蜂胶消费起到了推动作用。

2. 由中国养蜂学会与中国蜂产品协会主办，海南省畜牧兽医管理站、海南卓津蜂业有限公司、海南省畜牧兽医药械公司共同承办的“2004年全国蜂产品市场信息交流会暨海口蜂业博览会”，于2004年3月13～15日在海口市隆重召开。来自全国各地的蜂业代表及部分市县领导600多人出席会议。会议开幕式由中国蜂产品协会会长罗梦传主持，中国养蜂学会张复兴理事长致开幕词，海南省政府副秘书长周公卒致欢迎词。在大会交流中，业内专家分别就2003年的蜂蜜、蜂王浆、蜂胶、蜂花粉的产销概况及2004年蜂产品形势进行了总结与分析，就2003年蜂蜜、蜂王浆出口形势进行了阐述；江苏出入境检验检疫局古有源处长介绍了我国出口蜂产品残留监控关键环节控制的情况，德国不莱梅蜂蜜实验室的专家讲解了欧盟对蜂产品的质量要求。会议期间还举办了蜂业博览会，有40多家企业的几百种蜂产品参加展出。

3. 由中国养蜂学会主办，中国蜂产品协会蜂产品生产专业委员会、北京市蚕业蜂业管理站、门头沟区林业局、北京市蜂业公司共同承办的“全国蜂产品安全与标准化生产技术培训班（北京)”，于2004年4月16～17日在门头沟区社区服务中心举行，中国养蜂学会理事长张复兴、中国蜂产品协会会长罗梦传，以及陈黎红、周婷、韩胜明等专家就蜂产品生产国内国际法规标准、无公害蜂产品蜜蜂饲养技术操作规程、蜂病防治和蜂药使用规则、养蜂生产用药要求、蜂蜜标准化生产技术规范、蜂王浆标准化生产技术规范等内容进行了讲解。经过培训，与会蜂农了解了如何改进养蜂技术、减少农药残留、记好蜂场日志等提高产品质量的相关知识及国际通用蜂产品标准。

4. 中国蜂产品协会针对2004年4月中旬某媒体有关蜂胶的伪科学报道，于6月3日向全行业发出了《关于科学宣传蜂胶产品的函》，就科学宣传蜂胶产品问题提出意见：一是蜂胶不是抗生素，而是天然营养保健食品；二是符合保健食品生产条件的蜂胶生产企业，均能达到国家制定的铅含量标准要求；三是蜂胶保健效果明显，食用蜂胶不应间断；四是中国蜂产品协会要求各蜂胶产品生产经营企业值得注意的几点问题：一要加强自律，不生产、不经营不合格的产品，杜绝制售假冒伪劣产品，要对消费者高度负责，维护企业信誉和消费者的合法权益；二要加强质量监控力度，强化标准化管理，严把原料进厂、过程控制和出厂检验关，生产高质量的蜂胶产品；三要科学宣传蜂胶产品，维护消费者的知情权，使消费者学会按产品标识和相关知识鉴别产品。通过行业协会、企业、管理部门和消费者的共同努力，进一步规范蜂胶产品市场，促进蜂胶产业健康发展。

5. 由中国蜂产品协会蜂产品医疗保健专业委员会主办，广州市宝生园有限公司、广东省养蜂学会承办的“中国蜂产品医疗保健学术研讨会”，于2004年12月2～3日在广州召开。中国蜂产品协会会长罗梦传、副会长徐逢贤、潘建国、中国养蜂学会副理事长颜志立以及来自十几个省、自治区、直辖市的蜂业专家代表100余人参加了研讨会。香港、台湾地区的代表也参加会议并发表论文。研讨会共收到论文36篇，不少学术论文在蜂针疗法、抗氧化、降血脂等蜂产品医疗保健作用方面的研究取得了新的进展，为我国蜂产品医疗保健事业做出了新的贡献。会议还就《蜂胶国家标准》起草进行了研讨。对由总社广州蜂产品质量监督检验测试中心、广州宝生园公司负责起草的《蜂王浆冻干粉国家标准》进行了审议。

6. 中国蜂产品协会于2004年12月14日发出“关于公布2004年度全国部分蜂蜜市场质量调查符合

国家标准产品名单的通知”。名单共列出19个企业22个产品。此次市场调查时间为2004年3月中旬至4月下旬，采取市场随机抽样，共涉及全国18个省（自治区、直辖市）的数十个生产厂家的蜂蜜产品。具体工作由中国蜂产品协会蜂蜜专业委员会和国家蜂产品质量监督检测中心、秦皇岛出入境检验检疫局检验检疫技术中心共同承担。

（中国农科院蜜蜂研究所　闫继红　刁青云）

食用菌加工业

一、基本情况

2004年，我国食用菌产业与其他农产品产业一样受惠于党的正确领导和政府的优惠政策，继续保持了强劲的发展势头。在广大农村，出现了近几年少见的增产增收、国际国内市场两旺的良好局面。我国食用菌产业一直是国家高层领导关注、重视的产业。他们多次参加我国食用菌协会组织的重大活动，深入食用菌生产基地视察和指导。2004年8月13日，中共中央总书记、国家主席胡锦涛同志在四川省南充市视察工作时，鼓励当地要把食用菌产业做大做强。9月5日，国务院副总理回良玉在中国食用菌协会呈报的“针对日本实施‘种苗法修正案’，急需建立我国香菇DNA标准指纹图谱的请示”上作出重要批示：“此事事关我国食用菌产业的发展和广大菇农切身利益，务必采取有效举措积极应对”。9月7日至9日，九届全国人大常委会副委员长王光英参加了第二届食用菌餐饮（烹饪）大赛人民大会堂颁奖典礼，并为获奖者颁奖。全国政协副主席周铁农参加人民大会堂“2004年度全国食用菌行业重大新闻、新闻人物及最具影响力企业”的颁奖典礼，并为获奖者颁奖。党和国家领导人对食用菌产业的重视与关怀，进一步激励了广大菇农和企业职工的生产积极性。据全国27个省、自治区、直辖市统计，2004年全国食用菌产量已达1160.4万t，比2003年增长了11.72%；总产值达481.7亿元，比2003年增长10.03%；出口食用菌产品58.17万t，比2003年增长34.28%；创汇9.02亿美元，比2003年增长45.02%。我国广大菇农、企业职工、科技工作者、政府相关主管部门、中国食用菌协会等，在2004年为发展我国农业、调整农业种植结构、大力发展食用菌产业、增加农民收入和改善城乡居民生活质量等方面，做出了可喜成绩。

从全国发展来看，2004年我国食用菌产业年产鲜菇超过100万t的有河南、福建、江苏、山东等4个省；年产鲜菇40万～80万t的有河北、浙江、湖北、四川、陕西、湖南、辽宁、黑龙江等8个省；年产鲜菇10万～30万t的有吉林、江西、广东、安徽、广西、山西、重庆、上海、天津、云南、内蒙古、北京、贵州、新疆等14个省、自治区、直辖市；而产量在10万t以下的只有宁夏回族自治区。从食用菌年产值来看，河南、福建两省已超过50亿元；年产值已达20亿～40亿元的有山东、浙江、河北、湖南、江苏、四川、黑龙江、湖北、陕西等9个省；年产值达10亿～20亿元的有广东、辽宁、云南、江西、吉林等5个省；其余省、自治区、直辖市年产值均在1亿～10亿元或1亿元以下。在诸多省、自治区、直辖市中，江苏省食用菌产业发展比较快，其2004年产量已突破100万t，达114.3万t，比2003年增长15.81%，已成为全国食用菌产量超百万吨的前三位，其产值已达28.7亿元，比2003年增长35.7%。湖北、陕西、辽宁3个省食用菌产量，2004年均突破了40万t大关，与2003年相比分别增长了21.45%、9.34%、7.04%，因此这三个省食用菌的年产量由2003年全国的第三梯队而进入2004年的第二梯队。另据湖南食用菌协会报告，2004年湖南省食用菌总产量已达48万t，总产值达32亿元，比2003年分别增长15.67%和25%；消费量和市场价格与2003年相比分别增长11.5%和25%。以上事例，充分显现了我国食用菌产业的勃勃生机。

从品种发展来看，在我国食用菌的生产中，以平菇、香菇、双孢菇、毛木耳、黑木耳、金针菇等品种年产量居多，上述品种总产量约占2004年总产量81.26%。食用菌品种产量增减情况见表1。

由于我国食用菌产业继续高速增长，现在食用菌产量已占世界总产量的65%以上，年出口量已居世界第一位，我国的食用菌产业在世界上已具有举足轻重的地位。虽然我国在生产数量上已成为世界食用菌生产大国，但我们应清醒地认识到，我们还不是质量上的食用菌强国。我们深信只要业内人士不断努力，积极克服产业发展中遇到的种种困难和问题，不断开拓进取，我们一定会加快步入食用菌产业强国的步伐，而最终成为食用菌产业强国。

表 1　2004 年我国食用菌产量按品种划分增长情况　　单位：万 t

品　种	2003 年	2004 年	同比增减（%）	品　种	2003 年	2004 年	同比增减（%）
全国合计	1 038.7	1 160.4	11.72	秀珍菇		5.70	
平　菇	248.8	298.6	20.02	其他菇	36.60	19.70	−48.91
香　菇	222.8	246.9	10.82	姬松茸	4.2	2.7	−35.71
双孢菇	133.0	156.4	17.59	竹　荪	3.2	3.4	6.25
茶薪菇	9.3	12.2	31.18	毛木耳	98.5	90.9	−7.72
白灵菇	5.2	8.2	57.69	黑木耳	67.0	77.4	15.52
金针菇	55.8	72.7	30.29	银　耳	18.3	17.4	−4.92
小平菇	24.3	8.0	−67.08	灵　芝	4.90	6.0	22.45
草　菇	19.7	22.8	15.74	灰树花	2.50	5.0	100.00
鸡腿菇	17.8	22.7	27.53	牛肝菌	2.11	1.74	−17.54
滑　菇	17.1	17.4	1.75	茯　苓	14.6	15.9	8.90
猴头菇	3.05	1.5	−50.82	天　麻	13.6	11.6	−14.71
杏鲍菇	11.4	6.1	−46.49	松　茸		0.13	
姬　菇		22.30		羊肚菌		0.10	

二、科研、新产品、新技术

中国食用菌协会一直很重视食用菌的科研、新产品、新技术的研发工作，为贯彻落实中央提出的科学发展观战略思想，推动我国食用菌产业更快、更好地发展，协会特别明确 2004 年为“科技年”，倡导全行业紧紧依靠科技发展生产。为了更好地执行协会的“科技”战略构思和加强在行业中科技服务工作力度，协会报请中华全国供销合作总社和民政部批准，分别于 2004 年 4 月、7 月成立了“专家委员会”与“职业技能鉴定中心”两大科技服务保障组织。由于“专家委员会”2004 年参与了协会向科技部、农业部等政府部门的汇报，在中央 1 号文件指引下，使得相关政府部门对食用菌产业给予了较大的支持和倾斜。例如科技部过去每年对食用菌产业仅安排二十几项“星火计划”项目，而 2004 年却安排了 34 项，比以往增长了 70%；农业部在认定全国第三批农业产业化国家重点龙头企业中，增加了“上海大山合集团有限公司”，在财政、金融、税收等方面对这个生产加工食用菌的公司，给予了政策优惠；农业部还把黑龙江省东宁县列为全国创建第三批无公害农产品（黑木耳）生产示范基地县。此外，由于外交部和财政部的支持，使中国食用菌协会加入了国际蘑菇学会并于当年参加了国际蘑菇大会，在会上宣读了论文，交流了学术经验，从而提高了我国食用菌产业在世界上的地位和影响。

为进一步提高我国食用菌产业的科技水平，应对日本提出的“种苗法修正案”对我国食用菌产业造成的威胁，专家委员会组织各学科专家，发挥群体优势，首次提出采用“DNA”指纹技术对食用菌产品进行种质鉴定；还提出使用“DNA”指纹技术对我国食用菌菌种先建立一级图谱而后用现代生物学技术，确定我国生产的菌株特异性及遗传标记，从而在一级图谱的基础上制定更为准确的二级图谱的建设。为了推动我国香菇 DNA 标准指纹图谱及信息库的建设工作，协会和专家委员会除向有关部门申请支持外，已组织有条件的地方和单位对我国的黑木耳、肉口蘑、甜味口蘑等品种，用 DNA 指纹技术进行了种质鉴定，并着手建立以 DNA 为中心的生物信息库，目前这项工作已取得了良好的开端。为了吸取我国食用菌新品种知识产权得不到保护而流失国外的沉痛教训，专家委员会针对地方多年研究、驯化、试种成功的肉口蘑、甜味口蘑两个人工栽培的新品种，一方面对菌种、栽培技术等有关数据、资料进行严格保密；另一方面按国家新品种保护条例的有关规定，做好完善各种申报材料，按程序申报“专利”。使这两种产品有可能成为我国第一个有自主知识产权的食用菌新品种。

为加强食用菌产品质量监管工作，确保食用菌生产安全、产品质量安全，协会和专家委员会加大了对食用菌生产中投入品的监管力度。据统计，目前全国有近 30 家企业生产“克霉灵”、菇虫净、消毒王、菇宝乐、保菇神、膨大素、菇力源等近一百多种投入品，这些产品的质量对食用菌产品质量安全影响极大。2004年专家委员会针对目前国内食用菌生产中用量较大的“北京必洁仕公司”生产的“必洁仕”牌复方消毒剂、山西运城市瑞达丰公司生产的“克霉灵”杀菌剂两个投入品进行了复核和评议。最终提出了“必洁仕”牌消毒剂基本上符合质量标准，而“克霉灵”杀菌剂还存在一些问题，需要补充证明材料的复核、评议意见。这项工作为今后投入品的复核、评议和协会“推荐投入品产品”积累了经验。

2004年是协会在全行业开展“食用菌产品竞争力提升科技工程”的第二年，为了打好2004年定名为“菌种年”这一仗，落实国家的“种子工程”，专家委员会重点抓了“黑龙江省东宁县黑木耳的普查”、“7个国家级菌种保藏库的联合”、“食用菌优良品种的培育”和“菌种生产与管理体制的改革”等四个方面的工作。全面着手研究解决我国现有菌种资源不清，食用菌种质资源匮乏，优良菌种品种开发不适应生产、生活中的迫切需要，以及菌种生产与管理体制方面存在的“多”、“乱”、“散”等问题。这些工作的深入开展，加快了“食用菌产品竞争力提升科技工程”的实施，为提高我国食用菌产品的竞争能力创造了有利条件。

在协会和专家委员会的全面推动下，2004年全行业的科研、新产品、新技术取得了可观成果，已安排的34项“星火计划”项目分别取得了不少成效，具有国内领先技术水平的“庆科20”香菇新菌株通过了浙江省省级鉴定，其在浙江省已推广应用菌株4 158万段，创产值11 271万元，获利润5 866万元；“冬虫夏草研究”取得了新的突破，一种从天然冬虫夏草中分离所得的虫草菌株，经过纯化培养、深层发酵制备而成的高新生物技术产品，已成为替代天然虫草的新药源；我国菌草技术，经过20年的不懈探索，目前已有37种野生和人工栽培的菌草栽培出46种食用菌和药用菌，使我国菌草技术研究与应用处于国际先进水平；由天津塘沽区华大绿色食品有限公司与天津师范大学、天津市林业果树研究所共同承担的国家星火计划项目，“创汇珍稀食用菌规模化生产及深加工研究”已通过专家组验收。这些成果的获得，提高了本行业的科技实力，已成为我国食用菌产业做大做强的技术支撑。

三、出口创汇情况

2004年我国食用菌产品出口量为58.17万t，比2003年增长34.28%；创汇9.02亿美元，比2003年增长45.02%，仍然保持出口创汇连年增长的势头。据海关统计，出口量超过万吨的有12个省，出口创汇额超过1千万美元的省有12个。而福建、浙江、广东、辽宁、山东等5个省，其出口量与创汇额居全国前5位。具体详情参见表2。

表2 2004年我国食用菌产品出口数量与创汇额

地 区	出口数量（万t）	创汇额（万美元）	地 区	出口数量（万t）	创汇额（万美元）
全国总计	58.17	90 200	河 南	1.52	2 701
福 建	27.60	32 000	吉 林	2.05	2 300
浙 江	5.00	15 000	湖 南	0.95	1 200
广 东	11.20	13 000	江 西	0.53	800
辽 宁	8.63	10 239	江 苏	0.69	549
山 东	9.92	9 977	陕 西	0.21	525
安 徽	1.80	9 000	山 西	0.24	380
河 北		8 500	北 京	0.23	346
云 南	0.77	8 437	黑龙江	0.30	100
湖 北	7.65	5 600	天 津	0.10	15

从总体发展趋势看，我国食用菌产业在出口创汇方面继续保持了发展态势，增长幅度不低，这是值得我们高兴的事。但是我们应该看到取得这些骄人的成绩，又是来之不易的。自我国加入WTO后，国际市场上食用菌产品竞争越来越激烈。我们虽然在产量上具有资源优势，但我们在菌种的遗传育种、食用菌产品质量、卫生安全以及保鲜、深加工和相应的政策、法规、措施等方面还有多处技不如人或属空白，因此受到了一些发达国家和发展中国家方方面面的“打压”和“受限”，使我国蒙受了不少经济损失。日本2004年通过的“种苗法修正案”并加强实施力度，迹象表明其主要针对的是食用菌，因此我国食用菌产

业无疑将受到最大的冲击，迫使我们不得不提出应对举措。2005年4、5月澳大利亚和墨西哥对原产于我国的蘑菇罐头进行反倾销调查；10月18日美国对原产于我国的蘑菇罐头做出反倾销复审损害性裁决，美国将继续对我国蘑菇罐头征收反倾销税；而欧盟对我国出口的蘑菇罐头则实行关税配额，其关税配额管理通过颁发进口许可证的方式来实施。目前欧盟进口我国的蘑菇罐头大部分属于关税配额外进口，需支付高额附加关税。由于日本、欧美是我国蘑菇罐头的主要出口市场，他们采取的各种“壁垒”措施，使我国向这些国家出口的蘑菇产品明显下降。在这种激烈竞争形势下，我们能取得食用菌产品出口创汇继续增长的势头，这是由于政府各有关部门的大力支持和全行业的共同努力、积极采取应对措施的结果。为了今后更好地应对国际市场上对我国食用菌产品采取的诸如“技术”、“物种”、“贸易”、“质量”、“安全”、“政策”、“法规”等壁垒措施，我们应加大对食用菌产业的科技投入，加强以上诸多方面和领域的研究，加强行业间协调，遏制低价竞争，实行标准化生产，打造自主名优品牌，实行“名优品牌战略”，树立食用菌产品精品形象，完善并实施与国际标准接轨的政策、法规、制度、标准、办法，确保这一产业持续、健康、稳定的发展，使我们在国际市场竞争中立于不败之地。

四、行业工作

一年来，中国食用菌协会在理清发展思路的基础上，坚持生产、消费两手抓，与各地协会和全体会员共同努力，开展了以下卓有成效的工作。

1. 继续推行标准化生产，实现由数量增长向质量增长的转变 中国食用菌协会为使我国食用菌产业取得全面的协调发展，实现从注重产量增长向注重提高产品质量的转变，协会相继发布了“搞好集团研发，积极推进食用菌标准化生产”；“关于建立食用菌标准化生产示范基地的函”；“全面推进食用菌标准化生产，促进食用菌产业的新发展”；“全国食用菌标准化生产示范基地评审原则”等一系列指导性文件。由于协会的全面指导和积极推动，到2004年底，全国已有60家实施标准化生产的企业（或基地县）取得了实实在在的成果，广大企业和菇农得到了实实在在的实惠，使行业中积极推进标准化生产这一强有力的技术举施逐步深入人心，使食用菌产业在实现由数量型向质量型转型的征程上，向前跨进了可喜的一步。

2. 开发“餐桌经济”，促进社会消费 中国食用菌协会一直“坚持生产消费两手抓，注重消费”的指导思想，紧紧抓住消费市场这个龙头，从而带动了食用菌产业的发展。我国的食用菌产量和出口量均居世界首位，但出口量仅占当年国内鲜菇生产量的5%左右，而95%左右的食用菌产品主要依赖内销。据了解，日本、韩国和我国香港地区每人月平均消费食用菌产品已达3kg，而目前国内人月均不足1kg，差距很大。如果要达到人均月消费3kg的水平，我们的总产量还要翻两番以上，发展潜力很大，不容我们忽视这一巨大的潜在市场。由此可见，开发国内“餐桌经济、扩大内需”应是我国食用菌产业可持续发展的最大支持点。为了推动这项工作，协会先后组织了“第二届食用菌餐饮（烹饪）大赛”活动和“2004中国食用菌产业协调发展高峰论坛”会议。前者有来自全国各地近百名参赛选手参加比赛，外国使节在大赛开幕式上进行了现场食用菌菜肴烹饪表演，渲染了气氛，增进了国家间交流和友谊。赛后推出食用菌名店和食用菌特色店11家，全国食用菌烹饪名师1人，名厨5人，九届全国人大常委会副委员长王光英和30多家媒体参加了这次活动，这次活动取得了可喜的效果。后者活动由于全国著名营养专家洪昭光教授讲授了“食用菌与健康”，重申了世界卫生组织提出的“一荤、一素、一菇”人类健康膳食结构，不仅在业内人士产生积极反响，而且向消费者普及了食用菌知识，宣传了食用菌营养价值和保健作用，扩大了食用菌的影响，促进了全社会消费食用菌的良好作用。

3. 开展技能培训，提高全行业从业者素质 2004年中国食用菌协会向全业推行了职业技能培训，并启动了职业资格认证（技能鉴定）服务活动。向全国各省、自治区、直辖市食用菌协会发出了“关于开展‘菌类园艺工’职业技能鉴定工作的函”，组织编撰了《菌类园艺工》职业培训配套教材。在中国食用菌协会职业技能鉴定中心成立后，依托会员单位基础设施，制定培训计划，组织培训讲师，于7月成功举办了“菌类园艺工”职业资格培训班。有77人参加了理论知识培训，实际操作学习。最后经知识考试与技能鉴定，有14人获得初级职业资格证书，35人获得中级职业资格证书，27人获得高级职业资格证书。此次培训班产生了我国第一批持有“菌类园艺工”国家职业资格证书的菌类园艺工。为了加快职业培训步伐，中国食用菌协会职业技能鉴定中心，在山东职业技能鉴定点的基础上，批准成立了协会职业技能鉴定中心第一个分支机构。

4. 组织大型行业活动，搭建行业服务平台 我国幅员辽阔，情况各异。中国食用菌协会作为一个行业协会，在为会员、行业服务方面，工作很难面面俱到。针对这一特点，协会始终以开展大型活动为平

台，每年举办多次全国性的技术交流会、贸易洽谈会、高峰论坛会等大型行业活动，沟通思想、交流信息、介绍经验、树立样板、发展生产、促进贸易。2004年协会先后组织参与了4月在北京举办的“中国北京国际合作贸易洽谈会”，有多家食用菌企业参加，展示了食用菌行业的风采。5月主办了“中国（北京）第二届食用菌新产品、新技术展销会暨市场物流、产业形势和国际间合作交流峰会”，有600多名代表参会。会议期间，国内外客商洽谈活跃，成交可观。9月协会与牡丹江市政府主办了“中国东宁第一届‘黑木耳节’暨无公害黑木耳栽培技术研讨会”，会议充分宣传了我国黑木耳发展成就，并深入交流、探讨了黑木耳栽培技术。11月协会在浙江江山主办了“2004中国食用菌产业协调发展高峰论坛”，有400余名代表参会，有40余名国内外知名专家到会，分别就我国食用菌产业发展战略、焦点、技术、流通等相关问题进行了研讨。会后编撰了这次高峰论坛的论文集。与此同时，全国各地协会，食用菌活动也颇为频繁。山东、辽宁、吉林、云南、浙江、福建、河北等省有关县市，也开展了多种多样的类似活动。以上活动的开展，搭建的大大小小的为行业服务的平台，使行业中各企业、业内人士、广大菇农受益匪浅，在我国食用菌产业发展中发挥了积极作用。

5. 开拓国际交流与合作　加强国际食用菌交流与合作，是促进食用菌发展的重要途径。中国食用菌协会高度重视食用菌领域特别是食用菌科技领域的国际合作与交流，积极参与食用菌界国际事务活动。目前中国食用菌协会已与日本、德国、欧盟、北美、澳大利亚等国家相关食用菌组织，开展了工作联系与交流，寻求双边合作项目。2004年3月经国务院批准中国食用菌协会正式加入国际蘑菇学会组织。2005年1月中国食用菌协会会长顾二熊进入第一届国际蘑菇学会执委会并被选举担任副主席职务，从而进一步提高了我国食用菌行业在世界行业中的地位，为我国食用菌界走向世界创造了有利条件。2004年2月，我国与欧盟签订了“小蘑菇大商业”为期2年的食用菌合作项目，项目的任务是交流中荷两国食用菌现状和发展，培训中国食用菌技术人员，寻求两国间的合作。同年9月我方派出代表团赴荷兰执行“小蘑菇大商业”项目，进行了培训、学习和交流。2004年3月协会派出张金霞、赵炳等专家、企业家，代表协会参加在美国佛罗里达州迈阿密召开的“第16届国际食用菌科研暨食用菌栽培大会”。同年10月协会接待了国际蘑菇学会主席马克·贝克博士来华访问，双方在北京就我国食用菌产业与国际间的交流与合作进行了有益的会谈。

（中国食用菌协会　林彩民）

烟草加工业

2004年，我国烟草行业始终坚持“做精做强主业，保持平稳发展”的基本方针，依靠行业广大干部职工的团结拼搏和共同努力，全行业继续保持了平稳发展的良好态势。

一、基本情况

2004年，全行业累计实现工商税利超过2 100亿元，同比增加452亿元，同比增长26%。其中实现工商税金1 414亿元，比上年增加225亿元，创历史最好水平。烟叶全年共签订收购合同365万份，移栽烤烟100.47万 hm^2；年度累计收购烟叶180.9万t，同比多收19.6万t，完成年度调控目标的104.5%。其中，烤烟同比多收19.0万t，完成年度调控目标的105.6%。卷烟产量为18 735.9亿支，同比增加844.5亿支，同比增长4.7%；卷烟销售18 778.6亿支，同比增加804.0亿支，同比增长4.5%。年末卷烟工商库存1 304.4亿支，保持较低库存水平。全年共出口烟叶15.9万t，出口卷烟163万件，实现出口创汇5.2亿美元，同比增长9%。全行业共查出卷烟制假案件26.9万起，收缴假烟68.7万件，捣毁制假窝点2 805个，查获制假烟机1 890台。8家卷烟工业企业上划中烟实业发展中心管理，至此规划的17家工业公司均已成立。关停10万箱以下规模的小烟厂7家，兼并3家；联合重组非重点卷烟工业企业17家。截至2004年底，全行业具有独立法人资格的卷烟工业企业由年初的84家减少到57家。年内生产牌号423个，比上年减少了124个。全国现有的415万个持证零售户中，实现电话订货的达到376万户，占零售户总数的90.6%，比上年增加71.4%；实现电子结算的达到146万户，占零售户总数的35.2%，比上年同期增长91.6%。全年取消县级烟草公司的法人资格561家。全年获得国家局年度科技进步奖的重大科技攻关与推广项目共14项，通过国家局组织鉴定的最新科技成果16项。

二、科研、新产品、新技术

1. *理顺工作思路，深化理论概念* 在2004年4月份召开的全国烟草科技工作会议上，行业进一步明确提出了“坚持中式卷烟的发展方向，以培育名优品牌为基点，深入研究中式卷烟的理论内涵和技术关键，以降焦减害、降低生产成本为中心任务，进一步增强我国卷烟产品的竞争力”的工作思路。3月29日至9月30日，通过采取多种方式，在行业内外积极开展中式卷烟大讨论，征集了一大批讨论论文，从不同角度、不同层次上全面而深入地探讨了中式卷烟理论内涵与关键技术，编辑出版了《中式卷烟理论内涵讨论论文汇编》，中式卷烟基本理论概念得到进一步深化。

2. *大力开展中式特色工艺技术交流与示范推广工作* 特色工艺技术是构筑中式卷烟的核心技术，在提高制丝质量项目的基础上，2004年全面启动了特色工艺技术研究工作，制定了研究工作方案，组织8家卷烟工业企业开展特色工艺技术研究试点工作。11月份在红河卷烟厂观摩、交流了“以三级配方为核心的全配丝”特色工艺技术，对企业的科技进步带来了积极的影响，中式卷烟特色工艺技术取得了实质性进展，行业内重技术、重人才之风明显增强。

3. *制丝工艺技术水平分析及提高制丝质量的技术集成推广工作全面展开* 在继续开展5家试点企业和第一批7家示范企业的制丝技术集成推广工作的基础上，2004年又拓展了第二批8家示范企业，同时还扩大了制丝项目的技术内容。20家试点企业和示范企业的卷烟产品质量水平明显提高，经济效益明显提高，有的企业通过应用制丝工艺技术就使单箱成本降低200元左右。

4. *烟草种植区划研究及为烟叶安全和提高烟叶质量的研究工作开展顺利* 目前全国约有20个烟叶主产省份的种植区划研究工作已经全面展开，云南等7个烟叶主产省的典型区划研究工作也已正式启动。全国烟叶质量主要化学成分分析等“三大分析”工作深入进行，烟叶质量主要化学成分分析数据库已经基本建立，可以为卷烟配方设计、加香加料、优化烟叶资源配置提供重要而丰富的基础数据信息。

5. *降焦减害工作取得显著进展* 焦油量是衡量卷烟技术水平的综合指标，一年来通过积极组织科技成果推广和应用工作，使产品质量、技术含量和竞争力明显提高。2004年全国卷烟焦油含量加权平均值为13.6mg/支，比2003年的14.3mg/支降低0.7mg/支。

6. *科技成果水平在提高，知识产权和专利意识在增强* 2004年国家局组织的科技成果鉴定共30项，其中14项获得国家局科技进步成果奖。《烟草科技》杂志被美国《化学文摘》（CA）选定为录用期刊，同时被北京大学期刊评价权威部门评为“国家级核心期刊”。通过制定烟草行业开展知识产权保护工作方案、举办烟草知识产权研讨会、专题讲座等形式，进一步增强了全行业知识产权的保护和应用意识。截止2004年11月底，又有一批烟草专利申请并获得了批准，国家知识产权局公开/公告中国烟草专利462件。其中，烟草行业内31家单位共申请了70件，比2003年同期明显增多。

三、国内外市场状况

（一）烟叶市场

1. *烟叶生产* 2004年全球烟叶总产量为573.5万t（美国农业部估计数据），比2003年增长6.8%。其中，巴西烟叶产量增加24万t，占全球增长总量的66%。从2001—2004年整体发展特点看，巴西、中国、印度、美国、马拉维、印度尼西亚这6个主要烟叶生产国的烟叶生产量占全世界烟叶生产总量的比重呈逐年上升趋势，6国烟叶生产量占全球烟叶生产量的比例2001年为64.1%，2002年为67%，2003年为68%，2004年比2003年上升了2个百分点。2004年全球烤烟生产总量为358.7万t，比2003年上升了5.7%。巴西烤烟生产增幅最大，部分弥补了全球烟叶市场因津巴布韦烟叶产量锐减造成的市场空缺。为了尽量降低对巴西烤烟的依赖度，目前烟草生产商们正在积极寻找除巴西外的津巴布韦烟叶的替代品，开拓新的烟叶供应地。近几年，非洲国家包括坦桑尼亚、赞比亚、马拉维、乌干达、肯尼亚、刚果等国家烤烟产量不断增加，逐渐发展成为烟叶供给的重要来源地。2004年，烤烟产量在20万t以上的国家有中国、巴西、美国、印度，这4国合计产量占全球总量的75%，其中中国所占比重约为45%。

2. *烟叶贸易* 在出口方面，2004年世界烟叶出口总量为209.6万t，与2003年基本持平。从2000—2004年的整体发展态势看，除2000年世界烟叶出口量为196万t（干重，以下同）外，2001—2004年基本保持在200万～210万t。从主要烟叶出口国家的发展趋势来看，巴西烟叶出口量不仅持续位居第一，而且近年来保持着较高的增长速度，

2004年巴西烟叶出口量比2003年提高了21%。中国的烟叶出口近几年保持着平稳增长之势，美国的烟叶出口量保持基本稳定，土耳其、意大利略有下降，马拉维有所上升。在进口方面，2004年世界烟叶进口总量为186.4万t，比2003年下降了8.3%。近年来，俄罗斯一直是烟叶进口第一大国。从几个主要的烟叶进口国家2003年到2004年的变化情况看，俄罗斯烟叶进口量从2003年的29.3万t下降到2004年的27.5万t，美国从26.1万t上升到27万t，德国从19.5万t下降到17.5万t，英国从8.8万t增加到10万t，2003—2004年日本和荷兰烟叶进口量变化不大。

（二）卷烟市场

全球卷烟市场是受需求主导的，目前总供给与总需求基本平衡。2004年，全球卷烟产量约为5.75万亿支，其中中国产量占全球卷烟供给总量的33%。除中国外，卷烟产量位居世界前10名的国家2004年合计卷烟产量占中国以外世界卷烟总产量的50%以上。从最近几年的变动趋势来看，发达国家的卷烟产量在不断下降，尤其是美国、英国、德国、日本、荷兰等国，呈现出较为明显的下降趋势；而发展中国家的卷烟产量稳中略升，尤其是俄罗斯、巴西、乌克兰、越南、埃及、巴基斯坦等国，呈现出较为明显的上升趋势。

2004年全球共消费卷烟5.8万亿支，卷烟消费总额约3 600亿美元。中国卷烟消费量占全球总量的32%，但按现行汇率计算，其消费额仅占全球消费总额的14%。从卷烟消费类型来看，近年来全球中低焦油卷烟市场不断扩大。欧盟从2004年1月1日开始执行新的卷烟含量最高限量标准，规定欧共体市场上出售的卷烟，其焦油、烟碱和一氧化碳含量不能超过10mg、1mg和10mg，并且不能冠以“柔和”、“淡味”之类的字样。在日本市场，焦油量在3mg以下的卷烟在2004年所占市场份额已达22.5%。与此同时，美式混合型卷烟市场也在不断扩大，2004年美式混合型卷烟占全球卷烟总量的比重已接近40%，比上年上升了2个百分点。2004年，世界四大卷烟市场——中国、美国、日本和俄罗斯的卷烟消费量占全球卷烟消费总量的一半以上，仅中国几乎就占1/3。然而，如果按照价值计算，美国的消费额约为720亿美元，比中国的消费额高200多亿美元。总体来看，发达国家的卷烟销量因人们对健康的关注而在缓慢下降，但卷烟价格呈上升趋势；而发展中国家的卷烟销量因人口众多而不断增加。尽管全球的经营环境都在恶化，但是中国卷烟市场仍保持增长，其主要原因是中国卷烟销量增加。

不同地区其卷烟消费状况有所不同，东欧是继亚太地区和西欧之后的第三大卷烟市场，其中俄罗斯约占45%，是过去两年内少数几个销量增加的国家之一（此外还有乌克兰和捷克）。这一地区的消费趋势是销量逐步下降而销售额逐渐上升。拉丁美洲2004年的卷烟销量接近2 500亿支，其中巴西的销量占40%以上，是该地区最大的市场；其次是墨西哥和阿根廷，其他国家中只有智利、委内瑞拉和哥伦比亚的年销量超过100亿支。同时，这些国家的销量在过去5年中一直在减少。亚太地区也是卷烟销量最大的地区，2004年卷烟销量占世界销量的50%以上，销售额则占全球的30%，该地区具有全球卷烟销量增长的主要推动力；而欧洲正面临着卷烟销量下降的趋势。非洲和中东的销量还在继续增长，跨国烟草公司正热衷于抢占这些地区的市场。

四、质量管理与标准化工作

1. *加强了烟机检验和卷烟条码的清理* 21个省级烟草质检站通过审查认可、复验，基础管理工作进一步加强。2004年，完成了34台（套）烟机和5个批次的零配件的鉴别检验。经与中国物品编码中心共同研究，有效地解决了长期以来存在的卷烟商品“厂商代码归属”问题，避免了因卷烟商品条码大幅度调整而导致的诸多麻烦和经济损失。卷烟商品代码、行业组织机构代码的维护工作继续深入进行，全年共备案或解决有问题的卷烟条码2 210条（包括盒、条、件码），清理停产停用条码3 787条，进一步推动了行业信息化建设。

2. *烟草行业标准化工作全面推动* 为加强标准化工作，2004年8月份国家局专门成立了标准化处，标准化机构建设得到进一步加强。2004年国家局批准发布了12项行业标准、27个卷烟感官标准样品。还对现行使用的300项各类标准进行了系统清理，报批国家标准9项，其中包括《卷烟》国标（已进行WTO/TBT通报）等；行业急需的部分重要标准项目，已经完成启动工作。积极配合全国标准化委员会的统一部署，30个县的烟草行业标准化示范县工作取得了新的成效，其中20个标准化示范县已经顺利通过了检查验收，受到了国家标准化委员会的好评。

3. *进一步完善了技术创新体系建设，为加速全国烟草科技进步奠定了基础* 作为烟草行业技术创新体系的龙头，郑州烟草研究院投资2亿多元进行了易地新建，搬迁工作基本完成。到2004年底为止，烟草行业已经有7家国家级企业技术中心、9家行业级企业技术中心，其中6家博士后科研工作站，在科技进步和创新方面发挥了积极作用。为了进一步完善农业科技推广体系，加快科技成果转化步伐，2批共8家全国优质烟叶生产科技示范基地建设工作进展顺利、富有成效。

4. 区域统一批发价工作全面铺开　2004年4月1日，京津冀三省市在全行业实现区域统一卷烟批发价。以此开始，行业稳步推进卷烟区域统一批发价格工作。到2004年底，各省级局（公司）全部加入统价区域，全国形成华北、东北、西北、华东、华南五个卷烟统一批发价格区域。

5. 信息化建设稳步推进　2004年，卷烟生产经营决策系统的建设进入二期全面实施阶段；烟草行业办公自动化电子公文远程传输系统已于9月1日正式启动，国家局各直属单位报送公文实现了电子公文远程传输。

五、行业工作

1. 企业组织结构调整取得明显进展　2004年该行业对近30家卷烟工业企业实施关停和联合重组，截至年底，具有法人资格的卷烟工业企业调整到近60家。同时，商业企业也加快了取消县级公司法人资格的步伐，全行业具有法人资格的县级公司已由原来2 000多家减少到1 100多家。经过流程再造的成功探索，地市级公司逐步成为市场经营主体。

2. 品牌整合成效显著，《百牌号目录》出台　通过联合重组，重点企业规模扩张，品牌集中度提高，品牌的市场拓展力提升。现已形成了百万箱以上的大型工业企业和企业集团15个，品牌由原来的1 000多个减少到目前的350多个。红梅、红河、白沙这些优势品牌的产量已突破百万箱。2004年8月23日，《卷烟产品百牌号目录》颁布出台，规定今后2～3年时间里，全行业卷烟产品生产和销售牌号（四、五类除外）压缩到100个左右。

3. 工商管理体制分开工作取得明显效果　2004年10月28日，随着江西中烟工业公司成立揭牌仪式的举行，全行业的工商分开工作取得了阶段性成果，共有16个省（自治区、直辖市）先后成立了工业公司，未成立工业公司的省份所属的8家卷烟工业企业划归中国烟草实业发展中心管理。

4. 探索新型工商关系，着力提升网建水平　本着“平等互利、互动互信、资源共享、效率责任”的原则，2004年6月和11月，全国卷烟销售网络建设现场会分别在大连和福建召开，推广了他们建立新型工商关系、着力提升网建水平的经验。

5. 烟草行业依法实施行政许可　2004年7月1日，《行政许可法》正式实施。烟草行业根据《行政许可法》对行业原有的审批项目进行清理，依法实施烟草专卖行政许可。国家烟草专卖局共保留行政许可项目11项，非行政许可审批项目11项。

6. 加强行业人才队伍建设　行业始终把努力建设一支高素质的人才队伍作为一项重要任务常抓不懈。2004年3月底，首届烟草行业人才工作会议召开；随后，国家局党组相继出台《进一步加强人才工作的决定》和《国家烟草专卖局关于加强烟草行业高技能人才队伍建设的意见》；2004年12月，“中华杯”首届全国烟草行业烟机设备维修职业技能竞赛在上海举行。

7. 中国烟草博物馆开馆　2004年7月15日，中国烟草博物馆在上海开馆，陈设文物、文献等展藏品16万件，是目前世界上规模最大、投资最多的烟草博物馆。

（郑州烟草研究院　王英元）

酿　酒　工　业

一、基本概况

（一）生产情况

根据国家统计局统计，2004年我国饮料酒总产量约为3 464.48kl。其中白酒为311.7万kl，同比增长2%；啤酒为2 910.05万kl，同比增长15.2%；葡萄酒为36.73万kl，同比增长14.7%；黄酒180万kl；果露酒26万kl；酒精为285.96万kl，增长12.5%。各酒种产量前十名的省份（自治区、直辖市）排序分别为：啤酒有山东、广东、黑龙江、浙江、辽宁、河南、江苏、福建、北京、安徽；白酒有山东、四川、江苏、河南、安徽、辽宁、湖北、吉林、内蒙古、河北；葡萄酒有山东、河北、天津、新疆、吉林、北京、河南、甘肃、安徽、云南；酒精有山东、吉林、黑龙江、河南、江苏、广西、天津、云南、四川、安徽。

（二）效益情况

根据国家统计局统计，2004 年我国酒业规模以上企业共完成销售收入为 1 478.77 亿元，利润完成 101.9 亿元，完成税金 227.85 亿元。其中白酒完成销售收入 613.0 亿元，同比增长 12.41%；利润完成 58.66 亿元，同比增长 38.77%；完成税金 100.10 亿元，同比增长 9.87%。啤酒完成销售收入 623.94 亿元，同比增长 17.58%；利润完成 30 亿元，同比增长 32.72%；完成税金 111.35 亿元，同比增长 13.1%。黄酒完成销售收入 37.74 亿元，同比增长 16.11%；利润完成 2.97 亿元，同比增长 16.11%；完成税金 3.77 亿元，同比减少 0.65%。葡萄酒完成销售收入 74.34 亿元，同比增长 17.06%；利润完成 8.45 亿元，同比增长 12.07%；完成税金 9.30 亿元，同比增长 4.3%。果露酒完成销售收入 31.3 亿元，同比增长 16.11%；利润完成 1.82 亿元，同比增长 39.00%；完成税金 3.33 亿元，同比增长 69.45%。酒精完成销售收入 98.44 亿元，同比增长 35.13%；利润完成 2.18 亿元，同比增长 104.00%；完成税金 5.61 亿元，同比增长 15.83%。各酒种按效益情况排序前 10 名省份（自治区、直辖市）分别为：

1. *啤酒* 税金为山东、广东、浙江、黑龙江、辽宁、福建、江苏、北京、湖北、四川；利润为广东、山东、湖北、四川、辽宁、福建、浙江、北京、广西、陕西。

2. *白酒* 税金为四川、贵州、山东、安徽、江苏、山西、广东、内蒙古、河北、北京；利润为四川、贵州、山东、内蒙古、安徽、江苏、山西、湖北、河南、湖南。

3. *葡萄酒* 税金为山东、天津、河北、北京、吉林、新疆、云南、甘肃、上海、宁夏；利润为山东、天津、河北、北京、陕西、上海、河南、云南、甘肃、辽宁。

4. *黄酒* 税金为浙江、上海、江苏、安徽、山东、广东、北京、河南、湖北、福建；利润为浙江、上海、江苏、山东、广东、安徽、广西、湖北、河南、北京。

5. *果露酒* 税金为海南、湖北、内蒙古、宁夏、广东、湖南、广西、江西、北京、上海；利润为湖北、海南、宁夏、内蒙古、广东、黑龙江、北京、山东、江西、湖南。

6. *酒精* 税金为江苏、黑龙江、河南、天津、山东、吉林、安徽、四川、广西、广东；利润为河南、山东、黑龙江、江苏、吉林、山西、四川、河北、广西、湖北。

二、发展特点

1. *产业结构不断完善，酒业盈利能力逐步提高* 随着国家产业政策调整的逐步落实，人们生活水平的不断提高和健康意识的增强，我国酿酒行业产业结构得到合理的调整。从 2004 年国家统计局统计的规模企业各项经济指标的结果来看，全国酿酒行业产量略有增长，经济效益大幅提升。在各酒种中，啤酒行业产量继续居世界第一位，且有望突破 3 000 万 kl 大关，啤酒与葡萄酒的增长速度列各酒种前列。在 2004 年各企业解决原料涨价等不利因素，利润同比增长 30.80%，又有较大幅度上扬。葡萄酒呈现朝阳产业的活力，依旧保持较高的增长速度和较高的利润率。白酒作为国家控制的产品，在产量保持稳定的基础上，销售收入和利润均有较大幅度的增长，特别是利润增长近四成。2004 年，四川、山东、安徽三个产酒大省产量下降，但经济效益都有增长。白酒产量前 20 位企业中有 10 个企业的产量下降，但销售收入排名前 20 位的企业中除 1 家下降外，19 家企业都得到了增长。这说明在 2001 年开始执行的从量消费税的影响依旧存在的情况下，白酒企业结构调整、产品结构调整成效显著，盈利能力得到大幅提升。由于人们生活水平的提高，消费者健康、保健意识的增强，果露酒、葡萄酒、黄酒等酒种得到高速发展。

2. *品牌影响力进一步向骨干企业集中，规模经济进一步凸显* 在白酒税制影响、啤酒原料涨价、葡萄酒基地遭遇灾害等因素的影响下，龙头企业品牌产品都表现出了较强的抗风险能力。有关调查机构的调查结果也显示，品牌已经成为消费者选择酒品的第一考虑因素。白酒行业前 20 位企业的利税总额达到 104.77 亿元，占全国白酒利税总额的 87.08%；其中五粮液的税利总额占白酒税利总额的 24.05%，利润占白酒总利润的 41.77%；茅台的税利总额占白酒税利总额的 15.18%，利润占白酒总利润的 22.03%。2004 年利润超过 1 亿元的企业为五粮液、茅台、剑南春、泸州老窖、全兴、河套、汾酒 7 家，7 家利润总额达 45.32 亿元，占白酒利润总额的 77.25%。啤酒行业产品区域性消费特点较为明显，但随着青岛、燕京、珠江、华润等企业全国战略布局的逐步深入，啤酒品牌也开始突破地域。啤酒 2004 年利税总额超亿元的企业有 29 家，利税总额达到 75.39 亿元，占全国啤酒利税总额的 53.34%。葡萄酒行业中张裕、王朝、三家长城、威龙、华东七家企业的利税总额占本行业的 87.66%；黄酒行业中绍兴黄酒集团、上海金枫、绍兴东风酒厂三家企业利税总额占本行业的

49.63%；果露酒中海南椰岛鹿龟酒、湖北劲酒两家企业利税总额占本行业的60.39%。

3. *资本运作风起云涌* 2004年酿酒行业资本运营风起云涌，业外资本尝试水酒业，业内资本扩张企业整合非常活跃。2004年内，全国酿酒行业资本运作额达60亿元以上。面对越来越多的国外洋酒企业虎视眈眈地觊觎国内市场的态势，我国酿酒企业在规模竞争中，只有加快资本整合和资源整合，才会在更激烈、更讲游戏规则的市场竞争中抢得先机。

4. *加快技术创新、提高产品质量是酒业不断的追求* 随着国家产业政策的影响、国企改革的不断推进、市场经济体系的不断完善、消费者保健意识的增强等变化，根据市场的特点，如何培养消费者对产品的忠诚度，扩大市场需求，构筑合理的产品结构，不断提高产品质量，增强产品的技术含量，实现利润最大化，已成为我国酿酒企业当前和今后工作的主题。2004年，白酒低度化趋势更为显著，产品升级换代步伐加快。低酸、低脂、低甲醇类白酒和利用苹果、葡萄等水果作原料开发出的水果发酵蒸馏白酒，这些适应市场的个性化产品得到快速发展。强调卫生、安全、健康的新品种研发和推广得到进一步重视。啤酒企业纷纷进军高端啤酒市场，推出纯生化啤酒、不使用甲醛助剂啤酒等高技术产品的企业不断增多。黄酒正在从传统走向现代，黄酒企业一直在降低黄酒的甜度，生产以干酒、半干酒及半甜型酒为主体黄酒产品。绍兴黄酒集团的“纯生黄酒”项目，是目前黄酒行业中科技含量最高的生产线；采用冷冻过滤解决了一直困扰黄酒行业的黄酒沉淀问题。一些黄酒的名牌企业经济效益也大幅提高。

5. *区域化营销和抢占高端成为酿酒企业提高竞争优势的重要手段* 在市场竞争的推动下，我国酿酒企业在2004年普遍研究投入与产出的关系，制定企业的发展战略。在经历了盲目的广告酒时代、全面开花的铺货促销时代、产品开发时代、终端渠道时代等种种方式的营销手段，酿酒行业在2004年开始了在竞争中反思，在改进中不断探索新营销方式的举措。区域化营销成为酒类企业营销方式新的选择。从2004年的全国酒类市场上看，不论是已经有市场基础的老牌企业，还是新品牌，酿酒企业不再一味地大面积地运作全国市场，而是转到有竞争力的区域市场上来，开始选择几个重点市场进行精耕细作，并由此辐射周围市场。而一些地方名牌酒品，更是利用自己得天独厚的地方优势，做好“家乡父老乡亲”的工作，成为一方诸侯，取得了可喜的利润。在2004年我国酿酒企业前100强中，有不少这样的企业通过这种方式大幅提高了效益。高档酒树形象、中档酒占市场，是2004年酿酒企业比较统一遵循的发展措施。全国性的名优酒和一些地方名酒2004年不断推出高端产品，树立形象，抢占高端市场，赢得消费者的喜爱，也为企业创造了不少的利润。如白酒行业中泸州老窖的国窖1573、全兴的水井坊等酒文化的深度挖掘；啤酒行业几大巨头纷纷在南方建厂，投资规模巨大，目的就是要抢占高端市场这块阵地。啤酒企业中青岛、燕京、华润、珠啤等企业的纯生化、高端啤酒、保健啤酒，葡萄酒行业的张裕、长城、王朝、威龙、通化等企业酒庄酒、年份酒、单品种酒、冰酒，黄酒行业中石库门上海老酒、帝聚堂等，都在2004年的酒类产品市场上受到欢迎。

三、我国酒类产销存在的问题

1. *产品创新乏力* 目前，我国酒类企业生产盲目发展问题仍未彻底解决，产品供大于求，行业内部竞争严重。据有关部门统计，全国酒类生产企业数万余家，其中啤酒企业近500家，黄酒企业约700家，酒精企业200余家，葡萄酒企业200多家，其余均为白酒企业。小酒厂数目众多，规模较小，这些企业大多处于微利甚至亏损状态。国家对白酒消费税的调整，充分暴露了白酒生产中的问题，即对产品研发缺乏投入，产品缺乏创新。一些企业盲目追求产量，个性化产品较少，仿效代替了严谨的产品开发程序。啤酒口味也是渐趋雷同，葡萄酒同质化现象严重，黄酒口味变化不大。市场经济需要的是多样化、个性化的产品来满足个性化、多样化的消费需求。

2. *市场秩序混乱* 目前出现一些假酒和营销秩序混乱，制售假冒伪劣产品现象十分严重，假酒中毒事件时有发生。从国家商务部、工商总局、质检总局去年9月公布的“专项整治活动”的成果来看，更加说明了市场秩序依法治理的紧迫性。

3. *缺乏全国性规则，地方保护主义抬头* 地方保护主义一直是酒类产销秩序混乱、不能实现真正的优胜劣汰的重要原因之一。虽然地方法规对加强各地的酒类产销管理起到了积极的作用，但是一些法规不同程度地保护了本地的酒类产销，限制或封锁了外地酒的公平竞争。对小型企业和个体经营户不能查实征税，造成了税收大量流失，同时使各地企业之间的竞争不平等。种种做法，严重地阻碍了全国市场地形成，造成了很多的不公平竞争。

四、发展趋势

1. *产业政策与有关标准将成为影响行业发展的*

重要因素　商务部关于酒类产品批发、零售两个标准的即将颁布实施、葡萄酒国家标准的出台、啤酒国家标准和企业用水标准的发布、露酒 GMP 的强制认定、黄酒淡爽型行业标准的制定，以及国家对燃料酒精项目的支持、啤酒、葡萄酒及果酒等食品类产品列入市场准入管理制度等，这些政策、标准、规定将对我国酒类产业的发展产生巨大的影响，影响着酒业的生产、市场、技术创新、环保等方面。

2. 健康、安全、个性化是酒类企业产品调整的重要依据　随着人民生活水平的提高，保健意识的增强，低度、健康、卫生将成为消费者选购酒类产品的重要指导方针。葡萄酒、啤酒、果露酒等快速增长，白酒的市场总量还会继续下降，白酒开发的低酸、低脂、低甲醇、低杂醇油的净爽类白酒，为适应农业产业化要求而利用苹果、山楂等水果作原料开发的新风格、新口味的水果发酵蒸馏白酒，是白酒行业发展的新增长点。啤酒品种继续向多样化发展，不使用甲醛、纯生化是发展方向。国际市场上流行的葡萄酒品将成为我国葡萄酒品种发展的主要方向。黄酒将降低其甜度，以干酒、半干酒及半甜型酒和营养型为主体。

3. 品牌依旧是酒类企业获取竞争力的法宝　白酒行业中的老名牌茅台、五粮液、汾酒等品牌，啤酒行业的青岛啤酒、燕京啤酒、珠江啤酒、雪花啤酒，黄酒行业的古越龙山、会稽山、塔牌、上海石库门等，葡萄酒行业的张裕、长城、王朝、威龙等，果露酒中的椰岛鹿龟酒、劲酒、竹叶青，都是行业中的知名品牌，这些品牌都是从历史的风雨中逐渐积淀下的、获得了消费者较高的忠诚度。不管行业如何发展变幻，这些品牌都保持了较高的生命力和持久力。在成熟的市场竞争环境中，品牌成为一个企业产品市场竞争力的重要表现。酿酒行业的品牌不仅反映出酿酒企业在当前市场竞争态势下的优势所在，还体现出其历史文化沉淀下来的无可比拟的优势，对企业具有超强的保护能力。

4. 资本运作将会愈演愈烈　国内酒业已经进入了行业整合并购的时期，进一步做大做强是我国酒业一个必然的要求。白酒行业为了提高效益、规避行业风险，白酒企业国退民进和经营多元化必将加速发展。白酒业除了向低度酒、水果酒方面扩展外，许多大型企业集团将根据自身的实际情况，进行多元化经营。啤酒企业将会进入新一轮资本整合期，内外资本进一步进行较量。国内的啤酒集团从低成本扩张逐步走向强强联合。黄酒行业也将异常活跃。业外资本的进入，业内资本扩张，黄酒这一传统行业将进入资本运作中去。葡萄酒行业，现已进入改制阶段。

5. 技术创新是企业永远的主题　技术是第一生产力，是不容置疑的。我们的酿酒企业在竞争中应抓住企业发展中本质的东西。提高竞争力，不是靠价格，而是靠品牌，靠质量，解决这些问题的方法首先是进行技术创新。酒业必须根据自身的特点和优势，通过多渠道联合进行技术创新，依靠生物工程技术、信息工程技术来改造传统的生产技术。

6. 终端竞争更加白热化　随着酒业竞争的加剧，终端市场酒店将成为厂家博弈的主战场，不正当竞争依旧存在，但骨干企业的竞争将会趋向理性化。外资渗透的力度将会进一步加大，培育其品牌的认知度并加剧酒业竞争。对于啤酒、葡萄酒行业来说，尽可能多地扩大市场，增强影响力，将更多的目光目标瞄向终端，关注消费者。

五、行业工作

（一）2004 年行业标准制修订工作

1. 为了整顿和规范酒类流通市场的秩序，中国酿酒工业协会受国家商务部委托主持制订了《酒类批发业开业技术条件》和《酒类零售业规范》两个管理标准，并协助商务部开建了酒类产品信用档案。

2. 中国酿酒工业协会啤酒分会和中国食品发酵工业研究院接受国家发展和改革委员会资源综合利用司的委托，编制了 2005 年、2010 年、2015 年各省市地区的单位产品取水量和生产用水重复利用率定额，以指导各地区产业结构调整时的水资源安排。《啤酒工业取水标准》于 2004 年发布。

3. 中国酿酒工业协会黄酒分会在中国食品发酵标准化中心指导下，由江苏省酿酒协会黄酒专业协会牵头，会同浙江省轻工研究所、浙江有关企业、江苏省相关企业起草了清爽型黄酒和烹饪黄酒标准。最后的函审稿在分会二届五次常务理事会上征求了意见。根据二届五次常务理事会的提议，要求制订“花色黄酒”和“糟烧”酒行业标准，并列入 2005 年的标准制订计划。

4. 中国酿酒工业协会葡萄酒分会协助标准化部门修订了 GBryl053 葡萄酒国标，现已修改完毕上报，等待上级审批发布。

5. 根据《全国食品标准 2004－2005 年发展计划》的要求，今后各种香型的高、低度白酒合并为一个标准。中国酿酒工业协会白酒分会组织了《浓香型白酒》、《清香型白酒》、《米香型白酒》、《固液法白酒》标准的研讨工作，为今后标准合并做好了准备。

6. 中国酿酒工业协会酒精分会编写了酒精行业技术指标统计方法，完成酒精水污染物排放标准的修订。参与完成了二氧化碳国标的修改和固液白酒标准的制订工作。

（二）2004 年部分其他行业活动

1. 组织召开“全国酿酒行业百家先进企业、百名先进个人表彰大会” “全国酿酒行业百家先进企业、百名先进个人表彰大会”于 2004 年 11 月 11 日在北京人民大会堂召开。全国总工会、国家发改委、国资委、商务部、民政部、国家工商总局、国家质监总局、中国轻工业联合会等单位的领导和与会代表 300 余人出席了会议。会议起到了表彰先进、推动行业、赶学先进、开拓进取、再攀高峰的示范作用。这次会议的亮点是，给长期战斗在行业科研生产领域的学科带头人和知名企业带头人实现物质精神双重奖，表示了全行业对他们的肯定和感谢。

2. 职业技能培训和鉴定试点工作 在劳动和保障部和中国轻工联合会技术鉴定总站的领导下，中国酿酒工业协会从 2004 年 4 月开始组织开展了职业技能鉴定的试点工作。已建立 18 个酿酒行业职业技能鉴定站，正在筹备审批的 3 个。鉴定站由 14 个地方酒业协会和 5 个大专院校牵头组建，有 2 个站设在协会，共涉及 18 个省、自治区和直辖市。参加试点的有啤酒分会鉴定站、黑龙江酒协鉴定站、河南酒协鉴定站、湖北啤酒学校鉴定站、江南大学鉴定站等 5 个单位，有 845 人分 13 批参加了鉴定。鉴定范围有白酒酿造工、啤酒酿造工。已鉴定高级技师 325 人、技师 309 人、高级酿造工 131 人、中级酿造工 80 人。经过考试，有 737 人合格，获得了由国家劳动和社会保障部颁发的职业资格证书。

3. 继续完善白酒生产许可证工作 白酒产品审查部根据白酒企业发证情况进行了证后监督检查工作。5 月份，对未获证的小酒厂生产经营情况进行了广泛调查，并根据目前白酒生产许可证管理中存在的一些问题向“全许办”提交建议报告。9 月初，商务部、国家工商总局、国家质检总局共同发布的《关于开展酒类市场专项整治活动的通知》中采用建议报告的部分内容。其他内容也得到“全许办”的重视，年审制度、通报制度正在执行中。

4. 举办了“中国啤酒产业创新论坛和 2004 年全国啤酒感官品评技术培训” 2004 年 9 月，中国酿酒工业协会啤酒分会首次针对市场营销方面举办了专题讲座。论坛特邀北京大学薛旭教授等营销专家对品牌营销的各个层面进行了专题报告。使参会的啤酒企业代表对品牌、营销的真正内涵有了更全面的认识，能正确指导啤酒营销工作的开展。11 月底，中国酿酒工业协会啤酒分会举办了“全国性的啤酒感官品评技术培训”。为筹备本次培训，啤酒分会应用了新的品评培训方式，扩大了培训认知的啤酒典型物质。培训中使用的品评酒样由过去的排气排沫桶装酒全部改用带气带沫的瓶装啤酒，使之更接近实际品评。品评技术测试答卷全部采用机读卡读取，全程使用计算机自动评分系统，现场公布品评结果，既快速准确，又公正合理。本次培训规模大、方法新、层次高，是历年来未曾有过的大型品评活动。来自 21 个省、自治区、直辖市的 254 名专业技术人员参加了培训。

（中国酿酒工业协会 王耀荣）

蚕丝加工业

一、基本情况

2004 年，我国茧丝绸行业通过茧丝绸广大干部职工的共同努力，积极开拓市场，扩大丝绸消费，加快科技进步，提升产业结构，提高国际竞争能力，使全行业保持了良好的发展态势，主要经济指标在 2003 年恢复性增长的基础上，2004 年继续保持了较大幅度的增长。特别是在国家宏观调控的作用下，蚕丝价格已摆脱 2003 年大幅波动的阴影，保持了较长时间的稳定，没有出现大起大落。各项统计数据表明，我国茧丝绸行业在经过艰难的企业改组改制以及产业结构调整后，全行业充满生机和活力的迹象已经显现。

（一）蚕茧生产

1. 产量 2004 年全国桑园面积为 781khm^2，同比增加 0.33%；发种量为 1 531 万张，同比增长 4.05%；蚕茧产量为 54.71 万 t，同比增长 9.18%；蚕茧综合均价为 15 920 元/t，同比增加 2 588 元/t，增幅为 19.41%。

2. 资源分布 2004 年，全国的桑园面积总体变化不大，但各地情况不一，有增有减，其中减少较多的地区主要是新疆减少 12.17 khm^2、山东减少 6.7 khm^2、江苏减少 5.6khm^2、山西减少 1.3khm^2，而增幅较大的主要是广西增加 14.7 khm^2（增幅为 20.37%），以及云南增加 8.2 khm^2（增幅为 24.6%），其他省、自治区、直辖市为基本持平或略有增加。其中比较突出的是广西的桑园面积从 2001 年开始大幅增加的基础上，2002 年增加到 66.7 khm^2，2003 年增加到 72 khm^2，2004 年又进一步增加到 86.7 khm^2，到目前为止已是连续四年每年以超过 13.3khm^2 的增量高速增长，这是历史上少见的蚕桑大发展现象，其原因主要有三点：一是广西壮族自治区政府的重视；二是全国蚕桑生产正处于东桑西移的大调整格局中，位于西部的广西非常自然地利用了这一蚕桑发展趋势；三是广西具有得天独厚的适宜于种桑养蚕的地理环境。

2004 年，全国蚕茧产量增幅较大的是广西增加 11 000t（增幅为 13.1%）、四川增加 10 205t（增幅为 14.12%）、江苏增加 7 000t（增幅为 6.67%）、浙江增加 6 906t（增幅为 10%）、云南增加 5 518t（增幅为 42.51%）、安徽增加 3 006t（增幅为 12.48%）、广东增加 1 900t（增幅为 7.57%）；蚕茧减产幅度较大的仍然是山东省，山东在连续两年减产的基础上又继续减少了 3 920t，下降幅度为 10.18%，其他省、自治区、直辖市有增有减幅度都不是很大。蚕桑生产涉及到 2 000 万农户，其中年产蚕茧在 2 万 t 以上的省、自治区、直辖市依次为江苏 11.2 万 t、广西 9.5 万 t、四川 8.25 万 t、浙江 7.6 万 t、山东 3.4 万 t、安徽 2.71 万 t、广东 2.7 万 t、重庆 2.38 万 t。

（二）加工量、产值、利税

据国家统计局统计，2004 年规模以上丝绸工业企业为 2 480 家。其中缫丝加工企业 557 家，绢纺和丝织加工企业 1 250 家，丝绸印染精加工企业 232 家，丝制品制造企业 146 家，丝针织品及编织品制造企业 295 家。全年丝产量为 10.04 万 t，同比增长 8.84%；丝织品（包括化纤绸）产量为 81.53 亿 m，同比增长 17.03%。完成工业总产值 1 385.35 亿元，同比增长 26.92%；产品销售收入完成 1 356.56 亿元，同比增长 26.98%；产品销售税完成 6.33 亿元，同比增长 15.88%；实现利润 41.53 亿元，同比增长 11.74%。统计中，亏损企业数为 433 个，亏损面为 17.46%，同比增加 1.36 个百分点；亏损企业亏损总额为 6.8 亿元，同比增亏 39.61%。

2004 年，全年产丝量达到 2 000t 以上的省、自治区、直辖市依次为浙江 37 153t、江苏 20 913t、四川 15 864t、山东 7 340t、重庆 5 148t、安徽 3 247t、广西 2 995t。从这些数据可以看出，全国虽然有 21 个省、自治区、直辖市生产蚕丝，但产丝量较大的地区主要集中在 7 个省、自治区、直辖市，这 7 个省、自治区、直辖市的产丝量合计为 92 660t，占全国丝产量的 92.3%。其中最主要的还是集中在浙江、江苏和四川，这三个省的丝产量合计为 73 930t，占全国丝产量的 73.7%。

2004 年以来，国内茧丝市场生丝产品（规格为 20/22 旦 3A 级）的市场价格基本稳定在 16.5 万元/t 左右的相对合理水平，上下波幅不大，这种情况为茧丝绸生产经营企业合理进行生产布局创造了稳定的利益和发展空间，有利于全行业的健康稳定发展。这是一个可喜的变化，茧丝价格经历了连续多年的下跌以及 2003 年下半年的非理性暴涨后重又回到了大家都可以接受的比较合理的价格水平。广大蚕农、缫丝企业、丝绸加工企业以及丝绸外贸企业（包括国外客商）均对 2004 年的丝绸市场行情感到比较满意。

统计显示，2004 年全年丝绸工业总产值与产品销售收入双双突破 1 300 亿元，同比增长近 27%；丝绸工业利润总额在上一年大幅增长的基础上又有 11.74%的增幅，达到了 41.5 亿元；除了丝绸印染业的利润同比有所下降外，缫丝、绢纺、丝织、丝绸制品以及丝绸针织业的利润都有不同程度的增加。在工业生产中销售收入突破 10 亿元的企业有浙江的金鹰股份、万事利集团、嘉欣股份、丝得莉集团以及江苏吴江丝绸集团等。另外，浙江达利凯地、富润集团、神鹰集团、巴贝公司以及江苏海安鑫缘公司等生产企业的销售收入也在 5 亿元以上，这些企业在多年的结构调整和创新开拓中，逐步成为行业的骨干和龙头。此外，还有相当一批销售 1 亿～5 亿元、效益好的企业形成中间力量，为全国茧丝绸行业的稳定和健康发展发挥了重要的作用。

二、国内外市场概况

（一）出口贸易

据海关统计，2004 年真丝产品出口额为 32.45 亿美元，同比增长 28.7%。化纤绸缎出口量为 56.95 亿 m，同比增长 34.09%；出口金额为 44.19 亿美元，同比增长 38.41%。化纤长丝服装及制成品出口量为 34.39 亿件（套），同比增长 6.45%；出口金额 69.24 亿美元，同比增长 9.41%。上述三项合计为 158.64 亿美元，同比增长 31.91%。其中真丝产品分大类出口情况见表 1。

从表中可以看出，各主要丝类产品的出口比重依次为：桑蚕丝出口量为 10 531t，占蚕丝类出口产品的 38.22%；绢纺丝出口量 9 664t，占蚕丝类出口产品的 35.07%；捻线丝出口量 3 462t，占蚕丝类出口产品的 12.56%；用于绢纺原料的废丝出口量 2 435t，占蚕丝类出口产品的8.84%。主要蚕丝类产品的出口数量如桑蚕丝、捻线丝和柞蚕丝等都有10%以上的下降幅度，虽然绢纺丝有36%以上的增长幅度，但仍然弥补不了其他主要丝类产品的减量，全年总的丝类出口量比2003年少出口了686t。

我国蚕丝类产品的出口市场主要有印度、欧洲、日本、韩国和我国香港。印度已成为我国丝类商品第一大市场。据海关统计，2004年我国对印度出口丝类商品为11 392t，占我国丝类出口总量的41.5%；出口金额为1.96亿美元，占我国丝类出口总额的41%。我国出口欧洲市场主要是意大利和德国，2004年对这两个国家出口丝类商品合计为4 651t，占我国丝类出口总量的17%；出口金额为0.8亿美元，占我国丝类出口总额的17%。日本是我国丝类商品出口的第三大市场，我国对日本出口丝类商品2 797t，占我国丝类出口总量的10%；出口金额为0.58亿美元，占我国丝类出口总额的12%。

表1 真丝产品分类出口情况表

产品名称	出口数量	同比增长（%）	出口金额（万美元）	同比增长（%）	出口单价	同比增长（%）
蚕丝类	27 555t	−2.43	47 922	14.48	17.39美元/kg	17.33
其中：桑蚕丝	10 531t	−16.80	20 042	4.11	19.03美元/kg	25.12
捻线丝	3 462t	−10.11	7 808	6.21	22.54美元/kg	18.14
绢纺丝	9 664t	36.35	15 384	56.45	15.92美元/kg	14.75
柞蚕丝	757t	−38.68	1 317	−31.08	17.40美元/kg	12.39
废丝	2 435t	−15.54	2 148	−16.81	8.82美元/kg	−1.50
蚕丝机织物类	25 233万m	29.19	58 991	42.82	2.34美元/m	10.54
其中：坯绸	20 568万m	27.96	41 532	40.04	2.02美元/m	9.43
印染绸	4 529万m	36.70	16 752	53.93	3.70美元/m	12.60
丝绸服装及成品	34 495万件套	22.35	217 515	28.74	6.31美元/件套	6.23
其中：服装	20 277万件套	20.89	178 898	26.92	8.82美元/件套	4.99
梭织服装	11 279万件套	18.34	101 231	21.16	8.98美元/件套	2.38
针织服装	8 998万件套	24.25	77 667	35.30	8.63美元/件套	8.90

（二）进口贸易

据海关统计，2004年我国真丝产品进口额为1.74亿美元，同比增长27.8%。其中蚕丝类商品进口量为10 727t，同比增长100.5%；进口金额为0.242亿美元，同比增长54.14%。所进口的蚕丝类品种主要是用于绢纺原料的废丝，共进口了8 691t，占蚕丝类进口商品的81%；真丝绸缎进口0.41亿m，进口金额1.17亿美元，平均单价2.84美元/m；真丝服装及制品进口195万件（套），进口金额0.327亿美元，平均单价16.73美元/件（套）。其中真丝服装进口87.61万件（套），进口金额0.26亿美元，平均单价29.71美元/件（套）。

三、科研、新产品、新技术

1. *蚕桑资源综合开发利用产业化* 针对桑叶、桑椹、桑枝、蚕蛹、蚕蛾等蚕桑资源，进行了深加工利用技术与产品开发研究，选育和推广果叶两用桑树品种，建立无公害桑椹原料生产基地和加工生产线，实行产业化生产。现已取得下列成果：用桑椹生产桑椹原汁、桑果汁饮料、桑果酒、桑椹红色素、桑果酱、桑椹膏加工工艺技术；用桑枝生产有降血糖作用的桑宁茶、桑宁茶冲剂的工艺技术；用桑枝栽培灵芝及灵芝鸡、灵芝孢子粉、灵芝超微粉、灵芝胶囊的工艺技术。

2. *蚕蛹虫草的开发研究* 该项目的实施，解决了蚕蛹虫草的菌种保藏和退化的关键问题，选育优良菌株，使蚕蛹接种出草率达到了40%以上；形成年产1 000kg的生产能力，项目实施期间生产200kg，获纯利30万元；研制出具有明显的抗疲劳作用的新产品“力神酒”，已通过保健品的省级初审。蚕蛹虫草，作为一种药食兼用的保健品，正在走向市场与餐桌，它的开发成功使柞蚕蛹得以加工增值，有利于稳步发展柞蚕业。

3. *用生物技术提取未交尾桑蚕雄蛾提取物用于研制名贵中药* 利用雄蚕蛾提取物为原料研发出两种新药：一是“七味消渴胶囊”，用于治疗临床试验Ⅱ型糖尿病疗效显著，其有效率为88.67%，并具有明显的温补肾阳的作用，已获得国家药监局新药证书和生产批件。二是“乾元扶康丸”，用于治疗肾阳虚证的阳萎病，临床试验表明显效率61.93%，有效率为86.12%，现已完成国家规定的Ⅰ期和Ⅱ期临床实验，拟于近期报送国家药监局新药评审中心，申报药准字号证书和生产批件。这两种新药，均具有自主知识产权和配方科学、工艺先进、成分稳定、服用安全的特点。

4. *食用丝素产品的研究与开发* 通过研究丝素降解技术，制备出可食用、易消化的食品级丝素产品；进而研制形成千克级生产工艺设备，制订卫生安全指标，建立产品质检手段。产品已通过浙江省疾病控制中心进行的毒性试验、细菌致突变试验，通过浙江省食品检验站进行的食品理化、卫生指标检测，证明食用安全，并已达到日本同类产品的水平。同时，对开发出的食品级丝素产品，交由浙江省疾病控制中心进行动物降糖降脂试验，证明该产品降糖降脂效果显著，已开发出具有降低血糖作用的保健食品——蚕丝营养素和丝素肽。项目建立的小分子肽分子量凝胶电泳测定技术，在国内领先，并进入国际先进行列。

5. *高档柞丝绸面料产品* 产品在电子提花与剑杆织机完全配置的生产设备上制织而成。电子提花采用先进的电子纹制系统，以软盘作为数据载体，实现计算机对提花开口的控制。纹制设计中，计算机分色处理采用专用纹织CAD系统。其应用特点是产品设计和生产变换快捷、灵活性和适应性强，有较强的图像修改和编辑功能、工艺处理和纹板数据处理功能，增强了产品的市场应变能力，丰富了花色品种，提高了档次。产品已通过省级新产品鉴定，并具有国内领先水平。目前，已达到年产100万m高档柞丝绸装饰面料产品的生产规模，年销售收入为7 000万元，利税1 400万元。柞蚕丝绸是我国独具特色的传统产品。本项目的开发应用，对持续巩固和发展我国柞蚕丝绸产品在国际市场上的垄断地位有着重要的推动作用。

6. *真丝绸防缩抗皱产品开发* 长期以来，丝绸产品易皱、难伺候的固有缺陷严重制约了其市场拓展，成为业内外人士普遍关注的共性、关键课题。该项目从真丝绸织物的表面结构研究入手，采用先进的工业化等离子处理技术，对真丝绸织物进行表面活化改性；并采用自行研制开发的从天然产物甲壳素中分离出的（1→4）-2-氨基-2-脱氧-β-D葡聚糖经环氧和醚化改性，具有高反应活性的环保型复合抗皱整理剂及其应用工艺技术，使整理后真丝绸产品的抗皱性能大幅度提高，达到GB/T18863—2002标准的要求。同时，基本保持真丝绸的手感、悬垂、吸湿透气等原有风格和性能，技术水平属国内领先，部分性能指标达到国际先进水平。

7. *真丝绸高温高压精练的产业化* 真丝重磅织物质地厚实、丰满，有弹性，悬垂性和抗皱性好，但精炼要求也很高，目前我国传统的方型桶、星型架设备和平幅精练机等均难以适应。即使是日本用于和服绸精炼的高温高压设备，也易产生灰伤、吊攀皱、脱胶不匀等病疵。本项目在消化吸收国外先进技术的基础上，结合我国国情，重点对引进设备的循环系统及电脑控制系统进行了改进和创新，对生产工艺技术进行了深入系统地研究，提高了品种的适应性，解决了重磅织物精练的灰伤、吊攀皱、脱胶不均匀等老大难问题，产品保持真丝重磅织物的良好风格特性。同时，生产能耗比常规工艺显著降低，精练时间缩短50%，节水、节能30%，助剂用量减少20%，有利于降低成本及有效利用水资源。尤其是开发了无助剂精练新工艺，进一步提高了清洁环保和节能降耗的应用效果，符合当今产业可持续发展方向。成果技术水平属国内领先，达到国际先进水平。

8. *煮茧节能降耗新技术新装备研究及应用* 项目通过蚕茧茧层吸水特性、不同温度水蒸气对茧层丝胶溶解性影响、水蒸气触蒸时间对茧层丝胶溶解性能影响等研究及模拟和生产试验，将煮茧预处理工艺和煮茧工艺有机结合起来，缩短了工艺流程，提高了生产效率和产品质量，研究开发出节能降耗型的煮茧新技术新装备。应用表明，水、汽消耗可减少40%～50%，缫折减少5～10kg，解舒率提高5%～8%，生丝等级提高0.5级。

9. *全涂料真丝印花绸工艺技术* 采用全涂料印花取代目前常用的染料印花，通过研究攻关，确定了真丝绸涂料印花所需的粘合剂、增稠剂、涂料色浆等助剂体系以及工艺参数等，解决了手感发硬等技术难点，使产品保持真丝绸染料印花所具有的风格，尤其是尺寸变化率和色牢度指标达到和超过日本、意大利等国外先进水平，总体技术水平属国内领先。同时，新工艺还能适应当今国内外市场对高品质、高精细、高难度以及多品种、小批量、快交货的加工要求。涂料印染是当前国内外发展较快的印染新技术。涂料印花在印制后无需水洗，比传统工艺能缩短工艺流程和生产周期，提高劳动效率，节省水、电、汽、煤等消耗，无（少）废水排放，节能降耗、清洁环保特点显著。实践表明，采取全涂料印花新工艺，由于减少了蒸化、水洗等工序，节省水、电、汽消耗，减轻了污水处理负担，每万米可降低成本3 760元。

四、质量管理与标准化工作

1. *抓好基地建设，推进产业化经营* 随着新一轮产业升级、区域经济与农业经济结构调整，原来以东部沿海一带为主的养蚕区域，出现了逐步向中西部转移即“东桑西移”的趋势。为了适应蚕区调整，以东部成熟的科学养蚕新技术带动中西部蚕业发展，确保优质蚕茧供应，本着巩固提高老区、择优发展新区的精神，贯彻国家中西部开发战略与退耕还林、改善生态环境的部署，2004 年国家安排了一批优质蚕茧基地建设项目，范围涉及江苏、浙江、山东、安徽、江西、湖北、河南、广西、云南、四川、重庆、甘肃、宁夏等省、自治区、直辖市。在扶持基地建设的同时，积极引导各地深化蚕茧收购、经营管理体制改革，努力培植龙头企业，采取“公司＋基地＋农户”、反租倒包、组织蚕农合作社等形式，实行保护价收购，统一技术服务，进行二次分配，形成公司与蚕农互为依存的利益联结机制，逐步实现茧丝绸贸工农一体化经营，推进蚕茧生产的产业化。通过国家资助和地方配套投资，一批蚕茧生产重点基地县（市）的桑园得以更新发展，养蚕基础设施得到改善，新技术得到大面积推广，蚕茧单产、质量、效益同步提高，企业与蚕农的联接更加紧密，规模化、产业化步伐加快，提供原料茧的份额进一步加大，蚕茧生产作为地方支柱产业的综合实力明显增强。

2. *重视科学研究、加快新品种选育* 养蚕区域的调整，户均经营规模的扩大，大棚养蚕形式的流行，缫丝技术装备的升级换代，对蚕桑品种内在经济性状提出了新的要求；以基因工程为代表的现代生物技术的迅猛发展，为蚕桑传统技术创新提供了新的技术手段。为了增强创新能力，提高科技水平，解决实际问题，增加技术储备，国家一批对蚕茧生产、行业发展具有关键性、前瞻性、公益性的课题予以重点支持，组织相关研究院所、高等院校及其他方面的研究力量开展研究攻关。研究内容包括蚕桑种质创新与新品种选育、蚕的基因组学与高新技术应用、先进养蚕技术与装备、“东桑西移”关键技术等。通过研究，我国特有丰富的蚕、桑种质资源得以妥善保存和发掘，育成了一批适合长江流域、珠江流域、黄河流域和中西部新蚕区使用的蚕桑新品种。新育成的蚕品种，好养、优质、高产、易繁；新育成的桑品种，适合一步成园、快速丰产，已在江苏、四川、重庆、广东、广西等主产省、自治区、直辖市大面积推广。通过蚕品种的更新换代和推行桑树良种区域化，显示出产量、质量、效益“三提高”的明显效应。

3. *推广先进技术构建质标体系* 前些年，被国际国内列为重点检疫对象的家蚕微粒子病在部分地区为害，成为蚕种繁制的主要威胁；农村大面积丝茧养蚕生产中，各种蚕病也时有发生。同时，由于不少地区养蚕设施与蔟具落后、良种化程度也不高，造成我国原料蚕茧生产总体上存在量多质欠优的缺陷。针对上述问题，2004 年进行了微粒子病检疫与主要病虫害防治项目研究，全面开展蚕业质量标准体系与蚕种质检机构建设，以确保优质蚕种供应；并合理布局，选点资助蚕桑新品种、小蚕共育、方格蔟上蔟等先进适用技术的推广。通过项目实施，总结形成并推广应用蚕病综合防治技术，使养蚕发病损失率由 10%以上遏制到 5%左右；农业部蚕桑质检中心和浙、苏、鲁、粤、川、桂等省级蚕种质检机构，先后通过论证，并连续六年开展了全国蚕种质量抽查，使蚕种质量得到稳步提高；新技术推广项目，起到了良好的示范推动作用，促进了全国蚕区的技术进步，取得高产优质、省工节本的良好效果。

推广先进适用技术，加强饲养管理与病虫防治，强化质量监督管理，提高烘茧缫丝装备工艺水平等多项技术措施的综合应用，使我国的生丝等级在较短的时间内由 2A50 提高到 3A50 以上，而且已经涌现出一批能稳定缫制 4A、部分达到 5A、6A 级生丝的原料茧生产基地与缫丝企业，我国优质生丝产品已能与以日本、巴西为代表的国际先进水平抗衡。

五、行业管理

2004 年茧丝绸业经济运行情况非常良好，取得了比较满意的成绩，这些成绩的取得，除了一些客观因素之外，与国家的宏观调控措施是分不开的。这些宏观调控措施对 2004 年蚕茧生产和收烘加工工作的稳定发挥了积极作用。中央 1 号文件以及《商务部农业部办公厅关于 2004 年全国桑蚕种、茧、丝生产指导性计划》、《国家发改委商务部关于做好 2004 年蚕茧收购价格和市场管理工作的通知》、《商务部国家发改委关于做好 2004 年秋茧生产收购工作的通知》精神、国家组织业内各方力量积极应对印度对我国的生丝进行的反倾销调查，并最终达成协议，尽可能消除了其对我国丝绸产品出口所带来的影响，以及国家在春、秋蚕茧收购期间采取的价格调控措施，对保护蚕农利益、稳定蚕茧生产、提升丝绸产品的内外销价格、促进茧丝绸行业健康发展都发挥了积极的引导作用。

（中国农业科学院蚕业研究所 梁培生）

饲料加工业

一、饲料加工业发展概况

1. 产量快速增长 1980年，我国饲料工业实施统计制度当年，配合饲料产量只有110万t，浓缩饲料和添加剂预混合饲料还没有统计。2004年，年产万吨以上的大规模饲料加工企业已发展到2 361家，饲料加工业产值2 428亿元，配合饲料产量达7 031万t，是1980年的63.9倍，年均递增速度为18.9%；浓缩饲料和添加剂预混合饲料实现了突破性发展，产量分别达到2 224万t和406万t；年产工业饲料产量占世界总量的15%。我国自1991年饲料产量跃居世界第二位之后的13年间，年均饲料产品增长467万t，连续登上4 000万t至9 000万t六级台阶。

2. 质量稳步提高 1987年第一次饲料产品质量国家抽查，样品合格率仅为20%；1990年、1995年、1998年、1999年进行的配合饲料产品质量四次全国统检，抽样合格率分别为59.7%、62%、89.7%和95.7%。2000年以来，全国配合饲料质量合格率一直保持在95%以上，高品质的饲料产品已成主流。同时，农业部在全国开展瘦肉精等违禁药品专项整治行动，有效遏制了瘦肉精等违禁药品蔓延的势头，饲料生产环节瘦肉精检出率大幅度降低，从2000年专项整治前的19.8%降至2004年的0.08%；生猪养殖环节瘦肉精检出率总体下降，由2001年的10.1%降至2004年的1.7%。

3. 产品结构日趋合理 目前我国禽、猪、水产和反刍家畜配合饲料的比例为51：33：11：5，产品结构日益多样化，彻底改变了先前饲料产品结构单一的局面。在配合饲料稳步发展的同时，浓缩饲料和添加剂预混合饲料发展迅速。2004年添加剂预混合饲料、浓缩饲料和配合饲料三者的比例为1：5.5：17.3，初步形成了适合我国养殖业实际的产品结构，促进了养殖业的结构调整和持续发展。

4. 科技含量不断增加 饲料是动物营养科技的载体，是现代饲料加工工艺设备的终端产品。在现代集约化养殖中，饲料对养殖业提高生产水平发挥着关键作用。随着大量现代饲料科技的应用，我国肉鸡配合饲料的转化率已由“八五”时期的2.5：1提高到目前的1.8：1，出栏缩短18d左右；肥育猪由3.3：1提高到3.0：1，出栏缩短40d左右；养殖水产品由2.0：1提高到1.8：1，养殖效益明显提高。

5. 企业整合重组速度加快 随着饲料企业产业链的延伸和产业化运作的不断深入，企业集团化整合速度不断加快。全国年产10万t以上的饲料企业77家。2004年全国排名前10位的饲料企业集团生产饲料产品1 946万t，占全国总产量的20%。一些重量级饲料企业强强联合步伐加快，行业集中度进一步提高。

二、饲料工业进一步发展面临的机遇

随着改革开放的不断深化和社会主义市场经济体制的不断完善，特别是近年来党中央、国务院实行了一系列更直接、更有力的政策措施，在宏观调控中注重加强农业，保护和调动了农民的积极性，粮食生产出现重要转机，农民收入实现了较快增长，这些都为我国饲料工业的发展提供了机遇。当前，畜牧业正处在转变生产方式、建设现代畜牧业的关键时期，畜产品消费也处在安全、优质、方便的崭新阶段，实现饲料工业持续发展的有利条件比较多。

1. 我国仍有大量谷物有待加工转化 当前我国只有约三分之一的饲料谷物直接用于饲料加工，其他三分之二的饲料谷物由养殖场自行加工或农户直接饲喂，表明我国饲料工业的发展潜力巨大。

2. 我国畜产品消费市场广阔 随着全面建设小康社会的推进，人们生活水平的不断提高和膳食结构的改善，我国畜产品消费市场具有较大的增长潜力。同时，我国的畜产品还是公认的具有国际竞争力的优势产品，畜产品消费的不断增长必将促进畜牧业的发展。当前畜牧业已成为我国农业经济结构战略性调整和农民增收的关键环节，饲料是畜牧业发展的物质基础，畜牧业的快速发展必将加快饲料工业的发展。

3. 我国谷物综合生产能力不断增强 当前，我国饲料谷物生产正加快向区域化、专用化和优质化方向迈进。今后我国饲料玉米生产将以区域化为依托，依靠科技进步，大力发展专用玉米和优质玉米。特别是国务院决定2004年启动优质粮食产业工程，进一步调动粮食主产区种粮农民的积极性。

4. 利用国际饲料谷物市场仍有空间 2002年是

我国加入WTO的第一年，由于国际市场谷物价格上涨和国内生产水平提高，我国并没有大幅度进口谷物，相反还有所减少。2003—2004年，我国继续实现粮食净出口。但从长远看，我国饲料谷物进口量将增加。我国饲料工业和畜牧业对玉米的需求是不断增加的。尽管国内玉米供给量逐年增加，但增幅小于饲料工业和畜牧业的发展速度，再加上国内玉米生产成本居高不下，利用“两个市场”和“两种资源”发展饲料工业已成为必然。

5. *饲料谷物市场价格仍将长期处于较低价位* 20世纪90年代世界玉米期货平均价格为100.11±17.38美元/t。玉米期货市场价格年递减率为2.2%。进入21世纪以来，世界玉米期货市场价格仍保持较低价格。随着谷物贸易的快速发展，我国的玉米价格将与世界玉米价格水平接轨。近年来，国内玉米价格虽有所上升，但距历史最高价仍有较大差距，属于价格恢复性上升。在国际市场玉米价格增长缓慢的趋势下，我国玉米价格不可能大幅度上升。

以上分析说明，饲料工业在我国仍是一个朝阳产业。可以预见，今后相当长的一段时期，随着我国畜牧业和水产养殖业的持续发展，我国饲料工业仍将保持较快的发展速度。

三、饲料工业面临的挑战

随着国民经济的发展，特别是每年1 000多万人口的持续增长，迫切需要把我国畜牧业建成一个大产业，以确保畜牧、水产养殖业可持续发展。同时，我国饲料工业起步晚，基础还很薄弱，饲料工业的进一步发展存在一些制约因素，面临一些新的挑战。

1. *资源短缺* 我国人口众多、耕地面积有限，在相当长的时间里饲料原料短缺的局面不会改变。我国有13亿人口，人均占有粮食不足400kg。农业结构战略性调整以来，玉米播种面积和产量虽都有所增加，但仍满足不了饲料生产需求。我国蛋白质饲料原料严重匮乏，主要蛋白质饲料原料仍然依靠进口，如鱼粉约70%需要进口，生产豆粕的大豆约70%需要进口，构成蛋白质的基本单元——合成氨基酸50%以上需要进口。因此，饲料原料不足已成为饲料工业快速发展的最大瓶颈。

2. *科技支撑体系尚不完善* 目前，我国饲料工业的科技水平与发达国家还存在较大差距。无论是国家还是企业，对饲料科技投入资金占饲料工业产出值的比例都比较小。国家对畜牧业科技投入仅相当于畜牧业总产值的0.047%，远低于农业的0.12%及种植业的0.14%。而对饲料工业的科技投入更低，导致科技研发基础薄弱，发展后劲不足，阻碍了饲料工业的快速发展。

3. *安全问题仍然比较突出* 近年来，全国饲料产品质量监督检测结果显示，我国饲料产品质量情况总体是好的，但饲料产品安全卫生状况仍不容乐观。非法使用瘦肉精等违禁药品的现象时有发生，局部地区还出现了反弹。目前，我国饲料工业标准体系不健全，影响了饲料质量监督执法工作。国家禁止在饲料和动物饮用水中使用的5类40种药物中仅发布了瘦肉精检测方法的行业标准。此外，饲料监管经费严重不足，检测覆盖面小、监管手段落后等都制约着饲料工业的持续快速发展。

4. *法律法规体系亟待完善* 《饲料和饲料添加剂管理条例》的颁布实施，使饲料工业步入依法管理的轨道。但是实践表明，该条例存在一些亟待解决的问题。一是没有设立对配合饲料产品的市场准入制度，造成我国小型配合饲料企业数量繁多，布局失控，以次充好、无序竞争等不规范行为时有发生，严重干扰了正常的饲料市场秩序。二是对饲料经营企业的监管制度不完善，经营环节饲料质量长期低于生产环节。三是对养殖场自配饲料的管理仍是空白。目前我国出栏万头以上的猪场95%以上使用或部分使用自配料，千头以上的猪场自配料的比率超过50%。由于没有法律依据，自配料随意使用各种添加剂的现象突出，给饲料工业发展和畜产品安全造成极大的隐患。四是处罚条款未能与管理的内容一一对应，导致一些禁止事项或违规行为没有相应的处罚条款。这些都制约着饲料工业的健康有序发展。

四、饲料工业今后发展的思路与措施

饲料工业2015年远景目标规划，为我国饲料行业发展描绘了宏伟蓝图。这一目标的核心，就是建立安全优质高效的饲料生产体系，实现大宗饲料原料和饲料总量供求的基本平衡。要实现这一宏伟目标，当前和今后一个时期，饲料工业发展应当保持较高的增长速度，走出一条科技含量高、经济效益好、资源消耗低、环境污染少、人力资源优势得到充分发挥的新型工业化路子。尽快实现从量的扩张向质的提高的转变，从粗放经营向集约经营的转变，从资源消耗型向资源节约型的转变，发展具有国际竞争力的大企业集团。饲料工业今后发展应着重做好以下几方面工作：

1. *大力开发各类饲料资源* 这是支撑畜牧水产养殖业发展的物质基础。发达国家畜牧业占农业总产值的比重一般达50%以上，我国只有33.6%。发达国家人均粮食占有量多数比我国高出一倍以上。因此，畜牧业发展必须从我国的资源条件出发，走“以粮换肉”和“以草换肉”并举的路子。要建立优质饲料原料基地，积极推广三元结构种植业，扩大专用饲料作物种植，提高饲料原料的质量和生产能力。加快秸秆饲料、优质牧草等非粮食饲料的综合开发步伐，大力发展“节约型”畜牧业，减轻对环境的污染。

2. 稳定饲料企业优惠税收政策 饲料工业是现代化养殖业的物质基础，属于微利行业，但对带动种植业生产、促进养殖业发展和农民增收具有重要作用。因此，应稳定并严格执行国家对饲料产品的优惠税收政策，认真执行农业产业化国家重点龙头企业的扶持政策。同时，要根据世界贸易组织规则，积极争取饲料运输优惠政策，统一进口大豆和进口豆粕的关税税率，以提高企业竞争力，增加养殖业的比较效益，促进饲料工业良性发展。

3. 贯彻“安全第一、优质取胜”的战略方针 提高饲料行业的综合竞争力，首要的问题是解决安全问题。通过对饲料企业进行危害分析与关键点控制（HACCP）认证，实施HACCP管理，重点解决使用违禁药物、超量超范围使用兽药、不执行休药期以及违规使用饲料添加剂等关键问题。把监控前移到产品的配方设计和生产过程控制，消除可能在生产过程中发生的安全隐患，最大限度地减少饲料生产的风险。推动我国饲料行业质量管理尽快与国际接轨；开展动物源性饲料监测，切断疯牛病的传染源，严防疯牛病在我国发生。

4. 积极扶持饲料龙头企业 饲料龙头企业立足农村、面向农民、服务农民，饲料企业在改善经营管理、加强技术改造和技术进步、注重产品质量、增强市场竞争力、带动农民的同时，自身也得到了发展。要鼓励重点培育和扶持一批规模大、起点高、带动力强的饲料企业，发展跨地区、跨行业、跨所有制的经济联合体，克服单一饲料加工企业容易受到外来不利因素冲击的弱点。充分发挥饲料龙头企业在开拓市场、引导基地、加工增值、科技创新、标准化生产等方面的作用，进一步提高我国饲料工业的现代化水平。

5. 加大饲料工业的科研投入 饲料工业要降低成本，提高质量，提升竞争力，科技创新是根本出路。必须增加对饲料工业前瞻性、战略性、公益性科研的投入，加强生物技术、信息技术等高新技术在饲料工业中的应用研究与推广，进一步提高饲料产品的科技含量和安全水平。探索科研部门与企业紧密结合、共同发展的新路子，加快科研成果产业化的速度。

6. 建立健全行业信息服务体系 目前困扰养殖企业、饲料生产企业、原料经营企业的最主要问题是行业信息的不对称。这些信息包括原料市场供求、价格走势、产品市场情况、行业发展情况、国际市场、高新技术推广、政策、法律法规等信息以及饲料科技知识。要加快建立健全行业信息服务体系，指导帮助企业对宏观形势与市场综合形势进行准确判断。

（全国饲料工作办公室 刘继业）

水产品加工业

一、水产品生产概况

据中国农业统计资料显示，2004年我国水产品总产量4 901.77万t，同比增长4.16%。其中，海水产品产量为2 767.79万t，同比增长3.06%，占总产量的56.47%；内陆水产品产量为2 133.98万t，同比增长5.62%，占总产量的43.53%。在水产养殖中，海水养殖面积为1 617.45khm^2，单产为8.14t/hm^2，产量为1 316.70万t；内陆养殖面积为5 663.80khm^2，单产为3.34t/hm^2，产量为1 892.00万t。2004年，我国水产品总产量超过百万吨的省份（自治区）有12个（表1）。

表1 2004年我国水产品总产量超过百万吨的省份（自治区）情况

序号	省份	产量（万t）	同比增长（%）
1	山东	718.15	1.69
2	广东	664.56	2.47
3	福建	591.21	3.22
4	浙江	493.53	2.22
5	辽宁	402.53	5.41
6	江苏	366.13	6.71
7	湖北	302.13	5.22
8	广西	268.89	1.62
9	安徽	171.33	3.67
10	湖南	166.10	5.67
11	江西	156.34	7.04
12	海南	135.85	10.38

二、水产品加工状况

（一）生产规模状况

2004年，我国水产品加工企业数为8 745家，同比增长5.53%；年加工能力为1 426.63万t，同比增长9.19%；年加工能力超过百万吨的省份有6个（表2）。2004年，我国水产品加工业冷库数为5 964座，同比增长1.71%；冻结能力为25.14万t/d，同比增长17.64；冷藏能力为218.18万t/次，同比增长4.93%；制冰能力为10.16万t/d，同比增长15.59%；冷藏总量为18 240.80万t/d，同比增长81.49%；制冰总量为765.96万t，同比增长－14.06%。其中，冷藏总量超过100万t/d的省份（直辖市）有7个（表3）。

表2 2004年水产品年加工能力超过百万吨的省份情况

序号	省份	企业数（个）	同比增长（%）	加工能力（万t/a）	同比增长（%）
1	山东	1 784	1.94	407.01	0.74
2	江苏	731	7.82	187.52	7.82
3	广东	1 151	3.60	179.75	10.28
4	浙江	1 928	3.71	165.59	15.08
5	辽宁	649	10.19	162.85	33.88
6	福建	1 448	12.51	141.04	20.78

表3 2004年我国水产品冷藏总量超过100万t/d的省份（直辖市）情况

序号	省份	冷库数（座）	冻结能力（万t/d）	冷藏能力（万t/次）	制冰能力（万t/d）	冷藏总量（万t/d）	制冰总量（万t）
1	山东	1 620	11.60	64.55	1.82	12 216.73	133.41
2	浙江	1 125	2.12	34.13	2.39	3 658.39	266.39
3	天津	21	0.25	3.05	0.03	632.28	1.03
4	广东	491	1.01	15.40	1.28	606.56	107.03
5	福建	579	1.10	14.81	1.27	558.15	113.46
6	河北	231	2.91	5.03	0.38	287.04	1.76
7	江苏	511	1.29	30.31	0.69	172.84	47.04

（二）水产加工品状况

2004年，我国水产加工品总量为1 031.99万t，同比增长13.16%。其中淡水加工产品为91.94万t，同比增长30.08%。水产加工品总量超过50万t的省份有6个（表4）。2004年，冷冻水产品产量为599.32万t，同比增长10.31。其中冷冻品为304.03万t，同比增长47.14%；冷冻加工品为226.76万t，同比增长44.61%。冷冻水产品产量超过10万t的省份（自治区）有8个（表5）。2004年，鱼糜制品及干腌制品产量为170.44万t，同比增长13.54%。其中鱼糜制品为32.98万t，同比增长32.50%；干制品为70.47万t，同比增长2.22%；藻类加工制品为44.65万t，同比增长26.85%。罐制品产量为14.38万t，同比增长－1.03%。鱼糜制品及干腌制品、罐制品产量排序前5名的省份有辽宁、浙江、福建、山东、广东（表6）。其他水产加工品还有鱼粉、鱼油制品等，由于产量较小不再详述。在经济运行方面，2004年，我国水产加工业经济效益平稳增长，对满足居民消费需求和扩大出口，贡献突出。根据中国食品工业协会统计，全行业实现销售收入1 053.76亿元，同比增长35.18%；全行业实现利润39.94亿元，同比增长45.21%。

表4 2004年水产加工品总量超过50万t的省份情况

序号	省份	水产加工品总量（万t）	同比增长（%）	淡水加工产品（万t）	同比增长（%）
1	山东	335.50	12.06	4.47	35.05
2	福建	165.20	13.85	4.80	9.09
3	浙江	163.76	11.87	8.04	57.65
4	广东	114.18	11.00	19.94	13.81
5	辽宁	98.09	17.77	0.77	－68.57
6	江苏	50.74	30.14	9.58	22.03

表5 2004年我国冷冻水产品产量超过10万t的省份（自治区）情况

序号	省份	冷冻水产品（万t）	同比增长（%）	其中	
				冷冻品（万t）	冷冻加工品（万t）
1	山东	180.23	1.50	105.55	53.10
2	浙江	128.53	18.98	53.70	37.06
3	广东	77.44	7.87	23.16	54.28
4	福建	67.92	10.59	44.24	20.30
5	辽宁	56.90	17.81	26.08	29.17
6	江苏	31.30	23.23	11.71	17.86
7	海南	25.44	16.59	18.13	5.28
8	广西	14.53	40.39	12.74	1.65

表6 鱼糜制品及干腌制品、罐制品产量排序前5位的省份情况

序号	省份	鱼糜制品及干腌制品（万t）	其中			罐制品（万t）
			鱼糜制品（万t）	干制品（万t）	藻类加工（万t）	
1	山东	48.88	16.17	22.70	3.79	6.46
2	福建	35.64	4.05	12.07	17.58	0.59
3	辽宁	31.73	2.32	6.57	20.63	1.61
4	广东	18.10	3.61	6.02	0.16	3.36
5	浙江	15.86	1.85	11.27	0.93	0.81

三、水产品进出口贸易情况

根据农业部渔业局的统计显示，2004年我国水产品进出口贸易量为540万t，进出口贸易总额为102.1亿美元。其中出口量为242万t，出口额为69.7亿美元，同比分别增长15%和27%；进口量为298万t，进口额为32.3亿美元，同比分别增长28%和30%。实现贸易顺差37.4亿美元，同比增长24%。水产品出口继续位居农产品出口首位，占农产品出口总额的30%。

1. *主要贸易特点* 2004年，我国水产品国际贸易特点鲜明。一是国际市场特别集中。出口地有160多个国家和地区，其中出口日本、韩国、美国、欧盟和我国香港5大市场占85%～90%；出口东盟、加拿大、俄罗斯正在成为新兴市场。二是来进料加工和养殖产品加工是出口支柱。水产品来进料加工贸易增势强劲，加工贸易的发展推动了水产品加工企业技术、装备和管理水平的提高。三是出口地区主要分布在沿海和个别内陆省份。山东、广东、辽宁、浙江和福建5个沿海省占我国水产品出口总额的比重达92%；内陆省为江西、湖北和吉林。四是出口品种结构有待优化。初级冷冻水产品出口占出口总额的63%，深加工产品出口占出口总额的37%。五是经济效益和社会效益较高。水产品出口占农产品出口总额的30%；国际贸易顺差37.4亿美元。六是我国水产品出口企业的质量安全意识明显加强。2004年，质量安全措施切实落实到位，未出现因质量问题引起的水产品贸易纠纷。

2. *主要贸易方式* 2004年我国水产品出口中，一般贸易性出口量148.2万t，出口额40.7亿美元，同比增长13%和24%，占水产品出口总额的58%；水产品来进料加工出口量79.6万t，出口额25.9亿美元，同比增长18%和32.7%，占水产品出口总额的37.2%。加工贸易出口增长率比一般贸易出口分别增长5%和13.2%。加工贸易额在水产品出口中的比重从2002年的36%和2003年35.6%提升到37.2%，分别提升1.2%和1.6%，小幅上涨并向40%靠近。

3. *主要出口品种* 我国水产品一般贸易的主要品种为鳗鱼、对虾、罗非鱼、大黄鱼等名优水产品（表7）；加工贸易的主要品种为来进料加工鱼片。

表7 2004年我国主要出口水产品大宗品种情况

品种	出口量（万t）	同比增长（%）	出口额（亿美元）	同比增长（%）
鳗鱼	7.7	20	8.6	63
对虾	15.4	29	8.6	25
罗非鱼	8.7	47	1.6	60
大黄鱼	5.5	12	1.4	21

4. *主要出口市场* 日本、韩国、美国和欧盟仍是我国水产品主要目标市场，但所占份额已由2001

年的88%降至2004年的79%。2004年由于美国对虾反倾销制裁，导致我国对美的出口有所下降，韩国再次上升为第二大市场。对欧盟出口增长速度超过30%，但主要是来进料加工产品再出口。新兴市场包括东盟、俄罗斯、中东地区、南美地区等。

5. *水产品进出口价格* 2004年我国出口水产品综合平均价格2 878美元/t，同比上涨10.3%。除冰鲜鱼综合价格下跌10.6%外，其他水产品价格均出现上涨。其中活鱼和头足类产品价格涨幅较大，同比上涨了37.7%和16.6%；甲壳类产品价格涨幅最小，仅上涨2.6%。进口水产品综合平均价格1 085美元/t，比上年上涨1.8%。其中鱼粉平均进口价格678美元/t，上涨4.87%；来进料加工原料进口价格上涨0.7%；供国内食用的进口水产品价格下跌4.3%。

四、质量管理与标准化工作

（一）质量管理

2004年，各地高度重视水产品质量管理工作，加大执法检查和质量安全监控力度，基本保障了水产品的产品质量。如浙江省海洋与渔业局于2004年6月10～27日组织开展了全省水产品质量安全大检查，重点检查了水产养殖场投入品的使用等严重危害水产品安全的行为，水产品加工厂中《卫生许可证》、《工商营业执照》、《从业人员健康证》等从业条件，水产品批发市场中化学防腐剂、保鲜剂及其他添加剂使用情况等。从检查和抽检情况来看，浙江省水产品安全总体状况良好，总合格率在97%以上。特别出口水产品生产单位（包括养殖场和加工厂等）和省市各类水产品生产示范基地、无公害水产品生产基地、绿色水产品生产单位的水产品质量安全达到较高（国际同等）水平。但市场销售的部分水产品质量安全问题较多，如据宁波市渔业产品质量检测站在2004年4月16日至5月13日对农贸市场销售的水产品取样检测，龙头鱼的甲醛检出率达73%。大连市海洋与渔业局于2004年10月25～29日组织开展了水产品质量安全执法检查，检查涉及旅顺口区、甘井子区、开发区、金州区、普兰店市、瓦房店市、庄河市的21家生产单位。检查重点为渔用药物的使用管理、养殖生产日志及投入品使用记录、化验室的建设情况等。此次检查的21家企业，包括无公害示范基地14家，无公害产地4家，水产育苗养殖单位3家，总的来看情况好于去年。一是企业的质量安全意识明显提高，企业的水产品质量安全管理制度基本建立，养殖生产日志、投入品使用记录比较健全。二是渔药使用进一步规范，滥用渔药现象明显减少。三是示范基地建立了微生物、理化化验室，化验室建设已经启动。四是水产品质量安全进一步提高，产品合格率达到94.3%。山东省于2004年加强了对水产品中药物残留和产品质量的监督管理，重点加强了对济南、淄博、枣庄、泰安、济宁、潍坊、东营、滨州、威海9个市42家企业的药物残留监控工作，共抽取检测样品165个。依据农业部农牧发［2004］14号残留限量标准，经省水产品质量检验中心检测，产品合格率达到100%。同时，2004年还组织了对济南银座物流中心、千佛山水产品批发市场和青岛润泰实业有限公司烟台分公司、烟台良友商场等水产市场的水发水产品的抽检工作，共抽取12个样品，依据行业标准对所抽样品进行了感官、pH、甲醛、无机砷、汞、铅、镉全部项目的检验，经检验所抽样品全部合格，产品合格率达到100%。福建省于2004年加大了水产品质量安全的管理力度，主要包括：一是加大了养殖业的全程监管力度。集中力量办好省级水产养殖生物病害防治中心，重点扶持九个地区（市）和部分重点县（市）的海洋与渔业环境监测、水产品质量检验检测和水产病害防治“三合一”中心站建设；全省实施养殖证制度，完成养殖证的发放工作；在鳗鱼养殖管理取得经验的基础上，加大对虾、大黄鱼、罗非鱼等出口优势产品的养殖生产管理，逐步建立生产日志、科学用药、水产品加工企业原料监控、水域环境控制和产品标签等“五项制度”。二是加大水产品质量监管力度。抓好鳗鱼等主要品种养殖场的登记报备等各项管理工作，对主要水产品的质量安全指标进行检测；扶持8～10个水产加工企业积极开展欧盟认证；认真做好无公害水产品的产地认定和产品认证工作，在每个市、县（区）建立一个产地认定和产品认证试点；开展贝类产地类型划定工作，将东山湾、罗源湾作为试点区域，分三年完成全省贝类产地类型划定工作；发布《福建省河豚鱼安全生产管理办法》，规范河豚鱼加工生产。

（二）标准化工作

1. 受农业部市场与经济信息司委托，农业部渔业局会同全国水产标准化技术委员会于2004年4月27～28日在杭州市主持召开了《大银鱼》等12项行业标准审定会。来自科研、教学、质检、标准化、推广、管理部门的专家和标准主要起草人参加了会议。会议对《大银鱼》等12项行业标准进行了审定，经审定专家认为，这12项标准的技术内容比较客观地反映了渔业生产和管理实际，科学、先进、可行，与我国现行的政策、法规、标准无冲突，为国内先进水平，一致同意通过审定，并建议大银鱼、暗纹东方鲀

2项种质标准作为强制性标准发布实施，其他标准作为推荐性标准发布实施。

2. 全国水产标准化技术委员会水产品加工分技术委员会于2004年8月3～4日在山东青岛举行了换届大会，成立了第三届委员会，第三届委员会共有委员24人，其中单位委员4位，委员会成员为科研、管理、生产、教学、推广等各方面的专家。国家标准化管理委员会、农业部市场与经济信息司、农业部渔业局、中国水产科学研究院、全国水产标准化技术委员会秘书处等主管部门领导及第三届加工分技术委员会委员共27人出席了换届大会。会上，宣读了国家标准化管理委员会的批复，并向委员们颁发聘书，对第二届水产品加工分技术委员会的工作进行了总结，审议并原则通过了《全国水产标准化技术委员会水产品加工分技术委员会工作细则（草案）》，安排部署了水产品加工分技术委员会今后的工作。

3. 农业部渔业局于2004年8月3～4日在青岛召开了水产品加工标准审定会，对1项国家标准和9项行业标准进行了审定，来自科研、教学、生产、质检、标准化、推广、管理等方面的23名专家及标准起草人员参加了会议。会上，与会专家认真听取了标准起草单位关于标准起草情况的汇报，对标准的技术内容逐项进行了审查，形成了审定意见。与会专家认为，这10项标准的技术内容符合我国现行的政策、法规、标准，且标准的编写格式符合GB/T1.1—2000《标准化工作导则第1部分：标准的结构和编写规则》的规定。各标准起草单位在标准起草过程中，遵循标准起草程序，做了大量的调查研究和资料收集工作，并对相关的检验方法及主要技术指标进行了实验验证，标准的技术内容比较客观地反映了水产品生产、管理的实际，产品及检测方法标准所规定的技术指标科学、先进、可行。与会专家一致同意这10项标准通过审定。审定通过的1项国家标准是：食品添加剂褐藻酸钠；审查通过的9项行业标准是：印染用褐藻酸钠、冻淡水鱼片、冻章鱼、干鲨鱼翅、盐渍海参、饲料用鱼油、鱼油微胶囊、水产品中甲醛含量的测定、水产品中诺氟沙星和盐酸环丙沙星残留量的测定液相色谱法。会议对下一步工作提出了要求。要求各标准起草单位抓紧时间完成标准报批工作，按照《农业标准审定规范》要求，并根据审定意见和与会专家提出的具体修改意见，对标准送审稿、编制说明进行修改，形成的标准报批稿送水产品加工分技术委员会审核后，报项目管理部门，于9月30日前报部渔业局；各标准起草单位及相关分技委秘书处在标准发布实施后，要跟踪标准实施情况，及时将有关情况反馈部渔业局。

4. 农业部渔业局于2004年8月24～26日在成都市召开了水产养殖标准审定会，对《中华鳖》等39项国家标准和行业标准草案进行了审定，来自科研、教学、质检、推广、标准化、管理等部门的专家和标准起草人共计65人参加了会议。会上，与会专家认真听取了起草单位关于标准起草情况的汇报，对标准的技术内容逐一进行了审定，形成了标准审定意见。经过审定，专家一致同意《中华鳖》等38项标准通过审定。审定通过的这些标准包括淡水养殖、海水养殖和综合性水产养殖标准三大类。会议认为，此次审定的标准起草质量与以往相比有较大的提高。会议对标准报批工作提出了要求，各起草单位要按照标准审定意见对标准送审稿和编制说明进行修改，形成的标准报批材料按专业送相应的分技委秘书处复核和项目管理部门审核后，于2004年10月15日以前报批。

五、行业工作

1. 全国渔业资源环境保护工作研讨会于2004年4月2～3日在成都召开，农业部渔业局副局长陈毅德、四川省水利厅副厅长余国成在会上作了重要讲话，会议由农业部渔业局资源环保处处长吴晓春主持。会上，陈毅德副局长分析了当前全国渔业经济形势。一是产业结构调整取得明显成效；二是更加注重水产品的质量安全与市场开拓；三是对水产业的投入有较大增加；四是渔业资源与环境保护工作得到高度重视，取得了可喜成绩。会议分组讨论了《海洋禁渔管理规定》、《全国渔业资源与生态环境监测网管理办法》、《2004年全国渔业环境监测网常规监测工作方案》和《水生动植物外来物种管理办法》。参加会议的有各省、自治区、直辖市及计划单列市、新疆生产建设兵团渔业行政主管厅（局），黄渤海区、东海区、南海区渔政渔港监督管理局，中国水产科学研究院及各有关研究所，渔业资源、环境监测网成员单位，长渔委、珠渔委办公室，国家级水生野生动物自然保护区管理机构负责人。

2. 全国水产技术推广工作座谈会于2004年3月31日至4月2日在四川成都召开，农业部渔业局副局长陈毅德到会作了重要讲话，全国水产技术推广总站站长魏宝振主持会议。参加会议的有各省、自治区、直辖市、计划单列市及新疆生产建设兵团的水产技术推广站站长，全国水产技术推广工作促进会各委员，全国水产技术推广咨询专家组正、副组长。会议的主要内容是深入探讨新时期和新形势下如何稳定和加强水产技术推广体系建设，改革水产技术推广运行体制，强化和充分履行水产技术推广的公益性职能，正确处理好技术推广与社会化服务之间的关系，充分发挥水产技术推广对渔业经济发展的支撑作用，促进广大渔（农）民增收。陈毅德副局长在讲话中指出，面对当前渔业形势，要特别注意和把握好以下三个问题：一是要千方百计保持渔民收入的稳定增长；二是要努力处理好渔业发展与保护资源生态的关系；三是渔业发展要为确保粮食安全做出新的贡献。同时对水产技术推广工作指出，一要积极引导优质、高效和生态养殖业发展；二要加快实施沿海渔民转产转业工程；三要推进水产品加工业发展；四要突出抓好水产品质量安全，努力开拓国内市场，扩大出口；五要组织实施好渔业重点建设工程规划，加强科研推广工作。会上，魏宝振站长作了《适应形势、加快改革、突出重点，全面推进水产技术推广工作》的总结讲话。

3. 第四届中国大连国际渔业展览会于2004年6月12日至6月15日在大连星海会展中心举行，农业部渔业局副局长陈毅德、全国水产技术推总站副站长居礼、中国水产流通与加工协会常务副会长林毅、辽宁省海洋与渔业厅、大连市政府、大连市海洋与渔业局领导出席了开幕式。嘉宾们给予本次展会高度的评价，并表示将继续支持2005年第五届大连国际渔业展览会。本届展会吸引了近百家水产企业参展，日本、韩国、美国、加拿大等20多个国家及国内部分饭店、连锁超市、各贸易代表团及水产行业的采购商和贸易商也都参与到本届展会中。据不完全统计，共达成中外合作意向近百家，签订成交合同及意向合同金额达到1.5亿元人民币。此次展会首次举办了“商渔对接—水产加工与流通经贸洽谈会”，为商家及企业搭建一个交易平台，受到普遍的欢迎。

4. 全国农业工作会议渔业专业会议于2004年12月30日在北京召开，这次渔业专业会议的主要任务是，以党的十六届三中全会和四中全会精神为指导，贯彻落实中央农村工作会议和全国农业工作会议要求，总结2004年渔业工作，部署2005年工作。出席会议的有农业部和国家相关部委的领导，参加会议的代表包括各省、自治区、直辖市及新疆生产建设兵团渔业主管部门的厅局长，六个水产院校的院校长等；农业部渔业局副局长陈毅德主持会议。农业部副部长牛盾在会上做了重要指示，农业部渔业局副局长柳正做了题为《把握规律、扎实工作、全面提高渔业发展能力和水平》的工作报告。针对当前渔业发展情况，牛盾副部长指出要以科学发展观统领渔业发展全局，抓好涉及全局的关键性、基础性工作，重点内容主要有四个方面：一是坚持不懈地推进渔业产业结构战略性调整，全面提高产业发展能力；二是坚持不懈地抓好渔业资源与生态环境保护，奠定产业可持续发展基础；三是坚持不懈地抓好水产品质量安全管理，增强产业竞争力；四是坚持不懈地推进工作作风和职能转变，不断提高执政能力。柳正副局长提出2005年渔业工作基本思路是：按照贯彻科学发展观和加强执政能力建设的总体要求，紧紧围绕渔业增效、渔民增收和可持续发展的目标，加快渔业结构战略性调整，推进渔业产业化进程，充分利用两种资源、两个市场，全面提高渔业发展能力和水平；强化渔业资源养护和环境保护，加强渔业法制建设和执政能力建设，促进渔业全面、协调、可持续发展。

（中国包装和食品机械总公司行业办公室　王国扣）

林产品加工业

一、经济林、竹及花卉产业概况

2004年，全国新造经济林456.7khm²，比2003年减少340.6khm²，同比下降42.72%。经济林产品总产量7 571.99万t，其中水果产量6 958.84万t，林产饮料产品73.71万t，林产调料产品29.40万t，森林食品452.44万t，木本药材57.59万t。茶、桑、果总产值1 432.12亿元，比2003年增加157.30亿元，同比增长12.34%。

近年来，竹业在我国取得了长足的发展，已经成为南方地区新兴的朝阳产业。2004年，主要竹产品继续保持增长势头，竹材产量10.98亿根，同比增长13.3%。其中毛竹7.34亿根，篙竹3.64亿根，分别同比增长9.23%、22.97%；小杂竹产量7 864万t，同比下降41.8%；竹笋干产量44.35万t，同比增长4.2%；竹胶合板产量117.48万m³，同比增长39.1%；竹刨花板产量0.18万m³，同比下降71%；竹木复合地板产量545.76万m²，同比下降3.33%。

2004年，花卉产量、产值呈现明显的增长趋势。鲜切花产量118.85亿支，同比增长77.2%；鲜切叶5.29亿支，干花0.62亿支；盆栽植物137.34亿盆，同比增长2.87倍；观赏苗木48.84亿株，同比下降36.77%；草坪21.9亿m^2，同比增长2.53倍。花卉总产值344.60亿元，同比增长22.52%。

二、木材生产及林产工业

1. 木材产量继续回升　2004年，全国木材产量在2003年开始出现增长的基础上继续回升，产量达到5 197.33万m^3，同比增长9.21%。其中原木4 712.09万m^3，同比增长9.08%；薪材产量485.24万m^3，同比增长10.53%。

木材产量按生产单位划分，系统内各种经济类型单位生产的木材为1 269.98万m^3，系统内国有林场、事业单位生产的木材为1 152.29万m^3；系统外企、事业单位采伐自营地生产木材196.09万m^3，乡（镇）集体企业及单位林业系统木材产量337.64万m^3，村及村以下各级组织和农民个人生产木材2 241.33万m^3。

2. 锯材产量快速增长　2004年，全国锯材产量达到1 532.54万m^3，同比增长36%。其中热带锯材产量104.94万m^3，同比增长44.55%。

3. 人造板产量继续增长　2004年，我国人造板产量达到5 446.49万m^3，同比增长19.61%。其中热带材人造板产量393.15万m^3，占全部人造板产量的7.22%。在全部人造板产量中，胶合板产量2 098.62万m^3，与2003年产量基本持平；纤维板产量1 560.46万m^3，同比增长38.30%；刨花板产量642.92万m^3，同比增长17.45%；其他人造板产量1 144.49万m^3（细木工板占76.97%），同比增长47.62%。纤维板和其他人造板（主要是细木工板）在人造板中发展最快，2004年，两项的产量占全部人造板产量的49.66%，比2003年提高7.85个百分点。纤维板和细木工板产量的大幅度增长，主要缘于我国建筑、家庭装饰、家具制造等行业的快速发展。从人造板生产的布局看，主要集中在山东、江苏、河北、浙江，其人造板产量达3 456.83万m^3，占全国人造板总产量的63.47%，其中山东、江苏人造板产量位居全国第一、第二，均突破1 000万m^3。从人造板生产大省消耗木材的情况看，山东人造板消耗木材63%来自省外，26%来自省内，11%来自进口；浙江人造板消耗木材70%来自进口，其余来自周边省份；河北人造板消耗木材41%来自省外，11%来自省内，48%来自进口。

4. 实木复合木地板和强化木地板产量快速增长　2004年全部木地板产量为12 300.47万m^2，同比增长42.33%。其中，实木地板5 109.85万m^2，占全部木地板产量的41.54%；实木复合木地板2 763.37万m^2，是2003年的4.24倍；强化木地板2 679.84m^2，是2003年的2.03倍。基本形成了实木地板、实木复合木地板、强化木地板“三足鼎立”的生产和市场态势。

5. 木制家具制造业　2004年，全国家具总产量14.96亿件，其中木制家具4.28亿件，占全部家具产量的28.61%。家具制造材料日趋多样化。

6. 国内木浆产量　2004年，纸和纸板总产量4 950万t，同比增长15.12%；纸浆产量3 723万t，同比增长253.05%。其中木浆产量238万t，同比增长7.62%。

7. 林化产品生产平稳增长　2004年，全国松香类产品产量53.76万t，同比增长11.16%。其中松香产量48.59万t，同比增长9.60%；松节油产量5.30万t，栲胶12 113t，分别同比增长11.34%和1.19%。紫胶产量1 117t，同比增长3.62%。

三、木材产品市场供需状况

（一）木材供给

木材产品市场供给，由国内供给和进口两部分构成。国内供给包括商品材、农民自用材和农民烧柴、木质纤维板和刨花板；进口包括进口原木、锯材、单板、人造板、家具、木浆、木片、纸和纸制品、废纸及其他木质林产品。2004年木材产品市场总供给为30 669.02万m^3。

1. 商品材　2004年，全国全部商品材的产量5 197.33万m^3，同比增加9.21%。其中原木产量为4 712.09万m^3，薪材（不符合原木标准的木材）485.24万m^3。其中约有15%（约合72.79万m^3）转化为纤维板和刨花板用材。

2. 农民自用材和烧柴　根据测算，农民自用材和烧柴折合木材量为6 167.33万m^3。其中农民自用材为2 090.14万m^3，农民烧柴为4 077.19万m^3。

3. 木质纤维板和刨花板　2004年，全国刨花板（普通刨花板和定向刨花板）和木质纤维板产量分别为642.92万m^3和1 560.46万m^3，折合木材供给3 773.21万m^3。扣除与薪材产量的重复计算部分，木质纤维板和刨花板相当于净增加木材供给3 700.42万m^3。

4. 进口　2004年，我国进口原木2 630.85万

m^3，除原木外的其他木质林产品进口折合木材 8 273.09万 m^3。

5. 其他　2004 年，超限额采伐、上年库存等形成的木材供给约 4 700 万 m^3。

（二）木材消费

木材产品市场消费由国内消费和出口两部分构成。国内消费包括工业与建筑用材消费、农民自用材和烧柴消费；出口包括出口原木、锯材、单板、人造板、家具、木浆、木片、纸和纸制品、废纸及其他木质林产品。2004 年，木材产品市场总消费为 30 710.47万 m^3。

1. 工业与建筑用材消费　据有关部门统计及相关产品木材消耗系数推算，2004 年我国建筑业与工业用材折合木材消耗量为 22 482.69 万 m^3。其中建筑业用材（包括装修与装饰）10 984.12 万 m^3，家具用材（出口家具耗材包括在出口项目中）2 780.66 万 m^3，造纸业用材 7 539.48 万 m^3，煤炭业用材 832.40 万 m^3，车船制造、铁路、化工等其他部门用材 346.03 万 m^3。

2. 农民自用材和烧柴　根据测算，农民自用材消耗量为 2 090.14 万 m^3，农民烧柴消耗量为 4 077.19万 m^3。由于农民自用材消耗中 90%左右用于农民建房等，约合 1 881.12 万 m^3。扣除这部分与建筑用材消耗的重复计算后，农民自用材和烧柴消耗量为 4 286.20 万 m^3。

3. 出口　2004 年我国原木出口 0.61 万 m^3，除原木外的其他木质林产品出口折合木材 3 940.97 万 m^3。

（三）木材供需特点

1. 木材供需总量呈增长态势，市场购销两旺，价格总体平稳　从供给看，尽管原木、锯材的进口增长趋缓，但国产商品材的供给增速较快，国内木材及其制品的生产、加工、运输、销售都表现出总体回升的态势。从需求看，由于建筑业、造纸业和家具业的快速发展拉动了木材需求的上扬，2004 年建筑业、造纸业和家具用材增幅分别达 31.06%、18.29%和 20.45%。从价格看，除少数树种的原木、胶合板和木浆价格明显波动外，木材产品市场价格总体平稳，略有上扬。

2. 木材市场供求的地区差异明显　东北、内蒙古国有林区，由于木材加工的发展，在增加加工用原木需求的同时，一些短、小、次、薪材得到利用，而且加工后的产品销势良好，市场供求总体表现活跃。由于国家控制固定资产投资规模和俄罗斯进口针叶材的市场竞争，2004 年东北地区的红松、白松、落叶松三大针叶材的销势不旺。反之，水曲柳、柞木、榆木、椴木、桦木等阔叶树种销势良好，而且价格坚挺；南方地区由于受到自身木材产量的制约，市场供给偏紧，加上进口木材增幅趋缓的影响，供求矛盾相对突出，市场行情持续走升；木材产区以外的中原、苏北等传统少林地区，由于胶合板工业的快速发展，杨木市场交易活跃；西部地区，由于国家重点工程建设用材、建筑业和林产工业的快速发展，推动西部木材市场供需持续旺盛。

3. 进口木材产品增长趋缓，但仍占据国内市场的 1/3 强　2004 年，进口原木和木制林产品增长 11.73%，增幅比 2003 年回落 27.43 个百分点。尽管如此，木材总供给中进口原木和木质林产品的份额仍为 35.55%。进口木材产品对平衡我国木材市场供需、稳定市场仍然发挥着不可替代的作用。

四、主要林产品价格

伴随着钢铁、塑料、石材等原材料价格的持续上涨，林产品出厂价格总体呈上涨态势。根据国家统计局农调队的统计，2004 年，全国林产品生产价格平均上涨 4.62%。其中一季度上涨了 7.04%，二季度上涨了 8.91%，三季度上涨了 3.84%，四季度下跌了 1.31%。

1. 原木　根据国家统计局城调队调查的月度数据，2004 年，除云南松有小幅波动外，各种原木的购进价格基本保持稳定。红松原木的购进价格稳定在 750 元/m^3 左右；落叶松原木的价格 5～6 月份出现了上涨，升到了 620 元/m^3 以上；马尾松原木的价格稳定在 400 元/m^3 左右；杉木原木的价格比较稳定，保持在 560 元/m^3 左右的水平；云南松原木的价格 2004 年年初波动较大，1 月份的价格最高，为 745 元/m^3，然后开始下降，到 3 月份达到了价格的最低点 522 元/m^3 的水平，随之稳定在 650 元/m^3 左右的水平，到 11～12 月份价格回落；其他等内原木的购进价格也基本保持在 560 元/m^3 左右。

2. 锯材　2004 年普通锯材的全年平均购进价格为 947.2 元/m^3，比 2003 年上涨了 16.93%。从全年来看，普通锯材的价格一年内比较稳定，在 1 000 元/m^3 左右浮动。其中落叶松厚板价格年初在 1 100 元/m^3 左右波动，5 月份价格达到了最高点为1 292.2 元/m^3，随后价格开始回落，到 12 月份跌到了 972.6 元/m^3；杉木厚板价格起伏也比较大，从年初价格开始下跌，3 月份达到了 998.8 元/m^3 的最低点，然后价格开始稳步小幅上扬，到 10 月份达到了 1 158.3 元/m^3，到 12 月份回落到 879.2 元/m^3；马尾松厚板从 1 月份的 666.3 元/m^3 下跌到 6 月份的最低点

516.4 元/m^3，然后又有所上升，到年末维持在 630 元/m^3 的水平。

3. 人造板　2004 年，胶合板、纤维板和刨花板的平均出厂价格分别为 1 582.60 元/m^3、776.60 元/m^3 和 605.10 元/m^3。从各月出厂价格走势看，胶合板价格变动表现出以 2 月和 9 月为价格低点，4 月为价格最高点的循环波动过程；纤维板价格在 7 月份为价格最高点，全年其他月份的价格基本保持稳定；全年来看，刨花板价格基本保持平稳，总体来看有微幅上扬。

4. 木浆　2004 年，机械木浆和化学木浆的平均出厂价格分别为 3 131.00 元/t 和 3 325.90 元/t，比 2003 年分别提高了 13.47% 和 2.07%。从各月的出厂价格走势看，全国木浆的出厂价格变化表现出波动较大。

5. 其他林产品　2004 年，橡胶、椰子油、柑橘和苹果的平均购进价格分别为 10 994.9 元/t、7043.5 元/t、982.3 元/t 和 533.1 元/t，与 2003 年相比，橡胶上升了 9%，椰子油、柑橘和苹果的购进价格分别下跌了 2.47%、18.48% 和 52.63%。

五、主要林产品进出口

（一）基本态势

1. 林产品进出口贸易高速增长，但低于全国商品进出口贸易增速，在全国商品进出口贸易中所占比重略有下降；林产品出口增幅高于进口增幅，贸易逆差缩小　2004 年，林产品进出口贸易总额达 349.49 亿美元，同比增长 25.99%。其中林产品出口贸易额为 163.01 亿美元，同比增长 33.22%，低于全国商品出口 35.40% 的增速，占全国商品出口额的 2.75%，比 2003 年下降了 0.04 个百分点；林产品进口额为 186.48 亿美元，同比增长 20.29%，低于全国商品进口 36.02% 的增速，占全国商品进口额的 3.32%，比 2003 年下降了 0.44 个百分点。2004 年，林产品进出口贸易逆差为 23.47 亿美元，比 2003 年缩减了 28.14%。

2. 木质林产品在林产品进出口中仍占主导，但在林产品进口中的比重持续下降，在林产品出口中的比重进一步提高　2004 年，林产品进出口贸易总额中，木质林产品占 72.31%，比 2003 年提高了 0.22 个百分点，非木质林产品占 27.69%；在林产品出口额中，木质林产品和非木质林产品所占比重分别为 69.31% 和 30.69%，木质林产品所占比重比 2003 年提高了 3.14 个百分点；在林产品进口额中，木质林产品和非木质林产品所占比重分别为 74.93% 和 25.07%，木质林产品所占比重比 2003 年下降了 1.83 个百分点。

3. 林产品进出口高度集中于亚洲与欧美市场，但亚洲市场份额在下降，欧美市场份额在提高　2004 年，林产品出口总额中各洲所占份额分别为：亚洲占 43.81%，北美洲占 33.99%，欧洲占 17.05%，大洋洲占 2.17%，非洲占 2.01%，南美洲占 0.97%。与 2003 年相比，亚洲市场份额下降了 4.26 个百分点，欧美市场份额提高了 3.59 个百分点。林产品进口总额中各洲所占份额分别为：亚洲占 48.67%，欧洲占 20.36%，北美洲占 17.45%，南美洲占 6.13%，大洋洲占 4.38%，非洲占 3.01%。与 2003 年相比，亚洲市场份额下降了 1.10 个百分点，欧美市场份额提高了 1.93 个百分点。

（二）木质林产品进出口

木质林产品进出口贸易加速增长，出口增幅远高于进口增幅，贸易逆差进一步缩小。2004 年木质林产品进出口贸易总额为 252.72 亿美元，同比增长 26.38%。其中出口额为 112.99 亿美元，同比增长 39.54%；进口额为 139.73 亿美元，同比增长 17.42%。木质林产品贸易逆差为 26.74 亿美元，比 2003 年缩减 11.29 亿美元。

从产品结构看，木质林产品出口以家具、木制品、人造板和单板为主，进口以纸及纸浆、原木和锯材（含特形材）为主。与 2003 年相比，在木质林产品出口额中，人造板及单板所占比重提高了 5.48 个百分点，木制品和家具所占比重分别下降了 2.43 和 0.84 个百分点；在木质林产品进口额中，纸及纸浆所占比重提高了 1.71 个百分点，而原木和锯材所占比重分别下降了 0.49 和 0.22 个百分点。

从地区结构看，木质林产品出口仍以美国、日本和中国香港市场为主，进口以俄罗斯、美国和印度尼西亚市场为主；日本和中国香港等传统亚洲市场的份额继续下降，而美国、加拿大等北美市场的份额进一步提高，俄罗斯的市场份额则在高位波动中有所增加。2004 年按贸易额排序，前 5 位出口贸易伙伴依次为：美国占 38.47%，日本占 15.29%，中国香港占 11.87%，英国占 5.03%，韩国占 2.88%；前 5 位进口贸易伙伴依次为：俄罗斯占 14.01%，美国占 13.93%，印度尼西亚占 9.67%，加拿大占 8.04%，日本占 6.09%。

（三）非木质林产品进出口

非木质林产品进出口快速增长，出口增幅低于进口增幅，贸易顺差进一步缩小。2004 年，非木质林产品出口 50.02 亿美元，进口 46.75 亿美元，比 2003 年分别增长了 20.85% 和 29.75%。非木质林产品进出口贸易顺差为3.27亿美元，同比下降38.99%。非木质林产品出口中50%以上为果类和菌、竹笋、山野菜类，进口中林化产品占有绝对比重。

（国家林业局发展计划与资金管理司 刘建杰 于百川）

农作物秸秆加工业

一、基本情况

大力发展秸秆综合利用是保护农业生态环境，提高农民生活质量和经济收入，促进农业可持续发展的良好途径。2004年，秸秆禁烧和综合利用工作继续得到政府的强力关注。一方面，政府有关部门加大了对秸秆焚烧的监督、执法工作；另一方面，秸秆利用产业化进程得到更大的发展，取得较好的成效。

（一）加大了秸秆焚烧的监管力度

2004年夏收期间，国家环保总局环境监察局利用国家卫星气象中心遥感技术，对全国主要农作物区域实施秸秆焚烧在线监控，及时将出现秸秆焚烧现象的有关信息（包括省、市、县名及其经纬度和火点数）进行通报，并将每日秸秆焚烧情况在网站上公布。有关省市接到总局秸秆焚烧情况通报后，立即安排部署，采取相应措施，迅速制止焚烧行为。通过卫星遥感监控，使国家环保总局能够准确、迅速地掌握全国农作物秸秆焚烧状况，提高了秸秆焚烧预警和日常监控能力以及现场执法人员的执法效率，设法遏制地方秸秆禁烧现象。据2004年国家卫星遥感监测数据表明，我国主要农区（包括河北、河南、山西、山东、安徽、江苏、陕西省）夏季共监测到61个市、208个县的火点数2 481个，禁烧区内共有火点数910个。其中，河北、河南、陕西省禁烧区内火点数比2003年同期有所减少，江苏、安徽省秸秆焚烧现象严重。秋季共监测到62个市、144个县的火点数697个，禁烧区内火点数286个。其中，山东省秸秆焚烧现象较为严重。农作物秸秆禁烧和综合利用工作事关大气环境质量、交通安全和广大农民的利益，引起了党中央、国务院领导的高度关注。

国家气象中心利用NOAA-16气象卫星，对2004年与2003年主产区冬小麦秸秆焚烧变化状况进行了监测和对比分析。2004年秸秆焚烧主要分布在陕西中部渭河平原、山西南部、河北南部、山东西南部、河南中部、湖北东部、安徽北部和江苏大部地区。从总量上看，2004年比2003年秸秆焚烧量有较明显的增多。京津、山东中部、东北部以及山西南部地区，2004年较2003年焚烧秸秆减少。总体的变化规律是北部地区减少，南部地区相对增多。初步分析，2004年秸秆焚烧变化的原因，可能与2003年主产区受低温影响造成冬小麦减产有一定的关系。同时，各地的秸秆焚烧监管能力的差异也会产生量上的增减。为此，全国各地加大了秸秆焚烧的监管力度，引导农民对秸秆进行合理利用，避免秸秆焚烧产生的环境污染和社会危害。

（二）综合利用取得新成效

2004年，全国农作物秸秆的综合利用取得新成效。全国秸秆粉碎还田机拥有量达到43.93万台，秸秆青饲收获机达到4.1万台，分别比上年增长22%和14.5%；全年完成秸秆还田面积1 836万hm2，青贮饲料5 629.9万t。河南、山东、陕西、河北、上海、安徽、江苏等省、直辖市，农作物秸秆的综合利用成效比较显著。其中：

2004年河南省秸秆还田率明显提高，超额完成计划，秸秆还田面积达到93.3万hm^2，同比增长16.6%。比计划秸秆还田面积83.3万hm^2增加13.3万hm^2。其中，郑州、焦作、许昌、济源等地的秸秆还田率都在75%以上。据河南省农机局农机管理处介绍，秸秆还田率高的主要原因，是各级政府和农机部门高度重视这项工作，积极落实国家、省农机购置补贴政策，调动了农民购置农机的积极性，使秸秆还田机械大幅度增加。2004年河南省新增秸秆还田机具4 700多台，机具总数达到4.2万台，较上年提高了12.6%。同时，各地采取的秸秆禁烧措施，推进了秸秆还田工作的顺利开展。漯河市政府拿出300万元用于秸秆还田机具补贴，农民购机热情高涨，2004年新增还田机300台，增幅30%以上。商丘市政府拿出60万元，补贴秸秆还田机362台，带动秸秆还田机增加了799台，增幅达27%。

2004年，山东省把秸秆综合利用作为新兴产业来抓，已有60万农民常年或季节性从事秸秆综合利用工作，2.8万个农机大户和生产加工企业在秸秆转化中开展工作，近万个专业合作组织为秸秆转化开展服务，全省秸秆综合利用每年可为农民增加收入9亿多元。为了通过秸秆综合利用为农业增效、农民增收，省农机管理办公室先后建立了重点区域机械化秸秆还田与综合利用示范县24个，全省还投资2 559万元，实施了以玉米收获和秸秆综合利用为重点的7大农机化创新示范工程，逐步探索总结出秸秆收获还田、青贮、颗粒饲料加工等8种综合利用模式，初步形成了机械化秸秆综合利用技术路线。巨野县发展玉米秸秆青贮服务队，带起了200多个专业户，年青贮秸秆90多万t。章丘市一个民营企业年产万吨颗粒饲料，不仅转化2 000hm^2的玉米秸秆，而且出口创汇80多万美元。

2004年，陕西省安排专项资金1 200万元，带动地方投入200多万元，引导农民投入2 016万元，用于农作物秸秆饲草加工和综合利用技术推广工作，使全省秸秆饲草加工机械拥有量达到20 515台。其中秸秆挤丝揉搓机19 624台，打捆机891台。加工秸秆饲草215.8万t，其中青贮124万t，微贮商品草11.8万t，干贮80万t。为农民增收节支18 090万元，为农机生产企业和包装材料、添加剂生产企业创造产值2 888万元。新增10.67万hm^2秸秆治理面积，使10.67万hm^2的秸秆得到了充分利用，减少了3.36亿m^3废气污染。据调查，全省1 000个示范户中，青贮饲草100t以上的259户，500t以上的48户，800t以上的20户，1 000t以上的15户；微贮商品草100t以上的227户，500t以上的28户，800t以上的6户，1 000t以上的4户；干贮100t以上的88户，500t以上的13户，800t以上的4户。这些示范小区和加工示范户已成为饲草加工的主体，同时将带领更多的农户从事秸秆饲草业的发展。

2004年，上海市投资750万元用于秸秆禁烧和综合利用，秸秆综合利用率达到80%。按照“突出重点、整体规划、逐步推进”的原则，对实施秸秆禁烧和机械化还田提出了明确的目标和任务，确定了虹桥、浦东机场周围15km，崇明军用机场周围10km，沪宁、沪杭、沪嘉高速公路、浦东远东大道两侧各2km，郊区成片林森林，大型苗木基地周围1km及外环线以内为秸秆禁烧区域，并作为项目来实施。该项目涉及闵行、嘉定、宝山等10个区县的69个乡镇、674个村及农工商集团5个农场。此外，上海市不断加速农业机械化的发展步伐，进一步扩大秸秆还田的面积；同时与郊区治理畜禽粪便相结合，提高利用农作物秸秆生产有机肥料及其他综合利用技术的开发力度。

二、科研、新产品、新技术

2004年，我国农作物秸秆的科研、新产品、新技术的研究开发取得新进展，科技工作得到进一步重视，有力地推进了农作物秸秆的综合利用，大大提高了农作物秸秆的经济价值、社会价值。

2004年1月，浙江省新昌县锦荣设备安装有限公司历时3年，研制与开发出了建筑用纸面草板及草板机，并通过了省级新产品鉴定，为农作物秸秆的再利用提供了一条有益的出路。该设备与进口设备和进口设备生产的纸面草板相比，具有生产成本低、产品质量好、企业投资省等特点。该纸面草板采用特殊的高温挤压成型工艺，提高了产品的强度，破坏荷载达到6 800N，大大超过了国家标准规定的5 000N。原料不需粉碎、不添加任何粘合剂和添加剂，使产品保持了纯天然的本色；生产的纸面草板只要用普通纸护面即可，无需用特制的进口护面纸；产品还有效地提高了防火隔热性能。该纸面草板机采用深孔内加温方式加热，具有耗电省、加热快的特点；通过离心式进草方式进料，解决了进口设备采用步进机进草、设备过长、造价过高的弊端，减少设备长度16m，节省了生产场地。采用模块成型方式加压成型，既节省了原料，又提高了工作效率。设备投资仅为进口设备的15%左右，有效降低了企业投资风险。

2004年3月18日，“联合国粮农组织的秸秆综合利用技术援华项目”在江苏盐城市启动。该项目采用世界上新型农业机械，引进、示范、推广国际先进的秸秆还田、养畜、种菇、气化等秸秆综合利用新技术，培训基层农技人员和农民代表，增强和提高他们综合利用秸秆的意识和技能。该项目的实施，将以盐城示范区带动江苏乃至国内同类地区秸秆资源的综合利用，减轻因不当处理剩余农作物秸秆造成的环境污染，促进农牧业发展，增加农民收入，提高农民生活质量。

2004年4月，由中科院理化所杨正宇研究员领导的油田化学及新能源研究组在利用秸秆直接转化为汽、柴油联产精细化工品的研究工作方面取得突破性进展。他们将秸秆经过比较简单的预处理后，在较温和的条件下进行选控催化裂解，使其分子结构重组，获得气、液两相产物。其中液相中40%左右的柴油馏分，20%左右的汽油馏分，其余是苯和苯酚等化合物；气相中环氧乙烷占90%以上。这是迄今为止有资料可查的利用秸秆直接转化汽柴油和环氧乙烷的最好结果，标志着我国在新能源领域的研究取得了可喜成绩。

2004年6月5日，作为纪念世界环境日的一项重要活动，埃及国家环境部在开罗举办了环保科技合作成果展，其中我国和埃及合作的工业化秸秆气化项目成为此次展会一大亮点。埃及总理奥贝德专门到中国展台前参观，仔细询问了秸秆气化的有关技术问题，并亲手点燃了使用秸秆气为燃料的炉灶。四川省农业机械研究设计院根据与埃及环境部签署的合同，已经为埃方建造、安装、调试完毕第一套SR300工业化秸秆气化设备。在当天展会上，双方代表举行了项目竣工和交接仪式，标志着我国工业化秸秆气化技术走出国门。来自中国的农业专家与埃及军工、石油和人口安置研究中心的科研人员一道，在利用秸秆气化技术生产清洁燃料方面取得了巨大成果，奥贝德对此给予高度评价和赞赏。秸秆气化项目是迄今为止中埃两国最大的环境科技合作项目，该项目的实施对于改善埃及环境，尤其是避免因秸秆焚烧造成污染，具有重要的社会意义，而且还通过实际成果进一步丰富了双边合作的内涵。埃方为获得设备和培训服务向中方支付了30万美元，实现了合作的双赢。中方在近期还将向埃方移交第二套秸秆气化设备。

2004年10月29日，由中国农业大学主持的农业科技跨越计划项目“饲草、秸秆机械化加工技术与机具的中试示范”两项核心技术成果“9G-650型饲草秸秆高温快速干燥成套设备”和“9YK-3 000型饲草秸秆大截面压块设备”，通过农业部组织的科技成果鉴定。其中，9G-650型饲草秸秆高温快速干燥成套设备，能够提供400℃以上的洁净无污染高温热风，热风炉使用寿命长，热效率高；三级快速干燥技术，能够将含水率70%左右的饲草一次快速干燥至安全水分，加工出的饲草品质好，蛋白质含量损失率低；三回程的转筒结构，减小了设备占地面积，提高了热能利用率；双级除尘净化装置，减少了粉尘排放。9YK-3 000型饲草秸秆大截面压块设备，结构新颖，创新点突出，能把切碎的饲草或玉米秸秆压制成密度为0.4～0.8t/m^{3}的大截面薄草片，再集成草块，饲喂时无需用水浸泡或破碎，可直接分片饲喂；采用切碎加揉搓和强制均匀喂入机构，草块成型后的稳定性好，便于包装和贮运；活塞与连杆之间采用了万向连接机构，灵活性好，提高了使用寿命。

2004年10月，国家发展与改革委员会正式批准“河北省晋州市秸秆发电厂建设项目”，这是我国第一个完全利用秸秆燃烧发电的发电厂。研究表明，2t秸秆产生的热量相当于1t标准煤，而且其平均含硫量只有0.38%，大大低于煤的平均含硫量。晋州市建设的秸秆发电厂由河北省建设投资公司与北京龙基电力有限公司、香港中国生物发电集团有限公司共同投资。据河北省发展与改革委员会和北京龙基电力公司的研究报告显示，建设一个2.4万kW的秸秆发电厂，测算总投资为1.68亿元人民币，每年可燃烧秸秆20多万t；如按每吨秸秆100元的收购价测算，将带动农民增收2 000多万元；同时，还可以提供100万m^{2}的采暖供热。与同等规模烧煤的火电厂相比，一年可节约标准煤6万t，减少二氧化硫排放量600t、烟尘排放量400t。不仅具有较好的经济效益，还可以实现良好的生态效益和社会效益。

2004年11月10日，一个新型的秸秆发电项目在山东莘县正式开工。这标志着山东利用生物质进行燃气发电进入新的发展阶段，届时将实现棉秆等传统农业废弃物“变废为宝”，有效缓解当前能源供应紧张的局面。由香港必高环保能源有限公司在山东莘县河店镇投资5 000万港元独资建设，应用已获得国家专利的生物质可燃气发生装置，将传统棉秆、秸秆等农业废弃物输送到燃气发生炉中，在高温缺氧环境下分解产生可燃气体，然后将这些气体冷却、清洗、除尘、除焦油，得到的清洁可燃气体直接输入燃气发电机中产生电能，每年可发电980.8万kW·h,可直接供应农村地区的农业用电，并满足当地居民生活用电和企业用电，还可并入电网为其他地区输送电能。

三、行业工作

2004年，农业部继续发出搞好秸秆综合利用的通知，要求各地农机部门继续抓好秸秆的综合利用工作。下半年，由农业部组织召开的“全国青贮玉米现场观摩暨经验交流会”在呼和浩特市召开，来自全国各省、自治区、直辖市、新疆生产建设兵团、黑龙江农垦总局等农口部门的负责人参加了此次会议。各省、自治区、直辖市的农机管理部门会同有关单位，紧密配合，积极引导当地开展秸秆禁烧和综合利用工作，行业活动多种多样。其中：

2004年4月14日，由天津市农机局主办、市农机推广总站承办的“秸秆饲料加工新技术现场演示会”在静海县召开。现场演示了秸秆干贮压制机、秸秆袋装微贮打捆机、秸秆揉搓机等秸秆饲料加工机具，为加快秸秆综合开发利用寻找了出路。通过举办秸秆饲料加工新技术现场演示会，使农民看到了秸秆饲料加工新技术、新机具对农业“节本增效”的贡献，有力地促进了秸秆综合利用技术在本市的推广。

2004年4月28日，石家庄市“小麦秸秆打捆机推广演示会”在藁城召开。藁城、赵县、辛集、无极、栾城、鹿泉、晋州、高邑、元氏、正定、深泽11个县（市）的农机局局长、农机推广站站长及藁城市10个乡（镇）长、农机户等参加了演示会。省农机局强调，收集小麦秸秆是变废为宝、解决广大农户回收利用难、减少秸秆资源浪费和增加农民收入的一项重要措施，石家庄市要率先做好小麦秸秆打捆机的推广工作。会议决定成立石家庄小麦秸秆打捆机作业队，对参加作业队的农民购置打捆机给予补贴，并统一调配，开展跨区作业，促进秸秆资源利用，有效抑制小麦秸秆焚烧。

2004年5月，安徽省人民政府办公厅发布了《关于禁止焚烧秸秆和开展综合利用工作的紧急通知》，《通知》要求：一是禁止在田间、林带随意露天焚烧农作物秸秆；二是各级政府要加强对秸秆禁烧和综合利用工作的领导和协调，按照属地管理原则，落实责任单位和责任人；三是加强“三夏”、“三秋”主要农事季节、重点区域秸秆禁烧的巡查和指导；四是农业、农机部门要大力推广农作物秸秆综合利用技术，逐步形成以秸秆直接还田为主，秸秆青贮、堆沤、气化、压块和栽培食用菌等为补充的多渠道、多途径秸秆综合利用格局；五是各级政府要利用多种形式，广泛宣传秸秆焚烧的危害性，普及秸秆综合利用技术，形成秸秆禁烧和综合利用的良好社会氛围。

2004年6月2日，河北省环保局、农业厅、交通厅、公安厅以冀环办［2004］124号发出《关于加强2004年秸秆禁烧和综合利用工作的通知》，要求各地进一步做好今年夏、秋两季全省农作物秸秆禁烧和综合利用工作。通知要求：一是各级政府要高度重视秸秆禁烧和综合利用工作，进一步完善秸秆禁烧工作目标管理责任制，相关部门密切配合，共同做好秸秆禁烧工作；二是抓好秸秆综合利用工作，积极研究、开发、推广秸秆综合利用技术，加大秸秆还田、加工、生物转化、能源转化利用等综合利用技术的推广力度；三是加强执法监督，加大禁烧执法力度，确保不发生大面积焚烧现象，对重点地区秸秆禁烧和综合利用工作进行检查，检查结果列入2004年环保工作目标考核内容。

2004年8月27日，山东省在曲阜召开了“全省玉米收获、秸秆还田暨保护性耕作机械化现场会”。近年来，曲阜市积极推广农业机械化秸秆还田，全市大型玉米秸秆还田机达到2 880台，形成八大农机化服务体系，土壤有机质增加0.12%，遏制秸秆禁烧工作取得了显著成效。

2004年8月29～30日，由中国农业工程学会主办、山东农业工程学会承办的“全国农作物秸秆综合利用学术研讨会”在烟台召开。来自全国农业工程界的60多名代表参加会议。会议主题是“农作物秸秆综合利用与农业生态建设”，会议主要内容是总结交流各位会员、专家在农作物秸秆综合利用方面的研究成果、应用措施、应用效益及普及推广的建议。会议期间，还参观了秸秆综合利用生产企业。

2004年9月8日，山东省人民政府办公厅下发了《关于做好玉米机收跨区作业和农作物秸秆综合利用及禁烧工作的通知》，《通知》强调：一是搞好秸秆综合利用与禁烧工作，关键是为秸秆找到长期稳定有效的出路，使秸秆变废为宝；二是当前要突出抓好秸秆还田、秸秆综合利用等；三是要求各级政府要切实把秸秆综合利用及禁烧工作列入议事日程，认真制定工作措施，搞好统筹规划和组织协调；四是通过召开现场会、派出督导组等多种形式，对秸秆综合利用及禁烧工作进行具体部署；五是各有关部门要在政府的统一领导下，各司其职，密切协作，共同做好秸秆综合利用及禁烧工作。

（天津市农业机械学会　胡　伟）

畜禽废弃物的开发利用

一、基本情况

据中国农业统计资料显示，2004全国大牲畜存栏数为15 737万头，同比增长1.53%；猪存栏数为48 189万头，同比增长3.41%；羊存栏数为36 639万只，同比增长7.59%；家禽存栏数为516 187万只，同比增长2.05%。其中，河南、山东、四川、河北、湖南、江苏、安徽、辽宁、吉林和黑龙江等10个省的畜禽饲养量较大，约占全国总饲养量的60%以上。为了获得全年畜禽养殖业粪便废弃物的产生量，可根据联合国粮农组织以及我国有关部门统计资料进行综合测算，测算结果为：2004年我国大牲畜年产粪便为86 160万t，猪年产粪便为123 130万t，羊年产粪便为20 060万t，家禽年产粪便为8 260万t，即全年畜禽养殖业粪便废弃物的产生量为25.76亿t。我国畜禽养殖业的迅速发展，必然会产生大量的粪便废弃物，如果处理不当将会污染环境，对生态环境造成极大的影响。2004年，畜禽粪便对环境造成污染的严重性，引起各级政府和相关企业的高度重视，纷纷采取各种措施开展对畜禽粪便废弃物的治理和相关配套工作，取得了一定成效。

二、污染状况

从2004年全国畜禽养殖业的污染情况分析，主要是对空气的污染、对水体的污染和对土壤的污染三种类型。根据有关业内专家分析，2004年我国畜禽粪便的主要污染特点：一是畜禽废弃物产生量很大，已发展成为我国新的污染大户；二是畜禽废弃物污染环境相当严重，已成为我国农村面源污染的主要来源之一；三是畜禽废弃物污染给大中城市带来了巨大的环境压力，严重影响了大中城市的环境质量。如：

2004年，西安市环保局公布了本市畜禽养殖业污染情况调查，调查涉及西安市13个辖区、县，共31家畜禽养殖企业。调查发现，被调查的31家企业只有6家进行干湿分离（粪便处理的一种方式），且都以人工分离法为主；只有4家建有固体废弃物处理设施，其中1家年设计处理量为100t，其余3家为25t，有27家没有处理设施；只有1家建有自己的污水处理设施，其余30家污水直接排放。被调查企业中，所有企业不论规模大小都没得到当地环保局的审批，也没有做环境影响评价工作。西安市畜禽养殖业的污染管理几乎还是一片空白，污染正在加剧。

据哈尔滨市环保部门对畜禽养殖业污染情况调查，按2004年的畜禽饲养量对畜禽粪便资源进行测算，全年共产生牛粪（尿）1 482万t，猪粪（尿）430万t，禽粪625万t，全年总计产生畜禽废弃物2 537万t以上。调查显示：该市畜禽粪便资源利用率低，污染严重。一是畜禽粪便资源还田利用率低。2004年平均利用率只有45%，大量的畜禽粪便成为污染源流失。二是畜禽饲养专业村（屯）粪便污染严重。畜禽粪便随意堆放，雨季粪便到处流淌，污染环境；晴天臭气熏天，直接威胁人畜健康。三是畜禽饲养场和畜牧饲养小区对环境的污染。多数畜禽饲养场畜禽粪便随意堆积和排放，大面积污染周边水资源、空气和农田环境。

据辽宁省环保部门对其畜禽养殖业污染情况调查，2004年全省畜禽年产粪便为6 537.68万t，畜牧场污水年排放量高达1.1亿m^3。畜禽粪便中除了含有大量的致病菌和寄生虫外，还含有大量的氮磷化合物。其中猪将53.1%的食入氮和79.8%的食入磷排出体外，肉鸡粪便中含有一半以上的食入磷和食入氮。这些氮和磷可转化为硝酸盐和磷酸盐，通过大地渗漏造成地表水和地下水的严重污染，而在自然状态下，被污染的地下水需经300a才能得到净化。据辽宁省环保部门对大型猪场排放粪便污水检验结果表明：COD（化学耗氧量）超标53倍，BOD（生物耗氧量）超标76倍，污染十分严重。高浓度的粪便污水若混入灌溉水中，对农作物造成毒害导致减产。混入养鱼池中，使鱼池水中溶解氧降低，危害渔业生产。若直接排入江河，严重影响沿岸生态环境。养殖场产生的恶臭气体，严重影响了空气质量，危害饲养人员及周围居民身体健康，影响畜禽的正常生长。畜禽粪便含有大量的病原微生物等有害物质，造成人、畜传染病的蔓延，给人畜带来灾难性危害。2004年，全省大部分畜禽养殖场粪便堆积如山，臭气熏天，蚊蝇遍地，环境卫生十分恶劣，已形成从点源污染向面源污染扩张的趋势，严重污染了水源及农村整体环境，农民反映特别强烈。如葫芦岛市连山区台集屯镇景家口子村，鸡饲养量达50万只，每天产出鸡粪及污水达60t，家家门口都堆着大堆鸡粪，使全村终日臭气冲天、蚊蝇成群，水质严重污染，有关部门对这个村地下水进行化验，仅大肠杆菌一项指标就超过国家标准几十倍，地下水不能饮用，群众被迫无奈只得全村搬迁，严重影响了农民生活。

2004年10月10日，海南省国土环境资源厅公布了本省畜禽养殖业污染情况调查，调查范围涉及全省18个市县、237家规模化禽畜养殖场，监测了25家规模化养猪场排放的废水浓度、19个废水治理设施的治理效果、养猪场附近11条河流的水质状况、10个养猪场周围的22口地下水井的水质状况。调查结果显示，该省规模化禽畜养殖场主要分布于海口市、文昌市和琼海市，而对环境影响较大的大中型禽畜养殖场主要集中在人口密集、水系较发达的东北部沿海地区。东部地区的大中型禽畜养殖场占全省总数的58%，北部地区的大中型养猪场占全省总数的47%。另外，46%的规模化养猪场距离周边居民区或民用水源地不超过1 000m，一些中小型养猪场与居民区的距离更近，11%的1 000头以下规模化养猪场距离民房和水源地的最小距离小于100m。有关专家称，养殖场过于集中，对周边地区构成了环境压力，禽畜养殖污染已成为农村主要污染源。据统计，2004年全省禽畜粪便年产生量约1 400万t，是工业固体废弃物产生总量的1 228倍。25家规模化养猪场废水监测结果显示，氨氮排放浓度超标率为44%，排放口废水大肠菌群的超标率为100%，浓度超过国家标准限值几十倍甚至数百倍。一些地区的畜禽粪尿污染已超过居民生活、农业、乡镇工业对环境的影响。从畜禽粪便的土地负荷看，全省畜禽粪便耕地负荷警戒值为1.10，超过全国平均耕地警戒水平（0.49），呈现出较严重的环境压力水平。养猪业污染问题尤为突出，因相当部分养猪场大多采用水法清粪处理工艺，直接用自来水冲洗粪便，导致地下水和地面水体受到不同程度污染，不少河流的化学需氧量、总氮、总磷和大肠菌群等污染指标均超过国家标准。污染较严重的是海口市南天河、罗牛河，文昌市珠溪河、三亚市三亚东河等。调查显示，全省规模化养猪场环境审批率为35.6%，环评制度执行率15.3%，采用干湿分离这一最为必要的污染防治措施的仅占6.3%，52.5%的规模化畜禽养殖场缺乏必要的污染治理设施，各养殖场排放口基本未规范。

三、监管状况

由于畜禽粪便严重污染农村生态环境，危及人民身体健康，制约了畜牧业良性发展，所以引起了各级领导的关注和有关部门的重视。2004年2月6日，国务院副总理曾培炎在国家环保总局上报的落实曾培炎同志对《我国农业和农村环境污染状况》批示有关情况的报告上批示："建议同意报告所列三条建议，特别是《畜禽养殖污染防治条例》应抓紧制定，为有关农村疫情治理提供法律依据"。2月9日曾培炎副总理在《我国集约化养殖污染治理存在问题及建议》（国办秘书一局专报信息第152期）上批示："集约化畜禽养殖的污染应予重视，建议国家发改委商有关部门研究提出治理意见"。同日，国务院总理温家宝批示"对沼气工程要进行充分的科学论证，在论证的基础上因地制宜地进行规划。对已有的沼气工程运行质量和效果要总结经验"。此外，国家有关部门和地方政府相关部门，也加大了对遏制畜禽粪便污染和加强综合利用的监管力度。

2004年2月3日，国家环保总局发布了《关于加强畜禽养殖业环境监管、严防高致病性禽流感疫情扩散的紧急通知》，要求加大畜禽养殖环境保护监管力度，严防高致病性禽流感疫情扩散，保障人民群众身体健康。《通知》强调，要加强畜禽养殖场水环境监督管理，疫区内严禁采用畜禽粪便作为肥料，养殖场排出的畜禽粪便、垫料等废弃物必须就地消毒并进行无害化处理，严禁向外转运。《通知》指出，各地环保部门要加强监督检查，监督养殖业主按要求做好粪便清理，集中进行无害化处置。对冲洗粪便的废水，必须消毒，实现达标排放。要加强养殖场污水处理设施的管理，确保设施正常运行。没有污水处理设施的养殖场，可暂时采用氧化塘进行处理，并用石灰消毒，同时加紧污水处理设施的建设。

2004年3月12日，上海市人民政府令第20号发布了《上海市畜禽养殖管理办法》，以规范畜禽养殖行为，防止畜禽疫病和有毒有害物质残留对人体的危害，防治畜禽养殖污染，促进本市畜牧业可持续发展。该《办法》规定，上海市环境保护局和区（县）环境保护部门对辖区内的畜禽污染防治实施统一监督管理，实施排污申报、排污许可证和排污收费制度。要求畜禽养殖场排放污染物，应当符合国家和本市规定的排放标准。鼓励畜禽养殖场将畜禽粪便生态还田，或者用以生产沼气、有机肥料等物质。畜禽养殖场按照规范实施畜禽粪便还田的，视作达标排放。畜禽养殖场应当设置符合环保要求的畜禽粪便的堆放场所，实行无害化处理，并采取有效措施，防止畜禽粪便的散落、溢流。畜禽养殖场不得任意向水体或者其他环境直接排放畜禽粪便、沼液、沼渣或者污水等。

2004年3月31日，江苏省人民政府办公厅文件苏政办发［2004］21号《关于全面推进生态农业县建设的通知》，《通知》要求，规模化养殖场畜禽粪便污染治理必须达国家标准，畜禽粪便综合利用率达到80%以上；推广以"猪—沼—菜"等为主要内容的生态良性循环模式，实现家居清洁化、庭院资源再生增值和多级利用。积极开展畜禽养殖场粪便无害化处理与综合利用技术研究与推广应用，大力支持推广大中型畜禽场沼气工程建设，规模畜禽养殖场废弃物必须实现达标排放或全部综合利用，严禁向河道、沟渠直接排放。加快推进农村生活污水净化沼气池工程建设，推广利用厌氧发酵和好氧降解工程技术，将农村小城镇和自然村粪便、生活污水进行净化处理，加快建设生活污水净化沼气池，控制生活水污染，实现生活用水的良性循环。

2004年6月4日，浙江省农村能源办公室发布了《关于围绕畜牧示范小区建设加强畜禽养殖废弃物治理和资源化综合利用工作的通知》，《通知》要求对浙江省生态养殖小区和规模养殖场基础设施进行规范化建设，重点突出防疫和粪污处理等基础设施，建成现代化、集约化、生态化的畜牧示范小区。一是要求把以沼气为纽带的畜禽养殖废弃物治理和综合利用工程作为粪污处理的主要途径和技术措施，并纳入畜牧示范小区建设内容。按照《浙江省畜牧示范小区建设标准（试行）》要求，做好畜牧示范小区规划编制、方案设计、项目可行性研究报告编写、项目申报和工程建设工作，达到畜禽养殖废弃物减量化、无害化、资源化，促进畜牧示范小区健康发展。二是要求大力推广农村能源生态技术，探索发展农村能源生态的适用技术和模式。要采取各种措施，积极组织推广"猪—沼—作物"等能源生态农业技术模式，利用畜禽废弃物生产沼气为农户提供优质燃料，沼液沼渣为生产无公害农产品提供有机肥料，促进生态农业发展和农村环境的改善，实现农业增效、农民增收。三是要求各级农村能源管理部门在畜牧示范小区和规模养殖场的建设中，加强对沼气工程的技术指导，强化服务，更好地推进沼气工程在畜牧示范小区建设中的步伐。

四、综合利用状况

从2004年畜禽粪便的开发利用情况看，大体有饲料化（用鸡粪制作饲料）、肥料化（用畜禽粪便制作肥料）、能源化（用畜禽粪便制作沼气）三种模式。

据调查，2004年浙江省积极推进规模生态养殖小区建设，优化畜牧业区域布局，大力推进畜禽废弃物综合处理。一是积极推广"一场一厂"式（即一个规模养殖场建一个有机肥加工厂）的畜禽粪便资源化处理模式，使粪便通过加工处理成为有机肥。到2004年底，在规模畜禽养殖场累计建设"生态型"、"环保型"、"能源生态型"等大中型沼气工程359处，处理畜禽粪便污水263万t，年产沼气679万 m^3。二是大力推广"猪—沼—作物"、"猪—沼—果（茶）"等以沼气为纽带的能源生态农业模式，形成"养殖—沼气—种植"三位一体的生态农业新格局。到2004年底，全省已累计推广"猪—沼—作物"等模式农户8.02万户。通过该模式的推广应用，农户户均增收节支达2 000～3 000元。其中嘉兴市生兆有机肥沼气电力有限公司的沼气发电工程，每天能消化1 500头猪产生的粪便，产生沼气可发电200kW·h以上，实现了猪粪变废为宝、资源化利用，促进了循环经济的发展。到2004年底，全省利用畜禽粪便已形成年产沼气3 461万 m^3 的能力，年替代商品能源2.47万t标准煤，全省农村清洁能源利用率已达到48%。

辽宁省十分关注集约化畜禽养殖业大中型沼气工程建设，于2004年8月28日编制并向农业部上报了《关于辽宁省大型沼气池综合利用工程建设项目可行性研究报告的请示》，将昌图县国美绿色养殖场、海城市艺新生态农场、东港市生态猪场、辽阳县亚丁绿色蛋鸡生产基地、辽中县运达种猪繁育场等5个畜禽养殖场的大型沼气池综合利用工程呈报。丹东市振安区振安忠利生态农业园，2002—2004年由区农村能源办公室组织建设了120m^3 大型地下式沼气池3处，年可消化畜禽粪便3 000余 m^3，产沼气10 000多 m^3，产高效沼肥10 000多 m^3。沼气为食堂提供炊事用能和冬季禽舍增温，沼肥用于蔬菜和果园用肥，沼渣供应鱼塘养鱼饵料，沼液做无土栽培营养液，变废为宝，综合利用，深受各级领导的赞誉和企业的欢迎。该园区于2004年又在振安绿环公司新世纪种猪场建设120 m^3 沼气池2处。全省各有关县、区养殖大户纷纷前往参观考察，迫切要求有关部门尽快把这项实用技术推广到全省广大农村中。2004年大连市重点加大了畜禽养殖场大中型沼气综合利用工程的建设力度，全市建设大中型沼气综合利用工程52处，新建每处工程规模都在300m^3 以上，并与农业现代化园区、旅游观光农业园区及标准化畜牧小区相结合，实现最佳对接。金州石河现代农业园区，在万头猪场中修建两处各500 m^3 的大型沼气工程，沼液管网辐射200多 hm^2 园区，使种养业得到了快速的发展；旅顺铁山现代农业园区中的稷丰万头猪养殖场，2004年修建了一处600 m^3 的大型中温发酵沼气工程，日产沼气200多 m^3，使百户农民用上了清洁能源，保证了现代农业园区蔬菜基地的有机肥供给。截止到2004年末，全省农村集约化畜禽养殖场已经修建50～1 000 m^3 的大中型沼气工程102处，总池容积3.71万 m^3，年处理废弃物190万 m^3，年产沼气218.84万 m^3，复合肥4.05万t，直接经济效益达2 025.75万元，建设成果深受畜禽养殖场和农民群众的欢迎。

五、新产品研发和行业工作

2004年，为遏制畜禽养殖业粪便的严重污染，做好畜禽废弃物的综合利用，变废为宝，改善畜禽养殖业周边地区的生态环境，各地纷纷采取多种形式的有效措施加强新产品研发和行业工作。

2004年8月2日，石家庄市科技局组织同行专家组成鉴定委员会，对石家庄市牧工商开发总公司主持完成的市科技局招标项目"畜禽粪便无公害综合治理技术示范"进行了会议鉴定。与会专家到原种猪场查看了畜禽粪便处理现场和相关工艺设备，听取了项目承担单位所做的工作报告，技术报告和效益分析报告，审核了科技创新报告和应用证明等资料，经质疑答辩，认真讨论，形成鉴定如下：该项目工艺先进，综合治理效果好，有广阔推广前景，在生产工艺上居国际先进水平。

北京市京圃园生物工程有限公司自主开发的"有机废物微生物发酵生产生物有机肥"技术，于2004年5月被列为"国家火炬计划项目"。该项成果可有效解决我国畜禽粪便等有机废物带来的环境问题，缓解我国规模化养殖、食用菌栽培等行业带来的环境压力，为有机废物的综合利用开辟了一条"绿色通道"。业内专家认为，"这是我国具有自主知识产权的第一个发酵剂登记产品，符合有机固体废弃物减量化、资源化、无害化的原则，有利于保护和改善生态环境。

本项成果技术成熟、实用性强，具有可操作性，在有机固体废弃物处理中应用有明显的经济、社会和生态效益。”因此它一经推出就显示出巨大的生命力和广阔的市场前景，进入技术市场后先后在北京、河北、山东、山西和海南等省市推广应用，致力于解决畜禽粪便严重污染环境的难题。

2004年4月2日，福建省人民政府办公厅发布了《2004年九龙江流域水污染与生态破坏综合整治计划》，对畜禽养殖业污染治理问题提出具体整治要求。一是加大畜禽养殖场污染治理力度。流域3市新建、改建、扩建畜禽养殖场，必须严格执行环境影响评价和环保“三同时”制度。新建的规模化畜禽养殖场选址必须符合养殖规划布局要求，规模化畜禽养殖场必须按有关规定进行排污申报登记、申领排污许可证。加强对近年来养殖业污染治理设施运行情况的检查，对治理不力、废水超标排放的养殖户依法予以处罚。二是加强农村散养户沼气化建设。流域3市家庭散养户的畜禽养殖舍（点）必须按照村镇规划要求，结合农村环境综合整治，因地制宜，统一规划，加快推广“一池三改”（沼气池、改圈、改厕、改厨）。三是引导和鼓励畜禽粪便综合利用。流域3市政府要根据当地实际，制定出台优惠政策，引导和鼓励畜禽粪便综合加工利用企业发展，特别是要扶持利用畜禽粪便生产有机肥料的企业，从源头促进资源综合利用，减少污染的排放。推广生态型种养模式，有条件的地区要推广引猪上山、绿化荒山，开展生态型“零排放”种养模式试点，实施种养结合，实现资源综合利用。建设漳州市养殖粪便处置中心、龙岩市猪粪综合利用及生产生物有机肥工程。

2004年4月29日，杭州市余杭区农业局召开了“全区畜禽养殖场污染治理工作会议”，区农业局组织参观了仁和镇九龙村王忠炳生猪养殖场粪尿综合利用和污染治理项目现场，布置了2005年度畜禽养殖业污染治理工作任务。会议要求在2004年8月底前完成9家单位的污染治理项目的实施和1家单位无害化设施建设。要求各有关乡、镇根据各自实际，采用适宜的治理模式，组织好项目的实施工作，特别是要做好雨污分离和项目完成后的长效管理。会上，区农村能源办的技术人员讲解了开展这项工作的必要性和有关畜禽养殖业污染治理方面知识，按照“减量化、无害化、资源化、生态化”的污染治理原则及10家治理单位的实际，推荐了“猪—沼—作物（蔬菜、粮食、果树、茶园）”等污染治理模式供业主选择，着重说明了畜禽废弃物资源化综合利用重要性。最后，余杭区农业局副局长江新渊强调了开展畜禽养殖业污染治理工作的必要性指出，抓好畜禽养殖业的污染治理，是《浙江省沼气开发利用促进办法》和《杭州市畜禽养殖污染防治管理办法》等法规、政策的要求；是人民群众对保护良好生态环境的强烈呼声；是促进农业循环经济发展、畜牧业可持续发展的需要。

2004年7月14日，杭州市人民政府发布了《关于改善农村生态环境基本实现规模化畜禽养殖场污染综合整治和达标排放工作的实施意见》，《意见》要求，要在禁养区内实现规模化畜禽养殖场关闭或迁移，其他区域规模化畜禽养殖场污染物综合利用和综合整治达到60%以上；到2005年年底，规模化畜禽养殖场基本实现污染综合整治和达标排放。各地要在对辖区内畜禽养殖情况进行分析的基础上，根据全市总体工作进度和减量化、资源化、无害化的要求，科学地提出分步实施计划，因地制宜地运用畜禽养殖废弃物无害化综合利用、生态化处理等手段，做好各养殖场的整治工作。整治方案可根据各养殖场的实际情况和养殖方式，采取多种形式，一场一策，各具特色。由于规模化畜禽养殖场污染综合整治和达标排放工作投入成本大、任务重，要求各地要围绕工作目标，积极组织实施整治项目，鼓励投资多元化。杭州市正在制订规模化畜禽养殖场污染物综合利用和综合整治以奖代拨的有关鼓励政策，各地要在杭州市制订有关鼓励政策的基础上，制订相应的鼓励政策，促进整治工作顺利开展。

2004年8月10日，浙江省农业厅在江山市召开了“全省现代畜牧业暨农村能源生态建设现场会”，各市县的有关分管畜牧或能源的主管部门领导参加了会议。会议提出下阶段的工作重点：一是改进饲养方式，优化产业结构，大力推进现代畜牧业发展。在继续推进畜禽规模养殖场建设的同时，进一步加快畜牧生态小区建设步伐，全面推行畜禽养殖标准化生产和清洁技术，大力推广“猪—沼—渔—果”链接等种养结合生态循环技术和养殖模式，推进养殖的生态化。二是以生态富民家园为主线，大力推进农村能源生态建设。将畜禽废弃物综合利用、农村生活污水净化沼气处理、农村清洁能源开发利用纳入村镇环境整治和示范村的规划建设内容。结合畜禽养殖的区域布局，有计划、有步骤地推广“生态型”、“能源环保型”等不同类型的沼气工程建设，有效防治畜禽养殖污染，改善畜禽养殖环境，并通过综合利用变废弃物为优质能源和高效有机肥料，实现养殖废弃物减量化、无害化、资源化。通过“畜禽—沼气—作物”农村能源生态技术模式的推广应用，实现农业生态良性循环。

（天津市农业机械与农业工程学会　相俊红　胡伟）

机械工业系统农产品加工机械制造业

一、经济运行基本情况

我国农产品加工业近年来经快速发展，现已成为国民经济第一大支柱产业，也是我国发展最快的产业之一。在快速发展的农产品加工业中，为其提供技术装备的机械工业系统农产品加工机械制造业，也同步取得了快速发展。根据机械工业信息中心统计，2004年我国机械工业系统农产品加工机械制造业主要生产企业260家，盈利范围达78%；累计应收账款净额6.92亿元，比上年的9.24亿元下降25%。全年从业人员平均人数为46 933人，资产总计为61.92亿元，固定资产净值平均余额20.33亿元，流动资产平均余额41.59亿元。全年完成工业总产值为65.20亿元（现价），比去年同期增长约33%。完成工业销售产值为62.67亿元，同比增长30.68%；实现产品销售收入58.97亿元，同比增长30.41%。2004年机械工业系统农产品加工机械各行业产量基本情况见表1。

表1　2004年机械工业系统农产品加工机械各行业产量

产品名称	2004年产量（台套）	2003年产量（台套）	同比增长（%）
粮食加工机械	984 280	726 000	35.57
棉花加工机械	22 000	12 746	72.60
油料加工机械	33 300		
茶叶加工机械		4 685	
其他加工机械		4 267	

二、市场情况

（一）国内市场情况

总体来看，2004年机械工业系统农产品加工机械行业出现了良好的发展态势，由小型、单机为主向中大型、成套装备方面发展，成套装备的供需市场已初步形成，特别是粮食加工机械和棉花机械增长速度较快，产品产销两旺。

1. *粮食加工机械*　我国粮食加工机械行业企业经过了几年的产品结构调整，2004年产销出现了较快的回升态势。主要原因：一是由于我国粮食市场的进一步放开，刺激了粮食加工机械的市场需求；二是从2002年下半年开始农产品涨价，农民的收入明显增长，增加了农民种田的积极性，也增加了农民购机的能力；三是企业生产的产品向高效、大中型、成套化方向发展，适应了市场的发展要求。

2004年，山东同泰集团股份有限公司完成产品销售收入（现价，下同）7 928万元，同比增长8.07%；江苏晶谷米机集团公司完成产品销售收入22 606万元，同比增长19.14%；广西绿珠股份有限公司完成产品销售收入495.1万元，同比下降31.28%；湖北安陆碧山粮机设备有限公司完成产品销售收入3 929.8万元，同比增长91.93%。当然还有一些规模以上的老企业，由于产品结构和企业改革等方面的原因，生产销售出现了萎缩。

2004年，面粉加工机械行业也出现了良好的回升局面。如南阳光辉机械厂完成产品销售收入4 016万元，同比增长2.24%；河北皇牌机械有限公司完成产品销售收入8 340万元，同比增长31.65%；河南修武县第二粮食机械厂完成产品销售收入1 340万元，同比增长46.45%；河南郾城县中原粮食机械厂完成产品销售收入3 321万元，同比增长24.56%；陕西渭通农科有限公司完成产品销售收入2 826.3万元，同比增长4.48%；河南漯河市面粉机械有限公司完成产品销售收入7 641.8万元，同比增长17.12%；漯河市雪城面粉机械有限公司完成产品销售收入3 781万元，同比增长33.12万元。2004年，一些面粉机械配件企业也出现了热销的形势，如河南漯河市民生粮机轧辊有限公司完成轧辊销售2 415万元，同比增长342.93%；漯河市轧辊厂完成轧辊销售2 488万元，同比增长16.37%。从近一两年企业参加的各类农机展览会上展出的展品看出，由于面粉加工机械行业加大了对产品结构进行调整的力度，一些及时调整的企业适应了市场的需求，从而企业出现了良好的产销形势。

2. *油料加工机械*　2004年,油料加工机械行业产销继续较快增长。如辽宁本溪榨油机械厂完成产品销售收入1 695万元,同比增长30.53%;四川青江机器有限公司完成产品销售收入3 209万元,同比增长36.32%;河南双象机械有限公司完成产品销售收入1 185.9万元,同比增长15.75万元;河北南皮机械制造有限公司完成产品销售收入3 125万元,同比增长28.19%。

3. 棉花加工机械 2004年全年完成棉花加工机械产量22 000台套，同比增长72.60%。继2003年棉花加工机械产量有较大的增长后，2004年棉花加工机械仍然出现了大幅增长的态势。2004年，河北邯郸棉机有限公司完成产品销售收入12 826万元，同比增长20.83%；河北衡水棉机有限公司完成产品销售收入为2 195万元，同比增长47.96%。

为了适应棉花流通体制改革的需要，棉花机械行业进行了强强联合。2004年，中棉工业有限责任公司与邯郸棉机有限公司在京正式签订合资合作，这是我国棉花工业行业两家最具影响力和最具实力的企业强强联合。这一举措不仅进一步提升了企业市场竞争能力，同时对贯彻我国棉花质量检验体制改革将起到巨大的推动作用，对提升我国棉花工业行业国际竞争力也具有重要意义。

（二）国外市场情况

2004年粮油加工机械完成出口交货值4.995亿元，同比增长32.13%。一些农产品加工机械企业，积极开拓国际市场，努力将产品推向国际市场，参与国际竞争。

三、新产品开发情况

2004年，机械工业系统农产品加工机械制造业完成新产品产值总计为4.85亿元，比2003年增加14.26%。农产品加工机械全行业普遍增加了对新产品的投入，新产品产值在总产值中的比例正逐步提高。根据市场的要求，企业对产品结构进行了调整，使产品进一步适应市场的需求。如浙江上洋机械有限公司开发的"汽热杀青茶叶加工成套设备"、山东同泰集团公司、山东汶上精良机械有限公司等米机企业开发的"碾米加工成套设备"等产品相继投放市场，激活了农产品加工机械市场，使得农产品加工机械销售市场恢复了增长态势。

2004年，河北邯郸棉机有限公司根据市场需求多元化的特点，坚持按高、中、低档三个层次开发产品结构的方向，充分发挥公司规模大、技术实力雄厚和技术领先的优势，集中力量开发高端产品，下大力量完善中端产品，积极改进、改造低端产品，现已形成适应各层次用户需求的产品系列。6MY168-17大型智能化轧花成套设备，是目前我国市场上跨度最大、性能最先进的棉花加工成套设备，该成套设备列入2003年邯郸市工业改革调整攻坚战重点项目之一。通过对轧花机工作箱几何形状的优化设计，使片时产量从7～8kg/h提高到12kg/h。针对国外同类产品加工质量差的缺陷，大胆改进，使加工出的皮棉普遍提高了等级；将"专家智能模块"加入到工作程序中，通过人机对话模式、电视监控等，实现了"一钮起动，一钮停止，一钮操作"的自动操作与加工。适应机采棉加工的清理机组和400t棉花打包机等新产品，均代表目前国内棉花加工设备的最高水平。经过几年的改进和完善，该成套设备已成功推向市场，并取得了较好的经济效益和社会效益。它们的研制成功进一步缩小了我国与发达国家在棉机技术上的差距，提高了我国棉机在国际市场上的竞争力。"9588"机电一体化中型棉花加工成套设备是适合我国目前棉花加工企业更新改造的产品，它充分考虑了中国国情，其设计起点高，多方面应用了当今高新技术，关键部位均设有故障检测装置，可自动进行物料检测和故障处理，填补了国内空白。这些产品以其性能好、产量高、质量稳定、运转可靠、自动化程度高等优势，迅速占领市场，成为用户用于技术改造的首选产品和市场上的主导产品。上述产品的推出使邯郸棉机有限公司的产品水平由国际20世纪50～60年代水平一跃跨入国际80年代末90年代初水平。其中6MY88-17轧花机、6MPQ400-1 500皮棉清理机、6MR160D-10剥绒机等获国家重点新产品奖，6MY88-17轧花机、6MPQ400-1 500皮棉清理机获邯郸市科技进步一等奖。对仍有市场需求的老产品，邯郸棉机有限公司积极进行了技术改造，如80B轧花机、141C剥绒机等，在提高功能的前提下，进一步降低成本，降低售价，增加销量，使其成为企业发展新的增长点。

（中国农业机械工业协会 洪暹国）

食品与包装机械制造业

一、行业规模布局

截止到2004年底，全国从事食品和包装机械制造的企业（含研究院所）约4 240家，规模以上的企业为1 133家，在职职工23万人，人均年销售额17万元。其中重点骨干企业有50多家，这些企业都具有较高的技术水平和设备条件，具有自我开发能力和一定的经济规模，是装备我国食品和包装机械工业的骨干力量，前30家企业占企业总数的0.7%，总产值54.14亿元，占全国食品与包装机械总产值的15.56%。根据对537家食品和包装机械制造企业调查，其中属于国有及国有控股企业142家，占26.5%；民营企业347家，占64.5%；三资企业48家，占9%。这就是说，民营企业是本行业的主力军。

2004年，我国食品和包装机械工业的经济增长进入新一轮的上升期，行业内稳定均衡发展，产量较大的企业主要分布在广东、江苏、浙江、山东一带。行业布局的重点地区有上海、广东、浙江、江苏、福建、山东、北京、天津、西安等，行业的重点产品（如饲料设备、纸箱设备、啤酒饮料灌装设备、袋成型充填封口设备、裹包设备、计量设备、包装材料加工设备、包装容器加工设备、农产品深加工设备）增势强劲，新产品快速发展，市场应变能力增强，以内需拉动为主的市场形势十分突出。行业中，龙头企业增长势头良好。如广州达意隆包装机械有限公司是生产灌装设备及吹瓶设备厂家，由于他们有长远可行的企业发展战略，有规范的企业管理，重视科研投入和新产品开发，并实行全面质量管理和优秀的企业文化，产品覆盖国内30多个省、自治区、直辖市和国外20多个国家，形成了跳跃式发展局面。2004年销售额达4.38亿元，同比增长21.7%。汕头安平食品机械厂、粤东机械厂、汕头东源轻工机械厂有限公司、张家港金荣包装机械公司、浙江华联包装机械有限公司，其设备出口额比例占总销售额60%以上。汕头远东轻化装备有限公司已研制出国际上第一台5200型电脑控制全自动PA双拉伸机组，于2004年投产使用，成为国内制造的第一台电脑控制全自动超宽幅双拉伸机组，在国内外市场占有率达90%以上；主导产品的多功能SJ-FM塑料基础复膜机组，国内市场占有率达60%以上；机电一体化CTD型纸塑膜制袋机组，国内市场占有率达50%以上。该公司经过近几年的发展，已由一个只有产值几十万元的企业发展成为2004年产值几亿元的龙头企业。

二、经济运行情况

2004年，我国食品和包装机械工业实现产品销售收入558.16亿元人民币，较2003年的460亿元增长了21.34%，是近10年来增长最高的一年，而从业人员仅增长2.27%。全员劳动生产率增长35.13%，达到73 211元/人，产品销售率为98.23%，较上一年有所好转。但产品销售收入利润率为6.52%，低于上一年的6.62%；成本费用利润率为6.91%，较2003年的7.00%有所下降。流动资金周转次数为1.23次，虽然较上一年的1.18次有所上升，但在机械行业中仍排名最后，这也是影响企业效益的原因之一。通过以上指标说明，我国食品和包装机械行业经济效益不容乐观。分析原因：一是行业低价竞争激烈；二是竞相压款不能收回；三是原材料涨价而设备未提价，仅仅依靠技术进步未能抵消材料价格上涨。2004年中国机械工业联合会重点联系食品和包装机械企业（455个）调查统计见表1。

表1 2004年中国机械工业联合会重点联系企业（455个）经济状况

经济指标名称	指　标	同比增长（%）
经济效益综合指数（%）	121.34	21.34
总资产贡献率（%）	8.94	1.14
资本保质增值率（%）	107.81	7.81
资产负债率（%）	57.08	－0.36
流动资产周转率（%）	1.26	0.10
成本费用利用率（%）	6.66	－0.25
全员劳动生产率（元/人）	71 848	23.82
工业产品销售率（%）	97.52	1.34
产品销售收入利用率（%）	6.35	－0.17
亏损企业亏损额（亿元）	1.73	63.21
工业增加值率（%）	30.88	0.22
新产品产值率（%）	9.84	－1.86
出口交货值率（%）	8.78	0.48
应收账款净额（亿元）	31.69	13.62
产成品（亿元）	18.68	13.76
流动资产平均余额（亿元）	130.11	11.90
资产总计（亿元）	219.43	4.48
负债总计（亿元）	125.87	4.95
产品销售收入（亿元）	149.84	21.07
利润总额（亿元）	11.28	14.00
税金（亿元）	7.35	17.20
从业人员平均人数（万人）	7.61	2.84
工业总产值（亿元）	181.57	24.98
工业销售产值（亿元）	172.93	21.34
出口交货值（亿元）	15.67	31.21

三、主要行业发展情况

1. 农副产品加工设备制造业成为食品和包装机械行业的宠儿　据国家统计局统计，2004年我国共有规模以上农副产品加工设备制造企业260家，盈利范围达78%。行业规模比较稳定，较2003年企业数目基本保持不变。企业亏损额为42 660万元，比2003年减少3 262万元；累计应收账款净额为6.92亿元，比上年的9.24亿元下降25%。全年实现销售额58.97亿元，同比增长30%；资金周转次数为2，明显好于食品与包装机械行业的平均水平，行业整体发展态势良好。目前我国食品加工业仍处于高速增长的阶段，其中农副产品的初加工占有较大的比重，这些行业对加工机械的需求将有增无减，而且随着“十一五”期间政府对“三农”问题的进一步重视，农副产品加工设备制造行业将成为食品和包装机械行业发展最快的一个子行业。

2. 食品、饮料、烟草工业设备市场竞争将更加激烈 2004年食品、饮料、烟草加工设备实现产品销售收入92.82亿元，占全行业产品销售收入的17%，比上一年的75.18亿元增长了23%。这三类设备企业中，有规模以上企业255家，全年共增加16家同行企业，盈利范围达80%以上。食品、饮料、烟草工业设备制造行业的利润率，在全行业中属于较高的。成本、销售费用和销售税金及附加占销售收入的81%，而其他行业则要占到87%左右。在今后的几年中，我国饮料消费的增长速度会出现回落，单靠饮料行业设备增加带动设备制造的增长可能会逐年减少。目前我国饮料、烟草行业的设备都还很落后，随着外国的先进企业不断的进驻中国市场，这些企业将面临更大的挑战。如何提高产品质量和生产率必然是各企业所关注的问题，而设备的更新换代无疑是解决这一问题的一条有效的途径，因此在未来十年，饮料、烟草行业将迎来设备大更新的时代。这对于设备生产企业就像一把双刃剑，既是机会又是挑战，那些科技含量高、质量好的设备生产企业的市场空间将是巨大的，而技术含量低的企业的生存空间将会越来越小，以致最后被淘汰出局。

3. 包装专用设备行业稳步中求发展 2004年我国包装专用设备实现销售收入66.69亿元，比上年同期增长21%，低于农副产品加工设备制造业和食品、饮料、烟草工业设备的增长幅度。包装专用设备制造企业中，共有规模以上企业153个，亏损范围占18.95%，也低于农副产品加工设备制造业和食品、饮料、烟草工业设备制造业。包装设备制造属于发展时间较长的行业，但只限于一些简单包装机械的生产及一些零部件的加工。目前，我国液态乳的包装基本全部依靠进口设备。随着人们收入的增加，对食品的安全性、便利性的要求将越来越高，包装过程的封闭性、成品的易使用性将是包装设备的发展趋势。如何将包装设备在现有的基础上做大做强将是我国包装设备生产企业面临的新课题。

四、进出口情况

2004年，我国食品和包装机械（不包括家用器具）进出口总额为25.79亿美元，较2003年的28.22亿美元下降9.42%。其中进口额为22.21亿美元，较2003年的24.60亿美元下降10.74%；出口额为3.57亿美元，较2003年的3.61亿美元增长1.12%，增幅不大。进口设备中，食品机械进口额为2.73亿美元，占总进口额的12.27%，只有2003年7.2亿美元的37.9%；包装机械进口额为19.49亿美元，较2003年的17.4亿美元增长11.99%。出口设备中，食品机械出口额为0.79亿美元，较2003年的1.63亿美元下降48.28%；包装机械出口额为2.78亿美元，较2003年的1.99亿美元增长39.92%（表2）。2004年设备出口到美国的比重大幅度提高，占到了总出口量的21.86%；出口到东南亚的比重由2003年的60.00%下降到2004年底的25.14%。出口的食品和包装机械中，也存在不少问题，突出表现在产品质量方面。

表2 2004年我国食品和包装机械进出口情况

类 别	进口额（亿美元）		出口额（亿美元）	
	2004年	2003年	2004年	2003年
食品机械	2.73	7.20	0.79	1.63
包装机械	19.49	17.40	2.78	1.99

（中国食品和包装机械工业协会 崇世民）

棉花加工机械制造业

一、生产情况

据不完全统计，2004年全国棉花加工机械产品生产厂家已发展到近300家。其中上报统计数据的有31家，这31家棉花加工机械制造企业从业人数为7 932人，其中工程技术人员840人。固定资产净值3.26亿元，全年完成工业总产值15.6亿元，实现利税14 702万元。这31家棉花加工机械制造企业，2004年生产轧花机6 184台，打包机1 428台，

400型打包机120台，皮棉清理机6 174台，籽棉清理机385台，锯齿剥绒机7 022台。2004年全国棉机制造企业排序前10名的基本情况见表1。

表1　2004年全国棉机制造企业排序前10名的基本情况

单位名称	工业总产值（万元）	销售额（万元）	利税总额（万元）	固定资产净值（万元）	职工人数（个）	轧花机（台）	打包机（台）
山东天鹅棉业机械股份有限公司	40 000	38 000	4 000	1 600	460	1 016	
河北邯郸棉机公司	15 844	14 761	1 547	6 273	1 158	557	
南通棉花机械有限公司	11 126	10 668	1 097	490			254
山东顺兴机械有限公司	9 638	9 426	1 543	1 969	386	840	119
山东福临机械制造有限公司	8 600	8 251	970	563	649		261
河北南皮机械制造有限责任公司	8 000	8 000	600	300	320		4
江苏省大丰供销机械厂有限公司	7 120	6 427	695	1 035	629	682	10
河北邯武棉机厂	7 000	9 000	200	5 000	500	551	40
湖北省荆州市楚陵机械有限公司	5 200	4 800	570	2 700	324	874	47
济南华棉机器有限公司	4 500	4 009	233	140	126	150	

二、体制改革

1. *对棉花加工机械产品实行生产许可证制度* 自从2002年国家质量监督检验检疫总局下发国质检监函［2002］39号《关于对部分棉花加工机械产品实行生产许可证制度的通知》以来，全国工业产品生产许可证办公室棉花加工机械产品生产许可证审查部抓紧开展工作。截止到2004年底，全国获得棉花加工机械生产许可证的企业共有42家，锯齿轧花机发证25家，200型液压棉花打包机发证23家，400型液压棉花打包机6家。

2. *棉花质量检验体制改革* 2003年9月至2004年8月是棉花质量检验体制改革试点准备阶段，各相关部门、有关企事业单位、承检机构、试点企业，通力合作，艰苦努力，做好改革相关配套政策、改革经费保障、棉花公证检验、棉花加工四个方面的准备工作。参与改革的14家试点加工企业按照改革的要求配备了新的加工工艺线，完成了设备与技术改造，并于2004年9～11月通过了由国家发展与改革委员会、中国农业发展银行、中国纤维检验局、中华全国供销合作总社等部门联合组成的试点企业验收小组的验收，此时棉花质量检验体制改革正式进入试点阶段。参与改革的14家试点加工企业全部改用了大型打包机，新的加工工艺线平均每小时加工棉包12～18个，加工的棉包都符合国际标准要求的227kg大型包，并全部采用自动取样、自动套包系统，使用条形码信息传输和处理技术进行逐包编码。试点阶段基本达到设备运转正常、技术标准可靠、重量准确无误、系统运行平稳四点要求，为2005年改革的全面铺开打下了坚实基础。

三、市场情况

（一）棉花加工的市场特点

（1）2003年国内棉花价格飙升，致使2004年我国的棉花产量和棉花进口数量均创历史最高，国内棉花价格一路走低，市场呈现出的低迷态势，并持续了一年之久，棉花加工行业因此面临了巨大的市场压力。14家试点棉花加工企业加工出的棉花备受市场关注，与试点加工企业对口的纺织企业对大包型棉花普遍给予了肯定。然而，由于新旧棉花标准脱节，试点企业在棉花销售结算、入储、进入期货与电子撮合交易等方面遇到了一定程度上的阻力。

（2）棉花加工企业数量巨大，加工能力依旧过剩，市场竞争过度。2004年我国皮棉产量632万t，有资格收购加工的企业有8 153家，相对于我国的皮棉产量来说，棉花加工企业平均规模偏小，加工能力依旧过剩。此外，一些无证经营的棉花加工作坊仍大量充斥市场，这些棉花加工厂设备简陋、技术落后，没有完善的加工工艺装备，加工出的皮棉质量低劣，价格低廉，严重浪费了棉花资源，对正规的棉花加工企业在籽棉收购、皮棉销售等方面造成了巨大压力和威胁，给未申请许可证的棉机制造企业生产的产品创造了销路，扰乱了市场秩序，不利于正规企业的有序竞争。

按照棉花质量检验体制改革方案的要求，从2004年起停止审批不具备大型打包机的棉花加工企业，并将现有加工企业的小打包机逐步更换成大型打包机，提高棉花加工企业的加工能力和皮棉质量，使棉花加工企业逐步向规范化、市场化、国际化过渡。

（二）棉机制造业的市场特点

2004年棉花加工机械制造企业数量激增，企业数目创历史最高，中低档棉花加工机械产品充斥市场，各棉花加工机械制造企业获利丰厚。2004年棉花加工机械制造企业的发展呈现出以下特点：一是由于棉花流通体制改革，棉花市场全面放开，各地棉花加工企业迅速增多，对棉花加工机械的需求也迅速膨胀，棉花加工机械制造企业数量随之增长到一个新的高点。二是由于迅速增长的棉花加工企业大多数为规模小、上马快、无证经营的小轧花厂，导致对棉花加工机械产品的需求绝大部分集中在中低档产品上，2004年增长起来的棉花加工机械制造企业多数以生产中低档棉花加工机械产品为主。三是棉花加工机械制造企业产量增大，获利颇丰。2004年上报的31家棉花加工机械制造企业全年创造的工业总产值比2003年上报的39家棉花加工机械制造企业全年工业总产值高出5亿多元，利税增长1 000多万元。四是由于棉花质量检验体制改革要求进行改造的企业全部使用400型大打包机，棉花加工机械制造企业的产品结构发生巨大转变。技术力量雄厚的老牌棉花加工机械制造企业集中力量研发、生产适应改革趋势的400型液压棉花打包机，开展了大量与大型打包机相配套的新项目如自动取样、在线测量回潮率、新型包装与捆扎材料、自动套包与输送平台、自动称重系统、条码信息系统等研发工作。400型大打包机以及棉花加工成套设备的生产量与销售额均开始放大。五是随着棉花质量检验体制改革的深入，400型液压棉花打包机为更新改造棉花加工企业必备的主机设备，一些非证的棉花加工机械制造企业也跨入到400型打包机的生产销售行列当中，增大了棉花加工机械审查任务的紧迫性。

四、科研与新产品开发

在棉花质量检验体制改革的影响下，新的棉花加工机械产品和工艺的研发主要集中在改革相关技术项目的开发上。如苏州光华电测技术研究所和郑州棉麻工程技术设计研究所分别独立开发生产的在线测量回潮率装置。2004年中华全国供销合作总社组织研制的新产品项目见表2。

表2 2004年中华全国供销合作总社组织研制的新产品项目

新产品名称	研制单位
新技术轧花锯片	郑州棉麻工程技术设计研究所
数字式棉纤维长度照影仪	郑州棉麻工程技术设计研究所
电子式棉纤维马克隆值测定仪	郑州棉麻工程技术设计研究所
棉包在线回潮率测试装置	郑州棉麻工程技术设计研究所
6MY168-17大型智能轧花机	邯郸棉机有限公司
6MPQ400-2 800大型高效皮棉清理机	邯郸棉机有限公司

五、行业管理

（1）中华全国供销合作总社棉花质量检验体制改革工作加工项目实施小组，于2004年6月12日在山东省巨野鲁棉天元棉业公司组织召开了“棉花质量检验体制改革试点企业工作第二次会议”。中国棉花协会、加工项目实施小组成员、中棉工业有限责任公司以及8个预选试点企业的主要负责人和技术主管参加了会议。会议组织8个试点企业的代表观看了加工项目实施小组在山东省巨野鲁棉天元棉业公司举办的示范加工工艺线和成套设备的现场演示，结果表明：南通棉机公司研制的MDY-400型液压棉花打包机运转正常、性能稳定。自动取样、套包平台、自动输运装置、自动计量、接包小车和北京中棉机械成套设备公司研制的加工环节条码信息管理系统的正常运转给与会者留下了深刻的印象。代表们对新的加工工艺线和成套设备表示了认可，一致表示将尽快配齐设备，完善各自的工艺线，以推进棉花质量检验体制改革试点工作的顺利完成。最后，中国棉花协会副会长、加工项目实施小组总负责人齐虎生同志作了总结性发言。

（2）为配合国家棉花质量检验体制改革项目的实施，棉花加工工业国家标准讨论会于2004年7月16日在青岛召开。棉花加工工业标准化技术委员会成员及来自棉花加工企业和棉机制造企业的近30名代表出席了讨论会。讨论会上，与会代表分别从棉机制造和棉花加工的角度，就《皮棉清理机》、《皮辊轧花机》、《锯齿剥绒机》、《棉花加工企业环境安全要求》四项国家标准征求意见稿认真进行了交流和讨论，并提出了富有建设性的修改意见。会议期间，参与国家棉花质量检验体制改革加工项目的实施小组成员还就针对改革试点加工企业的《棉花加工企业基本技术条件》标准制定进行了专题讨论。研讨会就本次会议提交的国家标准征求意见草案达成共识。

(3) 国家发展与改革委员会会同有关部门，于2004年7月22日在河南省郑州市组织召开了“棉花质量检验体制改革试点工作会议”。国家发改委副主任李盛霖代表国家棉花质量检验体制改革工作协调指导小组讲了话。李盛霖副主任要求各单位切实加强对改革试点工作的领导，精心组织、确保成功。会议是由国家发改委、国家质检总局、中华全国供销合作总社、财政部、农业部和农业发展银行六部门联合召开的，试点企业、试点公证检验机构及其所在省区有关部门等单位参加了会议。本次棉花质量检验体制改革的内容主要有八方面：一是在棉花加工环节实行公证检验；二是采用快速仪器检验棉花质量；三是制定和实行新的棉花质量标准；四是采用国际通用的棉包包型；五是规范棉包重量；六是实行信息化逐包编码；七是发展棉花专业仓储；八是改革公证检验管理体制。

(4) 中国棉花协会棉花加工分会经过民政部批准，于2004年11月16日成立，并正式参与到改革的大潮中。2004年棉花质量检验体制改革正式进入试点阶段，国家相关部委、有关企事业单位、承检机构组成棉花质量检验体制改革协调指导小组办公室，专门负责处理和监督改革过程中的相关事务，加工方面的工作由专门成立的加工项目实施小组完成。

（中国棉花协会棉花加工分会　康玉国　尹青云）

3 第三部分

政策法规及重要文件

粮食质量监管实施办法（试行）

（国家粮食局等7部委局　2004年12月30日）

第一章　总　则

第一条　为了保障粮食质量安全，维护粮食生产者、经营者和消费者的合法权益，加强对粮食质量的监督管理，根据国家有关法律、《粮食流通管理条例》、《中央储备粮管理条例》等规定，制定本办法。

第二条　开展粮食收购、销售、储存、运输、加工等经营活动，应当遵守本办法。

第三条　国家鼓励采用并推行科学的质量管理方法、检验方法和先进技术，不断提高粮食质量管理和检测水平。粮食经营企业应当建立健全质量管理制度。

在粮食经营过程中，严禁短斤少两、掺杂使假、以次充好的行为。任何单位和个人均有权检举粮食质量的违法、违规行为。

第四条　各级粮食行政管理部门应积极宣传贯彻国家有关粮食质量、卫生管理的法律、行政法规和质量、卫生标准，依法履行对粮食收购、储存、运输活动和政策性用粮购销活动中粮食质量及原粮卫生的监管职责，定期对粮食质量监督、监测结果进行通报。

工商行政管理、产品质量监督、卫生、价格、认证认可监管、财政等部门依照有关法律、行政法规的规定，在各自的职责范围内负责有关粮食质量管理工作。

第二章　粮食质量安全管理与监督

第五条　从事粮食收购活动的经营者，应当具备粮食质量检验能力。具体条件由省、自治区、直辖市人民政府规定、公布。

省级粮食行政管理部门应当制订粮食收购经营者检验能力的认定程序，必要时，应到现场考查，也可委托有资质的粮食质量检验机构负责鉴定并出具证明。

第六条　粮食收购经营者收购粮食，应当严格执行国家粮食质量、卫生标准和有关规定，按质论价，不得损害农民和其他粮食生产者的利益。

（一）应当按照价格主管部门的规定明码标价，在收购场所的醒目位置公示收购粮食品种、质量标准、计价单位和收购价格等内容。按照国家粮食质量标准对收购的粮食进行检验。

（二）应当及时对收购的粮食进行整理。杂质严重超标、水分超过安全储存和运输技术规范要求的粮食不得销售出库。具体要求由省级粮食行政管理部门根据实际情况确定。

（三）不同收获年度的粮食不得混存；霉变及病虫害超过标准规定的粮食应单独存放，并按有关规定销售或销毁处理；带有检疫对象的粮食应按国家有关规定处理。

（四）鼓励对不同等级和品质的粮食单收、单存。

（五）粮食仓储设施应当符合粮食储存有关标准和技术规范的要求。粮食不得与可能对粮食产生污染的有害物质混存，储存粮食不得使用国家禁止使用的化学药剂或者超量使用化学药剂，粮库周围不得有有毒有害气体、粉末等污染源。

第七条　实行粮食入库质量检验制度。

（一）粮食收购和储存企业应当按照国家粮食质量标准对入库的粮食进行质量检验。中央和地方储备粮承储企业还应对粮食储存品质进行检验。

（二）粮食收购、储存企业和其他粮食经营者，应当建立粮食质量档案，内容包括：仓库（货位）号、粮食品种、收获年度、入库时间、质量等级、水分、杂质等项目和指标，属于储备粮的还应标明粮食储存品质指标。

（三）中央和地方储备粮的入库质量应当符合规定的质量等级要求。储备粮承储企业应当建立和完善质量管理制度，加强储备粮的入库检验和质量把关，严格执行日常监测制度，合理安排轮换，确保粮食储存安全、质量良好。

储备粮经营管理企业应当按照有关规定，委托有资质的粮食质量检验机构对储备粮入库质量和储存质量进行定期检查。

第八条　实行粮食销售出库质量检验制度。

（一）粮食收购和储存企业在粮食销售出库时，应当出具质量检验报告，销售粮食的质量应当与检验结果相一致；检验报告中应当标明粮食品种、等级、代表数量、产地和收获年度等；粮食出库检验报告应当随货同行，报告有效期一般为3个月；检验报告样式由国家粮食行政管理部门统一制定；检验报告复印件经销售方代表签字、加盖公章有效；开展代储业务的储存企业，应当承担粮食入库索证和出库检验义务。

（二）粮食出库检验项目。正常储存年限内的粮食，检验项目主要为国家粮食质量标准规定的各项质量指标；在储存期间使用过化学药剂并在残效期限内的粮食，应增加药剂残留量检验；色泽、气味明显异常的粮食，应增加相关卫生指标检验。

省级粮食行政管理部门，可根据辖区内粮食可能受到有毒有害物质污染、真菌感染的情况，增设相关卫生检验项目。

（三）正常储存年限内的粮食销售出库，可由粮食收购、储存企业自行检验并出具检验报告。

（四）超过正常储存年限的粮食销售出库，应当经过有资质的粮食质量检验机构进行质量鉴定；检验机构在接受委托检验申请后，一般应在15个工作日内完成扦样、检验和出具检验报告。

（五）超过以下储存年限的粮食，视为超过正常储存年限（按照收获年度计算），粮食销售出库时应当委托有资质的粮食质量检验机构进行质量鉴定：长江以南地区稻谷2年，小麦3年，玉米2年，大豆2年；长江以北地区稻谷3年、小麦4年、玉米3年、大豆2年；食用植物油（四级）均为2年。其他粮食品种的正常储存年限由省级粮食行政管理部门确定。

第九条 运输粮食应当严格执行国家粮食运输的技术规范，不得使用被污染的运输工具或者包装材料运输粮食。粮食在运输过程中，要严防污染、雨湿、霉烂变质等质量事故。

第十条 陈化变质、不符合食用卫生标准的粮食，严禁流入口粮市场，必须按国家有关规定处理；不符合饲料卫生标准的粮食，不得用作饲料原料。

凡经指定的检验机构鉴定达到陈化标准的粮食，一律定为陈化粮。对以经营饲料米的名义倒卖、转让陈化粮的，严格执行陈化粮有关管理规定。

第十一条 在粮食交易过程中，采购方必须向供货方索取粮食质量检验报告，并对入库的粮食进行验收检验；验收检验结果与供货方检验结果的误差在国家标准允许范围内的，应当认可供货方的检验报告。

第十二条 从事食用粮食加工的经营者，应当按照食品安全市场准入制度的要求，具有保证粮食质量和卫生必备的加工条件，不得使用发霉变质的原粮、副产品进行加工，不得违反规定使用添加剂，不得使用不符合质量、卫生标准的包装材料，不得有影响粮食质量、卫生的其他行为。

销售粮食应当严格执行粮食质量标准、卫生标准，不得掺杂使假、以次充好。

销售中的成品粮和食用植物油的包装和标识，应当符合国家食品包装、标签标准和有关规定，注明生产日期、保存条件和保质期。

第十三条 采购和供应政策性粮食（包括军供粮、退耕还林用粮和贫困地区、水库移民、灾民口粮等），必须经有资质的粮食质量检验机构检验合格，不符合规定的质量等级要求的，不得采购和供应。

第十四条 建立粮食质量和原粮卫生的抽查、监测制度。

（一）国家和省级粮食行政管理部门，应当按照各自的职责对中央储备粮、地方储备粮和政策性供应粮食质量状况进行定期监督抽查。对发现的问题，要及时督促解决；情节严重的，给予通报批评并责成其主管上级进行处理。

储备粮质量抽查的扦样、检验方法，按照国家有关规定执行。

（二）各级粮食行政管理部门应当定期对收购、储存活动中的粮食质量和原粮卫生进行抽查和监测。省级粮食行政管理部门负责制定辖区内粮食质量和原粮卫生抽查、监测工作的年度计划并组织实施。各省（自治区、直辖市）的年度抽查、监测计划及结果应及时报送省级人民政府和国家粮食行政管理部门。

（三）粮食行政管理部门应积极配合工商行政管理、产品质量监督、卫生等部门，对加工、销售中的成品粮食质量、卫生进行监督检查。

第十五条 建立粮食收获质量调查和品质测报制度。建立以各级粮食检验机构为依托的粮食质量调查和品质测报体系，由省级粮食行政管理部门负责组织，对当年收获的主要粮食品种进行采样和检测；建立国家、省、地（市）、县各级粮食质量信息数据库，定期发布粮食质量信息。

第十六条 各级粮食行政管理部门依法组织开展的粮食质量和卫生监督抽查与监测、粮食质量调查和品质测报所需的费用，应当列入同级财政预算，不得向抽查和调查对象收取。

粮食检验收费标准应当按照国家有关规定执行。

第三章 粮食质量争议处理

第十七条 粮食质量检验争议按以下原则处理。

（一）粮食经营者之间的争议。粮食经营者对对方检验结果有异议的，可由双方协商通过会检解决，也可共同委托有资质的粮食质量检验机构复检。如对会检或复检结果仍有异议，双方可向省级（含）以上有资质的粮食质量检验机构申请仲裁检验，或通过法律程序解决。

（二）粮食经营企业与检验机构间的争议。粮食经营企业如对检验机构的检验结果有异议，可向原检验机构申请复检，如对复检结果仍有异议，可向省级（含）以上有资质的粮食质量检验机构申请仲裁检验，也可通过法律程序解决。

（三）需要复检或仲裁检验的，应当使用备份样品检验。

第四章　粮食质量监管机构与职责

第十八条　粮食行政管理部门应当建立健全质量监管机构，认真贯彻执行有关粮食质量、卫生法律、行政法规、政策及各项规章制度，履行粮食质量、卫生监管与服务职责。粮食质量监管机构的主要职责：

（一）贯彻执行《粮食流通管理条例》和有关法律、行政法规及政策，负责辖区内粮食质量标准化工作。

（二）制定粮食质量管理规章制度并监督执行。

（三）规划和指导粮食质量监督检验体系建设。

（四）指定鉴定粮食收购检验能力的机构。

（五）制定粮食质量和卫生监督抽查计划并组织实施。

（六）组织粮食收获质量调查和品质测报工作。

（七）组织培训考核检验人员，推行检验人员持证上岗制度。

（八）组织推广有关新方法、新技术、新成果。

（九）承担上级交办的其他任务。

第十九条　建立和完善粮食质量监督检验体系，实现粮食检验机构的合理布局，改善检验机构的设施条件，提高人员技术水平。

承担粮食质量监督检验的机构应当依照国家有关法律、行政法规的有关规定设立并取得授权。国家粮食行政管理部门负责粮食行业部级质量监督检验机构的设置与监督管理；省级粮食行政管理部门负责辖区内地方粮食质量监督检验机构的设置与监督管理。

承担粮食质量检验鉴定职责的机构，必须具备相应的检验条件和能力，应当在取得国务院认证认可监督管理部门依法组织的资质认定的基础上，由国务院各有关部门按照法律法规赋予的职责从中选用。

第二十条　建立并实行粮食检验比对考核制度。国家和省级粮食行政管理部门要定期对粮食质量检验鉴定机构进行检验技术比对考核，并督促比对考核不达标的检验机构及时进行整改。

粮食质量检验机构要规范检验行为，严格执行检验规程和检验方法，依法对检验数据和检验结果承担法律责任。

第二十一条　粮食质量监督检验人员应取得资格证书，持证上岗。国家粮食行政管理部门负责粮食行业省级（含）以上粮食质量监督检验人员的培训、考核和发证；省级粮食行政管理部门负责地（市）（含）级以下粮食质量监督检验人员的培训、考核和发证。资格证书样本由国家粮食行政管理部门统一制定。

国家粮食行政管理部门在国家产品质量监督部门组织下，承担粮食质量检验人员执业资格实施的有关工作。

第五章　罚　　则

第二十二条　粮食收购者有下列行为之一，未执行国家粮食质量标准的，按《粮食流通管理条例》及《粮食流通监督检查暂行办法》（国粮检［2004］230号）（以下简称《监督检查办法》）第二十二条、第二十九条的规定予以处罚：

（一）未告知售粮者或者在收购场所公示粮食品种、质量标准，未按国家粮食质量标准进行检验的。

（二）未对收购的粮食进行及时整理，销售出库时，粮食杂质严重超标、水分超过安全储存、运输要求的。

（三）将不同收获年度的粮食混存的、将霉变及病虫害超过标准规定的粮食与正常粮食混存的、将粮食与有毒有害物质混存的。

（四）储存粮食使用国家禁止使用的化学药剂或者超量使用化学药剂的。

（五）粮食仓储设施、运输工具不符合粮食储存、运输有关标准和技术规范要求的。

（六）粮食销售出库检验报告不符合要求、弄虚作假的。

违反本办法第六条第一款，未按照价格主管部门的规定明码标价的，由价格主管部门依照有关法律、行政法规的规定予以处罚。

第二十三条　从事粮食收购、销售、储存、加工的粮食经营者及饲料、工业用粮企业，未建立粮食收购、进货质量档案的，由粮食行政管理部门责令改正，予以警告。

第二十四条　粮食加工、饲料和工业用粮企业采购粮食未索取检验报告或者未自行检验合格的，由粮食行政管理部门责令改正，予以警告；情节严重的，移交产品质量监督部门予以处罚。

第二十五条 违反本办法第十二条规定的，由产品质量监督部门、工商行政管理部门、卫生部门等依照有关法律、行政法规的规定予以处罚。

第二十六条 对超过正常储存年限的陈粮，出库前未按规定经有资质的粮食质量检验机构进行质量鉴定的，按《粮食流通管理条例》及《监督检查办法》第二十七条的规定予以处罚。

第二十七条 供应政策性粮食，未经有资质的粮食质量检验机构检验或者供应的粮食质量不符合要求的，按《粮食流通管理条例》及《监督检查办法》第二十六条的规定予以处罚。

第二十八条 罚没收入应纳入预算管理并根据《罚没财物和追回赃款赃物管理办法》（［86］财预228号)、行政事业性收费和罚没收入“收支两条线”管理规定及财政国库管理制度改革的有关要求上缴国库。任何单位和个人不得挤占、截留、挪用。

第六章 附 则

第二十九条 本办法所称长江以南地区，包括上海、江苏、浙江、安徽、福建、江西、湖北、湖南、广东、广西、海南、重庆、四川、贵州、云南等省份；长江以北地区，包括北京、天津、河北、山西、内蒙古、辽宁、吉林、黑龙江、山东、河南、陕西、甘肃、青海、宁夏、新疆等省份；西藏视同长江以北地区。

第三十条 本办法下列用语的含义：

粮食，是指小麦、稻谷、玉米、杂粮及其成品粮。大豆、油料和食用植物油适用于本办法。

原粮，是指除成品粮和食用植物油以外的粮食。

粮食质量安全，是指确保粮食质量符合国家粮食质量标准、卫生标准和有关规定的要求。

第三十一条 本办法由国家粮食行政管理部门会同国家工商行政管理、产品质量监督、卫生、价格、认证认可监管、财政部门解释。

第三十二条 本办法自2005年1月1日起实施。

关于开展农产品批发市场标准化工作的通知

（商务部等4部委局 商建发〔2005〕30号 2005年1月30日）

各省、自治区、直辖市、计划单列市及新疆生产建设兵团商务主管部门、农业厅（局、委)、国家税务局、地方税务局、质量技术监督局：

根据《国务院办公厅关于进一步做好农业标准化工作的通知》(国办发［2003］97号）和《国务院办公厅转发商务部等部门关于进一步做好农村商品流通工作意见的通知》(国办发［2004］57号）要求，商务部、农业部、税务总局、国家标准委决定在全国范围内开展农产品批发市场标准化工作。现将有关事项通知如下：

一、充分认识开展农产品批发市场标准化工作的重要意义

目前全国有4 000多个农产品批发市场，承担着近70%的农产品流通任务，是我国农产品流通的主要渠道。由于缺乏统一的标准和规范，大多数农产品批发市场基础设施差，装备水平低，经营秩序不规范，难以充分发挥对农业生产的引导作用并保证农产品流通安全。通过实施标准化，促进农产品批发市场改善经营环境、改造经营设施特别是加强质量检测等措施，保障农产品流通安全；通过实施标准化，促进农产品批发市场更多地采用拍卖、电子商务等新型交易方式，更好地发挥流通对农业生产的带动作用，实现农业增效，农民增收；通过实施标准化，促进农产品批发市场规范化管理，改善交易环境，保障农产品流通畅顺，切实保护农民利益。各地商务、农业、税务、质量技术监督部门要从实践“三个代表”重要思想、树立科学发展观的高度来认识实施农产品批发市场标准化的重要意义，把这项工作作为流通领域解决“三农”问题的重要任务抓紧抓好。

二、目标任务

全面宣传和贯彻《农产品批发市场管理技术规范》(GB/T19575—2004)，推动农产品批发市场的改造、规范和升级。用三年左右的时间培育2000个标准化、规范化管理的农产品批发市场，并通过标准化市场的示范作用和辐射效应，带动和引导农产品批发市场全面创新，设施完善，优化服务，规范经营，逐步形成布局合理、功能互补、产销结合的农产品批发市场体系。

具体安排：第一年重点选择运营基础好、管理规范、区域优势明显、结构与布局合理的约400个市场进行标准化示范；对在市场管理和经营设施上短期内还达不到要求的市场，提出整改方案落实培育期，分类指导、扶持。在此基础上，第二年完成培育约600个市场的任务，第三年完成培育约1 000个市场的任务。

三、工作要求

(一) 商务、农业、税务、质量技术监督部门要加强协调配合，并积极争取地方政府的支持。要建立必要的工作联席制度和协调机制。日常工作由同级商务部门承担。

(二) 农业部门要从源头上加强农产品生产管理，特别是要加强农业投入品监管，加快农产品基地标准化建设，推进产地农药、兽药残留的例行监测。

(三) 质量技术监督部门要积极指导农产品批发市场建立和完善标准体系，负责为其提供咨询与服务，主动为市场提供农产品生产、加工、销售一条龙的标准化服务和对质检人员的培训，加强对强制性标准的实施监督。

(四) 各有关部门要加强对标准化农产品批发市场建设工作的组织引导，在申报、评审、验收过程中，要坚持实事求是，确保质量，不得采取任何名义、任何方式向企业收取费用、增加企业负担。

(五) 各地要结合区域经济特点，按照《关于开展农产品批发市场标准化工作的实施方案》(附件)，做好标准化农产品批发市场规划与建设方案。

(六) 省级商务部门要会同农业、税务、质量技术监督等部门建立“标准化农产品批发市场”的动态监管、定期评估和信息上报制度，并做好“国家级标准化农产品批发市场”的统一推荐工作。

四、政策措施

(一) 商务部会同农业部、税务总局、国家标准委等部门对全国标准化农产品批发市场建设进行总体规划、考核和验收，指导各地落实标准化农产品批发市场建设方案。

对于达到标准化管理要求且交易规模大、跨区域辐射力强、发展潜力大的农产品批发市场，由四部门联合命名为“国家级标准化农产品批发市场”并授牌。

其他达到标准化管理要求的农产品批发市场，由省级相应部门统一组织考核、验收、命名为“省级标准化农产品批发市场”并授牌。

(二) 鼓励农产品批发市场按照《农产品批发市场管理技术规范》(GB/T19575—2004) 要求进行改造升级，并向产加销、贸工农一体化企业转型，带动农户生产，形成产供销供应链。

(三) 中央财政安排专门资金，支持标准化农产品批发市场建设。相关部门要在资金等方面尽力提供保障，给予必要的支持和补助。

(四) 省、地(市)两级应建立标准化农产品批发市场配套资金，争取将工作经费列入地方财政预算，同时采取相应的配套措施，推动标准化农产品批发市场建设工作。

附件：

1. 关于开展农产品批发市场标准化工作的实施方案

2.《农产品批发市场管理技术规范》及其实施细则

2005年农产品加工业工作计划

(农业部　农办企〔2005〕3号　2005年3月29日)

为深入贯彻中央农村工作会议和全国农业工作会议精神，切实做好2005年农产品加工业工作，现提出2005年农产品加工业工作计划。

一、指导思想

以邓小平理论和“三个代表”重要思想为指导，积极贯彻党的十六届三中、四中全会、中央经济工作会议和中央农村工作会议精神，认真落实科学发展观，把提高农产品加工能力作为加强农业综合生产能力建设的重要内容和增加农民收入、转移农村富余劳动力的主要出路。发展农产品加工业，要与实现农业现代化和工业化、城镇化紧密结合，与实施产业化紧密结合，注重发展高附加值、高就业和高效益的行业和产品；要深入研究农产品加工业的体制和机制问题，深刻理解和全面把握《国务院关于鼓励支持和引导个体私营等非公有制经济发展的若干意见》的精神；要注意推进农产品加工业的生产经营方式转变，建立符合社会主义市场经济要求的发展模式；要坚持以市场为导向，以提高效益为中心，以调整结构为主线，以科技进步为动力，全面实施农产品加工推进行动，促进农产品加工业技术创新、质量安全和综合利用，积极扩大出口，引导粮食主产区发展农产品加工业。实现农产品加工业全面、健康、协调、可持续发展。

二、主要工作

2005 年要积极落实中央一系列促进农产品加工业的政策措施，继续组织实施农产品加工推进行动，抓紧落实《农产品加工推进行动方案》中的各项任务，实现全面推进，重点突破。

（一）积极协调并落实有关政策措施

积极协调有关部门，认真落实 2005 年中央 1 号文件提出的促进农产品加工业发展的政策措施。

制定并协调落实促进中小型农产品加工企业创业扶持政策措施，努力改善创业环境，降低创业成本。

在组织专家论证和进一步修改完善的基础上，出台《关于促进农产品加工技术创新的意见》。

（二）编制好“十一五”农产品加工业发展规划

筹划好“十一五”农产品加工业发展规划的编制工作，各省（自治区、直辖市）相关主管部门也要制定相应的工作方案，把发展农产品加工业纳入农业和农村经济总体框架中统筹考虑。在规划初稿的基础上，对“十一五”农产品加工业发展规划进行论证、修改、完善后，以部发文印发。

（三）进一步做好农产品加工重大关键技术筛选和推广工作

在重大关键农产品加工技术筛选的基础上，对需要研究开发的技术，积极与有关部门沟通，探索联合开发的有效途径；对国外已经成熟的关键技术加大引进力度；对国内成熟技术加大推广应用的力度。建立农产品加工专家数据库。

结合阳光培训工程和蓝色证书培训工程的实施，开展对农产品加工的职业技能培训和鉴定工作。

（四）召开全国农产品加工业技术创新工作会议

为鼓励农产品加工企业技术创新，形成农产品加工业技术创新机制，提高农产品加工业综合竞争力，下半年适当时候召开全国农产品加工技术创新会议。会议主要内容是：总结、交流全国农产品加工业技术创新经验，分析存在的问题和面临的形势，明确农产品加工业技术创新目标、任务，对今后一个阶段的技术创新工作进行部署。同时确认一批农产品加工企业技术创新机构。

（五）建立健全农产品加工质量安全体系

一是组织专家重点对农产品加工标准进行清理。通过清理，掌握农产品加工标准的现状、存在的问题以及急需建立的标准。在此基础上，提出指导农产品加工标准制修订的意见或建议。

二是完善农产品加工国际标准跟踪信息平台建设。主要是通过跟踪农产品加工发达国家有关农产品加工方面的标准变动情况，通过互联网、报纸、杂志等媒体将变动情况告知企业，使农产品加工企业可将变动情况及时转化为企业标准。在此基础上，建立国际农产品加工业发展动态数据库，为各级政府的相关决策提供参考。

三是引导农产品加工企业特别是食品加工企业推行良好生产操作规程（GMP）、危害分析与关键控制点（HACCP）和 ISO 9000 质量管理与控制体系，切实搞好加工环节的质量安全控制。

（六）发展农产品精深加工

与优势农产品区域布局规划和优质粮食产业工程相结合，鼓励优势农产品加工业优先发展，引导粮食等优势农产品主产区发展精深加工和综合利用，开展农产品加工示范基地命名活动，推进农产品加工区域化生产和布局，发展规模经济提高竞争力；同时坚持产业化经营方向，做大做强加工龙头企业，注重培育农产品加工企业集团。确认一批规模大、水平高、质量效益好、精深加工程度高、带动能力强的农产品精深加工示范企业。

（七）开展全国农产品加工业调研工作

重点做好五方面的专题调研：一是粮食加工转化研究；二是国外农产品加工业管理体制、支持政策和服务支撑体系等相关信息研究，借鉴其他国家的经验；三是促进农产品加工业扶持方式研究；四是促进农产品加工业扩大出口和实施“走出去”战略调研；五是农产品加工业技术创新的研究。

（八）加大宣传力度

围绕中央提出的大力发展农产品加工业，把农产品加工业提高到一个新水平，把食品加工业发展成为一个大产业的要求，广泛发动媒体，运用多种宣传报道形式，进一步宣传发展农产品加工业的重大意义，宣传农产品加工业带动农业、富裕农民的经验和做法，不断扩大影响。同时，进一步加强国家农产品加工信息网的建设，完善栏目，充实内容，发挥信息员队伍的作用，加强信息的采集、分析和发布。

三、保障措施

一是加强领导。各级相关行政主管部门要把农产品加工工作列入重要议事日程，将农产品加工业的发展纳入到国民经济和农村经济发展的大格局中统筹考虑，加强工作的指导。部内各司局和领导小组成员单位要协调配合，切实加强领导，根据已经形成的工作分工，加强协调，尽职尽责，形成合力。同时，地方有关职能部门要明确分工，落实责任，积极配合，通力协作。

二是突出工作重点。认真调查研究，立足本部门、本单位和本系统的实际，突出工作重点，务求实效，抓住制约农产品加工业发展的体制、机制、政策、技术和服务等方面的主要矛盾和关键问题，围绕提高产品质量，进一步扩大对外开放，实施“引进来”、“走出去”战略等重大问题，优先加以解决。

三是整合各方面的力量。协调相关部门加大对农产品加工的投入；组织农产品加工全行业的专家，解决农产品加工全行业存在的突出问题；充分利用已有的农产品加工协会、学会的力量，促进农产品加工业发展。

2005年全国食品药品专项整治工作安排

（国务院办公厅　国办发〔2005〕20号　2005年3月30日）

为全面落实《国务院关于进一步加强食品安全工作的决定》（国发〔2004〕23号），严格实施《药品管理法》等法律法规，依照2005年全国整顿和规范市场经济秩序工作要点，现将2005年食品药品专项整治工作安排如下：

一、食品专项整治工作安排

今年要以农村和城乡结合部为重点区域，以小作坊和无证照黑窝点为重点对象，抓好粮、肉、蔬菜、奶制品、豆制品、水产品、饮料、酒、儿童食品、保健食品等重点品种的整治。通过整治，使食品生产经营秩序进一步好转，人民群众消费安全感进一步增强。具体目标，由各级食品安全监管综合协调机构会同有关部门，针对人民群众反映强烈的突出问题研究制订。整治的目标一定要符合当地实际，具有可操作性，便于检查和考核。

（一）加大对农产品生产环节的整治

1. 狠抓农产品污染源头治理　深入开展农药、兽药、畜产品、水产品专项整治工作，加快对高毒高残留农业投入品的禁用、限用和淘汰进程；严厉打击制售假劣种子、农药、肥料、饲料、兽药的行为；开展“放心农资下乡进村”试点。

2. 健全农产品质量安全例行监测制度　继续实施对蔬菜农药残留、畜产品“瘦肉精”等污染和水产品氯霉素污染的监测工作；将畜产品监测范围扩大到20个城市。

3. 建立农产品质量安全追溯制度　以蔬菜等农产品为重点，以北京等8个农产品质量安全监管试点城市为依托，探索“IC卡管理”、“联户联保”等多种形式的农产品质量安全追溯办法。

（二）加大对食品生产加工环节的整治

1. 突出抓好重点品种、重点区域、重点企业的整治　严厉查处粮、肉、蔬菜、奶制品、豆制品、水产品、酒、饮料、儿童食品和保健食品等10类食品生产加工过程中滥用食品添加剂和使用非食品原料的违法行为；下半年开始实施肉制品等新10类食品无证生产查处行动；加大对50种食品监督抽查力度；着力打击城乡结合部等监管薄弱地带长期存在的食品制假售假行为；取缔无证生产的小作坊，对有制假劣迹和质量不稳定的企业进行重点监管和整治，从严审查企业生产条件，督促企业严格按标准组织生产。

2. *完善规章制度，强化日常监管* 建立食品质量安全区域监管责任制，通过巡查、回访、年审、监督抽查、强制检验等方式强化日常监管；进一步完善预警制度、快速反应机制、奖励举报制度、行政辖区打假责任制、制假“黑名单”等五项执法打假制度；建立假劣食品召回制度；建立食品检验检测机构和人员资质审核、注册管理制度。

3. *开展食品卫生许可证专项整治* 规范保健食品、婴幼儿配方食品、面粉、熟肉制品、调味品、食品添加剂和饮料生产企业的食品卫生许可证发放和监督，清理无证和不符合卫生许可条件的企业。

4. *开展保健食品专项整治* 加强对保健食品生产企业的监管以及企业注册申请资料真实性、安全性的审查；严格保健食品标准备案工作；认真开展保健食品清理、换证工作；严厉打击未经审批生产销售保健食品和非法添加药物成分行为。

（三）加大对食品流通环节的整治

1. *开展包装食品安全专项执法检查* 重点对饮料、酒、奶制品、儿童食品、保健食品、豆制品、腌熏制品、调味品、罐头、食用油等10种包装食品加大质量监测力度，查处一批影响恶劣的食品假标识、假包装、假商标案件。

2. *开展重要农产品及加工品质量安全专项执法检查* 重点检查粮食制品、肉制品、蔬菜水果、水产品、干制菌品等五类品种；开展质量定向监测工作，及时公布监测结果；查处使用不合格食品原料、非食品原料和滥用食品添加剂加工的食品，销售病死肉、注水肉、私宰肉、未经检验检疫的各类肉品，使用甲醛、工业碱等有毒有害物质浸泡的水产品及水发制品，农药残留超标的蔬菜和水果，非法使用保鲜剂加工的水果，劣质大米或用变质粮食加工的粮食制品。

3. *开展重点市场和重点区域食品安全专项执法检查* 重点检查食品批发市场、商场、超市、集贸市场，以及城乡结合部和农村乡镇，坚决取缔无照经营行为；加强不合格食品的退市监管，依法责令企业停止销售和追回不合格食品，完善相关的处置措施。

4. *健全食品流通服务体系，加强企业自检体系建设* 向社会推荐优秀企业和优质产品；大力发展连锁经营、冷链配送和电子商务，加快农贸市场升级改造步伐；加快推进企业自检体系建设，积极督促大型畜禽屠宰加工和农产品经销企业建立严格的进货检验制度，配备必要的有害物残留检测设备，进一步完善委托检验制度，形成有害物超标食品市场退出机制。

（四）加大对食品消费环节的整治力度

进一步扩大学校食堂和餐饮业量化分级管理制度实施范围，并向社会公示进展情况；以控制食物中毒为重点，加强对学校和建筑工地食堂的监督管理，建立食堂中毒责任追究制度，开展联合监督检查，定期发布预警信息，降低食物中毒风险；在大型、连锁经营餐饮业推广科学的食品安全卫生管理体系。

在食品安全专项整治中，要突出对儿童食品和农村食品市场的整治。质检部门要坚决遏制无证生产婴幼儿配方奶粉的违法行为。工商部门在“六一”儿童节前夕要对儿童食品销售网点进行一次全面清查。在加大对农村食品市场整治和监管力度的同时，要积极推进农村食品流通网和监督网建设，实施超市、放心店下乡工程，分段监管，分片定责，发动群众，群防群控。

（五）加快食品安全长效机制建设步伐

1. *完善食品安全法律法规* 法制办要抓紧组织修订《食品卫生法》，加快《农产品质量安全法》（送审稿）的审查工作。商务部要研究修订《生猪屠宰管理条例》。

2. *健全食品标准体系* 落实《全国食品标准2004—2005年发展计划》；努力完成《全国农业标准2003年—2005年发展计划》所提出的目标任务，制修订630项农业国家标准，350项行业标准；引导地方制定有地方特色的产品标准和生产技术规程类标准；加强“三绿工程”和农产品流通领域标准体系建设，制定酒类商品批发和零售经营管理规范以及屠宰加工行业等标准。

3. *加强检验检测体系建设* 充分利用现有资源，完善检验检测手段，提升检验检测能力和技术水平；扶持建设一批国家级、部级食品（农副产品）质检中心，加强市（地）、县的食品（农产品）质检机构建设；加快省部级质检中心计量认证和实验室认可工作。

4. *加强对食品工业发展的宏观指导* 加快编制“十一五”食品工业发展规划，大力调整食品生产加工企业结构，切实提高食品工业发展水平，推动食品工业健康有序发展。

5. *继续推进食品安全信用体系建设试点* 逐步推广食品企业生产经营档案和食品安全监管信用档案，建立食品安全信用基础标准和信用征集、评价、披露、奖惩制度，强化食品生产经营者的责任意识和信用意识，发挥行业协会的自律作用和试点企业的示范带头作用。

6. 加强食品安全信息管理和综合利用　建立食品安全信息监测系统和信息通报网络，选择几种高风险食品开展食品安全状况调查；规范各部门信息发布程序，推进奶制品和蔬菜的信息发布试点工作。

7. 全面开展食品放心工程综合评价　完善食品放心工程综合评价体系。食品药品监管局要会同有关部门对31个省会城市食品放心工程实行情况进行综合评价，各地要结合实际开展综合评价工作。

二、药品专项整治工作安排

针对药品市场的薄弱环节、薄弱地区、薄弱领域和人民群众反映突出的问题，继续开展药品、医疗器械市场专项整治，全面巩固和深化农村药品监督网和供应网建设，加强药品生产经营企业和特殊药品的监管，促进药品市场秩序进一步规范、有序，进一步提高人民群众用药安全水平。

（一）开展药品、医疗器械专项整治

1. 严厉查处涉及面广、影响较大、群众反映强烈的制售假劣药品、医疗器械方面的大案要案，继续保持高压态势。

2. 打击非法回收药品、非法邮购药品、非法添加药品的违法行为　进一步明确药监、卫生、公安、城管、电信、社保等部门的工作职责，形成打击合力。重点打击并取缔药贩和集聚药品的“黑窝点”，清理和收缴回收药品非法“小广告”，打击向药贩出售药品和回收药品的违法行为。

3. 整顿和规范中药材专业市场　各地要切实加强对行政区域内的中药材专业市场的整治和中药饮片生产、经营、使用的监督。对不合格或严重违法违规的中药材专业市场，要坚决予以关闭。依法查处制售假劣中药材、中药饮片和违法违规制售中西成药、中药饮片的行为。支持和鼓励中药材市场探索先进流通模式及管理方式。

4. 开展医疗器械说明书、标签和包装标识的专项检查　重点选择影响面广、问题突出的产品，检查注册批准内容和实际说明、标识内容的一致性，以及是否符合相关法规要求。

5. 开展对各类药品、医疗器械展示活动的专项整治　重点对展示的药品、医疗器械的质量和经营行为进行监督检查，规范药品、医疗器械展示活动。

（二）加强农村药品监督网、供应网建设

1. 将农村药品监督网建设纳入地方各级人民政府工作的议事日程，完善组织构架，充实组成人员，探索建立监督人员聘任与推选相结合的机制，争取今年年底实现监督网覆盖全国80%以上的行政村。

2. 积极支持具有现代物流基础设施及技术的骨干药品企业参与农村药品配送，争取今年年底实现药品配送到全国80%以上的行政村。

（三）加强药品生产经营企业监管

1. 大力推行药品生产和经营质量管理规范GMP、GSP　对未通过GMP、GSP认证的企业，要监督其停止生产经营活动，限期整改。要完善血液制品GMP标准，提高血液制品生产企业实施GMP的水平。

2. 强化药品生产经营动态监管，建立监督检查的运行机制和管理制度　加大随机抽查和处罚力度，依法查处无证生产经营行为，严厉打击买卖、出租、出借《药品经营许可证》和挂靠经营等行为。

3. 加强对特殊药品的监管　完善特殊药品安全监控措施，对有关特殊药品生产企业实施重点监管，从源头上加强对特殊药品的日常管理，确保特殊药品生产经营依法、有序进行，保证对特殊药品的合法需求并防止其流入非法渠道。

三、工作要求

这次食品药品专项整治的指导思想、基本原则和工作要求，按照《国务院办公厅关于实施食品药品放心工程的通知》（国办发〔2003〕65号）和《国务院办公厅关于印发食品安全专项整治工作方案的通知》（国办发〔2004〕43号）执行。地方各级人民政府要对本地食品药品安全负总责，农业、商务、卫生、工商、质检、食品药品监管等部门要认真履行职责，公安、监察、司法机关和新闻宣传单位要积极配合和支持，确保专项整治取得实效。各地区、各有关部门都要注重发挥消费者协会等中介组织的维权和自律作用，强化社会各方面的责任，形成全社会齐抓共管的打假治劣工作格局。

各省、自治区、直辖市2005年食品药品专项整治工作安排要在4月底之前报送食品药品监管局。2006年春节前，食品药品监管局将会同公安部、农业部、商务部、卫生部、工商总局、质检总局和海关总署等部门，对各地实施情况进行检查并将结果报国务院。

麻类纤维质量监督管理办法

（国家质检总局　2005 年 4 月 22 日）

第一章　总　　则

第一条　为了加强麻类纤维质量监督管理，明确质量责任，保护麻类纤维资源，促进麻类纤维质量提高，维护麻类纤维市场秩序和交易各方的合法权益，根据《棉花质量监督管理条例》等有关规定，制定本办法。

第二条　麻类纤维经营者（含麻类纤维收购者、加工者、销售者，下同）从事麻类纤维经营活动，纤维质量监督机构对麻类纤维质量实施监督管理，必须遵守本办法。

本办法所称麻类纤维是指在国内生产、流通的原麻及其加工后的纤维，主要包括苎麻、黄麻、红麻、亚麻、剑麻等。

第三条　国家质量监督检验检疫总局（以下简称国家质检总局）主管全国麻类纤维质量监督工作，其所属的中国纤维检验局负责组织实施。

省、自治区、直辖市人民政府质量技术监督部门负责本行政区内的麻类纤维质量监督工作。设有专业纤维检验机构的地方，由专业纤维检验机构在其管辖范围内对麻类纤维质量实施监督；没有设立专业纤维检验机构的地方，由质量技术监督部门在其管辖范围内对麻类纤维质量实施监督（专业纤维检验机构和地方质量技术监督部门并列使用时，统称纤维质量监督机构）。

第四条　禁止麻类纤维经营者在麻类纤维收购、加工、销售等经营活动中，掺杂掺假、以假充真、以次充好。

第五条　任何单位和个人对麻类纤维质量违法行为，均有权检举。纤维质量监督机构应当向社会公布举报电话，积极受理麻类纤维质量的检举、投诉。

第二章　麻类纤维质量监督

第六条　国家推行麻类纤维质量公证检验制度。

本办法所称麻类纤维质量公证检验，是指专业纤维检验机构按照国家标准和技术规范，对麻类纤维的质量、数量进行检验并出具公证检验证书的活动。

实施公证检验的麻类纤维品种、检验环节和检验费用等，按照国家有关规定执行。

麻类纤维质量公证检验办法由国家质检总局制定，由中国纤维检验局负责组织实施。

第七条　国家质检总局在全国范围内对经麻类纤维质量公证检验的麻类纤维组织实施监督抽验，省、自治区、直辖市人民政府质量技术监督部门在本行政区域内对经麻类纤维质量公证检验的麻类纤维组织实施监督抽验。

监督抽验的内容是：麻类纤维质量公证检验证书和检验标志是否与实物相符；专业纤维检验机构实施麻类纤维质量公证检验是否客观、公正、及时。

监督抽验所需样品从公证检验的留样中随机抽取，并应当自抽取样品之日起 10 日内作出检验结论。

第八条　纤维质量监督机构对公证检验以外的麻类纤维质量实施监督检查。

监督检查主要内容包括：麻类纤维质量、数量和包装、标识是否符合国家标准和技术规范规定；麻类纤维标识以及质量凭证是否与实物相符等。

第九条　专业纤维检验机构根据监督检查的需要，可以对麻类纤维质量进行检验；检验所需样品按照国家有关标准从收购、加工、销售的麻类纤维中随机抽取，并应当自抽取样品之日起 10 日内作出检验结论。

第十条　麻类纤维经营者、用麻企业对依照本办法进行的麻类纤维质量公证检验和麻类纤维质量监督检查的检验结果有异议的，可以自收到检验结果之日起 5 日内向省级纤维质量监督机构或者中国纤维检验局申请复检。复检样品应在留样中抽取。省级纤维质量监督机构或者中国纤维检验局应当自收到申请之日起 10 日内作出复检结论，并告知申请人。

第十一条　纤维质量监督机构进行麻类纤维质量监督检查，以及根据涉嫌违法证据或者举报，对涉嫌违反本办法规定的行为进行查处时，可以行使下列职权：

（一）对涉嫌从事违反本办法的经营活动的场所实施现场检查；

（二）调查、了解与涉嫌从事违反本办法的经营活动有关的情况；

（三）查阅、复制与麻类纤维经营活动有关的合同、单据、账簿以及其他资料；

（四）对涉嫌掺杂掺假、以假充真、以次充好或者其他有严重质量问题的麻类纤维，以及直接用于生产掺杂掺假、以假充真、以次充好的麻类纤维的设备、工具予以查封或者扣押。

第十二条 纤维质量监督机构根据公证检验、监督检查以及核查后的举报投诉情况等，建立相关企业的质量档案。

纤维质量监督机构根据质量档案等资料提供的情况，按规定对相关企业质量信用进行评定，并根据评定结果实行分类监督管理。

有关质量信用评定办法另行制定。

第十三条 纤维质量监督机构的监督检查结果和质量信用评定结果应当向社会公布。

第十四条 专业纤维检验机构进行麻类纤维质量检验，必须执行国家标准、技术规范和时间要求，保证客观、公正、及时。专业纤维检验机构出具的麻类纤维检验证书应当客观、真实、有效地反映麻类纤维的质量、数量。

第三章 麻类纤维经营者的质量义务

第十五条 麻类纤维经营者收购麻类纤维，应当符合下列要求：

（一）具备麻类纤维收购质量验收制度、相应的文字标准和实物标准样品等质量保证基本条件；

（二）按照国家标准、技术规范确定所收购麻类纤维的品种、类别、季别、等级、重量，并分别置放；

（三）按照国家标准、技术规范挑拣、排除麻类纤维中的异性纤维及其他非麻类纤维物质；

（四）对所收购麻类纤维的水分含量超过国家标准规定的，进行晾晒等技术处理。

第十六条 麻类纤维经营者从事麻类纤维加工活动，应当符合下列要求：

（一）具备符合规定的质量标准、检验设备和环境、检验人员、加工机械和加工场所、质量保证制度等质量保证基本条件；

（二）挑拣、排除麻类纤维中的异性纤维及其他非麻类纤维物质；

（三）按照国家标准、技术规范，对麻类纤维分品种、分类别、分季别、分等级加工，对加工后的麻类纤维组批置放；

（四）按照国家标准、技术规范，对加工后的麻类纤维进行包装；

（五）对加工后的麻类纤维标注标识，并且所标注标识应当有中文标明的产品名称、等级（规格型号）、重量、批号、执行标准编号、加工者名称、地址、生产日期，国家有关麻类纤维标准对标识有其他规定的，还应当符合其规定；

（六）标识和质量凭证与麻类纤维的质量、数量相符。

第十七条 麻类纤维经营者销售麻类纤维，应当符合下列要求：

（一）每批麻类纤维应附有质量凭证；

（二）麻类纤维包装、标识应符合本办法第十六条第（四）项、第（五）项的规定；

（三）麻类纤维品种、等级、重量与质量凭证、标识相符；

（四）经公证检验的麻类纤维，应附有公证检验证书、公证检验标志。

第十八条 任何单位和个人不得伪造、变造、冒用麻类纤维质量凭证、标识、公证检验证书、公证检验标志。

第四章 罚 则

第十九条 麻类纤维经营者违反本办法第四条规定，在麻类纤维经营活动中掺杂掺假、以假充真、以次充好构成犯罪的，依法追究刑事责任；尚不构成犯罪的，由纤维质量监督机构没收掺杂掺假、以假充真、以次充好的麻类纤维和违法所得，并处违法货值金额2倍以上5倍以下罚款；建议工商行政管理机关吊销营业执照。

第二十条 麻类纤维经营者在收购麻类纤维活动中，违反本办法第十五条第（一）项规定的，由纤维质量监督机构责令改正，拒不改正的，处以1万元以下的罚款；违反本办法第十五条第（二）项至第（四）项任何一项规定的，由纤维质量监督机构责令改正，并可以处3万元以下罚款。

第二十一条 麻类纤维经营者在加工麻类纤维活动中，违反本办法第十六条第（一）项规定的，由纤维质量监督机构责令改正，拒不改正的，处以1万元以下的罚款；违反本办法第十六条第（二）项至第（六）项任何一项规定的，由纤维质量监督机构责令改正，并可以根据情节轻重，处10万元以下的罚款。

第二十二条 麻类纤维经营者在销售麻类纤维活动中，违反本办法第十七条任何一项规定的，由纤维质量监督机构责令改正，并可以根据情节轻重，处10万元以下罚款。

第二十三条 麻类纤维经营者违反本办法第十八

条规定的，由纤维质量监督机构处5万元以上10万元以下的罚款；情节严重的，建议工商行政管理机关吊销营业执照；构成犯罪的，依法追究刑事责任。

第二十四条 隐匿、转移、损毁被纤维质量监督机构查封、扣押物品的，由纤维质量监督机构处被隐匿、转移、损毁物品货值金额2倍以上5倍以下罚款；构成犯罪的，依法追究刑事责任。

第二十五条 专业纤维检验机构不执行国家标准、技术规范或者时间要求，或者出具的麻类纤维质量公证检验证书不真实、不客观的，由国家质检总局或者地方质量监督部门责令改正；对负责的主管人员和其他直接责任人员根据情节依法给予行政处分。

第二十六条 专业纤维检验机构未实施检验而出具质量检验证书，弄虚作假的，由国家质检总局或者地方质量监督部门，对负责的主管人员和其他直接责任人员依法给予行政处分；构成犯罪的，依法追究刑事责任。

第二十七条 纤维质量监督行政执法人员滥用职权、徇私舞弊，包庇、放纵麻类纤维质量违法行为，由其主管机关给予行政处分；构成犯罪的，依法追究刑事责任。

第五章 附 则

第二十八条 本办法所称"品种"是指麻类纤维中苎麻、黄麻、红麻、亚麻、剑麻等。

本办法所称"类别"是指同品种麻类纤维经不同加工工艺加工后形成的不同纤维形态。

本办法所称"季别"特指苎麻在1年中的不同收获季节，苎麻一般分为头麻、二麻、三麻3个季别。

本办法所称"等级"是指对功能用途相同但质量要求不同的麻类纤维所作的分类或排序的统称。

第二十九条 本办法由国家质检总局负责解释。

第三十条 本办法自2005年7月1日起施行。

保健食品注册管理办法（试行）

（国家食品药品监督管理局 2005年4月30日）

第一章 总 则

第一条 为规范保健食品的注册行为，保证保健食品的质量，保障人体食用安全，根据《中华人民共和国食品卫生法》、《中华人民共和国行政许可法》，制定本办法。

第二条 本办法所称保健食品，是指声称具有特定保健功能或者以补充维生素、矿物质为目的的食品。即适宜于特定人群食用，具有调节机体功能，不以治疗疾病为目的，并且对人体不产生任何急性、亚急性或者慢性危害的食品。

第三条 在中华人民共和国境内申请国产和进口保健食品注册，适用本办法。

第四条 保健食品注册，是指国家食品药品监督管理局根据申请人的申请，依照法定程序、条件和要求，对申请注册的保健食品的安全性、有效性、质量可控性以及标签说明书内容等进行系统评价和审查，并决定是否准予其注册的审批过程；包括对产品注册申请、变更申请和技术转让产品注册申请的审批。

第五条 国家食品药品监督管理局主管全国保健食品注册管理工作，负责对保健食品的审批。

省、自治区、直辖市（食品）药品监督管理部门受国家食品药品监督管理局委托，负责对国产保健食品注册申请资料的受理和形式审查，对申请注册的保健食品试验和样品试制的现场进行核查，组织对样品进行检验。

国家食品药品监督管理局确定的检验机构负责申请注册的保健食品的安全性毒理学试验、功能学试验（包括动物试验和/或人体试食试验）、功效成分或标志性成分检测、卫生学试验、稳定性试验等；承担样品检验和复核检验等具体工作。

第六条 保健食品的注册管理，应当遵循科学、公开、公平、公正、高效和便民的原则。

第二章 申请与审批

第一节 一般规定

第七条 保健食品注册申请人，是指提出保健食品注册申请，承担相应法律责任，并在该申请获得批准后持有保健食品批准证书者。

境内申请人应当是在中国境内合法登记的公民、

法人或者其他组织。

境外申请人应当是境外合法的保健食品生产厂商。境外申请人办理进口保健食品注册，应当由其驻中国境内的办事机构或者由其委托的中国境内的代理机构办理。

第八条 保健食品的注册申请包括产品注册申请、变更申请、技术转让产品注册申请。

第九条 国家食品药品监督管理局和省、自治区、直辖市（食品）药品监督管理部门应当在保健食品注册受理场所公示保健食品注册申报资料的项目和有关的注册申请表示范文本。

第十条 申请人申请保健食品注册应当按照规定如实提交规范完整的材料和反映真实情况，并对其申报资料实质内容的真实性负责。

第十一条 申请人提交的申请材料存在可以当场更正的错误的，应当允许申请人当场更正。

第十二条 申请人申报的资料不齐全、不符合法定形式的，省、自治区、直辖市（食品）药品监督管理部门和国家食品药品监督管理局应当当场或者在5日内一次告知申请人需要补正的全部内容，逾期不告知的，自收到申报资料之日起即为受理。不予受理的，应当书面说明理由。

第十三条 在审查过程中，需要补充资料的，国家食品药品监督管理局应当一次性提出。申请人应当在收到补充资料通知书后的5个月内提交符合要求的补充资料，未按规定时限提交补充资料的予以退审。特殊情况，不能在规定时限内提交补充资料的，必须向国家食品药品监督管理局提出书面申请，并说明理由。国家食品药品监督管理局应当在20日内提出处理意见。

第十四条 需要补充资料的注册申请，其审查时限在原审查时限的基础上延长30日，变更申请延长10日。

第十五条 经依法审查，准予注册的，国家食品药品监督管理局应当在规定的时限内向注册申请人颁发保健食品批准证明文件，并在10日内送达；不予注册的，应当在规定的时限内书面告知申请人，说明理由，并告知申请人享有依法申请复审、行政复议或者提起行政诉讼的权利。

第十六条 国家食品药品监督管理局和省、自治区、直辖市（食品）药品监督管理部门在对保健食品注册申请的审查过程中发现申请事项直接关系他人重大利益的，应当通知该利害关系人。申请人和利害关系人可以提交书面意见进行陈述和申辩，或者依法要求举行听证。

第十七条 国家食品药品监督管理局应当在其设置的政府网站上公告保健食品注册申请受理、审查的过程和批准注册的保健食品的相关信息。

第十八条 国家食品药品监督管理局应当根据科学技术的发展和需要适时调整保健食品的功能范围、保健食品的评价和检验方法以及审评技术规定等，并予以公告。

第二节 产品注册申请与审批

第十九条 产品注册申请包括国产保健食品注册申请和进口保健食品注册申请。

国产保健食品注册申请，是指申请人拟在中国境内生产销售保健食品的注册申请。

进口保健食品注册申请，是指已在中国境外生产销售一年以上的保健食品拟在中国境内上市销售的注册申请。

第二十条 申请人在申请保健食品注册之前，应当做相应的研究工作。

研究工作完成后，申请人应当将样品及其与试验有关的资料提供给国家食品药品监督管理局确定的检验机构进行相关的试验和检测。

拟申请的保健功能在国家食品药品监督管理局公布范围内的，申请人应当向确定的检验机构提供产品研发报告；拟申请的保健功能不在公布范围内的，申请人还应当自行进行动物试验和人体试食试验，并向确定的检验机构提供功能研发报告。

产品研发报告应当包括研发思路、功能筛选过程及预期效果等内容。功能研发报告应当包括功能名称、申请理由、功能学检验及评价方法和检验结果等内容。无法进行动物试验或者人体试食试验的，应当在功能研发报告中说明理由并提供相关的资料。

第二十一条 检验机构收到申请人提供的样品和有关资料后，应当按照国家食品药品监督管理局颁布的保健食品检验与评价技术规范，以及其他有关部门颁布和企业提供的检验方法对样品进行安全性毒理学试验、功能学试验、功效成分或标志性成分检测、卫生学试验、稳定性试验等。申报的功能不在国家食品药品监督管理局公布范围内的，还应当对其功能学检验与评价方法及其试验结果进行验证，并出具试验报告。

第二十二条 检验机构出具试验报告后，申请人方可申请保健食品注册。

第二十三条 申请国产保健食品注册，申请人应当按照规定填写《国产保健食品注册申请表》，并将申报资料和样品报送样品试制所在地的省、自治区、直辖市（食品）药品监督管理部门。

第二十四条 省、自治区、直辖市（食品）药品监督管理部门应当在收到申报资料和样品后的5日内对申报资料的规范性、完整性进行形式审查，并发出受理或者不予受理通知书。

第二十五条 对符合要求的注册申请，省、自治区、直辖市（食品）药品监督管理部门应当在受理申请后的15日内对试验和样品试制的现场进行核查，抽取检验用样品，并提出审查意见，与申报资料一并报送国家食品药品监督管理局，同时向确定的检验机构发出检验通知书并提供检验用样品。

第二十六条 申请注册保健食品所需的样品，应当在符合《保健食品良好生产规范》的车间生产，其加工过程必须符合《保健食品良好生产规范》的要求。

第二十七条 收到检验通知书和样品的检验机构，应当在50日内对抽取的样品进行样品检验和复核检验，并将检验报告报送国家食品药品监督管理局，同时抄送通知其检验的省、自治区、直辖市（食品）药品监督管理部门和申请人。特殊情况，检验机构不能在规定时限内完成检验工作的，应当及时向国家食品药品监督管理局和省、自治区、直辖市（食品）药品监督管理部门报告并书面说明理由。

第二十八条 国家食品药品监督管理局收到省、自治区、直辖市（食品）药品监督管理部门报送的审查意见、申报资料和样品后，对符合要求的，应当在80日内组织食品、营养、医学、药学和其他技术人员对申报资料进行技术审评和行政审查，并作出审查决定。准予注册的，向申请人颁发《国产保健食品批准证书》。

第二十九条 申请进口保健食品注册，申请人应当按照规定填写《进口保健食品注册申请表》，并将申报资料和样品报送国家食品药品监督管理局。

第三十条 国家食品药品监督管理局应当在收到申报资料和样品后的5日内对申报资料的规范性、完整性进行形式审查，并发出受理或者不予受理通知书。对符合要求的注册申请，国家食品药品监督管理局应当在受理申请后的5日内向确定的检验机构发出检验通知书并提供检验用样品。根据需要，国家食品药品监督管理局可以对该产品的生产现场和试验现场进行核查。

第三十一条 收到检验通知书和样品的检验机构，应当在50日内对样品进行样品检验和复核检验，并将检验报告报送国家食品药品监督管理局，同时抄送申请人。特殊情况，检验机构不能在规定的时限内完成检验工作的，应当及时向国家食品药品监督管理局报告并书面说明理由。

第三十二条 国家食品药品监督管理局应当在受理申请后的80日内组织食品、营养、医学、药学和其他技术人员对申报资料进行技术审评和行政审查，并作出审查决定。准予注册的，向申请人颁发《进口保健食品批准证书》。

第三十三条 保健食品批准证书有效期为5年。国产保健食品批准文号格式为：国食健字G＋4位年代号＋4位顺序号；进口保健食品批准文号格式为：国食健字J＋4位年代号＋4位顺序号。

第三节 变更申请与审批

第三十四条 变更申请是指申请人提出变更保健食品批准证书及其附件所载明内容的申请。

第三十五条 变更申请的申请人应当是保健食品批准证书持有者。

第三十六条 保健食品批准证书中载明的保健食品功能名称、原（辅）料、工艺、食用方法、扩大适宜人群范围、缩小不适宜人群范围等可能影响安全、功能的内容不得变更。

第三十七条 申请缩小适宜人群范围，扩大不适宜人群范围、注意事项、功能项目，改变食用量、产品规格、保质期及质量标准的保健食品应当是已经生产销售的产品。增加的功能项目必须是国家食品药品监督管理局公布范围内的功能。

第三十八条 申请变更《国产保健食品批准证书》及其附件所载明内容的，申请人应当填写《国产保健食品变更申请表》，向申请人所在地省、自治区、直辖市（食品）药品监督管理部门报送有关资料和说明。

第三十九条 省、自治区、直辖市（食品）药品监督管理部门应当在收到申报资料后的5日内，对申报资料的规范性、完整性进行形式审查，并发出受理或者不予受理通知书。

第四十条 对改变产品名称、保质期、食用量，缩小适宜人群范围，扩大不适宜人群范围、注意事项以及功能项目的变更申请，省、自治区、直辖市（食品）药品监督管理部门应当在受理申请后的10日内提出审查意见，与申报资料一并报送国家食品药品监督管理局。

国家食品药品监督管理局应当在收到审查意见和申报资料后的40日内，组织食品、营养、医学、药学和其他技术人员对申报资料进行技术审评和行政审查，并作出审查决定。准予变更的，向申请人颁发《国产保健食品变更批件》，同时抄送省、自治区、直辖市（食品）药品监督管理部门。

第四十一条 对改变产品规格及质量标准的变更申请，省、自治区、直辖市（食品）药品监督管理部门应当在受理申请后的10日内提出审查意见，与申报资料一并报送国家食品药品监督管理局，同时向确定的检验机构发出检验通知书并提供检验用样品。

收到检验通知书和样品的检验机构，应当在30日内对样品进行样品检验，并将检验报告报送国家食品药品监督管理局，同时抄送通知其检验的省、自治区、直辖市（食品）药品监督管理部门和申请人。

国家食品药品监督管理局应当在收到审查意见、申报资料和样品后的50日内组织食品、营养、医学、药学和其他技术人员对申报资料进行技术审评和行政审查，并作出审查决定。准予变更的，向申请人颁发《国产保健食品变更批件》，同时抄送省、自治区、直辖市（食品）药品监督管理部门。

第四十二条 申请变更《进口保健食品批准证书》及其附件所载明内容的，申请人应当填写《进口保健食品变更申请表》，并向国家食品药品监督管理局报送有关资料和说明。

第四十三条 国家食品药品监督管理局应当在收到申报资料后的5日内，对申报资料的规范性、完整性进行形式审查，并发出受理或者不予受理通知书。

第四十四条 对改变产品名称、保质期、食用量，缩小适宜人群范围，扩大不适宜人群范围、注意事项以及功能项目的变更申请，国家食品药品监督管理局应当在受理申请后的40日内组织食品、营养、医学、药学和其他技术人员对申报资料进行技术审评和行政审查，并作出审查决定。准予变更的，向申请人颁发《进口保健食品变更批件》。

第四十五条 对改变产品规格、质量标准以及进口保健食品生产厂商在中国境外改变生产场地的变更申请，国家食品药品监督管理局应当在受理申请后的5日内，向确定的检验机构发出检验通知书并提供检验用样品。根据需要，国家食品药品监督管理局可以对该产品的生产现场进行核查。

收到检验通知书和样品的检验机构，应当在30日内进行样品检验，并将检验报告报送国家食品药品监督管理局，同时抄送申请人。

国家食品药品监督管理局应当在受理申请后的50日内，组织食品、营养、医学、药学和其他技术人员对申报资料进行技术审评和行政审查，并作出审查决定。准予变更的，向申请人颁发《进口保健食品变更批件》。

第四十六条 对变更申请人自身名称、地址以及改变中国境内代理机构的事项，申请人应当在该事项变更后的20日内，按规定填写《国产保健食品变更备案表》或者《进口保健食品变更备案表》，与有关资料一并报国家食品药品监督管理局备案。

第四十七条 《保健食品变更批件》的有效期与原保健食品批准证书的有效期相同，有效期届满，应一并申请再注册。

第四十八条 要求补发保健食品批准证书的，申请人应当向国家食品药品监督管理局提出书面申请并说明理由。因遗失申请补发的，应当提交在全国公开发行的报刊上刊登的遗失声明的原件；因损毁申请补发的，应当交回保健食品批准证书原件。经审查，符合要求的，补发保健食品批准证书，并继续使用原批准文号，有效期不变。补发的保健食品批准证书上应当标注原批准日期，并注明“补发”字样。

第四节 技术转让产品注册申请与审批

第四十九条 技术转让产品注册申请，是指保健食品批准证书的持有者，将产品生产销售权和生产技术全权转让给保健食品生产企业，并与其共同申请为受让方核发新的保健食品批准证书的行为。

第五十条 接受转让的境内保健食品生产企业，必须是依法取得保健食品卫生许可证并且符合《保健食品良好生产规范》的企业。

接受转让的境外保健食品生产企业必须符合当地相应的生产质量管理规范。

第五十一条 转让方应当与受让方签订合同，并将技术资料全部转让给受让方，指导受让方连续生产出三批符合该产品质量标准的样品。

第五十二条 多个申请人共同持有保健食品批准证书的，进行技术转让时，应当联合署名签订转让合同。

第五十三条 已取得《国产保健食品批准证书》或者《进口保健食品批准证书》的保健食品在境内转让的，保健食品证书持有者与受让方应当共同填写《国产保健食品技术转让产品注册申请表》或者《进口保健食品技术转让产品注册申请表》，向受让方所在地的省、自治区、直辖市（食品）药品监督管理部门报送有关资料和样品，并附转让合同。

第五十四条 省、自治区、直辖市（食品）药品监督管理部门应当在收到申报资料后的5日内，对申报资料的规范性、完整性进行形式审查，并发出受理或者不予受理通知书。

对符合要求的技术转让产品注册申请，省、自治区、直辖市（食品）药品监督管理部门应当在受理申请后的10日内提出审查意见，与申报资料一并报送国家食品药品监督管理局，同时向确定的检验机构发出检验通知书并提供检验用样品。

第五十五条 收到检验通知书和样品的检验机构，应当在30日内对样品进行样品检验，并将检验报告报送国家食品药品监督管理局，同时抄送通知其检验的省、自治区、直辖市（食品）药品监督管理部门和申请人。

第五十六条 国家食品药品监督管理局应当在收到审查意见、申报资料和样品检验报告后的20日内作出审查决定。准予注册的，向受让方颁发新的《国产保健食品批准证书》和新的批准文号，证书的有效期不变，同时收缴并注销转让方原取得的《国产保健食品批准证书》或者《进口保健食品批准证书》。

第五十七条 已取得《进口保健食品批准证书》的保健食品在境外转让的，保健食品证书持有者与受让方应当共同填写《进口保健食品技术转让产品注册申请表》，向国家食品药品监督管理局报送有关资料和样品，并附转让合同。

国家食品药品监督管理局应当在收到申报资料后的5日内，对申报资料的规范性、完整性进行形式审查，并发出受理或者不予受理通知书。对符合要求的，应当在受理申请后的5日内向确定的检验机构发出检验通知书并提供检验用样品。根据需要，国家食品药品监督管理局可以对受让方产品的生产现场进行核查。

第五十八条 收到检验通知书和样品的检验机构，应当在30日内对样品进行样品检验，并将检验报告报送国家食品药品监督管理局，同时抄送申请人。国家食品药品监督管理局应当在收到样品检验报告后的20日内作出审查决定。准予注册的，向受让方颁发新的《进口保健食品批准证书》和新的批准文号，证书的有效期不变，同时收缴并注销转让方原取得的《进口保健食品批准证书》。

第三章 原料与辅料

第五十九条 保健食品的原料是指与保健食品功能相关的初始物料。保健食品的辅料是指生产保健食品时所用的赋形剂及其他附加物料。

第六十条 保健食品所使用的原料和辅料应当符合国家标准和卫生要求。无国家标准的，应当提供行业标准或者自行制定的质量标准，并提供与该原料和辅料相关的资料。

第六十一条 保健食品所使用的原料和辅料应当对人体健康安全无害。有限量要求的物质，其用量不得超过国家有关规定。

第六十二条 国家食品药品监督管理局和国家有关部门规定的不可用于保健食品的原料和辅料、禁止使用的物品不得作为保健食品的原料和辅料。

第六十三条 国家食品药品监督管理局公布的可用于保健食品的、卫生部公布或者批准可以食用的以及生产普通食品所使用的原料和辅料可以作为保健食品的原料和辅料。

第六十四条 申请注册的保健食品所使用的原料和辅料不在本办法第六十三条规定范围内的，应当按照有关规定提供该原料和辅料相应的安全性毒理学评价试验报告及相关的食用安全资料。

第六十五条 国家食品药品监督管理局应当根据科学技术的发展和需要及时公布可用于和禁用于保健食品的原料名单。

第六十六条 进口保健食品所使用的原料和辅料应当符合我国有关保健食品原料和辅料使用的各项规定。

第四章 标签与说明书

第六十七条 申请保健食品产品注册，申请人应当提交产品说明书和标签的样稿。

第六十八条 申请注册的保健食品标签、说明书样稿的内容应当包括产品名称、主要原（辅）料、功效成分/标志性成分及含量、保健功能、适宜人群、不适宜人群、食用量与食用方法、规格、保质期、贮藏方法和注意事项等。

经批准生产上市的保健食品标签应当符合国家有关规定。

第六十九条 保健食品命名应当符合下列原则：

（一）符合国家有关法律、法规、规章、标准、规范的规定；

（二）反映产品的真实属性，简明、易懂，符合中文语言习惯；

（三）通用名不得使用已经批准注册的药品名称。

第七十条 保健食品的名称应当由品牌名、通用名、属性名三部分组成。品牌名、通用名、属性名必须符合下列要求：

（一）品牌名可以采用产品的注册商标或其他名称；

（二）通用名应当准确、科学，不得使用明示或者暗示治疗作用以及夸大功能作用的文字；

（三）属性名应当表明产品的客观形态，其表述应规范、准确。

第七十一条 国家食品药品监督管理局应当根据国家有关的标准、规定、产品申报资料和样品检验的情况，对标签、说明书样稿的内容进行审查。

第五章 试验与检验

第七十二条 安全性毒理学试验，是指检验机构按照国家食品药品监督管理局颁布的保健食品安全性毒理学评价程序和检验方法，对申请人送检的样品进行的以验证食用安全性为目的的动物试验，必要时可进行人体试食试验。

功能学试验，是指检验机构按照国家食品药品监督管理局颁布的或者企业提供的保健食品功能学评价程序和检验方法，对申请人送检的样品进行的以验证保健功能为目的的动物试验和/或人体试食试验。

功效成分或标志性成分检测，是指检验机构按照国家食品药品监督管理局及有关部门颁布的或者企业提供的保健食品功效成分或标志性成分检测方法，对申请人送检的样品的功效成分或标志性成分的含量及其在保质期内的含量变化进行的检测。

卫生学试验，是指检验机构按照国家有关部门颁布的或者企业提供的检验方法，对申请人送检样品的卫生学及其与产品质量有关的指标（除功效成分或标志性成分外）进行的检测。

稳定性试验，是指检验机构按照国家有关部门颁布的或者企业提供的检验方法，对申请人送检样品的卫生学及其与产品质量有关的指标（除功效成分或标志性成分外）在保质期内的变化情况进行的检测。

样品检验，是指检验机构按照申请人申报的质量标准，对食品药品监督管理部门提供的样品进行的全项目检验。

复核检验，是指检验机构对申请人申报的质量标准中功效成分或标志性成分的检测方法进行复核的检验。

第七十三条 国家食品药品监督管理局负责确定承担保健食品试验、样品检验和复核检验的检验机构。具体办法另行制定。

第七十四条 确定的检验机构应当按照保健食品检验与评价技术规范及其他有关部门颁布的检验与评价方法进行试验和检验，并在规定或者约定时限内出具试验和检验报告。保健食品检验与评价技术规范由国家食品药品监督管理局制定颁布。

第七十五条 确定的检验机构应当按照国家规定的服务标准、资费标准和依法规定的条件，向申请人提供安全、方便、稳定和价格合理的服务，并履行普遍服务的义务。

第七十六条 确定的检验机构应当依法办事，保证试验和检验科学、规范、公开、公正、公平，不得出具虚假报告。

第七十七条 申请人应当向食品药品监督管理部门提供抽样所需的有关资料，并配合抽取检验用样品，提供检验用标准物质。

第七十八条 申请注册的保健食品的样品检验和复核检验不得由承担该产品试验工作的检验机构进行。

第六章 再注册

第七十九条 保健食品再注册，是指国家食品药品监督管理局根据申请人的申请，按照法定程序、条件和要求，对保健食品批准证书有效期届满申请延长有效期的审批过程。

保健食品再注册申请人应当是保健食品批准证书持有者。

第八十条 保健食品批准证书有效期届满需要延长有效期的，申请人应当在有效期届满三个月前申请再注册。

第八十一条 申请国产保健食品再注册，申请人应当按照规定填写《国产保健食品再注册申请表》，并将申报资料报送申请人所在地的省、自治区、直辖市（食品）药品监督管理部门。

第八十二条 省、自治区、直辖市（食品）药品监督管理部门应当在收到申报资料后的5日内，对申报资料的规范性、完整性进行形式审查，并发出受理或不受理通知书。

第八十三条 对符合要求的再注册申请，省、自治区、直辖市（食品）药品监督管理部门受国家食品药品监督管理局的委托，应当在受理申请后的20日内提出审查意见，并报国家食品药品监督管理局审查。

第八十四条 国家食品药品监督管理局应当在收到审查意见后的20日内作出审查决定。20日内未发出不予再注册通知的，省、自治区、直辖市（食品）药品监督管理部门向申请人颁发再注册凭证；不予再注册的，国家食品药品监督管理局应当通知省、自治区、直辖市（食品）药品监督管理部门向申请人发出不予再注册通知，并说明理由。

第八十五条 申请进口保健食品再注册，申请人应当按照规定填写《进口保健食品再注册申请表》，并将申报资料报送国家食品药品监督管理局。

第八十六条 国家食品药品监督管理局应当在收到申报资料后的5日内，对申报资料的规范性、完整性进行形式审查，并发出受理或者不予受理通知书。

第八十七条 对符合要求的再注册申请，国家食品药品监督管理局应当在受理申请后的20日内作出审查决定。符合要求的，予以再注册，向申请人颁发再注册凭证；不符合要求的，应当向申请人发出不予再注册通知，并说明理由。

第八十八条 有下列情形之一的保健食品，不予再注册：

（一）未在规定时限内提出再注册申请的；

（二）按照有关法律、法规，撤销保健食品批准证书的；

（三）原料、辅料、产品存在食用安全问题的；

（四）产品所用的原料或者生产工艺等与现行规定不符的；

（五）其他不符合国家有关规定的情形。

第八十九条 不予再注册的，国家食品药品监督管理局应当发布公告，注销其保健食品批准文号。

第七章 复 审

第九十条 申请人对国家食品药品监督管理局作出的不予注册的决定有异议的，可以在收到不予注册通知之日起10日内向国家食品药品监督管理局提出书面复审申请并说明复审理由。

第九十一条 国家食品药品监督管理局收到复审申请后，应当按照原申请事项的审查时限和要求进行复审，并作出复审决定。撤销不予注册决定的，向申请人颁发相应的保健食品批准证明文件；维持原决定的，不再受理再次的复审申请，但申请人可按照有关法律规定，向国家食品药品监督管理局申请行政复议或者向人民法院提起行政诉讼。

第九十二条 复审的内容仅限于原申请事项及原申报资料。

第八章 法律责任

第九十三条 有下列情形之一的，国家食品药品监督管理局根据利害关系人的请求或者依据职权，可以在核实后依照《行政许可法》第六十九条的规定进行处理：

（一）行政机关工作人员滥用职权、玩忽职守作出准予注册决定的；

（二）超越法定职权作出准予注册决定的；

（三）违反法定程序作出准予注册决定的；

（四）对不具备申请资格或者不符合法定条件的申请人准予注册的；

（五）依法可以撤销保健食品批准证明文件的其他情形。

第九十四条 有下列情形之一的，国家食品药品监督管理局应当注销相应的保健食品批准文号：

（一）保健食品批准证书持有者申请注销的；

（二）确认产品存在安全性问题的；

（三）违反法律法规规定，应当撤销其保健食品批准证书的；

（四）依法应当注销的其他情形。

第九十五条 在保健食品注册过程中，国家食品药品监督管理局和省、自治区、直辖市（食品）药品监督管理部门及其工作人员违反本办法规定，有下列情形之一的，依照《行政许可法》第七十二条、七十三条、七十四条、七十五条的规定处理：

（一）对符合法定条件的保健食品注册申请不予受理的；

（二）不在受理场所公示保健食品注册申报资料项目的；

（三）在保健食品受理、审查过程中，未向申请人履行法定告知义务的；

（四）申请人提交的保健食品申报材料不齐全、不符合法定形式，不一次告知申请人必须补正的全部内容的；

（五）未依法说明不受理或者不批准保健食品注册申请理由的；

（六）对不符合本办法规定条件的保健食品注册申请作出准予注册决定或者超越法定职权作出准予注册决定的；

（七）对符合本办法规定的申请作出不予注册决定或者不在本办法规定期限内作出准予注册决定的；

（八）擅自收费或者不按照法定项目的标准收费的；

（九）索取或者收受他人财物或者谋取其他利益的。

第九十六条 在保健食品注册过程中，国家食品药品监督管理局违反本办法规定给当事人合法权益造成损害的，应当依照国家赔偿法的规定给予赔偿。

第九十七条 申请人隐瞒有关情况或者提供虚假材料或者样品申请保健食品注册的，国家食品药品监督管理局对该项申请不予受理或者不予注册，对申请人给予警告；申请人在一年内不得再次提出该保健食品的注册申请。

第九十八条 申请人以欺骗、贿赂等不正当手段取得保健食品批准证书的，国家食品药品监督管理局应当撤销其保健食品批准证书，并注销该保健食品批准文号，申请人在三年内不得再次提出该保健食品的注册申请。

第九十九条 确定的检验机构，违反本办法第七十五条规定的，国家食品药品监督管理局应当责令限期改正，对违法收取的费用，由国家食品药品监督管理局或者政府有关部门责令退还；情节严重的，收回《保健食品检验资格证书》。

第一百条 确定的检验机构未按照本办法规定进行试验或检验或者在进行试验和检验过程中出现差错事故的，国家食品药品监督管理局应当给予警告，责令限期改正；情节严重的，收回《保健食品检验资格证书》。

第一百零一条 确定的检验机构出具虚假试验或者检验报告的，收回《保健食品检验资格证书》；有违法所得的，没收违法所得；构成犯罪的，依法追究刑事责任。

确定的检验机构出具的试验或者检验结果不实，造成损失的，应当承担相应的法律责任。

第九章 附 则

第一百零二条 本办法工作期限以工作日计算，不含法定节假日。

第一百零三条 直接接触保健食品的包装材料和容器必须符合国家食用或药用的要求，符合保障人体健康、安全的标准。

第一百零四条 本办法由国家食品药品监督管理局负责解释。

第一百零五条 本办法自 2005 年 7 月 1 日起施行。

本办法施行前有关保健食品注册的规定，不符合本办法规定的，自本办法施行之日起停止执行。

（注：附件略）

关于进一步深化食品安全专项整治加强市场监督管理工作的通知

（国家工商行政管理总局 2005 年 5 月 13 日）

各省、自治区、直辖市及计划单列市工商行政管理局：

为了深入开展食品安全专项整治工作，加大市场监管力度，坚决打击各种不正当竞争和违法违章经营行为，有效保护消费者合法权益，切实维护市场经济秩序，根据吴官正同志近期在有关中央国家机关调研时的重要讲话精神，结合当前工作实际，现就进一步深化食品安全专项整治工作，加强市场监督管理通知如下：

一、认真学习领会吴官正同志重要讲话精神，进一步提高加强食品安全和市场监管工作的重要性和紧迫性的认识

最近，吴官正同志在国家食品药品监督管理局调研和检查工作中，就食品安全和市场监管问题发表了重要讲话，并对工商行政管理机关履行职责，发挥职能作用提出了明确要求。吴官正同志的重要讲话，从维护广大人民群众利益、加强党风廉政建设和促进社会主义精神文明建设的高度，深刻分析了当前食品安全形势，指出了制售假冒伪劣食品的社会危害，进一步阐述了加强食品安全和市场监管工作的重要性和紧迫性，强调了食品安全和市场监管工作的重点和任务，特别是要求工商行政管理机关要进一步加强对月饼、儿童食品、农村食品市场的监管，严厉打击利用不正当竞争手段搞违法经营和不良文化等。这一重要讲话，充分体现了实践“三个代表”重要思想、坚持科学发展观和执政为民的要求，对今后加强食品安全和市场监管工作具有重要的指导意义，也充分体现了中央领导同志对工商行政管理工作的重视、信任和支持。各级工商行政管理机关要深刻学习领会吴官正同志重要讲话精神，把思想和行动进一步统一到国务院《关于进一步加强食品安全工作的决定》和吴官正同志重要讲话精神上来，不断增强政治意识、责任意识、忧患意识和严格依法行政的意识，进一步提高加强食品安全和市场监管工作的自觉性和主动性，切实把食品安全和市场监管工作抓紧抓好，抓出新的成效。

二、切实履行工商行政管理机关职能，深入开展食品安全专项整治工作，加大市场监管力度

各级工商行政管理机关要进行再动员，再部署，

认真查找前一阶段食品专项整治工作中的薄弱环节，采取积极有效措施，认真贯彻落实总局《2005年流通环节食品安全专项整治工作方案》要求，坚持标本兼治、打防结合、以防为主、综合治理的方针，集中力量解决好重点区域、重点品种、重点市场和消费者反映比较多的突出问题。对总局部署开展包装食品及食品添加剂和儿童食品市场、农村食品市场及农产品水产品畜产品市场、秋冬季食品市场等三次食品安全专项执法检查以及盐业市场专项整治行动，要逐一制订具体详实的工作方案，逐级抓好落实。当前，要突出加强对包装食品、儿童食品和农村食品市场的专项整治工作，抓住薄弱环节，切实保护消费者的合法权益。

在深入开展食品安全专项整治的同时，要加强市场日常监管，尤其是加大对流通领域以食品为重点的商品质量的监管。要充分发挥基层工商所作用，督促经营者加强自律，加强市场巡查，严把市场商品质量关。要坚决清理市场中过度包装以及其他包装和标志不合格的商品，努力确保以食品为重点的商品包装标示真实，产品名称、厂名、厂址齐全，食品主要成分、含量以及生产日期和有效期限明确，商标使用和广告宣传行为合法。要综合运用《消费者权益保护法》、《反不正当竞争法》等法律法规，依法加强对以食品为重点的商品质量的监督。要根据节日和季节消费的特点，加大对月饼、粽子、酒、保健品、营养品等商品质量和过度包装监管的力度，严肃查处不正当竞争和价实不符坑害消费者的违法行为。今年中秋节前，各级工商行政管理机关要组织力量，着力整治月饼经营中的问题，重点是月饼质量、过度包装、价实不符和搭售其他商品等不正当竞争行为和损害消费者合法权益的违法行为，加强对月饼质量的监测，依法打击市场上的各种掺杂使假、缺斤短两、虚假表示、欺诈销售等违法行为。同时，要加强与农业、食品药品监管、价格、质检、卫生、公安等部门的配合，发挥有关部门的职能作用，加强对生产环节食品质量、包装的监管和价格管理。

三、坚决制止不正当竞争行为，依法查处和取缔各种违法违章经营活动

要继续加强对商品经营中的不正当竞争行为的监管，尤其是要严厉打击经营者销售商品中虚假广告宣传、违法有奖销售、违背购买者的意愿搭售商品或者附加不合理条件的违法行为；加大对供水、供电、供气、供暖、邮政、交通等与人民群众生活密切相关的行业强制交易、强制服务行为的查处力度；积极参与纠正医药购销中不正之风的工作，严肃查处药品购销和生产经营中的不正当竞争行为；依法查处商业贿赂以及利用网络从事不正当竞争违法行为。

坚持物质文明建设和精神文明建设“两手抓、两手都要硬”的方针，坚决制止利用“美人宴”、人体秀、活人橱窗展示等有辱人格、伤风败俗等不良文化的商品营销活动。继续深入开展“扫黄”、“打非”斗争，重点查缴政治性非法出版物、淫秽出版物、盗版出版物和宣扬伪科学类出版物，严厉查处中小学生“口袋书”，坚决取缔“黑网吧”。加大对违规印刷、复制企业的查处力度，严格清理商标、广告和企业名称中的不良文化影响。密切与公安、文化部门的协作与配合，加强对经营者的宣传教育，努力净化文化交易，不断促进社会主义精神文明建设。

四、进一步完善法律法规，健全市场监管长效机制

加快立法立规步伐，进一步完善市场规则。要针对社会主义市场经济不断深入发展中出现的新情况、新问题，积极做好《反不正当竞争法》、《商标法》的修订工作，开展《消费者权益保护法》、《广告法》修订的调研论证工作，参与《食品卫生法》、《反垄断法》的修订和起草工作，抓紧制定《市场监管条例》、《流通领域商品质量监督管理条例》。各地还要结合实际，重点完善与《消费者权益保护法》、《产品质量法》、《反不正当竞争法》、《商标法》、《广告法》相配套的地方法规体系，为依法行政提供更加完备的法律依据。

各级工商行政管理机关要在认真总结整顿和规范市场经济秩序工作经验基础上，不断加强食品安全和市场监管长效机制的建设。尤其是要进一步完善以食品为重点的商品准入制度，继续大力推进食品市场主体准入制度、食品市场巡查制度、不合格食品退市制度、食品安全信息公示制度以及食品企业信用分类监管制度。继续督促食品经营主体普遍建立和落实进货检查验收、购销台账和质量承诺制度，“厂场挂钩、厂地挂钩”的协议准入制度，以及不合格食品退市、追回、销毁制度，严格市场开办者和经营者的质量责任制度。进一步建立健全食品安全预警防范和快速反应机制，提高食品安全重大事故防范和处置能力，为确保消费安全奠定法制和制度基础。

五、严格依法行政，规范执法行为，加强执法监督

各级工商行政管理机关要始终把依法行政和执法

监督贯穿于市场监管的全过程，正确行使食品安全和市场监管权力，不断提高市场监管能力和执法水平。要不断完善执法制度，强化执法监督，坚持有法必依、执法必严。坚决纠正和查处执法不严、违法不究，以及以费代罚、以罚代管的行为。要严格按照法律法规，规范执法行为。坚决纠正和查处以权谋私，随意执法，收人情费、办人情案，以及乱收费、乱罚款的行为。严格履行职责，切实在执法办案中做到事实清楚、定性准确、程序合法、处理恰当、行为规范。

各级工商行政管理机关纪检监察部门，要在党组（党委）的统一领导下，充分发挥执法效能监察的监督作用，加强对行政执法机关和执法人员是否监管执法到位和依法行政进行监督检查，促进公正执法、廉洁执法。要严格执法责任制及执法过错追究制，对监管执法和工作中失察、失职、渎职造成严重后果的，要依法依纪追究有关领导和责任人的责任。要加强食品安全和市场监管执法的督查指导，严格重大事项报告制度，采取重点督查、明察暗访等方法，一级抓一级，层层抓落实，不断把食品安全和市场监管工作推向深入，取得新的成效。

无公害农产品认证现场检查规范

（农业部 农质安发〔2005〕5号 2005年5月24日）

第一条 为规范无公害农产品认证现场检查工作，保证无公害农产品现场检查工作质量，根据《无公害农产品管理办法》和《无公害农产品认证程序》，制定本规范。

第二条 本规范所称的现场检查，是指在审查无公害农产品认证申报材料的过程中，根据需要对申请人相关情况进行实地核实确认的过程。

第三条 农业部农产品质量安全中心（以下简称“中心”）负责对无公害农产品认证现场检查的统筹规划和管理，中心所属种植业、畜牧业、渔业产品认证分中心（以下简称“部直分中心”）负责现场检查的组织和安排；省级承办机构负责现场检查的实施工作。

第四条 省级承办机构根据初审情况提出现场检查计划，每个月的15日前将下个月拟实施的现场检查计划分专业报部直分中心备案确认。现场检查计划包括拟现场检查的申请人、现场检查的重点、人员构成、时间安排等内容。

第五条 部直分中心对照无公害农产品认证审查要求，审定省级承办机构提出的现场检查计划，于每月25日前将备案确认的现场检查计划及相关调整意见反馈省级承办机构。部直分中心应当根据工作需要安排一定比例的部直分中心检查员参与省级承办机构实施的现场检查活动。备案确认的现场检查计划原则上应当在下个月内完成。

第六条 现场检查工作根据《无公害农产品现场检查工作程序》（附件1）和《无公害农产品认证现场检查细则》进行，现场检查组不得向申请者提出检查范围以外的其他检查要求。

第七条 现场检查实行检查组组长负责制。现场检查组成员一般由3人组成。

现场实地检查工作，原则上应当在2天内完成。特殊情况需要延长检查时间的，可商申请人适当调整。

第八条 现场检查完成后，检查组应当依据《无公害农产品认证现场检查细则》对检查结果进行综合判定，做出现场检查结论。现场检查结论分三种：

（一）现场检查通过；

（二）现场检查基本通过，限期整改和报送整改结果；

（三）现场检查不通过，限期整改并届时派员对整改结果进行确认。

第九条 检查组应当在现场检查后10个工作日内，将《无公害农产品认证现场检查报告》（附件2）和《无公害农产品认证现场检查工作单》（附件3）报省级承办机构。

第十条 省级承办机构根据现场检查结论负责做好现场检查的后续工作。现场检查通过的，应结合原申请材料进行初审，提出初审意见，连同《无公害农产品认证现场检查报告》、《无公害农产品认证现场检查工作单》一并报部直分中心；现场检查基本通过或不通过的，根据检查组结论和建议督促申请人整改，并确认整改结果。符合要求的，提出初审意见，连同《无公害农产品认证现场检查报告》、《无公害农产品现场检查工作单》一并报部直分中心。

第十一条 部直分中心应当按照无公害农产品

认证要求，对省级承办机构报送的申报材料及《无公害农产品认证现场检查报告》和《无公害农产品认证现场检查工作单》进行复审。复审过程中需要进行现场核查的，应当自收到省级承办机构报送的材料之日起30日内对照需要核查的内容组织2至3名检查员实施现场核查，核查的实施方案应提前报中心备案。

第十二条 部直分中心应当每个季度的第1个月的10日前将备案确认的各省级承办机构现场检查计划汇总表、执行情况及部直分中心组织实施的现场核查情况向中心报告。

第十三条 本规范由农业部农产品质量安全中心负责解释，自2005年7月1日实施。

（注：附件略）

定量包装商品计量监督管理办法

（国家质检总局 2005年5月30日）

第一条 为了保护消费者和生产者、销售者的合法权益，规范定量包装商品的计量监督管理，根据《中华人民共和国计量法》并参照国际通行规则，制定本办法。

第二条 在中华人民共和国境内，生产、销售定量包装商品，以及对定量包装商品实施计量监督管理，应当遵守本办法。

本办法所称定量包装商品是指以销售为目的，在一定量限范围内具有统一的质量、体积、长度、面积、计数标注等标识内容的预包装商品。

第三条 国家质量监督检验检疫总局对全国定量包装商品的计量工作实施统一监督管理。

县级以上地方质量技术监督部门对本行政区域内定量包装商品的计量工作实施监督管理。

第四条 定量包装商品的生产者、销售者应当加强计量管理，配备与其生产定量包装商品相适应的计量检测设备，保证生产、销售的定量包装商品符合本办法的规定。

第五条 定量包装商品的生产者、销售者应当在其商品包装的显著位置正确、清晰地标注定量包装商品的净含量。

净含量的标注由“净含量”（中文）、数字和法定计量单位（或者用中文表示的计数单位）三个部分组成。法定计量单位的选择应当符合本办法附表1的规定。

以长度、面积、计数单位标注净含量的定量包装商品，可以免于标注“净含量”三个中文字，只标注数字和法定计量单位（或者用中文表示的计数单位）。

第六条 定量包装商品净含量标注字符的最小高度应当符合本办法附表2的规定。

第七条 同一包装内含有多件同种定量包装商品的，应当标注单件定量包装商品的净含量和总件数，或者标注总净含量。

同一包装内含有多件不同种定量包装商品的，应当标注各种不同种定量包装商品的单件净含量和各种不同种定量包装商品的件数，或者分别标注各种不同种定量包装商品的总净含量。

第八条 单件定量包装商品的实际含量应当准确反映其标注净含量，标注净含量与实际含量之差不得大于本办法附表3规定的允许短缺量。

第九条 批量定量包装商品的平均实际含量应当大于或者等于其标注净含量。

用抽样的方法评定一个检验批的定量包装商品，应当按照本办法附表4中的规定进行抽样检验和计算。样本中单件定量包装商品的标注净含量与其实际含量之差大于允许短缺量的件数以及样本的平均实际含量应当符合本办法附表4的规定。

第十条 强制性国家标准、强制性行业标准对定量包装商品的允许短缺量以及法定计量单位的选择已有规定的，从其规定；没有规定的按照本办法执行。

第十一条 对因水分变化等因素引起净含量变化较大的定量包装商品，生产者应当采取措施保证在规定条件下商品净含量的准确。

第十二条 县级以上质量技术监督部门应当对生产、销售的定量包装商品进行计量监督检查。

质量技术监督部门进行计量监督检查时，应当充分考虑环境及水分变化等因素对定量包装商品净含量产生的影响。

第十三条 对定量包装商品实施计量监督检查进行的检验，应当由被授权的计量检定机构按照《定量包装商品净含量计量检验规则》进行。

检验定量包装商品，应当考虑储存和运输等环境条件可能引起的商品净含量的合理变化。

第十四条　定量包装商品的生产者、销售者在使用商品的包装时，应当节约资源、减少污染、正确引导消费，商品包装尺寸应当与商品净含量的体积比例相当。不得采用虚假包装或者故意夸大定量包装商品的包装尺寸，使消费者对包装内的商品量产生误解。

第十五条　国家鼓励定量包装商品生产者自愿参加计量保证能力评价工作，保证计量诚信。

省级质量技术监督部门按照《定量包装商品生产企业计量保证能力评价规范》的要求，对生产者进行核查，对符合要求的予以备案，并颁发全国统一的《定量包装商品生产企业计量保证能力证书》，允许在其生产的定量包装商品上使用全国统一的计量保证能力合格标志。

第十六条　获得《定量包装商品生产企业计量保证能力证书》的生产者，违反《定量包装商品生产企业计量保证能力评价规范》要求的，责令其整改，停止使用计量保证能力合格标志，可处5 000元以下的罚款；整改后仍不符合要求的或者拒绝整改的，由发证机关吊销其《定量包装商品生产企业计量保证能力证书》。

定量包装商品生产者未经备案，擅自使用计量保证能力合格标志的，责令其停止使用，可处30 000元以下罚款。

第十七条　生产、销售定量包装商品违反本办法第五条、第六条、第七条规定，未正确、清晰地标注净含量的，责令改正；未标注净含量的，限期改正，逾期不改的，可处1 000元以下罚款。

第十八条　生产、销售的定量包装商品，经检验违反本办法第九条规定的，责令改正，可处检验批货值金额3倍以下，最高不超过30 000元的罚款。

第十九条　本办法规定的行政处罚，由县级以上地方质量技术监督部门决定。

县级以上地方质量技术监督部门按照本办法实施行政处罚，必须遵守国家法律、法规和国家质量监督检验检疫总局关于行政案件办理程序的有关规定。

第二十条　行政相对人对行政处罚决定不服的，可以依法申请行政复议或者提起行政诉讼。

第二十一条　从事定量包装商品计量监督管理的国家工作人员滥用职权、玩忽职守、徇私舞弊，情节轻微的，给予行政处分；构成犯罪的，依法追究刑事责任。

从事定量包装商品计量检验的机构和人员有下列行为之一的，由省级以上质量技术监督部门责令限期整改；情节严重的，应当取消其从事定量包装商品计量检验工作的资格，对有关责任人员依法给予行政处分；构成犯罪的，依法追究刑事责任：

（一）伪造检验数据的。

（二）违反《定量包装商品净含量计量检验规则》进行计量检验的。

（三）使用未经检定、检定不合格或者超过检定周期的计量器具开展计量检验的。

（四）擅自将检验结果及有关材料对外泄露的。

（五）利用检验结果参与有偿活动的。

第二十二条　本办法下列用语的含义是：

（一）预包装商品是指销售前预先用包装材料或者包装容器将商品包装好，并有预先确定的量值（或者数量）的商品。

（二）净含量是指除去包装容器和其他包装材料后内装商品的量。

（三）实际含量是指由质量技术监督部门授权的计量检定机构按照《定量包装商品净含量计量检验规则》通过计量检验确定的定量包装商品实际所包含的量。

（四）标注净含量是指由生产者或者销售者在定量包装商品的包装上明示的商品的净含量。

（五）允许短缺量是指单件定量包装商品的标注净含量与其实际含量之差的最大允许量值（或者数量）。

（六）检验批是指接受计量检验的，由同一生产者在相同生产条件下生产的一定数量的同种定量包装商品或者在销售者抽样地点现场存在的同种定量包装商品。

（七）同种定量包装商品是指由同一生产者生产，品种、标注净含量、包装规格及包装材料均相同的定量包装商品。

（八）计量保证能力合格标志（也称C标志，C为英文“中国”的头一个字母）是指由国家质检总局统一规定式样，证明定量包装商品生产者的计量保证能力达到规定要求的标志。

第二十三条　本办法由国家质量监督检验检疫总局负责解释。

第二十四条　本办法自2006年1月1日起施行。原国家技术监督局发布的《定量包装商品计量监督规定》（国家技术监督局令第43号）同时废止。

（注：附表略）

保健食品样品试制和试验现场核查规定（试行）

（国家食品药品监督管理局　2005年6月10日）

第一章　总　　则

第一条　为规范申请注册的保健食品样品试制和试验现场核查工作，根据《保健食品注册管理办法（试行）》，制定本规定。

第二条　保健食品样品试制/试验现场核查是指国家食品药品监督管理局或省、自治区、直辖市食品药品监督管理部门根据规定的核查内容对申请注册的保健食品的样品试制/试验的现场进行核查，并提出核查意见。

试验现场核查包括安全性毒理学试验、功能学试验、功效成分和标志性成分检测、卫生学试验和稳定性试验等现场的核查。

第三条　省、自治区、直辖市食品药品监督管理部门受国家食品药品监督管理局的委托，负责对申请注册的国产保健食品样品试制和试验现场进行核查并抽取检验用样品。

国家食品药品监督管理局负责对申请注册的进口保健食品生产现场和试验现场进行核查。

第二章　国产保健食品现场核查内容

第四条　样品试制现场核查的内容：

（一）样品试制单位的生产资质证明；

（二）按照申报资料的工艺流程图核查样品的生产工艺过程；

（三）样品的原料来源和投料记录；

（四）抽取检验用样品；

（五）其他需要核查的内容。

第五条　样品试验现场核查的内容：

（一）样品试验报告是否由该检验机构出具；

（二）与试验相关记录，包括试验样品受理、传递及管理记录，试验原始记录，仪器设备使用记录以及与试验相关的其他内容；

（三）必要时，抽取检验用样品。

第六条　食品药品监督管理部门可对试验行为规范，管理严格的检验机构简化核查内容。

第三章　国产保健食品现场核查程序

第七条　现场核查应当由样品试制现场所在地的省、自治区、直辖市食品药品监督管理部门负责组织进行，并提出现场核查意见。

样品试验现场不在样品试制现场所在地的，样品试制现场所在地的省、自治区、直辖市食品药品监督管理部门可以商试验现场所在地的省、自治区、直辖市食品药品监督管理部门协助进行样品试验现场的核查。

第八条　省、自治区、直辖市食品药品监督管理部门应当在保健食品注册申请受理后的15日内组织并完成现场核查。

第九条　现场核查小组由2～3人组成，并指定一人为组长。成员应当熟悉申报资料中相关内容，具有相应的专业知识和现场核查经验。

第十条　现场核查小组开展核查工作前，应当提前通知被核查单位；核查时应当出示省、自治区、直辖市食品药品监督管理部门的书面委派函。

第十一条　被核查单位接到核查通知后，应当指派专人协助核查工作。

第十二条　核查人员可以采取交谈、查看现场，调阅相关资料等方式进行现场核查；必要时也可以对相关现场、资料进行照相或者复制，并要求被核查单位确认。

第十三条　核查小组在试制现场抽样时，应当随机抽取连续三个批号产品样品，抽样数量应为检验所需量的三倍；在试验现场抽取的样品量应当根据检验项目确定。抽样后应当在样品外包装上加贴盖有抽样单位公章的封条，并注明样品名称、封样日期、封样人及被核查单位签字。

第十四条　抽样时，核查人员应当填写《现场样品抽样单》，并要求被抽样单位进行现场确认。

第十五条　现场核查结束时，核查人员根据现场核查的情况提出初步核查意见并告知被核查单位；被核查单位对初步核查意见有异议的，可以当场进行陈述、申辩并提供相关资料。核查小组在听取被核查单位意见后填写《样品试制/试验现场核查表》，并交被核查单位签署意见。

第十六条 组织核查的食品药品监督管理部门在此基础上提出核查意见，报送国家食品药品监督管理局，并向确定的检验机构发出检验通知书，提供检验用样品及产品质量标准。

第四章 附 则

第十七条 对申请注册的进口保健食品产品的生产现场、试验现场的核查参照上述规定执行。

第十八条 申请益生菌、真菌等保健食品注册的样品试制现场核查，应结合国家食品药品监督管理局制定的有关规定进行。

第十九条 核查过程中涉及被核查单位的有关资料和信息不得对外泄露。

第二十条 本规定由国家食品药品监督管理局负责解释。

第二十一条 本规定自 2005 年 7 月 1 日起实施。

（注：表略）

餐饮业和集体用餐配送单位卫生规范

（卫生部 卫监督发〔2005〕260 号 2005 年 6 月 27 日）

第一章 总 则

第一条 为加强餐饮业和集体用餐配送单位食品安全卫生管理，规范其生产经营行为，保障消费者身体健康，根据《中华人民共和国食品卫生法》、《餐饮业食品卫生管理办法》、《学校食堂与集体用餐卫生管理规定》、《学生集体用餐卫生监督办法》等相关法律法规规章，制定本规范。

第二条 本规范适用于餐饮业经营者（包括餐馆、小吃店、快餐店、食堂等）和集体用餐配送单位，但不包括无固定加工和就餐场所的食品摊贩。

第三条 本规范下列用语的含义

（一）餐饮业：指通过即时加工制作、商业销售和服务性劳动等手段，向消费者提供食品、消费场所和设施的食品生产经营行业、包括餐馆、小吃店、快餐店、食堂等。

餐馆（又称酒家、酒楼、酒店、饭庄等）：指以饭菜（包括中餐、西餐、日餐、韩餐等）为主要经营项目的单位，包括火锅店、烧烤店等。

小吃店：指以点心、小吃、早点为主要经营项目的单位和提供简单餐饮服务的酒吧、咖啡厅、茶室等。

快餐店：指以集中加工配送、当场分餐食用并快速提供就餐服务为主要加工供应形式的单位。

食堂：指设于机关、学校、企业、工地等地点（场所），为供应内部职工、学生等就餐的单位。

（二）集体用餐配送单位：指根据集体服务对象订购要求，集中加工、分送食品但不提供就餐场所的单位。

（三）食品：指各种供人食用或者饮用的成品和原料以及按照传统既是食品又是药品的物品，但是不包括以治疗为目的的物品，在餐饮业和集体用餐配送单位中主要指原料、半成品、成品（包括下列用语中的凉菜、生食海产品、裱花蛋糕、现榨果蔬汁、自助餐等）。

原料：指供烹饪加工制作食品所用的可食用的物质和材料。

半成品：指食品原料经初步或部分加工后，尚需进一步加工制作的食品或原料。

成品：指经过加工制成的或待出售的可直接食用的食品。

凉菜（又称冷菜、冷荤、熟食、卤味等）：指对经过烹制成熟或者腌渍入味后的食品进行简单制作并装盘，一般无需加热即可食用的菜肴。

生食海产品：指不经过加热处理即供食用的生长于海洋的鱼类、贝壳类、头足类等水产品。

裱花蛋糕：指以粮、糖、油、蛋为主要原料经焙烤加工而成的糕点胚，在其表面裱以奶油、人造奶油、植脂奶油等制成的糕点食品。

现榨果蔬汁：指以水果或蔬菜为主要原料，以压榨等机械方法加工所得的新鲜水果或蔬菜汁。

自助餐：指集中加工制作后放置于就餐场所，供就餐者自行选择食用的餐饮食品。

（四）加工经营场所：指与加工经营直接或间接相关的场所，包括食品处理区、非食品处理区和就餐场所。

1. 食品处理区：指食品的粗加工、切配、烹调和备餐场所、专间、食品库房、餐用具清洗消毒和保洁场所等区域，分为清洁操作区、准清洁操作区、一般操作区。

(1) 清洁操作区：指为防止食品被环境污染，清洁要求较高的操作场所，包括专间、备餐场所。

专间：指处理或短时间存放直接入口食品的专用操作间，包括凉菜间、裱花间、备餐专间、集体用餐分装专间等。

备餐场所：指成品的整理、分装、分发、暂时置放的专用场所。

(2) 准清洁操作区：指清洁要求次于清洁操作区的操作场所，包括烹调场所、餐用具保洁场所。

烹调场所：指对经过粗加工、切配的原料或半成品进行煎、炒、炸、焖、煮、烤、烘、蒸及其他热加工处理的操作场所。

餐用具保洁场所：指对经清洗消毒后的餐饮具和接触直接入口食品的工具、容器进行存放并保持清洁的场所。

(3) 一般操作区：指其他处理食品和餐具的场所，包括粗加工操作场所、切配场所、餐用具清洗消毒场所和食品库房。

粗加工操作场所：指对食品原料进行挑拣、整理、解冻、清洗、剔除不可食部分等加工处理的操作场所。

切配场所：指把经过粗加工的食品进行洗、切、称量、拼配等加工处理成为半成品的操作场所。

餐用具清洗消毒场所：指对餐饮具和接触直接入口食品的工具、容器进行清洗、消毒的操作场所。

食品库房：指专门用于贮藏、存放食品原料的场所。

2. 非食品处理区：指办公室、厕所、更衣场所、非食品库房等非直接处理食品的区域。

3. 就餐场所：指供消费者就餐的场所，但不包括供就餐者专用的厕所、门厅、大堂休息厅、歌舞台等辅助就餐的场所。

（五）中心温度：指块状或有容器存放的液态食品或食品原料的中心部位的温度。

（六）冷藏：指为保鲜和防腐的需要，将食品或原料置于冰点以上较低温度条件下贮存的过程，冷藏温度的范围应在 0～10℃之间。

（七）冷冻：指将食品或原料置于冰点温度以下，以保持冰冻状态的贮存过程，冷冻温度的范围应在－20℃～－1℃之间。

（八）清洗：指利用清水清除原料夹带的杂质和原料、工具表面的污物所采取的操作过程。

（九）消毒：用物理或化学方法破坏、钝化或除去有害微生物的操作。消毒不能完全杀死细菌芽胞。

（十）交叉污染：指通过生的食品、食品加工者、食品加工环境或工具把生物的、化学的污染物转移到食品的过程。

（十一）从业人员：指餐饮业和集体用餐配送单位中从事食品采购、保存、加工、供餐服务等工作的人员。

第四条 本规范中“应”的内容表示必须这样做，“不得”的内容表示禁止这样做，“宜”的内容表示以这样做为佳。

第二章　加工经营场所的卫生条件

第五条 选址卫生要求

（一）不得设在易受到污染的区域，应选择地势干燥、有给排水条件和电力供应的地区。

（二）应距离粪坑、污水池、垃圾场（站）、旱厕等污染源 25m 以上，并应设置在粉尘、有害气体、放射性物质和其他扩散性污染源的影响范围之外。

（三）应同时符合规划、环保和消防的有关要求。

第六条 建筑结构、场所设置、布局、分隔、面积卫生要求

（一）建筑结构坚固耐用、易于维修、易于保持清洁，应能避免有害动物的侵入和栖息。

（二）食品处理区均应设置在室内。

（三）食品处理区应按照原料进入、原料处理、半成品加工、成品供应的流程合理布局，食品加工处理流程宜为生进熟出的单一流向，并应防止在存放、操作中产生交叉污染。成品通道、出口与原料通道、入口，成品通道、出口与使用后的餐饮具回收通道、入口均宜分开设置。

（四）食品处理区，应设置专用的粗加工（全部使用半成品原料的可不设置）、烹调（单纯经营火锅、烧烤的可不设置）和餐用具清洗消毒的场所，并应设置原料和（或）半成品贮存、切配及备餐（酒吧、咖啡厅、茶室可不设置）的场所。制作现榨果蔬汁和水果拼盘的，应设置相应的专用操作场所。进行凉菜配制、裱花操作和集体用餐配送单位进行食品分装操作的，应分别设置相应专间。集中备餐的食堂和快餐店应设备餐专间，或符合本规范第七条第二项第五目的规定。

（五）食品处理区宜根据附件 1 的规定设置独立

隔间的场所。

（六）食品处理区的面积应与就餐场所面积、供应的最大就餐人数相适应，各类餐饮业食品处理区与就餐场所面积之比、切配烹饪场所面积宜符合附件1规定。

（七）粗加工操作场所内应至少分别设置动物性食品和植物性食品的清洗水池，水产品的清洗水池宜独立设置，水池数量或容量应与加工食品的数量相适应。食品处理区内应设专用于拖把等清洁工具的清洗水池，其位置应不会污染食品及其加工操作过程。洗手消毒水池、餐用具清洗消毒水池的设置应分别符合本规范第七条第八项、第十一项的规定。各类水池应以明显标识标明其用途。

（八）烹调场所食品加工如使用固体燃料，炉灶应为隔墙烧火的外扒灰式，避免粉尘污染食品。

（九）拖把等清洁工具的存放场所应与食品处理区分开，集体用餐配送单位和加工经营场所面积500m^{2}以上的餐馆和食堂宜设置独立隔间。

（十）加工经营场所内不得圈养、宰杀活的禽畜类动物。在加工经营场所外设立圈养、宰杀场所的，应距离加工经营场所25m以上。

第七条　设施卫生要求

（一）地面与排水卫生要求。

1. 食品处理区地面应用无毒、无异味、不透水、不易积垢的材料铺设，且应平整、无裂缝。

2. 粗加工、切配、餐用具清洗消毒和烹调等需经常冲洗场所、易潮湿场所的地面应易于清洗、防滑，并应有一定的排水坡度（不小于1.5%）及排水系统。排水沟应有坡度、保持通畅、便于清洗，沟内不应设置其他管路，侧面和底面接合处宜有一定弧度（曲率半径不小于3cm），并设有可拆卸的盖板。排水的流向应由高清洁操作区流向低清洁操作区，并有防止污水逆流的设计。排水沟出口应有符合本条第十二项要求的防止有害动物侵入的设施。

3. 清洁操作区内不得设置明沟，地漏应能防止废弃物流入及浊气逸出（如带水封地漏）。

4. 废水应排至废水处理系统或经其他适当方式处理。

（二）墙壁与门窗卫生要求。

1. 食品处理区墙壁应采用无毒、无异味、不透水、平滑、不易积垢的浅色材料构筑。其墙角及柱角（墙壁与墙壁间、墙壁及柱与地面间、墙壁及柱与天花板间）宜有一定的弧度（曲率半径在3cm以上），以防止积垢和便于清洗。

2. 粗加工、切配、餐用具清洗消毒和烹调等需经常冲洗的场所、易潮湿场所应有1.5m以上的光滑、不吸水、浅色、耐用和易清洗的材料（例如瓷砖、合金材料等）制成的墙裙，各类专间应铺设到墙顶。

3. 食品处理区的门、窗应装配严密，与外界直接相通的门和可开启的窗应设有易于拆下清洗且不生锈的防蝇纱网或设置空气幕，与外界直接相通的门和各类专间的门应能自动关闭。窗户不宜设室内窗台，若有窗台台面应向内侧倾斜（倾斜度宜在45度以上）。

4. 粗加工、切配、烹调、餐用具清洗消毒等场所和各类专间的门应采用易清洗、不吸水的坚固材料制作。

5. 供应自助餐的餐饮单位或无备餐专间的快餐店和食堂，就餐场所窗户应为封闭式或装有防蝇防尘设施，门应设有防蝇防尘设施，以设空气幕为宜。

（三）屋顶与天花板卫生要求。

1. 加工经营场所天花板的设计应易于清扫，能防止害虫隐匿和灰尘积聚，避免长霉或建筑材料的脱落等情形发生。

2. 食品处理区天花板应选用无毒、无异味、不吸水、表面光洁、耐腐蚀、耐温、浅色材料涂覆或装修，天花板与横梁或墙壁结合处宜有一定弧度（曲率半径在3cm以上）；水蒸气较多场所的天花板应有适当坡度，在结构上减少凝结水滴落。清洁操作区、准清洁操作区及其他半成品、成品暴露场所屋顶若为不平整的结构或有管道通过，应加设平整易于清洁的吊顶。

3. 烹调场所天花板离地面宜在2.5m以上，小于2.5m的应采用机械通风使换气量符合JGJ64《饮食建筑设计规范》要求。

（四）厕所卫生要求。

1. 厕所不得设在食品处理区。

2. 厕所应采用冲水式，地面、墙壁、便槽等应采用不透水、易清洗、不易积垢的材料。

3. 厕所内的洗手设施，应符合本规范本条第八项的规定且宜设置在出口附近。

4. 厕所应设有效排气（臭）装置，并有适当照明，与外界相通的门窗应设宜严密坚固、易于清洁的纱门及纱窗，外门应能自动关闭。

5. 厕所排污管道应与加工经营场所的排水管道分设，且应有可靠的防臭气水封。

（五）更衣场所卫生要求。

1. 更衣场所与加工经营场所应处于同一建筑物内，宜为独立隔间，有适当的照明，并设有符合本规范本条第八项规定的洗手设施。

2. 更衣场所应有足够大小的空间，以供员工更衣之用。

（六）库房卫生要求。

1. 食品和非食品（不会导致食品污染的食品容器、包装材料、工具等物品除外）库房应分开设置。

2. 食品库房宜根据贮存条件的不同分别设置，必要时设冷冻（藏）库。

3. 同一库房内贮存不同性质食品和物品的应区分存放区域，不同区域应有明显的标识。

4. 库房的构造应以无毒、坚固的材料建成应能使贮存保管中的食品品质的劣化降至最低程度，防止污染，一直易于维持整洁，并应有防止动物侵入的装置（如库房门口设防鼠板）。

5. 库房内应设置数量足够的物品存放架，其结构及位置应能使储藏的食品距离墙壁、地面均在10cm以上，以利空气流通及物品的搬运。

6. 除冷库外的库房应有良好的通风、防潮设施。

7. 冷冻（藏）库应设可正确指示库内温度的温度计。

（七）专间卫生要求。

1. 专间应为独立隔间，专间内应设有专用工具清洗消毒设施和空气消毒设施，专间内温度应不高于25℃，宜设有独立的空调设施。加工经营场所面积$500m^2$以上餐馆和食堂的专间入口处应设置有洗手、消毒、更衣设施的通过式预进间。$500m^2$以下餐馆和食堂等其他餐饮单位，不具备设置预进间条件的，应在专间内入口处设置洗手、消毒、更衣设施。洗手消毒设施应符合本条第八项规定。

2. 以紫外线灯作为空气消毒装置的，紫外线灯（波长200～275nm）应按功率不小于$1.5W/m^3$设置，紫外线灯宜安装反光罩，强度大于$70\mu W/cm^2$。专间内紫外线灯应分布均匀，距离地面2m以内。

3. 凉菜间、裱花间应设有专用冷藏设施，需要直接接触成品的用水，还宜通过净水设施。

4. 专间不得设置两个以上（含两个）的门，专间如有窗户应为封闭式（传递食品用的除外）。专间内外食品传送宜为可开闭的窗口形式，窗口大小宜以可通过传送食品的容器为准。

各专间的面积应与就餐场所面积和供应就餐人数相适应，各类餐饮业专间面积要求宜符合附件1规定。

（八）洗手消毒设施卫生要求。

1. 食品处理区内应设置足够数目的洗手设施，其位置应设置在方便从业人员的区域。

2. 洗手消毒设施附近应设有相应的清洗、消毒用品和干手设施。员工专用洗手消毒设施附近应有洗手消毒方法标示。

3. 洗手设施的排水应具有防止逆流、有害动物侵入及臭味产生的装置。

4. 洗手池的材质应为不透水材料（包括不锈钢或陶瓷等），结构应不易积垢并易于清洗。

5. 水龙头宜采用脚踏式、肘动式或感应式等非手动式开关或可自动关闭的开关，并宜提供温水。

6. 就餐场所应设有数量足够的供就餐者使用的专用洗手设施，其设置应符合本项第二目至第四目要求。

（九）供水设施卫生要求。

1. 供水应能保证加工需要，水质应符合GB5749《生活饮用水卫生标准》规定。

2. 不与食品接触的非饮用水（如冷却水，污水或废水等）的管道系统和食品加工用水的管道系统，应以不同颜色明显区分，并以完全分离的管路输送，不得有逆流或相互交接现象。

（十）通风排烟设施卫生要求。

1. 食品处理区应保持良好通风，及时排除潮湿和污浊的空气。空气流向应由高清洁区流向低清洁区，防止食品、餐饮具、加工设备设施污染。

2. 烹调场所应采用机械排风。产生油烟的设备上部，应加设附有机械排风及油烟过滤的排气装置，过滤器应便于清洗和更换。

3. 产生大量蒸汽的设备上方除应加设机械排风外，还宜分隔成小间，防止结霉并做好凝结水的引泄。

4. 排气口应装有易清洗、耐腐蚀并符合本条第十二项要求的可防止有害动物侵入的网罩。

5. 采用空调设施进行通风的，就餐场所空气应符合GB16153《饭馆（餐厅）卫生标准》要求。

（十一）餐用具清洗消毒和保洁设施卫生要求。

1. 餐用具宜用热力方法进行消毒，因材质、大小等原因无法采用的除外。

2. 餐用具清洗消毒水池应专用，与食品原料、清洁用具及接触非直接入口食品的工具、容器清洗水池分开。水池应使用不锈钢或陶瓷等不透水材料、不易积垢并易于清洗。采用化学消毒的，至少设有3个专用水池。各类水池应以明显标识标明其用途。

3. 清洗消毒设备设施的大小和数量应能满足需要。

4. 采用自动清洗消毒设备的，设备上应有温度显示和清洗消毒剂自动添加装置。

5. 应设专供存放消毒后餐用具的保洁设施，其结构应密闭并易于清洁。

（十二）防尘防鼠防虫害设施卫生要求。

1. 加工经营场所门窗应按本规范本条第二项规

定设置防尘防鼠防虫害设施。

2. 加工经营场所必要时可设置灭蝇设施。使用灭蝇灯的，应悬挂于距地面 2m 左右高度，且应与食品加工操作保持一定距离。

3. 排水沟出口和排气口应有网眼孔径小于 6mm 的金属隔栅或网罩，以防鼠类侵入。

（十三）采光照明设施卫生要求。

1. 加工经营场所应有充足的自然采光或人工照明，食品处理区工作面不应低于 220lux、其他场所不应低于 110lux。光源应不至于改变所观察食品的天然颜色。

2. 安装在食品暴露正上方的照明设施宜使用防护罩，以防止破裂时玻璃碎片污染食品。

（十四）废弃物暂存设施卫生要求。

1. 食品处理区内可能产生废弃物或垃圾的场所均应设有废弃物容器。

2. 废弃物容器应配有盖子，以坚固及不透水的材料制造，能防止有害动物的侵入、不良气味或污水的溢出，内壁应光滑以便于清洗。

3. 在加工经营场所外适当地点宜设置废弃物临时集中存放设施，其结构应密闭，能防止害虫进入、孳生且不污染环境。

第八条 设备与工具卫生要求

（一）食品加工用设备和工具的构造应有利于保证食品卫生、易于清洗消毒、易于检查，避免因构造原因造成润滑油、金属碎屑、污水或其他可能引起污染的物质滞留于设备和工具中。

（二）食品容器、工具和设备与食品的接触面应平滑、无凹陷或裂缝，设备内部角落部位应避免有尖角，以避免食品碎屑、污垢等的聚积。

（三）设备的摆放位置应便于操作、清洁、维护和减少交叉污染。

（四）用于原料、半成品、成品的工具和容器，应分开并有明显的区分标志；原料加工中切配动物性和植物性食品的工具和容器，宜分开并有明显的区分标志。

（五）所有用于食品处理区及可能接触食品的设备与工具，应由无毒、无臭味或异味、耐腐蚀、不易发霉的，符合卫生标准的材料制造。不与食品接触的设备与工具的构造，也应易于保持清洁。

（六）食品接触面原则上不得使用木质材料厂（工艺要求必须使用除外），必须使用木质材料的工具，应保证不会对食品产生污染。

（七）集体用餐配送单位应配备盛装、分送集体用餐的专用密闭容器，运送集体用餐的车辆应为专用封闭式，车内宜设置温度控制设备，车辆内部的结构应平整，以便于清洁。

第三章 加工操作卫生要求

第九条 加工操作规程的制定与执行

（一）生产经营者应按本规范有关要求，根据预防食物中毒的基本原则（餐饮业和集体用餐配送单位预防食物中毒的基本原则见附件 2），制定相应的加工操作规程。

（二）加工操作规程应包括对食品采购、运输和贮存、粗加工、切配、烹调、凉菜配制、现榨果蔬汁及水果拼盘制作、点心加工、裱花操作、烧烤加工、生食海产品加工、备餐及供餐、食品再加热和工具、容器、餐饮具清洗、消毒、保洁、食品配送等各道操作工序的具体规定和详细的操作方法与要求。

（三）加工操作规程应具体规定标准的加工操作程序、加工操作过程关键项目控制标准和设备操作与维护标准，明确各工序、各岗位人员的要求及职责。

（四）应教育培训员工按照加工操作规程进行操作，使其符合加工操作、卫生及品质管理要求。

集体用餐配送单位、加工经营场所面积 2 000m^2 以上的餐馆、就餐场所有 300 座位以上或单餐供应 300 人以上的餐馆、食堂及连锁经营的餐饮业经营者宜建立和实施 HACCP 食品安全管理体系，制定 HACCP 计划和执行文件。

第十条 原料采购卫生要求

（一）应符合国家有关卫生标准和规定的有关要求，并应进行验收，不得采购《食品卫生法》第九条规定禁止生产经营的食品。

（二）采购时应索取发票等购货凭据，并做好采购记录，便于溯源；向食品生产单位、批发市场等批量采购食品的，还应索取食品卫生许可证、检验（检疫）合格证明等。

（三）入库前应进行验收，出入库时应登记，作好记录。

第十一条 食品运输工具应当保持清洁，防止食品在运输过程中受到污染。

第十二条 贮存卫生要求

（一）贮存食品的场所、设备应当保持清洁；无霉斑、鼠迹、苍蝇、蟑螂，不得存放有毒、有害物品（如：杀鼠剂、杀虫剂、洗涤剂、消毒剂等）及个人生活用品。

（二）食品应当分类、分架存放，距离墙壁、地面均在 10cm 以上，并定期检查，使用应遵循先进先出的原则，变质和过期食品应及时清除。

（三）食品冷藏、冷冻贮藏的温度应分别符合冷藏和冷冻的温度范围要求。

1. 食品冷藏、冷冻贮藏应做到原料、半成品、成品严格分开，不得在同一冰室内存放。冷藏、冷冻柜（库）应有明显区分标志，宜设外显式温度（指示）计，以便于对冷藏、冷冻柜（库）内部温度的监测。

2. 食品在冷藏、冷冻柜（库）内贮藏时，应做到植物性食品、动物性食品和水产品分类摆放。

3. 食品在冷藏、冷冻柜（库）内贮藏时，为确保食品中心温度达到冷藏或冷冻的温度要求，不得将食品堆积、挤压存放。

4. 用于贮藏食品的冷藏、冷冻柜（库），应定期除霜、清洁和维修，以确保冷藏、冷冻温度达到要求并保持卫生。

第十三条 粗加工及切配卫生要求

（一）加工前应认真检查待加工食品，发现有腐败变质迹象或者其他感官性状异常的，不得加工和使用。

（二）各种食品原料在使用前应洗净，动物性食品、植物性食品应分池清洗，水产品宜在专用水池清洗，禽蛋在使用前应对外壳进行清洗，必要时消毒处理。

（三）易腐食品应尽量缩短在常温下的存放时间，加工后应及时使用或冷藏。

（四）切配好的半成品应避免污染，与原料分开存放，并应根据性质分类存放。

（五）切配好的食品应按照加工操作规程，在规定时间内使用。

（六）已盛装食品的容器不得直接置于地上，以防止食品污染。

（七）加工用容器、工具应符合第二十三条规定。生熟食品的加工工具及容器应分开使用并有明显标志。

第十四条 烹调加工卫生要求

（一）烹调前应认真检查待加工食品，发现有腐败变质或者其他感官性状异常的，不得进行烹调加工。

（二）不得将回收后的食品（包括辅料）经烹调加工后再次供应。

（三）需要熟制加工的食品应当烧熟煮透，其加工时食品中心温度应不低于70℃。

（四）加工后的成品应与半成品、原料分开存放。

（五）需要冷藏的熟制品，应尽快冷却后再冷藏。

第十五条 凉菜配制卫生要求

（一）加工前应认真检查待配制的成品凉菜，发现有腐败变质或者其他感官性状异常的，不得进行加工。

（二）操作人员进入专间前应更换洁净的工作衣帽，并将手洗净、消毒，工作时宜戴口罩。

（三）专间内应当由专人加工制作，非操作人员不得擅自进入专间。不得在专间内从事与凉菜加工无关的活动。

（四）专间每餐（或每次）使用前应进行空气和操作台的消毒。使用紫外线灯消毒的，应在无人工作时开启30分钟以上。

（五）专间内应使用专用的工具、容器，用前应消毒，用后应洗净并保持清洁。

（六）供加工凉菜用的蔬菜、水果等食品原料，未经清洗处理的，不得带入凉菜间。

（七）制作好的凉菜应尽量当餐用完。剩余尚需使用的应存放于专用冰箱内冷藏或冷冻，食用前按本规范第二十二条规定进行再加热。

第十六条 现榨果蔬汁及水果拼盘制作卫生要求

（一）从事现榨果蔬汁和水果拼盘加工的人员操作前应更衣、洗手并进行手部消毒，操作时佩戴口罩。

（二）现榨果蔬汁及水果拼盘制作的设备、工用具应专用。每餐次使用前应消毒，用后应洗净并在专用保洁设施内存放。

（三）用于现榨果蔬汁和水果拼盘的瓜果应新鲜，未经清洗处理的不得使用。

（四）制作的现榨果蔬汁和水果拼盘应当餐用完。

第十七条 点心加工卫生要求

（一）加工前应认真检查各种食品原辅料，发现有腐败变质或者其他感官性状异常的，不得进行加工。

（二）需进行热加工的应按本规范第十四条要求进行操作。

（三）未用完的点心馅料、半成品点心，应在冷柜内存放，并在规定存放期限内使用。

（四）奶油类原料应低温存放。水分含量较高的含奶、蛋的点心应当在10℃以下或60℃以上的温度条件下贮存。

第十八条 裱花操作卫生要求

（一）专间内操作卫生应符合本规范第十五条第二项至第五项要求。

（二）蛋糕胚应在专用冰箱中贮存，贮存温度10℃以下。

（三）裱浆和新鲜水果（经清洗消毒）应当天加工、当天使用。

（四）植脂奶油裱花蛋糕储藏温度在3±2℃，蛋白裱花蛋糕、奶油裱花蛋糕、人造奶油裱花蛋糕贮存温度不得超过 20℃。

第十九条　烧烤加工卫生要求

（一）烧烤加工前应认真检查待加工食品，发现有腐败变质或者其他感官性状异常的，不得进行加工。

（二）原料、半成品应分开放置，成品应有专用存放场所，避免受到污染。

（三）烧烤时宜避免食品直接接触火焰和食品中油脂滴落到火焰上。

第二十条　生食海产品加工卫生要求

（一）从事生食海产品加工的人员操作前应清洗、消毒手部，操作时佩戴口罩。

（二）用于生食海产品加工的工具、容器应专用。用前应消毒，用后应洗净并在专用保洁设施内存放。

（三）用于加工的生食海产品应符合相关卫生要求。

（四）加工操作时应避免生食海产品的可食部分受到污染。

（五）加工后的生食海产品应当放置在食用冰中保存并用保鲜膜分隔。

（六）加工后至食用的间隔时间不得超过 1 小时。

第二十一条　备餐及供餐卫生要求

（一）操作前应清洗、消毒手部，在备餐专间内操作应符合本规范第十五条第三项至第五项要求。

（二）操作人员应认真检查待供应食品，发现有感官性状异常的，不得供应。

（三）操作时要避免食品受到污染。

（四）菜肴分派、造型整理的用具应经消毒。

（五）用于菜肴装饰的原料使用前应洗净消毒，不得反复使用。

（六）在烹饪后至食用前需要较长时间（超过 2 小时）存放的食品，应当在高于 60℃或低于 10℃的条件下存放。

第二十二条　食品再加热卫生要求

（一）无适当保存条件（温度低于 60℃、高于 10℃条件下放置 2 小时以上的），存放时间超过 2 小时的熟食品，需再次利用的应充分加热。加热前应确认食品未变质。

（二）冷冻熟食品应彻底解冻后经充分加热方可食用。

（三）加热时中心温度应高于 70℃，未经充分加热的食品不得食用。

第二十三条　餐用具卫生要求

（一）餐用具使用后应及时洗净，定位存放，保持清洁。消毒后的餐用具应贮存在专用保洁柜内备用，保洁柜应有明显标记。餐具保洁柜应当定期清洗，保持洁净。

（二）接触直接入口食品的餐用具使用前应洗净并消毒（推荐的餐饮具清洗消毒方法见附件 3）。

（三）应定期检查消毒设备、设施是否处于良好状态。采用化学消毒的应定时测量有效消毒浓度。

（四）消毒后餐具应符合 GB14934《食（饮）具消毒卫生标准》规定。

（五）不得重复使用一次性餐饮具。

（六）已消毒和未消毒的餐用具应分开存放，保洁柜内不得存放其他物品。

第二十四条　集体用餐配送卫生要求

（一）专间内操作卫生应符合第十五条第二项至第五项要求。

（二）集体用餐配送的食品不得在 10℃～60℃的温度条件下贮存和运输，从烧熟至食用的间隔时间（保质期）应符合以下要求：

烧熟后 2 小时的食品中心温度保持在 60℃以上（热藏）的，其保质期为烧熟后 4 小时。

烧熟后 2 小时的食品中心温度保持在 10℃以下（冷藏）的，保质期为烧熟后 24 小时，但供餐前应按本规范第二十二条第三项要求再加热。

（三）盛装、分送集体用餐的容器表面宜标明加工单位、生产日期及时间、保质期，必要时标注保存条件和食用方法。

（四）运送集体用餐的容器和车辆应安装食品热藏和冷藏设备，在每次配送前应进行清洗消毒。

第四章　卫生管理

第二十五条　卫生管理机构与人员要求

（一）餐饮业经营者和集体用餐配送单位的法定代表人或负责人是食品卫生安全的第一责任人，对本单位的食品卫生安全负全面责任。

（二）应设置卫生管理职责部门，对本单位食品卫生负全面管理职责。

（三）应设置食品卫生管理员，集体用餐配送单位、加工经营场所面积 1 500m^2 以上的餐馆、食堂及连锁经营的生产经营者应设专职食品卫生管理员，其他生产经营者的食品卫生管理员可为兼职，但不得由加工经营环节的工作人员兼任。

（四）集体用餐配送单位、加工经营场所面积 3 000m^2 以上的餐馆、食堂及连锁经营的餐饮业经营者宜设置检验室，对食品原料、接触直接入口食品的餐用具和成品进行检验，检验结果应记录。

第二十六条　食品卫生管理员应具备高中以上学历，有从事食品卫生管理工作的经验，参加过食品卫生管理员培训并经考核合格，身体健康并具有从业人员健康合格证明。

食品卫生管理员承担本单位食品生产经营活动卫生管理的职能，主要职责包括：

（一）组织从业人员进行卫生法律和卫生知识培训；

（二）制定食品卫生管理制度及岗位责任制度，并对执行情况进行督促检查；

（三）检查食品生产经营过程的卫生状况并记录，对检查中发现的不符合卫生要求的行为及时制止并提出处理意见；

（四）对食品卫生检验工作进行管理；

（五）组织从业人员进行健康检查，督促患有有碍食品卫生疾病和病症的人员调离相关岗位；

（六）建立食品卫生管理档案；

（七）接受和配合卫生监督机构对本单位的食品卫生进行监督检查，并如实提供有关情况；

（八）与保证食品安全卫生有关的其他管理工作。

第二十七条 生产经营者应制订从业人员食品卫生教育和培训计划，组织各部门负责人和从业人员参加各种上岗前及在职培训。

食品卫生教育和培训应针对每个食品加工操作岗位分别进行，内容应包括法律；法规、规范、标准和食品卫生知识、各岗位加工操作规程等。

第二十八条 生产经营者应制定内部卫生管理制度，实行岗位责任制，制订卫生检查计划，规定检查时间、检查项目及考核标准（餐饮业和集体用餐配送单位卫生管理自查建议项目见附件4）。每次检查应有记录并存档。

第二十九条 环境卫生管理要求

（一）生产加工经营场所内环境（包括地面、排水沟、墙壁、天花板、门窗等）应保持清洁和良好状况（推荐的场所、设施、设备及工具的清洁计划见附件5）。

（二）餐厅内桌、椅、台等应保持清洁。

（三）废弃物至少应每天清除1次，清除后的容器应及时清洗，必要时进行消毒。

（四）废弃物放置场所不得有不良气味或有害（有毒）气体溢出，应防止有害昆虫的孳生，防止污染食品、食品接触面、水源及地面。

（五）食品加工过程中废弃的食用油脂应集中存放在有明显标志的容器内，定期按照《食品生产经营单位废弃食用油脂管理的规定》予以处理。

（六）污水和废气排放应符合国家环保要求和排放标准。

（七）应定期进行除虫灭害工作，防止害虫孳生。除虫灭害工作不能在食品加工操作时进行，实施时对各种食品（包括原料）应有保护措施。

（八）使用杀虫剂进行除虫灭害，应由专人按照规定使用方法进行；使用时不得污染食品、食品接触面及包装材料，使用后应将所有设备、工具及容器彻底清洗。

（九）场所内如发现有害动物存在，应追查和杜绝其来源。扑灭方法应以不污染食品、食品接触面及包装材料为原则。

第三十条 场所及设施卫生管理

（一）应建立加工经营场所及设施清洁制度，各岗位相关人员按规定开展清洁工作（推荐的场所、设施、设备及工具的清洁计划见附件5），使场所及其内部各项设施随时保持清洁。

（二）应建立加工经营场所及设施维修保养制度，并按规定进行维护或检修，以使其保持良好的运行状况。

（三）食品加工经营场所内不得存放与食品加工无关的物品，各项设施也不得用作与食品加工无关的用途。

第三十一条 设备及工具卫生管理

（一）应建立加工操作设备及工具清洁制度，用于食品加工的设备及工具使用后应洗净，接触直接入口食品的还应进行消毒（推荐的场所、设施、设备及工具的清洁计划见附件5），使场所及其内部各项设施随时保持清洁。

（二）清洗消毒时应注意防止污染食品、食品接触面。

（三）采用化学消毒的设备及工具消毒后彻底清洗。

（四）已清洗和消毒过的设备和工具，应在保洁设施内定位存放，避免再次受到污染。

（五）用于食品加工操作的设备及工具不得用作与食品加工无关的用途。

第三十二条 清洗和消毒卫生管理

（一）应制定清洗和消毒制度，以保证所有食品加工操作场所清洁卫生，防止食品污染。

（二）使用的洗涤剂、消毒剂应符合GB14930.1《食品工具、设备用洗涤卫生标准》和GB14930.2《食品工具、设备用洗涤消毒剂卫生标准》等有关卫生标准和要求。

（三）用于清扫、清洗和消毒的设备、用具应放置在专用场所妥善保管。

（四）设备及工具、操作人员手部消毒按本规范第三十一条及本条有关规定执行。

第三十三条 杀虫剂、杀鼠剂、清洗剂、消毒剂及有毒有害物管理

（一）杀虫剂、杀鼠剂及其他有毒有害物品存放，均应有固定的场所（或橱柜）并上锁，包装上应有明显的警示标志，并有专人保管。

（二）各种有毒有害物的采购及使用应有详细记录，包括使用人、使用目的、使用区域、使用量、使用及购买时间、配制浓度等。使用后应进行复核，并按规定进行存放、保管。

第三十四条　食品添加剂的使用应符合 GB2760《食品添加剂使用卫生标准》的规定，并应有详细记录。

食品添加剂存放应有固定的场所(或橱柜)并上锁，包装上应标示“食品添加剂”字样,并有专人保管。

第三十五条　留样要求

（一）配送的集体用餐及重要接待活动供应的食品成品应留样。

（二）留样食品应按品种分别盛放于清洗消毒后的密闭专用容器内，在冷藏条件下存放 48 小时以上，每个品种留样量不少于 100g。

第三十六条　生产经营者应建立投诉管理制度，对消费者提出的口头或书面意见与投诉，应立即追查原因，妥善处理。

第三十七条　记录管理

（一）原料采购验收、加工操作过程关键项目、卫生检查情况、人员健康状况、教育与培训情况、食品留样、检验结果及投诉情况、处理结果、发现问题后采取的措施等均应予以记录。

（二）各项记录均应有执行人员和检查人员的签名。

（三）各岗位负责人应督促相关人员按要求进行记录，并每天检查记录的有关内容。食品卫生管理员应经常检查相关记录，记录中如发现异常情况，应立即督促有关人员采取措施。

（四）有关记录至少应保存 12 个月。

第五章　从业人员卫生要求

第三十八条　从业人员健康管理

（一）从业人员应按《中华人民共和国食品卫生法》的规定，每年至少进行一次健康检查，必要时接受临时检查。新参加或临时参加工作的人员，应经健康检查，取得健康合格证明后方可参加工作。凡患有痢疾、伤寒、病毒性肝炎等消化道传染病（包括病原携带者），活动性肺结核，化脓性或者渗出性皮肤病以及其他有碍食品卫生疾病的，不得从事接触直接入口食品的工作。

（二）从业人员有发热、腹泻、皮肤伤口或感染、咽部炎症等有碍食品卫生病症的，应立即脱离工作岗位，待查明原因、排除有碍食品卫生的病症或治愈后，方可重新上岗。

（三）应建立从业人员健康档案。

第三十九条　从业人员培训

应对新参加工作及临时参加工作的从业人员进行卫生知识培训，合格后方能上岗；在职从业人员应进行卫生培训，培训情况应记录。

第四十条　从业人员个人卫生

（一）应保持良好个人卫生，操作时应穿戴清洁的工作服、工作帽（专间操作人员还需戴口罩），头发不得外露，不得留长指甲，涂指甲油，佩戴饰物。

（二）操作时手部应保持清洁，操作前手部应洗净。接触直接入口食品时，手部还应进行消毒（推荐的洗手消毒方法见附件 6）。

（三）接触直接入口食品的操作人员在有下列情形时应洗手：

1. 开始工作前。
2. 处理食物前。
3. 上厕所后。
4. 处理生食物后。
5. 处理弄污的设备或饮食用具后。
6. 咳嗽、打喷嚏、或擤鼻子后。
7. 处理动物或废物后。
8. 触摸耳朵、鼻子、头发、口腔或身体其他部位后。
9. 从事任何可能会污染双手活动（如处理货项、执行清洁任务）后。

（四）专间操作人员进入专间时宜再次更换专间内专用工作衣帽并佩戴口罩，操作前双手严格进行清洗消毒，操作中应适时地消毒双手。不得穿戴专间工作衣帽从事与专间内操作无关的工作。

（五）个人衣物及私人物品不得带入食品处理区。

（六）食品处理区内不得有抽烟、饮食及其他可能污染食品的行为。

（七）进入食品处理区的非加工操作人员，应符合现场操作人员卫生要求。

第四十一条　从业人员工作服管理

（一）工作服（包括衣、帽、口罩）宜用白色（或浅色）布料制作，也可按其工作的场所从颜色或式样上进行区分，如粗加工、烹调、仓库、清洁等。

（二）工作服应有清洗保洁制度，定期进行更换，保持清洁。接触直接入口食品人员的工作服应每天更换。

（三）从业人员上厕所前应在食品处理区内脱去工作服。

（四）待清洗的工作服应放在远离食品处理区。

（五）每名从业人员应有两套或以上工作服。

第六章 附 则

第四十二条 本规范由卫生部负责解释。

第四十三条 本规范于 2005 年 10 月 1 日起施行。

（注：附件略）

关于发展无公害农产品绿色食品有机农产品的意见

（农业部 农市发〔2005〕11 号 2005 年 8 月 8 日）

各省、自治区、直辖市及计划单列市农业（农林、农牧、农林渔业）、农垦、畜牧兽医、渔业、农机化、乡镇企业厅（局、委、办），新疆生产建设兵团农业局，部属有关事业单位：

为贯彻落实中共中央、国务院关于扩大无公害农产品、绿色食品和有机农产品生产供应的要求，全面提高农产品质量水平，切实保障农产品消费安全，大力增强农产品市场竞争力，促进农业增效和农民增收，现就无公害农产品、绿色食品和有机农产品发展，提出以下意见：

一、充分认识新时期发展无公害农产品、绿色食品和有机农产品的重要意义

（一）发展无公害农产品、绿色食品和有机农产品是农产品消费安全的有效保障 民以食为天，食以安为先。保障百姓吃上安全放心的农产品，是政府履行监管职责以维护最广大人民群众根本利益的基本要求，也是坚持以人为本科学发展观与构建和谐社会的集中体现。发展无公害农产品、绿色食品和有机农产品，是解决农产品质量安全问题的根本措施，对维护公众健康和公共安全具有十分重要的作用。

（二）发展无公害农产品、绿色食品和有机农产品是增强农业综合竞争力的迫切需要 增强农业综合竞争力是新时期农业和农村经济工作的重要任务。农业综合竞争力的核心是将资源优势、生产优势和产品优势转化为质量优势、品牌优势和效益优势。发展无公害农产品、绿色食品和有机农产品，是新时期促进农产品生产区域化布局、标准化管理、产业化经营、市场化发展的重要手段，也是实现农业比较优势和提高农业综合竞争力的重要途径。

（三）发展无公害农产品、绿色食品和有机农产品是增加农民收入的重要举措 持续稳定增加农民收入是我国农业和农村经济工作的重要目标。农业生产性收入的增加是农民增收的基本途径。适应市场需要，发展无公害农产品、绿色食品和有机农产品，促进优质优价，是实现农业生产性收入增加的有效措施。

（四）发展无公害农产品、绿色食品和有机农产品是推进农业增长方式转变的战略选择 工业反哺农业、城市支持农村给农业和农村经济带来新的发展机遇。坚持科学发展观，用现代工业理念谋划农业发展是实现农业高产、优质、高效、生态、安全的重要手段。发展无公害农产品、绿色食品和有机农产品，既是解决农产品质量安全问题的重要措施，也是推进农业优质化生产、专业化加工、市场化发展的有效途径，更是推动农业生产方式转变、促进农业综合生产能力提高和推进农业增长方式转变的战略选择。

二、指导思想、发展方向和重点

（一）指导思想 以“三个代表”重要思想和科学发展观为指导，以保障消费安全为基本目标，以强化标志管理为突破口，全面推进农业标准化，大力发展无公害农产品，加快发展绿色食品，因地制宜发展有机农产品，进一步提升农产品质量水平，确保安全优质农产品的供给，提升农业综合竞争力，为全面建设小康社会与构建和谐社会提供物质基础。

（二）发展方向 坚持无公害农产品、绿色食品和有机农产品“三位一体、整体推进”的发展思路，加快发展进程，树立品牌形象。无公害农产品作为市场准入的基本条件，坚持政府推动为主导，在加快产地认定和强化产品认证的基础上，依法实施标

志管理，逐步推进从阶段性认证向强制性要求转变，全面实现农产品的无公害生产和安全消费。绿色食品作为安全优质精品品牌，坚持证明商标与质量认证管理并举、政府推动与市场引导并行，以满足高层次消费需求为目标，带动农产品市场竞争力全面提升。有机农产品是扩大农产品出口的有效手段，坚持以国际市场需求为导向，按照国际通行做法，逐步从产品认证向基地认证为主体的全程管理转变，立足国情，发挥农业资源优势和特色，因地制宜地发展有机农产品。

（三）发展重点 当前和今后一个时期，无公害农产品和绿色食品要迅速扩大总量规模，提高市场占有率；有机农产品要突出资源优势和市场需求，提升质量和效益。无公害农产品发展重点是“菜篮子”和“米袋子”产品；绿色食品发展重点是优势农产品、加工农产品和出口农产品；有机农产品重点发展有国际市场需求的农产品。

三、采取有力措施，全面推进无公害农产品、绿色食品和有机农产品发展

（一）统筹规划，分类指导 各地要根据当地的资源、行业特点和质量安全状况，有目的、有计划、有重点地加快发展无公害农产品、绿色食品和有机农产品。要结合本地区实际，将无公害农产品、绿色食品和有机农产品纳入“十一五”发展规划。要按照发展思路、方向和重点，制定切实可行的措施和办法，推进无公害农产品、绿色食品和有机农产品加快发展。发展无公害农产品，要通过产地认定解决生产过程的质量控制和千家万户的生产质量管理问题，重点抓好大宗农产品生产基地认定；通过产品认证切实解决农产品消费安全和市场准入问题。发展绿色食品，要充分发挥品牌优势，围绕提升产业素质和增强农产品市场竞争力，突出抓好重点产品、重点产业和重点地区的开发和认证。发展有机农产品，要在遵循国际通行规则的基础上，按照有机农业生产方式，根据农业资源优势和国际市场需求选择性地发展。

（二）发挥资源优势，扩大总量规模 无公害农产品要按照“统一规范、简便快捷”的原则，加快产地认定和产品认证步伐。绿色食品要依托优势农产品产业带建设，抓好大型标准化基地建设，积极组织引导国家级、省级农业产业化龙头企业以及大型骨干食品加工企业发展绿色食品。有机农产品要发挥农业系统的优势，充分利用各地的农业资源，适应国际市场需求，提高认证产品效益。

（三）加快完善标准体系，大力推进标准化 要加大无公害农产品、绿色食品和有机农产品标准的制定及修订力度，优先推动农产品安全标准、大宗优势出口农产品的品质标准的制定。努力争取我国在农产品国际标准制修订方面的参与权。积极筛选和组装配套适用的生产技术，推动农产品生产全程质量控制。在推进农业标准化过程中，要着力抓好生产基地建设，把创建农业标准化示范县（区、农场）、建设科技示范场、优粮工程基地、无规定动物疫病区等，与发展无公害农产品、绿色食品和有机农产品结合起来。要按照优势农产品产业带建设规划和农业标准化发展区域布局要求，以产地（基地）认定和产品认证为依托，加快建设一批有规模、有影响、有品牌、有效益的无公害农产品、绿色食品和有机农产品生产基地，以基地建设带动周边生产，全面提高农产品质量安全水平。

（四）发挥市场调节机制，合理引导消费需求 在无公害农产品、绿色食品和有机农产品发展过程中，要充分发挥市场机制的作用。要积极通过农交会、绿博会等农产品展览展示活动，大力推介和推广认证产品。要通过无公害农产品、绿色食品和有机农产品的发展，全面树立我国安全优质农产品公共品牌形象，扩大品牌农产品的生产和消费，促进农产品国内外贸易。鼓励有条件的地区在农产品产销批发市场、大型超市等农产品集散地设立无公害农产品、绿色食品和有机农产品专销网点、柜台和展示区。要充分利用当地农业信息网，尽快建立完善农产品市场营销公共信息平台，及时发布无公害农产品、绿色食品和有机农产品生产、消费、贸易、认证等信息，推进无公害农产品、绿色食品和有机农产品网上交易。各地要充分利用公共传媒，加大对无公害农产品、绿色食品和有机农产品的宣传，提高消费者的质量安全意识，通过扩大消费需求拉动无公害农产品、绿色食品和有机农产品的生产、贸易和流通。

（五）加强技术培训，规范生产经营行为 各地要结合科技入户、测土配方施肥和农村劳动力转移培训等项目，加大对无公害农产品、绿色食品和有机农产品生产技术培训，普及农产品质量安全基础知识，提高广大农产品生产者的科技素质和生产技能，准确掌握无公害农产品、绿色食品和有机农产品生产技术和操作规范。要积极引导农产品生产者以无公害农产品、绿色食品和有机农产品生产为目标，实施生产全过程管理，建立农产品生产档案，提高生产水平和产品质量，确保产品适销对路和实现优质优价。

（六）加大政策支持力度 各级农业部门要积极争取计划、财政等部门的支持，创造条件，设立无

公害农产品、绿色食品和有机农产品发展专项资金，用于标准制定、认定认证、基地建设、市场营销和监督检查等。同时，要创新机制，将农业综合开发、技术推广、基地建设、示范园区创建等农产品生产性投资项目实施与无公害农产品、绿色食品和有机农产品发展有机结合起来。新建和在建的各类农产品生产性投资项目，要以标准化生产和发展无公害农产品、绿色食品、有机农产品为项目实施的重要目标和验收的基本条件。以农产品生产和加工为主的农业产业化龙头企业，要以生产无公害农产品为基本目标和基本要求，根据资源优势和市场需求，生产绿色食品和有机农产品。鼓励有条件的地方，将获得无公害农产品、绿色食品和有机农产品认证的企业和农户纳入财政支持、奖励范围。要积极争取将鲜活无公害农产品、绿色食品、有机农产品尽快纳入绿色通道实施范围，减免过桥过路等费用，减轻农民负担，增加农民收入。

四、加强监督，提高无公害农产品、绿色食品和有机农产品公信力

（一）完善制度，依法管理 各级农业主管部门要把加强农产品质量安全监管摆到更加突出的位置。要进一步建立和完善无公害农产品、绿色食品和有机农产品管理制度，当前，无公害农产品要在严格执行《无公害农产品管理办法》和《无公害农产品标志管理办法》的基础上，组织制定《无公害农产品监督管理规范》；绿色食品要加快修订完善相关管理制度，修订《绿色食品标志管理办法》，组织制定《绿色食品管理办法》；有机农产品要在执行《有机产品认证管理办法》的基础上，组织制定符合中国农业生产特点的《有机农业及有机农产品管理办法》。

（二）实施例行检查，强化认定认证后监管 无公害农产品、绿色食品和有机农产品发展，要坚持“数量与质量并重、认证与监管同步”的方针，突出抓好认定产地的投入品使用和获证产品的监督管理。要根据相关法律法规和制度要求，建立健全例行检查制度。对获证产品和企业（产地）要实行年度抽查、检查制度；对标志的印制、使用和登录要加大跟踪力度；加强对工作机构工作质量的日常监督管理；定期检查认证质量体系、质量手册和程序文件的执行情况。要通过例行检查制度的建立和实施，不断提高无公害农产品、绿色食品和有机农产品认证的有效性。

（三）健全信息网络，提高追溯能力 要加快建立健全认证产品、企业和基地追溯查询网络，积极推行产地认定和产品认证信息网上公示、查询、追溯制度。要通过网络信息平台，及时受理认定认证投诉，适时公布执法监督检查结果，尽快实现无公害农产品、绿色食品和有机农产品信息互联互通，资源共享。要尽快建立获证产品、企业（产地）质量信用体系。要通过建立获证质量档案和监管档案，强化农产品生产者的质量安全责任意识，提高认证公信力。

（四）加强工作体系建设，提高工作质量 无公害农产品、绿色食品和有机农产品工作机构要按照法律法规的要求，进一步建立健全质量体系，完善质量手册和程序文件，规范工作机构和工作人员行为。对各级工作机构，要逐级实施年度考核和年度报告制度，对产地环境、产品检测技术机构和产地认定、产品认证检查员和标志监管员实行资质考核、注册制度，建立退出机制，提高认证工作的科学性、公证性和权威性。各级工作机构要进一步强化服务意识，创新工作方法，提高工作效率和水平。

五、加强组织协调，全面落实各项措施

（一）加强领导，落实措施 发展无公害农产品，是全面推进“无公害食品行动计划”实施和建设农产品质量安全体系的重要内容。地方各级农业主管部门要从提高农业综合生产能力和增加农民收入的大局出发，以科学发展观统领无公害农产品、绿色食品和有机农产品发展，将其纳入到本地区农业和农村经济工作的重要议事日程。要进一步完善省、地（市）、县无公害农产品、绿色食品和有机农产品工作机构，积极改善工作推进条件，充实工作队伍，确保各项措施落到实处，认真将工作抓紧、抓实、抓出成效。

（二）强化责任，建立激励机制 按照国务院关于食品安全工作地方政府负总责的基本原则，各级农业部门要将发展无公害农产品、绿色食品和有机农产品的工作业绩纳入年度工作考核范围。对业绩突出的地方、单位和个人，要及时予以表彰和奖励。

（三）加强沟通，形成合力 地方各级农业主管部门要在党委和政府的领导下，加强与相关行业之间的沟通与协作，积极争取计划（发改）、财政、科技、工商、税务、质检等相关部门的支持。要充分调动和利用好社会各种管理资源和技术优势，尽快形成“政府重视、部门支持、社会关注”共同推动无公害农产品、绿色食品和有机农产品发展的新格局。

关于加强农产品市场流通工作的意见

（农业部 农市发〔2005〕12号 2005年9月1日）

各省、自治区、直辖市及计划单列市农业（农林、农牧、农林渔业）、农垦、畜牧兽医、渔业、农机化、乡镇企业厅（局、委、办），新疆生产建设兵团农业局，部属有关事业单位：

为贯彻落实中央农村工作会议和《中共中央国务院关于进一步加强农村工作提高农业综合生产能力若干政策的意见》（中发［2005］1号）精神，加快健全农产品市场体系，搞活农产品流通，促进农业增效、农民增收、农产品竞争力增强，现就农业部门加强农产品市场流通工作提出如下意见：

一、提高认识，增强做好农产品市场流通工作的紧迫感

（一）在社会主义市场经济条件下推进农业和农村经济发展，必须面向市场，搞活流通。做好农产品市场流通工作，是建设现代农业，繁荣农村经济的重要环节；是农户小生产与大市场实现对接，增加农民收入的重要途径；是丰富城乡市场，保障农产品供给的重要载体；是农业部门遵循市场经济规律，强化“经济调节、市场监管、社会管理、公共服务”职责的重要内容。

（二）改革开放以来，特别是党的十四大确立社会主义市场经济体制目标以来，随着农产品市场的逐步放开，各级农业部门按照职责分工，围绕农产品市场流通这一成长性业务，进行了积极探索和大胆实践，尤其在定点市场建设、农产品营销促销、农产品交易方式创新等方面取得了积极进展，农产品市场流通已成为农业和农村经济发展中最活跃的要素之一。同时，我们也必须看到，农业部门要适应完善社会主义市场经济体制的总体要求，加快构建统一、竞争、开放、有序的全国农产品大市场大流通格局，还需付出更为艰苦的努力。各级农业部门务必解放思想，更新观念，提高认识，增强做好新时期农产品市场流通工作的责任感和紧迫感；务必创新思路，转变职能，强化措施，把工作重心转移到生产与市场流通并重的轨道上来；务必按照职能配置，切实履行研究制定大宗农产品市场体系建设与规划、组织协调菜篮子工程和农业生产资料市场体系建设、提出有关农产品及农业生产资料价格和大宗农产品市场流通的政策建议、预测并发布农业各产业产品及农业生产资料供求情况等农村经济信息等工作职能，开创农产品市场流通工作新局面。

二、更新观念，明确加强农产品市场流通工作的思路与原则

（三）随着十六届三中全会《关于完善社会主义市场经济体制的决定》各项政策措施的不断落实，农村市场化改革步伐的加快，农产品市场流通工作的形势也在随之发生着变化，面临新的发展机遇和挑战。当前和今后一个时期，加强农产品市场流通工作必须主动适应形势发展需要，坚持以邓小平理论和“三个代表”重要思想为指导，以科学发展观为统领，认真贯彻落实党的十六大及十六届三中、四中全会精神，从加快建设现代农业、繁荣农村经济、增加农民收入、全面建设小康社会的内在要求出发，立足服从服务于农业和农村经济中心工作，全面提升农业部门抓好市场流通工作的能力和水平。

（四）加强农产品市场流通工作，必须明确工作思路，突出工作重点。在工作思路上要实现“三个转变”：一是市场建设重点要由数量扩张向内强素质、提升功能转变。二是流通方式要由过分依赖传统的有形市场向有形市场与连锁配送、电子商务、期货市场等现代流通方式并重转变。三是由注重保障数量充足向保障数量充足与质量安全并重转变。在工作布局上要狠抓“三项重点”：一要以农产品批发市场为中心，以连锁配送、电子商务、期货市场等现代流通方式为先导，推动建立产地市场与销地市场相衔接、现货市场与无形市场相配套、国内市场与国际市场相呼应的农产品市场体系。二要全面强化农产品营销促销服务，立足国内市场，放眼国际市场，促进发挥我国在世界农产品贸易中的大国效应，加快构建有效开拓国际市场和衔接国内产销的农产品营销促销服务体系。三要创新工作机制，推动优化农产品市场流通的制度环境。

（五）加强农产品市场流通工作，必须坚持以下

原则：一要注重市场导向。遵循市场经济规律，充分发挥市场机制作用，搞好调控、支持、规范、引导与服务。二要注重因地制宜。围绕产地抓市场，狠抓流通促生产。产地市场建设要根据实际需要，合理规划，防止“有场无市”；要整合市场资源，避免市场建设一哄而上、一哄而散。三要注重务求实效。特别是在农产品营销促销工作中，对“节、会、展”等展览展销活动要进行事前调研，突出产业、产品、区域特色，确保产销衔接有实效，避免盲目贪大、求洋、求全。四要注重统筹安排。农产品市场流通工作与农业综合生产能力提高、农业结构调整等工作要有机结合，相互协调。

三、突出重点，加快健全农产品市场体系

（六）积极搞好农产品市场体系建设规划。近期，各地农业部门要尽快开展一次农产品市场流通状况调查，结合制定农业和农村经济发展“十一五”规划，认真做好农产品市场体系建设规划编制工作并组织实施，逐步构建数量适度、结构合理、布局科学的农产品市场体系。

（七）加快推进批发市场升级改造。在市场建设规划上，要重点扶持建设规模大、辐射面广、带动力强的区域性产地和销地批发市场，构建起全国统一的批发市场网络，使之成为农产品市场流通的价格形成中心、信息传递中心和产品集散中心。在市场基础设施建设上，要重点加强信息系统、质量检测系统、电子结算系统以及加工、储藏等配套设施建设，提高市场档次，增强交易功能。在市场运作模式上，要鼓励支持传统市场加快改制步伐，通过明晰产权、实行股份制等形式，进行公司制改组改造，提高运营效率；扶持鼓励传统市场组建农产品物流和营销公司，将市场由物业型经营主体改造为营销型经营主体，真正发挥农产品市场在流通中的龙头作用。

（八）重点加强产地市场建设。围绕产地抓市场建设，以市场流通促产业发展，这是各地农业部门在推进农产品市场流通工作中的成功创造。要把产地市场作为农产品市场体系建设的重点，紧紧围绕优势农产品区域布局、主导产业、出口农产品基地建设和农业产业化发展，突出建设与完善龙头市场、核心市场，有效促进主产区农产品的对外流通。

（九）认真筛选与管理定点市场。农业部定点市场已成为各级农业部门做好市场流通工作的信息采集点、工作联系点，对加强农产品市场流通工作意义重大。要继续做好定点市场的选定工作。既注重区域布局和产业布局，又注重市场规模、运作模式和发展前景，逐步把全国各区域、各产业具有代表性的农产品市场纳入定点市场范围。要进一步加强对定点市场的管理。开展定点市场工作考核、流通能力评估等工作，建立对定点市场的动态管理制度和退出机制。近期要集中开展一次定点市场清理工作，对功能退化、工作开展不力的市场予以摘牌。要加大对定点市场的扶持力度。适当向优势农产品和优势产区倾斜，同时兼顾中西部地区，推进定点市场升级改造。

（十）不断强化市场信息服务。要在发展现代电子信息网络的同时，充分利用电话、电视普及率高的优势，推广电话、电视、电脑“三电合一”的模式，解决信息服务“最后一公里”难题。要重点完善农产品批发市场信息网络建设，努力实现信息共享，更好地发挥市场信息对引导农产品跨区域有序流通的重要作用。要鼓励和支持社会各界力量开展面向广大农民的信息服务，大力发展农村信息员队伍，充分发挥他们对农民直接传递信息的功能和对农民生产经营的引导作用。

四、开拓创新，全面加强农产品营销促销工作

（十一）提升农产品展览展销活动水平。近年来，各级各类农产品展览促销活动在国内外蓬勃开展，有利于促进产销对接、培育品牌名牌、提高流通效率，“会展经济”对活跃农产品市场流通的作用日益突出。要认真总结办展、参展经验，加强对各级各类展会的统筹、规范、组织和引导，坚持以政府扶持引导启动展会，以企业参与、市场运作壮大展会，积极培育特色突出、实效显著、国内外知名的品牌展会。

（十二）积极开拓国际农产品市场。要充分利用国际国内两种资源和两个市场，积极促进我国有竞争力农产品的出口工作。要加强对农产品出口市场的研究，鼓励和支持企业、协会进行国外市场考察和调研，通过组织境外参展等活动加强出口营销服务。

（十三）加快完善农产品网上展厅。中国农业网上展厅运行两年来，已成为国内规模最大、品种最全的农产品营销促销网络平台。各地要在继续宣传、组织、发动企业进厅展览展销的同时，充分利用各地农业信息网络资源，组建地方区域性网上展厅，并与中国农业网上展厅联网运行，使之成为网上永不落幕的交易会。有条件的地区，可研究建立电子商务平台，为农产品营销促销提供网络交易服务。

五、着眼长远，推进农产品市场流通现代化

（十四）大力发展现代流通方式。现代流通方式是农产品市场体系不断发育的方向性要求。要重点支持农产品物流、连锁经营、直销配送、电子商务等现代流通方式的发展，注重期货市场的培育。近期要继续开展批发市场农产品拍卖交易试点，探索农产品价格形成新机制，总结规范交易模式；做好批发市场电子统一结算示范推广工作，进一步改善交易手段，规范交易行为，提高流通效率；积极引导农产品批发市场开展连锁经营，为批发市场与连锁企业之间开展合作创造条件；积极引导农民面向连锁经营，发展专业化生产，提高质量规格，形成商品批量；积极促进农民合作经济组织与连锁企业建立稳定的产销联系。

（十五）积极推进农产品交易标准化。农产品交易分级分类标准的制定与实施是发展现代流通方式的重要基础性工作。要结合我国农产品的品种、特色，加快标准制修订步伐，尽快形成与国际市场接轨、涵盖主要农产品品种的交易分级分类规格标准体系，推动上市农产品质量等级化、重量标准化、包装规格化。

（十六）认真实施品牌经营战略。要鼓励支持农产品生产、加工、营销组织和企业做好农产品的商标注册、质量认证、标准化生产等工作。要注重拳头产品、优势产品、原产地产品的品牌培育和保护，注重生产、流通环节的技术服务与指导。要通过市场化经营运作，催生一批品牌、培育一批名牌，不断提高农产品的品牌覆盖率，把品牌、名牌优势转变为市场优势、经济优势，做大做强品牌农业。

六、加强引导，积极培育农产品市场流通主体

（十七）积极培育农产品流通组织。要注重支持引导壮大农民运销队伍，培育农民运销合作组织，积极鼓励生产大户、运销大户领办合作组织。鼓励支持农产品生产与加工企业进入农产品流通领域，领办、创办农产品流通专业合作组织。加强对各类流通组织、协会的规范和引导，通过加强服务，促进其发展壮大，增强其抵御市场风险的能力。

（十八）加快农民经纪人队伍建设。要不断壮大农民经纪人队伍，建立落实农民经纪人培训制度，逐步提高农民经纪人素质。要优化农民经纪人队伍的发展环境，通过政策扶持和强化服务，帮助经纪人不断拓展销售市场，扩大经营规模，改进技术手段，完善经纪人功能。

七、积极协调，优化农产品市场流通环境

（十九）营造顺畅流通环境。要加强市场监管，规范市场秩序，严厉打击欺行霸市行为，营造公平健康的交易环境。要建立健全农产品市场准入制度，加大检测力度，对农药、兽药、添加剂残留超标等不符合质量标准的农产品不准上市。要加强市场质量监督，坚决打击假冒伪劣，净化市场环境，提高市场信誉。

（二十）推进“绿色通道”建设。开通全国性的鲜活农产品运销“绿色通道”是降低流通成本、提高流通效率、优化流通环境的重要举措。要积极协调有关部门，认真实施农业部等七部门《全国高效率鲜活农产品流通“绿色通道”建设实施方案》（交公路发[2005] 20号），确保年内开通全国“五纵二横”的“绿色通道”网络，督促落实相关政策，协调配合有关部门共同完善“绿色通道”具体实施办法，尽快实现省际互通。同时，积极推动开通地方鲜活农产品运销“绿色通道”，并实现省内外无差别对待，为农产品流通提供更为宽松的环境和优惠政策。

八、摸索规律，加强农产品市场流通工作理论体系和制度建设

（二十一）注重农产品市场流通工作理论创新。农产品市场流通是农业和农村发展新形势下的一项开拓性工作，要按照现代农业发展的要求，紧紧围绕当前制约农产品市场流通的突出问题，积极探索，创新理论，指导实践。要注重标准化生产、标识化流通、规格化包装、物流配送、连锁经营等市场营销理论体系的研究创新。要重点从农民参与流通领域利润分配出发，创新利益连接机制，构建产业化经营理论，探索建立农产品现代流通理论体系。

（二十二）建立健全农产品市场流通工作制度。要加快农产品市场流通工作制度化建设，逐步建立完善理论创新制度、市场体系建设与管理制度、流通主体培训登记制度、营销促销活动管理制度、工作体系建设制度、流通信息共享制度等。产区与销区农业部门要加强信息沟通，形成相互支持的工作机制。

九、加强领导，确保农产品市场流通各项工作落到实处

（二十三）加强组织领导。农产品市场流通工作

涉及面广、开拓性强，各地要切实加强组织领导，健全工作体系，完善工作机制，充实工作力量。要立足当地实际，不断研究农业部门推进农产品市场流通工作的新思路、新举措，促进产销衔接，为建设现代农业、增加农民收入提供有力支持。要主动协调有关部门，结合本地实际，制定相应的扶持政策，并做好宣传和贯彻落实工作。

（二十四）增加投入。要积极争取有关部门的支持，加大对农产品市场流通的投入力度，特别是在市场体系建设和营销促销等方面要重点增加投入。各级农业部门要优化农业资金投入结构，加大对农产品市场流通的投入比重。要建立多元化投入机制，通过政策引导，吸引社会资金投资农产品市场流通事业。

（二十五）建立激励机制。对在推动农产品市场流通体系建设，培育农产品市场流通主体，推进鲜活农产品运销“绿色通道”建设和加强农产品营销促销等工作中成效突出的地区和单位，要给予适当表彰和奖励。

食品生产加工企业质量安全监督管理实施细则（试行）

（国家质检总局　2005年9月1日）

第一章　总　　则

第一条　为加强食品生产加工企业质量安全监督管理，提高食品质量安全水平，保障人民群众安全健康，根据《中华人民共和国产品质量法》、《中华人民共和国工业产品生产许可证管理条例》、《国务院关于进一步加强食品安全工作的决定》和国务院赋予国家质量监督检验检疫总局（以下简称国家质检总局）的职能等有关规定，制定本细则。

第二条　凡在中华人民共和国境内从事以销售为目的的食品生产加工经营活动，必须遵守本细则。食品的进出口管理依照法律、行政法规和国家有关规定执行。

第三条　本细则所称食品是指经过加工、制作并用于销售的供人们食用或者饮用的制品。

本细则所称食品生产加工企业，是指有固定的厂房（场所）、加工设备和设施，按照一定的工艺流程，加工、制作、分装用于销售的食品的单位和个人（含个体工商户）。

第四条　食品必须符合国家法律、行政法规和国家标准、行业标准的质量安全规定，满足保障身体健康、生命安全的要求，不存在危及健康和安全的不合理的危险，不得超出有毒有害物质限量要求。

食品质量安全指标包括标准规定的理化指标、感官指标、卫生指标和标签标识。

第五条　国家实行食品质量安全市场准入制度。从事食品生产加工的企业，必须具备保证食品质量安全必备的生产条件（以下简称“必备条件”），按规定程序获取工业产品生产许可证（以下简称食品生产许可证），所生产加工的食品必须经检验合格并加印（贴）食品质量安全市场准入标志后，方可出厂销售。

国家已实行生产许可证管理的食品，企业未取得食品生产许可证的，不得生产。未经检验合格、未加印（贴）食品质量安全市场准入标志的食品，不得出厂销售。

第六条　国家质检总局负责统一组织食品生产加工企业质量安全监督管理工作。地方质量技术监督部门按照国家质检总局的统一部署和要求，在各自职责范围内负责组织实施食品生产加工企业质量安全监督管理工作。

第七条　食品生产加工企业质量安全监督管理，应当遵循科学公正、公开透明、程序合法、便民高效的原则。

从事食品生产加工企业质量安全监督管理工作的机构和人员应当依法行政、严格把关、热情服务、廉洁自律。

县级以上质量技术监督部门及其从事食品生产加工企业质量安全监督管理的人员、检验机构和检验人员，对所知悉的国家秘密和商业秘密负有保密义务。

第八条　任何单位和个人有权对违反本细则规定的行为，向各级质量技术监督部门举报。受理举报的部门应当及时调查处理并为举报人保密，对举报有功人员按照有关规定给予奖励。

第二章 食品生产加工企业必备条件

第九条 食品生产加工企业应当符合法律法规和国家产业政策规定的企业设立条件。

第十条 食品生产加工企业必须具备和持续满足保证产品质量安全的环境条件和相应的卫生要求。

第十一条 食品生产加工企业必须具备保证产品质量安全的生产设备、工艺装备和相关辅助设备，具有与产品质量安全相适应的原料处理、加工、包装、贮存和检验等厂房或者场所。生产加工食品需要特殊设备和场所的，应当符合有关法律法规和技术规范规定的条件。

第十二条 食品生产加工企业生产加工食品所用的原材料、食品添加剂（含食品加工助剂，下同）等应当符合国家有关规定。不得违反规定使用过期的、失效的、变质的、污秽不洁的、回收的、受到其他污染的食品原材料或者非食用的原辅料生产加工食品。使用的原辅材料属于生产许可证管理的，必须选购获证企业的产品。

第十三条 食品生产加工企业必须采用科学、合理的食品加工工艺流程，生产加工过程应当严格、规范，防止生物性、化学性、物理性污染，防止待加工食品与直接入口食品、原料与半成品、成品交叉污染，食品不得接触有毒有害物品或者其他不洁物品。

第十四条 食品生产加工企业必须按照有效的产品标准组织生产。依据企业标准生产实施食品质量安全市场准入管理食品的，其企业标准必须符合法律法规和相关国家标准、行业标准要求，不得降低食品质量安全指标。

第十五条 食品生产加工企业必须具有与食品生产加工相适应的专业技术人员、熟练技术工人、质量管理人员和检验人员。从事食品生产加工的人员必须身体健康、无传染性疾病和影响食品质量安全的其他疾病，并持有健康证明；检验人员必须具备相关产品的检验能力，取得从事食品质量检验的资质。食品生产加工企业人员应当具有相应的食品质量安全知识，负责人和主要管理人员还应当了解与食品质量安全相关的法律法规知识。

第十六条 食品生产加工企业应当具有与所生产产品相适应的质量安全检验和计量检测手段，检验、检测仪器必须经计量检定合格或者经校准满足使用要求并在有效期限内方可使用。企业应当具备产品出厂检验能力，并按规定实施出厂检验。

第十七条 食品生产加工企业应当建立健全企业质量管理体系，在生产的全过程实行标准化管理，实施从原材料采购、生产过程控制与检验、产品出厂检验到售后服务全过程的质量管理。

国家鼓励食品生产加工企业根据国际通行的质量管理标准和技术规范获取质量体系认证或者危害分析与关键控制点管理体系认证（以下简称 HACCP 认证），提高企业质量管理水平。

第十八条 出厂销售的食品应当进行预包装或者使用其他形式的包装。用于包装的材料必须清洁、安全，必须符合国家相关法律法规和标准的要求。

出厂销售的食品应当具有标签标识。食品标签标识应当符合国家相关法律法规和标准的要求。

第十九条 贮存、运输和装卸食品的容器、包装、工具、设备、洗涤剂、消毒剂必须安全，保持清洁，对食品无污染，能满足保证食品质量安全的需要。

第二十条 食品生产加工企业在生产加工过程中严禁下列行为：

（一）违反国家标准规定使用或者滥用食品添加剂；

（二）使用非食用的原料生产食品；加入非食品用化学物质或者将非食品当作食品；

（三）以未经检验检疫或者检验检疫不合格的肉类生产食品；以病死、毒死或者死因不明的禽、畜、兽、水产动物等生产食品；生产含有致病性寄生虫、微生物，或者微生物毒素含量超过国家限定标准的食品；

（四）在食品中掺杂、掺假，以假充真，以次充好，以不合格食品冒充合格食品；

（五）伪造食品的产地，伪造或者冒用他人厂名、厂址，伪造或者冒用质量标志；

（六）生产和使用国家明令淘汰的食品及相关产品。

第三章 食品生产许可

第二十一条 国家质检总局负责全国食品生产许可证的统一管理；负责高风险食品的生产许可；确定由省、自治区、直辖市（以下简称省级）质量技术监督部门负责审查发证的产品及具体办法，并对省级食品生产许可工作进行监督和指导。

省级质量技术监督部门按照国家质检总局统一部署，依法组织本辖区部分食品生产许可，并对审查发证工作负责。

市（地）级质量技术监督部门受国家质检总局或者省级质量技术监督部门委托负责组织开展本辖区食品生产许可证的受理、企业必备条件核查、产品质量检验和食品生产许可证证书送达工作。

各级质量技术监督部门按照权责一致、层级负责的原则，分别承担食品生产许可工作责任。

第二十二条 国家质检总局依据本细则第二章规定的条件，根据各类食品的不同特性和相关标准，制定并发布食品生产许可证审查通则和各类食品生产许可证审查细则，对食品生产许可证的具体要求做出规定。各类食品生产许可证审查细则按照规定程序分批发布并实施。

第二十三条 食品生产加工企业按照地域管辖原则，在规定的时间内向所在地的省级或者市（地）级质量技术监督部门提出办理食品生产许可证的申请。

食品生产加工企业获得营业执照后，应当单独申请食品生产许可证，其经营范围应当覆盖申请取证产品。

第二十四条 食品生产加工企业申领食品生产许可证，应当按规定提供相应的材料。除法律、行政法规规定的限制条件外，任何单位不得另行附加条件，限制企业申请食品生产许可证，不得要求申请人提交与其申请无关的技术资料和其他材料。

第二十五条 省级、市（地）级质量技术监督部门在接到企业申请后，应当在5日内完成对申请材料的审查。企业的申请材料符合要求的，发给行政许可申请受理决定书。企业的申请材料不符合要求的，受理部门应当发给行政许可申请材料补正告知书，一次性告知申请人需要补正的全部内容，通知企业在20日内补正；逾期未补正的，视为撤回申请。

如申请事项依法不需要取得食品生产许可的，或者不属于本部门受理的，应当即时告知申请人不受理，发给行政许可不予受理决定书，或者告知申请人向有关行政机关申请。

第二十六条 自受理企业食品生产许可证申请之日起，国家质检总局或者省级质量技术监督部门应当在60日内做出准予许可或者不予许可决定。

产品检验所需时间（包括样品送达、检验机构检验、异议处理的时间）不计入前款规定的期限内。

第二十七条 行政许可申请受理决定书发出后，省级或者市（地）级质量技术监督部门应当组成核查组，依照食品生产许可证审查通则和审查细则，在20日内完成企业必备条件和出厂检验能力现场核查。现场核查时间一般不应当超过2日。企业所在地质量技术监督部门应当派观察员监督核查工作质量。核查组实行组长负责制。

对现场核查合格的企业，由核查组按照食品生产许可证审查通则和审查细则的要求在现场抽取和封存样品，并告知企业有资格承担该产品发证检验任务的检验机构名单和联系方式，由企业自主选择。

核查人员对企业进行实地核查，不得刁难企业，不得索取、收受企业的财物，不得谋取其他不当利益。

第二十八条 企业应当在封样后7日内将样品送达检验机构。检验机构收到样品后，应当按照规定的标准和要求进行检验，在15日内完成检验工作（检验项目有特殊要求的除外）。

第二十九条 企业对检验的结果有异议的，可以自接到检验结果之日起15日内，向组织检验的质量技术监督部门或者其上一级质量技术监督部门提出复检申请。受理申请的质量技术监督部门应当在5日内做出是否受理复检的书面答复。除国家标准规定不允许复检等客观情况外，对符合复检条件的，应当及时组织复检。

复检应当采用核查组封存的样品，按照原检验方案进行检验、判定。承担复检的检验机构由受理复检申请的质量技术监督部门在有资质的检验机构中确定。

第三十条 由市（地）级质量技术监督部门受理审查的，应当自受理之日起30日内，将企业申请材料、现场核查和产品检验材料报省级质量技术监督部门。

由省级质量技术监督部门负责审批的，省级质量技术监督部门统一汇总审核企业材料，按有关规定做出是否准予许可的决定。

由国家质检总局负责审批的，省级质量技术监督部门应当自受理企业申请之日起40日内将企业申请材料、现场核查和产品检验材料报国家质检总局。国家质检总局按有关规定做出是否准予许可的决定。

国家质检总局、省级质量技术监督部门在做出许可决定前，或者省级质量技术监督部门上报企业材料前，应当在本细则第二十六条规定的时限内组织许可前抽查。

第三十一条 对现场核查和产品检验合格的企业，国家质检总局或者省级质量技术监督部门应当做出准予生产许可的决定，并自决定之日起10日内，向企业发放食品生产许可证及副本。

对现场核查或者产品检验不合格的企业，国家质检总局或者省级质量技术监督部门应当做出不予生产许可的决定，并自做出决定之日起10日内，向企业发出不予行政许可决定书。

第三十二条 国家质检总局或者省级质量技术监督部门在职责范围内对取得食品生产许可证的企业进行公告，并将食品生产许可证的发证情况及时通报卫生、工商等有关部门。

第三十三条 出口食品生产加工企业生产加工的食品在中华人民共和国境内销售的，应当按照本细则的规定，申请办理食品生产许可证。已获得国家认监委和出入境检验检疫机构颁发的出口食品卫生注册证、登记证的企业，在申请食品生产许可证时，可免于企业必备条件现场核查。

已通过 HACCP 认证等国家推行的食品认证的企业，在申请食品生产许可证时，按照不重复的原则，可免于或者简化企业必备条件现场核查。

第三十四条 食品生产许可证的有效期 3 年。有效期届满，企业继续生产的，应当在食品生产许可证有效期满 6 个月前，向原受理食品生产许可证申请的质量技术监督部门提出换证申请。质量技术监督部门应当按规定的程序对企业进行审查并换发证书。

第三十五条 在食品生产许可证有效期内，产品的有关标准、要求发生改变的，省级或者市（地）级质量技术监督部门应当按国家质检总局的统一要求组织必要的现场核查和产品检验。

企业的生产条件、检验手段、技术或者工艺发生变化的，企业应当在变化后 20 日内提出申请。省级或者市（地）级质量技术监督部门应当按照食品生产许可证审查通则和审查细则的规定重新组织现场核查和产品检验。

第三十六条 国家质检总局、省级和市（地）级质量技术监督部门建立食品生产许可证档案管理制度，将办理食品生产许可证的有关材料、发证情况及时归档。档案材料的保存时限为 4 年。

第四章 食品质量安全检验

第三十七条 食品生产加工企业对用于生产加工食品的原材料、食品添加剂、包装材料和容器等必须实施进货验收制度，不符合质量安全要求的，不得用于食品生产加工。

第三十八条 食品出厂必须经过检验，未经检验或者检验不合格的，不得出厂销售。

具备出厂检验能力的企业，可以按要求自行进行出厂检验。不具备产品出厂检验能力的企业，必须委托有资质的检验机构进行出厂检验。实施食品质量安全市场准入制度管理的食品，按审查细则的规定执行。

实施自行检验的企业，应当每年将样品送到质量技术监督部门指定的检验机构进行一次比对检验。

第三十九条 对食品生产加工企业的产品实施强制检验制度。质量技术监督部门负责确定强制检验的频次，并组织实施。

已通过 HACCP 认证等质量稳定的大型企业、国家和省级监督抽查连续合格的企业，应当减少强制检验的频次。

对尚未列入食品生产许可证管理且在生产过程中没有控制要求和手段、不具备标准要求的出厂检验能力的企业，应当加大强制检验频次。

第四十条 承担本细则规定的食品质量安全检验工作的检验机构，必须是依法设置或者依法授权的法定检验机构，按照国家规定经过计量认证、审查认可或者通过实验室认可，并经省级以上质量技术监督部门指定。

各级质量技术监督部门应当按照《中华人民共和国工业产品生产许可证管理条例实施办法》等有关规定，对承担本细则规定的食品检验工作的检验机构进行管理。

第四十一条 承担食品检验工作的检验机构，应当按照国家有关的标准和技术法规等要求实施产品检验。检验机构应当客观、公正、及时地出具检验报告，并对检验报告负责。

第四十二条 检验机构和检验人员进行产品检验，应当遵循诚信原则和方便企业的原则，为企业提供可靠、便捷的检验服务，不得拖延，不得刁难企业。

检验机构和检验人员不得从事与其检验的列入目录产品相关的生产、销售活动，不得以其名义推荐或者监制、监销其检验的列入目录产品。

第五章 食品质量安全市场准入标志与食品生产许可证证书

第四十三条 食品生产许可证证书分为正本和副本。证书应当载明企业名称和住所、生产地址、产品名称、证书编号、发证日期、有效期等相关内容。食品生产许可证副本用于质量技术监督部门记载接受监督检查的基本情况。

食品生产许可证证书式样（见附件 1）由国家质检总局统一规定。食品生产许可证证书由国家质检总局统一印制，并加印食品生产许可证审批部门印章。

第四十四条 企业名称发生变化时，应当在名称变更后 20 日内向原受理食品生产许可证申请的质量技术监督部门提出食品生产许可证更名申请。受理的质量技术监督部门应当自受理之日起 10 日内完成变更审查和材料上报，由原发证部门在 10 日内核批。

第四十五条 企业应当妥善保管食品生产许可证证书，因毁坏或者不可抗力等原因造成生产许可证证书遗失或者无法辨认的，应当及时在省级以上报纸上刊登声明，同时报省级质量技术监督部门。企业提出补证申请的，质量技术监督部门应当及时受理，由省级质量技术监督部门按规定办理补领证书手续。

第四十六条 食品质量安全市场准入标志即食品生产许可证标志，属于质量标志，以“质量安全”的英文 Quality Safety 缩写“QS”表示，其式样由国家质检总局统一制定（见附件 2，以下简称 QS 标志）。

第四十七条 实施食品质量安全市场准入制度的食品，出厂前必须在其包装或者标识上加印（贴）QS 标志。没有 QS 标志的，不得出厂销售。

第四十八条 企业使用 QS 标志，表明企业承诺其产品经检验合格，符合食品质量安全的基本要求。

加印（贴）QS 标志的食品，在质量保证期内，非消费者使用或者保管不当而出现质量安全问题的，由生产者、销售者根据各自的义务，依法承担法律责任。

第四十九条 企业使用 QS 标志时，可根据需要按式样比例放大或者缩小，但不得变形、变色。QS 标志由食品生产加工企业自行加印（贴）。

第五十条 食品生产许可证编号由英文字母 QS 和 12 位阿拉伯数字组成。

第五十一条 取得食品生产许可证的企业应当在其产品包装或者标识上加印（贴）食品生产许可证编号。

第五十二条 任何单位和个人不得伪造、变造、冒用食品生产许可证证书、QS 标志和食品生产许可证编号。取得食品生产许可证的企业不得出租、出借或者以其他形式转让食品生产许可证证书、QS 标志和食品生产许可证编号。

第五十三条 国家质检总局和省级质量技术监督部门应当根据取得食品生产许可证企业的情况，及时依法作出撤销、撤回和注销食品生产许可的决定，并将注销食品生产许可证的情况向社会公告。

第六章 食品质量安全监督

第五十四条 食品生产加工企业应当持续地具备保证食品质量安全的必备条件，保证持续稳定地生产合格的食品。

食品生产加工企业应当对其所生产加工食品的质量安全负责，并应当明确承诺不滥用食品添加剂、不使用非食品原料生产加工食品、不用有毒有害物质生产加工食品、不生产假冒伪劣食品。

第五十五条 企业采购食品原材料、食品添加剂时，应当验明标识，向供货单位索取合格证明，或者自行检验、委托检验合格，并建立进货台账。食品生产加工企业要将使用的食品添加剂情况和国家要求备案的其他事项报所在地县级质量技术监督部门备案。

食品生产加工企业使用新品种的食品添加剂、新的原材料生产的食品容器、包装材料和食品用工具、设备的新品种，应当在使用前索取省级以上安全评价机构出具的安全评价报告，并留存备查。

食品生产加工企业应当建立生产记录和销售记录。销售记录应当注明食品的名称、规格、批号、购货单位名称、销货数量、销货日期等内容。

企业应当建立食品质量安全档案，保存企业购销记录、生产记录和检验记录等与食品质量安全有关的资料。企业食品质量安全档案应当保存 3 年。

第五十六条 取得食品生产许可证的企业连续停止生产加工获证产品 1 年以上的，重新生产加工时，应当向原受理食品生产许可证申请的质量技术监督部门提出重新现场核查的申请。

第五十七条 食品生产加工企业利用新资源生产食品，必须按有关规定在投产前由省级以上安全评价机构进行安全评价，并将评价结果向所在地县级质量技术监督部门报告。企业对报告的真实性负责。

第五十八条 取得食品生产许可证的企业应当在证书有效期内，每满 1 年前的 1 个月内向所在地县级质量技术监督部门提交持续保证食品质量安全必备条件情况的年度报告。

第五十九条 采用委托加工方式生产加工食品的，委托双方必须分别到所在地市（地）级质量技术监督部门备案，提交双方营业执照和委托加工合同复印件。

委托加工已纳入食品质量安全市场准入管理食品的，除符合前款要求外，被委托方必须是已取得有效的食品生产许可证的企业，其生产加工的食品应当全部交由委托方进行销售，备案时还应当提交被委托方的生产许可证复印件。委托加工食品的包装或者标识上还应当按照产品标识标注的规定，标注食品生产许可证编号和生产者的名称和地址。

第六十条 各级质量技术监督部门定期或者不定期地对食品质量安全和卫生状况、对食品生产加工企业持续保证食品质量安全必备条件的情况进行监督检查。通过巡查、加严检验、回访、强制检验、监督抽查、年度报告审查和执法检查等方式，加强监督检查，督促企业规范生产经营活动。

各级质量技术监督部门对企业实施监督检查，不得妨碍企业的正常生产经营活动，不得索取或者收受企业的财物或者谋取其他利益。

第六十一条　各级质量技术监督部门应当建立食品生产加工企业质量安全管理档案，详细记录企业基本情况、产品质量安全状况及企业监管情况，实行动态管理。

第六十二条　各级质量技术监督部门对食品生产企业实行分类监管制度。根据本辖区食品生产加工企业的生产条件、管理水平和产品质量状况等因素确定企业质量安全等级，实施分类管理。

第六十三条　对食品生产企业及其生产活动实行巡查。巡查时，应当如实记录企业执行本细则的情况。巡查中发现企业存在问题的，按照相关规定予以处理。

第六十四条　国家质检总局和各级质量技术监督部门应当根据不同类型食品的特点及产品质量状况，组织实施食品质量安全监督抽查。监督抽查应当按照有关规定执行。

监督抽查应当重点抽查存在倾向性质量问题的区域、质量不稳定的企业以及微生物、重金属、添加剂、有毒有害物质等重点指标。

第六十五条　各级质量技术监督部门对出现质量安全问题的食品，进行加严检验。

第六十六条　各级质量技术监督部门应当对取得食品生产许可证的企业提交的年度报告进行审查。必要时，对企业进行现场核查和产品检验。

第六十七条　各级质量技术监督部门对取得食品生产许可证的企业存在的不符合必备条件的问题改进情况实施回访。回访的情况应当记录存档。

第六十八条　各级质量技术监督部门在监督管理中，发现不属于本辖区管辖的质量安全问题，应当及时通报有管辖权的质量技术监督部门。

发现重大食品质量安全事件的，应当立即报送上级质量技术监督部门，也可以直接报告国家质检总局。

第六十九条　国家质检总局和省级质量技术监督部门应当建立由信息收集、风险评估和风险预警发布等构成的食品质量安全风险预警机制。

第七十条　各级质量技术监督部门应当建立食品质量安全事件快速反应机制。针对突然发生的重大食品质量安全事件，应当立即组织情况调查和产品分析，采取措施控制危害扩大，并有针对性地实施监管。

第七十一条　对不安全食品实行召回制度。食品生产加工企业发现其产品存在严重质量安全问题的，应当主动召回已出厂销售的有问题食品；企业不召回的，由企业所在地质量技术监督部门责令召回；企业拒不执行的，由省级以上质量技术监督部门公告召回。具体办法另行规定。

第七十二条　国家质检总局和省级质量技术监督部门应当建立严重违法行为企业公布制度，定期公布生产假冒伪劣食品的企业名单。

第七十三条　国家质检总局和省级质量技术监督部门应当通过查阅检验报告、检验结论对比等方式，对检验机构的检验过程和检验报告是否客观、公正、及时进行监督检查。

核查人员、检验机构及其检验人员刁难企业的，企业有权向国家质检总局和县级以上质量技术监督部门投诉。国家质检总局和县级以上质量技术监督部门接到投诉，应当及时进行调查处理。

第七章　核查人员和检验人员

第七十四条　国家对从事企业必备条件的核查人员实行资格管理制度，对食品检验人员实行职（执）业资格管理制度。

核查人员包括食品生产许可证注册审查员、高级审查员和技术专家。

第七十五条　国家质检总局负责统一制定核查人员和检验人员的考核标准，统一培训核查人员和检验人员的师资，统一组织注册审查员和高级审查员的考核注册。省级质量技术监督部门负责组织本辖区核查人员和检验人员的培训工作，负责检验人员考核发证。

第七十六条　国家质检总局统一规定检验人员的资格注册管理办法，省级质量技术监督部门具体负责检验人员的注册管理。

第七十七条　省级质量技术监督部门根据需要，可确定技术专家参加现场核查工作。

技术专家是指未取得审查员注册证书，但可以为企业必备条件现场核查提供技术咨询的专业技术人员。技术专家参加现场核查工作时，不作为核查组成员，不参与核查结论的决策。

技术专家应当具备一定的条件，并经省级质量技术监督部门批准、国家质检总局备案。未经批准、备案的人员不得作为技术专家参加核查工作。

第七十八条　核查人员、检验人员经注册或者批准备案后，方可持证上岗。未经考核合格取得相应的资格证书的人员，不得从事核查或者检验工作。

担任核查组组长的审查员必须经省级质量技术监督部门批准并报国家质检总局备案。

第八章　法律责任

第七十九条　食品生产加工企业有下列情况之一

的，责令其停止生产销售，没收违法生产销售的产品，并处违法生产销售产品（包括已售出和未售出的产品，下同）货值金额等值以上3倍以下的罚款；有违法所得的，没收违法所得；构成犯罪的，依法追究刑事责任。

（一）未取得食品生产许可证而擅自生产加工已实行生产许可证管理的食品的；

（二）已经被注销食品生产许可证或者食品生产许可证超过有效期仍继续生产加工已实行生产许可证管理的食品的；

（三）超出许可范围擅自生产加工已实行生产许可证管理的食品的。

第八十条 取得食品生产许可证的企业生产条件、检验手段、生产技术或者工艺发生变化的，未按照本细则规定办理重新申请审查手续的，责令停止生产销售，没收违法生产销售的产品，并限期办理相关手续；逾期仍未办理的，处违法生产销售产品货值金额3倍以下罚款；有违法所得的，没收违法所得；构成犯罪的，依法追究刑事责任。

取得食品生产许可证的企业名称发生变化，未按照本细则规定办理变更手续，责令限期办理相关手续；逾期仍未办理的，责令停止生产销售，没收违法生产销售的产品，并处违法生产销售产品货值金额等值以下的罚款；有违法所得的，没收违法所得。

第八十一条 取得食品生产许可证的企业未按本细则规定提交年度报告的，责令限期改正；逾期未改正的，处以5 000元以下的罚款。

第八十二条 取得食品生产许可证的企业未按本细则规定标注QS标志和食品生产许可证编号的，责令限期改正；逾期未改正的，处违法生产销售产品货值金额30%以下的罚款；有违法所得的，没收违法所得；情节严重的，吊销食品生产许可证。

第八十三条 取得食品生产许可证的企业出租、出借或者转让食品生产许可证证书、QS标志和食品生产许可证编号的，责令限期改正，处20万元以下罚款；情节严重的，吊销食品生产许可证。

违法接受并使用他人提供的食品生产许可证证书、QS标志和食品生产许可证编号的，责令停止生产销售，没收违法生产销售的产品，处违法生产销售产品货值金额等值以上3倍以下的罚款；有违法所得的，没收违法所得；构成犯罪的，依法追究刑事责任。

第八十四条 取得食品生产许可证的产品经国家监督抽查或者省级监督抽查不合格的，责令限期整改；整改到期经复查仍不合格的，吊销食品生产许可证。

取得食品生产许可证的产品经国家监督抽查或者省级监督抽查，涉及安全卫生等强制性标准规定的项目或者反映产品特征性能的项目连续2次不合格的，吊销食品生产许可证。

第八十五条 取得食品生产许可证的企业由于食品质量安全指标不合格等原因发生事故造成严重后果的，吊销食品生产许可证，并按照有关法律法规给予处理。

第八十六条 伪造、变造、冒用食品生产许可证证书、QS标志或者食品生产许可证编号的，责令改正，没收违法生产销售的产品，并处违法生产销售产品货值金额等值以上3倍以下的罚款；有违法所得的，没收违法所得；构成犯罪的，依法追究刑事责任。

第八十七条 食品生产加工企业用欺骗、贿赂等不正当手段取得食品生产许可证的，撤销生产许可，并处20万元以下罚款；企业在3年内不得再次申请食品生产许可；构成犯罪的，依法追究刑事责任。

食品生产加工企业隐瞒有关情况或者提供虚假材料申请食品生产许可的，不予受理或者不予许可，给予警告。该食品生产加工企业1年内不得再次申请食品生产许可。

第八十八条 取得食品生产许可证的企业向负责监督检查的质量技术监督部门隐瞒有关情况、提供虚假材料或者拒绝提供反映其活动情况的真实材料的，责令改正，处3万元以下罚款。

第八十九条 食品生产加工企业不能持续保持应当具备的环境条件、卫生要求、厂房场所、设备设施或者检验条件，责令限期改正，处5 000元以下的罚款；逾期不改正的，建议有关部门撤销相关行政许可，取得食品生产许可证的企业撤销食品生产许可。

第九十条 食品生产加工企业在生产加工活动中使用未取得生产许可证的实施生产许可证管理产品的，责令改正，处5万元以上20万元以下的罚款；有违法所得的，没收违法所得。取得食品生产许可证的企业有此行为且情节严重的，吊销食品生产许可证。

当事人有充分证据证明其不知道该产品为未取得生产许可证的实施生产许可证管理的产品并能如实说明进货来源的，可以从轻或者减轻处罚。

第九十一条 在食品生产中掺杂、掺假，以假充真，以次充好，或者以不合格产品冒充合格产品的，按照《中华人民共和国产品质量法》第五十条的规定处罚。取得食品生产许可证的企业有此行为的，吊销食品生产许可证。

第九十二条 生产和在生产中使用国家明令淘

汰的食品及相关产品，按照《中华人民共和国产品质量法》第五十一条的规定处罚。取得食品生产许可证的企业有此行为且情节严重的，吊销食品生产许可证。

第九十三条　伪造产品产地的，伪造或者冒用他人厂名、厂址的，伪造或者冒用认证标志等质量标志的，按照《中华人民共和国产品质量法》第五十三条的规定处罚。取得食品生产许可证的企业有此行为且情节严重的，吊销食品生产许可证。

第九十四条　食品生产加工企业存在下列行为之一的，责令限期改正；逾期不改正的或者情节严重的，责令停止生产销售，处3万元以下罚款。取得食品生产许可证的企业有此行为且情节严重的，吊销食品生产许可证。

（一）委托未取得食品生产许可证的企业生产加工已实行生产许可证管理的食品的；

（二）未按本细则规定实施出厂检验的；

（三）违反规定使用过期的、失效的、变质的、污秽不洁的、回收的、受其他污染的食品或者非食用的原料生产加工食品的；

（四）利用新资源生产食品、使用食品添加剂新品种、新的原材料生产的食品容器、包装材料和食品用工具、设备的新品种不能提供安全评价报告的；

（五）未按本细则规定进行委托加工食品备案或者未按规定在委托加工生产的食品包装上标注的。

第九十五条　食品生产加工企业存在下列行为之一的，责令限期改正；逾期不改正的或者情节严重的，处5 000元以下罚款。

（一）未按本细则规定进行强制检验、比对检验或者加严检验的；

（二）无标或者不按标准组织生产的；

（三）未按本细则规定实施进货验收制度并建立进货台账的；

（四）未将使用食品添加剂情况备案或者未按国家规定进行其他备案的；

（五）无生产记录或者销售记录的。

第九十六条　食品生产加工企业存在本细则第二十条（二）、（三）、（四）、（五）、（六）行为的，按照《中华人民共和国食品卫生法》第四十二条的规定处理。

第九十七条　食品生产加工企业违反规定使用食品添加剂、食品容器、包装材料和食品用工具、设备以及洗涤剂、消毒剂的，按照《中华人民共和国食品卫生法》第四十四条的规定处理。

第九十八条　被吊销食品生产许可证的企业，3年内不得再次申请食品生产许可证。

第九十九条　县级以上质量技术监督部门根据已经取得的违法嫌疑证据或者举报，认为取得食品生产许可证的企业存在应当依法吊销食品生产许可证行为的，要立即暂扣其生产许可证。

暂扣许可证期限为7日（产品检验时间除外）。对经依法调查决定不吊销的，暂扣的证书应当及时发还企业。

第一百条　企业或者检验机构的检验、检测仪器属于强制检定范围的计量器具，未按照规定申请检定或者属于非强制检定范围的计量器具未自行定期检定或者送其他计量检定机构定期检定的，以及经检定不合格继续使用的，按照《中华人民共和国计量法实施细则》第四十六条的规定处罚。

第一百零一条　承担产品发证检验任务的检验机构伪造检验结论或者出具虚假证明的，责令改正，对单位处5万元以上10万元以下的罚款，对直接负责的主管人员和其他直接责任人员处1万元以上5万元以下的罚款；有违法所得的，并处没收违法所得；情节严重的，撤销其检验资格；构成犯罪的，依法追究刑事责任。

检验机构及其检验人员从事与其检验的实施食品质量安全市场准入管理食品相关的生产销售活动，或者以其名义推荐或者监制、监销其检验的列入生产许可证管理食品的，处2万元以上10万元以下罚款；有违法所得的，没收违法所得；情节严重的，撤销其检验资格。

第一百零二条　核查人员、检验人员在工作中不科学、不公正地履行职责的，视情节轻重给予批评、警告或者调离岗位及其他必要的行政处分；情节严重的，取消资格；构成犯罪的，依法追究刑事责任。

第一百零三条　从事食品质量安全监督管理工作的机构和工作人员有违法违规行为的，按照《中华人民共和国工业产品生产许可证管理条例》第六十条、第六十一条、第六十二条、第六十三条、第六十四条处理。

第一百零四条　本细则规定的吊销食品生产许可证的行政处罚由省级或者市（地）级质量技术监督部门决定。在决定吊销国家质检总局核发的食品生产许可证前，由省级质量技术监督部门统一按规定程序报总局核准。决定吊销由省级质量技术监督部门核发的食品生产许可证前，市（地）级质量技术监督部门应当按程序报省级质量技术监督部门核准。

吊销食品生产许可证的行政处罚决定应当及时通报同级卫生主管部门、工商行政管理部门等有关部门。

本细则规定的其他行政处罚由县级以上质量技术

监督部门根据职权范围决定。

第一百零五条 食品生产加工企业对行政机关依据本细则所给予的行政处罚不服的，可以依法提出行政复议或者行政诉讼。

第九章 附 则

第一百零六条 食品生产加工企业申请领取食品生产许可证和进行相关的产品质量检验，应当按照国家有关规定交纳费用。收费标准按照国家和省级物价（价格）部门批准的文件执行。

第一百零七条 本细则规定的期限以工作日计算，不含法定节假日。

第一百零八条 本细则由国家质检总局负责解释。本细则自 2005 年 9 月 1 日起施行。国家质检总局 2003 年 7 月 18 日发布的《食品生产加工企业质量安全监督管理办法》同时废止。

（注：附件略）

酒类流通管理办法

（商务部 2005 年 11 月 7 日）

第一章 总 则

第一条 为规范酒类流通秩序，促进酒类市场有序发展，维护国家利益，保护酒类生产者、经营者和消费者的合法权益，根据国家有关法律、法规，制定本办法。

第二条 本办法所称酒类是指酒精度（乙醇含量）大于 0.5%（体积分数）的含酒精饮料，包括发酵酒、蒸馏酒、配制酒、食用酒精以及其他含有酒精成分的饮品。经国家有关行政管理部门依法批准生产的药酒、保健食品酒类除外。

本办法所称酒类流通包括酒类批发、零售、储运等经营活动。

第三条 在中华人民共和国境内从事酒类流通活动，应当遵守本办法。

第四条 酒类流通实行经营者备案登记制度和溯源制度。

第五条 商务部负责全国酒类流通监督管理工作。

县级以上商务主管部门负责本行政区域内酒类流通监督管理工作。

第二章 备案登记

第六条 从事酒类批发、零售的单位或个人（以下统称酒类经营者）应当在取得营业执照后 60 日内，按属地管理原则，向登记注册地工商行政管理部门的同级商务主管部门办理备案登记。

第七条 酒类经营者备案登记程序如下：

（一）领取《酒类流通备案登记表》（以下简称《登记表》）。《登记表》可以通过商务部政府网站（www.mofcom.gov.cn）下载，或到所在地商务主管部门领取。

（二）填写《登记表》。酒类经营者应完整、准确、真实地填写《登记表》；同时认真阅读《登记表》所附条款，并由法定代表人或业主签字、盖章。

（三）向商务主管部门提交下述备案登记材料：

1. 按本办法第七条第（二）项要求填写的《登记表》一式两份；

2. 由法定代表人或业主签字、盖章的营业执照复印件和卫生许可证复印件；

3. 经商务部认可并由省级商务主管部门公示要求提交的其他材料。

第八条 商务主管部门应自收到酒类经营者提交的上述材料之日起 5 个工作日内办理备案登记手续，在《登记表》上加盖印章。

第九条 商务主管部门应当完整准确地记录和保存酒类经营者的备案登记信息和登记材料，建立备案登记档案，定期向上级主管部门报送，并可向社会公布。

第十条 登记表上的任何登记事项发生变更时，酒类经营者应当自变更之日起 30 日内（属于工商登记事项的自工商登记变更之日起 30 日内）向商务主管部门办理变更手续。

商务主管部门收到酒类经营者提交的书面材料后，应当在 5 个工作日内办理变更手续。

《登记表》自酒类经营者在工商行政管理部门注销

登记或被吊销营业执照之日起自动失效。商务主管部门应定期与同级工商行政管理部门核实注销或吊销情况。

第十一条 商务主管部门在办理备案登记或变更备案登记时，仅可收取经当地物价部门核定的工本费，不得收取其他费用。

第十二条 酒类经营者不得伪造、涂改、出租、出借、转让、买卖或骗取《酒类流通备案登记表》。

第三章 经营规则

第十三条 从事酒类批发、零售、储运等经营活动应当依法执行国家或行业有关标准的规定。

第十四条 酒类经营者（供货方）在批发酒类商品时应填制《酒类流通随附单》（以下简称《随附单》），详细记录酒类商品流通信息。《随附单》附随于酒类流通的全过程，单随货走，单货相符，实现酒类商品自出厂到销售终端全过程流通信息的可追溯性。

《随附单》内容应包括售货单位（名称、地址、备案登记号、联系方式）、购货单位名称、销售日期、销售商品（品名、规格、产地、生产批号或生产日期、数量、单位）等内容，并加盖经营者印章。

已建立完善的并符合本办法要求的溯源制度的酒类经营者，经商务部认可，可以使用自行制定的单据，代替本办法规定的《随附单》。

第十五条 酒类经营者采购酒类商品时，应向首次供货方索取其营业执照、卫生许可证、生产许可证（限生产商）、登记表、酒类商品经销授权书（限生产商）等复印件。

酒类经营者对每批购进的酒类商品应索取有效的产品质量检验合格证明复印件以及加盖酒类经营者印章的《随附单》或符合本办法第十四条第二款规定的单据；对进口酒类商品还应索取国家出入境检验检疫部门核发的《进口食品卫生证书》和《进口食品标签审核证书》复印件。

酒类经营者应建立酒类经营购销台账，保留3年。

第十六条 酒类经营者应当在固定地点贴标销售散装酒，禁止流动销售散装酒。

散装酒盛装容器应符合国家食品卫生要求，粘贴符合国家饮料酒标签标准的标识，并标明开启后的有效销售期、经营者及其联系电话。

第十七条 酒类经营者储运酒类商品时应符合食品卫生管理、防火安全和储运的相关要求。酒类商品应远离高污染、高辐射地区，不得与有毒、有害、污染物（源）、腐蚀性等物品混放。

第十八条 酒类经营者销售酒类商品应明码标价，诚实守信。

第十九条 酒类经营者不得向未成年人销售酒类商品，并应当在经营场所显著位置予以明示。

第二十条 禁止批发、零售、储运以下商品：

（一）使用非食用酒精等有害人体健康物质兑制的酒类商品；

（二）伪造、篡改生产厂名、厂址、生产日期的酒类商品；

（三）侵犯商标专用权等知识产权的酒类商品；

（四）掺杂使假、以次充好、以假充真、超过保质期等的酒类商品和非法进口酒；

（五）其他国家法律法规禁止销售的酒类商品。

第四章 监督管理

第二十一条 县级以上商务主管部门依据国家有关法律、法规和本办法，对本行政区域内酒类流通进行监督管理。

各级商务主管部门不得限制或阻碍合法酒类商品在本地区的流通。

第二十二条 商务主管部门在监督管理时，应出示有效证件，执法人员不得少于两人。在有证据或接到举报等情况下，执法人员可以查阅账册或抽取样品。抽取样品的，应当向当事人出具有效凭证。

商务主管部门有义务为当事人保守商业秘密。

酒类经营者应配合商务主管部门的监督检查，如实提供情况，不得擅自转移、销毁待查受检酒类商品。

第二十三条 商务主管部门应建立酒类流通监测体系，对当地酒类流通情况进行监测分析，建立酒类经营者信用档案，并适时向社会公布。

商务部应用现代信息技术建立酒类流通管理和酒类商品安全信息系统，各级商务主管部门和酒类经营者应及时报送相关信息。

第二十四条 商务主管部门可自行或会同有关部门对本地区销售的酒类商品进行抽样检验，并可向社会公布检验结果。

商务主管部门出具或认可的酒类鉴定结论应以国家法定检测机构检测结果或被侵权企业的鉴别报告为依据。

第二十五条 鼓励酒类行业组织建立和完善行业自律制度。

第二十六条 任何单位或个人有权向当地商务主管部门、工商行政管理部门或有关部门举报、投诉违反本办法的行为。

第五章　法律责任

第二十七条　违反本办法第六条、第十条第一款规定的，由商务主管部门给予警告，责令其限期改正；逾期拒不改正的，可视情节轻重，对酒类经营者处2 000元以下罚款，并可向社会公告。

违反本办法第十二条规定的，可视情节轻重，处一万元以下罚款；违反工商行政管理法律法规的移送工商行政管理机关依法处理；构成犯罪的，依法追究刑事责任。

第二十八条　违反本办法第十四条、第十五条规定的，由商务主管部门予以警告，责令改正，并可向社会公布；拒不改正的，可视情节轻重，处五千元以下罚款，并向社会公告。

第二十九条　违反本办法第十六、十七条规定的，由商务主管部门予以警告、责令改正；情节严重的，可处一万元以下罚款，并可移送工商行政管理机关依法处理；构成犯罪的，依法追究刑事责任。

第三十条　违反本办法第十九条规定的，由商务主管部门或会同有关部门予以警告，责令改正；情节严重的，处两千元以下罚款。

第三十一条　违反本办法第二十条规定的，由商务主管部门或会同有关部门没收非法商品，并可视情节轻重处三万元以下罚款；违反工商行政管理法律法规及侵犯商标专用权的，移送工商行政管理机关依法处理；违反其他法律法规的，移送相关机关依法处理；构成犯罪的，依法追究刑事责任。

第三十二条　违反本办法第二十二条第三款规定的，由商务主管部门予以警告、责令改正；情节严重的，可处一万元以下罚款。

第三十三条　商务主管部门从事酒类流通监督管理违反本办法规定的，依法给予行政处分。

第六章　附　　则

第三十四条　已依法实行酒类流通行政许可管理的地区，应继续执行许可证制度，酒类商品流通按本办法实行溯源制度，酒类流通许可证书视同《登记表》。

第三十五条　《登记表》和《随附单》由商务部统一制定，省级商务主管部门负责具体实施。

第三十六条　县级以上商务主管部门可以依法委托相关机构从事酒类流通监督管理工作。

第三十七条　本办法由商务部负责解释。

第三十八条　本办法自2006年1月1日起施行，自施行之日起设立三个月过渡期。在过渡期内，酒类经营者应当按照本办法规定办理备案登记和建立酒类流通溯源制度。

关于扶持家禽业发展的若干意见

（国务院　国办发〔2005〕56号　2005年11月18日）

各省、自治区、直辖市人民政府，国务院各部委、各直属机构：

2005年入秋以来，我国局部地区又发生高致病性禽流感疫情，已对全国家禽业的稳定发展带来明显冲击。为加强疫情防控工作，维护家禽业稳定发展，按照企业和农户生产自救与国家适当扶持相结合、制定应急扶持措施与建立稳定发展长效机制相结合的原则，国家采取必要的扶持政策。经国务院同意，现提出以下意见：

一、对家禽免疫和疫区家禽扑杀给予财政补贴

应对高致病性禽流感疫情，要继续坚持预防为主、免疫和扑杀相结合的综合防控措施。对全国应免疫家禽逐步实施全面强制免疫，强制免疫所需疫苗费用全部由国家承担。对发生疫情的疫点周边3公里范围内的家禽实行强制扑杀，并进行无害化处理。对按规定扑杀禽只造成的养殖者损失，国家给予一定的补偿。强制免疫和扑杀所需资金由中央财政和地方财政共同负担，中央财政按东部地区20%、中部地区50%、西部地区80%的比例负担（对国家扶贫开发工作重点县提高10个百分点）。要认真落实补偿与补助政策，尽快把补偿补助资金足额发放到位，对重点疫区可预拨资金，疫情结束后再进行结算。

二、免征所得税，增值税即征即退，兑现出口退税，适当减免部分地方税

自 2005 年 11 月 1 日至 2006 年 6 月 30 日，对属于增值税一般纳税人的家禽加工企业和冷藏冷冻企业加工销售禽肉产品，实行增值税即征即退政策，并免征城市维护建设税和教育费附加。对家禽养殖（包括种禽养殖）、加工和冷藏冷冻企业进行家禽养殖（包括种禽养殖）、加工和冷藏冷冻禽肉的所得，免征 2005 年度企业所得税，2006 年视情况另行规定。对企业或个人由于禽类扑杀所取得的财政专项补助，免征企业所得税或个人所得税；对企业由于禽类扑杀所造成的净损失，允许其在所得税前全额列支。减收的增值税、所得税按现行财政体制负担。对禽类加工产品出口后的应退税款，及时足额退给企业。经省级人民政府批准，可以在全省（区、市）范围内或部分地区对家禽养殖（包括种禽养殖）、加工、冷藏冷冻企业及个人生产经营用的土地、房产和车船，适当减免 2006 年上半年度城镇土地使用税、房产税和车船使用税。

三、减免部分政府性基金和行政性收费

从 2005 年 11 月 1 日起至 2006 年 6 月 30 日，对家禽养殖、加工企业和养殖农户免征部分政府性基金，减免部分行政事业性收费，对出口的禽类及其产品免收出入境检验检疫费，具体减免办法由财政部、发展改革委制定。各级财政部门要保证检验检疫机构正常运转的经费。

四、加强流动资金贷款和财政贴息支持

各金融机构对重点家禽养殖、加工企业和疫苗定点生产企业（具体名单由农业部会同有关部门提出）给予必要的流动资金贷款支持，确保在疫情发生期间企业维持运转、保护基本生产能力的资金需要。对重点家禽养殖、加工企业和疫苗定点生产企业已经发放但尚未到期的流动资金贷款，可视其具体困难情况，适当延长还款期限，具体条件由贷款银行决定。国家财政按现行一年期流动资金贷款利率的一半给予贴息，贴息期为 2005 年 11 月 1 日起至 2006 年 6 月 30 日，贴息所需资金由中央财政按东部地区 20%、中部地区 50%、西部地区 80%的比例负担（对国家扶贫开发工作重点县提高 10 个百分点），其余贴息资金由省级财政负担。在疫情发生期间，对已到期并发生流动资金贷款拖欠的受损企业，贷款银行免收贷款罚息。各商业银行要在防范信贷风险的基础上，确保在疫情发生期间重点受损企业、疫苗定点生产企业必要的授信额度和新增贷款需要，加强信贷管理和资金调配，防止资金挪用，努力改善金融服务，提高工作效率，并将工作情况及时汇总报当地人民银行中心支行和银行业监管机构备案。

五、增强疫苗供应保障能力

免疫疫苗是防控禽流感的重要物资。要保障各疫苗定点生产企业的生产条件，积极支持和督促疫苗生产企业，按照生产规范和质量标准，挖掘生产潜力，扩大产量，保证疫苗供应。在防疫紧急时期内，疫苗实行国家统一调拨，确保重点。要加强疫苗质量监管，加大对假劣疫苗打击力度，对非法生产、销售假劣疫苗行为，坚决依法查处。逐步建立疫苗国家储备制度，国家财政给予必要的支持，具体办法由发展改革委会同财政部、农业部制定。在国家禽流感参考实验室建立病毒抗原储备库，以备应急需要。

六、保护种禽生产能力和家禽品种资源

种禽和地方家禽品种资源是支撑家禽业发展最重要的生产要素。祖代种禽场和家禽品种资源场优先享受国家有关流动资金贷款、免征企业所得税、减免收费等扶持政策。国家对祖代种禽场和家禽品种资源场完善基础设施等给予必要的支持。地方政府对种禽场和家禽品种资源场要采取严格的隔离保护措施，对重点种禽场周围 1～3 公里半径内的所有散养家禽，组织企业收购。种禽场和家禽品种资源场要严格各项管理制度，落实各项疫病防控措施，防止疫情发生。

七、维护正常的市场流通秩序

要根据依法防控、科学防控的原则，正确处理好加强疫情防控与保持正常市场流通秩序的关系。要在依法对疫区及周边地区严格管理的同时，要保证非疫区持有检疫合格证、公路运载工具消毒证明等有效证明，并查验合格的禽类产品的正常流通，各地不得人为设置障碍和采取封锁措施。铁路、交通、民航等部门既要加强防控措施，又要保证货畅其流。工商、质检、农业等部门

要加强城镇活禽交易和加工的管理，改善现场环境，搞好检疫和消毒。要科学宣传禽类产品消费知识，正确引导消费。海关、质检等部门要加大查验和巡查力度，严厉打击偷运走私禽类产品的违法行为。

八、确保养殖农户得到政策实惠和企业职工生活得到保障

受损企业在享受有关扶持政策的同时，要本着风险共担、利益共享的原则，确保养殖农户分享到政策实惠。鼓励企业在保本的情况下集中宰杀、加工、贮存，帮助农户渡过难关。龙头企业要履行与农户签订的合同和订单，因不可抗力造成合同和订单不能兑现的，应给予农户合理补偿。地方各级政府和有关部门要主动关心受损农户特别是养殖大户的生产生活，组织他们开展生产自救，切实解决他们的困难。企业受疫情影响压缩生产或停工停产的，应采取灵活安排工作时间等办法调整用工方式。确需裁减人员的，要按照国家有关规定支付经济补偿金或生活补助费。企业恢复生产时，要优先录用被裁减人员。对符合相关政策规定的职工，应享受失业保险待遇或将其家庭纳入城市居民最低生活保障；对生活困难的农民工应及时给予救济。农业、工商、劳动保障等部门要加强对企业保护养殖农户和职工权益情况的监督，并与享受有关扶持政策挂钩。

九、稳步推进家禽业转变饲养方式

要促进家禽业向规模化、标准化、现代化饲养方式转变，改善防疫条件，降低发生重大动物疫病风险。在家禽主产区，要统筹规划、积极稳妥地发展养殖小区和规模养殖场，实行统一的防疫和管理制度。国家对重点养殖小区和规模养殖场的防疫设施、粪污处理设施建设给予必要的支持。加快实施全国动物防疫体系建设规划，提高重大动物疾病预防和控制能力，促进家禽养殖业持续健康发展。

食品卫生许可证管理办法

（卫生部　2005 年 12 月 25 日）

第一章　总　　则

第一条　为规范食品卫生许可证的申请与发放，保障卫生行政部门有效实施食品卫生监督管理，维护正常的食品生产经营秩序，保护消费者健康，根据《中华人民共和国食品卫生法》（以下简称《食品卫生法》）、《中华人民共和国行政许可法》等有关法律法规的规定，制定本办法。

第二条　任何单位和个人从事食品生产经营活动，应当向卫生行政部门申报，并按照规定办理卫生许可证申请手续；经卫生行政部门审查批准后方可从事食品生产经营活动，并承担食品生产经营的食品卫生责任。

第三条　地方人民政府卫生行政部门遵守本办法，对食品生产经营者发放卫生许可证。

第四条　食品添加剂、保健食品和新资源食品生产企业生产活动的卫生许可，由省级卫生行政部门发放卫生许可证。

其他食品生产经营者生产经营活动的卫生许可证由省级、设区的市级、县级卫生行政部门根据《关于卫生监督体系建设的若干规定》确定的职责范围发放。地方性法规或省级人民政府规章对发放卫生许可证的卫生行政部门级别做出明确规定的，依照其规定。

第五条　卫生行政部门发放卫生许可证，必须严格按照法律、法规和规章规定的权限、范围、条件与程序，遵循公开、公平、公正、便民原则。

第六条　地方人民政府卫生行政部门应当建立卫生许可证信息管理制度，定期公告取得或者注销卫生许可证的食品生产经营者名录。

第七条　地方人民政府卫生行政部门应当建立健全发放卫生许可证的监督制度，加强对卫生行政部门内部发放卫生许可证的监督检查。

第八条　各级卫生行政部门不得采取备案、登记、注册等方式重复或者变相重复设置食品卫生许可。

第九条　任何单位和个人对卫生许可证发放和管理过程中的违法行为有权进行举报，卫生行政部门应当及时核实、处理。

第十条　卫生行政部门实施食品卫生许可所需经费，应当列入本行政机关预算。按照规定可以收费的，应当按照公布的法定项目和收费标准收取，所收缴的费用全部上缴国库。

第二章　卫生许可证申请

第十一条　任何从事食品生产经营活动的单位和个人申请卫生许可证的，应当符合相应的食品卫生法律、法规、规章、标准和规范的要求，具有与其食品生产经营活动相适应的条件。

第十二条　申请从事食品生产加工的，必须具备以下条件：

（一）具有卫生管理制度、组织和经过专业培训的专兼职食品卫生管理人员；

（二）具有与食品生产加工相适应的、符合卫生要求的厂房、设施、设备和环境；

（三）具有在工艺流程和生产加工过程中控制污染的条件和措施；

（四）具有符合卫生要求的生产用原、辅材料、工具、容器及包装物料；

（五）具有能对食品进行检测的机构、人员以及必要的仪器设备；

（六）从业人员经过上岗前培训、健康检查合格；

（七）省级卫生行政部门规定的其他条件。

第十三条　申请从事食品经营的，必须具备以下条件：

（一）具有卫生管理制度、组织和经过专业培训的专兼职食品卫生管理人员；

（二）具有与食品经营相适应的、符合卫生要求的营业场所、设施、设备和环境；

（三）具有在食品贮藏、运输和销售过程中控制污染的条件和措施；

（四）从业人员经过上岗前培训、健康检查合格；

（五）省级卫生行政部门规定的其他条件。

第十四条　申请从事餐饮业和食堂经营的，必须具备以下条件：

（一）具有卫生管理制度、组织和经过专业培训的专兼职食品卫生管理人员；

（二）具有符合卫生条件和要求的加工经营场所、清洗、消毒等卫生设施、设备；

（三）具有在食品采购、贮存、加工制作过程中控制污染的条件和措施；

（四）从业人员经过上岗前培训、健康检查合格；

（五）省级卫生行政部门规定的其他条件。

第十五条　申请卫生许可证所提交的材料，应当真实、完整，具体要求由省级卫生行政部门统一规定。

第三章　卫生许可证发放审查

第十六条　卫生行政部门对食品生产经营者提出的卫生许可证申请，应当在规定的期限内，按照法定的权限、范围、条件与程序，对其必须具备的生产经营条件进行量化评分和审查。必要时，可以要求其提供卫生检验检测报告。

第十七条　卫生行政部门对卫生许可证申请的审查应当包括对申请材料的书面审查和现场实地审查。省级卫生行政部门受理的卫生许可证申请，可以委托设区的市级卫生行政部门进行现场实地审查。

第十八条　卫生行政部门对食品生产加工者申请卫生许可证的审查内容包括：

（一）卫生管理制度、组织和经过专业培训的专兼职食品卫生管理人员设置情况；

（二）厂房、选址、布局设计、环境卫生状况及设施设备设置运行情况；

（三）工艺流程和生产过程中的污染控制措施；

（四）生产用原、辅材料、工具、容器及包装物料卫生状况；

（五）产品检验设施与能力；

（六）从业人员健康检查情况；

（七）省级卫生行政部门规定的其他内容。

第十九条　卫生行政部门对食品经营者申请卫生许可证的审查内容包括：

（一）卫生管理制度、组织和经过专业培训的专兼职食品卫生管理人员设置情况；

（二）贮存、运输和营业场所选址、面积、布局、环境卫生状况及供水、防尘防鼠防虫害、专间等设施设备设置运行情况；

（三）食品采购、贮藏、运输和销售过程中污染控制措施；

（四）从业人员健康检查情况；

（五）省级卫生行政部门规定的其他内容。

第二十条　卫生行政部门对餐饮业、食堂经营者申请卫生许可证的审查内容：

（一）卫生管理制度、组织和经过专业培训的专兼职食品卫生管理人员设置情况；

（二）食品加工经营场所的选址、环境、建筑结构、布局、分隔、面积等情况；

（三）厕所、加工制作专间、更衣室、库房、供水、通风、采光、防尘防鼠防虫害、废弃物存放、清洗、消毒、餐用具等卫生设施和设备设置情况；

（四）食品采购、贮存、加工制作及供餐等操作过程中的污染控制措施；

（五）从业人员健康检查情况；

（六）省级卫生行政部门规定的其他内容。

第二十一条 申请卫生许可证的食品生产经营者，其实施食品卫生监督量化分级管理制度评分应达到总分60%以上。

第二十二条 卫生行政部门对符合发放条件的食品生产经营者颁发食品卫生许可证。不予发证的，应当书面说明理由，并告知申请人依法享有的申请行政复议或者提起行政诉讼的权利。

第二十三条 卫生行政部门对未达到卫生许可证发放条件的食品生产经营者，应当提出整改意见；对学校食堂、建筑工地食堂的整改意见，还应当及时通报教育、建设主管部门，提请有关主管部门督促整改。学校食堂、建筑工地食堂经限期整改仍达不到卫生许可证发放条件的，经教育、建设主管部门同意，可以适当延长整改期限，达到发放条件的方可发放卫生许可证。

第二十四条 食品生产经营者因违反食品卫生法规，被处以吊销卫生许可证的，其法定代表人或者主要负责人三年内不得申请卫生许可证，卫生行政部门不予受理。

第四章 卫生许可证的管理

第二十五条 卫生许可证应当载明：单位名称、地址、许可范围、法定代表人或者业主、许可证编号、有效期限、发证机关（加盖公章）及发证日期等内容。

实施食品卫生监督量化分级管理制度并确定食品卫生信誉度等级的，应当在卫生许可证上加贴食品卫生等级标志。

第二十六条 卫生许可证载明的单位名称应当与工商部门核准的名称一致；单位注册地地址与生产地地址不同的，填写地址时应当分别标明。

第二十七条 卫生许可证由卫生部统一规定式样。

卫生许可证有效期为四年，临时从事食品生产经营活动的单位和个人的卫生许可证的有效期不超过半年。

第二十八条 卫生许可证编号格式为：（省、自治区、直辖市简称）卫食证字〔发证年份〕第XXXXXX－YYYYYY号（XXXXXX指行政区域代码，YYYYYY指本行政区域发证顺序编号）。

第二十九条 同一食品生产经营者在两个以上（含两个）地点从事食品生产经营活动的，应当分别申领卫生许可证。

第三十条 食品生产经营者改变生产经营地址的，应当重新申请并办理卫生许可证。

食品生产经营者变更卫生许可证其他内容的，应当按照省级卫生行政部门的有关规定办理相应的变更手续。

对生产工艺、主要设备改变或者原生产经营场所进行扩建或者改建的，卫生行政部门在予以变更前应当进行现场实地审查。

第三十一条 食品生产经营者需要延续卫生许可证的，应当在卫生许可证有效期届满前60日内向原发证机关提出申请。

同意延续卫生许可证的，原编号不变，有效期为4年。

逾期提出延续申请的，按新申请卫生许可证办理。

第三十二条 食品生产经营者遗失卫生许可证的，应当于遗失后60日内向卫生行政部门申请补办。

第三十三条 食品生产经营者在卫生许可证有效期内，停止食品生产经营活动一年以上的，卫生许可证自动失效并由原发证机关注销。

第三十四条 委托生产加工食品的，受委托方应当符合下列条件：

（一）取得卫生许可证；

（二）受委托生产加工的食品品种在其获得的许可范围内；

（三）食品卫生信誉度等级达到A级。

第三十五条 委托生产加工的食品，其产品最小销售包装、标签和说明书上应当分别标明委托方、受委托方的企业名称、生产地址和卫生许可证号。

第三十六条 食品生产经营者取得卫生许可证后，应当妥善保管，不得转让、涂改、出借、倒卖、出租或者以其他非法形式转让。

食品生产经营者应当在明显位置悬挂或者摆放卫生许可证，方便消费者监督。

第五章 监督检查

第三十七条 上级卫生行政部门应当加强对下级卫生行政部门发放卫生许可证的监督检查，发现下级卫生行政部门违反规定发放卫生许可证的，应当责令下级卫生行政部门限期纠正或者直接予以纠正。

第三十八条 卫生行政部门及其工作人员履行卫生许可证发放职责，应当自觉接受食品生产经营单位和个人以及社会的监督。

卫生行政部门接到举报内部工作人员违反规定发放卫生许可证的，应当及时进行核实；对情况属实的，应当立即纠正。

第三十九条 卫生行政部门及其工作人员违反本办法规定发放卫生许可证的，由上级卫生行政部门责令改正，对有关卫生行政部门可以给予限期整改、通报批评；对有关工作人员，可以给予批评教育、离岗培训、调离执法岗位、取消执法资格等处理；情节严重，造成严重后果的，依法给予行政处分；涉嫌犯罪的，移送司法机关处理。

追究有关人员行政责任时，按照下列原则：

（一）申请人不符合卫生许可证发放条件，承办人出具申请人符合卫生许可证发放条件的意见的，追究承办人行政责任；

（二）承办人认为申请人不符合卫生许可证发放条件，主管领导仍然批准发放卫生许可证的，追究主管领导行政责任。

承办人和主管领导均有过错的，主要追究主管领导行政责任。

第四十条 县级以上地方人民政府卫生行政部门应当根据发放的卫生许可证，建立食品生产经营者监管档案，加强对被许可人从事食品生产经营活动的监督检查，并按照规定要求做好监督检查情况和处理结果等记录的归档工作。

第四十一条 卫生行政部门对食品生产经营者进行监督检查，应当严格遵守相关法律、法规和规章的规定；按照食品卫生监督量化分级管理的要求，实行动态管理。

第四十二条 卫生行政部门发现被许可人不符合卫生许可证发放条件时，应当责令改正；被许可人有主管部门的，应当通报其主管部门督促整改。

按照规定，对违法行为应当依法进行行政处罚的，卫生行政部门应当及时作出行政处罚。

对无证无照的食品生产经营者，卫生行政部门应当积极配合工商等行政部门予以取缔。

第四十三条 有下列情形之一的，作出发放卫生许可证决定的卫生行政部门或者其上级卫生行政部门，可以撤销卫生许可证：

（一）卫生行政部门工作人员滥用职权，玩忽职守，给不符合条件的申请人发放食品卫生许可证的；

（二）卫生行政部门工作人员超越法定职权发放食品卫生许可证的；

（三）卫生行政部门工作人员违反法定程序发放食品卫生许可证的；

（四）依法可以撤销发放食品卫生许可证决定的其他情形。

被许可人以欺骗、贿赂等不正当手段取得食品卫生许可证的，应当予以撤销。

卫生行政部门依照本条第一款规定撤销食品卫生许可证，对食品生产经营者的合法权益造成损害的，应当依法予以赔偿。

第四十四条 有下列情形之一的，卫生行政部门应当依法注销卫生许可证：

（一）卫生许可证有效期届满未延续的；

（二）食品生产经营者依法终止的；

（三）卫生许可证依法被撤销、撤回或者卫生许可证依法被吊销的；

（四）依法应当注销卫生许可证的其他情形。

第四十五条 违反本办法，根据《食品卫生法》等有关法律法规予以处罚。

第六章 附 则

第四十六条 本办法自2006年6月1日起施行。以往发布的有关规定与本办法不一致的，以本办法为准。

关于进一步促进粮食批发市场发展的意见

（国家粮食局 国粮政［2005］192号 2005年12月30日）

粮食批发市场是粮食市场体系的重要组成部分。经过十几年的发展，我国粮食批发市场已具有一定规模，在组织粮食流通、满足消费需求、调控粮食市场、合理配置粮食资源等方面发挥了重要作用。但是，粮食批发市场建设还面临一些突出问题，主要是：市场建设缺乏整体规划，存在盲目重复建设现象；一些市场定位不明确，服务功能不强，经营观念和方式不适应新形势发展的要求；扶持市场发展的政策措施不完善，市场管理的法规规章不健全等。根据《国务院关于进一步深化粮食流通体制改革的意见》（国发［2004］17号）关于“加强粮食批发市场建设，提升市场服务功能”的要求，为促进粮食批发市场健康有序发展，更好地发挥应有作用，提出以下指导意见。

一、合理定位，明确市场发展思路

（一）粮食批发市场的功能定位。在社会主义市场经济条件下，粮食批发市场承担着粮食现货集中批量交易服务的职能，具有集散、交易、信息、价格形成和结算等五个方面的基本功能，并为企业提供融资、运输、质量检测等综合服务，促进粮食高效、有序流通，引导粮食生产，满足消费需求。

（二）粮食批发市场建设和发展的基本思路。现阶段粮食批发市场的建设和发展，要按照建立社会主义市场经济体制的要求，适应粮食流通市场化、法制化、现代化以及国家粮食宏观调控的需要，统筹规划，合理布局，依市建场，规范经营，形成多元化、多层次、多形式、网络化的发展格局，逐步建成统一开放、竞争有序的粮食批发市场体系。

二、科学规划，促进市场合理布局

（三）粮食批发市场建设要坚持合理布局的原则。要遵循市场经济内在规律，打破行政区划界限，按照粮食商品合理流向、消费需求、区域交通条件等，统筹考虑市场的布局，形成全国性、区域性、城乡摊位式多层次有机结合和网络化的粮食批发市场体系。

（四）认真研究制定粮食批发市场发展规划。各级粮食行政管理部门要从实际需要出发，认真研究制定粮食批发市场建设规划。国家粮食行政管理部门负责制定全国粮食批发市场的总体发展规划，加强对全国粮食批发市场发展的指导、协调和服务。对辐射范围大、市场竞争力强的全国性粮食批发市场和重点区域性粮食批发市场，给予重点扶持，充分发挥其配置粮食资源、衔接粮食产销和国家粮食宏观调控中的重要载体作用。各省级粮食行政管理部门负责制定本地粮食批发市场规划，根据全国总体规划要求，确定一部分发展基础好、交易量大、运作规范的市场作为区域性骨干粮食批发市场，给予政策扶持，发挥其调节当地粮食供求、稳定市场的积极作用。在各大中城市以及销区中小城市，要特别注意和大力支持以成品粮交易为主的粮食批发市场的建设和发展。

（五）加强粮食批发市场的整合。要按照市场经济规律要求，对现有的各类粮食批发市场进行规范。对盲目建设、有场无市、经营困难的粮食批发市场，要采取兼并、关闭、转向等方式进行整合。要结合当地市场建设规划，统筹考虑粮食批发市场建设问题，可以通过土地置换调整粮食批发市场布局，但要充分利用粮食批发市场的辐射范围，以防止重复建设、资源浪费和无序竞争。要结合全国粮食现代物流建设规划，抓好粮食综合批发市场建设项目，在重要粮食销地和集散地利用现有粮食批发市场，不断完善基础设施。

三、因地制宜，探索多种发展模式

（六）因地制宜科学选择发展模式。目前，我国粮食批发市场主要有商流市场、摊位式物流市场、电子商务等多种发展模式，各类市场功能和经营方式各具特点，相互衔接，共同发展。各地粮食批发市场要在注重商流、物流、资金流、信息流进一步融合的基础上，因地制宜地选择发展模式。粮食商流市场要完成好各级政府委托的政策性用粮购销任务，做好粮食信息发布和粮食质量检验，继续发挥市场导向和国家宏观调控载体作用，同时积极探索和物流结合的路子。粮食物流市场要在保障当地粮食供求、满足不同层次消费者口粮需求等方面进一步发挥重要作用，规范市场交易行为，加强对成品粮的检验检测，确保口粮安全可靠，保护好消费者利益。要大力发展粮食电子商务市场，充分发挥其在实行网上买卖撮合，降低交易成本方面的示范作用。

（七）从本地实际需要出发突出经营特色和重点。产区的粮食批发市场要组织好粮食销售，促进本地粮食资源优势向经济优势转化，帮助农民增收，并通过信息和价格的引导，促进农民根据市场需求调整粮食生产结构。销区的粮食批发市场要组织好粮源，满足本地粮食需求。产区和销区的粮食批发市场要加强沟通和合作，在发展粮食产销衔接中发挥积极作用。

四、加快改革创新，提升市场服务功能

（八）不断完善和提升服务功能。粮食批发市场要进一步树立服务意识，完善各项服务，不断提升功能和档次，扩大市场辐射范围，增强市场竞争能力。同时，要简化市场交易手续，加强市场管理，完善交易规则，创新交易方式，提高交易效率，切实保护交

易双方的合法权益。要及时发布粮食价格信息，为客户提供质量检验检测、金融结算、仓储运输等方面优质、快捷的服务，增强市场的吸引力，吸引大宗粮食进场交易。

（九）拓展业务领域，实现功能创新。粮食批发市场要根据市场需要，进一步拓展业务领域，延长经营和服务链条。积极探索与产业化经营和期货交易相结合的道路，逐步向粮食生产和加工领域延伸，培育新的增长点，在市场竞争中求发展，提高市场经济效益，增强市场活力和辐射能力。

（十）积极探索适合自身改革的形式。实行企业化管理的粮食批发市场，要明晰产权，建立现代企业制度，鼓励和培育多种市场主体参与市场经营。在经营管理体制上，可以采取独资、股份制、股份合作制等多种形式，建立规范的公司治理结构。采取事业单位或其他形式的批发市场，要通过完善内部管理体制，引入科学管理和人才竞争机制，进一步提高经营管理水平。

五、加强指导，创造良好外部环境

（十一）提高认识，加强领导。在粮食流通市场化的新形势下，粮食批发市场在组织大宗粮食交易，促进粮食流通，合理配置粮食资源，满足各方面需求，特别是满足城市口粮消费需求，承担国家宏观调控任务等方面发挥着重要作用。各地要充分重视粮食批发市场建设的重要性，把促进粮食批发市场发展作为健全和完善粮食市场体系和粮食宏观调控体系的重要内容，作为粮食行业管理和指导的重要工作，切实抓好。国家粮食行政管理部门要加强对全国粮食批发市场建设的指导和监管，抓紧起草全国粮食批发市场建设规划，加快制定《粮食批发市场管理办法》。各地粮食行政管理部门也要承担起相应的责任。

（十二）要进一步完善国家粮食局重点联系批发市场制度。加强对重点联系批发市场竞价交易、大中城市成品粮市场交易的指导和监管工作，督促批发市场做好价格信息的网上报送工作，及时掌握市场粮食供求和价格变动情况，为国家粮食宏观调控服务。要继续加强对粮食批发市场分会工作的指导。

（十三）加大政策扶持力度，为粮食批发市场发展创造良好的政策环境。地方各级政府要根据地方实际情况，逐步完善相关政策措施，增强扶持粮食批发市场发展政策措施的可操作性，并认真落实。要把粮食批发市场建设纳入到地方基础设施建设中，对粮食批发市场质量检测和信息系统建设给予必要的资金支持。各级粮食行政管理部门要积极协调工商、金融、税务等部门，争取对进场交易客户给予优惠政策。各地要进一步落实《粮食流通管理条例》有关“政策性用粮的采购、销售和轮换原则上通过粮食批发市场公开进行”的规定，督促中央和地方政策性用粮进入粮食批发市场公开进行。

（十四）进一步加强行业自律。粮食行业协会批发市场分会要进一步增强服务意识和自律意识，加强对粮食批发市场的协调、服务和监督，在促进粮食批发市场健康发展、维护粮食市场秩序方面发挥好协调和指导作用。

进境货物木质包装检疫监督管理办法

（国家质检总局 2005年12月31日）

第一条 为规范进境货物木质包装检疫监督管理，防止林木有害生物随进境货物木质包装传入，保护我国森林、生态环境，便利货物进出境，根据《中华人民共和国进出境动植物检疫法》及其实施条例，制定本办法。

第二条 本办法所称木质包装是指用于承载、包装、铺垫、支撑、加固货物的木质材料，如木板箱、木条箱、木托盘、木框、木桶（盛装酒类的橡木桶除外）、木轴、木楔、垫木、枕木、衬木等。

本办法所称木质包装不包括经人工合成或者经加热、加压等深度加工的包装用木质材料（如胶合板、刨花板、纤维板等）以及薄板旋切芯、锯屑、木丝、刨花等以及厚度等于或者小于6mm的木质材料。

第三条 国家质量监督检验检疫总局（以下简称国家质检总局）统一管理全国进境货物木质包装的检疫监督管理工作。

国家质检总局设在各地的出入境检验检疫机构（以下简称检验检疫机构）负责所辖地区进境货物木

质包装的检疫监督管理工作。

第四条 进境货物使用木质包装的，应当在输出国家或者地区政府检疫主管部门监督下按照国际植物保护公约（以下简称 IPPC）的要求进行除害处理，并加施 IPPC 专用标识。除害处理方法和专用标识应当符合国家质检总局公布的检疫除害处理方法和标识要求。

第五条 进境货物使用木质包装的，货主或者其代理人应当向检验检疫机构报检。检验检疫机构按照以下情况处理：

（一）对已加施 IPPC 专用标识的木质包装，按规定抽查检疫，未发现活的有害生物的，立即予以放行；发现活的有害生物的，监督货主或者其代理人对木质包装进行除害处理。

（二）对未加施 IPPC 专用标识的木质包装，在检验检疫机构监督下对木质包装进行除害处理或者销毁处理。

（三）对报检时不能确定木质包装是否加施 IPPC 专用标识的，检验检疫机构按规定抽查检疫。经抽查确认木质包装加施了 IPPC 专用标识，且未发现活的有害生物的，予以放行；发现活的有害生物的，监督货主或者其代理人对木质包装进行除害处理；经抽查发现木质包装未加施 IPPC 专用标识的，对木质包装进行除害处理或者销毁处理。

第六条 检验检疫机构对未报检且经常使用木质包装的进境货物，可以实施重点抽查，抽查时按照以下情况处理：

（一）经抽查确认未使用木质包装的，立即放行。

（二）经抽查发现使用木质包装的，按照本办法第五条规定处理，并依照有关规定予以行政处罚。

第七条 检验检疫机构对木质包装违规情况严重的，在报经国家质检总局批准同意后，监督货主或者其代理人连同货物一起作退运处理。

第八条 对木质包装进行现场检疫时应当重点检查是否携带天牛、白蚁、蠹虫、树蜂、吉丁虫、象虫等钻蛀性害虫及其为害迹象，对有昆虫为害迹象的木质包装应当剖开检查；对带有疑似松材线虫等病害症状的，应当取样送实验室检验。

第九条 需要将货物运往指定地点实施检疫或者除害处理的，货主或者其代理人应当按照检验检疫机构的要求，采取必要的防止疫情扩散的措施。集装箱装运的货物，应当在检验检疫人员的监督下开启箱门，以防有害生物传播扩散。

需要实施木质包装检疫的货物，除特殊情况外，未经检验检疫机构许可，不得擅自卸离运输工具和运递及拆除、遗弃木质包装。

第十条 过境货物裸露的木质包装以及作为货物整批进境的木质包装，按照本办法规定执行。

进境船舶、飞机使用的垫舱木料卸离运输工具的，按照本办法规定执行；不卸离运输工具的，应当接受检验检疫机构的监督管理，在监管过程中发现检疫性有害生物的，应当实施除害或者销毁处理。

第十一条 检验检疫机构应当加强与港务、海关、运输、货物代理等部门的信息沟通，通过联网、电子监管及审核货物载货清单等方式获得货物及包装信息，根据情况作出是否抽查的决定。

第十二条 检验检疫机构应当根据检疫情况做好进出口商和输出国家或者地区木质包装标识企业的诚信记录，对其诚信作出评价，实施分类管理。对诚信好的企业，可以采取减少抽查比例和先行通关后在工厂或其他指定地点实施检疫等便利措施。对诚信不良的企业，可以采取加大抽查比例等措施。对多次出现问题的，国家质检总局可以向输出国家或者地区发出通报，暂停相关标识加施企业的木质包装入境。

第十三条 来自中国香港、澳门特别行政区（以下简称港澳地区）和中国台湾地区的货物使用木质包装的，参照本办法规定执行。

第十四条 经港澳地区中转进境货物使用木质包装，不符合本办法第四条规定的，货主或者其代理人可以申请国家质检总局认定的港澳地区检验机构实施除害处理并加施 IPPC 标识或者出具证明文件，入境时，检验检疫机构按照本办法的规定进行抽查或者检疫。

第十五条 为便利通关，对于经港澳地区中转进境未使用木质包装的货物，货主或者其代理人可以向国家质检总局认定的港澳地区检验机构申请对未使用木质包装情况进行确认并出具证明文件。入境时，检验检疫机构审核证明文件，不再检查木质包装，必要时可以进行抽查。

第十六条 旅客携带物、邮寄物使用的木质包装未加施 IPPC 标识的，经检疫未发现活的有害生物的，准予入境；发现活的有害生物的，对木质包装进行除害处理。

第十七条 有下列情况之一的，检验检疫机构依照《中华人民共和国进出境动植物检疫法》及其实施条例的相关规定予以行政处罚：

（一）未按照规定向检验检疫机构报检的；

（二）报检与实际情况不符的；

（三）未经检验检疫机构许可擅自将木质包装货物卸离运输工具或者运递的；

（四）其他违反《中华人民共和国进出境动植物检疫法》及其实施条例的。

第十八条　有下列情况之一的，由检验检疫机构处以3万元以下罚款：

（一）未经检验检疫机构许可，擅自拆除、遗弃木质包装的；

（二）未按检验检疫机构要求对木质包装采取除害或者销毁处理的；

（三）伪造、变造、盗用IPPC专用标识的。

第十九条　国家质检总局认定的检验机构违反有关法律法规以及本办法规定的，国家质检总局应当根据情节轻重责令限期改正或者取消认定。

第二十条　检验检疫人员徇私舞弊、滥用职权、玩忽职守，违反相关法律法规和本办法规定的，依法给予行政处分；情节严重，构成犯罪的，依法追究刑事责任。

第二十一条　本办法由国家质检总局负责解释。

第二十二条　本办法自2006年1月1日起施行。本办法施行前颁布的有关规章及规范性文件与本办法规定不一致的，按照本办法执行。

食品添加剂明胶生产企业卫生规范

（卫生部　卫监督发〔2005〕535号　2005年12月31日）

第一章　总　则

第一条　为加强食品添加剂明胶（以下简称“明胶”）生产企业的卫生监督管理，保证产品的卫生安全，依据《中华人民共和国食品卫生法》和《食品添加剂卫生管理办法》的有关规定，制定本卫生规范。

第二条　本规范规定了明胶生产企业的选址、设计与设施、原料采购、生产过程、质量检验、贮存与运输和从业人员的基本卫生要求和管理原则。

第三条　从事明胶生产的企业都必须遵守本规范。明胶生产企业负责人是产品卫生安全的责任人，应当承担确保产品卫生安全的责任。

第四条　各级人民政府卫生行政部门监督本规范的实施。

第二章　选址、设计与设施卫生要求

第五条　新建、改建、扩建的明胶生产企业，生产场所的选址、设计和施工应符合本规范的要求，经省、自治区、直辖市卫生行政部门审查，并进行竣工验收。

第六条　明胶生产企业应选址于地势干燥、水源充足、交通便利，不影响周围居民生活和安全的区域。厂区道路应硬化，防止尘土飞扬和积水。厂区周围环境应当绿化，周围25m内不得有粉尘、有害气体、放射性物质和其他扩散性污染源，不得有昆虫大量孳生的潜在场所。

第七条　生产过程中应具有相应的卫生安全设施，可能产生有害气体、粉尘、噪声和污水等污染源的生产场所必须单独设置，并与居民区有适当的卫生防护距离和措施。在使用、贮存强酸、强碱等腐蚀性化学物质的场所，应有明显的警示标识。

第八条　厂区要合理布局，建筑物、设备布局与工艺流程三者衔接合理，既能保证生产的连续性且能防止交叉污染。厂区划分为生产区和生活区。生产区按卫生要求划分为一般作业区、准清洁区和清洁区。一般作业区为：原料库、原料处理工序（膨胀、酸化、水洗）、成品库等区域；准清洁区为：萃取、过滤、浓缩工序等区域；清洁区为：胶液凝冻、烘干、粉碎、半成品贮存、混配、包装工序等区域。

第九条　动力、供暖、空调机房、给排水系统和废水、废气、废渣处理系统及其他辅助建筑和设施的设置应不影响生产场所卫生，不对周围环境造成污染。

第十条　应有与生产规模相适应的生产用房，其净高不得低于3m，使用面积不小于150m²。生产车间通道应当宽敞，采用无阻设计，保证运输和卫生安全防护。

第十一条　生产车间地面应平整、防滑、耐磨、无毒、耐腐蚀、不渗水、便于清洗。需要清洗的工作区地面应有1°～2°的坡度，在最低处应设有地漏，地面不得积水。

第十二条　准清洁区、清洁区的墙壁和屋顶应采用浅色、防潮、防腐蚀、防毒、防渗和不易脱落的无毒材料。

第十三条　生产车间、仓库应有良好的通风，采用自然通风时，通风面积与地面面积之比不应小于

1∶16；采用机械通风时，换气量不得小于每小时换气三次。

第十四条 生产车间或工作场所应有良好的自然采光或人工照明。检验场所工作面混合照度不应低于540lux，加工场所工作面不应低于220lux，其他场所一般不应低于110lux。

第十五条 明胶的生产用设备、工具、管道、容器必须符合相应的卫生要求，采用无毒、无异味、耐腐蚀、不渗水、不变形的材料制作。

第十六条 生产用水应能满足生产工艺要求，符合生活饮用水水质卫生规范的要求。

第十七条 建筑物及各项设备应根据生产工艺卫生要求和产品生产的特点，相应设置有效的防尘、防鼠、防蚊蝇设施。

第十八条 准清洁区和清洁区人员入口处设更衣室，配备相应的更衣设施，应设流水洗手及手消毒设施。厕所应设在生产场所外，必须为水冲式。

第十九条 产品混配、包装场所应具备空气消毒和净化设施。采用紫外线消毒者应按30瓦/10～15m^2设置，高于地面2m吊装。采用空气净化装置的生产车间，其空气进风口应远离排风口，距地面2.0m以上，附近不得有污染源。

第二十条 生产设施、电线管、水管、汽管的安装，应当防止水滴和冷凝物污染产品、容器。提倡企业生产自动化、管道化、封闭化。

第三章 生产过程卫生要求

第二十一条 明胶生产企业应建立健全卫生安全保证体系，制定各工序的岗位操作规程和卫生管理制度，并配备卫生管理人员，严格按照规程和制度操作。

第二十二条 明胶生产可以使用以下原料：(1)屠宰场、肉联厂、罐头厂、菜市场等提供的经检疫合格的新鲜牛、猪、羊等牲畜的皮和骨；(2)制革鞣制工艺前，剪切下的带毛边皮或剖下的内层皮，俗称为毛边皮、二层皮、三清皮等生皮；(3)骨粒加工厂整理加工的清洁骨粒和直接收购的自然风干的骨料。

禁止使用以下原料：(1)制革厂鞣制后的任何废料；(2)无检验检疫合格证明的牛、猪、羊等牲畜的皮和骨。

第二十三条 明胶生产流程中各工序的卫生要求：

1. 原料的前处理，洗料、酸化、碱膨胀及中和等工序的反应容器应保持清洁卫生，无异物。

2. 皮料和骨料在确定中和水洗终点时，应严格卫生质量指标，控制加工助剂酸、碱、石灰在皮料和骨料中的残留量，使其达到控制要求。其中：钙离子(Ca^{2+})含量应低于6 000mg/kg；氯离子(Cl^-)含量应低于3 000mg/kg，检测合格后进入萃取锅提胶。

3. 胶液所经过的过滤、浓缩设备及容器、管道、阀门等必须保持清洁卫生，定期进行清洗、消毒，并作记录。胶液中不得加入任何非食品级添加剂。

4. 浓胶液的凝冻、烘干、粉碎应在封闭式的系统中进行，烘干所用的空气要净化。

5. 胶粉的半成品贮存容器，使用前应消毒并保持清洁。每批半成品应取样检验，卫生指标合格的方能用于成品混配。

第二十四条 生产过程的各项原始记录（包括工艺规程中各个关键因素的检查结果）应妥为保存。每批产品必须经检验合格后方可出厂。每批产品的检验原始记录及检验报告单应妥为保存，保存至超过该批产品保质期两年，以备核查。

第二十五条 包装容器和材料应完好无损，符合相应的食品容器及包装材料的国家卫生标准。

第二十六条 检修设备时，应防止污染产品。

第二十七条 对生产过程中产生的有害气体、强酸、强碱等化学腐蚀性物质，粉尘、噪声及污水应进行治理，达到相应的国家标准。

第四章 卫生质量检验要求

第二十八条 明胶生产企业应按照本规范和明胶国家标准的要求，建立检验室，必须配备微生物等检测仪器和设备，建立健全检验制度。

第二十九条 卫生质量检验人员必须经过专业培训合格后，方可从事卫生质量检验工作。

第三十条 每批明胶产品必须经卫生质量检验合格后，方可出厂。

第三十一条 产品必须有包装标识。标识上应标示：品名、产地、厂名、卫生许可证号、规格、生产日期、批号或者代号、保质期限等，并在标识上明确标示“食品添加剂明胶”字样。

第五章 贮存与运输卫生要求

第三十二条 原料、包装材料和成品必须分库存放，其库容量应与生产能力相适应，并有专人管理。

第三十三条 原材料按品种分类验收登记，并分类分区贮存。

第三十四条 产品检验合格后，按品种、批次分类贮存。贮存条件应根据产品特点，符合相应的卫生要求。

第三十五条　化学腐蚀性、易燃、易爆物品应专库贮存，按危险品仓库有关要求管理。

第三十六条　原料和产品运输应根据产品特点，选择符合卫生要求的运输工具。运输过程中应有防尘、防雨淋、防晒措施，保证产品卫生安全。

第六章　从业人员卫生要求

第三十七条　准清洁区和清洁区生产人员，应每年进行一次健康检查，取得健康体检合格证明后方可上岗。凡患有活动性肺结核、病毒性肝炎、肠道传染病及病源携带者、化脓性或慢性渗出性皮肤病等传染病患者，不得从事明胶的生产。

第三十八条　从业人员上岗前，应经过卫生知识培训，考核合格后方可上岗。

第三十九条　生产场所禁止吸烟、进食和其他有碍产品卫生的活动。不得将个人用品及与生产无关的物品带入生产场所。

第四十条　从准清洁区的萃取工序开始，从业人员进入生产场所必须洗净双手，穿戴清洁的工作衣、帽，头发不得露于帽外；不得戴戒指、耳环，喷香水等。不得穿戴工作服、鞋、帽进入非生产场所。

第七章　附　　则

第四十一条　本规范由卫生部负责解释。

第四十二条　本规范自 2006 年 6 月 1 日起实施。

4

第四部分

国内综合统计资料

国内综合统计资料
简 要 说 明

1. 本部分统计资料主要包括国民经济主要综合指标；农林牧渔业主要产品产量；农产品成本、收益与农村经济效益；农产品加工机械拥有量及农产品加工行业固定资产投资情况；按国民经济行业分类统计有关农产品加工业现状；农产品加工业主要产品产量；农产品加工业主要产品出口创汇情况；农产品加工业部分行业与企业排序；我国西部地区综合统计等9部分统计数据。

2. 香港和澳门特别行政区的统计是构成国家统计总体的一部分，但根据中华人民共和国“香港特别行政区基本法”和“澳门特别行政区基本法”的有关原则，香港、澳门与内地是相对独立的统计区域，根据各自不同的统计制度和法律规定，独立进行统计工作。本部分中所涉及的统计数据均未包括香港、澳门特别行政区和台湾省。这三部分相关统计数据，另在本年鉴附录中列出。

3. 本部分统计资料数据，除已注明“资料来源”之外，其余均采用国家统计局公布的数据。

4. 本部分采用的统计数据，基本上以2004年数据为主，为了保持与上卷年鉴提供数据的连续性，有一部分统计数据已在上卷基础上，延续列出。

5. 本部分有关表所示“规模以上非国有企业”是指年产品销售收入500万元以上的非国有企业。

6. 本部分有关表中所示工业产值、工业增加值、工业产品销售产值、利税总额等数据未单独标注者，均按当年价格计算（当年价格即为现行价格）。

7. 本部分统计资料数据所使用的度量单位，均采用国际统一标准计量单位。对有关行业未按国际统一标准计量单位提供的数据，编辑部均按国际统一标准计量单位进行了相应换算。

8. 本部分中同一类、同一行业统计数据，由于管理渠道、统计范围、数据采集方法、时间等略有不同，加之有些行业与相关管理部门交叉较多，因此数据也略有不同。但来自同一系统的数据基本上还是一致的。

9. 本部分统计资料中，依据国家统计局、农业部、国家林业局、中国食品工业协会、中国轻工业联合会、中国纺织工业协会等部门、行业提供的相关数据，开辟了“我国西部地区综合统计”专栏，由于时间短促，难免有误，请给予批评指正。

10. 本部分统计资料中符号使用说明：“空格”表示该项统计指标数据不详或无该项数据；“*”或“①”表示本表下有注解。

国民经济主要综合指标统计

表1　人口、产值、工农业产品总产量等国民经济主要指标（2003—2004年）

指　标	单位	2003年	2004年	2004年比上年增减（%）
一、人口	万人			
年底总人口		129 227	129 988	0.585
二、劳动力（年底数）	万人			
从业人员		74 432	75 200	1.021
职工人数		10 492	10 576	0.794
三、国内生产总值	亿元	117 390	136 876	14.240
四、人均国内生产总值	元	9 111	10 561	13.730
五、工业总产值	亿元	142 271.2	187 220.7	31.0
六、全社会固定资产投资	亿元	55 566.6	70 072.7	20.70
1. 国有及其他经济固定资产投资		39 837.0	50 250.7	20.72
其中：基本建设投资				
更新改造投资				
2. 集体经济		8 009.5	9 886.9	18.99
3. 个体经济		7 720.1	9 935.1	22.29
七、国家财政收支	亿元			
1. 国家财政收入		21 715.3	26 355.9	17.61
中央		11 865.3	14 476.1	18.04
地方		9 850.0	11 879.8	16.94
2. 国家财政支出		24 649.9	28 360.8	13.08
中央		7 420.0	7 895.6	6.02
地方		17 229.9	20 465.2	15.81
八、物价总指数（上年=100）	%			
1. 农产品生产价格指数 *		104.4	113.1	7.69
2. 商品零售物价指数		99.9	102.8	2.82
3. 居民消费价格指数		101.2	103.9	2.60
九、工资				
1. 职工工资总额	亿元	14 743.5	16 900.2	12.76
2. 职工平均货币工资	元	14 040.0	16 024.0	12.38
十、居民消费水平	元	4 058.0	4 552.0	10.25
农村居民		2 361.0	2 625.0	11.18
城镇居民		8 473.0	9 105.0	7.46
十一、农业				
1. 农林牧渔业总产值	亿元	29 691.8	36 239.0*	22.05
2. 主要农产品产量	万t			
粮食		43 070.0	46 947.0	9.00
棉花		486.0	632.4	30.12

(续)

指　　标	单位	2003 年	2004 年	2004 年比上年增减 (%)
油料		2 811.0	3 065.9	9.07
麻类		85.3	107.4	25.91
甘蔗		9 024.0	8 985.0	−0.43
甜菜		618.2	586.0	−5.18
烟叶		225.7	240.6	6.60
茶叶		76.8	83.5	8.72
水果		14 517.4	15 340.9	5.67
肉类产量		6 932.9	7 244.8	4.50
水产品		4 704.6	4 901.8	4.19
十二、工业				
1. 工业总产值（全部国有及规模以上非国有工业企业）	亿元	142 271.2	187 220.70	31.59
2. 主要工业产品产量				
布	亿 m	353.5	420.0	18.81
糖	万 t	1 084.0	1 018.0	−6.09
原煤	亿 t	16.7	19.6	17.37
原油	万 t	16 960.0	17 500.0	3.18
发电量	亿 kW·h	19 106.0	21 870.0	14.47
钢	万 t	22 234.0	27 280.0	22.69
成品钢材	万 t	24 108.0	29 723.0	23.29
汽车	万辆	444.4	507.4	14.18
水泥	万 t	86 208.0	97 000.0	12.52
3. 全部国有及规模以上非国有工业企业主要经济指标	亿元			
资产总计		168 807.7	195 261.7	15.67
固定资产净值年平均余额		66 068.4	73 849.3	11.78
利润和税金总额		15 874.2	20 205.1	27.28
十三、交通运输（货运量）	万 t			
货运量		1 561 422	1 706 226	9.27
铁路		221 178	249 017	12.59
公路		1 159 957	1 244 990	7.33
水运		158 070	187 394	18.55
管道		21 997	24 548	11.60
空运		219	277	26.48
十四、能源生产与消费	万 t 标准煤			
能源生产总量		159 912	184 600	15.44
能源消费总量		170 943	197 000	15.24
十五、国内商业	亿元			
1. 商品购进总额		45 384		
2. 商品销售总额		99 446	114 071	14.71
3. 商品库存总额		3 898	3 528	−9.49

（续）

指　　标	单位	2003 年	2004 年	2004 年比上年增减（%）
十六、对外经济贸易				
进出口总额	亿元	70 501.5	95 558.1	35.54
	亿美元	8 509.9	11 547.9	35.70
进口额	亿元	34 202.0	46 451.2	35.81
	亿美元	4 127.6	5 614.2	36.02
出口额	亿元	36 299.5	49 106.9	35.28
	亿美元	4 382.3	5 933.7	35.40
十七、教育文化				
1. 在校学生数	万人	22 671.7	22 716.5	0.20
高等学校		1 108.6	1 333.5	20.29
中等专业学校		502.4	554.0	10.36
普通中学		8 583.0	8 695.0	1.30
职业中学		723.0	806.0	11.48
小学		11 690.0	11 246.0	－3.80
2. 出版数量				
图书	亿册	66.7	64.4	－3.45
杂志	亿册	29.5	26.9	－8.81
报纸	亿份	383.1	257.7	－32.73

＊ 2000 年以前为农副产品收购价格指数，现改为农产品生产价格指数。

＊＊ 此表数字均按当年价格计算，从 2003 年起执行新国民经济行业分类标准，总产值包括农林牧渔服务业产值。

表 2　各地区耕地面积及占全国的比重（1996 年）　单位：khm^2、%

地　　区	耕　　地	比　　重
全国合计	**130 039.2**	**100.00**
北　京	343.9	0.26
天　津	485.6	0.37
河　北	6 883.3	5.29
山　西	4 588.6	3.53
内蒙古	8 201.0	6.31
辽　宁	4 174.8	3.21
吉　林	5 578.4	4.29
黑龙江	11 773.0	9.05
上　海	315.1	0.24
江　苏	5 061.7	3.89
浙　江	2 125.3	1.63
安　徽	5 971.7	4.59
福　建	1 434.7	1.10
江　西	2 993.4	2.30
山　东	7 689.3	5.91
河　南	8 110.3	6.24
湖　北	4 949.5	3.81

（续）

地　区	耕　地	比　重
湖　南	3 953.0	3.04
广　东	3 272.2	2.52
广　西	4 407.9	3.39
海　南	762.1	0.59
重　庆		
四　川	9 169.1	7.05
贵　州	4 903.5	3.77
云　南	6 421.6	4.94
西　藏	362.6	0.28
陕　西	5 140.5	3.95
甘　肃	5 024.7	3.86
青　海	688.0	0.53
宁　夏	1 268.8	0.98
新　疆	3 985.7	3.07

资料来源：表中数据出自1996年国土资源部、国家统计局、全国农业普查办公室发布的“关于土地利用现状调查数据成果的公报”。

表3　各地区农业生产经营单位农业用地面积构成（2004年）　　单位:%

地　区	农业用地	耕　地	园　地	林　地	牧草地	渔业养殖面积
全国总计	**100.00**	**43.18**	**2.33**	**32.25**	**20.64**	**1.60**
北　京	100.00	72.25	9.80	15.69	0.13	2.13
天　津	100.00	86.01	3.87	1.23	0.15	8.74
河　北	100.00	69.89	2.37	21.59	5.26	0.89
山　西	100.00	69.40	3.91	25.67	0.78	0.24
内蒙古	100.00	36.46	0.20	22.02	40.66	0.66
辽　宁	100.00	55.41	3.91	36.99	0.64	3.05
吉　林	100.00	41.79	0.31	54.09	2.10	1.71
黑龙江	100.00	52.00	0.16	41.67	4.59	1.58
上　海	100.00	85.65	3.83	1.63	0.01	8.88
江　苏	100.00	85.07	3.51	4.18	0.19	7.05
浙　江	100.00	30.34	6.78	58.86	0.01	4.01
安　徽	100.00	62.25	2.45	31.10	0.11	4.09
福　建	100.00	20.41	6.99	70.82	0.03	1.75
江　西	100.00	27.25	2.83	67.05	0.11	2.76
山　东	100.00	83.43	7.73	6.76	0.21	1.87
河　南	100.00	83.72	2.33	12.63	0.11	1.21
湖　北	100.00	52.87	2.56	38.70	0.54	5.33
湖　南	100.00	40.33	2.64	53.41	1.04	2.58
广　东	100.00	27.16	7.70	60.56	0.05	4.51
广　西	100.00	36.92	4.07	54.96	2.81	1.24
海　南	100.00	30.78	5.36	60.56	1.82	1.48
重　庆	100.00	65.83	1.64	29.94	1.30	1.29
四　川	100.00	37.68	1.13	22.83	37.82	0.54

（续）

地区	农业用地	耕地	园地	林地	牧草地	渔业养殖面积
贵州	100.00	61.33	1.51	35.87	1.18	0.11
云南	100.00	34.74	2.47	60.61	1.76	0.42
西藏	100.00	29.05	0.10	8.53	62.32	
陕西	100.00	45.08	5.29	46.94	2.48	0.21
甘肃	100.00	39.53	0.76	16.74	42.92	0.05
青海	100.00	19.56	0.05	13.14	67.23	0.02
宁夏	100.00	75.10	2.22	11.90	10.18	0.60
新疆	100.00	11.29	0.39	1.78	86.39	0.15

资料来源：表中数据来自国家统计局农村社会经济调查总队。

表 4　我国主要农作物播种面积（2003—2004 年）　　单位：khm^2

项目	2003 年	2004 年	2004 年比上年增减（%）	项目	2003 年	2004 年	2004 年比上年增减（%）
农作物总播种面积	152 415	153 553	0.75	胡麻籽	449	414	−7.80
一、粮食作物	99 410	101 606	2.21	向日葵	1 173	935	−20.29
（一）谷物	76 810	79 351	3.31	三、棉花	5 111	5 693	11.39
稻谷	26 508	28 379	7.06	四、麻类	337	332	−1.48
小麦	21 997	21 626	−1.69	黄红麻	41	32	−21.95
玉米	24 068	25 446	5.73	苎麻	128	126	−1.56
谷子	1 024	915	−10.64	大麻（线麻）	10	20	100.00
高粱	722	568	−21.33	亚麻	155	153	−1.29
其他谷物	2 490	2 417	−2.93	五、糖料	1 657	1 568	−5.37
（二）豆类	12 898	12 799	−0.77	甘蔗	1 409	1 378	−2.20
大豆	9 313	9 589	2.96	甜菜	248	190	−23.39
杂豆	3 586	3 210	−10.49	六、烟叶	1 264	1 266	0.16
（三）薯类	9 702	9 457	−2.53	烤烟	1 139	1 145	0.53
马铃薯	4 522	4 597	1.66	七、药材	1 248	1 285	2.96
二、油料作物	14 990	14 431	−3.73	八、蔬菜、瓜果类	20 308	19 708	−2.95
花生	5 057	4 745	−6.17	蔬菜	17 954	17 561	−2.19
油菜籽	7 221	7 272	0.71	九、其他农作物	8 089	7 665	−5.24
芝麻	687	624	−9.17	青饲料	3 548	3 349	−5.61

表 5　我国农村劳动力人数（2003—2004 年）　　单位：万人

项目	2003 年	2004 年	2004 年比上年增减（%）
一、农村人口数	93 750.8	94 253.9	0.54
二、农村劳动力	48 971.4	49 695.6	1.48
其中：男劳力	26 121.2	26 526.0	1.55
女劳力	22 850.1	23 169.5	1.40
1. 农林牧副渔业	31 259.8	30 596.0	−2.12
2. 工业	4 937.0	5 438.9	10.17
3. 建筑业	3 201.4	3 381.0	5.61
4. 交通运输、邮电通讯业	1 328.4	1 476.1	11.12
5. 批发零售贸易业、餐饮业及仓储业	2 059.3	2 701.9	31.20
6. 其他非农行业	6 185.9	6 102.6	−1.35

表 6　我国能源生产总量和构成（2000—2004 年）

年　份	能源生产总量（万 t 标准煤）	构成（能源生产总量=100）			
		原　煤	原　油	天然气	水　电
2000	106 988	66.6	21.8	3.4	8.2
2001	120 900	68.6	19.4	3.3	8.7
2002	138 369	71.2	17.3	3.1	8.4
2003	159 912	74.5	15.1	2.9	7.5
2004	184 600	75.6	13.5	3.0	7.9

表 7　我国能源消费总量和构成（2000—2004 年）

年　份	能源消费总量（万 t 标准煤）	构成（能源消费总量=100）			
		原　煤	原　油	天然气	水　电
2000	130 297	66.1	24.6	2.5	6.8
2001	134 914	65.3	24.3	2.7	7.7
2002	148 222	65.6	24.0	2.6	7.8
2003	170 943	67.6	22.7	2.7	7.0
2004	197 000	67.7	22.7	2.6	7.0

表 8　我国农产品加工业能源消费总量和主要能源品种消费量（2003 年）

行　业	能源消费总量（万 t 标准煤）	煤炭消费量（万 t）	焦炭消费量（万 t）	原油消费量（万 t）	汽油消费量（万 t）	煤油消费量（万 t）	柴油消费量（万 t）	燃料油消费量（万 t）	天然气消费量（亿 m³）	电力消费量（亿 kW·h）
合　计	**11 493.45**	**6 824.62**	**45.21**	**2.51**	**144.31**	**13.22**	**208.9**	**139.42**	**0.93**	**1 598.75**
农副食品加工业	1 548.28	1 463.46	14.55	0.34	21.23	0.40	32.35	7.88		170.56
食品制造业	861.71	536.62	12.00	0.40	8.15	0.10	21.19	9.56		93.04
饮料制造业	703.05	621.10	3.67	0.61	8.00	0.14	9.02	9.09		65.00
烟草制品业	265.01	132.57	0.80		27.31		5.14	2.87		31.37
纺织业	3 468.96	1 422.78	3.05	0.03	25.62	3.71	42.08	52.97	0.93	544.80
纺织、服装、鞋、帽制造业	399.44	121.78	1.37	0.40	9.08	0.50	18.34	11.77		65.86
皮革毛皮羽绒及其制品业	243.16	64.89	2.56		3.96	0.18	18.50	3.65		42.46
木材加工及竹藤棕草制品业	420.51	250.86	2.35		3.00	0.21	7.00	3.20		53.30
家具制造业	108.30	46.26	0.86		4.46		4.00	0.54		15.04
造纸及纸制品业	2 371.45	1 835.91	2.00	0.63	18.65	1.90	35.81	22.56		311.62
印刷业记录媒介复制	365.09	60.11			6.12	6.00	6.84	1.61		78.00
橡胶制品业	738.49	268.28	2.00	0.10	8.73	0.08	8.63	13.72		127.70

表 9 我国各种运输线路长度（2000—2004 年） 单位：万 km

年 份	铁路营运里程	公路里程	内河航道里程	民用航空航线里程		输油（气）管道里程
				国内航线	国际航线	
2000	6.87	140.27	11.93	99.5	50.84	2.47
2001	7.01	169.80	12.15	103.7	51.69	2.76
2002	7.19	176.52	12.16	106.3	57.45	2.98
2003	7.30	180.98	12.40	103.4	71.50	3.26
2004	7.42	187.07	12.33	115.5	89.40	3.80

表 10 我国货运量情况（2000—2004 年） 单位：万 t

年 份	货运量总计	铁 路	公 路	水 运	管 道	民用航空
2000	1 358 682	178 581	1 038 813	122 391	18 700	196.7
2001	1 401 786	193 189	1 056 312	132 675	19 439	171.0
2002	1 483 446	204 955	1 116 324	141 832	20 133	202.1
2003	1 561 422	221 178	1 159 957	158 070	21 997	219.0
2004	1 706 226	249 017	1 244 990	187 394	24 548	276.7

表 11 我国沿海主要港口货物吞吐量（2003—2004 年） 单位：万 t

港 口	2003 年	2004 年	2004 年比上年增减（%）
总 计	**201 126**	**246 074**	**18.27**
大 连	12 602	14 516	13.19
营 口	4 009	5 978	32.94
秦皇岛	12 562	15 037	16.46
天 津	16 182	20 619	21.52
烟 台	2 936	3 431	14.72
青 岛	14 090	16 265	13.37
日 照	4 507	5 108	11.77
上 海	31 621	37 896	16.56
连云港	3 752	4 352	13.79
宁 波	18 543	22 586	17.90
福 州	4 753	5 939	19.97
厦 门	3 404	4 261	20.11
深 圳	11 220	13 537	17.12
广 州	17 187	21 520	20.13
湛 江	2 866	3 780	24.18
海 口	1 329	1 416	6.14
八 所	425	548	22.45
三 亚	61	58	−5.17
其他港口	39 077	49 227	20.62

表 12　我国沿海主要港口分货类吞吐量（2003—2004 年）　　单位：万 t

货物种类	2003 年			2004 年		
	合　计	出　港	进　港	合　计	出　港	进　港
总　　计	**201 126**	**96 344**	**104 782**	**246 074**	**115 876**	**130 198**
煤　　炭	46 872	30 477	16 395	57 113	36 396	20 717
石　　油	30 438	12 125	18 313	35 051	12 926	22 125
金属矿石	24 285	5 721	18 564	31 769	7 670	24 099
钢　　铁	8 416	3 428	4 988	10 928	5 562	5 365
矿建材料	14 689	5 697	8 992	18 529	6 607	11 922
水　　泥	1 622	560	1 062	2 115	649	1 466
木　　材	1 294	440	855	1 365	539	826
非金属矿石	3 198	1 997	1 201	3 335	2 023	1 313
化肥和农药	1 995	748	1 247	2 223	980	1 243
盐	686	257	428	685	249	436
粮　　食	7 465	3 876	3 589	7 164	2 795	4 369
其　　他	60 166	31 018	29 148	75 797	39 480	36 317

农林牧渔业主要产品产量统计

表 13　我国主要农产品产量（2000—2004 年）　　单位：万 t

年　份	粮　食						
	合　计	谷　物				豆　类	薯　类
		小　计	稻　谷	小　麦	玉　米		
2000	46 218	40 522	18 791	9 964	10 600	2 010	3 685
2001	45 264	39 648	17 758	9 387	11 409	2 053	3 563
2002	45 706	39 799	17 454	9 029	12 131	2 241	3 666
2003	43 070	37 429	16 066	8 649	11 583	2 128	3 513
2004	46 947	40 133	17 909	9 195	13 029	2 232	3 558

年　份	棉　花	油　料				麻　类	
		小　计	花　生	油菜籽	芝　麻	小　计	黄红麻
2000	441.7	2 955	1 444	1 138	81.1	52.9	12.6
2001	532.4	2 865	1 442	1 133	80.4	68.1	10.6
2002	491.6	2 897	1 482	1 055	89.5	96.4	15.9
2003	486.0	2 811	1 342	1 142	59.3	85.3	10.0
2004	632.4	3 066	1 434	1 318	70.4	107.4	8.7

年　份	糖　料			茶　叶	烟　叶	
	小　计	甘　蔗	甜　菜		小　计	烤　烟
2000	7 635	6 828	807	68.3	255.2	224
2001	8 655	7 566	1 089	70.2	235.0	205
2002	10 293	9 011	1 282	74.5	245.0	214
2003	9 642	9 024	618	76.8	226.0	202
2004	9 571	8 985	586	83.5	240.6	216.3

（续）

年 份	水果						蔬 菜*
	合 计	苹 果	柑 橘	梨	葡 萄	香 蕉	
2000	6 225	2 043	878	841	328	494	
2001	6 658	2 002	1 161	880	368	527	48 422
2002	6 952	1 924	1 199	931	448	556	52 861
2003	14 517	2 110	1 345	980	518	590	54 032
2004	15 341	2 368	1 496	1 064	568	606	55 065

* 从 2003 年起，蔬菜产量中含菜用瓜。

表 14 各地区主要农产品产量（2004 年）

单位：万 t

地区	一、粮 食								
	总 产	其中:夏收粮食	1. 谷 物						
			总 产	(1) 稻 谷				(2) 小 麦	
				总产	早稻	中稻	晚稻	总产	其中:春小麦
全国总计	**46 947**	**10 114**	**41 157**	**17 909**	**3 222**	**11 391**	**3 296**	**9 195**	**574**
北 京	70.2	20.3	64.8	0.5		0.5		20.3	
天 津	122.8	37.8	117.6	11.1		11.1		37.8	1.6
河 北	2 480.1	1 069.0	2 319.4	47.3		47.3		1 053.2	1.2
山 西	1 062.0	240.3	935.7	1.1		1.1		237.1	0.3
内 蒙 古	1 505.3		1 180.4	54.5		54.5		110.5	110.5
辽 宁	1 720.0	35.1	1 619.9	401.5		401.5		8.9	7.9
吉 林	2 510.0		2 285.4	437.6		437.6		3.4	3.4
黑 龙 江	3 001.0		2 202.5	1 130.0		1 130.0		83.0	83.0
上 海	106.3	11.7	102.8	89.5		86.3	3.1	8.0	
江 苏	2 829.1	807.2	2 666.0	1 673.2		1 671.1	2.0	687.7	
浙 江	834.9	36.3	739.3	686.9	86.9	476.5	123.5	19.0	
安 徽	2 743.0	848.0	2 467.3	1 292.1	144.3	1 000.0	147.9	790.1	
福 建	736.5	37.6	562.6	545.6	163.5	236.3	145.9	1.9	
江 西	1 663.0	9.1	1 588.3	1 579.4	638.2	265.4	675.8	2.9	
山 东	3 516.7	1 585.0	3 194.6	90.6		90.6		1 584.5	9.3
河 南	4 260.0	2 521.0	3 938.0	358.2		358.2		2 480.9	
湖 北	2 100.1	271.2	1 873.1	1 501.7	198.5	1 052.1	251.0	176.3	
湖 南	2 640.0	62.4	2 436.9	2 285.5	716.4	720.0	849.1	14.6	
广 东	1 390.0	92.4	1 185.7	1 123.1	586.5		536.6	1.7	
广 西	1 398.5	16.4	1 302.9	1 123.4	573.3	72.5	477.6	1.9	1.9
海 南	190.1	14.6	151.9	147.2	74.0		73.2		
重 庆	1 144.5	167.2	828.2	509.5	0.2	509.0	0.3	78.4	
四 川	3 146.7	548.2	2 563.0	1 519.7	2.2	1 516.9	0.6	415.7	
贵 州	1 149.6	212.8	898.7	477.0	0.2	476.7	0.2	76.8	
云 南	1 509.5	236.3	1 256.8	639.4	37.4	592.9	9.1	121.7	
西 藏	96.0		89.5	0.6		0.6		26.1	5.7
陕 西	1 040.0	449.0	918.0	87.0		87.0		410.3	
甘 肃	805.8	336.9	597.0	3.9		3.9		272.3	121.9
青 海	88.5		48.7					37.1	37.1
宁 夏	290.5	87.7	255.8	52.5		52.5		80.4	65.7
新 疆	796.5	360.5	766.6	39.3		39.3		352.7	124.7

（续）

地　区	一、粮　食						
	1. 谷　物				2. 豆　类		
	（3）玉米	（4）谷子	（5）高粱	（6）其他谷物	总　产	（1）大豆	（2）杂豆
全国总计	**13 029**	**181.2**	**232.8**	**610.6**	**2 232.4**	**1 740.4**	**492**
北　京	43.5	0.2	0.2	0.1	3.2	3.0	0.2
天　津	68.2	0.1	0.4		4.6	4.5	0.1
河　北	1 157.6	44.4	7.3	9.6	57.6	44.3	13.3
山　西	631.9	35.9	12.8	16.9	48.8	30.8	18.0
内蒙古	948.0	19.9	18.2	29.3	135.1	103.1	32.0
辽　宁	1 079.7	34.7	80.1	15.0	55.6	52.1	3.5
吉　林	1 810.0	2.3	28.1	4.0	166.9	152.1	14.8
黑龙江	939.5	8.6	24.7	16.7	693.5	638.5	55.0
上　海	2.6			2.9	2.7	1.7	1.0
江　苏	216.6			88.6	93.8	57.0	36.8
浙　江	22.5			10.8	41.0	26.6	14.4
安　徽	320.8	0.1	1.2	62.9	119.3	112.6	6.7
福　建	12.7	0.1	1.2	1.1	24.7	18.4	6.3
江　西	4.8		0.4	0.7	23.8	17.8	6.0
山　东	1 499.2	12.1	5.8	2.4	76.2	71.7	4.5
河　南	1 050.0	10.0	2.5	36.4	118.0	103.5	14.5
湖　北	179.1	0.3	0.9	14.8	65.8	40.5	25.3
湖　南	126.6		3.3	6.9	56.4	39.9	16.5
广　东	56.1	0.1		4.7	24.0	18.1	5.9
广　西	176.1	0.5	0.3	0.7	37.4	31.1	6.3
海　南	4.7			0.1	2.9	1.3	1.6
重　庆	227.8		8.0	4.5	38.1	16.5	21.6
四　川	557.4		18.6	51.6	121.6	49.1	72.5
贵　州	333.9	0.4	3.8	6.8	40.6	17.9	22.7
云　南	425.7		0.6	69.5	61.3	20.6	40.7
西　藏	1.6			61.3	3.1	0.1	3.0
陕　西	407.0	6.5	1.4	5.8	38.8	32.4	6.4
甘　肃	245.0	4.0	7.8	64.0	38.0	14.1	23.9
青　海	1.2			10.4	10.8		
宁　夏	117.7	0.8	0.1	4.3	8.3	1.5	6.8
新　疆	361.5	0.2	5.1	7.8	20.5	19.6	0.9

（续）

地区	一、粮食		二、油料						三、棉花
	3. 薯类*		总产	1. 花生	2. 油菜籽	3. 芝麻	4. 胡麻籽	5. 向日葵	总产
	总产	其中:马铃薯							
全国总计	**3 557.6**	**1 444.4**	**3 066**	**1 434.2**	**1 318.2**	**70.4**	**42.6**	**155.2**	**632.35**
北京	2.2		2.9	2.9		0.013		0.019 5	0.78
天津	0.6		1.6	0.8		0.067		0.64	12.03
河北	103.1	36.0	154.3	137.9	6.5	1.5	4.35	3.84	66.54
山西	77.5	60.8	28.2	3.5	1.2	0.75	5.03	13.79	12.02
内蒙古	189.9	186.4	103.7	2.5	31.3	1.30	7.29	58.90	0.74
辽宁	44.5	26.6	45.9	41.9	0.062	0.73		2.42	0.47
吉林	57.7	54.4	38.1	20.3		3.3		9.38	0.008 8
黑龙江	105.0	103.0	46.0	3.0	0.44	0.74		24.24	
上海	0.8		7.4	0.4	6.9				0.18
江苏	69.3		238.4	69.1	167.3	1.9		0.065	50.28
浙江	54.6		48.8	4.7	43.5	0.61			2.28
安徽	156.4	3.5	299.7	95.4	190.4	13.70	0.002 8	0.002 2	41.20
福建	149.2	29.0	27.8	25.9	1.8	0.11		0.005 5	0.006 8
江西	50.9	2.9	74.5	31.8	40.1	2.30			8.48
山东	245.9		369.7	365.3	3.9	0.31		0.066	109.77
河南	204.0		408.7	306.3	78.1	22.70		1.64	66.67
湖北	161.2	67.4	314.4	63.2	235.1	15.40	0.001 5	0.67	39.54
湖南	146.7	34.4	139.6	31.4	107.0	1.00		0.022	20.30
广东	180.3	17.8	77.5	76.5	0.89	0.16			
广西	58.2		58.3	51.5	6.20	0.45			0.088
海南	35.3		9.1	8.8		0.29			
重庆	278.2	92.8	41.8	9.6	31.0	0.66		0.48	0.02
四川	462.1	135.1	226.3	59.8	165.0	0.53		0.31	3.31
贵州	210.3	142.2	82.7	7.9	73.9	0.018	0.001	0.60	0.062
云南	191.4	154.8	33.4	5.6	26.2	0.016	0.000 3	0.71	0.027
西藏	3.4	3.4	5.4	0.005	5.4				
陕西	83.2	58.2	46.1	7.2	29.4	1.8	0.59	5.40	8.23
甘肃	170.8	170.8	48.5	0.2	26.0		15.84	3.78	11.00
青海	29.0	29.0	28.9		28.3		0.63		
宁夏	26.4	26.4	13.8	0.024	0.025		6.76	6.29	0.03
新疆	9.5	9.5	44.5	0.67	12.2	0.019	2.10	21.90	178.3

（续）

地区	四、麻类					五、糖料		
	总产	1. 黄红麻	2. 苎麻	3. 大麻	4. 亚麻	总产	1. 甘蔗	2. 甜菜
全国总计	**107.36**	**8.69**	**25.48**	**3.59**	**66.92**	**9 570.7**	**8 984.9**	**585.71**
北京								
天津	0.002 3	0.002 3						
河北	0.43	0.078		0.35		20.99		20.99
山西	0.005 5			0.005 5		4.80		4.80
内蒙古	1.92			0.10	1.82	96.34		96.34
辽宁	0.061				0.061	2.74		2.74
吉林	0.30				0.29	3.55		3.55
黑龙江	39.27			1.06	35.79	96.00		96.00
上海						13.53	13.53	
江苏	0.43	0.054	0.37	0.006 5		29.17	28.89	0.28
浙江	0.14	0.096	0.04			106.29	106.29	
安徽	3.30	1.82	0.80	0.63		25.00	25.00	
福建	0.031	0.023	0.008			101.57	101.57	
江西	1.26	0.18	1.08			85.72	85.72	
山东	0.60	0.57				0.000 4		0.000 4
河南	3.67	3.48		0.17		22.35	22.35	
湖北	5.10	0.57	4.38		0.15	46.27	46.27	
湖南	13.65	0.073	11.99		1.52	110.76	110.76	
广东	0.17	0.17				1 110.37	1 110.37	
广西	1.07	0.97	0.097			5 003.87	5 003.87	
海南	0.12	0.12				417.90	417.90	
重庆	1.02	0.012	0.98			11.77	11.77	
四川	6.09	0.47	5.59			146.32	146.10	0.21
贵州	0.16	0.014	0.093	0.027	0.027	65.78	65.76	0.024
云南	13.66	0.000 8	0.003 9	0.031	13.62	1 688.80	1 688.49	0.32
西藏								
陕西	0.11		0.055	0.054		0.67	0.29	0.39
甘肃	1.15			1.15		15.87		15.87
青海								
宁夏	0.004 4							
新疆	13.64				13.64	344.21		344.21

（续）

地　区	六、烟　叶		七、蔬菜、瓜类				
	总　产	其中：烤烟叶	总　产	1. 蔬菜（含菜用瓜）	2. 瓜类（果用瓜）		
					总产	(1) 西瓜	(2) 甜瓜
全国总计	**240.60**	**216.27**	**62 011**	**55 064.7**	**6 946.7**	**5 751.5**	**810.4**
北　京	0.000 8		528	489.2	38.9	36.1	2.2
天　津			625	585.4	39.5	31.9	
河　北	1.09	0.51	6 657	6 187.5	469.4	377.0	37.1
山　西	0.63	0.62	987	916.2	70.6	61.9	5.9
内蒙古	1.34	0.94	985	875.5	109.6	67.8	33.0
辽　宁	2.69	2.42	2 157	2 034.6	122.5	61.4	29.6
吉　林	5.40	2.25	847	699.9	146.7	95.0	48.6
黑龙江	5.60	5.60	1 341	1 068.0	273.1	188.0	77.2
上　海			518	440.0	77.7	59.2	14.9
江　苏	0.14		4 098	3 678.7	419.5	347.0	48.8
浙　江	0.46		2 071	1 769.0	301.9	266.0	11.9
安　徽	2.84	2.72	2 233	1 656.5	576.9	510.4	36.4
福　建	11.46	11.31	1 454	1 369.8	84.0	65.5	8.7
江　西	1.68	1.54	1 307	1 118.7	188.6	163.2	7.4
山　东	8.21	8.03	10 207	8 883.7	1 322.9	1 117.2	126.6
河　南	25.75	25.52	6 369	5 237.5	1 131.5	1 017.9	107.2
湖　北	9.82	6.56	3 293	2 996.2	296.7	259.63	34.6
湖　南	18.93	17.95	2 574	2 305.3	268.3	233.7	32.3
广　东	6.27	5.04	2 679	2 557.7	121.1	97.9	5.8
广　西	2.86	1.56	2 123	1 946.7	175.9	163.2	12.1
海　南	0.007 5	0.007 5	361	314.0	47.2	36.9	2.4
重　庆	8.50	6.45	883	858.9	24.4	22.0	0.53
四　川	14.41	9.38	2 733	2 623.9	109.4	91.0	2.2
贵　州	32.57	29.98	815	774.7	40.0	35.0	2.0
云　南	70.75	69.24	915	885.1	29.5	24.7	0.55
西　藏			30	30.0	0.047	0.002 2	
陕　西	5.45	5.32	908	785.3	122.5	101.5	14.5
甘　肃	3.53	3.27	917	812.6	104.7	85.9	9.6
青　海	0.068		80	78.4	1.3	1.16	
宁　夏	0.057	0.057	212	166.4	45.7	39.90	5.8
新　疆	0.087	0.001 1	1 106	919.1	186.6	93.51	92.5

* 薯类产量按 5kg 折 1kg 粮食计算，下同。

表 15　我国玉米主产区生产情况（2004 年）

地　　区	播种面积（khm^2）	单产（kg/hm^2）	产量（万 t）
吉　　林	2 901.5	6 238.2	1 810.0
河　　北	2 630.6	4 400.5	1 157.6
山　　东	2 455.1	6 106.6	1 499.2
河　　南	2 420.0	4 338.6	1 050.0
黑 龙 江	2 179.5	4 310.6	939.5
内 蒙 古	1 675.6	5 657.7	948.0
辽　　宁	1 598.8	6 753.2	1 079.7

表 16　各地区水果产量（2004 年）

单位：t

地　区	水　果	其　　中					
		苹　果	梨	柑　橘	桃	猕猴桃	葡萄
全国总计	**83 941 335**	**23 675 473**	**10 642 287**	**14 958 302**	**7 010 985**	**409 456**	**5 675 318**
北　　京	744 069	134 753	137 563		296 409	92	57 700
天　　津	295 819	64 721	25 182		49 006		132 084
河　　北	8 769 525	2 142 882	3 131 868		1 223 842	82	840 916
山　　西	2 722 110	2 021 372	197 298		129 935	210	116 572
内 蒙 古	197 762	59 327	68 425				23 339
辽　　宁	3 076 521	1 222 119	605 679		311 140	72	613 683
吉　　林	682 977	241 491	156 736		1 121		108 831
黑 龙 江	424 322	160 003	47 149				27 404
上　　海	337 404	158	17 710	185 354	95 277	539	26 165
江　　苏	2 004 839	560 871	542 455	47 896	326 451	2 090	164 829
浙　　江	3 302 099		285 751	2 009 924	259 595	6 792	203 076
安　　徽	1 426 932	283 524	601 134	12 907	188 630	1 272	165 377
福　　建	4 689 002	244	142 254	2 068 187	190 248	3 328	67 449
江　　西	1 023 742		65 685	843 771	28 386	8 411	3 868
山　　东	11 556 164	6 690 553	1 000 938		1 828 331	5 657	849 718
河　　南	5 070 662	2 869 272	544 554	35 110	536 342	80 157	382 743
湖　　北	2 459 921	10 934	548 759	1 308 211	428 076	6 021	50 519
湖　　南	2 310 498		84 435	1 879 015	83 591	16 544	46 153
广　　东	7 878 494		42 097	1 590 845	67 258		
广　　西	5 264 394		97 452	1 719 595	93 589	1 836	106 512
海　　南	1 434 490			23 861			
重　　庆	1 128 333	6 854	161 200	799 543	48 719	2 304	17 183
四　　川	3 854 471	240 481	620 276	1 987 829	310 240	28 672	142 587
贵　　州	471 787	10 263	108 368	158 101	58 865	11 827	17 346
云　　南	1 155 194	141 239	189 396	166 946	104 939	1 822	50 862
西　　藏	8 434	5 327	513	289	1 259		318
陕　　西	7 356 140	5 552 054	669 327	117 530	216 680	231 679	110 842
甘　　肃	1 409 801	799 650	251 516	3 388	74 933	49	70 002
青　　海	14 686	7 198	5 362		421		102
宁　　夏	228 525	156 333	7 502		8 312		37 688
新　　疆	2 642 218	293 850	285 703		49 390		1 241 450

（续）

地区	其中					
	红枣	柿子	香蕉	菠萝	荔枝	龙眼
全国总计	**2 011 217**	**1 998 214**	**6 056 148**	**808 254**	**1 555 803**	**1 018 438**
北京	4 349	66 579				
天津	13 560	6 301				
河北	666 445	323 962				
山西	152 780	56 147				
内蒙古						
辽宁	52 167					
吉林						
黑龙江						
上海	597	3 874				
江苏	7 744	108 506				
浙江		36 751				
安徽	14 646	87 556				
福建	133	152 424	819 928	40 942	173 825	250 822
江西	5 574	9 415				
山东	533 978	131 631				
河南	246 510	214 514				
湖北	26 252	48 386				
湖南	20 480	10 113				
广东		109 400	3 209 184	475 114	940 086	391 582
广西	24 895	393 898	1 078 347	65 394	367 639	352 239
海南			733 341	203 097	62 758	11 918
重庆	10 817	6 529	1 667		196	821
四川	6 513	35 694	15 776	30	5 381	4 035
贵州	1 628	12 615	8 919	1	407	461
云南	3 076	31 020	188 986	23 676	5 511	6 560
西藏						
陕西	131 213	140 688				
甘肃	58 602	12 211				
青海						
宁夏	13 418					
新疆	15 840					

表 17　各地区茶叶产量（2004 年）

单位：t

地　区	茶　叶	其中				
		红毛茶	绿毛茶	乌龙毛茶	紧压茶原料	其他茶叶
全国总计	**835 230**	**43 689**	**613 709**	**90 168**	**28 195**	**59 469**
北　京						
天　津						
河　北						
山　西						
内蒙古						
辽　宁						
吉　林						
黑龙江						
上　海						
江　苏	11 243	1 299	9 680			264
浙　江	138 700	139	137 313	125	295	828
安　徽	55 760	2 137	51 225			2 398
福　建	164 396	2 707	82 090	72 852	79	6 668
江　西	13 451	1 842	10 810			799
山　东	4 956		4 956			
河　南	12 132		12 132			
湖　北	76 235	3 009	62 219		9 229	1 778
湖　南	66 632	14 613	32 946	506	9 282	9 285
广　东	40 400	1 565	17 964	16 526	11	4 334
广　西	22 351	186	17 118			5 047
海　南	1 338	227	1 061			50
重　庆	16 064	3 217	9 662			3 185
四　川	86 464	881	61 090	147	8 944	15 402
贵　州	19 363	73	11 041	3	225	8 021
云　南	95 080	11 794	81 737	9	130	1 410
西　藏						
陕　西	10 239		10 239			
甘　肃	426		426			
青　海						
宁　夏						
新　疆						

表 18 我国农垦系统主要农产品产量（2003—2004 年）

项 目	产 量（万 t）		
	2003 年	2004 年	2004 年比上年增减（%）
一、粮食	1 343	1 666	24.05
其中：夏收粮食	138	152	10.14
1. 稻谷	679	839	23.56
其中：早稻	22	27	22.73
2. 小麦	142	197	38.73
其中：春小麦	61	122	100.00
3. 玉米	244	337	38.11
4. 谷子	0.69	0.87	26.09
5. 高粱	5.85	5.00	−14.53
6. 其他谷物	44.8	38.6	−13.84
7. 大豆	190.8	202.4	6.08
8. 薯类（折粮）	13.4	22.4	67.16
二、棉花	103.4	116.3	12.48
其中：长绒棉	6.77	7.71	13.88
三、油料	71.9	65.2	−9.32
其中：花生	8.07	8.19	1.49
油菜籽	35.02	30.95	−11.62
向日葵	19.49	16.93	−13.13
四、麻类	19.37	26.68	37.74
五、糖料	721.7	688.7	−4.57
其中：甜菜	554.4	517.5	−6.66
甘蔗	167.3	171.2	2.33
六、烟叶	0.38	0.37	−2.63
其中：烤烟	0.28	0.28	
七、药材	2.61	2.84	8.81
八、蔬菜、瓜类	512.5	875.8	70.89
九、其他农作物	42.8	60.6	41.59
其中：啤酒花	1.79	0.52	70.95
青饲料	251.8	276.6	9.85
茶叶	3.79	3.90	2.90
干胶	39.51	38.99	1.32
人参	0.24	0.12	50.00

表 19　各地区农垦系统主要农产品产量（2004 年）　　单位：万 t

地　区	粮　食	棉　花	油　料	糖　料	茶　叶	干　胶	人　参	椰子（万个）	禽　蛋
全国总计	**1 666**	**116**	**65.2**	**688.7**	**3.90**	**38.99**	**0.12**	**1 094**	**21.43**
北　京	0.11								0.008 6
天　津	0.82	0.34	0.18						0.48
河　北	29.0	3.26	0.15	0.02					0.69
山　西	2.05	0.06	0.083	0.009					0.065
内蒙古	82.1	0.12	0.14	1.61					0.28
辽　宁	92.2	0.001 4	0.14	0.063			0.003 9		2.61
吉　林	45.8		0.11	0.12			0.111		0.52
黑龙江	937.5		0.12	35.76			0.004 9		3.90
上　海	15.5	0.16	0.18		0.000 2				0.14
江　苏	59.8	2.44	0.23						0.39
浙　江	1.3	0.013	0.18	0.001 1	0.37				0.002 4
安　徽	24.9	1.07	0.21	0.008	0.99				0.28
福　建	7.1		0.26	4.27	0.41				0.48
江　西	34.3	0.54	0.16	0.62	0.23				0.48
山　东	4.2	0.61	0.29						0.046
河　南	14.5	0.41	0.24		0.001 1				0.19
湖　北	53.8	7.36	0.23	0.60	0.042				3.49
湖　南	32.6	3.78	0.13	25.31	0.15				0.75
广　东	4.1		0.22	201.28	0.21	2.23			0.35
广　西	0.87		0.24	176.36	0.25	0.083			0.089
海　南	13.2		0.20	48.51	0.13	23.32		1 028	0.23
重　庆	0.02		0.16		0.000 6				0.000 2
四　川	0.07		0.19		0.053				
贵　州	0.60		0.085	3.53	0.30				0.005
云　南	2.20		0.15	56.47	0.78	13.15			0.031
西　藏									
陕　西	3.10	0.47	0.34						0.014
甘　肃	9.40	0.61	0.33	0.76					0.113
青　海	0.84		0.10						0.000 3
宁　夏	20.87	0.045	0.27						0.068
新疆（兵团）	132.07	87.78	0.24	118.41					4.05
新疆（农业）	20.08		0.21	7.07					1.08
新疆（畜牧）	20.59		0.16	7.43					0.22
热作两院	0.11		0.30	0.51	0.000 1	0.197		66	
广　州									
南　京	0.24		0.16		0.001 1				0.35
昆　明									
哈尔滨	0.20								0.3

表 20 我国农垦系统茶、蚕、果、林生产情况（2003—2004 年）

指 标	单 位	2003 年	2004 年	2004 年比上年增减（%）
一、年末实有茶园面积	khm^2	29.6	30.6	3.4
茶叶总产量	万 t	3.8	3.9	3.1
二、年末实有桑园面积	khm^2	2.6	2.1	−19.5
三、年末实有果园面积	khm^2	224.4	231.3	3.1
水果总产量	万 t	146.4	163.1	11.4
其中：苹果	万 t	21.7	22.6	4.0
梨	万 t	23.7	24.3	2.3
柑橘	万 t	21.1	22.9	8.6
四、年末实有橡胶园面积	khm^2	404.3	412.4	2.0
当年橡胶平均开割面积	khm^2	300.4	302.5	0.7
每公顷产干胶	kg	1 315.5	1 150.0	−12.6
全年干胶总产量	万 t	39.5	39.0	−1.3
五、当年造林面积	khm^2	259.4	126.2	−51.3
用材林	khm^2	62.1	31.9	−48.7
经济林	khm^2	20.9	15.1	−27.9
防护林	khm^2	170.8	76.5	−55.2
薪炭林	khm^2	1.7	1.5	−9.5
特种用材林	khm^2	3.9	1.1	−70.6

表 21 我国热带、亚热带作物产量（2004 年）

项 目	单位	全国总计	福建	广东	广西	海南	云南
一、橡胶总产量（干胶片）	t	574 739	50	24 908	829	32 979	219 156
二、咖啡豆总产量（干咖啡豆）	t	21 659				276	21 383
三、椰子（按果实计）	万个	24 393		175		24 188	30
四、腰果总产量（干果）	t	616				616	
五、香料作物（折香料油）	t	3 318	1 419	64		544	1 291
其中：香茅草	t	2 542	1 030	64		544	904
六、剑麻（番麻）	t	103 466	52 170	24 257	20 169	6 853	17

表 22 我国棉花主产区生产情况（2003—2004 年） 单位：万 hm^2、万 t

地 区	面 积			产 量		
	2003 年	2004 年	同比增减（%）	2003 年	2004 年	同比增减（%）
新 疆	105.6	113.7	7.67	160.0	178.3	11.44
河 南	92.7	95.2	2.70	37.7	66.7	87.53
山 东	88.2	105.9	20.07	87.7	109.8	25.20
河 北	58.1	66.9	15.15	52.2	66.5	27.39
江 苏	36.9	40.9	10.84	29.1	50.3	72.85
安 徽	39.0	39.9	2.31	24.1	41.2	70.95
湖 北	35.5	40.8	14.93	32.5	39.5	21.54
湖 南	13.9	16.8	20.86	16.3	20.3	24.54
其他地区	41.2	49.2	19.42	46.3	59.8	29.16
全国总计	511.1	569.3	11.39	485.9	632.4	30.15
主产区占全国比重（%）	91.94	91.36	−0.63	90.47	90.54	0.08

表 23 我国主要蔬菜产量增减情况（2003—2004 年） 单位：万 t

项 目	2003 年	2004 年	2004 年比上年增减（%）
蔬菜合计	**54 032**	**55 065**	**1.91**
叶菜类	21 206	21 240	0.16
菠菜	1 574	1 567	−0.44
芹菜	1 746	1 919	6.85
大白菜	10 197	10 346	1.46
甘蓝	2 875	2 846	−1.01
油菜	1 236	1 214	−1.78
瓜菜类	6 781	6 893	1.65
黄瓜	3 551	3 655	2.93
块根、块茎类	7 691	7 810	1.55
萝卜	3 881	3 833	−1.24
胡萝卜	1 312	1 330	1.37
茄果菜类	7 404	7 865	6.23
茄子	2 119	2 176	2.69
番茄	3 310	3 619	9.34
辣椒	822	783	−4.74
葱蒜类	4 521	4 685	3.63
大葱	1 763	1 892	7.32
大蒜	1 556	1 567	0.71
豆类蔬菜	2 679	2 753	2.76
四季豆	1 327	1 333	0.45
豇豆	725	757	4.40
水生菜类	1 026	978	−4.68
莲藕	734	704	−4.09

表 24 我国主要林产品产量（2000—2004 年） 单位：万 t

年 份	木材（万 m^3）	生 漆	油桐籽	油茶籽	松 脂	核 桃	橡 胶
2000	4 724	0.5	45.3	82.3	55.1	31.0	48.0
2001	4 552	0.5	40.7	82.5	56.4	25.2	47.7
2002	4 436	0.6	38.9	85.5	56.4	34.0	52.7
2003	4 759	0.7	38.2	78.5	62.1	39.1	56.5
2004	5 200	0.9	38.3	87.8	66.6	41.4	57.5

表 25 各地区主要林产品产量（2004 年）

单位：t

地区	生漆	油桐籽	油茶籽	乌桕籽	五倍子	棕片	松脂	竹笋干	核桃	板栗	紫胶（原胶）
全国总计	**9 641**	**381 428**	**874 861**	**22 542**	**11 052**	**64 194**	**673 310**	**443 543**	**436 862**	**922 735**	**5 246**
北京									12 442	19 479	
天津									412	369	
河北									38 401	84 661	
山西									48 558	527	
内蒙古									50		
内蒙古集团											
辽宁									21 092	38 719	
吉林									3 046	551	
吉林集团									49		
黑龙江											
龙江集团											
上海											
江苏		2	196				250	1 464	251	17 977	
浙江	7	254	34 179	86		1 234	2 119	160 677		55 436	
安徽	196	3 062	10 673	346	12	1 877	4 351	17 027	381	68 506	
福建	197	20 205	67 865	398	147	11 501	68 963	143 551	193	45 353	105
江西	739	10 252	193 170	532	97	4 569	75 892	6 815	105	23 966	88
山东									14 394	202 207	
河南	903	48 076	7 100	2 250	1 543		241	30	21 652	102 343	
湖北	1 837	12 001	13 084	9 590	675	2 047	5 821	2 226	4 078	101 613	
湖南	266	41 301	382 597	1 086	954	9 532	22 726	13 782	3 458	34 567	100
广东		4 710	29 777	96		1 952	116 424	16 982		8 520	61
广西	59	55 934	115 437	100	147	2 823	282 455	17 733	274	39 657	
海南						58	6 093	305			3 509
重庆	1 689	28 365	1 679	2 502	2 979	3 060	1 030	8 166	4 083	4 781	
四川	1 091	39 276	4 037	1 667	1 147	8 532	3 869	40 696	56 731	13 206	114
贵州	1 326	87 024	10 112	3 450	1 702	4 664	5 575	7 909	8 298	11 591	25
云南	317	18 352	4 834	194	142	9 283	77 273	5 334	84 433	19 010	1 240
西藏											
陕西	964	12 113	121	245	1 398	3 037	228	846	62 453	28 417	4
甘肃	50	501			109	25			28 957	1 245	
青海									78	40	
宁夏									17		
新疆									23 055		
新疆兵团									45		
大兴安岭											

表 26 我国牲畜饲养情况（2000—2004 年） 单位：万头（只）

年 份	大牲畜年底头数					
	合 计	牛	马	驴	骡	骆 驼
2000	15 152	12 866	877	923	453	33
2001	14 996	12 824	826	882	436	28
2002	15 189	13 085	809	850	419	26
2003	15 500	13 467	790	821	396	27
2004	15 738	13 782	764	792	374	26

年 份	肉猪出栏头数	牛出栏头数	猪年底头数	羊年底只数		
				合 计	山 羊	绵 羊
2000	52 673	3 965	44 682	29 032	15 716	13 316
2001	54 937	4 118	45 743	29 826	16 129	13 697
2002	56 684	4 401	46 292	31 655	17 276	14 379
2003	59 201	4 703	46 602	34 054	18 321	15 733
2004	61 801	5 019	48 189	36 639	19 551	17 088

表 27 我国主要畜产品产量（2000—2004 年）

年 份	肉 类 产 量（万 t）					奶类产量（万 t）		禽蛋产量（万 t）
	总产量	猪 牛 羊 肉				总产量	其中:牛奶	
		小 计	猪 肉	牛 肉	羊 肉			
2000	6 125.4	4 838.2	4 031.4	532.8	274.0	919.1	827.4	2 243.3
2001	6 333.9	5 026.0	4 184.5	548.8	292.7	1 122.9	1 025.5	2 336.7
2002	6 586.5	5 227.9	4 326.6	584.6	316.7	1 400.4	1 299.8	2 462.7
2003	6 932.9	5 506.3	4 518.6	630.5	357.2	1 848.6	1 746.3	2 606.7
2004	7 244.8	5 776.8	4 701.6	675.9	399.3	2 368.4	2 260.6	2 723.7

年 份	蜂蜜（万 t）	蚕茧（万 t）		绵羊毛（万 t）			山羊毛总产（t）	羊绒总产（t）
		总 产	其中:桑蚕茧	总 产	细羊毛	半细羊毛		
2000	24.6	55	50	29.3	11.7	8.5	33 266	11 057
2001	25.2	66	60	29.8	11.5	8.8	34 241	10 968
2002	26.5	69.8	64.5	30.8	11.2	10.2	35 459	11 765
2003	28.9	66.7	61.1	33.8	12.0	11.0	36 692	13 528
2004	29.3	73.1	67.7	37.4	13.0	12.0	37 727	14 515

表 28　各地区奶类产量（2003—2004 年）　　单位：万 t

地　区	2003 年		2004 年	
	奶类产量	其中：牛奶	奶类产量	其中：牛奶
全国总计	**1 848.6**	**1 746.3**	**2 368.4**	**2 260.6**
北　京	63.7	63.3	70.08	70.04
天　津	43.2	43.2	54.24	54.24
河　北	207.6	197.9	276.95	266.46
山　西	55.6	53.2	63.67	61.15
内蒙古	312.2	308.0	502.06	497.87
辽　宁	46.4	42.7	62.28	58.45
吉　林	23.3	22.7	26.00	25.32
黑龙江	304.0	300.5	378.06	374.48
上　海	27.1	27.1	25.20	25.20
江　苏	50.0	49.8	56.90	53.61
浙　江	24.7	24.7	25.95	25.95
安　徽	9.0	9.0	10.19	10.19
福　建	19.5	19.2	21.14	20.80
江　西	10.9	10.9	11.63	11.60
山　东	148.4	124.4	188.68	160.88
河　南	52.6	49.6	78.99	74.50
湖　北	11.1	11.1	11.67	11.67
湖　南	5.3	5.3	6.66	6.66
广　东	10.8	10.6	11.22	10.94
广　西	3.8	3.8	4.87	4.82
海　南	0.06	0.06	0.10	0.10
重　庆	9.06	9.06	8.62	8.51
四　川	45.8	45.4	53.00	52.61
贵　州	3.4	3.4	3.61	3.56
云　南	23.4	21.8	28.34	26.86
西　藏	25.1	19.6	26.20	20.29
陕　西	107.1	74.2	125.52	96.19
甘　肃	22.6	22.2	25.87	25.51
青　海	23.5	22.1	24.10	22.75
宁　夏	38.7	38.6	46.93	46.06
新　疆	120.9	113.0	139.73	133.32

表 29　我国农垦系统主要畜产品产量（2003—2004 年）

单位：万 t

项　　目	2003 年	2004 年	2004 年比上年增减（%）
1. 肉类总产量	108.39	125.33	15.63
猪肉	64.20	74.07	15.37
牛肉	8.93	11.43	27.99
羊肉	14.61	16.71	14.39
2. 牛奶	176.77	210.20	18.92
3. 羊毛	2.36	2.74	16.03
4. 蜂蜜	0.37	0.563	52.16
5. 禽蛋	21.32	21.43	0.53
6. 鹿茸（t）	69	73	4.74

表 30　我国水产品产量（2000—2004 年）

单位：kt

年　份	总产量	1. 海水产品	其　中		2. 内陆产品	其　中	
			捕　捞	养　殖		捕　捞	养　殖
2000	42 785	25 387	14 775	10 613	17 398	2 264	15 134
2001	43 813	25 717	14 406	11 311	18 096	2 146	15 950
2002	45 645	26 463	14 335	12 128	19 182	2 252	16 930
2003	47 045	26 857	14 324	12 533	20 188	2 468	17 720
2004	49 018	27 678	14 511	13 167	21 340	2 419	18 920

表 31　各地区水产品产量（2004 年）

单位：kt

年　份	总产量	1. 海水产品	其　中		2. 内陆产品	其　中	
			捕　捞	养　殖		捕　捞	养　殖
全国总计	**49 018**	**27 678**	**14 511**	**13 167**	**21 340**	**2 420**	**18 920**
北　京	66.8				66.8		66.8
天　津	310	48.6	38	10.6	261	11.3	250
河　北	924	537	311	226	387	82.3	305
山　西	35.4				35.4	2.1	33.3
内 蒙 古	77.3				77.3	29	48.2
辽　宁	4 025.0	3 462	1 491	1 970	564	42.3	521
吉　林	120				120	27.8	92
黑 龙 江	430				430	53.6	376.4
上　海	344	134	132	2.2	210	4.8	205
江　苏	3 661	1 074	589	485	2 587	313	2 275
浙　江	4 935	4 150	3 220	929	785	91	695
安　徽	1 713				1 713	358	1 356
福　建	5 912	5 233	2 233	2 999	679	85	595
江　西	1 563				1 563	232	1 332
山　东	7 182	6 121	2 702	3 419	1 061	104	957
河　南	427				427	28.6	398.4
湖　北	3 021				3 021	393.7	2 627.6
湖　南	1 661				1 661	170	1 491
广　东	6 646	3 818	1 711	2 107	2 828	129	2 698
广　西	2 689	1 658	799	859	1 031	110	921
海　南	1 358	1 151	990	160	208	25	183

（续）

年　份	总产量	1. 海水产品	其　中		2. 内陆产品	其　中	
			捕　捞	养　殖		捕　捞	养　殖
重　庆	234				234	13	221
四　川	861				861	61	800
贵　州	88				88	11	77
云　南	220				220	25	195
西　藏	0.55				0.55	0.51	0.036
陕　西	74				74	3.9	70
甘　肃	15				15	0.9	14
青　海	1.5				1.5	0.06	1.4
宁　夏	57				57	0.40	56.6
新　疆	72				72	13	59

表 32　我国沿海地区海洋捕捞水产品产量（2004 年）　　单位：kt

地　区	海洋捕捞产量	按　捕　捞　海　域　分				
		渤海	黄海	东海	南海	其他海域
全国总计＊	**14 511**	**1 252**	**3 171**	**4 967**	**3 604**	**1 517**
天　津	38	20	2.7			15.1
河　北	311	253	53			4.7
辽　宁	1 491	568	618	36		269
上　海	132			38		94
江　苏	589		418	153		18
浙　江	3 220		157	2 778	0.71	284
福　建	2 233		0.16	1 836	206	191
山　东	2 702	410	1 922	126	20.5	223
广　东	1 711				1 587	124
广　西	799				799	
海　南	990				990	

＊ 全国产量包括中国水产总公司的数据。

表 33　我国沿海地区海水养殖水产品产量（按水域和养殖方式分）（2004 年）

单位：kt

地　区	海洋养殖产量	按养殖水域分			集约化养殖方式		
		海上	滩涂	陆基	深水网箱	普通网箱	工厂化
全国总计	**13 167**	**6 757**	**5 204**	**1 206**	**16.2**	**245**	**51**
天　津	10.6			10.6			0.77
河　北	226	128	73	25			2.99
辽　宁	1 970	1 258	597	115	0.31	6.6	8.04
上　海	2.2		2.2				
江　苏	485	74	324	87	0.30	0.35	0.65
浙　江	929	230	432	267	6.65	17.5	0.008
福　建	2 999	1 747	1 087	166	3.89	112	2.65
山　东	3 419	2 163	1 128	128	4.32	27.3	29
广　东	2 107	937	916	255	0.50	68.6	3.67
广　西	859	204	554	100		4.4	2.13
海　南	160	17	91	53	0.28	7.91	1.16

表 34　各地区农垦系统水产品产量（2004 年）

单位：hm^2、t

地　　区	水产养殖面积	水产品总产量	其中：养殖产量	对虾养殖面积	对虾产量
全国总计	**278 389**	**707 941**	**597 197**	**19 624**	**22 093**
北　京	11	79	79		
天　津	422	3 754	3 754	67	
河　北	13 089	62 664	53 888	3 888	6 659
山　西	8	4	4		
内蒙古	2 317	2 349	1 222		
辽　宁	92 598	152 319	99 087	9 683	3 358
吉　林	931	1 639	1 568		
黑龙江	19 021	17 459	13 580		
上　海	4 944	14 705	14 705		
江　苏	3 895	21 098	14 853	191	341
浙　江	1 172	5 814	5 561	247	762
安　徽	1 257	3 067	2 601		
福　建	1 710	21 767	12 463	189	773
江　西	18 462	19 234	16 340		
山　东	4 508	6 500	2 553	3 050	565
河　南	532	3 844	3 844		
湖　北	37 455	213 820	213 820		
湖　南	23 528	70 532	52 198		
广　东	3 648	20 674	20 674	1 283	4 755
广　西	1 148	9 210	9 210	68	515
海　南	5 011	31 137	30 449	958	4 365
重　庆	30	139	139		
四　川					
贵　州	156	301	301		
云　南	1 710	2 993	2 993		
西　藏					
陕　西	61	55	55		
甘　肃					
青　海	233	16	16		
宁　夏	2 910	1 943	1 943		
新疆（兵团）	31 841	17 640	16 155		
新疆（农业）	2 936	1 638	1 603		
新疆（畜牧）	2 508	252	252		
热作两院	12	41	41		
广　州	99	528	528		
南　京	176	646	646		
昆　明					
哈尔滨	50	80	80		

表 35 轻工业系统食品工业所需农牧业原料生产量（2002—2003 年）

单位：万 t

产品名称	2002 年	2003 年	2003 年比上年增减（%）
一、农产品			
粮食	45 705.8	43 069.5	−5.77
其中：稻谷	17 453.9	16 065.6	−7.95
小麦	9 029.0	8 648.8	−4.21
玉米	12 130.8	11 583.0	−4.52
豆类	2 241.2	2 127.5	−5.07
薯类	3 665.9	3 513.3	−4.16
油料	2 897.2	2 811.0	−2.98
其中：花生	1 481.8	1 342.0	−9.43
油菜籽	1 055.2	1 142.0	8.23
芝麻	89.5	59.3	−33.74
甘蔗	9 010.7	9 023.5	0.14
甜菜	1 282.0	618.2	−51.78
茶叶	74.5	76.8	3.09
烟叶	244.7	225.7	−7.76
其中：烤烟	213.5	201.5	−5.62
水果	6 952.0	14 517.4	108.82
其中：苹果	1 924.1	2 110.2	9.67
柑橘	1 199.0	1 345.4	12.21
梨	930.9	979.8	5.25
葡萄	447.9	517.6	15.56
香蕉	555.7	590.3	6.23
二、林产品			
油茶籽	85.5	78.0	−8.77
核桃	34.1	39.4	15.54
三、畜产品			
猪肉	4 326.6	4 518.6	4.44
牛肉	584.6	630.4	7.83
羊肉	316.7	357.2	12.79
奶类	1 400.4	1 848.6	32.01
其中：牛奶	1 299.8	1 746.3	34.35
禽蛋	2 462.7	2 606.7	5.85
蜂蜜	26.5	28.9	9.06
四、水产品			
水产品总产量	4 564.5	4 704.6	3.07
海水产品	2 646.3	2 685.7	1.49
其中：鱼类	1 022.3	2 823.6	176.20
虾蟹类	310.6	437.0	40.70
贝类	1 119.3	1 163.7	3.97
藻类	133.3	141.3	6.00
淡水产品	1 918.2	2 018.8	5.24
其中：鱼类	1 710.2	1 795.2	4.97
虾蟹类	122.4	138.8	13.40
贝类	56.7	54.13	−4.53

表 36　各地区主要中药材产量（2003—2004 年）　　单位：t

地　区	人　参		甘　草		枸　杞	
	2003 年	2004 年	2003 年	2004 年	2003 年	2004 年
全国总计	**30 751**	**5 879**	**98 076**	**39 558**	**84 910**	**37 088**
北　京			1 637		1	
天　津						
河　北	74		2 505		10 288	
山　西	51	6	5 813	4 759	229	133
内蒙古	6		44 247		21 192	
辽　宁	3 358	4 544	1 761	719	40	71
吉　林	25 128		148		383	
黑龙江	1 741	1 020	6 330	5 336	135	102
上　海						
江　苏	26		376		466	
浙　江						
安　徽	311	150	2 112	35	981	695
福　建						
江　西		88		424		8
山　东			650		650	
河　南	33	36	1 795	1 828	140	154
湖　北	1	11	203	278	1 849	80
湖　南			590	450	1 817	1 800
广　东			224		356	
广　西			567		53	
海　南						394
重　庆			30	36	12	609
四　川	22	24	113	449	47	41
贵　州					83	
云　南			7	7	11	11
西　藏						
陕　西			105		276	
甘　肃			19 062	22 392	620	767
青　海			151		263	
宁　夏			2 845	2 845	32 223	32 223
新　疆			6 805		12 795	

表 37 我国按人口平均的主要农产品产量（2000—2004 年）

单位：kg/人

年 份	粮 食	棉 花	油 料	糖 料	猪牛羊肉	水产品
2000	366	3.5	23.4	60.5	38.3	33.9
2001	356	4.2	22.5	68.1	39.5	34.4
2002	357	3.8	22.6	80.4	40.8	35.6
2003	334	3.8	21.8	74.8	42.7	36.5
2004	362	4.9	23.7	73.8	44.6	37.8
年 份	黄红麻	烤烟	水果	牛奶	禽蛋	茶叶
2000	0.09	1.76	49.3	6.6	17.7	0.54
2001	0.08	1.60	52.3	8.1	18.3	0.55
2002	0.12	1.67	54.3	10.2	19.2	0.58
2003	0.08	1.56	112.7	13.6	20.2	0.60
2004	0.10	1.70	118.4	17.4	21.0	0.64

农产品成本、收益与农村经济效益

表 38 我国主要农产品成本与收益（2004 年）

指 标	单 位	主要粮食					
		稻 谷	小 麦	玉 米	高 粱	大 豆	三种粮食平均*
一、每亩							
1. 主产品产量	kg/亩	450.90	339.80	423.60	398.80	130.20	404.80
2. 产值合计	元/亩	739.73	525.50	510.64	463.65	380.11	591.95
主产品产值	元/亩	719.80	506.11	491.90	446.55	367.21	572.60
副产品产值	元/亩	19.93	19.39	18.74	17.10	12.90	19.35
3. 总成本	元/亩	454.64	355.92	375.70	328.18	253.05	395.45
生产成本	元/亩	397.68	312.12	314.26	247.18	190.91	341.38
物质与服务费用	元/亩	226.24	200.28	173.77	145.65	116.75	200.12
人工成本	元/亩	171.44	111.84	140.49	101.53	74.16	141.26
家庭用工折价	元/亩	150.29	109.05	128.64	86.72	65.49	129.33
雇工费用	元/亩	21.15	2.79	11.85	14.81	8.67	11.93
土地成本	元/亩	56.96	43.80	61.44	81.00	62.14	54.07
流转地租金	元/亩	7.64	3.47	6.77	7.90	12.57	5.96
自营地折租	元/亩	49.32	40.33	54.67	73.10	49.57	48.11
4. 净利润	元/亩	285.09	169.58	134.94	135.47	127.06	196.50
5. 现金成本	元/亩	255.03	206.54	192.39	168.36	137.99	218.01
6. 现金收益	元/亩	484.70	318.96	318.25	295.29	242.12	373.94
7. 成本利润率	%	62.71	47.65	35.92	41.28	50.21	49.69
二、每 50kg 主产品							
1. 平均出售价格	元/50kg	79.82	74.47	58.06	55.99	141.02	70.73
2. 总成本	元/50kg	49.06	50.44	42.72	39.63	93.88	47.25
生产成本	元/50kg	42.91	44.23	35.73	29.85	70.83	40.79

（续）

指　标	单　位	主要粮食					
		稻　谷	小　麦	玉　米	高　粱	大　豆	三种粮食平均 *
3. 净利润	元/50kg	30.76	24.03	15.34	16.36	47.14	23.48
4. 现金成本	元/50kg	27.52	29.27	21.87	20.33	51.19	26.05
5. 现金收益	元/50kg	52.30	45.20	36.19	35.66	89.83	44.68
三、附							
1. 用工数量	日/亩	11.85	8.10	9.97	6.98	5.18	9.97
2. 主产品出售数量	kg/亩	183.60	141.50	246.30	289.70	104.00	190.50
3. 主产品出售产值	元/亩	292.53	209.56	275.62	312.96	282.11	259.24
4. 补贴收入	元/亩	13.08	5.21	6.70	11.25	7.67	8.33
5. 成本外支出	元/亩	5.98	4.16	3.90	4.28	2.99	4.68
6. 商品率	%	46.50	46.00	66.60	93.90	86.00	53.00

指　标	单　位	油料			棉　花	烤　烟	黄红麻
		花　生	油菜籽	两种油料平均			
一、每亩							
1. 主产品产量	kg/亩	213.00	134.60	173.80	76.30	130.50	191.30
2. 产值合计	元/亩	767.01	373.16	570.09	966.15	1 259.41	565.60
主产品产值	元/亩	747.41	365.35	556.38	832.16	1 252.90	515.60
副产品产值	元/亩	19.60	7.81	13.71	133.99	6.51	50.00
3. 总成本	元/亩	448.82	288.52	368.76	743.10	1 071.99	477.31
生产成本	元/亩	398.02	253.65	325.92	652.58	1 000.03	443.69
物质与服务费用	元/亩	224.62	113.45	169.12	297.80	445.47	224.49
人工成本	元/亩	173.40	140.20	156.80	354.78	554.56	219.20
家庭用工折价	元/亩	168.24	137.00	152.62	319.76	522.52	219.00
雇工费用	元/亩	5.16	3.20	4.18	35.02	32.04	
土地成本	元/亩	50.80	34.87	42.84	90.52	71.96	33.62
流转地租金	元/亩	3.54	2.92	3.23	17.89	8.25	
自营地折租	元/亩	47.26	31.95	39.61	72.63	63.71	33.62
4. 净利润	元/亩	318.19	84.64	201.33	223.05	187.42	88.29
5. 现金成本	元/亩	233.32	119.57	176.53	350.71	485.76	224.49
6. 现金收益	元/亩	533.69	253.59	393.56	615.44	773.65	341.11
7. 成本利润率	%	70.89	29.34	54.60	30.02	17.48	18.50
二、每 50kg 主产品							
1. 平均出售价格	元/50kg	175.45	135.72	160.06	545.32	480.04	134.76
2. 总成本	元/50kg	102.67	104.94	103.53	419.42	408.60	113.72
生产成本	元/50kg	91.05	92.25	91.51	368.33	381.17	105.71
3. 净利润	元/50kg	72.78	30.78	56.53	125.90	71.44	21.04
4. 现金成本	元/50kg	53.37	43.49	49.56	197.95	185.15	53.49
5. 现金收益	元/50kg	122.08	92.23	110.50	347.37	294.89	81.27
三、附							
1. 用工数量	日/亩	12.56	10.17	11.37	24.63	39.87	16.00
2. 主产品出售数量	kg/亩	134.30	91.60	113.00	67.40	126.40	183.30
3. 主产品出售产值	元/亩	467.37	242.57	354.97	734.66	1 230.02	493.67
4. 补贴收入	元/亩	0.20	0.20	0.20	0.04	16.81	
5. 成本外支出	元/亩	3.64	5.20	4.42	9.98	4.13	
6. 商品率	%	69.60	71.70	70.70	94.80	97.90	98.70

（续）

指　　标	单　位	苎　麻	糖　料		桑蚕茧	绿毛茶	苹　果
			甘　蔗	甜　菜			
一、每亩							
1. 主产品产量	kg/亩	153.80	4 652.50	2 492.60	114.70	96.10	1 952.30
2. 产值合计	元/亩	1 382.04	894.10	637.02	1 851.75	1 483.16	2 283.03
主产品产值	元/亩	1 371.82	870.33	624.66	1 806.70	1 482.82	2 274.76
副产品产值	元/亩	10.22	23.77	12.36	45.05	0.34	8.27
3. 总成本	元/亩	809.44	805.42	435.24	1 284.96	1 054.11	1 343.29
生产成本	元/亩	771.64	712.63	353.82	1 196.00	932.75	1 248.73
物质与服务费用	元/亩	238.13	374.80	211.47	432.74	388.27	636.55
人工成本	元/亩	533.51	337.83	142.35	763.26	544.48	612.18
家庭用工折价	元/亩	501.15	234.54	115.35	746.38	106.86	492.79
雇工费用	元/亩	32.36	103.29	27.00	16.88	437.62	119.39
土地成本	元/亩	37.80	92.79	81.42	88.96	121.36	91.56
流转地租金	元/亩	1.56	6.72	11.19	8.65	12.15	5.82
自营地折租	元/亩	36.24	86.07	70.23	80.31	109.21	85.74
4. 净利润	元/亩	572.60	88.68	201.78	566.79	429.05	942.74
5. 现金成本	元/亩	272.05	484.81	249.66	458.27	838.04	761.76
6. 现金收益	元/亩	1 109.99	409.29	387.36	1 393.48	645.12	1 521.27
7. 成本利润率	%	70.74	11.01	46.36	44.11	40.70	70.34
二、每 50kg 主产品							
1. 平均出售价格	元/50kg	445.98	9.35	12.53	787.58	771.50	58.26
2. 总成本	元/50kg	261.20	8.42	8.56	546.51	548.32	34.20
生产成本	元/50kg	249.01	7.45	6.96	508.68	485.19	31.87
3. 净利润	元/50kg	184.78	0.93	3.97	241.07	223.18	24.06
4. 现金成本	元/50kg	87.79	5.07	4.91	194.91	435.93	19.44
5. 现金收益	元/50kg	358.19	4.28	7.62	592.67	335.57	38.82
三、附							
1. 用工数量	日/亩	38.08	22.62	9.57	55.50	27.07	42.70
2. 主产品出售数量	kg/亩	153.10	4 411.20	2 462.30	114.30	63.20	1 794.20
3. 主产品出售产值	元/亩	1 365.26	840.61	617.39	1 801.52	1 409.15	2 118.11
4. 补贴收入	元/亩		0.73	8.65	0.43	0.05	1.15
5. 成本外支出	元/亩	0.18	4.00	3.74	7.25	1.53	2.09
6. 商品率	%	100.00	97.70	96.70	99.80	97.70	93.60

* 三种粮食指稻谷、小麦、玉米。

表 39 我国饲养业产品成本与收益(2004 年)

指 标	单 位	生猪(头)			蛋鸡平均(百只)	肉鸡平均(百只)	奶牛平均(头)	淡水鱼农户精养(亩)
		规模养猪	农户散养生猪	生猪平均				
一、每亩(百只亩)								
1. 主产品产量	kg/(头、百只亩)	101.00	107.40	104.20	1 505.60	227.10	5 356.90	698.80
2. 产值合计	元/头、百只亩	922.07	957.66	939.87	8 950.84	1 819.67	11 044.74	4 823.34
主产品产值	元/头、百只亩	909.09	939.38	924.24	7 800.54	1 803.83	9 974.94	4 807.23
副产品产值	元/头、百只亩	12.98	18.28	15.63	1 150.30	15.84	1 069.80	16.11
3. 总成本	元/头、百只亩	768.50	803.76	786.25	7 706.41	1 494.22	8 669.40	3 782.38
生产成本	元/头、百只亩	763.81	803.66	783.85	7 699.59	1 488.86	8 630.84	3 605.12
物质与服务费用	元/头、百只亩	707.74	652.14	679.98	7 312.21	1 412.85	7 685.90	3 112.83
人工成本	元/头、百只亩	56.07	151.52	103.87	387.38	76.01	944.94	492.29
家庭用工折价	元/头、百只亩	31.37	151.52	91.52	314.42	53.57	533.48	451.97
雇工费用	元/头、百只亩	24.70		12.35	72.96	22.44	411.46	40.32
土地成本	元/头、百只亩	4.39	0.10	2.40	6.83	5.36	38.56	177.26
4. 净利润	元/头、百只亩	153.57	153.90	153.62	1 244.43	325.45	2 375.34	1 040.96
5. 成本利润率	%	19.98	19.15	19.54	16.15	21.78	27.40	27.52
二、每 50kg 主产品								
1. 耗粮数量	kg/50kg	184.80	177.70	181.30	2 636.50	381.20	1 981.60	611.00
2. 平均出售价格	元/50kg	450.04	437.33	443.49	259.05	397.14	93.10	343.96
3. 总成本	元/50kg	375.09	367.05	371.00	223.03	326.11	73.08	269.73
生产成本	元/50kg	372.80	367.00	369.87	222.84	324.94	72.75	257.09
4. 净利润	元/50kg	74.95	70.28	72.49	36.02	71.03	20.02	74.23
三、附								
1. 耗粮数量	kg	91.50	82.72	86.97	87.55	83.93	18.50	43.72
2. 每核算单位用工数量	日	3.55	11.06	7.31	26.21	5.05	55.12	25.08
3. 平均饲养天数	日	143.00	186.00	165.00	352.00	69.00	365.00	281.00

注:表 38、表 39 面积计量单位,为避免单位换算中出现差错,故仍采用了原非法定单位"亩",而未换算成法定单位公顷(hm^2),特此说明。

表 40 我国农村经济效益(2003—2004 年)

项 目	单 位	2003 年	2004 年	2004 年比上年增减(%)
一、农村劳动生产率	元/人			
每一农村劳动力创造农林牧渔业总产值		6 063.14	7 292.24	20.27
二、平均每一农业劳动力生产的农产品	kg/人			
粮食		1 362	1 518	11.45
棉花		15.4	20.4	32.47
油料		88.9	99.1	11.47

（续）

项　　目	单　位	2003 年	2004 年	2004 年比上年增减（%）
猪、牛、羊肉		174.1	186.8	7.29
水产品		148.8	158.5	6.52
牛奶		55.2	73.1	32.43
三、主要农产品单位面积产量	kg/hm²			
谷物		4 873	5 187	6.44
棉花		951	1 111	16.82
花生		2 654	3 022	13.87
油菜籽		1 582	1 813	14.60
芝麻		863	1 128	31.07
黄红麻		2 462	2 719	10.44
甘蔗		64 023	65 199	1.84
甜菜		24 925	30 829	23.69
烤烟		1 768	1 889	6.84
四、农民人均纯收入	元/人	2 622.2	2 936.4	11.98

农产品加工机械拥有量及农产品加工行业固定资产投资情况

表 41　农业部系统农产品加工机械年末拥有量（2004 年）

地　区	农产品加工机械动力		粮食加工机械（万台）	棉花加工机械（万台）	油料加工机械（万台）	饲料粉碎机（万台）
	万台	万 kW				
全国总计	**901.31**	**6 604.04**	**606.57**	**21.15**	**57.36**	**247.20**
北　京	1.02	7.29	0.76		0.04	0.42
天　津	3.02	25.21	0.73	0.12	0.10	0.50
河　北	92.94	833.09	36.89	3.12	5.22	8.51
山　西	16.92	121.00	11.77	0.37	1.37	3.56
内蒙古	12.04	109.22	8.21		0.83	10.26
辽　宁	10.27	121.26	7.77	0.03	0.33	6.70
吉　林	12.28	107.66	9.70		0.50	5.17
黑龙江	10.00	98.09	5.40		0.72	3.86
上　海	0.46	4.41	0.45		0.01	
江　苏	25.70	233.04	16.15	1.00	1.98	8.68
浙　江	20.52	154.03	12.87	0.56	0.66	1.35
安　徽	35.08	291.72	21.32	2.12	3.79	6.90
福　建	14.01	113.87	10.05		0.90	3.11

（续）

地区	农产品加工机械动力		粮食加工机械（万台）	棉花加工机械（万台）	油料加工机械（万台）	饲料粉碎机（万台）
	万台	万 kW				
江西	25.41	275.88	18.58	0.86	3.18	3.46
山东	99.68	881.74	33.05	3.20	8.88	17.67
河南	72.33	519.81	33.95	4.43	7.78	15.12
湖北	49.09	306.08	31.50	1.11	2.85	15.00
湖南	72.01	419.04	56.00	2.17	3.74	15.79
广东	20.37	175.01	13.21		1.64	6.50
广西	58.51	366.47	43.37	0.04	1.91	27.11
海南	2.03	19.88	1.84		0.21	0.47
重庆	46.50	190.20	52.39	0.10	0.99	18.00
四川	62.65	399.19	69.91	0.55	3.48	26.56
贵州	40.99	247.21	36.88	0.08	1.29	7.47
云南	40.54	270.94	39.39		0.35	12.91
西藏						
陕西	27.25	149.06	21.06	0.62	1.18	8.74
甘肃	22.29	92.36	9.44	0.26	1.78	5.90
青海	1.50	10.26	0.85		0.51	0.69
宁夏	2.13	18.49	1.38	0.03	0.48	2.51
新疆	3.77	42.53	1.70	0.38	0.66	4.28

表 42　我国农产品加工行业固定资产投资情况（2004 年）　　单位：亿元

行业	投资额	新增固定资产额	固定资产交付使用率（%）
合计	**3 441.5**	**2 219.0**	**66.16**
农副食品加工业	543.3	325.1	59.8
食品制造业	367.6	224.5	61.1
饮料制造业	254.0	176.4	69.5
烟草制品业	86.9	64.6	74.4
纺织业	763.0	498.7	65.4
纺织服装、鞋帽制造业	259.0	166.4	64.2
皮革毛皮羽毛（绒）及其制品业	116.4	73.6	63.2
木材加工及竹藤棕草制品业	178.2	135.5	76.0
家具制造业	105.3	64.7	61.4
造纸及纸制品业	422.7	247.3	58.5
印刷业和记录媒介的复制	166.5	117.8	70.7
橡胶制品业	178.6	124.4	69.7

表 43 我国农产品加工行业新增固定资产后主要产品新增生产能力（2002—2004 年）

名　　称	单　位	2002 年	2003 年	2004 年
轮　　胎	万条/年			
内　　胎	万条/年	1 500	58	3 909
外　　胎	万条/年	27	122	1 225
胶 合 板	万 m^3/年	71	141	632
棉 纺 锭	万锭	14	179	441
棉布织机	台	204	12 956	
棉印染布	万 m/年	13 394	19 925	
毛 纺 锭	锭		14 700	97 508
机 制 糖	万 t			
年 生 产	万 t	1.3	64.3	42
日处理原料	t	1 000	2 340	40 551
卷　　烟	万箱/年			117
酒	万 t/年	25	42	1 380
糖　　果	t/年		930	
奶　　粉	t/年	4 560	51 690	49 070
原　　盐	万 t/年	10		209
机制纸及纸板	万 t/年	97	105	
鞣制皮革	万张/年		450	
皮　　鞋	万双/年	2 277	5 186	
商业冷藏库	万 t	13	66	29
粮食仓库	万 m^2	232	69	30
粮食仓库	万 kg	953 895	244 076	135 938

表 44 我国农产品加工行业 50 万元以上施工、投产项目个数（2004 年）

行　　业	施工项目		全部建成投产项目（个）	项目建成投产率（%）
	总计（个）	其中：新开工（个）		
合　　计	**22 778**	**17 215**	**11 858**	**50.9**
农副食品加工业	4 481	3 588	2 545	56.8
食品制造业	2 573	1 919	1 317	51.2
饮料制造业	1 600	1 197	844	52.8
烟草制品业	417	219	204	48.9
纺织业	4 166	3 076	2 068	49.6
纺织服装、鞋帽制造业	2 300	1 720	1 121	48.7
皮革毛皮羽毛（绒）及其制品业	887	648	386	43.5
木材加工及竹藤棕草制品业	1 794	1 472	1 086	60.5
家具制造业	966	726	455	47.1
造纸及纸制品业	1 751	1 320	903	51.6
印刷业和记录媒介的复制	1 170	848	594	50.8
橡胶制品业	673	482	335	49.8

表 45 林业系统森工固定资产投资完成情况（2004 年） 单位：万元

项 目	2004 年
一、森工固定资产投资完成额	129 646
1. 基本建设	55 980
2. 更新改造	35 139
3. 其他投资	38 527
二、当年新增固定资产	99 376

表 46 林业系统各地区森工固定资产投资完成情况（2004 年） 单位：万元

地 区	合 计	基本建设	更新改造	其他投资
全国总计	**129 646**	**55 980**	**35 139**	**38 527**
北 京				
天 津				
河 北				
山 西				
内 蒙 古	19 329	1 475	1 717	16 137
内蒙古集团	19 329	1 475	1 717	16 137
辽 宁				
吉 林	50 914	16 175	17 869	16 870
吉林集团	28 835	11 095	880	16 860
黑 龙 江	17 585	16 837	588	160
龙江集团	17 585	16 837	588	160
上 海				
江 苏				
浙 江	237	237		
安 徽	62	62		
福 建	6 212	956	3 154	2 102
江 西	286	156	18	112
山 东				
河 南				
湖 北	91	91		
湖 南				
广 东				
广 西	4 525	456	4 069	
海 南				
重 庆				
四 川	3 055	1 181	1 874	
贵 州				
云 南	13 762	11 602	196	1 964
西 藏				
陕 西	547	547		
甘 肃				
青 海				
宁 夏				
新 疆	557	497		60
新疆兵团				
局直属单位	12 484	5 708	5 654	1 122
大兴安岭	12 484	5 708	5 654	1 122

表 47 我国农垦系统固定资产投资完成情况（2003—2004 年） 单位：亿元

项目	2003 年	2004 年	2004 年比上年增减（%）
固定资产投资总额	314.58	358.12	13.84
1. 基本建设投资	158.09	158.00	−0.06
2. 更新改造投资	42.11	48.43	15.01
当年新增固定资产	245.46	281.94	14.86

表 48 我国食品工业固定资产投资额及新增固定资产情况（2002—2003 年）

单位：亿元

年份	固定资产投资额			新增固定资产		
	总计	基本建设	更新改造	总计	基本建设	更新改造
2002	525.91	190.55	335.36	346.56	118.46	228.10
2003	801.61	326.24	475.37	529.67	205.42	324.25

表 49 我国食品工业完成基本建设投资后新增主要产品生产能力（2002—2003 年）

产品名称	单位	2002 年	2003 年
机制糖			
年生产	万 t	0.1	64.3
日处理原料	t	13 000	2 340
卷烟	万箱/年		
酒	万 t/年	25	42
糖果	t/年		930
奶粉	t/年	4 560	51 690
原盐	万 t/年	10	

表 50 我国食品工业完成更新改造投资后新增主要产品生产能力（2002—2003 年）

产品名称	单位	2002 年	2003 年
机制糖			
年生产	万 t	5	36
日处理原料	t	573 204	12 983
卷烟	万箱/年	19	44
酒	万 t/年	243	242
糖果	t/年	1 280	1 780
奶粉	t/年	315 770	39 982
原盐	万 t/年	161	76

表 51　我国水产行业固定资产投资情况（2003—2004 年）　　单位：万元

名　　称	2003 年	2004 年	2004 年比上年增减（%）
一、投资总额	2 799 052	3 055 697	9.17
1. 捕捞生产	435 096	478 950	10.08
2. 养殖生产	1 189 173	1 292 682	8.70
3. 水产加工	495 977	597 099	20.39
4. 市场流通	97 212	128 951	32.65
5. 渔业执法	17 517	9 351	−46.62
6. 渔港	88 117	72 430	17.80
7. 科研、教育	15 042	6 861	−54.39
8. 技术推广	16 399	12 126	−26.06
9. 渔业检测	7 246	3 799	−47.57
10. 资源保护	14 425	12 191	−15.49
11. 苗种生产	159 824	200 192	25.26
12. 其他	263 024	163 562	−37.81
二、本年新增固定资产	1 194 801	1 325 300	10.92

表 52　我国书刊印刷企业主要生产设备（2003 年）　　单位：台（套）

			全国总计	国家定点厂		省级定点厂	中央	国家定点厂		省级定点厂	地方	国家定点厂		省级定点厂
				直属厂	非直属厂			直属厂	非直属厂			直属厂	非直属厂	
企业数（个）			1 123	78	207	838	68	5	30	33	1 055	74	176	805
激光照排系统			1 340	154	279	907	94	1	58	35	1 246	153	221	872
整页拼版设备			600	50	162	388	95		81	14	505	50	81	374
电子分色机			288	70	74	144	39	8	22	9	249	62	52	135
胶印打样机			443	111	145	187	40	6	31	3	403	105	114	184
凸版印刷机	圆压圆	全张滚筒纸	36	3	9	24	6		6		30	3	3	24
		全张双面	37	1	18	18	17		17		20	1	1	18
		全张单面	26	4	5	17					26	4	5	17
	圆压平	全张平台	34	2	10	22	5			5	29	2	10	17
		对开平台	379	7	80	292	4		4		375	7	76	292
平版印刷机	卷筒纸	全张	323	86	119	118	53	10	40	3	270	76	79	115
		对开	1 112	287	349	476	85	7	59	19	1 027	280	290	457
	平版纸	全张双面单色	103	23	13	67	12	10		2	91	13	13	65
		对开双面单色	1 377	208	313	856	145	6	94	45	1 232	202	219	811
		全张四色及以上	95	9	21	65	3	1		2	92	8	21	63
		全张双色	56	2	11	43					56	2	11	43
		全张单色	57	8	16	33	3			3	54	8	16	30
		对开五色及以上	145	30	40	75	4		3	1	141	30	37	74
		对开四色	1 136	309	337	490	103	11	72	20	1 033	298	265	470
		对开双色	1 321	213	283	825	61	6	38	17	1 260	207	245	808
		对开单色	1 846	159	293	1 394	73	3	28	42	1 773	156	265	1 352

（续）

	全国总计	国家定点厂		省级定点厂	中央	国家定点厂		省级定点厂	地方	国家定点厂		省级定点厂
		直属厂	非直属厂			直属厂	非直属厂			直属厂	非直属厂	
凹版印刷机	149	10	27	112	4			4	145	10	27	108
全张折页机	119	26	35	58	9	6	1	2	110	20	34	56
对开折页机	2 141	450	574	1 117	121	17	79	25	2 020	433	495	1 092
锁　线　机	1 185	283	299	603	82	34	40	8	1 103	249	259	595
骑马联动订书机	1 336	194	281	861	63	7	40	16	1 273	187	241	845
平装无线胶订联动机	1 118	154	243	721	29	7	14	8	1 089	147	229	713
精装联动机	115	29	24	62	8	4	3	1	107	25	21	61

按国民经济行业分类统计农产品加工业现状

表 53　我国农产品加工业全部国有及规模以上非国有工业企业主要指标（2004 年）

单位：亿元

行　　业	单位数（个）	产品销售收入	产品销售成本	销售税金及附加	利润总额
合　　计	**72 868**	**39 104.63**	**32 426.29**	**1 308.96**	**1 825.83**
农副食品加工业	12 244	7 810.97	7 032.07	25.50	233.95
食品制造业	4 950	2 688.96	2 122.01	11.97	132.59
饮料制造业	3 332	2 434.61	1 652.87	140.32	170.31
烟草制品业	223	2 573.71	945.29	1 019.35	371.28
纺织业	17 144	9 346.80	8 444.10	39.08	279.84
纺织服装鞋帽制造业	10 901	3 879.81	3 340.51	15.37	152.52
皮革毛皮羽毛（绒）及其制品业	4 885	2 577.18	2 273.95	9.19	99.01
木材加工及竹藤棕草制品业	4 181	1 215.77	1 053.52	7.43	52.83
家具制造业	2 323	902.15	775.64	3.89	39.86
造纸及纸制品业	6 086	2 988.48	2 559.30	13.21	141.05
印刷业和记录媒介的复制	4 354	1 137.59	921.46	5.36	80.69
橡胶制品业	2 245	1 548.60	1 305.57	18.29	71.90

表 54 我国农产品加工业全部国有及规模以上非国有工业企业主要经济效益指标（2004 年）

行业	总资产贡献率（%）	资产负债率（%）	流动资产周转次数（次/年）	工业成本费用利润率（%）
平均值	**14.56**	**56.97**	**2.19**	**7.03**
农副食品加工业	9.70	62.83	3.23	3.12
食品制造业	11.05	57.70	2.13	5.20
饮料制造业	14.64	55.33	1.58	8.02
烟草制品业	58.45	37.59	1.44	29.99
纺织业	8.08	63.07	2.30	3.09
纺织服装鞋帽制造业	11.08	56.50	2.48	4.14
皮革毛皮羽毛（绒）及其制品业	12.01	59.76	2.64	4.04
木材加工及竹藤棕草制品业	10.88	56.43	2.60	4.60
家具制造业	9.81	57.65	2.27	4.63
造纸及纸制品业	9.02	61.41	2.01	4.97
印刷业和记录媒介的复制	9.99	53.25	1.58	7.67
橡胶制品业	10.00	62.08	2.04	4.93

表 55 我国农产品加工业国有及国有控股工业企业主要指标（2004 年）

单位：亿元

行业	单位数（个）	产品销售收入	产品销售成本	销售税金及附加	利润总额
合计	**8 033**	**7 687.37**	**5 174.42**	**1 105.77**	**543.57**
农副食品加工业	2 039	1 190.56	1 064.16	3.61	30.64
食品制造业	872	422.98	334.62	2.21	13.06
饮料制造业	743	860.46	546.58	69.65	77.17
烟草制品业	180	2 533.38	919.05	1 014.42	368.78
纺织业	1 274	1 185.76	1 077.95	3.71	−5.73
纺织服装鞋帽制造业	332	129.82	111.41	0.47	1.55
皮革毛皮羽毛（绒）及其制品业	118	34.32	30.25	0.07	0.12
木材加工及竹藤棕草制品业	299	123.34	105.77	0.66	3.18
家具制造业	129	27.34	23.29	0.16	0.39
造纸及纸制品业	493	560.53	466.31	2.25	23.83
印刷业和记录媒介的复制	1 332	265.03	199.73	1.82	20.27
橡胶制品业	222	353.85	295.30	6.74	10.31

表 56　我国农产品加工业国有及国有控股工业企业主要经济效益指标（2004 年）

行　业	总资产贡献率（%）	资产负债率（%）	流动资产周转次数（次/年）	工业成本费用利润率（%）
平　均　值	**10.41**	**62.25**	**1.44**	**5.65**
农副食品加工业	6.58	69.83	2.50	2.65
食品制造业	5.90	63.33	1.28	3.17
饮料制造业	14.72	52.16	1.24	10.72
烟草制品业	59.00	37.15	1.44	30.64
纺织业	3.17	72.97	1.44	−0.48
纺织服装鞋帽制造业	3.17	67.20	1.33	1.23
皮革毛皮羽毛（绒）及其制品业	2.41	79.34	1.09	0.34
木材加工及竹藤棕草制品业	4.59	66.77	1.45	2.59
家具制造业	3.27	58.05	1.21	1.43
造纸及纸制品业	6.48	63.94	1.37	4.42
印刷业和记录媒介的复制	8.16	51.47	1.23	8.10
橡胶制品业	7.45	64.73	1.66	3.03

表 57　我国农产品加工业“三资”工业企业主要指标（2004 年）

单位：亿元

行　业	单位数（个）	产品销售收入	产品销售成本	销售税金及附加	利润总额
合　计	**16 839**	**12 073.68**	**10 233.76**	**54.01**	**497.79**
农副食品加工业	1 776	2 211.78	2 018.27	2.15	54.47
食品制造业	1 160	1 028.04	758.10	2.26	61.28
饮料制造业	526	810.30	517.70	28.71	54.17
烟草制品业	9	10.53	5.61	1.14	2.01
纺织业	3 519	2 174.85	1 943.75	3.68	66.57
纺织服装鞋帽制造业	4 450	1 852.70	1 594.11	3.71	66.12
皮革毛皮羽毛（绒）及其制品业	1 937	1 269.24	1 136.70	2.41	35.16
木材加工及竹藤棕草制品业	773	309.74	263.13	0.57	11.95
家具制造业	708	455.49	390.22	0.37	20.38
造纸及纸制品业	878	932.89	775.94	1.18	58.35
印刷业和记录媒介的复制	639	407.60	326.42	0.27	35.96
橡胶制品业	464	610.52	503.81	7.56	31.37

表 58 我国农产品加工业"三资"工业企业主要经济效益指标（2004 年）

行业	总资产贡献率（%）	资产负债率（%）	流动资产周转次数（次/年）	工业成本费用利润率（%）
平均值	**10.48**	**55.57**	**1.98**	**6.94**
农副食品加工业	7.28	64.23	2.85	2.53
食品制造业	12.99	53.04	2.12	6.31
饮料制造业	14.62	55.79	1.87	7.54
烟草制品业	23.25	40.46	0.91	26.22
纺织业	6.07	54.91	2.00	3.18
纺织服装鞋帽制造业	9.84	54.93	2.47	3.75
皮革毛皮羽毛（绒）及其制品业	8.07	59.45	2.41	2.86
木材加工及竹藤棕草制品业	7.54	57.20	2.04	4.10
家具制造业	8.07	58.90	2.05	4.73
造纸及纸制品业	8.38	59.08	1.76	6.66
印刷业和记录媒介的复制	10.87	48.73	1.47	9.90
橡胶制品业	8.82	60.07	1.81	5.50

表 59 我国农产品加工业大中型工业企业主要指标（2004 年）

单位：亿元

行业	单位数（个）	产品销售收入	产品销售成本	销售税金及附加	利润总额
合计	**6 562**	**20 482.27**	**16 078.90**	**1 197.16**	**1 215.74**
农副食品加工业	768	3 135.48	2 816.32	7.75	122.17
食品制造业	485	1 490.73	1 137.73	5.29	87.81
饮料制造业	518	1 686.75	1 085.31	114.84	132.53
烟草制品业	131	2 529.69	914.88	1 017.49	366.84
纺织业	2 019	5 074.97	4 587.43	18.63	153.46
纺织服装鞋帽制造业	757	1 495.43	1 260.09	5.00	78.47
皮革毛皮羽毛（绒）及其制品业	454	1 283.05	1 117.23	3.55	57.84
木材加工及竹藤棕草制品业	174	330.32	283.43	1.50	17.86
家具制造业	188	369.97	317.91	0.97	18.84
造纸及纸制品业	529	1 568.32	1 317.86	5.14	84.20
印刷业和记录媒介的复制	255	455.09	349.94	1.64	46.52
橡胶制品业	284	1 062.47	890.77	15.36	49.20

表 60　我国农产品加工业大中型工业企业主要经济效益指标（2004 年）

行　　业	总资产贡献率（%）	资产负债率（%）	流动资产周转次数（次/年）	工业成本费用利润率（%）
平　均　值	**14.60**	**56.34**	**1.98**	**8.05**
农副食品加工业	9.88	62.93	2.81	4.06
食品制造业	11.98	57.67	2.05	6.24
饮料制造业	16.26	52.45	1.55	9.18
烟草制品业	59.83	36.92	1.45	30.57
纺织业	7.31	63.02	2.04	3.11
纺织服装鞋帽制造业	10.50	55.39	2.05	5.58
皮革毛皮羽毛（绒）及其制品业	11.72	58.27	2.49	4.77
木材加工及竹藤棕草制品业	8.78	57.35	1.97	5.74
家具制造业	8.22	57.53	1.97	5.32
造纸及纸制品业	8.29	61.75	1.79	5.67
印刷业和记录媒介的复制	12.52	49.04	1.66	11.48
橡胶制品业	9.88	63.77	1.95	4.92

表 61　我国部分棉花加工机械制造企业主要经济指标完成情况（2004 年）

企业名称	工业总产值（万元）	产品销售额（万元）	利税总额（万元）	固定资产净值（万元）	职工人数（人）	主要产品产量（台）		
						轧花机	打包机	400 型打包机
山东天鹅棉业机械股份有限公司	40 000	38 000	4 000	1 600	460	1 016		20
河北邯郸棉机公司	15 844	14 761	1 547	6 273	1 158	557		14
南通棉花机械有限公司	11 126	10 668	1 097	490			254	71
山东顺兴机械有限公司	9 638	9 426	1 543	1 669	386	840	119	
山东福临机械制造有限公司	8 600	8 251	970	563	649		261	
河北南皮机械制造有限责任公司	8 000	8 000	600	300	320		4	
江苏省大丰供销机械有限公司	7 120	6 427	695	1 035	629	682	10	
河北邯武棉机厂	7 000	9 000	200	5 000	500	551	40	2
湖北省荆州市楚陵机械有限公司	5 200	4 800	570	2 700	324	874	47	1
济南华棉机器有限公司	4 500	4 009	233	140	126	150		

资料来源：表中数据由中华全国供销合作总社棉麻局加工处提供。

表 62　2004/2005 年度制糖期全国制糖行业主要经济技术指标

行业实现销售收入（亿元）	实现利税总额（亿元）	平均含糖（%）		平均单产（t/hm²）		平均产糖率（%）	
		甘蔗糖	甜菜糖	甘蔗糖	甜菜糖	甘蔗糖	甜菜糖
271.1	64.9	14.24	16.05	64.5	34.05	12.19	13.8

资料来源：表中数据由中国糖业协会提供。

表 63　我国食品和包装机械经济运行情况（2004 年）

年销售收入（亿元）		进出口总额（亿美元）		其中：进口总额（亿美元）		出口总额（亿美元）	
销售收入	同比增长（%）	总　额	同比增长（%）	进口总额	同比增长（%）	出口总额	同比增长（%）
558	21.3	32.44	23	28	23	4.44	25

资料来源：表中数据由中国食品和包装机械工业协会提供。

表 64　林业系统农产品加工业总产值及销售产值（2003—2004 年）

行　　业	工业总产值（万元）		工业销售产值（万元）	
	2003 年	2004 年	2003 年	2004 年
小　　计	**3 222 241**	**3 020 467**	**3 016 983**	**2 734 917**
1. 非木质林产品加工业	31 322	31 464	26 365	28 051
2. 木材加工及竹藤、棕、草制品业	1 398 044	1 981 002	1 301 613	1 815 027
锯材、木片加工业	243 290	254 300	233 615	237 110
人造板制造业	813 178	1 212 461	747 768	1 115 508
木制品制造业	305 185	485 305	289 488	437 824
竹、藤、棕、草制品制造业	36 351	28 936	30 742	24 585
3. 木质、竹、藤家具制造业	125 047	143 160	128 253	122 772
4. 木、竹浆造纸及纸制品业	82 259	151 521	83 647	100 179
5. 林产化学产品制造业	162 806	122 287	153 626	118 103
6. 木、竹、藤工艺品制造业		9 192		6 375
7. 专用设备、仪器仪表制造业	24 799	10 414	21 866	10 111

表 65　林业系统各地区农产品加工业总产值（2004 年）　　单位：万元

地　区	总　计	非木质林产品加工制造业	木材加工及竹、藤、棕、草制品业				
			合　计	锯材、木片加工业	人造板制造业	木制品制造业	竹、藤、棕、草制品制造业
全国总计	**3 020 467**	**31 464**	**1 981 002**	**254 300**	**1 212 461**	**485 305**	**28 936**
北　京	8 800						
天　津							
河　北	46 979	1 511	36 074	14	34 020	2 038	
山　西	398		376		326		50
内蒙古	61 345		27 838	3 618	18 912	5 308	
内蒙古集团	54 576		23 575	347	18 812	4 410	
辽　宁	141 984	1 964	95 792	16 098	34 660	43 334	1 700
吉　林	283 234	1 185	178 723	23 978	58 238	96 507	
吉林集团	124 571		58 750	5 649	28 399	24 702	
黑龙江	91 496	7 080	44 892	2 947	34 092	7 539	314
龙江集团	67 552	5 880	34 851	117	29 960	4 774	
上　海	792						
江　苏	678 892		492 006	15 592	322 042	153 163	1 209
浙　江	30 614		21 683	2 894	10 034	8 697	58
安　徽	75 088	8	57 200	6 390	45 479	2 055	3 276
福　建	185 124	90	149 256	3 054	139 162	5 274	1 766
江　西	34 960		27 200	2 734	22 797	1 184	485
山　东	162 991		111 534		103 753	7 781	
河　南	54 286	2 273	30 579	4 619	22 178	3 782	
湖　北	207 673	2 690	146 022	17 371	116 936	10 873	842
湖　南	238 718	11 746	151 580	47 875	53 742	34 402	15 561
广　东	65 306		32 451	25 986	3 425	1 345	1 695
广　西	210 022	38	103 881	7 450	96 431		
海　南	20 133		17 923	17 046	877		
重　庆	7 172	750	4 369	990	2 829	430	120
四　川	126 801	238	85 177	3 725	40 117	40 752	583
贵　州	43 539	1 787	29 096	7 860	18 545	1 414	1 277
云　南	43 025		12 506	1 871	10 342	293	
西　藏	30 071	7	26 068	26 068			
陕　西	23 060	97	13 282		13 082	200	
甘　肃	730		740		740		
青　海							
宁　夏	1 455						
新　疆	1 102		133	133			
新疆兵团							
大兴安岭	144 57		84 621	15 985	9 702	58 934	

（续）

地 区	木质、竹、藤家具制造业	木、竹浆造纸及纸制品业	林产化学产品制造业	木、竹、藤工艺品制造业	专用设备、仪器、仪表制造业
全国总计	**143 160**	**151 520**	**122 287**	**9 192**	**10 414**
北 京					
天 津					
河 北	26	3 860	1 106		
山 西	2		20		
内 蒙 古	10	26 844	791		
内蒙古集团		26 844	791		
辽 宁	19 942	200	856	500	
吉 林	8 144	65	17 697	18	1 835
吉林集团	2 094		16 441		
黑 龙 江	2 105	2 833			1 716
龙江集团	2 105	2 833			1 716
上 海					
江 苏	77 091	10 000		1 732	200
浙 江					
安 徽	1 175		143		
福 建	1 546		10 726	790	4 957
江 西	2		155		
山 东					
河 南	3 225	430	622	646	
湖 北	1 758	48 000	1 014	1 000	320
湖 南	14 008	3 719	5 859	3 855	
广 东	190	300	10 244	100	
广 西	481	42 588	57 660		847
海 南		650	354		
重 庆	1 134			250	
四 川	570	12 000	676	20	
贵 州	1 777	32	1 668	279	
云 南	53		6 949		
西 藏				2	194
陕 西	261		1 584		
甘 肃	90				
青 海					
宁 夏					
新 疆					
新疆兵团					
大兴安岭	9 570		4 163		345

表 66 林业系统各地区农产品加工业销售产值（2004 年） 单位：万元

地区	总计	非木质林产品加工制造业	木材加工及竹、藤、棕、草制品业				
			合计	锯材、木片加工业	人造板制造业	木制品制造业	竹、藤、棕、草制品制造业
全国总计	**2 734 917**	**28 051**	**1 815 027**	**237 110**	**1 115 508**	**437 824**	**24 585**
北京	8 859						
天津							
河北	39 282	1 135	32 527	16	30 779	1 732	
山西	220		198		155		43
内蒙古	59 636		26 279	3 418	17 957	4 904	
内蒙古集团	53 003		22 145	208	17 863	4 074	
辽宁	132 805	1 508	92 989	15 822	33 948	41 519	1 700
吉林	281 741	1 155	181 977	24 010	61 756	96 211	
吉林集团	123 474		61 527	5 829	30 060	25 638	
黑龙江	88 402	6 680	43 759	2 892	33 265	7 288	314
龙江集团	65 577	5 880	33 926	117	29 312	4 497	
上海	792						
江苏	570 513		400 630	8 679	260 243	131 182	526
浙江	30 134		21 398	2 810	9 980	8 550	58
安徽	70 936	8	53 836	5 412	43 807	1 568	3 049
福建	179 983	90	145 823	2 828	136 340	5 210	1 445
江西	33 804		26 231	2 706	21 886	1 156	483
山东	154 385		109 101		101 320	7 781	
河南	34 610	1 800	22 060	2 277	19 783		
湖北	154 727	2 489	141 687	16 706	117 963	6 443	575
湖南	218 023	11 662	134 701	48 080	41 911	31 665	12 845
广东	64 835		32 172	25 813	3 325	1 345	1 689
广西	207 868	38	100 725	8 139	92 586		
海南	19 365		17 059	16 357	702		
重庆	3 432		2 366	10	2 325	31	
四川	120 865	244	81 701	2 581	38 061	40 499	560
贵州	37 795	1 171	23 906	3 937	17 257	1 414	1 298
云南	41 313		12 545	1 879	10 372	294	
西藏	33 234	9	28 968	28 968			
陕西	22 266	62	12 725		12 725	150	
甘肃	832		730		730		
青海							
宁夏	1 455						
新疆	1 102		133	133			
新疆兵团							
大兴安岭	121 703		68 801	13 437	6 482	48 882	

（续）

地　区	木质、竹、藤家具制造业	木、竹浆造纸及纸制品业	林产化学产品制造业	木、竹、藤工艺品制造业	专用设备、仪器、仪表制造业
全国总计	**122 772**	**100 179**	**118 103**	**6 375**	**10 111**
北　京					
天　津					
河　北	24	3 650	1 076		
山　西	2		20		
内 蒙 古	8	26 235	1 389		
内蒙古集团		26 235	1 389		
辽　宁	19 602	200	856	350	
吉　林	7 568	62	13 537	18	1 792
吉林集团	2 081		12 281		
黑 龙 江	3 285	2 460			1 435
龙江集团	3 285	2 460			1 435
上　海					
江　苏	63 392	10 000		712	180
浙　江					
安　徽	1 132		143		
福　建	668		10 900	300	5 064
江　西			159		
山　东					
河　南	2 385		21	292	
湖　北	1 443		1 030	700	320
湖　南	12 063	3 699	5 940	3 599	
广　东	190	300	10 265	100	
广　西	481	43 295	58 120		765
海　南		650	448		
重　庆	500				
四　川	845	9 600	675	20	
贵　州	1 777	28	1 652	279	
云　南	47		7 468		
西　藏				5	210
陕　西	268		1 599		
甘　肃	102				
青　海					
宁　夏					
新　疆					
新疆兵团					
大兴安岭	6 990		2 825		345

表 67 林业系统农产品加工业国有独立核算大、中型工业企业经济效益指标完成情况（2004 年）

指标名称	单位	2004 年
1. 总资产贡献率	%	4.6
2. 资本保值增值率	%	106.1
3. 流动资产周转率	次	1.1
4. 成本费用利润率	%	4.7
5. 资产负债率	%	66.2
6. 全员劳动生产率	元/人	17 273
7. 产品销售率	%	96.4

表 68 林业系统农产品加工业各地区国有独立核算大、中型工业企业经济效益指标完成情况（2004 年）

地区	总资产贡献率（%）	资本保值增值率（%）	资产负债率（%）	流动资产周转率（%）	成本费用利润率（%）	全员劳动生产率（元/人）	产品销售率（%）
全国平均值	**4.6**	**106.1**	**66.2**	**1.1**	**4.7**	**17 273**	**96.4**
北京							
天津							
河北							
山西							
内蒙古	8.3	117.1	45.0	1.6	5.5	24 377	98.0
内蒙古集团	8.3	117.1	45.0	1.6	5.5	24 377	98.0
辽宁							
吉林	4.7	102.7	51.9	1.6	3.9	14 130	100.3
吉林集团	6.6	106.7	33.4	2.1	6.3	29 173	98.9
黑龙江	0.2	87.6	88.1	0.4	−6.8	13 957	96.7
龙江集团	0.2	87.6	88.1	0.4	−6.8	13 957	96.7
上海							
江苏	11.4	192.5	54.7	3.2	3.8	3	98.9
浙江							
安徽	11.6	97.7	58.4	1.8	6.9	4	97.9

（续）

地　区	总资产贡献率（%）	资本保值增值率（%）	资产负债率（%）	流动资产周转率（%）	成本费用利润率（%）	全员劳动生产率（元/人）	产品销售率（%）
福　建	6.8	95.9	54.0	2.1	8.2	108 612	95.8
江　西							
山　东	14.5	134.5	68.4	2.1	8.3	78 084	97.5
河　南							
湖　北	2.3	86.2	78.3	1.3	0.8	4 387	92.2
湖　南	1.5	87.9	102.3	0.9	−9.1	2 209	81.4
广　东							
广　西	7.4	107.7	69.9	1.6	3.3	121 087	101
海　南							
重　庆							
四　川	6	87.9	73.4	1.4	5.4	61 703	98.1
贵　州	0.5	50.1	110.6	0.5	−11.4	9 336	92.7
云　南	2.7	153.9	90.6	0.3	−1.3	7 440	98.6
西　藏							
陕　西	7	101.6	40.1	0.6	2.4	26 559	93.1
甘　肃	−4.1	38.1	95.7	0.7	−29.4	−2 701	100.2
青　海							
宁　夏							
新　疆							
新疆兵团							
大兴安岭	4.5	103.7	64.3	0.6	17.8	8 073	79.1

表 69　我国水产品加工业加工能力、产量及产值（2001—2004 年）

年　份	加工企业数（个）	加工能力（万 t/年）	水产加工品总产量		折合水产品原料（万 t）	总产值（亿元）	占水产品总产值比率（%）
			总产量（万 t）	同比增减（%）			
2001	7 648	1 061.0	690.9	6.04	1 354.09	622.01	30.1
2002	8 140	1 224.7	704.5	1.97		761.11	25.6
2003	8 287	1 306.3	912.1	29.47		915.44	
2004	8 745	1 427.0	1 032.0	13.20	1 382.30	1 107.60	28.0

表 70　我国沿海省、自治区、直辖市水产品加工业生产情况（2004 年）

单位：t

地　区	水产品加工企业		水产加工品总量	冷冻水产品	鱼糜制品及干腌制品	罐制品	饲料	鱼油制品	其他
	企业数（个）	加工能力（t/年）							
全国总计	**8 745**	**14 266 332**	**10 319 943**	**5 993 224**	**1 704 368**	**143 834**	**1 682 451**	**23 102**	**772 964**
天　津	12	92 909	5 049	5 049					
河　北	243	200 540	138 182	39 415	9 102	4 670	80 553	240	4 202
辽　宁	649	1 628 510	980 871	568 962	317 291	16 050	48 517	50	30 001
上　海	20	19 490	17 680	3 866					13 814
江　苏	731	1 875 170	507 414	313 001	25 934	4 129	107 807	105	56 438
浙　江	1 928	1 655 859	1 637 624	1 285 273	158 641	8 080	156 301	802	28 527
福　建	1 448	1 410 405	1 652 030	679 215	356 394	5 948	536 070	1 632	72 771
山　东	1 784	4 070 115	3 355 037	1 802 264	488 778	64 581	509 308	17 481	472 625
广　东	1 151	1 797 490	1 141 826	774 384	180 954	33 638	91 970	1 688	59 192
广　西	95	264 870	193 734	145 347	25 752	100	3 210		19 325
海　南	215	745 356	304 713	254 352	25 863	266	15 156	1 074	8 002
11 省、自治区、直辖市小计	8 276	13 760 714	9 934 160	5 871 128	1 588 709	137 462	1 548 892	23 072	764 897
11 省、自治区、直辖市占全国比重（%）	94.64	96.46	96.26	97.96	93.21	95.57	92.06	99.87	98.96

表 71　我国乡镇集体企业农产品加工业现状（2003 年）

行　　业	企业单位数（个）	平均职工数（人）	工业增加值（万元）	工业总产值（万元）	工业销售产值（万元）	应缴增值税（万元）
1. 食品加工业	7 256	1 065 202	6 899 823	30 463 472	29 286 853	422 629
2. 食品制造业	2 525	466 151	2 127 422	8 973 734	8 525 527	228 339
3. 饮料制造业	1 457	227 632	1 375 071	5 022 864	4 703 572	176 997
4. 烟草加工业	26	4 842	41 336	169 413	164 073	9 810
5. 纺织业	12 160	2 404 810	10 259 251	49 834 548	47 492 894	1 034 264
6. 服装及其他纤维制品制造业	9 398	2 660 696	7 234 105	30 805 947	29 644 764	633 363
7. 皮革、毛皮、羽绒及其制品业	3 187	773 031	3 035 329	13 417 203	12 999 110	298 903
8. 木材加工及竹、藤、棕、草制品业	3 312	531 912	1 764 230	7 780 210	7 419 423	184 948
9. 家具制造业	1 778	306 457	1 185 066	4 926 157	4 743 151	102 783
10. 造纸及纸制品业	4 155	686 400	3 389 067	13 938 192	13 371 410	387 854
11. 印刷及记录媒介复制业	1 595	204 644	925 825	3 672 506	3 559 222	117 653
12. 橡胶制品业	1 716	310 812	1 454 041	5 798 066	5 549 277	136 890
小　　计	**48 565**	**9 642 589**	**39 690 566**	**174 802 312**	**167 459 276**	**3 734 433**

资料来源：表中数据出自 2004 年版《中国乡镇企业年鉴》。

表 72　我国乡镇规模以上农产品加工业企业基本情况（2003—2004 年）

项目	单位	2003 年	2004 年	2004 年比上年增减（%）
企业数	个	46 977	54 439	15.88
从业人员	人	9 350 792	9 876 733	5.62
工业增加值	万元	38 287 151	43 594 113	18.76
工业总产值	万元	169 231 075	189 960 229	12.25
销售产值	万元	162 130 398	183 596 323	13.24

表 73　轻工业系统农产品加工业分行业主要经济指标完成情况（2003 年）

单位：亿元

行　业	企业单位数（个）	工业总产值	工业增加值	工业销售产值	其中：出口交货值（人民币）	利税总额	资产合计
轻工业总计	**61 525**	**29 830**	**7 949**	**29 027**	**7 466**	**2 371**	**26 802**
有关农产品加工行业小计	37 154	18 018	4 887	17 594	3 585	1 442	16 456
1. 农副食品加工业	11 192	6 152	1 463	5 987	673	281	4 142
2. 食品制造业	4 636	2 290	667	2 220	242	212	2 307
3. 饮料制造业	3 194	2 233	796	2 196	79	402	3 193
4. 制盐	166	83.9	35.9	83.8	2.85	14.9	225
5. 造纸及纸品业	5 570	2 526	681	2 483	191	228	3 293
6. 皮革、毛皮、羽绒及其制品业	4 518	2 274	591	2 227	1 237	135	1 334
7. 木、竹、藤、棕、草制品业	708	140	37	136	65	9.2	89
8. 家具制造业	2 046	720	182	705	334	47	616
9. 工艺美术品制造业	4 061	1 241	331	1 212	730	79	804
10. 轻工专用设备制造业	1 063	358	103	344	31	34	453

资料来源：表中数据出自 2004 年版《中国轻工业年鉴》。

表 74　轻工业系统食品工业分行业主要经济指标（2003 年）　单位：亿元

行　业	企业单位数(个) 合计	其中：亏损	工业总产值	工业增加值	产品销售收入	利税总额	流动资产年平均余额	固定资产净值年平均余额
食品工业合计	**19 277**	**4 118**	**12 911.42**	**4 502.95**	**12 354.23**	**2 276.90**	**6 021.48**	**3 965.90**
农副食品加工业	11 192	2 225	6 152.32	1 466.42	5 851.13	285.33	1 966.88	1 411.75
谷物磨制	2 478	367	681.39	164.71	643.88	26.11	184.58	160.68
饲料加工	1 789	520	907.30	188.15	866.55	20.21	234.15	140.01
植物油加工	1 336	258	1 389.23	305.84	1 375.84	57.48	504.30	232.46
其中：食用植物油加工	1 287	247	1 378.97	303.24	1 366.83	56.95	502.24	231.05
制糖业	337	159	288.50	80.96	263.57	21.43	155.26	191.23
屠宰及肉类加工	1 923	367	1 192.10	287.10	1 186.50	62.19	345.65	285.41
水产品加工	1 262	234	903.01	221.15	780.81	43.77	269.18	158.03
蔬菜、水果和坚果加工	970	136	298.88	78.22	278.90	18.97	122.38	80.26
其他农副食品加工	1 097	184	491.90	140.28	455.08	35.18	151.37	163.67
食品制造业	4 636	1 034	2 290.07	667.09	2 168.36	212.69	1 031.86	801.90
焙烤食品制造业	692	169	214.78	65.90	212.24	18.53	95.37	79.19
糖果、巧克力及蜜饯制造业	380	66	187.98	61.22	172.72	23.20	87.25	62.15
方便食品制造业	583	131	371.45	105.67	362.63	26.38	140.10	125.23
液体乳及乳制品制造业	584	158	521.82	143.96	498.11	53.21	180.24	154.02
罐头制品	592	129	199.65	49.65	184.31	11.70	109.63	70.23
调味品、发酵制品制造	824	185	401.64	125.65	372.73	39.75	227.31	181.17
其他食品制造业	981	196	392.75	115.04	365.63	39.93	191.95	129.92
饮料制造业	3 194	815	2 233.22	795.97	2 117.23	402.78	1 424.04	1 149.80
酒精制造业	126	41	82.44	25.22	75.48	6.17	37.49	40.86
酒的制造业	1 761	481	1 277.98	505.16	1 214.74	288.18	995.93	781.47
软饮料制造业	904	214	805.96	248.59	765.11	104.40	355.50	307.11
精制茶加工业	403	79	66.84	16.99	61.90	4.03	35.12	20.35
烟草加工业	255	44	2 235.81	1 573.48	2 217.50	1 376.10	1 598.70	602.45
烟叶复烤	73	12	88.09	40.19	73.90	9.68	62.21	43.01
卷烟制造	147	22	2 137.54	1 529.78	2 134.55	1 364.55	1 526.55	554.26
其他烟草制品加工	35	10	10.18	3.51	9.05	1.68	9.94	5.18

表 75　我国食品工业焙烤食品糖制品工业主要经济指标完成情况（2003 年）

行　业	企业单位数（个）	产品产量（万 t）	工业销售收入（亿元）	产品销售收入（亿元）	出口交货值（亿元）	利润总额（亿元）	利税总额（亿元）	从业人员（万人）
合　计	**1 853**		**814.40**	**796.23**	**44.25**	**33.28**	**71.28**	**39.20**
糖果业	211	54.54	139.35	137.43	11.60	11.30	20.50	5.02
糕点面包业	362	22.83	55.57	56.43	4.72	0.43	3.44	4.56
饼干业	330	93.90	158.57	155.81	6.91	6.31	15.09	7.44
方便主食品业	583	356.23	372.84	362.63	13.47	12.66	26.38	17
蜜饯业	169		40.90	35.29	6.51	1.51	2.70	2.15
其他糕点、糖果制造业								
冷冻饮品业	198	64.67	47.17	48.64	1.04	1.07	3.17	3.03

表 76　我国饮料行业主要经济指标完成情况（2003 年）

项　　目	单　位	2003 年
企业单位数	个	3 194
其中：亏损企业	个	815
工业总产值	亿元	2 233.22
工业增加值	亿元	795.97
产品销售收入	亿元	2 117.23
利润总额	亿元	149.04
利税总额	亿元	402.78
固定资产净值年平均余额	亿元	1 149.80
流动资产年平均余额	亿元	1 424.04
固定资产原值合计	亿元	1 737.23

表 77　我国乳制品行业主要经济指标完成情况（2002—2004 年）

指 标 名 称	计量单位	2002 年	2003 年	2004 年
企业单位数	个	499	584	636
其中：亏损企业	个	121	158	
工业总产值	亿元	373.63	521.82	663.25
工业增加值	亿元	109.08	143.96	
工业销售收入	亿元	347.48	498.11	625.19
利润总额	亿元	23.73	30.63	59.52①
应交增值税	亿元	16.05	20.75	
资产合计	亿元	330.46	450.96	
亏损企业亏损额	亿元	2.91	5.29	
产品销售率	%	96.92	96.42	5.41②
流动资产周转率	%	253.60	276.36	
从业人员	万人	12.16	16.15	
全员劳动生产率	万元/人·年	8.97	8.91	

资料来源：表中数据由中国乳制品工业协会提供。

注：①此数据为利税总额；②此数据为销售收入利润率。

表 78　我国规模以上乳制品制造企业总产值（2004 年）　　单位：亿元

全国规模以上乳制品制造企业工业总产值		全国乳制品制造企业工业总产值前 5 位的省、自治区、直辖市		
工业总产值	2004 年比上年增减（%）	省、自治区、直辖市	工业总产值	占全国比例（%）
663.25	28.78	内蒙古	159.99	24.12
		黑龙江	96.55	14.56
		河　北	86.92	13.11
		山　东	56.56	8.53
		上　海	38.15	5.75
		小　计	**437.81**	**66.01**

资料来源：表中数据由中国乳制品工业协会提供。

表 79　轻工业系统机械行业重点企业产品分类（涉及农产品加工部分）主要经济指标完成情况（2003 年）

产品分类	企业数（个）	工业总产值（万元）	产品销售产值（万元）	出口交货值（万元）	利税总额（万元）
造纸机械	33	185 483	160 579	3 086	9 127
酿酒、饮料、乳品机械	19	107 749	97 115	9 316	8 953
制革制鞋机械	12	14 767	13 143	1 403	975
糖、盐及食品包装机械	35	214 946	186 208	11 896	20 693
织物加工及洗涤机械	8	48 972	47 980	3 106	4 516
其他机械	25	137 562	133 450	21 112	7 423
合　计	132	709 479	638 475	49 919	51 687

表 80　我国烟草工业全国工业企业主要经济指标完成情况（2002—2003 年）

指　标	单　位	2002 年	2003 年
企业单位数	个	179	147
其中：亏损企业	个	42	22
工业总产值	亿元	1 927.81	2 137.54
工业增加值	亿元	1 317.83	1 259.78
产品销售收入	亿元	1 905.69	2 134.55
利润总额	亿元	207.05	269.45
应交增值税	亿元	202.82	241.04
资产合计	亿元	2 433.88	2 660.74
亏损企业亏损额	亿元	4.66	2.37
产品销售率	%	100.50	100.17
流动资产周转率	%	136.90	139.83
从业人员	万人	19.98	17.71
全员劳动生产率	万元/(人·年)	65.96	86.38

表 81　纺织工业农产品加工行业（全国纺织工业企业）主要经济指标（2004 年）

行　业	企业单位数（个）	工业总产值（亿元）	产品销售收入（亿元）	利润总额（亿元）	出口交货值（亿元）	职工总数（万人）
有关农产品加工行业小计	**29 676**	**14 180.5**	**15 234.6**	**497.0**	**4 870.9**	**885.4**
纺织业	17 144	9 692.8	9 346.8	279.8	2 650.9	519.2
棉、化纤纺织及印染精加工	6 851	4 800.5	4 641.9	115.7	1 048.8	272.0
毛纺织和染整精加工	1 435	977.3	942.9	33.6	238.2	42
麻纺织	255	119.3	110.8	3.0	22.9	12.2
丝绢纺织及精加工	2 039	1 211.6	1 189.4	34.2	291.1	49.3
纺织制成品制造	2 965	1 180.8	1 132.6	41.2	402.9	58.5
针织品	3 599	1 403.2	1 329.2	52.2	647.0	85.2
纺织服装、鞋、帽制造业	10 901	4 120.4	3 879.8	152.5	2 104.9	320.3
合成纤维制造业	898	1 681.4	1 638.3	46.6	76.9	29.4
纺织专用设备制造业	733	367.3	369.7	18.1	38.2	16.5

表 82 纺织工业农产品加工行业（国有及国有控股企业）主要经济指标（2004 年）

行业	企业单位数（个）	工业总产值（亿元）	产品销售收入（亿元）	利润总额（亿元）	出口交货值（亿元）	职工总数（万人）
有关农产品加工行业小计	**1 767**	**1 714.5**	**1 720.2**	**2.7**	**390.4**	**139.4**
纺织业	1 274	1 189.9	1 185.8	−5.7	319.0	111.2
棉、化纤纺织及印染精加工	619	812.4	808.0	−4.4	209.2	79.4
毛纺织和染整精加工	134	100.5	97.3	−2.7	26.8	7.7
麻纺织	32	35.5	33.3	−0.25	11.9	5.1
丝绢纺织及精加工	125	74.2	76.4	−0.82	14.3	6.4
纺织制成品制造业	191	80.3	85.0	2.7	28.3	5.7
针织品	173	87.0	85.7	0.17	28.5	6.8
纺织服装、鞋、帽制造业	332	130.8	129.8	1.50	46.9	13.7
合成纤维制造业	79	309.7	315.0	3.10	15.1	9.3
纺织专用设备制造业	82	84.1	89.6	3.80	9.4	5.2

表 83 纺织工业棉纺行业主要经济指标完成情况（2004 年）

指标	单位	2004 年	同比（%）
企业个数	个	5 434	22.14
工业总产值	亿元	3 683.17	29.25
工业增加值	亿元	950.63	29.25
工业销售产值	亿元	3 601.32	29.07
产品销售收入	亿元	3 554.83	29.45
出口交货值	亿元	619.69	15.35
利润总额	亿元	86.33	16.95
应交增值税	亿元	93.07	15.83
资产合计	亿元	3 353.80	13.29
流动资产净值平均余额	亿元	1 487.75	16.83
固定资产净值平均余额	亿元	1 306.00	16.58
负债合计	亿元	2 208.03	12.28
亏损企业亏损金额	亿元	115.54	22.11
职工人数	万人	232.90	3.76

表 84 纺织工业毛纺行业主要经济指标完成情况（2004 年）

指标	单位	规模以上毛纺织企业		规模以上毛针织企业		规模以上毛纺制品企业	
		2004 年	同比（%）	2004 年	同比（%）	2004 年	同比（%）
企业单位数	个	1 435		1 217		123	
销售收入	亿元	943	22	445	16	46	29
利税总额	亿元	33.6	23	15.4	21	1.3	48
出口交货值	亿元	238.00	18	223	12.3		
产品产销率	%	96.9		96.6		97.9	
平均销售毛利率	%	10.4		11.9		11.7	

表 85 纺织工业丝绸行业主要经济指标完成情况（2004 年）

单位：亿元

指标		丝绸工业合计	丝绢及精加工				丝制品	丝针织	全国纺织
			小计	缫丝	绢纺和丝织	丝印染			
企业单位数（个）		2 480	2 039	557	1 250	232	146	295	29 831
亏损数（个）		433	360	127	166	67	25	48	5 584
亏损面（%）		17.46	17.66	22.80	13.28	28.88	17.12	16.27	18.72
产品销售收入	全年	1 356.56	1 189.42	168.15	847.42	173.85	48.44	118.71	15 481.32
	同比（%）	26.98	26.33	32.78	25.15	26.19	26.37	34.18	25.26
利润总额	全年	41.53	34.23	4.01	26.94	3.28	2.46	4.85	513.49
	同比（%）	4.36	3.89	1.65	3.98	−1.74	0.17	0.30	11.68
亏损企业亏损总额	全年	6.80	6.07	1.20	2.67	2.19	0.15	0.58	102.65
	同比（%）	39.61	36.37	4.43	4.28		62.46		23.96
资产合计	全年	1 187.13	1 054.24	128.93	770.30	155.01	37.85	95.03	13 856.23
	同比（%）	15.90	15.75	7.67	17.90	12.57	12.05	19.28	15.86
负债合计	全年	763.11	688.53	90.96	497.95	99.62	20.08	54.50	8 469.07
	同比（%）	15.36	15.82	4.25	18.90	12.67	5.16	13.66	15.50
工业增加值	全年	1 385.35	1 211.64	172.08	867.47	172.09	49.33	124.38	16 107.74
	同比（%）	26.92	26.64	26.25	26.23	29.16	23.18	31.29	24.36
销售产值	全年	1 351.95	1 183.18	170.01	843.51	169.66	48.71	120.06	15 723.12
	同比（%）	26.93	26.60	27.90	26.13	27.65	23.43	31.86	24.18
出口交货值	全年	358.41	291.11	33.65	191.14	66.32	17.17	50.14	4 887.91
	同比（%）	23.05	23.20	22.75	14.66	57.23	28.45	20.48	17.14
职工人数（万人）	全年	56.84	49.26	14.71	28.21	6.34	2.17	5.40	894.59
	同比（%）	3.21	2.82	−4.14	6.10	6.12	5.29	6.03	6.89

表 86 纺织工业麻纺织行业主要经济指标完成情况（2004 年）

指标	单位	2004 年	同比（%）
企业单位数	个	327	
工业总产值	亿元	134.69	26.59
产品销售产值	亿元	129.83	27.03
产品销售收入	亿元	127.72	28.96
出口交货值	亿元	24.75	3.76
利润总额	亿元	3.52	21.86
应交增值税	亿元	3.73	32.27
亏损企业亏损额	亿元	1.16	57.00
资产合计	亿元	144.67	17.24
流动资产净值平均余额	亿元	78.50	21.82
固定资产净值平均余额	亿元	45.23	20.80
负债合计	亿元	94.44	14.17
职工人数	万人	13.68	11.47

表 87　纺织工业印染行业主要经济指标完成情况（2004 年）

指　　标	单　位	2004 年	同比（%）
印染布产量	亿 m	301.63	17.12
工业总产值	亿元	1 117.30	16.48
销售收入	亿元	1 087.07	19.13
产销率	%	98.33	0.97
出口交货值	亿元	429.13	12.60

表 88　纺织工业色织行业主要经济指标完成情况（2004 年）

指　　标	单　位	2004 年	同比（%）
企业单位数	个	330	
工业总产值	亿元	357.58	13.91
工业增加值	亿元	87.71	13.91
工业销售产值	亿元	344.77	12.72
产品销售收入	亿元	340.50	13.71
出口交货值	亿元	167.17	10.13
利润总额	亿元	11.50	4.35
应交增值税	亿元	5.73	−2.59
资产合计	亿元	359.48	2.97
流动资产净值平均余额	亿元	164.65	6.47
固定资产净值平均余额	亿元	138.72	4.67
负债合计	亿元	229.36	0.11
亏损企业亏损额	亿元	2.72	23.39
职工人数	万人	19.30	1.65

表 89　纺织工业针织行业主要经济指标完成情况（2004 年）

指　　标	单　位	2004 年	同比（%）
企业单位数	个	2 382	
工业总产值	亿元	937.02	28.54
产品销售产值	亿元	912.32	28.96
产品销售收入	亿元	883.89	27.23
出口交货值	亿元	424.48	22.44
产品产销率	%	97.36	0.32
利润总额	亿元	37.70	26.78
人均销售收入	亿元	17.61	15.73
人均利润	亿元	7 331	15.31
亏损企业亏损额	亿元	4.50	15.29
资产合计	亿元	765.62	19.16
负债合计	亿元	438.70	14.56
职工人数	万人	50.19	9.94

表 90 纺织工业服装制造业主要经济指标完成情况（2004 年）

指标	单位	2004 年	同比（%）
产品销售收入	亿元	3 880	21.33
利润总额	亿元	153	17.56
应交增值税	亿元	87	14.66
资产总计	亿元	2 771	16.82
流动资产净值平均余额	亿元	1 564	16.26
固定资产净值平均余额	亿元	741	16.96
负债合计	亿元	1 565	15.83
亏损企业亏损额	亿元	20.33	34.22
职工人数	万人	320	10.34

表 91 纺织工业纺机行业主要经济指标完成情况（2004 年）

指标	单位	2004 年	同比（%）
企业单位数	个	606	4.66
工业总产值	亿元	365.9	11.77
产品销售收入	亿元	352.4	13.29
出口产品额	亿美元	6.76	28.13
利润总额	亿元	19.1	−5.22
资产合计	亿元	394.9	33.21
负债合计	亿元	238.6	15.43
亏损额	亿元	1.36	18.99

表 92 我国皮革行业经济运行情况（2003 年）

指标	单位	2003 年	同比（%）
工业总产值（90 年不变价）	亿元	2 103	20.9
外贸进口总额	亿美元	264	
其中出口额	亿美元	232	19.0
从业人数	万人	500	

表 93 我国家具行业经济运行情况（2002—2003 年）

指标	单位	2002 年	2003 年	2003 年比上年增减（%）
产品销售收入	万元	5 120 672	6 378 309	24.56
利税总额	万元	334 323	433 339	29.62
利润总额	万元	196 046	276 063	40.82
亏损企业亏损额	万元	48 073	48 188	0.24
应收账款净额	万元	630 333	781 361	23.96
产成品存货	万元	420 656	481 399	14.44

资料来源：表中数据出自中国轻工业信息中心，统计口径为行业中规模以上企业。

表 94　我国造纸工业主要经济指标完成情况（机制纸）（2002—2003 年）

年　份	企业单位数（个）	工业总产值（亿元）	产品销售收入（亿元）	产销率（%）	利税总额（亿元）	负债总额（亿元）	从业人员（万人）	资产总计（亿元）
2002	2 587	1 398	1 318.7	97.31	140.1	1 436.2	77.85	2 240
2003	2 766	1 709	1 661	98.62	161.5	1 635.8	76.77	2 537
2003 年比上年增减（%）	6.92	22.25	25.96	1.35	15.27	13.9	－1.39	13.25

表 95　国家定点书刊印刷企业主要经济指标完成情况（2003 年）

类　　别	企业单位数（个）	工业增加值（万元）	产品销售收入（万元）	利润总额（万元）	固定资产净值平均余额（万元）	年职工人数（人）
全国总计	**281**	**335 796**	**773 949**	**40 616**	**867 891**	**108 564**
其中：直属厂	78	174 981	365 196	11 491	433 419	52 196
非直属厂	203	160 816	408 753	29 125	434 472	56 368
中　　央	32	44 345	80 846	4 598	125 438	12 056
其中：直属厂	5	8 057	9 546		31 955	2 933
非直属厂	27	36 288	71 300	4 598	93 482	9 123
地　　方	249	291 451	693 103	36 017	742 453	96 508
其中：直属厂	74	166 924	355 650	11 491	401 464	49 263
非直属厂	175	124 527	337 454	24 526	340 990	47 245

表 96　我国书刊印刷企业工业总产值及印刷用纸总量（2003 年）

类　　别	企业单位数（个）	工业总产值（万元）		工业销售产值（万元）	全年印刷用纸总量（万令）
		合　计	其中：书刊产品		
全国总计	**1 123**	**1 859 981**	**1 196 332**	**1 763 621**	**10 961**
国家定点厂	285	909 866	643 854	886 819	5 776
其中：直属厂	78	437 558	360 228	430 956	2 633
非直属厂	207	472 308	283 626	455 863	3 143
省级定点厂	838	950 115	552 479	876 803	5 184
中　　央	68	141 369	103 726	140 234	1 378
国家定点厂	35	102 304	72 385	102 288	1 203
其中：直属厂	5	13 485	13 096	14 422	110
非直属厂	30	88 819	59 289	87 866	1 094
省级定点厂	33	39 065	31 341	37 946	175
地　　方	1 055	1 718 612	1 092 607	1 623 387	9 582
国家定点厂	250	807 562	571 469	784 530	4 573
其中：直属厂	74	424 074	347 132	416 534	2 524
非直属厂	176	383 488	224 337	367 996	2 049
省级定点厂合计	805	911 051	521 138	838 856	5 009

表 97　我国 136 家书刊印刷企业（含其他印刷）主要经济指标完成情况（2003 年）

工业总产值（万元）	工业增加值（万元）	产品销售收入（万元）	胶印印刷		书刊印刷		书刊装订		照相制版	
			产量（万对开色令）	产值（万元）	产量（万令）	产值（万元）	产量（万令）	产值（万元）	产量（四开块）	产值（万元）
648 607	291 706	611 212	7 335	192 399	2 434	88 199	2 529	61 589	1 629 633	16 772

表 98　我国百家包装印刷企业主要经济指标完成情况（2003 年）

工业总产值（万元）	工业增加值（万元）	产品销售收入（万元）	利税总额（万元）	资产总额（万元）	人均创利税（元/人）
1 021 000	128 563	823 900	105 400	1 334 459	23 418

资料来源：表中数据出自 2004 年版《中国印刷年鉴》。

注：1. 以上数据共调查统计了 101 家包装印刷企业，统称为“百家”企业，由于 2003 年新加入了几家超大型资产总额均在 10 亿元以上的企业，因此，有几项指标总的增加值比 2003 年统计时增长幅度较大。

2. 参加统计单位中，未实现利税 11 家占 10.89%，人均创利税万元以下的企业 44 家占 43.57%，人均创税万元以上企业 46 家，占 45.54%，人均创利税 2 万元以上的企业 31 家占 30.7%。

表 99　我国 58 家印刷机械企业主要经济指标完成情况（2003 年）

企业名称	工业总产值（万元）	工业增加值（万元）	产品销售收入（万元）	实现利税（万元）	平均固定资产净值（万元）	自营出口创汇（万美元）
合　计	**480 653**	**179 850**	**458 776**	**75 697**	**227 397**	**3 001.4**
北人集团公司	113 439	47 758	112 273	18 344	64 892	471.0
上海电气集团印刷包装机械公司	143 259	54 423	146 197	30 037	25 173	2 184.0
上海高斯印刷设备有限公司	44 998	24 629	45 963	14 082	7 356	1 200.0
上海紫宏机械有限公司	10 167	4 234	10 010	2 888	1 614	
江西中景集团有限公司	26 782	9 707	25 612	5 286	10 597	51.0
南通海盟罗兰机械有限公司	1 488	602	1 422	181	472	
威海印刷机械有限公司	7 245	3 763	5 507	1 831	8 552	
潍坊东航精密机械有限公司	7 350	2 204	6 440	1 429	2 392	9.5
镇江斯伊格机械有限公司	2 027	742	1 956	544	1 132	30
北人富士印刷机械有限公司	9 787	3 525	8 577	719	824	101.5
上海紫光机械有限公司	16 466	5 762	17 660	3 829	2 510	119.0
上海紫明机械有限公司	10 986	4 733	10 324	1 323	1 602	25.3
渭南科赛机电设备有限公司	1 720	528	1 541	197	8	6.0
福建广宇集团南平机械公司	1 060	779	805	163	802	
潍坊华光精工设备有限公司	5 965	1 991	6 811	1 588	2 194	28.0
北人印刷机械股份有限公司	105 241	44 315	101 421	18 138	47 001	257.9
营口冠华轻工印刷设备集团公司	10 008	5 917	8 172	1 308	3 502	65.0
上海新星印刷器材有限公司	3 731	1 436	3 223	527	2 703	2.2
上海申威达机械有限公司	17 490	7 411	15 228	2 325	2 983	215.0
上海光华印刷有限公司	27 011	7 596	26 606	3 396	3 832	

（续）

企业名称	工业总产值（万元）	工业增加值（万元）	产品销售收入（万元）	实现利税（万元）	平均固定资产净值（万元）	自营出口创汇（万美元）
营口三鑫印刷机械有限公司	4 850	2 412	4 517	585	2 015	10.0
温州神力集团有限公司	11 719	3 024	11 283	2 260	11 698	43.0
浙江通业印刷机械有限公司	2 875	1 006	3 134	498	2 352	2.0
温州印刷机械有限公司	2 844	1 226	2 708	376	1 726	
中江利通印刷机械有限公司	3 634	1 779	3 607	577	1 425	42.0
西安黑牛机械有限公司	3 470	1 572	3 500	459	1 210	12.0
上海亚华印机有限公司	16 553	4 420	15 663	1 359	3 372	506.0
上海爱凯斯机械刀片有限公司	6 113	2 520	5 832	543	2 485	112.5
多元数码印刷技术产业公司	13 321	1 512	12 897	2 317	20 500	
温州市群英印刷机械有限公司	2 526	985	2 630	240	750	58.0
温州市华威印刷机械有限公司	5 000	970	4 172	388	736	
无锡中策机电设备有限公司	2 929	1 567	2 943	318	637	
江苏昌升集团公司	15 701	3 692	15 043	1 691	3 815	
京东电子装备有限公司	2 200	378	2 001	147	1 420	
常州市永盾机械有限公司	1 320	128	1 069	133	416	
陕西北人印刷机械公司	19 144	6 892	18 761	1 773	9 457	19.5
湖南新邵印刷机械有限公司	2 734	1 039	2 762	442	3 100	
温州跃华印刷机械有限公司	1 138	294	1 138	51	109	65.0
青岛瑞普电气有限责任公司	7 585	2 151	7 688	635	4 088	
长春印刷机械有限公司	3 459	1 487	2 910	451	3 083	21.0
无锡光华印刷机械有限公司	1 525	518	1 511	175	915	
淮南市鑫盛印刷包装机械厂	68	6	36	5	1	
江西通达印刷机械有限公司	3 015	1 170	3 009	293	2 314	
河南舞阳印刷机械有限公司	4 620	1 486	4 212	346	3 967	
宜昌市夷陵印刷机械有限公司	1 471	404	1 028	30	802	
河北装潢印刷机械股份公司	3 104	1 155	2 834	185	818	
浙江飞云包装机械有限公司	582	150	453	52	913	
海门北人印刷有限责任公司	2 585	860	2 496	202	1 372	
浙江嘉路印刷机械有限公司	4 222	848	3 125	227	8 505	
平凉普业印机有限公司	2 250	739	1 885	56	2 888	
山东菏泽生建机械厂	5 175	1 587	4 706	505	2 852	
汕头韩江实业（集团）公司	1 791	865	1 367	90	3 846	
威海滨田印刷机械有限公司	6 487	556	6 159	−257	7 831	
无锡长城机器制造有限公司	885	35	821		1 487	
咸阳印刷包装机械厂	481	120	341	−71	2 986	
哈尔滨印刷包装机械有限公司	2 750	405	2 248	−554	8 242	
广西金牛集团公司	1 005	18	1 009	−584	3 188	

表 100　我国橡胶工业总产值、工业增加值和销售收入（2000—2002 年）

单位：亿元

指　　标	2000 年	2001 年	2002 年
全国工业总产值（1990 年不变价）	75 710.6	86 772.7	101 198.7
其中：橡胶制品业（不变价）	870.2	950.5	1 053.0
全国工业增加值	25 394.8	28 329.4	31 482.0
其中：橡胶制品业	218.8	248.3	287.6
全国工业产品销售收入	82 314.3	93 733.3	108 186.5
其中：橡胶制品业	731.8	806.0	950.1

注：表中数据统计范围为全部国有企业及年销售收入 500 万元以上非国有工业企业，由于机构变化原因，1999 年后化工系统（含橡胶行业）的工业总产值、增加值和销售收入未统计在内。

表 101　我国橡胶工业主要经济指标完成情况（2004 年）

单位：亿元

指　　标	单　位	2004 年	同比（%）
企业单位数	个	400	
工业总产值	亿元	765.25	19.80
工业增加值	亿元	227.24	19.80
产品销售收入	亿元	815.53	32.21
出口额	亿元	221.18	56.44
橡胶消耗量	万 t	177.56	26.03

注：表中数据为我国橡胶工业中 400 家会员企业的统计数据。

表 102　我国橡胶工业全部独立核算工业企业主要经济指标完成情况（2000—2002 年）

行　　业	企业单位数（个）			工业总产值（万元）		
	2000 年	2001 年	2002 年	2000 年	2001 年	2002 年
橡胶制品业	1 783	1 777	1 822	8 127 003	8 938 161	10 645 973
其中：1. 轮胎制造业	200	218	224	3 925 304	4 401 953	5 360 183
2. 力车胎制造业	79	78	82	462 449	339 079	410 153
3. 橡胶板带制造业	357	379	370	994 622	997 828	1 087 390
4. 橡胶零件制品业	254	274	322	521 597	673 721	839 316
5. 再生橡胶制造业	83	88	89	117 693	172 105	175 124
6. 橡胶靴鞋制造业	390	279	286	1 206 639	1 227 431	1 433 367
7. 日用橡胶制品业	113	121	145	376 098	423 435	582 817
8. 其他橡胶制品业	259	293	267	477 874	652 315	700 850
9. 橡胶制品翻修业	48	47	37	44 725	50 294	56 773
其中：轮胎翻修业	41	40	31	35 207	46 113	47 115
其他橡胶制品翻修业	7	7	6	9 518	4 181	9 658
橡胶工业专用设备制造业	61	54	57	175 572	191 227	215 977

（续）

行　　业	工业销售产值（万元）			出口交货值（万元）		
	2000 年	2001 年	2002 年	2000 年	2001 年	2002 年
橡胶制品业	7 804 670	8 666 836	10 391 395	1 853 072	1 894 514	2 154 711
其中：1. 轮胎制造业	3 778 206	4 282 975	5 294 741	837 312	926 526	1 012 270
2. 力车胎制造业	452 057	334 774	409 918	95 180	35 614	62 955
3. 橡胶板带制造业	954 755	946 692	1 045 344	109 461	80 589	90 948
4. 橡胶零件制品业	504 108	654 106	821 296	100 513	146 144	177 371
5. 再生橡胶制造业	110 938	164 397	166 928	2 844	4 976	3 044
6. 橡胶靴鞋制造业	1 133 810	1 198 943	1 348 617	468 884	430 294	520 901
7. 日用橡胶制品业	366 598	406 436	567 370	110 431	111 040	142 296
8. 其他橡胶制品业	462 190	629 541	681 893	128 150	159 331	144 926
9. 橡胶制品翻修业	42 009	48 973	55 290	2 966		
其中：轮胎翻修业	33 493	44 934	45 818			
其他橡胶制品翻修业	8 516	4 039	9 412	2 966		
橡胶工业专用设备制造业	171 853	181 648	198 021	16 508	22 182	22 009

行　　业	利税总额（万元）			全部从业人员平均人数（人）		
	2000 年	2001 年	2002 年	2000 年	2001 年	2002 年
橡胶制品业	575 588	711 116	631 694	665 709	616 043	620 762
其中：1. 轮胎制造业	294 032	378 115	335 517	193 742	198 422	196 655
2. 力车胎制造业	40 395	20 627	22 065	40 410	26 241	27 805
3. 橡胶板带制造业	75 733	73 052	58 843	124 697	101 794	87 976
4. 橡胶零件制品业	54 135	67 457	79 812	56 913	58 064	67 108
5. 再生橡胶制造业	8 319	16 476	13 451	11 768	14 017	12 300
6. 橡胶靴鞋制造业	38 779	56 527	40 568	165 757	138 747	144 786
7. 日用橡胶制品业	23 187	25 719	25 780	27 039	24 721	30 346
8. 其他橡胶制品业	38 700	70 659	53 453	39 327	49 320	50 428
9. 橡胶制品翻修业	2 308	2 484	2 207	6 065	4 717	3 358
其中：轮胎翻修业	1 776	2 169	1 979	5 522	4 319	3 059
其他橡胶制品翻修业	532	315	228	543	398	299
橡胶工业专用设备制造业	5 431	7 858	11 574	18 084	15 047	12 394

表 103　我国中药行业经济效益情况（2003 年）

分　类	企业数（个）	工业总产值（亿元）	工业增加值（亿元）	产品销售收入（亿元）	利润总额（亿元）	从业人员（人）
全国医药工业合计		**3 062**		**2 883.8**		
其中：中药工业		823.04	369.00	836.45	61.13	351 889
中成药工业		802.02	361.41	812.82	59.87	343 465
中药饮片工业	85	21.02	7.59	23.63	1.26	8 424
中药工业占全国医药工业比例（%）		26.88		29.01		

资料来源：表中数据出自 2004 年版《中国医药统计年鉴》。

农产品加工业主要产品产量

表 104 我国农产品加工业主要产品产量（2002—2004 年）

产品名称	单位	2002 年	2003 年	2004 年
纱	万 t	850.00	983.58	1 120.00
布	亿 m	322.39	353.52	420.00
机制纸及纸板	万 t	4 666.99	4 849.33	4 863.20
原盐	万 t	3 602.43	3 437.70	3 710.07
机制糖	万 t	926.00	1 083.94	1 017.61
啤酒	万 kl	2 402.70	2 540.48	2 910.05
卷烟	亿支	3 467.08	3 580.86	18 744.13
罐头	万 t		436.38	313.37
白酒	万 kl		647.49	311.70
食用植物油	万 t		1 584.29	1 235.44
中成药	万 t		70.91	61.58
合成橡胶	万 t		134.83	147.76
轮胎外胎	万条		19 311.96	23 926.31

表 105 轻工系统农产品加工业完成的主要产品产量（2002—2003 年）

产品	单位	2002 年	2003 年	2003 年比上年增减（%）
纸浆	万 t	1 109.5	1 310.8	18.14
机制纸	万 t	2 181.3	2 996.6	37.38
机制纸板	万 t	1 375.9	1 852.7	34.66
纸制品	万 t	859.6	1 034.5	20.35
原盐	万 t	3 283.4	3 437.7	4.70
机制糖	万 t	904.1	1 083.9	19.89
方便主食品	万 t	301.1	356.2	18.30
乳制品	万 t	105.5	140.6	33.28
罐头	万 t	222.0	259.6	16.93
味精	万 t	108.0	118.9	10.11
发酵酒精（商品量）	万 t	192.3	251.3	30.67
饮料酒	万 t	2 818.9	3 001.3	6.47
其中：白酒（商品量）	万 t	324.8	331.4	2.03
啤酒	万 t	2 374.9	2 540.5	6.97
葡萄酒	万 t	30.2	34.3	13.56
软饮料	万 t	2 032.2	2 374.4	16.84
其中：碳酸饮料	万 t	593.7	665.9	12.17
液体乳	万 t	364.4	582.9	59.95
轻革	亿 m^2	3.9	4.8	21.86
皮鞋	亿双	15.5	18.2	17.11

（续）

产　品	单　位	2002 年	2003 年	2003 年比上年增减（%）
毛皮（折羊毛皮）	万张	787.8	1 061.7	34.76
家具	亿件	1.4	1.7	24.36
其中：木制家具	万件	5 885.2	6 557.9	11.43
工艺美术制品	亿元	438.9	493.9	12.55
大米	万 t	2 217.4	1 075.2	−51.51
小麦粉	万 t	2 702.2	2 983.3	10.40
配混合饲料	万 t	4 213.6	4 405.8	4.56
食用植物油	万 t	943.1	1 584.3	67.98
鲜冻畜肉	万 t	479.3	572.7	19.50
水产加工品	万 t	304.4	349.3	14.77

资料来源：表中数据出自 2004 年版《中国轻工业年鉴》和 2004 年版《中国食品工业年鉴》。

表 106　我国粮油工业主要产品产量（2003—2004 年）　　单位：万 t

产　品	2003 年	2004 年	2004 年比上年增减（%）
大米	2 131.3	2 257.1	5.90
其中：特等米	667.6	764.2	14.47
标准一等米	1 194.6	1 310.2	9.68
标准二等米	201.2	139.2	−30.82
其他	67.9	43.5	−35.94
小麦粉	2 789.4	2 938.1	5.33
其中：特制一等粉	1 076.8	1 215.3	12.86
特制二等粉	810.7	781.0	−3.66
标准粉	403.8	342.8	−15.11
专用粉	348.1	380.4	9.28
其他	150.0	218.6	45.73
食用植物油	953.1	953.8	0.07
按品种分：菜籽油	286.9	230.8	−19.55
大豆油	391.9	527.7	34.65
花生油	45.4	53.3	17.40
棉籽油	26.6	35.5	33.46
其他	202.3	106.5	−47.36
按等级分：一级油		346.8	
二级油		211.5	
三级油		68.7	
四级油		190.3	

表 107　我国淀粉产量及品种情况（2004 年）

品　种	产量（万 t）	占总淀粉（%）	2004 年比上年增减（%）
玉米淀粉	862.27	92.36	36.09
木薯淀粉	42.04	4.50	−13.20
马铃薯淀粉	24.47	2.62	377.93
甘薯淀粉	4.00	0.43	380.77
小麦淀粉	0.78	0.09	−64.75
合　计	**933.56**	**100.00**	**27.63**

表 108　我国淀粉深加工品产量（2004 年）

主要品种	产量（万 t）	占深加工品（%）	2004 年比上年增减（%）
合　计	**331.76**	**100.00**	**29.43**
变性淀粉	32.89	9.91	5.03
结晶葡萄糖	71.36	21.51	39.16
其中：一水注射葡萄糖	6.49		
无水注射葡萄糖	0.52		
口服葡萄糖	62.64		37.74
液体淀粉糖	227.51	68.58	30.96
糖醇	39.33		
其中：山梨醇	37.85		
木糖醇	1.10		
甘露醇	0.39		

表 109　我国淀粉产量分布及生产规模情况（2004 年）

地　区	淀粉产量（万 t）	占淀粉总产量（%）	生产规模情况	
			企业数（5 万 t/a）	企业最大淀粉产量（万 t/a）
山　东	380.20	40.73	9	126.82
河　北	223.64	23.95	10	36.24
吉　林	151.99	16.28	3	90.45
陕　西	42.38	4.54	1	35
广　西	31.53	3.37		
甘　肃	19.66	2.11	1	13.33
宁　夏	18.92	2.03	1	50.29
河　南	16.65	1.78	1	10.00
其他 12 个省、自治区、直辖市	48.59	5.21	3	8.00
合　计	**933.56**	**100.00**	**29**	

注：其他 12 个省、自治区、直辖市为：北京、山西、内蒙古、辽宁、黑龙江、浙江、四川、贵州、云南、广东、海南、新疆。

表 110　我国玉米淀粉生产规模情况（2004 年）

项　目	单　位	2003 年	2004 年	2004 年比上年增减（%）
年产 40 万 t 以上企业	个	4	6	50
年产 40 万 t 以上企业总产量	万 t	239.22	424.67	77.52
占全国玉米淀粉总产量	%	37.76	49.25	30.43
年产 30 万 t 以上企业	个	1	5	400.00
年产 30 万 t 以上企业总产量	万 t	34.12	138.29	305.30
占全国玉米淀粉总产量	%	5.39	16.04	197.59
年产 10 万 t 以上企业	个	9	10	11.11
年产 10 万 t 以上企业总产量	万 t	151.92	139.42	−8.23
占全国玉米淀粉总产量	%	23.98	16.17	−32.57
年产 5 万 t 以上企业	个	6	8	33.33
年产 5 万 t 以上企业总产量	万 t	39.71	52.62	32.51
占全国玉米淀粉总产量	%	6.27	6.10	−2.71
年产 3 万 t 以上企业	个	8	10	25
年产 3 万 t 以上企业总产量	万 t	30.29	37.39	23.44
占全国玉米淀粉总产量	%	4.78	4.34	−9.21

表 111　我国部分淀粉深加工品生产规模情况（2004 年）

类别	项　目	单　位	2003 年	2004 年	2004 年比上年增减（%）
变性淀粉	年产 3 万 t 以上企业	个	3	3	平
	年产 3 万 t 以上企业总产量	万 t	12.57	13.00	3.42
	占全国总产量	%	40.13	39.53	−1.5
	年产 1 万 t 以上企业	个	4	6	50.00
	年产 1 万 t 以上企业总产量	万 t	6.53	9.83	50.54
	占全国总产量	%	20.85	29.89	43.36
	年产 0.5 万 t 以上企业	个	9	11	22.22
	年产 0.5 万 t 以上企业总产量	万 t	6.06	7.25	19.64
	占全国总产量	%	19.35	22.04	13.90
结晶葡萄糖	年产 10 万 t 以上企业	个	1	2	100.00
	年产 10 万 t 以上企业总产量	万 t	14.66	28.20	92.36
	占全国总产量	%	28.59	39.52	38.23
	年产 5 万 t 以上企业	个	4	4	平
	年产 5 万 t 以上企业总产量	万 t	28.21	29.93	6.10
	占全国总产量	%	55.01	41.95	−23.74
	年产 2 万 t 以上企业	个	2	3	50.00
	年产 2 万 t 以上企业总产量	万 t	4.63	8.00	72.79
	占全国总产量	%	9.03	11.21	24.14
	年产 1 万 t 以上企业	个	2	3	50.00
	年产 1 万 t 以上企业总产量	万 t	2.12	4.12	94.34
	占全国总产量	%	4.13	5.77	39.71
液体葡萄糖	年产 10 万 t 以上企业	个	6	8	33.33
	年产 10 万 t 以上企业总产量	万 t	102.58	166.45	62.26
	占全国总产量	%	59.05	73.16	23.90
	年产 5 万 t 以上企业	个	5	4	−20.00
	年产 5 万 t 以上企业总产量	万 t	34.17	29.58	−13.43
	占全国总产量	%	19.67	13.00	−33.81

表 112　我国食品添加剂主要产品产量（2002—2003 年）

单位：万 t

产 品 名 称	2002 年	2003 年	2003 年比上年增减（%）
味精	110	121	10.00
柠檬酸及盐	37	42	13.51
酶制剂	32	35	9.38
酵母	4.5	7.6	68.89
食用香精香料	4.5	5.0	11.11
食用着色剂	5.0	6.65	33.00
合成物		0.25	
天然物		6.40	
高倍甜味剂	7.51	8.72	16.11
其中：糖精	2.00	2.50	25.00
甜蜜素	5.00	5.50	10.00

（续）

产品名称	2002年	2003年	2003年比上年增减（%）
甜菊糖	0.12	0.12	
阿斯巴甜	0.15	0.25	66.67
安散蜜	0.12	0.20	66.67
甘草甜	0.12	0.15	25.00
营养性甜味剂	22.2	31	39.64
山梨醇	20	28	40.00
木糖醇	2.2	3	36.36
防腐抗氧剂	8.5	9.5	11.76
苯甲酸钠	6	7	16.67
山梨酸钾	1.6	2	25.00
乳化增稠剂	5	5.5	10.00
单甘酯	2		
CMC	2.2		
黄原胶	0.6		
品质改良剂	4	5	25.00
泡打粉	1	1.2	20.00
面粉改良剂	1	1.5	50.00
磷酸盐	1	1.5	50.00
营养强化剂	9.5	11	15.79
维生素C	5.5	6	9.09
维生素E	1.5	2	33.33
牛磺酸	1	1.5	50.00
合　计	**250.51**	**287.97**	**14.95**

表113　我国饮料行业软饮料各地区主要产品产量（2003年）　单位：万t

地　区	软饮料			
	合　计	碳酸饮料	果汁及果汁饮料	瓶（桶）装饮用水
全国总计	**2 374**	**666**	**311**	**956**
北　京	109	40.4	27	24.5
天　津	81	29.4	2.5	12.6
河　北	124	65.3	0.16	35.6
山　西	14.4	6.2	7.2	0.75
内蒙古	4.3	0.26	0.28	3.60
辽　宁	55.8	19.9	4.71	24.7
吉　林	57.9	16.3	2.91	38.7
黑龙江	16.5	6.2	0.02	7.2
上　海	200	95.3	10.75	77.4
江　苏	113	29.1	17.4	22.1
浙　江	489	90.8	36.1	280
安　徽	25.3	6.1	5.9	11.08
福　建	69.7	14.3	16.1	8.64
江　西	8.8	2.8	3.8	2.15
山　东	109	50.7	26.2	28.2

（续）

地　区	软　饮　料			
	合　计	碳酸饮料	果汁及果汁饮料	瓶（桶）装饮用水
河　南	80	8.06	9.7	32.4
湖　北	86.8	18.60	5.45	32.1
湖　南	17	0.12	0.19	13.7
广　东	460	124	69.8	215
广　西	27.4	5.5	0.016	5.02
海　南	22.5	5.72	2.77	13.02
重　庆	46.8	4.2	7.30	12.5
四　川	69.1	11.8	24.20	26.3
贵　州	14	0.1	0.18	5.23
云　南	23.2	5.56	0.64	14.71
西　藏	0.25			0.25
陕　西	39.6	9.3	26.2	3.36
甘　肃	2.42	0.03	2.37	0.034
青　海	3.7		0.23	3.47
宁　夏				
新　疆	2.98		0.81	1.16

表 114　我国规模以上乳制品制造企业乳制品产量（2004 年）　单位：万 t

全国规模以上乳制品制造企业产量		全国乳制品产量前 5 位的省、自治区、直辖市		
全国产量	2004 年比上年增减（%）	省、自治区、直辖市	产　量	占全国比例（%）
948.18	32.33	内蒙古	270.14	28.45
		河　北	126.53	13.33
		黑龙江	76.71	8.08
		山　东	59.59	6.28
		上　海	40.74	4.29
		小　计	**573.71**	**60.51**

资料来源：表中数据由中国乳制品工业协会提供，在 2004 年乳制品产量中，液体乳产量 806.74 万 t，比 2003 年增长 30.91%。

表 115　我国罐头工业各地区产品产量（2002—2003 年）

单位：万 t

地　区	2002 年	2003 年	地　区	2002 年	2003 年
全国总计	**375.17**	**436.38**	辽　宁	3.45	5.15
北　京	0.02		吉　林		
天　津	0.50	0.10	黑龙江	0.96	1.39
河　北	21.44	25.00	上　海	3.79	4.03
山　西	2.90	3.46	江　苏	5.33	5.82
内蒙古	0.23	0.21	浙　江	43.59	47.60
			安　徽	2.47	3.38

（续）

地　区	2002年	2003年	地　区	2002年	2003年
福　建	34.12	47.74	重　庆	1.94	2.19
江　西	2.01	0.86	四　川	2.22	7.13
山　东	10.83	13.20	贵　州	0.16	0.14
河　南	2.12	2.91	云　南	0.75	0.60
湖　北	3.38	5.52	陕　西	0.26	0.25
湖　南	9.86	12.22	甘　肃	0.02	0.09
广　东	7.29	8.04	青　海		
广　西	13.63	7.49	宁　夏		
海　南	13.71	13.13	新　疆	36.21	41.95

表116　我国烟草加工业主要产品产量（2001—2003年）

年　份	烟叶（万t）	烤烟（万t）	卷烟（万箱）
2001	234.96	204.53	3 402.10
2002	244.70	213.50	3 467.08
2003	225.70	201.50	3 580.86

表117　我国饲料工业产品产量（2001—2004年）

单位：万t

年　份	饲料产量	其中1. 配（混）合饲料	2. 浓缩饲料	3. 添加剂预混料
2001	7 806	6 087	1 419	301
2002	8 319	6 239	1 764	316
2003	8 712	6 428	1 958	326
2004	9 300	6 822	2 080	364

资料来源：表中数据出自2005年《粮食与饲料工业》第1期。

表118　2004/2005年制糖期糖料与食糖生产情况

单位：万 hm^2、万t、个

地　区	2004年糖料种植面积	糖料入榨量	产糖量	开工工厂数
全国合计	**136.25**	**7 457**	**917.4**	**297**
甘蔗糖小计	120.47	6 970.9	857.1	259
广　东	13.53	1 012.7	112.1	40
其中：湛江	10.33	810.3	90.1	22
广　西	68.40	4 185.0	532.0	95
云　南	28.67	1 301.3	159.2	80
海　南	7.00	299.2	38.5	24
福　建	0.75	50.4	5.7	4
其　他	2.12	122.3	9.6	16
甜菜糖小计	15.79	491.2	60.3	38
黑龙江	5.47	96.7	13.4	13
新　疆	6.36	292.0	34.5	14
内蒙古	2.43	56.2	7.4	7
其　他	1.53	46.3	5.0	4

资料来源：表中数据由中国糖业协会提供。

表 119 我国食用菌产量、产值、出口情况（2004 年）

地 区	产 量 (t)	产 值 (万元)	出口量 (t)	创 汇 (万美元)	主要品种产量（t）		
					香 菇	平 菇	双孢蘑菇
全国总计	**11 603 603**	**4 817 178**			**2 468 941**	**2 986 407**	**1 563 987**
北 京	33 832	18 749	2 302	346	2 774	19 346	865
天 津	49 765	9 666	1 000	15	220	40 000	10
河 北	720 479	350 000		8 500	108 089	247 237	12 929
山 西	52 390	38 460	2 400	380	3 200	28 200	2 800
内蒙古	37 070	13 640			3 964	20 386	3 242
辽 宁	455 915	155 540	86 312	10 239	134 009	131 217	14 282
吉 林	308 750	110 000	20 500	2 300	30 000	6 50	1 200
黑龙江	445 841	210 000	3 000	100	26 250	163 275	
上 海	50 082	35 815			9 163	5 345	14 376
江 苏	1 143 036	287 279	6 917	549	14 177	494 557	379 615
浙 江	620 000	380 000	50 000	15 000	370 000	100 000	30 000
安 徽	193 026	72 000	18 000	9 000	22 357	32 400	30 430
福 建	1 703 256	579 500	276 000	32 000	435 900	148 300	336 200
江 西	232 250	110 000	5 330	800	50 000	60 000	6 000
山 东	1 089 700	447 000	99 200	9 977	148 400	415 000	228 200
河 南	1 802 124	601 983	15 195	2 701	340 178	551 538	161 572
湖 北	573 610	206 500	76 533	5 600	254 150	126 500	31 500
湖 南	480 000	300 000	9 485	1 200	72 000	100 550	41 000
广 东	205 750	173 380	112 000	13 000	15 300	43 000	8 830
广 西	166 642	75 822			50 490	8 197	76 966
重 庆	52 149	20 338			19 215	9 773	10 308
四 川	590 000	215 500			42 500	91 800	138 000
贵 州	27 000	67 70			3 000	15 000	2 000
云 南	44 318	123 669	7 744	8 437	6 750	4 200	9 363
陕 西	506 853	202 741	2 100	525	305 875	116 986	1 899
宁 夏	5 715	2 286			700	3 000	900
新 疆	14 050	9 610			300	4 100	1 500

（续）

地　区	主要品种产量（t）						
	金针菇	草　菇	黑木耳	毛木耳	银　耳	滑　菇	猴头菇
全国总计	**727 420**	**228 318**	**774 226**	**909 008**	**174 070**	**173 764**	**15 160**
北　京	4 882	797	69				
天　津	5			120			
河　北	112 379	3 281	4 694		103	41 040	
山　西	3 600	180	3 050		1 980		
内蒙古			16 760				
辽　宁	163	4 290	2 134			116 050	44
吉　林	2 000		190 000			3 000	400
黑龙江	25 200		220 500			10 500	
上　海	8 126	2 889					
江　苏	138 713	12 150	6 204	7 766	13 220		30
浙　江	90 000	3 000	12 000	3 000	100		5 000
安　徽	16 360	15 000	18 980	5 000	3 060	100	480
福　建	32 600	27 100	21 300	231 100	151 200	2 400	4 300
江　西	10 000	12 000	30 000	20 000	10		20
山　东	74 100	51 300	26 100	2 500	1 900	600	2 100
河　南	64 605	11 832	59 458	449 061	1 088	74	473
湖　北	23 250	150	93 000	3 600	38		10
湖　南	42 200	4 000	2 100	11 000	1 280		1 100
广　东	32 900	78 400		1 860			1 200
广　西	1 319	1 947	23 379	1 751	91		3
重　庆	4 823		2 968	1 000			
四　川	35 000		2 500	171 000			
贵　州	1 000		3 000				
云　南	900		820	100			
陕　西	495		35 000				
宁　夏	600	2	10	150			
新　疆	2 200		200				

(续)

地　区	主　要　品　种　产　量　(t)						
	鸡腿菇	白灵菇	杏鲍菇	茶薪菇	小平菇	姬　菇	秀珍菇
全国总计	**226 634**	**81 839**	**60 986**	**122 494**	**80 426**	**222 909**	**57 313**
北　京	134	2 321	940	358		660	
天　津		9 000				400	
河　北	29 806	7 896	9 523			95 992	
山　西		2 000	3 000		4 000		
内蒙古							
辽　宁	2 057	568	630			600	200
吉　林	200	60	70		30		
黑龙江	16	10	28				
上　海	500	1 000	600	500		1 865	4 813
江　苏	42 971	100	4 424	764	1 316		
浙　江	2 000				5 000	5 000	
安　徽	8 600	800	680	180	6 060	400	3 000
福　建	12 700	273	17 700	78 700			42 500
江　西	5 000	200	300	30 000	5 000		
山　东	67 300	6 200	4 300	1 700	35 000	1 100	
河　南	38 694	42 238	7 141	3 052		7 872	
湖　北	2 200	2 000	10	50	2 400		850
湖　南	3 360	3 200	5 300	5 800	21 600	31 400	1 200
广　东	3 600	12	5 660	1 330	20	2 120	4 750
广　西	35		79	40			
重　庆	800						
四　川	2 500					75 500	
贵　州							
云　南	2 000		100	20			
陕　西	561	361	1				
宁　夏							
新　疆	1 600	3 600	500				

（续）

地　区	主　要　品　种　产　量（t）					
	灰树花	竹　荪	姬松茸	松　茸	牛肝菌	羊肚菌
全国总计	**4 937**	**33 748**	**27 456**	**1 310**	**17 400**	**1 036**
北　京	15					
天　津						
河　北	910					
山　西	50		50		60	20
内 蒙 古						
辽　宁			5		60	10
吉　林	20		20	60	200	
黑 龙 江			50			
上　海						
江　苏						
浙　江	2 000	50			100	
安　徽	80	500	480			30
福　建	130	28 600	23 000			
江　西	500	10	100			
山　东						
河　南	2	505	243			
湖　北		8	80		280	26
湖　南	1 080	1 000	2 500		1 580	550
广　东						
广　西		65	808			
重　庆						
四　川						
贵　州		3 000				
云　南		10		1 250	15 000	400
陕　西	150		120		120	
宁　夏						
新　疆						

（续）

地区	主要品种产量（t）				从业人员（人）	
	灵芝	天麻	茯苓	其他菇	菇农	加工企业职工
全国总计	**60 478**	**115 524**	**159 438**	**196 861**	**16 432 318**	**626 008**
北京	60			611	6 300	1 000
天津	30				5 000	100
河北	600			26 001	2 000 000	20 000
山西	130	50	20		100 000	1 100
内蒙古						
辽宁	14	23	5	5 236	191 041	4 834
吉林	1 200	110		15 000	580 000	5 000
黑龙江	12				300 000	4 000
上海					2 500	200
江苏	165				100 000	1 000
浙江	2 000	1 000	3 000		1 500 000	50 000
安徽	8 789	10 670	8 540		35 000	2 500
福建	12 300		4 100	92 853	2 200 000	300 000
江西	1 000	10	1 000	1 120		
山东	15 200	3 100	1 700		1 550 000	120 000
河南	3 224	57 227	512	1 535	3 767 277	11 224
湖北	6 000	3 500	24 000	8	400 000	3 500
湖南	8 200	2 000	116 000		1 600 000	5 000
广东	1 280		8	5 480	220 000	6 000
广西	224		553	694	22 600	2 250
重庆				3 262		
四川				31 200	750 000	38 000
贵州				3 000		
云南		1 000		2 405	1 100 000	4 000
陕西		36 834		8 456		
宁夏						
新疆	50				2 600	1 300

资料来源：表中数据为27个省、自治区、直辖市统计数据，由中国食用菌协会提供。

注：1. 江西、宁夏两地为上年数据；内蒙古、贵州为参照历史数据；海南、甘肃、青海省缺报。

2. 食用菌产量全部按鲜品折算（干品折鲜品按1∶10）。

3. 据国家海关总署统计资料，2004年食用菌出口数量为58.17万t，出口金额9.02亿美元，综合平均价1 551.33美元/t。

表 120　我国农垦系统农产品加工业主要产品产量（2003—2004 年）

产　　品	单　位	产　　量		2004 年比上年增减（%）
		2003 年	2004 年	
粮食商品量	万 t	1 108.87	1 404.40	26.65
粮食商品率	%	82.59	84.29	
食用植物油	万 t	59.44	71.27	19.90
机制糖	万 t	119.63	118.10	−1.28
乳制品	万 t	11.58	14.04	21.24
消毒液体乳	万 t	106.89	84.24	−21.19
饮料酒	万 t	109.20	116.08	6.30
其中：葡萄酒	万 t	5.78	7.45	28.89
混、配合饲料	万 t	210.04	211.01	0.46
纱	万 t	22.98	29.39	27.89
布	亿 m	3.45	3.95	14.49
机制纸及纸板	万 t	31.29	90.56	189.42

表 121　农垦系统各地区农产品加工业主要产品产量（2004 年）

地　区	机制纸及纸板（t）	纱（万 t）	布（万 m）	机制糖（t）	饮料酒（t）	乳制品（t）	食用植物油（t）
全国合计	**905 630**	**29.39**	**39 476.8**	**1 181 039**	**1 160 800**	**140 364**	**712 727**
北　京	13 591					5 154	
天　津	5 511				36 650	3 007	
河　北	541 451		4 587.0		2 892	22 212	1 137
山　西	300						
内 蒙 古					587	15 227	18 980
辽　宁	6 861				115 703	2 412	1 655
吉　林	475				2		
黑 龙 江	23 213			20 389	32 253	50 5680	371 032
上　海		0.03				3 291	
江　苏		0.06					8 522
浙　江	21 494		10 874.0		319 635	215	
安　徽		0.38			2 493	1 857	1 716
福　建	67 016	0.22			1 045		100
江　西	44 737	4.00	480.0	1 848	31 055		650
山　东						980	
河　南	1 210		87.8		13 970		32
湖　北	29 440	4.31	6 731.0		300 293	100	89 038
湖　南	47 202	8.00	2 979.0	34 778	3 154	4 315	4 593
广　东	15 134			310 338	1 202		1 147
广　西	12 300			557 094	88		
海　南				52 444	295		209
重　庆	525					976	
四　川							
贵　州					380	876	

（续）

地区	机制纸及纸板（t）	纱（万 t）	布（万 m）	机制糖（t）	饮料酒（t）	乳制品（t）	食用植物油（t）
云南				71 995	178		
西藏							
陕西		0.46	4 680.0		142 327		7 021
甘肃							
青海						267	
宁夏					96 258		98
新疆（兵团）	74 247	11.18	9 058.0	132 153	60 340	4 627	195 112
新疆（农业）						200	8 600
新疆（畜牧）	923	0.15				20 910	3 087
热作两院							
广州						1 494	
南京							
昆明						1 664	
哈尔滨							

表 122　我国森林工业主要工业产品产量（2003—2004 年）

主要产品	单位	2003 年	2004 年	2004 年比上年增减（%）
锯材	万 m^3	1 126.9	1 532.5	36.00
木片	万 m^3	1 774.8	2 400.8	35.27
人造板	万 m^3	4 553.4	5 446.5	19.61
胶合板	万 m^3	2 102.4	2 098.6	−0.18
纤维板	万 m^3	1 128.3	1 560.5	38.31
刨花板	万 m^3	547.4	642.9	17.45
其他人造板	万 m^3	775.3	1 144.5	47.62
胶合木	万 m^3	173.1	40.8	−76.43
木地板	万 m^2	8 642.5	12 300.5	42.33
卫生筷子	标准箱	6 600 927.0	8 183 212.0	22.85
人造板表面装饰板	万 m^2	28 400.2	34 058.8	19.92
热固性树脂装饰层压板	万 m^2	43.5	19.8	−54.48
单板	万 m^2	294 915.1	371 774.8	26.06
林产化学产品				
松香类产品	t	483 612	537 600	11.16
松节油类产品	t	67 510	86 779	28.54
樟脑	t	4 532	3 852	−15.00
冰片	t	746	517	−30.70
栲胶类产品	t	13 941	12 853	−7.80
紫胶类产品	t	1 078	1 117	3.62
木材热解产品				
木炭	t	104 503	107 273	2.65
活性炭	t	101 614	98 384	−3.18
软木制品				
软木砖	m^3	514	1 612	213.62
软木纸	m^3	2 700	12 388	358.81

表 123　各地区森林工业主要工业产品产量（2004 年）

单位：万 m^3

地　区	锯材	木片	人造板					胶合木	木地板（万 m^2）	卫生筷子（标准箱）
			合计	热带材人造板	胶合板	纤维板	刨花板			
全国总计	**1 532.5**	**2 400.8**	**5 446.5**	**393.2**	**2 098.6**	**1 560.5**	**642.9**	**40.8**	**12 330.5**	**8 183 212**
北　京										
天　津										
河　北	37.72	22.81	929.8		406.9	105.3	204.5	1.49	22.57	16 150
山　西	0.72		0.23		0.02		0.21			
内蒙古	66.01	1 564.2	83.07		14.95	19.4	43.5	2.38		1 613 280
内蒙古集团	2.12	6.92	23.85		0.12	7.80	15.5	1.19		784 298
辽　宁	53.50	24.5	53.37		6.34	26.9	0.42	2.99	756.40	
吉　林	91.51	24.96	99.41		13.33	21.5	31.6	2.20	814.23	446 907
吉林集团	8.50	5.08	38.01		1.74	9.68	25.4	0.51	419.10	65 787
黑龙江	60.29	47.61	72.82		5.54	15.7	39.0	1.18	267.69	1 990 513
龙江集团	49.25	44.94	72.03		5.31	15.7	38.7	1.18	157.69	1 988 859
上　海										
江　苏	43.50	19.03	1 005.9		470.5	184.7	53.4	1.50	2 714.1	7 200
浙　江	278.91	70.45	507.7	296.7	300.4	93.3	5.98	4.31	3 630.7	617 014
安　徽	37.67	9.23	237.7		71.7	113.4	12.25		69.7	173 662
福　建	99.72	41.16	308.9		115.6	103.5	14.57	5.03	567.3	890 328
江　西	92.31	10.76	187.9		51.8	64.7	16.73	0.66	1 021.3	624 852
山　东	208.46	164.46	1 013.5		390.7	286.3	136.41	2.10	241.8	73 827
河　南	57.45	48.51	117.9		35.0	36.9	26.0	4.30	156.1	237 751
湖　北	23.15	10.34	120.3		47.9	53.4	11.50	0.61	230.6	530
湖　南	144.28	15.94	133.8	0.3	75.4	28.2	6.73	6.66	258.5	322 689
广　东	54.95	136.58	226.9	29.05	56.8	145.0	13.54		119.2	40 297
广　西	32.61	35.82	168.5	42.41	9.79	140.5	8.23		95.5	
海　南	19.80	34.53	22.5	22.50	0.68	18.9	2.96			
重　庆	20.15	0.07	8.74		4.89	3.55	0.30			
四　川	22.76	1.18	43.0		4.69	34.10	3.31	0.02	1 098.7	207 600
贵　州	7.80	0.31	24.6		6.02	7.59	5.38		43.9	6
云　南	64.14	49.59	64.8	2.19	8.16	46.56	5.03	0.65	183.4	55 972
西　藏	5.00									
陕　西	0.25		8.43			8.43				
甘　肃			0.84			0.84				
青　海										
宁　夏										
新　疆	0.13	34.00								
新疆兵团										
大兴安岭	9.76	34.76	5.94		1.56	0.90	1.34	4.73	8.77	864 634

（续）

地区	人造板表面装饰板（万 m²）	热固性树脂装饰层压板（万 m²）	单板（万 m²）	松香类产品（t）	松节油类产品（t）	樟脑（t）	冰片（t）	栲胶类产品（t）	紫胶类产品（t）	木材热解产品	
										木炭（t）	活性炭（t）
全国总计	**34 058.8**	**19.80**	**371 774.8**	**537 600**	**86 779**	**3 852**	**517**	**12 853**	**1 117**	**107 273**	**98 384**
北　京											
天　津											
河　北	151.51	19.80	25 241.6							4 085	65
山　西											
内蒙古			30 100.2					3 194		574	
内蒙古集团								1 597		287	
辽　宁										6 063	
吉　林	176.26		396.1							2 645	
吉林集团	176.16		139.3							200	
黑龙江	512.71		142.2								
龙江集团	512.71		142.2								
上　海											
江　苏	100.0		5 255.2							67	4 100
浙　江	24 098		21 899.5	480	2 950					5 414	36 664
安　徽	216.0		3 556.0	1 277	130		15			14 196	710
福　建	0.71		33.98	52 048	10 501	3 211				2 917	48 155
江　西	3.58		197.2	49 726	28 808	32	1	500		9 173	6 063
山　东	8 072.4		280 909.2							2 420	603
河　南	20.4		2 107.3	130	48					400	338
湖　北	390.0		2.6	6 007	922					30	
湖　南	13.4		1 199.4	17 804	3 036	1	351			15 131	864
广　东			618.6	76 859	10 927	580			245	7 706	
广　西	274.5			263 865	16 671			5 550			
海　南				4 294	627			3 509		2 440	
重　庆											
四　川	0.2			2 494	488				72	27 929	
贵　州	29.03			4 685	314						
云　南			6.45	57 931	11 717	28	150		800	5 779	522
西　藏											
陕　西								100			
甘　肃											
青　海											
宁　夏											
新　疆											
新疆兵团											
大兴安岭			109.36							304	300

表 124 林业系统主要工业产品产量（2003—2004 年）

主要产品	单位	2003 年	2004 年	2004 年比上年增减（%）
锯材	万 m^3	161.18	204.77	27.04
木片	万 m^3	232.25	243.77	4.96
人造板	万 m^3	521.58	639.42	22.60
热带材人造板	万 m^3	2.57	16.53	543.19
胶合板	万 m^3	74.17	56.40	−23.96
纤维板	万 m^3	317.61	381.11	19.99
刨花板	万 m^3	96.90	148.09	52.83
其他人造板	万 m^3	30.33	37.29	22.95
胶合木	万 m^3	6.68	9.85	47.46
木地板	万 m^2	1 690.08	1 682.08	−0.47
卫生筷子	标准箱	2 212 489	5 185 255	134.36
人造板表面装饰板	万 m^2	1 783.83	1 098.3	−38.43
热固性树脂装饰层压板	万 m^2			
单板	万 m^2	1 306.2	31 208.38	2 289.25
林产化学产品				
松香类产品	t	208 393	141 380	−32.16
松节油类产品	t	29 263	18 115	−38.10
樟脑	t	355		
冰片	t	352	16	−95.45
栲胶类产品	t	4 712	6 172	30.98
紫胶类产品	t	715	245	−65.73
木材热解产品				
木炭	t	15 866	31 791	100.37
活性炭	t	5 527	4 030	−27.09
软木制品				
软木砖	m^3	117	1 612	1 277.8
软木纸	m^3		9 070	

表 125　林业系统各地区主要工业产品产量（2004 年）

地区	锯材（万 m^3）	木片（万 m^3）	人造板（万 m^3）					胶合木（万 m^3）	木地板（万 m^2）	卫生筷子（标准箱）	人造板表面装饰板（万 m^2）	热固性树脂装饰层压板（万 m^2）
			合计	热带材人造板	胶合板	纤维板	刨花板					
全国总计	**204.77**	**243.77**	**622.89**	**16.53**	**56.40**	**381.11**	**148.09**	**9.85**	**1 682.08**	**5 185 255**	**1 098.3**	
北　京												
天　津												
河　北	0.14		15.00			15.00						
山　西			0.18				0.18					
内蒙古	7.86	13.92	48.42		0.95	15.60	30.97	2.38		1 592 230		
内蒙古集团	2.12	6.92	23.85		0.12	7.80	15.48	1.19		784 298		
辽　宁	6.60	3.03	12.29		2.35	6.59	0.33	0.11	7.87			
吉　林	23.71	13.13	61.23		4.11	21.33	31.51	1.12	871.30	352 507	176.16	
吉林集团	8.50	5.08	38.01		1.74	9.68	25.41	0.51	419.10	65 787	176.16	
黑龙江	60.29	47.61	72.82		5.54	15.69	39.01	1.18	267.69	1 990 513	512.71	
龙江集团	49.25	44.94	72.03		5.31	15.69	38.65	1.18	157.69	1 988 859	512.71	
上　海												
江　苏	1.97	0.40	6.47		0.15	6.00	0.22		0.50			
浙　江	20.96	9.09	2.21		0.65	0.45			7.00			
安　徽	5.60	2.19	44.76		3.59	33.78	6.28		0.21	129 000	216.00	
福　建	4.37	9.14	99.59		7.23	82.99	7.64	0.16	327.30		0.55	
江　西	4.90	0.40	17.62		3.22	8.19	4.80	0.10	118.80	40 046		
山　东			86.28		2.51	79.97	3.80					
河　南	2.32	0.40	0.43		0.20							
湖　北	2.92	0.82	23.75		11.73	0.20	9.73					
湖　南	22.51	2.23	23.63	0.30	8.74	12.33	1.73		59.77	208 125		
广　东	8.25	51.56	0.50		0.50							
广　西	0.63	16.33	71.66	16.23	1.56	62.79	6.96		95.52		163.85	
海　南	1.58	0.16	0.05		0.05							
重　庆			0.55		0.55							
四　川	3.49		2.45			2.27	0.15		0.40	3 200		
贵　州	3.24	0.06	11.32		0.01	3.03	3.37		6.79		29.03	
云　南	8.29	4.54	6.47		1.20	4.73	0.07	0.07	0.16	5 000		
西　藏	5.00											
陕　西	0.25		8.43			8.43						
甘　肃			0.84			0.84						
青　海												
宁　夏												
新　疆	0.13	34.00										
新疆兵团												
大兴安岭	9.76	34.76	5.94		1.56	0.90	1.34	4.73	8.77	864 634		

（续）

地区	单板（万 m^2）	松香产品（t）	松节油类产品（t）	樟脑（t）	冰片（t）	栲胶类产品（t）	紫胶类产品（t）	木材热解产品		软木制品（m^3）	
								木炭（t）	活性炭（t）	软木砖	软木纸
全国总计	**31 208.4**	**141 380**	**18 115**		**16**	**6 172**	**245**	**31 791**	**4 030**	**1 612**	**9 070**
北　京											
天　津											
河　北											
山　西											
内蒙古	30 100.2					3 194		574			
内蒙古集团						1 597		287			
辽　宁								559			
吉　林	278.9							1 716			
吉林集团	139.2										
黑龙江	142.2										
龙江集团	142.2										
上　海											
江　苏											
浙　江	0.02										
安　徽		570	44		15			200			
福　建	11.00	5 200	384						3 670		
江　西		3 812	493		1			230	60		
山　东											
河　南		64	8								
湖　北	0.15	1 489	162								
湖　南		1 983	359					15			
广　东	566.5	9 312	1 960				20	7 706			
广　西		99 012	10 946			2 878					
海　南		2 062	518								
重　庆											
四　川		1 832	396				18				
贵　州		3 826	313					20 487			6
云　南		12 218	2 532				207			1 612	6 000
西　藏											
陕　西						100					3 064
甘　肃											
青　海											
宁　夏											
新　疆											
新疆兵团											
大兴安岭	109.36							304	300		

表 126　我国水产品加工产品的主要种类与产量（2001—2004 年）

单位：万 t

年份	冷冻制品	干制品	腌熏制品	鱼糜及其制品	动物蛋白饲料	罐制品	其他
2001	381.2	77.8	21.3	9.2	72.3	5.2	123.8
2002	447.8	54.3	23.2	10.2	48.4	4.3	107.1
2003	543.4	68.9	21.1	24.9	129.1	14.5	108.2
2004	599.3	70.5	22.4	32.9	168.2	14.4	77.3

表 127　纺织工业主要产品产量（2004 年）

产品名称	单位	2004 年	2004 年比上年增减（%）
纱	万 t	1 094.86	18.54
布	亿 m	294.75	19.43
棉布	亿 m	152.98	21.21
混纺交织布	亿 m	67.52	12.23
纯化纤布	亿 m	74.20	22.81
印染布	亿 m	301.63	17.12
帘子布	t	324 691	13.90
绒线（毛绒）	万 t	43.30	14.01
呢绒	万 m	27 400	10.53
麻袋（混合数）	万条	4 618	−17.39
苎麻布及亚麻布	万 m	14 351	9.90
丝	t	102 560	11.22
丝织品	万 m	815 336	17.03
针棉织品折用纱线量	万 t	82.05	17.03
非织造布	万 t	19.92	11.72
服装	万件	1 273 625	29.40
梭织服装	万件	557 059	12.67
衬衫	万件	75 976	10.56
儿童服装	万件	15 972	10.40
针织服装	万件	611 436	17.50
羽绒服装	万件	13 182	12.28
缝制帽	万顶		
布鞋	万双		
合成纤维单体	万 t	649.75	11.08
印染丝织品	万 m		
聚酯	万 t	810.35	7.79
纺织机械	t	678 378	12.93

表 128　纺织工业丝绸行业主要产品产量（2004 年）

主要产品	单　位	数　量	2004 年比上年增减（%）
丝产量	万 t	10.04	8.84
其中：桑蚕丝	万 t	9.00	7.40
丝织品（包括化纤绸）	亿 m	81.53	17.03
印染丝织品	亿 m		

表 129　纺织工业麻纺织行业主要产品产量（2004 年）

类别	产品类别	单位	产量	同比（%）
苎麻	苎麻原麻耗量	万 t	15.15	29.76
	苎麻精干麻产量	万 t	9.15	24.83
	苎麻纱线	万 t	8.56	28.01
	苎麻布	亿 m	1.14	10.09
	苎麻印染布	万 m	5 756.00	44.68
亚麻	苎麻纤维耗量	万 t	8.55	52.65
	进口亚麻纤维耗量	万 t	5.32	83.40
	亚麻纱线	万 t	8.51	32.69
	亚麻布	亿 m	1.76	63.86
	亚麻印染布	万 m	8 019.00	74.82
黄麻	黄麻纤维耗量	万 t	3.79	
	进口黄麻纤维耗量	万 t	2.23	
	黄麻纱	万 t	3.02	
	黄麻麻袋	万条	2 829.00	
	黄麻布	万 m	4 721.00	
大麻	大麻纤维耗量	万 t	4 856.00	
	大麻纱	万 t	5 027.00	
	大麻布	万 m	706.00	

表 130　纺织工业纺机行业主要产品产量（2004 年）

单位：t

主　要　产　品	产　　量	同比（%）
总　　计	**678 378**	**12.93**
合成纤维设备	85 223	57.95
人造纤维设备	946	－73.87
棉纺织设备	316 443	－5.31
毛纺织设备	6 549	－57.06
麻纺织设备	11 436	－18.60
丝绸机械设备	37 600	－1.40
绢纺织设备	156	32.20
非织造布设备	2 857	－48.50
针织设备	9 687	12.37
染整设备	42 728	－24.41
纺机专用配件	136 919	201.45

表 131　我国皮革行业主要产品产量（2003 年）

主要产品	单位	产　　量	备　　注
轻革	亿 m^2	5	占世界总产量的 20%以上
其中：鞣制轻革	亿 m^2	3	居世界第一位
鞋类产品	亿双	60	居世界第一位
其中：皮鞋	亿双	20	居世界第一位
皮衣	万件	7 000	

表132 我国家具工业各地区主要产品产量（2003年）

单位：万件

地 区	2003年产量
全国总计	**17 199.09**
北 京	323.79
天 津	439.51
河 北	300.16
山 西	12.25
内 蒙 古	3.81
辽 宁	429.94
吉 林	8.33
黑 龙 江	221.51
上 海	192.39
江 苏	427.41
浙 江	3 079.88
安 徽	28.83
福 建	4 224.53
江 西	32.42
山 东	642.11
河 南	241.37
湖 北	140.80
湖 南	40.19
广 东	6 061.62
广 西	15.01
海 南	67.31
重 庆	21.27
四 川	62.78
贵 州	14.19
云 南	5.45
西 藏	0.38
陕 西	10.69
甘 肃	9.56
青 海	0.42
宁 夏	3.59
新 疆	137.58

资料来源：表中数据来自中国轻工业信息中心，统计口径为规模以上企业。

表133 我国造纸工业纸浆消耗情况（2002—2003年）

单位：万t

品 种	2002年	2003年	2003年比上年增减（%）
总 量	**3 470**	**3 910**	**12.68**
木 浆	740	820	10.81
非木浆	1 110	1 170	5.41
废纸浆	1 620	1 920	18.52

表 134 我国机制纸及纸板主要品种产量（2002—2003 年）

单位：万 t、%

品种	2002 年		2003 年		2003 年比上年增减（%）
	产量	比例	产量	比例	
纸及纸板合计	**3 780**	**100：00**	**4 300**	**100：00**	**13.76**
（一）纸	1 995		2 234		11.98
1. 新闻纸	185	4.89	207	4.81	11.89
2. 印刷书写纸	920	24.34	960	22.32	4.35
其中（1）书刊印刷纸	420	11.11	520	12.09	23.81
（2）书写纸	180	4.76	250	5.81	38.89
3. 涂布纸	180	4.76	240	5.58	33.33
其中：铜版纸	160	4.23	210	4.88	31.25
4. 生活用纸	310	8.20	347	8.07	11.94
5. 包装用纸	400	10.58	480	11.16	20.00
（二）纸板	1 660		1 900		14.46
1. 白纸板	460	12.17	550	12.79	19.57
其中：涂布白纸板	430	11.38	510	11.86	18.60
2. 箱纸板	600	15.87	680	15.81	13.33
其中：牛皮箱纸板					
3. 瓦楞原纸	600	15.87	670	15.58	11.67
其中：高强瓦楞原纸	190	5.03	230	5.35	21.05
（三）特种纸及纸板	70	1.85	80	1.86	14.29
（四）其他	55	1.45	86	2.00	56.36

资料来源：表中数据出自 2004 年版《中国造纸年鉴》。

表 135 各地区重点纸品产量（2003 年）

单位：万 t

地区	纸浆	机制纸	新闻纸	胶印书刊纸	机制纸板	机制纸及纸板
全　国	**1 310.78**	**2 476.91**	**207.11**	**51.41**	**1 639.97**	**4 116.88**
北　京		6.24			7.94	14.18
天　津	1.94	14.96	0.98		17.76	32.72
河　北	98.58	147.54	12.50	2.16	127.61	275.15
山　西	4.06	12.95	1.12	0.1	3.35	16.30
内蒙古	19.21	9.06		2.14	7.02	16.08
辽　宁		43.59		5.95	15.51	59.1
吉　林	19.62	25.97	15.04		12.83	38.8
黑龙江	19.88	54.19	11.99		11.21	65.4
上　海	11	21.19	13.83		23.21	44.4
江　苏	27.68	243.56	1.33		95.86	339.42
浙　江	21.04	166.97	2.18	0.17	434.4	601.37
安　徽	37.51	32.71		0.27	66.34	99.05
福　建	34.88	84.05	34.19	0.11	59.79	143.84
江　西	0.79	15.24	3.16	0.31	9.42	24.66
山　东	220.32	578.77	20.47	26.34	274.41	853.18

（续）

地区	纸浆	机制纸	新闻纸	胶印书刊纸	机制纸板	机制纸及纸板
河南	267.74	225.14	1.41	5.08	94.58	419.72
湖北	30.31	69.46	27.23	0.79	25.05	94.51
湖南	50.65	113.84	15	2.60	10.71	124.55
广东	324.28	381.37	24.91	1.45	161.31	542.68
广西	30.86	73.36	9.66	0.54	1.89	75.25
海南	0.13	1.41			0.48	1.89
重庆	1.38	4.31		0.51	14.19	18.50
四川	39.65	73.27	8.39	0.30	28.87	102.14
贵州	3.04	3.94		0.01	0.69	4.63
云南	10.93	7.49		0.07	9.09	16.58
西藏						
陕西	0.38	22.30	3.72	0.12	9.46	31.76
甘肃	3.29	2.55		2.01	5.95	8.50
青海		0.22		0.22	0.08	0.30
宁夏	1.96	31.74			4.43	36.17
新疆	18.30	9.53		0.19	6.50	16.03

表 136 我国纸和纸板消费结构情况（2002—2003 年）

单位：万 t

产品名称	2002 年					2003 年				
	生产量	进口量	出口量	消费量	比重(%)	生产量	进口量	出口量	消费量	比重（%）
机制纸及纸板	3 780	636.9	85.5	4 332	100	4 300	634.71	128.71	4 806	100
一、机制纸										
1. 新闻纸	185	19.9	0.6	204	4.7	207	35.13	1.19	241	5.0
2. 印刷书写纸	920	36.5	19.5	937	21.6	960	39.41	25.93	973	20.2
其中：印刷书刊纸	420			420	9.7	520			534	11.1
涂布纸	180	121.8	25.2	276	6.4	240	101	43.3	298	6.2
铜版纸	160	61.5	18.7	203	4.7	210	50.34	35.3	227	4.7
书写纸	180			180	4.1	250			250	5.2
3. 包装用纸	400	31.4	2.6	429	9.9	480	27.87	3.87	504	10.4
4. 生活用纸	310	3.3	15.9	297	6.9	347	3.64	22.64	328	6.8
二、纸板										
1. 白纸板	460	81.5	5.5	536	12.4	550	104.26	9.21	645	13.4
其中：涂布白纸板	430	79.6	5.5	504	11.6	510	102.92	9.21	603	12.5
2. 箱纸板	600	125.4	0.7	725	16.7	680	117.18	1.71	796	16.6
3. 瓦楞原纸	600	133.5	3.3	730	16.9	670	134.9	2.9	802	16.7
其中：高强瓦楞纸	190	133.5	3.3	320	7.4	230	133.5	3.3	362	7.5

表 137　我国纸及纸板年总消费量与人均消费量（2000—2003 年）

年　　份	年总消费量（万 t）	人均消费量（kg/人、年）
2000	3 575	28.0
2001	3 683	29.0
2002	4 332	33.0
2003	4 806	37.0

表 138　我国书刊印刷企业主要产品产量（2003 年）

类　　别	企业数（个）	书刊排字（万字）		书刊印刷（万令）		胶印印刷（万色令）	零件印刷（万千印）	书刊装订（万令）
		合计	其中：照相排字	合计	其中：胶印印书			
全国总计	**1 123**	**1 603 572**	**1 564 894**	**6 425**	**5 403**	**25 466**	**938**	**5 513**
国家定点厂合计	285	701 796	695 411	3 441	3 156	8 958	339	3 371
其中：直属厂小计	78	265 358	264 642	1 697	1 594	4 843	134	2 082
非直属厂小计	207	436 438	430 769	1 743	1 561	4 115	205	1 290
省级定点厂合计	838	901 777	869 483	2 984	2 247	16 508	599	2 142
中央	68	295 760	295 760	687	628	1 039	47	298
国家定点厂合计	35	135 855	135 855	534	518	757	28	263
其中：直属厂小计	5	12 077	12 077	73	73	228	3.53	83
非直属厂小计	30	123 778	123 778	461	446	529	24	180
省级定点厂合计	33	159 906	159 906	153	109	282	20	35
地方	1 055	1 307 812	1 269 134	5 738	4 775	24 427	891	5 215
国家定点厂合计	250	565 941	559 556	2 907	2 637	8 201	312	3 108
其中：直属厂小计	74	253 280	252 564	1 624	1 522	4 615	130	1 999
非直属厂小计	176	312 660	306 992	1 282	1 116	3 586	181	1 109
省级定点厂合计	805	741 871	709 578	2 831	2 138	16 226	579	2 107

表 139　我国橡胶工业主要产品产量、生产能力（2000—2002 年）

产品名称	单位	2000 年		2001 年		2002 年	
		产量	能力	产量	能力	产量	能力
轮胎外胎	万条	12 158.00	(13 890.00)	13 356.17		16 046.00	
其中：子午胎			(3 443.00)	3 918.83			
载货胎		3 188.00	(6 134.00)			4 881.00	
轿车胎			(2 463.00)				
工程胎			(88.00)				
工业车辆			(1 948.00)				
农业车			(4 101.00)				
轮胎内胎	万条		(10 195.00)				
其中：货车			(4 284.00)				
轿车			(1 529.00)				
工程车			(71.00)				

（续）

产品名称	单位	2000 年		2001 年		2002 年	
		产量	能力	产量	能力	产量	能力
工业车辆			(1 942.00)				
农业车			(3 484.00)				
摩托车外胎	万条		(5 634.00)				
摩托车内胎	万条		(6 202.00)				
力车胎外胎	万条		(31 508.00)	27 469.08		35 186.00	
其中：手推车		23 257.00	(3 948.00)				
自行车			(30 328.00)				
三轮车							
力车胎内胎	万条		(33 284.00)				
其中：手推车			(4 468.00)				
自行车			(26 456.00)				
三轮车							
轮送带	万 m^2		(16 82.00)			7 388.00	
其中：普遍输送带			(7 061.00)	7 245.91			
钢丝绳输送带		6 404.00	(2 096.00)				
钢缆输送带			(151.00)				
尼龙输送带			(3 634.00)				
难燃输送带			(3 240.00)				
普通平带	万 m^2		(2 827.00)				
普通 V 带	万 Am^2	62 096.00	(90 920.00)	56 622.34		69 262.00	
汽车 V 带	万条		(3 807.00)				
橡胶胶管	万标 m	25 240.00	(22 642.00)	21 072.26		23 048.00	
其中：排吸胶管			(5 187.00)				
钢丝编织胶管			(1 686.00)				
夹布胶管			(9 156.00)				
其他胶管			(6 613.00)				
胶鞋	万双	84 669.00	(93 109.00)	80 773.17		95 863.00	
其中：橡塑鞋			(2 780.00)				
布面胶鞋							
胶面胶鞋							
橡胶导风筒	km						
胶辊	t						
橡胶零件	t						
再生胶	万 t		(16.00)				
钢丝帘子线	t		(10 000.00)				
橡胶加工专用设备	t						

（续）

产品名称	单位	2000年		2001年		2002年	
		产量	能力	产量	能力	产量	能力
炭黑	万t	69.00	(66.00)	76.36		82.00	
橡胶助剂	t	113 650.00	(114 200.00)	140 404.7		18.00	
其中：促进剂							
防老剂							
合成橡胶	万t	83.57		121.98		136.21	
其中：丁苯		32.45		34.90		35.69	
丁腈		1.08		1.58		1.63	
顺丁		31.34		33.40		33.75	
氯丁		2.45		4.00		3.53	
丁基						2.15	
乙丙		0.75		1.50		2.00	
SBS		13.36		16.50		21.60	
天然橡胶	万t	48.02		47.74		52.74	

表140 我国橡胶工业主要产品产量（2004年）

产品名称	单位	2004年	同比（%）
综合外胎	万条	13 411	16.40
1. 子午胎	万条	7 877.45	31.82
2. 全钢胎	万条	1 656.80	60.82
3. 出口轮胎	万条	5 262.54	31.75
4. 出口交货值	亿元	167.55	51.24
力车胎			
1. 摩托车胎	万条	3 683	40.14
2. 手推车胎	万条	1 131	20.19
3. 自行车胎	万条	21 463	8.24
4. 出口交货值	亿元	5.35	34.36
胶管胶带			
1. 轮送带	万 m^2	6 771	44.00
尼龙带	万 m^2	2 702	62.28
2. 胶管	万标m	4 298	17.05
3. 出口交货值	亿元	5.07	29.21
胶鞋	亿双	4.09	14.27
橡胶制品（销售收入）	亿元	22.9	13.10
出口交货值	亿元	3.81	17.66
乳胶制品（销售收入）	亿元	11.77	19.18
1. 安全套	亿只	32.23	8.88
2. 医用乳胶手套	亿双	1.16	−3.27
3. 家用乳胶手套	亿双	1.00	23.25
4. 输血胶管	万m	391	5.11
5. 出口交货值	亿元	3.26	8.53
炭黑	万t	96	50.93
出口交货值	亿元	2.28	56.15

表 141 我国人均主要工农业产品产量（2000—2004 年）

产品名称	单位	2000 年	2001 年	2002 年	2003 年	2004 年
粮食	kg	366.04	355.89	356.97	334.29	362.22
棉花	kg	3.50	4.19	3.84	3.77	4.88
油料	kg	23.40	22.53	22.63	21.82	23.66
糖料	kg	60.47	68.05	80.39	74.83	73.84
茶叶	kg	0.54	0.55	0.58	0.60	0.64
水果	kg	49.30	52.35	54.30	112.68	118.36
猪牛羊肉	kg	38.32	39.52	40.83	42.74	44.57
水产品	kg	33.89	34.44	35.64	36.51	37.82
布	m	21.94	22.80	25.18	27.44	32.40
纱	kg	5.20	5.98	6.64	7.63	8.64
机制纸及纸板	kg	19.70	29.70	36.45	37.64	37.52

农产品加工业主要产品出口创汇情况

表 142 我国海关出口农产品及加工品数量与金额（2003—2004 年）

单位：万美元

产品名称	单位	2003 年		2004 年	
		数量	金额	数量	金额
活猪	万头	188	21 477	197	23 965
活家禽	万只	3 908	6 736	1 926	3 333
鲜冻牛肉	万 t	1	1 488	2	3 033
鲜冻猪肉	万 t	21	26 915	29	45 958
冻鸡	万 t	23	27 897	7	9 245
鲜冻兔肉	t	4 426	599	6 396	1 007
水海产品	万 t	158	333 220	177	405 669
鲜蛋	百万个	1 292	3 102	1 047	4 028
谷物及谷物粉	万 t	2 195	265 705	473	82 769
稻谷和大米	万 t	262	50 175	91	23 946
玉米	万 t	1 640	176 718	232	32 571
蔬菜	万 t	432	219 974	470	278 108
鲜或冷藏蔬菜	万 t	296	90 653	314	106 273
干豆	万 t	104	35 867	80	33 096
橘、橙	t	265 435	6 934	333 199	9 738
鲜苹果	t	609 052	20 977	774 189	27 446
核桃仁	t	8 518	2 584	9 907	3 001
栗子	t	24 499	5 247	39 976	6 363
白果	t	3 848	902	4 199	703

（续）

产品名称	单位	2003年		2004年	
		数量	金额	数量	金额
松子仁	t	6 080	5 133	9 550	6 897
大豆	万t	27	8 700	33	14 478
花生及花生仁	万t	49	31 788	40	29 869
食用植物油（含棕榈油）	t	59 705	5 967	65 214	6 326
食糖	万t	103 165	2 956	85 191	2 582
天然蜂蜜	t	84 088	10 314	81 325	8 901
茶叶	t	259 914	36 719	280 193	43 685
辣椒干	t	90 518	7 726	73 094	11 437
猪肉罐头	t	52 161	7 506	54 063	7 928
蘑菇罐头	t	262 402	28 256	298 480	29 762
啤酒	万L	15 133	7 619	14 132	6 852
猪鬃	t	10 926	6 305	11 178	6 920
肠衣	t	64 724	39 747	62 228	50 401
填充用羽毛、羽绒	t	36 675	23 518	37 590	34 776
药材	t	163 280	22 626	169 870	26 638
烤烟	t	134 545	18 385	135 206	22 149
未硝整张毛皮	t	173	459	291	775
水貂皮	t				5
锯材	m^3	523 188	23 396	473 402	21 699
生丝	t	13 931	21 182	11 288	21 360
山羊绒	t	4 638	25 187	4 159	23 574
兔毛	t	2 815	2 869	2 970	4 387
棉花（原棉）	t	112 020	13 257	9 092	1 574
苎麻	t	1 480	530	1 245	470
中式成药	t	11 961	10 460	12 198	11 344
烟花、爆竹	t	258 679	31 595	285 395	34 786
松香及树脂酸	t	301 173	13 981	342 892	16 386
新的充气橡胶轮胎	万条	15 778	160 764	19 969	248 688
纸及纸板（未切成形）	万t	114	86 224	101	82 104
棉纱线	t	504 060	137 796	431 201	133 433
亚麻及苎麻纱线	t	33 036	11 379	25 119	11 528
丝织物	万m	19 517	41 163	25 223	58 845
棉机织物	万m	559 344	546 308	530 316	604 703
亚麻及苎麻机织物	万m	23 906	38 187	23 805	39 860
合成短纤与棉混纺机织物	万m	182 655	83 789	219 053	116 260
人造纤维短纤机织物	万m	51 574	23 409	51 434	25 834

（续）

产品名称	单位	2003年		2004年	
		数量	金额	数量	金额
地毯	万 m^2	9 718	63 750	13 632	77 330
棉浴巾	万条	30 577	35 946	27 397	42 114
塑料编织袋（周转袋除外）	万条	184 217	24 210	235 665	34 309
纺织机械及零件			51 733		66 663
缝纫机（包括工业用）	万架	1 298	53 174	1 170	60 619
家具及其零件			729 646		1 016 740
服装（针织、钩织的除外）			2 331 982		2 668 233
针织钩织服装			1 885 809		2 342 447
皮鞋	万双	103 738	535 594	115 310	631 759
橡胶或塑料底布鞋（包括球鞋）	万双	81 845	159 510	93 227	185 835
竹编结品	t	78 138	15 363	84 424	16 688
藤编结品	t	37 968	9 788	36 641	9 871
草编结品	t	36 367	8 920	45 941	11 645
柳编结品	t	102 675	19 975	108 876	25 452
鬃刷	万把	53 839	7 845	59 517	9 238
人造花	t	247 942	54 074	284 236	57 666

表 143 我国海关进口农产品及加工品数量与金额（2003—2004年）

单位：万美元

产品名称	单位	2003年		2004年	
		数量	金额	数量	金额
谷物及谷物粉	万 t	208	45 489	975	223 023
小麦	万 t	45	8 552	726	164 964
稻谷和大米	万 t	26	9 718	77	25 464
大豆	万 t	2 074	541 686	2 023	697 944
食用植物油	万 t	541	257 869	676	366 556
其他植物油	万 t	34	15 746	34	22 555
食糖	万 t	78	17 411	121	27 558
配制的动物饲料	万 t	13	10 727	14	12 227
天然橡胶（包括胶乳）	万 t	120	115 495	128	152 424
合成橡胶（包括胶乳）	万 t	101	115 248	109	141 424
原木	万 m^3	2 546	244 715	2 631	280 426
纸浆	万 t	603	266 062	732	356 767
锯材	万 m^3	551	119 044	601	138 269
棉花（原棉）	万 t	87	116 885	191	317 624
羊毛及羊毛条	万 t	19	91 336	25	120 715
纺织用合成纤维	万 t	106	124 038	99	137 763
聚酯纤维	万 t	58	51 782	51	53 221
聚丙烯腈纤维	万 t	46	66 641	46	77 673
纸及纸板（未切成形）	万 t	636	372 746	611	384 846
制冷压缩机	万台	1 481	87 077	1 992	108 819

表 144　我国乡镇企业主要农产品加工业产品出口创汇情况（2003—2004 年）

单位：万元

类　　别		2003 年	2004 年	2004 年比上年增减（%）
按产品类别分出口交货值	**小　　计**	**93 809 681**	**109 593 679**	**16.83**
	轻工类	34 907 125	45 859 467	31.38
	食品类	7 661 268	9 532 826	24.43
	土畜产类	2 931 687	3 070 418	4.73
	纺织服装类	38 216 166	39 487 527	3.33
	工艺品类	10 093 435	11 643 441	15.36

资料来源：表中数据出自《2004 中国农业统计资料》。

表 145　我国林产品进出口数量（2003—2004 年）

产品名称		贸易	单位	2003 年	2004 年
原木	针叶原木	出口	m^3	417	
		进口		15 019 747	16 003 654
	阔叶原木	出口	m^3	8 980	6 137
		进口		10 435 720	10 304 868
	合　　计	**出口**	m^3	**9 397**	**6 137**
		进口		**25 455 467**	**26 308 522**
锯材		出口	m^3	543 013	489 331
		进口		5 598 051	6 051 670
单板		出口	m^3	106 626	110 498
		进口		223 395	154 142
特形材		出口	t	146 197	221 247
		进口		22 566	11 962
刨花板		出口	m^3	67 463	130 751
		进口		623 999	652 594
纤维板		出口	m^3	63 556	509 945
		进口		1 394 223	1 377 045
胶合板		出口	m^3	2 040 470	4 305 484
		进口		797 810	799 298
家具		出口	件	142 179 765	175 777 874
		进口		876 469	851 909
木片		出口	t	1 137 770	1 094 162
		进口		279 941	302 680
木浆		出口	t	3 763	1 504
		进口		5 988 591	7 214 995
纸和纸制品		出口	t	502 386	576 634
		进口		5 301 144	5 100 886

（续）

产品名称		贸易	单位	2003年	2004年
木炭		出口	t	106 615	68 141
		进口		26 654	31 066
松香		出口	t	301 173	342 888
		进口		1 924	2 152
水果	柑橘类	出口	t	292 034	361 385
		进口		76 637	66 889
	鲜苹果	出口	t	609 052	774 131
		进口		41 524	37 281
	鲜　梨	出口	t	296 962	318 218
		进口		689	500
	鲜葡萄	出口	t		17 800
		进口			58 887
	山竹果	出口	t		2
		进口			30 811
	鲜榴莲	出口	t		1
		进口			85 500
	鲜龙眼	出口	t		1 547
		进口			109 418
坚果	核　桃	出口	t	22 411	25 805
		进口		1 468	2 687
	板　栗	出口	t	32 369	37 581
		进口		9 902	13 503
	松子仁	出口	t	6 080	9 542
		进口		33	70
	开心果	出口	t		3 572
		进口			9 473
干果	梅干及李干	出口	t	2 041	1 697
		进口		785	1 010
	龙眼干、肉	出口	t	292	311
		进口		38 361	55 461
	柿　饼	出口	t	11 535	11 067
		进口			21
	红　枣	出口	t	17 483	15 796
		进口		1	26
	葡萄干	出口	t		12 122
		进口			10 772
果汁	柑橘类果汁	出口	t	4 214	3 266
		进口		53 057	48 255
	苹果汁	出口	t	418 235	487 139
		进口		478	1 344

表 146　我国林产品进出口金额（2003—2004 年）

单位：千美元

产品名称		贸易	2003 年	2004 年
总计		**出口**	**12 235 984**	**16 300 854**
		进口	**15 502 480**	**18 647 755**
原木	针叶原木	出口	57	
		进口	945 157	1 168 493
	阔叶原木	出口	2 830	1 959
		进口	1 501 992	1 635 825
	合计	出口	2 887	1 959
		进口	2 447 149	2 804 318
锯材		出口	236 790	219 843
		进口	1 198 789	1 387 144
单板		出口	110 806	120 710
		进口	95 536	109 913
特形材		出口	187 866	278 238
		进口	21 359	15 043
刨花板		出口	20 022	21 394
		进口	113 224	123 197
纤维板		出口	20 662	125 121
		进口	320 892	272 725
胶合板		出口	495 433	1 249 941
		进口	355 124	384 280
木制品		出口	2 299 221	2 934 699
		进口	35 366	52 953
家具		出口	3 815 513	5 229 343
		进口	60 661	72 706
木片		出口	95 223	102 486
		进口	31 878	39 929
木浆		出口	2 041	925
		进口	2 643 336	3 526 709
纸和纸制品		出口	599 608	768 335
		进口	3 514 422	3 710 008
木炭		出口	63 494	39 067
		进口	2 051	2 809
松香		出口	139 805	163 850
		进口	3 574	4 392
水果	柑橘类	出口	75 574	105 020
		进口	47 922	48 433
	鲜苹果	出口	209 773	274 407
		进口	23 708	29 417
	鲜梨	出口	79 968	90 665
		进口	234	
	鲜葡萄	出口		7 382
		进口		67 482

（续）

产品名称		贸易	2003年	2004年
水果	山竹果	出口		10
		进口		29 764
	鲜榴莲	出口		1
		进口		22 501
	鲜龙眼	出口		1 131
		进口		69 286
坚果	核桃	出口	2 842	31 043
		进口	1 081	2 648
	板栗	出口	49 989	58 461
		进口	22 454	21 813
	松子仁	出口	51 334	68 896
		进口	36	100
	开心果	出口		4 800
		进口		17 432
干果	梅干及李干	出口	1 488	1 568
		进口	883	972
	龙眼干、肉	出口	858	1 041
		进口	19 544	28 730
	柿饼	出口	12 911	13 210
		进口		11
	红枣	出口	9 838	10 942
		进口	1	25
	葡萄干	出口		18 397
		进口		14 666
果汁	柑橘类果汁	出口	3 680	3 347
		进口	65 640	50 443
	苹果汁	出口	254 178	325 345
		进口	348	1 042
其他		出口	3 371 181	4 027 317
		进口	4 477 263	2 902 309

表147 我国食用菌产品出口情况（2004年）

地区	出口数量（万t）	出口金额（万美元）
合计	**79.39**	**120 669**
浙江	27.60	32 000
福建	5.00	15 000
广东	11.20	13 000
辽宁	8.63	10 239
山东	9.92	9 977
安徽	1.80	9 000
河北		8 500
云南	0.77	8 437

（续）

地　　区	出口数量（万 t）	出口金额（万美元）
湖　　北	7.65	5 600
河　　南	1.52	2 701
吉　　林	2.05	2 300
湖　　南	0.95	1 200
江　　西	0.53	800
江　　苏	0.69	549
陕　　西	0.21	525
山　　西	0.24	380
北　　京	0.23	346
黑 龙 江	0.30	100
天　　津	0.10	15

表 148　轻工业系统农产品加工业主要出口产品创汇情况（2003 年）

主要产品名称	单　位	出口产品		2003 年比上年增减（%）	
		数　量	金额（万美元）	数　量	金　额
轻工业产品出口总额	**万美元**		**11 312 739**		**24.74**
有关农产品加工业产品合计	万美元		4 194 951		27.50
制浆	万 t、万美元	2.51	2 115	30.34	35.99
纸张	万 t、万美元	142.07	115 962	50.23	48.15
香料香精	万 t、万美元	1.85	12 398	22.32	21.51
制盐	万 t、万美元	114.41	3 554	18.13	23.40
糖	万 t、万美元	10.32	2 956	−68.34	−62.91
罐头	万 t、万美元	160.73	122 281	15.13	17.44
巧克力食品	万 t、万美元	1.90	3 922	50.30	49.75
味精	万 t、万美元	0.66	635	2.95	−2.11
冷冻饮品	万 t、万美元	0.64	903	49.08	45.69
酒	万 L、万美元	50 853	29 375	66.18	26.34
其他食品	万 t、万美元	92.85	68 349	12.76	17.96
饮料	万美元		35 753.4		40.72
皮革及其制品	万美元		2 228 321		17.60
毛皮及其制品	万美元		90 997		69.53
木制品及其他天然植物制品	万美元		217 822		23.00
家具	万美元		733 284		35.40
抽纱刺绣工艺品	万美元		42 953		35.82
地毯	万 m^2、万美元	9 886.3	63 998	50.00	14.03
烟花爆竹	万 t、万美元	25.87	31 595	15.75	14.31
天然植物编织工艺品	万 t、万美元	33.95	67 630	15.94	24.69
刷子	万把、万美元	236.584	28 504	−42.27	17.32
轻工机械	万美元		44 312		34.46
纸制品	万 t、万美元	61.22	73 781	21.63	25.68
羽绒制品	万美元		173 551		86.29

资料来源：表中数据出自 2004 年版《中国轻工业年鉴》。

表149　轻工业系统农产品加工业主要产品进口情况（2003年）

主要产品名称	单　位	进口产品		2003年比上年增减（%）	
		数　量	金额（万美元）	数　量	金　额
全国轻工业产品进口总额	**万美元**		**3 046 782**		**20.72**
有关农产品加工业产品合计	万美元		1 493 992		18.15
制浆	万t、万美元	603.4	266 092	14.61	22.75
纸张	万t、万美元	640.1	386 483	0.58	6.11
香料香精	万t、万美元	1.4	14 790	11.25	21.58
制盐	万t、万美元	37.6	999	119.78	120.79
糖	万t、万美元	77.5	17 411	−34.48	−26.99
罐头	万t、万美元	0.9	910	14.20	45.08
巧克力食品	万t、万美元	1.98	6 260	13.14	27.49
味精	万t、万美元	0.05	61.3	−3.66	0.49
冷冻饮品	万t、万美元	0.08	232	−14.05	−2.93
酒	万L、万美元	10 852	17 948	20.32	27.12
其他食品	万t、万美元	28.3	45 672	−5.35	13.71
饮料	万美元		8 066		33.52
皮革及其制品	万美元		308 032		14.14
毛皮及其制品	万美元		13 851		12.23
木制品及其他天然植物制品	万美元		3 258		31.85
家具	万美元		19 486		37.11
抽纱刺绣工艺品	万美元		13 475		7.15
地毯	万m^2、万美元	911.6	4 679	−0.03	32.58
烟花爆竹	万t、万美元	15.5	5.4	104.89	−37.93
天然植物编织工艺品	万t、万美元	0.58	486	−40.77	−36.18
刷子	万把、万美元	17 435	2 071	11.43	59.41
轻工机械	万美元		311 163		28.33
纸制品	万t、万美元	21.48	51 483	−6.53	10.00
羽绒制品	万美元		1 078		−11.93

资料来源：表中数据出自2004年版《中国轻工业年鉴》。

表150　我国乳制品进口情况（2004）

单位：万t、万美元

产品名称	进　口		同比增长（%）	
	数　量	金　额	数　量	金　额
乳制品	34.72	44 420	10.20	28.25
其中：乳粉	14.49	27 100	8.38	
乳清粉	17.80	12 000	10.42	
奶油	1.12	2 400	10.71	
干酪	0.72	2 900	56.52	

表 151　我国乳制品出口情况（2004 年）　　单位：万 t、万美元

产品名称	出口		同比增长（%）	
	数量	金额	数量	金额
乳制品	6.01	5 600	23.05	21.21
其中：液体乳	3.06	2 000	13.33	
乳粉	0.93	2 100	20.78	
炼乳	1.74	1 200	33.85	

资料来源：表 150、表 151 中数据由中国乳制品工业协会提供。

表 152　我国淀粉及部分深加工产品进、出口情况（2004 年）

产品名称	进口量（t）	2004 年比上年增减（%）	出口量（t）	2004 年比上年增减（%）
玉米淀粉	3 095	−72.42	105 482	−3.89
木薯淀粉	724 699	34.22	367	66.06
马铃薯淀粉	19 908	−21.40	7 596	49.29
小麦淀粉	2 758	7.31	19 479	−44.21
化学醇果糖	2 201	82.35	616	−2.69
山梨醇	20 463	−61.40	4 033	平
甘露糖醇	552	3.76	1 470	6.29
肌醇	4.69	−27.90	2 014	−8.48
糊精及变性淀粉	178 393	30.43	36 677	143.47

表 153　我国罐头产品主要品种出口情况（2003 年）　　单位：t、万美元

产品名称	全年出口量	全年出口额	全年出口量同比增长（%）	全年出口额同比增长（%）
全国总计	**1 607 000**	**122 300**	**15.13**	**17.44**
肉类罐头合计	59 621	8 565	3.15	3.75
鱼罐头合计	2 865	436	109.49	72.89
番茄罐头（整个或切片）	3 832	174	88.78	112.09
番茄酱罐头	403 659	20 611	8.12	9.31
小白蘑菇（洋蘑菇）罐头	228 011	18 615	23.88	22.53
其他伞菌属蘑菇罐头	29 944	9 213	24.59	35.76
其他蘑菇罐头	4 453	435	104.23	87.97
脱夹豇豆及菜豆罐头	5 024	275	7.45	16.04
未脱夹豇豆及菜豆罐头	21 637	1 347	−4.14	0.88
芦笋罐头	103 771	9 967	−2.68	−7.44
清水马蹄罐头	47 046	2 321	−12.87	−2.79
蚕豆罐头	14 380	523	62.21	65.16
水煮竹笋罐头（每件容积≥8L）	97 005	7 414	2.57	−2.25
其他竹笋罐头	72 448	4 511	6.38	9.63
其他制作或保藏的未冷冻蔬菜及什锦蔬菜罐头	58 205	6 271	44.15	40.19
干果罐头合计	12 381	3 424	39.64	38.99

（续）

产品名称	全年出口量	全年出口额	全年出口量同比增长（%）	全年出口额同比增长（%）
非柑橘属水果制果酱、果冻、果泥及果膏罐头	14 185	1 151	118.63	116.61
菠萝罐头	55 290	2 587	38.18	39.67
柑橘属水果罐头	251 085	15 927	14.84	24.73
梨罐头	22 613	1 135	51.66	45.46
桃罐头	79 420	5 902	77.81	60.52
荔枝罐头	18 544	1 313	13.17	24.40
龙眼罐头	1 765	137	3.17	18.44

表 154　我国罐头产品出口的主要国家或地区（2002—2003 年）

单位：t、万美元

其中：猪肉及杂碎罐头出口国家或地区

国家或地区	2002 年			2003 年		
	数量	金额	占出口的百分比（%）	数量	金额	占出口的百分比（%）
合　计	**49 060**	**7 061**	**100.00**	**52 161**	**7 506**	**100.00**
中国香港	13 107	2 119	30.01	14 072	2 209	29.43
新加坡	7 223	1 156	16.37	7 864	1 269	16.91
马来西亚	10 904	1 380	19.54	14 010	1 738	23.15
菲律宾	9 532	1 237	17.52	6 978	882	11.75

其中：牛肉及杂碎罐头出口国家或地区

国家或地区	2002 年			2003 年		
	数量	金额	占出口的百分比（%）	数量	金额	占出口的百分比（%）
合　计	**5 899**	**797**	**100.00**	**5 159**	**714**	**100.00**
中国香港	842	119	14.93	759	110	15.37
马来西亚	1 152	159	19.95	1 014	130	18.13
俄罗斯	386	45	5.65	170	22	3.02
印度尼西亚	947	133	16.69	1 098	139	19.52
哈萨克斯坦	422	28	3.51	48	3	0.43
韩　国	1 892	268	33.63	1 699	244	34.16

其中：小白蘑菇（洋蘑菇）罐头出口国家或地区

国家或地区	2002 年			2003 年		
	数量	金额	占出口的百分比（%）	数量	金额	占出口的百分比（%）
合　计	**184 064**	**15 192**	**100.00**	**228 011**	**18 615**	**100.00**
美　国	6 995	852	5.61	33	7	0.04
加拿大	15 359	1 278	8.41	4	1	0.002 7
德　国	29 413	2 341	15.41	29 147	2 337	12.55
日　本	11 714	1 214	7.99	12 551	1 255	6.74
中国香港	14 100	1 259	8.29	19 606	1 850	9.94
荷　兰	10 811	891	5.86	11 420	879	4.72

表 155 我国卷烟向国外出口的主要国家和地区（2002—2003 年）

国家或地 区	2002 年			2003 年		
	数 量（亿支）	金 额（万美元）	占出口百分比（%）	数 量（亿支）	金 额（万美元）	占出口百分比（%）
合 计	**161.95**	**20 721**	**100.00**	**184.23**	**23 744.1**	**100.00**
中国香港	44.99	7 872	37.99	41.01	7 884.2	33.20
新加坡	8.22	739	3.57	12.70	1 208.6	5.09
缅 甸	12.77	1 545	7.46	11.20	1,554.4	6.55
日 本	5.73	635	3.06	5.62	668.4	2.82
马来西亚	7.37	1 029	4.97	7.31	889.7	3.75
意大利	1.84	423	2.04	1.68	388.4	1.64
加拿大	3.33	820	3.96	4.63	1 123.3	4.73
美 国	26.20	1 459	7.04	17.69	1 088.3	4.58

表 156 向我国出口卷烟的国家和地区（2002—2003 年）

国家或地区	2002 年			2003 年		
	数 量（亿支）	金 额（万美元）	占进口百分比（%）	数 量（亿支）	金 额（万美元）	占进口百分比（%）
合 计	**13.7**	**2 563**	**100.00**	**18.78**	**3 808.6**	**100.00**
中国香港	2.07	256	9.99	2.48	325.4	8.54
英 国	6.63	1 345	52.48	9.41	2 044.7	53.69
美 国	2.50	481	18.77	3.62	738.4	19.39
日 本	1.20	216	8.43	0.09	24.9	0.65

表 157 我国蜂蜜生产及出口情况（2001—2004 年）

单位：万 t、万美元

年份	世界产量（万 t）	我国产量（万 t）	占世界比例（%）	出口量（万 t）	出口率（%）	出口创汇（万美元）
2001	126.0	25.4	20.16	10.7	42.13	9 583
2002	127.0	25.78	20.30	3.6	13.92	7 794
2003	127.0	26.78	21.80	8.6	32.11	10 300
2004	130.9	27.60	21.08	8.1	29.35	8 894

资料来源：表中数据由中国农业科学院蜜蜂研究所提供。

表 158 我国鲜蜂王浆（粉）出口情况（2003—2004 年）

主要产品	2003 年	2004 年	同比增减（%）
鲜蜂王浆（t）	665	665	持平
蜂王浆冻干粉（t）	200	205	2.50
浆粉合计（t）	1 265	1 280	1.19
出口总值（万美元）	1 711	1 848	8.01

资料来源：表中数据由中国农业科学院蜜蜂研究所提供。

表 159 我国水产品进出口贸易情况（2001—2004 年）

年份	出口量（万 t）	出口额（亿美元）	进口量（万 t）	进口额（亿美元）
2001	195.2	41.8	231.5	18.8
2002	208.5	46.9	249.1	22.7
2003	210.0	54.9	233.0	24.8
2004	242.1	69.7	298.6	32.3

资料来源：表中数据出自 2005 年版《中国水产》第 3 期。

注：2004 年我国水产品进、出口总量达 540.6 万 t；进出口总额为 102.1 亿美元；实现贸易顺差 37.4 亿美元；出口额继续位居大宗农产品首位，占全国农产品出口总额的 30%。按贸易方式划分：一般贸易占 58%；来料加工占 37%；其他贸易占 5%。按加工方式划分：初级冷冻占 62.4%；深加工品占 37.6%。

表 160 中美水产品贸易基本情况（2001—2003 年）

年份	进口		出口	
	进口总金额（万美元）	平均进口单价（美元/t）	出口总金额（万美元）	平均出口单价（美元/t）
2001	16 285.36	870	56 476.16	2 142
2002	16 678.09	940	81 008.11	2 241
2003	12 831.05	1 100	59 017.12	2 600

资料来源：表中数据出自 2004 年版《中国渔业经济》第 6 期。

注：我国出口水产品贸易方式主要以来料加工为主，2003 年国内出口美国前 5 位的省份有山东、辽宁、广东、浙江和福建。

表 161 我国鱼粉进口情况（2001—2004 年） 单位：万 t

年份	进口总量	从秘鲁进口	占进口总量比例（%）
2001	90.17	65.27	72.40
2002	95.82	64.01	66.80
2003	80.06	45.81	57.22
2004	112.31	78.74	70.12

资料来源：表中数据出自 2005 年版《饲料工业》第 4 期。

表 162 我国鱼粉进口的主要国家和地区（2004 年） 单位：t

进口国家或地区	进口量
合计	**1 123 082**
秘鲁	787 412
智利	135 213
美国	73 025
俄罗斯	28 506
阿根廷	22 693
新西兰	22 251
巴拿马	15 827
缅甸	9 635
马来西亚	5 734
南非	4 548
巴基斯坦	4 256
泰国	3 658

（续）

进口国家或地区	进 口 量
印度尼西亚	2 436
挪　　威	2 421
加 拿 大	1 138
越　　南	1 100
丹　　麦	685
韩　　国	634
冰　　岛	546
纳米比亚	378
厄瓜多尔	200
澳大利亚	170
中国台湾省	159
肯 尼 亚	110
索 马 里	52
阿 联 酋	52

资料来源：表中数据出自 2005 年版《饲料工业》第 4 期。

表 163　我国食品加工和包装机械进出口情况（2004 年）

项　目	单　位	2003 年	2004 年	同比增减（%）
进、出口总额	亿美元	26.30	32.44	23.55
其中：进口总额	亿美元	22.80	28.00	23.00
出口总额	亿美元	3.50	4.44	25.00
进出口逆差	亿美元		23.56	

资料来源：表中数据出自中国食品与包装机械工业协会。

表 164　纺织工业纺织原料及制品进出口额统计（2004 年）

单位：亿美元、%

类　别	全贸易方式		一般贸易		进料加工		来料加工	
	当年	同比	当年	同比	当年	同比	当年	同比
一、出口								
总计	**887.68**	**21.03**	**598.45**	**23.18**	**160.26**	**18.54**	**98.26**	**8.87**
丝及丝绸	10.62	28.89	10.31	31.61	0.17	−49.91	0.06	203.25
毛及毛织品	17.15	30.28	11.36	37.49	4.70	19.59	0.90	18.93
棉及棉织品	65.90	5.94	43.40	−2.03	19.73	35.32	2.28	6.71
麻及麻织品	5.53	5.15	3.78	7.73	1.55	0.76	0.15	−18.02
化纤长丝及织品	51.52	37.51	43.14	38.08	6.91	38.32	0.84	7.17
化纤短纤及织品	35.55	27.56	23.34	40.71	10.41	7.79	1.33	14.01
絮、毡、无纺布	5.95	26.86	3.44	27.37	1.92	33.80	0.45	4.58
铺地织品	7.73	21.30	6.27	19.24	1.35	34.04	0.07	−7.31
特种织物花边	19.75	27.06	16.60	28.51	1.98	26.30	0.83	9.56
涂层布及工业用布	12.35	49.56	8.92	52.53	2.86	40.90	0.32	33.29
针织布	29.94	19.35	12.22	30.13	16.11	17.41	1.49	−20.03
针织服装及附件	258.02	24.78	191.06	25.63	29.24	26.55	26.55	7.04

（续）

类别	全贸易方式		一般贸易		进料加工		来料加工	
	当年	同比	当年	同比	当年	同比	当年	同比
梭织服装及附件	289.82	15.56	165.21	19.64	50.58	6.09	60.01	9.94
其他纺织织物	77.84	26.19	59.41	24.25	12.75	32.69	2.99	21.34
二、进口								
总计	229.59	19.30	53.24	62.93	94.63	10.88	70.73	6.25
丝及丝绸	1.40	26.93	0.11	118.11	0.53	5.12	0.69	38.68
毛及毛织品	20.89	24.13	7.50	35.26	4.49	29.98	6.38	15.45
棉及棉织品	68.98	48.36	19.39	277.19	32.29	19.86	14.09	8.24
麻及麻织品	4.71	8.72	1.49	33.45	1.92	－7.22	1.03	4.83
化纤长丝及织品	37.59	5.73	7.63	15.28	14.64	5.33	14.41	2.86
化纤短纤及织品	34.22	4.93	9.84	8.41	13.82	1.04	8.98	2.01
絮、毡、无纺布	6.19	17.92	1.04	37.93	2.71	21.16	2.16	5.22
铺地织品	0.59	25.53	0.43	17.39	0.12	54.95	0.02	41.53
特种织物花边	8.18	15.63	0.32	88.41	4.18	13.73	3.56	13.20
涂层布及工业用布	13.50	10.13	2.08	28.95	6.49	10.99	4.24	－1.30
针织布	18.12	10.48	0.36	36.44	7.94	7.65	9.60	11.48
针织服装及附件	6.42	15.36	1.10	52.53	2.28	10.52	2.69	2.37
梭织服装及附件	7.93	1.10	1.58	61.88	2.94	－10.73	2.73	－4.94
其他纺织织物	0.88	14.75	0.38	39.18	0.27	21.20	0.14	33.75

注：表中数据来自中国海关统计。

表 165 纺织工业纺织品服装进出口额（2004 年）

单位：亿美元、%

项目	出口						进口					
	小计		纺织品		服装		小计		纺织品		服装	
	当年	同比	当年	同比	当年	同比	当年	同比	当年	同比	当年	同比
一、贸易方式	973.85	21.01	357.69	25.21	616.16	18.69	168.04	7.18	152.73	7.69	15.31	9.07
1. 一般贸易	659.10	23.22	256.82	26.22	402.28	21.38	17.19	29.45	14.17	24.44	3.02	59.63
2. 进料加工	177.12	19.14	83.72	25.07	93.44	14.28	77.27	5.07	71.75	5.51	5.53	－0.36
3. 来料加工	105.71	7.15	11.73	6.13	93.98	7.28	69.04	5.92	63.37	6.55	5.67	－0.66
二、主要类型企业												
1. 国有企业	341.26	－0.17	117.92	1.73	223.34	－1.15	33.83	－7.49	29.26	－8.53	4.56	－0.19
2. 集体企业	98.26	16.04	46.80	20.88	51.47	11.96	6.33	7.89	5.79	7.95	0.54	7.24
3. 三资企业	335.02	20.60	120.74	28.65	214.27	16.50	116.68	8.60	108.38	8.99	8.30	3.79
三、主要国家或地区												
1. 亚洲地区	539.41	16.66	211.27	19.71	328.14	14.77	154.95	6.61	141.63	6.71	13.31	5.62
(1) 中国香港	173.79	12.95	76.54	10.62	97.25	14.86	19.82	－0.90	12.90	－3.44	6.92	4.21

（续）

项目	出口						进口					
	小计		纺织品		服装		小计		纺织品		服装	
	当年	同比	当年	同比	当年	同比	当年	同比	当年	同比	当年	同比
（2）中国澳门	9.23	22.13	2.22	10.87	7.01	26.20	1.75	8.25	0.46	−29.36	1.29	33.51
（3）中国台湾	6.15	22.75	2.69	23.32	3.46	22.31	32.98	3.15	32.63	3.33	0.35	−11.01
（4）日本	171.53	12.70	31.02	13.49	140.51	12.52	35.06	12.77	33.18	14.68	1.88	−12.77
（5）韩国	41.86	9.11	14.09	12.39	27.77	7.52	26.00	3.60	25.06	3.54	0.93	5.18
（6）土耳其	4.27	31.32	3.66	33.77	0.61	18.26	0.31	67.32	0.24	53.56	0.07	137.58
（7）东盟	45.75	25.02	28.56	33.09	17.19	13.57	6.49	19.35	6.07	19.33	0.42	19.60
2. 欧洲	194.00	26.96	49.13	31.96	144.87	25.35	8.79	29.02	7.19	25.40	1.59	48.31
欧盟	121.46	12.05	38.64	27.65	82.82	6.01	8.34	28.84	6.68	25.03	1.48	50.00
3. 非洲	40.99	36.32	25.51	34.74	15.48	39.03	0.09	12.76	0.05	−1.28	0.03	46.36
4. 大洋洲	22.76	23.14	5.79	31.49	16.97	20.53	0.52	10.40	0.34	21.01	0.18	−5.77
澳大利亚	19.36	22.45	4.89	33.83	14.47	19.04	0.47	4.93	0.29	13.14	0.17	−6.72
5. 北美自由贸易区	143.48	21.44	49.88	29.95	93.60	17.25	3.58	20.68	3.39	20.10	0.18	32.45
（1）美国	117.86	21.92	40.78	31.32	77.08	17.46	3.26	18.06	3.12	17.90	0.14	21.67
（2）加拿大	14.56	20.45	4.23	32.79	10.33	16.04	2.20	67.64	0.19	68.65	0.01	54.74
（3）墨西哥	11.06	17.82	4.87	17.46	6.19	18.11	0.11	39.58	0.08	25.17	0.03	100.72
6. 设限国家	258.15	17.12	87.31	29.84	170.84	11.54	12.12	26.96	10.41	23.90	1.71	49.52
7. 非设限国家	715.70	22.47	270.38	23.79	445.31	21.69	155.92	6.56	142.52	6.67	13.60	5.48
四、分原料加工												
1. 棉制产品	312.26	14.93	118.07	9.53	194.19	18.49	50.57	8.32	44.08	7.20	6.49	16.62
2. 毛制产品	48.87	20.55	16.11	25.40	32.87	18.30	10.74	13.89	9.26	10.93	1.47	36.80
3. 麻制产品	6.33	9.24	6.33	9.24			2.10	−7.49	2.10	−7.49		
4. 丝制产品	29.29	30.82	8.84	38.11	20.45	27.90	1.59	25.36	1.26	22.34	0.32	38.67
5. 化纤制产品	351.76	26.13	150.18	36.94	201.57	19.12	81.40	7.45	78.23	7.26	3.17	12.24
6. 未列名其他材料	225.35	21.45	58.16	34.74	267.19	17.47	21.65	5.82	17.79	10.40	3.85	−11.18

表 166　我国纺织品、成衣在欧盟、美国、日本三大进口市场中所占份额情况（2003 年）

单位：亿美元

地域	总进口额			自中国进口额			中国占该市场份额（%）	
	总计	纺织品	成衣	总计	纺织品	成衣	总计	同比增长（%）
欧盟（15）	803.6*	199.7	603.9	151.2	27.6	123.6	18.8	27.4
美国	859.7	182.9	712.8	156.4	36.3	120.1	17.5	22.6
日本	245.2	50.4	194.9	180.1	24.3	155.8	73.4	13.2

* 欧盟进口额为自欧盟外部的进口。

表 167　我国纺织品、成衣出口额在全球地位（2001—2003 年）

单位：亿美元

年　份	全球进口额	中国出口额	中国占全球（%）	中国在全球位次
2001	3 406.7	534.8	15.7	1
2002	3 550.7	618.7	17.4	1
2003	3 953.6	789.6	20.0	1

表 168　纺织工业主要毛纺产品进出口数量比较（2004 年）

主要产品	单 位	2004 年	比上年增减（%）
羊毛条出口数量	万 t	1.833 1	38.00
羊毛条进口数量	万 t	2.4410	−15.00
精纺面料出口数量	万 m	7 503	39.00
精纺面料进口数量	万 m	6 587	15.89
粗纺面料出口数量	万 m	1 575	48.00
粗纺面料进口数量	万 m	1 101	3.57
羊毛毯出口数量	万条	104	−35.00
化纤毯出口数量	万条	19 557	57.00
毛针织服装出口数量	万件	36 300	23.00
其中：羊毛衫出口数量	万件	12 047.5	−1.25
羊绒衫出口数量	万件	1 437	50.00

表 169　纺织工业针织物及针织服装出口情况（2004 年）

产　品	数量单位	数量	同比（%）	金额（亿美元）	同比（%）
针织物	万 t	80.83	15.27	29.84	19.35
其中：起绒织物	万 t	18.70	13.39	5.95	16.47
弹性针织物	万 t	9.07	31.84	4.02	41.72
经编织物	万 t	4.26	30.72	1.90	40.15
针织服装及附件				258.02	24.78
其中：棉针织服装及附件				98.17	23.63
化纤针织服装及附件				103.36	27.18
棉针织服装	亿件	62.06	17.08	93.82	28.23
毛针织服装	亿件	3.63	23.35	15.37	26.13
化纤针织服装	亿件	60.64	34.30	94.54	38.37
其中：男衬衫	亿件	0.94	38.03	2.33	62.31
女衬衫	亿件	0.67	25.54	1.45	45.81
男内衣	亿件	11.53	13.97	6.68	13.36
女内衣	亿件	36.67	21.22	19.28	22.22
T 恤衫	亿件	26.34	16.92	39.14	30.46
套头衫	亿件	21.61	8.30	67.54	15.55
婴儿服装及附件	万 t	13.82	30.75	11.81	34.83
运动服装	亿件（套）	2.93	32.12	7.23	30.98
袜子	亿双（条）	48.87	30.82	12.26	37.75
其中：连裤袜	亿条	4.22	14.64	1.88	16.30
长筒袜	亿双	0.93	24.31	0.19	36.95

资料来源：来自海关统计。

表 170　纺织工业麻纺织行业麻原料、麻织物、麻制品进出口情况（2004 年）

进出口	产品类别	单 位	数量	同比（%）	金 额（亿美元）	同比（%）	单 价美元/kg	同比（%）
出口	麻原料	t	7 659.6	24.03	0.0837	0.31	1.09	−19.26
	麻织物	亿 m	2.52	1.35	4.18	6.11	1.66*	5.06
	麻制品				1.01	18.68		
	麻纱绒	万 t	3.01	−19.89	1.26	2.43	4.18	27.83
	合 计				6.54	7.05		
进口	麻原料	万条	21.80	28.25	2.43	22.59	1.12	−4.27
	麻纱绒	亿件	1.77	−38.54	0.406	−32.95	2.30	9.00
	合计	亿件			4.54	6.61		
进出口总计					11.08	6.95		

* 麻织物出口平均价格为 1.66 美元/m。

表 171　纺织工业真丝产品分类出口情况（2004 年）

单价单位：美元/kg、m、件套

产 品 名 称		单 位	出口数量	同比（%）	出口金额（万美元）	同比（%）	单 价	同比（%）
1. 蚕丝类		万 t	2.76	−2.43	47 922	14.48	17.39	17.33
其中	桑蚕丝	万 t	1.05	−16.80	20 042	4.11	19.03	25.12
	捻绒丝	万 t	0.35	−10.11	7 808	6.21	22.54	18.14
	绢纺丝	万 t	0.97	36.35	15 384	56.45	19.92	14.75
	柞蚕丝	万 t	0.076	−38.68	1 317	−31.08	17.40	12.39
	废丝	万 t	0.24	−15.54	2 148	−16.81	8.82	−1.50
2. 蚕丝机织物类		万 m	25 233	27.19	58 991	42.82	2.34	10.54
其中	坯绸	万 m	20 568	27.96	41 532	40.04	2.02	9.43
	印染绸	万 m	4 529	36.70	16 752	53.93	3.70	12.60
3. 丝绸服装及制成品		万件（套）	34 495	22.35	217 515	28.74	6.31	6.23
其中	服装	万件（套）	20 277	20.89	178 898	26.92	8.82	4.99
	梭织服装	万件（套）	11 279	18.34	101 231	21.16	8.98	2.38
	针织服装	万件（套）	8 998	24.25	77 667	35.30	8.63	8.90

表 172　纺织工业色织布进、出口情况（2004 年）

贸易方式		纯棉色织布		棉混纺色织布		合计（万美元）	占比重（%）
		金额（万美元）	同比（%）	金额（万美元）	同比（%）		
出口	一般贸易	102 570	13.72	23 794	24.19	126 364	74.08
	来料加工贸易	3 434	9.44	139	20.56	3 573	2.09
	进料加工贸易	37 256	54.22	3 177	−15.36	40 433	23.70
	其他	166		40		206	0.12
	合计	143 426		27 150		170 576	100.00
进口	一般贸易	781	54.01	329	11.84	1 110	2.12
	来料加工贸易	19 383	4.37	3 942	24.19	23 325	44.58
	进料加工贸易	22 918	12.78	4 627	8.90	27 545	52.65
	其他	183		153		336	0.64
	合计	43 265		9 051		52 316	100.00

表 173 纺织工业印染六大类产品进、出口情况（2004 年）

产品	进、出口	数量（亿 m）	同比（%）	金额（亿美元）	同比（%）	单价（美元/m）
纯棉染色布	进口	5.84	5.73	8.70	11.03	1.49
纯棉印花布	进口	0.58	−1.63	1.27	7.01	2.17
棉混纺染色布	进口	1.39	12.35	2.87	17.81	2.06
棉混纺印花布	进口	0.11	0.27	0.18	8.40	1.57
合纤长丝织物	进口	22.42	−4.77	20.67	2.37	0.92
T/C 印染布	进口	2.10	−2.88	2.51	0.10	1.20
合计（平均）	进口	**32.44**	**2.32**	**36.20**	**5.48**	**1.12**
纯棉染色布	出口	12.05	−6.96	15.17	6.49	1.26
纯棉印花布	出口	7.91	14.85	6.78	24.74	0.86
棉混纺染色布	出口	0.99	18.27	1.26	−3.78	1.27
棉混纺印花布	出口	0.57	44.04	0.48	18.05	0.84
合纤长丝织物	出口	56.38	34.92	43.72	39.16	0.78
T/C 印染布	出口	15.17	27.02	8.46	47.05	0.56
合计（平均）	出口	**93.07**	**22.82**	**75.87**	**29.16**	**0.82**

表 174 纺织工业主要家纺产品出口金额增长大于数量增长的产品情况（2004 年）

单位：万美元

产品	单位	出口数量	数量同比（%）	出口金额	金额同比（%）
床上用品织物制品	条	55 588	13.03	107 871	15.54
被子	t	438 786	38.84	204 320	42.39
装饰用织物制品	万件	38 220	30.68	61 962	56.60
装饰毯	m^2	137 517	−32.90	244	3.50
窗帘	万件	30 545	30.62	91 156	39.95
浴巾	万条	27 397	−10.40	42 114	17.16
盥洗及厨房用毛巾制品	万条	187 295	−0.34	49 780	17.46

表 175 纺织工业纺织机械进出口情况（2004 年）

进出口	产品类别	进口金额（亿美元）	同比（%）
进口	化纤机械	7.73	20.10
进口	纺纱机械	6.61	7.91
进口	织机	6.66	−27.72
进口	织造准备机械	1.70	34.98
进口	针织机械	9.19	10.11
进口	辅助装置及零配件	5.37	9.46
进口	印染后整理机械	8.46	−11.19
进口	非织造机械	0.84	160.41
进口	合计	46.56	0.92
出口	印染后整理机械	1.62	19.01
出口	辅助装置及零配件	1.58	20.63
出口	纺纱机械	1.50	35.14
出口	针织机械	1.48	47.83
出口	化纤机械	0.31	27.08
出口	织机	0.18	2.50
出口	织造准备机械	0.063	8.23
出口	非织造机械	0.025	58.72
出口	合计	6.76	28.13

表 176 纺织工业纺织机械出口国内各类企业所占比重（2004 年）

企业类别	出口金额（万美元）	占全部出口比重（%）
国有企业	24 295	35.95
独资企业	23 242	34.39
私营企业	10 502	15.54
合资企业	6 267	9.27
集体企业	2 815	4.17
合作企业	441	0.65
其他企业	17.8	0.03

表 177 我国皮革工业主要产品进出口情况（2004 年）

单位：万美元

出口

主要产品	单位	出口数量与金额		同比（%）	
		数量	金额	数量	金额
皮面皮鞋	万双	115 310	631 759	11.2	18.0
旅行用品及箱包			623 836		23.3
皮革服装	万件	6 128	230 485	−11.2	−1.6
毛皮服装	千 t	12	134 198	147.1	177.3
皮革手套	万双	77 896	85 491	−19.6	43.1
足、篮、排球	万个	12 025	16 150	24.8	26.9
生皮	千 t		120	−95.6	−73.7
成品及半成品革	千 t	238	140 036	3.3	22.4
鞋靴零件及类似品	千 t	154	57 672	24.1	24.0
皮革机械	万台	2	1 156	50.8	88.8
总　计			**1 920 903**		**16.5**

进口

主要产品	单位	出口数量与金额		同比（%）	
		数量	金额	数量	金额
生皮	千 t	828	124 757	19.9	38.1
成品及半成品革	千 t	1 080	335 295	14.4	17.1
鞋靴零件及类似品	千 t	39	31 750	8.8	12.0
皮革机械	台	12 864	8 749	−20.3	7.2
机械零件	t	1 031	576	−7.8	22.2
旅行用品及箱包			11 311		79.8
皮革服装	万件	6	1 107	−5.2	99.0
皮面皮鞋	万双	391	10 764	65.8	83.1
皮革手套	万双	40	97	110.1	109.3
毛皮服装	t	7	84	31.1	−5.5
足、篮、排球	万个	107	131	−1.0	−20.5
总　计			**524 640**		**23.0**

表 178 我国家具工业各地区主要产品出口情况（2003 年） 单位：万美元

地 区	出口金额	各省区占出口总金额比重（%）	2003 年比上年增减（%）
全国总计	**733 283.6**	**100.00**	**35.40**
北 京	10 060.9	1.37	8.00
天 津	23 745.0	3.24	24.71
河 北	3 500.3	0.48	13.22
山 西	126.5	0.02	72.76
内蒙古	383.8	0.05	15.70
辽 宁	22 239.9	3.03	35.86
吉 林	2 191.4	0.30	7.15
黑龙江	4 950.7	0.68	68.47
上 海	54 288.9	7.40	39.37
江 苏	56 660.2	7.73	58.16
浙 江	72 621.3	9.90	55.59
安 徽	1 109.1	0.15	20.01
福 建	57 448.2	7.83	18.41
江 西	803.7	0.11	84.76
山 东	37 412.4	5.10	43.90
河 南	930.0	0.13	75.61
湖 北	2 029.7	0.28	40.23
湖 南	779.7	0.11	43.34
广 东	364 684.2	49.73	32.00
广 西	1 193.5	0.16	80.56
海 南	4 083.3	0.56	22.81
重 庆	9.9	0.001	−88.85
四 川	1 804.7	0.25	31.67
贵 州	23.4	0.003	36.18
云 南	326.2	0.04	84.08
西 藏	88.2	0.01	−16.35
陕 西	705.9	0.10	99.49
甘 肃	62.1	0.008	31.02
青 海	117.6	0.02	923.01
宁 夏	256.2	0.03	1 666.86
新 疆	8 646.8	1.18	42.78

资料来源：表中数据出自中国轻工业信息中心。

表 179 我国家具工业主要产品进出口情况（2004 年） 单位：万美元

进 口					
主要产品	单 位	进口数量与金额		同比（%）	
		数 量	金 额	数 量	金 额
家具			72 600.5		26.28
木家具	万件	69.49	5 822.0	−3.83	12.72
金属家具	t	3 307.23	1 783.6	22.92	18.74
塑料家具	t	3 553.99	2 273.6	5.40	−7.82
其他家具	t	70 176.00	59 727.1	22.83	32.08
床垫	万张	1.96	144.8	−1.51	4.78
家具零件	t	19 581.92	2 849.4	−12.33	−4.95

（续）

主要产品	单位	出口			
		出口数量与金额		同比（%）	
		数量	金额	数量	金额
家具			1 035 271.9		39.30
木家具	万件	12 850.52	368.106.4	20.24	29.69
金属家具	t	1 237 729.0	138 261.0	32.81	40.86
塑料家具	t	127 498.1	17 739.5	46.81	45.55
其他家具	t	793 601.9	455 610.6	32.61	47.03
床垫	万张	229.9	6 214.8	42.72	32.39
家具零件	t	399 336.7	49 339.5	37.23	43.21

表 180 我国家具工业主要产品出口的国家和地区（2003 年）单位：万美元

国家或地区	出口金额	出口金额占总出口金额比重（%）	2003 年比上年增减（%）
总　　计	**733 283.6**	**100.00**	**35.40**
亚　　洲	200 675.6	27.37	31.23
中国香港	89 991.0	12.27	32.05
日　　本	61 122.9	8.34	22.83
新 加 坡	5 237.6	0.71	13.21
韩　　国	9 703.9	1.25	78.61
中国台湾	6 682.8	0.91	−20.12
沙特阿拉伯	6 918.0	0.94	64.06
阿 联 酋	5 203.1	0.71	61.29
马来西亚	2 942.2	0.40	13.56
哈萨克斯坦	1 660.0	0.23	
欧　　洲	104 704.8	14.28	50.25
英　　国	33 009.2	4.50	40.17
德　　国	16 084.9	2.19	42.14
法　　国	8 317.4	1.13	31.88
荷　　兰	11 217.7	1.53	71.33
西 班 牙	7 734.3	1.05	111.10
意 大 利	6 827.5	0.93	60.63
瑞　　典	4 102.3	0.56	51.19
俄 罗 斯	1 202.7	0.16	133.41
比 利 时	4 628.2	0.63	34.25
丹　　麦	3 891.6	0.53	60.23
北 美 洲	397 372.9	54.19	33.37
加 拿 大	19 346.7	2.64	28.50
美　　国	378 017.8	51.55	33.63
大 洋 洲	20 407.1	2.78	45.99
澳大利亚	18 420.2	2.51	43.58
新 西 兰	1 913.0	0.26	77.49
南 美 洲	6 137.0	0.84	26.48
墨 西 哥	1 675.0	0.23	44.22
非　　洲	3 986.3	0.54	83.76
南　　非	1 332.9	0.18	82.52
摩 洛 哥	397.3	0.05	41.82
埃　　及	276.1	0.04	69.23

表 181　我国家具工业主要产品分类出口统计（2003 年）

产品名称	单位	数量	金额	数量同比（%）	金额同比（%）
总　计	万件、万美元				
办公室用木家具	万件、万美元	755.1	16 395	58.07	54.76
厨房用木家具	万件、万美元	1 011.2	29 491.2	24.46	31.24
卧室用红木家具	万件、万美元	2.51	292.9	−19.80	−6.81
卧室用漆木家具	万件、万美元	283.4	27 810.6	41.00	49.75
其他卧室用木家具	万件、万美元	1 526.9	59 623.4	21.53	51.89
其他红木家具	万件、万美元	25.2	2 056.3	−21.05	−20.45
其他漆木家具	万件、万美元	715.9	22 788.8	11.75	14.36
其他木家具	万件、万美元	6 371.0	125 439.9	17.55	32.49
办公用金属家具	万件、万美元	5 238.9	4 854.1	32.52	44.48
其他金属家具	万件、万美元	87 959.0	93 301.5	27.36	31.54
塑料制家具、桌厢或类似品的附件	万件、万美元	3 736.9	6 164.4	44.95	42.24
塑料家具	万件、万美元	4 948.1	6 023.7	61.78	61.92
可调高度的转动坐具	万件、万美元	1 495.2	23 557.1	40.90	53.12
能作床用的两用椅（但庭用坐具或野营设备除外）	万件、万美元	21.7	732.9	−0.69	16.18
藤、柳条、竹及类似材料制的坐具	万件、万美元	205.3	2 036.5	−11.96	−3.25
带软垫的木框架坐具	万件、万美元	1 342.8	59 210.1	23.12	68.50
其他木框架坐具	万件、万美元	1 187.6	38 509.5	−36.27	42.13
带软垫的金属框架坐具	万件、万美元	4 505.4	33 547.5	23.71	26.22
其他金属框架坐具	万件、万美元	9 349.1	75 284.0	−0.19	28.16
其他坐具	万件、万美元	4 563.3	23 615.8	−0.85	5.60
其他坐具零件	t、万美元	94 390.4	19 183.1	35.56	66.87
藤、柳条、竹及类似材料制家具	万件、万美元	2 208.0	3 310.7	−5.43	−1.27
其他材料制家具	万件、万美元	20 018.8	20 931.3	21.38	29.96
弹簧床垫	万件、万美元	161.2	4 694.7	53.82	38.80
家具的零件	t、万美元	29 100.3	34 458.2	18.02	21.14

资料来源：表中数据出自中国轻工业信息中心。

表 182　我国纸、纸板、纸制品进出口情况（2002—2003 年）　单位：万 t

产品名称	2002 年		2003 年	
	进口	出口	进口	出口
机制纸及纸板	**636.9**	**85.5**	**634.71**	**128.71**
一、机制纸				
1. 新闻纸	19.9	0.6	35.13	1.19
2. 印刷书写纸	36.5	19.5	39.41	25.93

（续）

产品名称	2002年		2003年	
	进口	出口	进口	出口
其中：涂布纸	121.8	25.2	101	43.30
铜版纸	61.5	18.7	52.34	35.3
3. 包装用纸	31.4	2.6	27.87	3.87
4. 生活用纸	3.3	15.9	3.64	22.64
二、纸板				
1. 白纸板	81.5	5.5	104.26	9.21
其中：涂布白纸板	79.6	5.5	102.92	9.21
2. 箱纸板	125.4	0.7	117.18	1.71
3. 瓦楞原纸	133.5	3.3	134.90	2.90
其中：高强度瓦楞纸	133.5	3.3	133.50	3.30

表183　我国纸浆及废纸进出口情况（2002—2003年）

单位：万t、亿美元

产品名称	2002年				2003年			
	进口		出口		进口		出口	
	数量	金额	数量	金额	数量	金额	数量	金额
纸浆及废纸合计					**1 541.58**	**38.91**	**2.61**	**0.212**
一、纸浆	526.5	21.68	1.92	0.16	603.40	26.60	2.51	0.210
1. 机械木浆	14.6	0.51	0.007	0.000 5	8.94	0.32	0.009	0.006
2. 化学溶解浆	20.0	1.21	0.002	0.000 1	26.86	1.70	0.000 1	0.000 1
3. 硫酸盐木浆	447.6	18.19	0.42	0.021	493.7	21.4	0.3	0.015
其中：未漂针叶木浆	66.8	2.45	0.02	0.003	65.66	2.4	0.016	0.000 6
未漂非针叶木浆	0.29	0.012	0.005	0.000 4	0.34	0.014		
漂白针叶木浆	176.1	7.39	0.23	0.010 5	196.36	8.9	0.17	0.008
漂白非针叶木浆	204.4	8.34	0.16	0.006 9	231.32	10.1	0.12	0.007
4. 亚硫酸盐木浆	5.4	0.26	0.029	0.002 4	5.01	0.27	0.064	0.004
其中：未漂针叶木浆	0.9	0.03			0.26	0.012		
未漂非针叶木浆			0.003	0.000 2	0.29	0.015	0.003 6	0.003
漂白针叶木浆	3.3	0.16			2.3	0.12	0.009	0.000 4
漂白非针叶木浆	1.2	0.07	0.026	0.002	2.16	0.12	0.019	0.001
5. 半化学木浆	35.8	1.38	0.003	0.000 2	64.35	2.17	0.009	0.000 07
6. 其他纸浆	3.2	0.13	1.46	0.131 8	4.54	0.017	2.1	0.19
二、废纸	687.3	7.32	0.068	0.000 7	938.18	12.3	0.1	0.001 8

表 184　我国印刷机械进、出口数量与金额统计（2003 年）

产品名称	单位	出口		进口	
		数量	金额	数量	金额
一、印前设备					
小　计	台、万美元		606		
1. 激光照相排版设备	台、万美元	18	38	243	1 280
2. 其他照相排版及排字机器	台、万美元	3	1	44	40.3
3. 其他方法排字的机械器具及设备	台、万美元	491	75		
4. 铸字机	台、万美元	81	13		
5. 制版机器器具及设备	台、万美元	343	137	923	3 490
6. 未列明铸字或制版用的机器器具设备	台、万美元	186	117	88	116.6
7. 铸字、排字或制版机的零件	kg、万美元	30 752	16		
8. 活字、印版、滚筒；印刷用的版、片、筒	kg、万美元	4 594 529	209		
二、印刷机					
小　计	台、万美元		12 722		
1. 卷曲进料式胶印机	台、万美元	114	1 283	131	12 645
2. 办公室用片取式胶印机	台、万美元	4	2	82	132
3. 平张纸进料式胶印机	台、万美元	322	813	933	50 695
4. 未列明胶印机	台、万美元	566	107	25 588	27 060
5. 卷曲进料式凸版印刷机	台、万美元	58	292	194	1 769
6. 其他凸版印刷机	台、万美元	355	132	903	2 380
7. 苯胺印刷机	台、万美元	27	9		
8. 照相凹版印刷机	台、万美元	334	381	219	6 992
9. 喷墨印刷机	台、万美元	2 574	2 542	11 210	7 993
10. 圆网印刷机	台、万美元	148	108		
11. 平网印刷机	台、万美元	441	177	1 672	8 910
12. 其他网式印刷机	台、万美元	372	246	1 408	3 803
13. 其他未列名印刷机	台、万美元	148 650	3 809	77	3 343
14. 印刷用辅助机器	台、万美元	8 415	778		
15. 印刷及印刷用辅助机械的零件	kg、万美元	7 351 727	1 962		
三、印后设备					
小　计	万美元		2 316		
1. 锁线装订机	台、万美元	152 434	103	266	3 210
2. 胶订机	台、万美元	625	74	279	1 522
3. 其他书本装订机械	台、万美元	25 695	291	2 680	1 566
4. 书本装订机的零件	kg、万美元	200 418	39		
5. 切纸机	台、万美元	648 859	1 304		
6. 制造包、袋和信封的机械	台、万美元	281	227	173	499
7. 切纸机的零件	kg、万美元	1 100 633	278		
总　计	**万美元**		**17 500**		**134 557**

表 185　我国中药行业进出口情况（2003 年）　　单位：万美元、%

分　类	进出口		出　口		进　口	
	总　额	比 2002 年增减（%）	总　额	比 2002 年增减（%）	总　额	比 2002 年增减（%）
中药合计	**88 400**	**5.2**	**35 800**	**19.30**	**52 600**	**7.71**
中成药	61 200	−5.7	14 500	−4.11	46 700	−6.25
中药材	27 200	16.2	21 300	19.70	5 900	7.71

资料来源：表中数据出自 2004 年版《中国中医药年鉴》。

表 186　我国橡胶工业制品出口量与出口额（2000—2002 年）

产品名称	单　位	2000 年		2001 年		2002 年	
		出口量	出口额	出口量	出口额	出口量	出口额
1. 新轮胎外胎（40111000—40119900）	万条、万美元	11 091.4	99 268.2	11 072.8	100 261.6	13 390.5	121 837.7
2. 轮胎内胎（40131000—40139090）	万条、万美元	11 753.2	7 442.7	12 478.6	7 726.0	14 610.1	8 838.5
3. 翻新轮胎（40121010—40121090）	万条、万美元	1.8	28.6	1.4	22.8	2.2	46.7
4. 汽车用旧轮胎（40122010—40122090）	万条、万美元	0.24	3.14	1.7	8.6	34.5	13.9
5. 实心或半实心轮胎，胎面及轮胎衬带（40129010—40129090）	万条、万美元	373.5	1 061.8	979.1	1 040.7	12 457.1	1 477.8
6. 橡胶输送带、三角带、传送带（40101100—40103900）	t、万美元	18 536.6	5 062.7	26 111.2	6 299.7	28 302.6	6 256.0
7. 橡胶避孕套等卫生医疗用品（40141000—40149000）	t、万美元	4 750.9	1 703.9	6 203.9	2 173.2	6 545.3	2 274.1
8. 外科手套及其他手套（40151100—40151900）	万双、万美元	97 103.9	6 357.7	113 329.3	7 718.5	137 044.2	8 791.9
9. 橡胶杂件（40161010—40169990）	t、万美元	79 744.3	21 662.0	88 189.7	22 486.5	113 707.3	27 624.6
10. 橡胶管（40091100—40094200）	t、万美元	11 976.5	2 314.6	13 936.0	2 739.9	14 793.0	3 134.9
11. 橡胶医疗用衣着用品（40159010—40159090）	t、万美元	1 036.8	420.6	1 121.0	424.0	1 315.1	472.9
12. 橡胶板、片、带、线、绳（400051000—40082900）	t、万美元	32 793.3	3 494.9	36 351.5	4 057.2	89 515.3	9 221.1
13. 硬质橡胶（40170010—40170020）	t、万美元	6 272.3	780.8	5 935.3	719.2	8 424.8	926.0

（续）

产品名称	单位	2000年		2001年		2002年	
		出口量	出口额	出口量	出口额	出口量	出口额
14. 再生胶等（40030000—40040000）	t、万美元	9 202.1	270.7	10 933.8	325.8	17 751.9	508.4
15. 胶鞋		278 537.3	367 648.6	283 663.1	502 613.7	300 906.7	545 389.0
①防水鞋靴（64011000—64019900）	万双、万美元	3 103.0	11 910.1	3 504.8	13 294.6	3 613.3	12 306.0
②滑雪鞋、防护鞋等（64021200—64029900）	万双、万美元	201 809.5	343 969.2	207 327.7	350 979.9	224 644.4	392 457.9
③运动鞋、篮球鞋、网球鞋等（64041100—64041900）	万双、万美元	73 624.7	11 769.2	72 830.6	138 339.2	72 649.0	140 625.1

表187 我国橡胶工业制品进口量与进口额（2000—2002年）

产品名称	单位	2000年		2001年		2002年	
		进口量	进口额	进口量	进口额	进口量	进口额
1. 新轮胎外胎（40111000—40119900）	万条、万美元	773.9	4 448.8	411.8	3 869.3	360.6	5 660.9
2. 轮胎内胎（40131000—40139090）	万条、万美元	580.8	377.0	414.3	231.4	203.9	122.1
3. 翻新轮胎（40121010—40121090）	万条、万美元	1.74	13.67	3.77	9.80	0.11	7.20
4. 汽车用旧轮胎（40122010—40122090）	万条、万美元	0.16	3.46	0.05	7.50	0.21	20.80
5. 实心或半实心轮胎，胎面及轮胎衬带（40129010—40129090）	万条、万美元	1 325.4	453.7	1 667.2	506.8	1 774.9	505.5
6. 橡胶输送带、三角带、传送带（40101100—40102900）	t、万美元	4 999.4	4 937.8	7 985.8	6 011.0	9 462.5	6 189.4
7. 橡胶避孕套等卫生医疗用品（40141000—40149000）	t、万美元	810.0	1 037.6	639.5	867.9	862.3	974.1
8. 外科手套及其他手套（40151100—40151900）	万双、万美元	12 136.6	480.8	18 305.6	573.9	25 359.9	758.1
9. 橡胶杂件（40161010—40169990）	t、万美元	33 060.7	22 907.8	27 171.5	25 851.4	33 108.0	30 298.7
10. 橡胶管（40091100—40042000）	t、万美元	6 077.0	4 732.4	9 978.8	9 452.5	12 950.9	11 597.0
11. 橡胶医疗用衣着用品（40159010—40159090）	t、万美元	363.8	320.5	309.9	241.7	1 053.5	281.5

（续）

产品名称	单位	2000年		2001年		2002年	
		进口量	进口额	进口量	进口额	进口量	进口额
12. 橡胶板、片、带、线、绳（40051000—40082900）	t、万美元	87 522.8	18 018.7	119 822.2	19 371.7	151 802.0	23 595.3
13. 硬质橡胶（40170010—40170020）	t、万美元	2 078.5	804.5	2 287.6	842.4	2 587.2	1 102.6
14. 再生胶等（40030000—40040000）	t、万美元	33 591.8	1 436.7	3 442.5	267.4	8 498.2	461.8
15. 胶鞋	万双、万美元	202.0	615.6	281.8	998.6	304.3	1 714.1
①防水靴鞋（64011000—64019900）	万双、万美元	2.9	12.4	4.5	22.2	5.7	28.8
②滑雪鞋、防护鞋等（64021200—64029900）	万双、万美元	154.9	225.5	163.7	255.2	238.1	833.1
③运动鞋、网球鞋、篮球鞋等（64041100—64041900）	万双、万美元	44.2	377.7	113.7	721.2	60.6	852.2

表 188　我国天然橡胶、合成橡胶进口情况（2000—2002 年）

产品名称	2002年		2000年		2001年	
	数量（万 t）	金额（万美元）	数量（万 t）	金额（万美元）	数量（万 t）	金额（万美元）
天然橡胶	85	58 432	98	59 231	95.6	69 369
合成橡胶	71	72 184	75	79 411	91.5	94 013

农产品加工业部分行业与企业排序

表 189　2003 年轻工业系统农产品加工业分行业主要经济指标排序

序号	按工业总产值排序			序号	按工业增加值排序		
	行业	总产值（亿元）	行业占轻工系统比重（%）		行业	增加值（亿元）	行业占轻工系统比重（%）
	轻工行业合计	**29 829.8**	**100.00**		**轻工行业合计**	**7 949.0**	**100.00**
1	农副食品加工	6 152.3	20.62	1	农副食品加工	1 462.5	18.40
2	造纸及纸制品	2 526.1	8.47	2	饮料制造业	795.7	10.01
3	食品制造业	2 290.1	7.68	3	造纸及纸制品	681.4	8.57
4	皮革、毛皮、羽绒制品业	2 274.1	7.62	4	食品制造业	666.8	8.39
5	饮料制造业	2 233.2	7.49	5	皮革、毛皮、羽绒制品业	590.5	7.43
6	工艺美术日用杂品制造业	1 241.4	4.16	6	工艺美术日用杂品制造业	331.1	4.16
7	家具制造业	719.9	2.41	7	家具制造业	182.1	2.29
8	木竹藤棕草制品业	139.9	0.47	8	木竹藤棕草制品业	37.1	0.47
9	制盐	83.9	0.28	9	制盐	35.9	0.45

（续）

序号	按工业销售产值排序			序号	按出口交货值排序		
	行　业	工业销售产值(亿元)	行业占轻工系统比重(%)		行　业	出口交货值(亿元)	行业占轻工系统比重(%)
	轻工行业合计	**29 026.6**	**100.00**		**轻工行业合计**	**7 465.9**	**100.00**
1	农副食品加工	5 987.2	20.63	1	皮革、毛皮、羽绒制品业	1 237.4	17.15
2	造纸及纸制品	2 482.7	8.55	2	工艺美术日用杂品制造业	729.8	9.77
3	皮革、毛皮、羽绒制品业	2 227.2	7.67	3	农副食品加工	672.8	9.01
4	食品制造业	2 220.3	7.65	4	家具制造业	334.5	4.48
5	饮料制造业	2 195.7	7.56	5	食品制造业	241.9	3.24
6	工艺美术日用杂品制造业	1 212.4	4.18	6	造纸及纸制品	191.1	2.56
7	家具制造业	705.1	2.43	7	饮料制造业	78.9	1.06
8	木竹藤棕草制品业	136.4	0.47	8	木竹藤棕草制品业	64.8	0.87
9	制盐	83.9	0.29	9	制盐	2.9	0.04

序号	按利税总额排序			序号	按利润总额排序		
	行　业	利税总额(亿元)	行业占轻工系统比重(%)		行　业	利润总额(亿元)	行业占轻工系统比重(%)
	轻工行业合计	**2 370.7**	**100.00**		**轻工行业合计**	**1 296.1**	**100.00**
1	饮料制造业	402.5	16.98	1	农副食品加工	173.2	13.36
2	农副食品加工	281.4	11.87	2	饮料制造业	149.0	11.50
3	造纸及纸制品	227.9	9.61	3	造纸及纸制品	117.1	9.03
4	食品制造业	212.4	8.96	4	食品制造业	113.1	8.72
5	皮革、毛皮、羽绒制品业	134.8	5.69	5	皮革、毛皮、羽绒制品业	79.9	6.16
6	工艺美术日用杂品制造业	79.1	3.34	6	工艺美术日用杂品制造业	46.2	3.56
7	家具制造业	47.2	1.99	7	家具制造业	28.9	2.23
8	制盐	14.9	0.63	8	木竹藤棕草制品业	4.9	0.39
9	木竹藤棕草制品业	9.2	0.39	9	制盐	3.7	0.28

序号	按产品销售收入排序			序号	按从业人员平均人数排序		
	行　业	产品销售收入(亿元)	行业占轻工系统比重(%)		行　业	从业人员人数(万人)	行业占轻工系统比重(%)
	轻工行业合计	**28 410.5**	**100.00**		**轻工行业合计**	**1 411.3**	**100.00**
1	农副食品加工	5 851.3	20.59	1	农副食品加工	181.7	12.87
2	造纸及纸制品	2 432.4	8.56	2	皮革、毛皮、羽绒制品业	165.4	11.72
3	食品制造业	2 168.4	7.63	3	造纸及纸制品	113.9	8.07
4	皮革、毛皮、羽绒制品业	2 139.2	7.53	4	工艺美术日用杂品制造业	101.3	7.18
5	饮料制造业	2 117.2	7.45	5	食品制造业	101.1	7.16
6	工艺美术日用杂品制造业	1 166.1	4.10	6	饮料制造业	89.0	6.31
7	家具制造业	693.8	2.44	7	家具制造业	43.4	3.07
8	木竹藤棕草制品业	133.3	0.47	8	制盐	12.8	0.91
9	制盐	79.9	0.28	9	木竹藤棕草制品业	11.8	0.84

表 190　2003 年轻工业系统农产品加工业产品进、出口总额分行业排序情况

序号	按出口总额排序			序号	按进口总额排序		
	行　业	出口总额（亿美元）	行业占轻工系统比重（%）		行　业	进口总额（亿美元）	行业占轻工系统比重（%）
	轻工行业合计	**1 131.3**	**100.00**		**轻工行业合计**	**304.7**	**100.00**
1	皮革、毛皮制品业	231.9	20.50	1	制浆造纸	77.7	25.49
2	家具制造业	73.3	6.48	2	皮革、毛皮制品业	32.2	10.56
3	工艺美术品	53.8	4.75	3	轻工机械	31.1	10.21
4	日用杂品	29.5	2.60	4	食品饮料	9.7	3.17
5	食品饮料	26.4	2.34	5	工艺美术品	4.2	1.38
6	木制品及其他天然植物制品	21.8	1.95	6	日用杂品	4.1	1.36
7	制浆造纸	11.9	1.05	7	家具制造业	1.9	0.64
8	轻工机械	4.4	0.39	8	木制品及其他天然植物制品	0.3	0.11
9	制盐	0.36	0.03	9	制盐	0.1	0.03

表 191　2003 年我国白酒制造业销售收入前 10 名企业排序　　单位：万元

序　号	企　业　名　称	销售收入
1	四川省宜宾五粮液集团有限公司	1 210 386
2	中国贵州茅台酒厂（集团）有限责任公司	269 532
3	泸州老窖集团有限责任公司	179 095
4	四川剑南春集团有限责任公司	174 110
5	山西省杏花村汾酒集团公司	118 920
6	安徽古井集团有限公司	111 761
7	山东天府集团公司	92 866
8	四川沱牌集团有限公司	92 272
9	四川全兴股份有限公司	92 135
10	湖北枝江酒业股份有限公司	64 097

表 192　2003 年我国白酒行业创利税前 20 名企业　　单位：亿元

序　号	企　业　名　称	创利税总额
1	四川省宜宾五粮液集团公司	34.06
2	中国贵州茅台酒厂（集团）有限责任公司	17.10
3	四川剑南春集团有限责任公司	6.95
4	四川泸州老窖集团有限责任公司	4.15
5	山西省杏花村汾酒集团公司	3.78
6	安徽古井集团股份有限公司	2.49
7	北京红星股份有限公司	2.34

（续）

序　号	企　业　名　称	创利税总额
8	四川沱牌集团有限公司	2.06
9	新疆兵团农四师伊犁酿酒总厂	1.82
10	安徽口子集团公司	1.79
11	内蒙古河套酒业集团股份有限公司	1.61
12	湖南酒鬼股份有限公司	1.47
13	广东顺德酒厂有限公司	1.39
14	广东省九江酒厂有限公司	1.32
15	江苏洋河集团有限公司	1.31
16	湖北省白运边股份有限公司	1.05
17	江西樟树四特酒厂	1.05
18	湖北枝江酒业股份有限公司	1.04
19	山东泰山生力源集团股份有限公司	0.97
20	安徽迎驾酒业集团	0.96

表193　2003年我国年产酒精3万吨以上的企业　　单位：万t

序　号	企　业　名　称	产　量
1	山东九九有限公司	28.77
2	黑龙江华润酒精有限公司	24.64
3	天津冠达实业总公司	9.16
4	龙口市振龙酒精公司	8.56
5	吉安生化乾安酒精公司	7.38
6	河南天冠酒精化工集团公司	7.07
7	江苏新沂酿酒厂	6.10
8	天津桂月集团酒精公司	5.52
9	哈尔滨酿酒总厂	5.20
10	太仓新太酒精公司	4.49
11	吉林沱牌农产品开发公司	4.05
12	天津天尊酒业公司	3.93
13	山东兰陵企业（集团）总公司	3.64
14	孟州市河阳酒实业公司	3.57
15	徐州房亭酒业有限公司	3.43
16	宁津县又一春酿酒厂	3.12
17	承德避暑山庄酒业公司	3.10
18	吉林新龙酿酒有限公司	3.02

表 194　2003 年我国葡萄酒行业产量、效益名列前茅的企业

企业名称	产量（万 L）	利润总额（万元）	税金总额（万元）
烟台张裕集团有限公司	5 532	24 080	21 210
中法合营王朝葡萄酿酒有限公司	2 660	18 525	15 299
华夏葡萄酿酒有限公司	2 446	6 880	8 384
烟台威龙葡萄酒股份有限公司	2 228	3 620	5 239
新天酒业有限公司	1 588	825	2 216
烟台中粮葡萄酿酒有限公司	1 010	5 527	4 230
中国长城葡萄酒有限公司	1 650	2 162	9 128
通化葡萄酒股份有限公司	806	992	1 982
云南高原葡萄酒有限公司	589	1 001	1 716
青岛华东葡萄酒有限公司	223	2 890	1 994

表 195　2003 年我国葡萄酒行业产量、效益名列前茅的省、自治区、直辖市

地区	产量总计（万 t）	资产总计（万元）	销售收入（万元）	利润总额（万元）	税金总额（万元）
山东	13.12	365 695	316 626	40 633	38 238
河北	5.46	181 804	105 177	9 115	18 535
天津	3.06	107 957	84 697	20 107	16 618
吉林	4.78	111 689	34 532	1 701	3 720
新疆	1.87	222 041	35 098	—437	2 760
5 省区市合计	28.29	989 185	576 130	71 119	79 871
占行业比重（%）	82.50	84.70	90.80	99.70	89.70

表 196　2003 年我国各类饮料最佳企业（10 名）

序号	企业名称
1	北京汇源饮料食品集团有限公司
2	国投中鲁果汁股份有限公司
3	杭州娃哈哈集团有限公司（含乳饮料）
4	椰树集团有限公司
5	露露集团有限责任公司
6	深圳达能益力泉饮品有限公司
7	杭州娃哈哈集团有限公司（纯净水）
8	康师傅控股有限公司
9	广东健力宝集团有限公司
10	红牛维他命饮料有限公司

表197　2004—2005年我国纺织工业各行业“企业竞争力”前10强企业

企业名称	企业名称
棉纺织	
山东华乐实业集团公司	石家庄常山纺织集团有限责任公司
山东德棉集团有限公司	华芳集团有限公司
山东魏桥创业集团有限公司	安徽华茂集团有限公司
广东溢达纺织有限公司	帛方纺织有限公司
天津田歌纺织有限公司	河南新野纺织集团股份有限公司
天虹纺织集团有限公司	浙江华孚集团有限公司
无锡市第一棉纺织厂	富丽达集团控股有限公司
东营市天信纺织有限公司	湖北裕波纺织集团股份有限公司
兰雁集团股份有限公司	鲁泰纺织股份有限公司
宁波百隆特种纺织品有限公司	黑牡丹（集团）股份有限公司
毛纺织　毛针织	
企业名称	企业名称
上海春竹企业发展有限公司	江苏阳光集团有限公司
山东如意科技集团有限公司	江苏倪家巷集团有限公司
山东南山实业股份有限公司	江苏振阳集团
内蒙古鄂尔多斯羊绒集团有限责任公司	浙江珍贝有限公司
兰州三毛纺织（集团）有限责任公司	海澜集团
丝绸	
企业名称	企业名称
万事利集团有限公司	杭州金富春丝绸化纤有限公司
广东省丝绸（集团）公司	重庆金凤丝绸（集团）有限公司
成都天友发展有限公司	浙江巴贝领带织造有限公司
江苏吴江丝绸集团有限公司	浙江丝得莉集团有限公司
江苏新民纺织科技股份有限公司	浙江嘉欣丝绸股份有限公司
麻纺	
企业名称	企业名称
大竹县金桥麻业有限责任公司	铜陵华源麻业有限公司
克山金鼎亚麻纺织有限责任公司	温州汇浩亚麻纺织有限公司
浙江绍兴新三江印染有限公司	湖南洞庭苎麻纺织印染厂
浙江金达创业股份有限公司	湖南益鑫泰麻业服装实业有限公司
浙江金鹰集团有限公司	肇融亚麻纺织有限公司

（续）

化　纤	
企　业　名　称	企　业　名　称
山东海龙股份有限公司	桐昆集团股份有限公司
广东新会美达锦纶股份有限公司	浙江华峰氨纶股份有限公司
中国石化仪征化纤股份有限公司	浙江恒逸集团有限公司
中国神马集团有限责任公司	烟台氨纶集团有限公司
吉林化纤集团有限责任公司	新乡白鹭化纤集团有限责任公司
针　织	
企　业　名　称	企　业　名　称
上海三枪（集团）有限公司	南通海林集团有限公司
无锡新雪竹纺织有限公司	浙江加佰利控股集团有限公司
宁波申洲针织有限公司	浙江宏达经编股份有限公司
江苏 AB 集团有限责任公司	浪莎针织有限公司
青岛即发集团控股有限公司	福建凤竹纺织科技股份有限公司
印　染	
企　业　名　称	企　业　名　称
山东大海集团有限公司	浙江天马实业股份有限公司
乐祺纺织实业（无锡）有限公司	浙江绍兴华宇印染纺织有限公司
华纺股份有限公司	浙江美欣达印染集团股份有限公司
佛山南方印染股份有限公司	浙江稽山印染有限公司
浙江大和纺织印染服装（集团）有限公司	福建协盛协丰印染实业有限公司
服　装	
企　业　名　称	企　业　名　称
江苏虎豹集团公司	美特斯邦威集团有限公司
红豆集团有限公司	浙江太子龙服饰有限公司
杉杉集团有限公司	晨风集团股份有限公司
波司登股份有限公司	雅戈尔集团
罗蒙集团股份有限公司	福建柒牌集团有限公司

表 198 2004—2005 年全国纺织工业出口前 100 强企业

排序	企业名称	排序	企业名称
1	广东省丝绸（集团）公司	44	浙江稽山印染有限公司
2	山东魏桥创业集团有限公司	45	番禺潭州振裕纺织染印有限公司
3	中国华源集团有限公司	46	宁夏马斯特羊绒集团
4	东莞德永佳纺织制衣有限公司	47	淮北印染集团公司
5	浙江永通染织集团有限公司	48	联业制衣（东莞）有限公司
6	宁波申洲针织有限公司	49	云蝠投资控股有限公司
7	青岛即发集团控股有限公司	50	上海华申国际企业（集团）有限公司
8	中国恒天集团公司	51	福懋兴业（中山）有限公司
9	广东溢达纺织有限公司	52	辽宁时代集团熊岳印染有限责任公司
10	华芳集团有限公司	53	江苏振阳集团
11	内蒙古鄂尔多斯羊绒集团有限责任公司	54	利华（宁波）羊毛工业有限公司
12	互太（番禺）纺织印染有限公司	55	宁波众鑫印染有限公司
13	江苏阳光集团有限公司	56	江苏梦兰集团公司
14	浙江美欣达印染集团股份有限公司	57	浙江珍贝有限公司
15	鲁泰纺织股份有限公司	58	浙江加佰利控股集团有限公司
16	雅戈尔集团	59	宁波东方宏业制衣有限公司
17	孚日家纺股份有限公司	60	奉化市爱伊美服饰有限公司
18	浙江绍兴华宇印染纺织有限公司	61	浙江大和纺织印染服装（集团）有限公司
19	晨风集团股份有限公司	62	山东大海集团有限公司
20	天龙控股集团有限公司	63	浙江天马实业股份有限公司
21	黑牡丹（集团）股份有限公司	64	七海（广东）织染厂有限公司
22	山东如意科技集团有限公司	65	上海申达（集团）有限公司
23	山东桑莎制衣集团	66	铜陵华源麻业有限公司
24	江苏澳洋实业（集团）有限公司	67	张家港市沙州纺织印染进出口有限公司
25	江苏东渡纺织集团有限公司	68	浙江巨鹰集团股份有限公司
26	宁波百隆特种纺织品有限公司	69	湖北裕波纺织集团股份有限公司
27	山东亚光纺织集团	70	青岛海珊服装服饰集团有限责任公司
28	宁波布利杰针织集团有限公司	71	杉杉集团有限公司
29	浙江华孚集团有限公司	72	宁波甬南针织有限公司
30	无锡庆丰集团有限公司	73	开平奔达纺织有限公司
31	邯郸发达纺织集团有限公司	74	深圳华丝企业股份有限公司
32	内蒙古鹿王羊绒集团公司	75	东营市天信纺织有限公司
33	宁波太平鸟投资集团有限公司	76	罗蒙集团股份有限公司
34	湛江纺织企业（集团）公司	77	红豆集团有限公司
35	浙江湖州大港纺织印染集团有限公司	78	泰丰纺织集团
36	无锡市第一棉纺织厂	79	无锡洛社印染有限公司
37	中国神马集团有限责任公司	80	浙江丝得莉集团有限公司
38	波司登股份有限公司	81	浙江金鹰集团有限公司
39	山东德棉集团有限公司	82	江苏大生集团有限公司
40	兰雁集团股份有限公司	83	三元控股集团有限公司
41	立信染整机械（深圳）有限公司	84	福州福华纺织印染有限公司
42	华纺股份有限公司	85	承德帝贤针织服份有限公司
43	河南嵩岳集团有限责任公司	86	杭州圣山实业有限公司

（续）

排序	企业名称	排序	企业名称
87	浙江金达创业股份有限公司	94	山东樱花纺织集团有限公司
88	招远市针织厂有限公司	95	中国石化集团四川维尼纶厂
89	福润控股集团有限公司	96	深圳海润实业有限公司
90	江苏清印集团有限公司	97	宁夏圣雪绒国际企业集团有限公司
91	安徽华皖碳纤集团有限公司	98	宁波明达针织有限公司
92	山东岱银纺织集团股份有限公司	99	浙江真爱毛纺有限公司
93	上海二纺机股份有限公司	100	新乡白鹭化纤集团有限责任公司

表 199 2004—2005 年我国纺织工业销售收入前 100 强企业

排序	企业名称	排序	企业名称
1	山东魏桥创业集团有限公司	33	东莞德永佳纺织制衣有限公司
2	广东省丝绸（集团）公司	34	浙江红剑集团有限公司
3	中国华源集团有限公司	35	宁波百隆特种纺织品有限公司
4	雅戈尔集团	36	上海华申国际企业（集团）有限公司
5	中国石化仪征化纤股份有限公司	37	浙江新凤鸣化纤有限公司
6	中国恒天集团公司	38	浙江航民实业集团有限公司
7	江苏三房巷集团有限公司	39	广东溢达纺织有限公司
8	江苏阳光集团有限公司	40	江苏澳洋实业（集团）有限公司
9	华芳集团有限公司	41	吉林化纤集团有限责任公司
10	万杰集团有限责任公司	42	山东如意科技集团有限公司
11	桐昆集团股份有限公司	43	江苏吴江丝绸集团有限公司
12	红豆集团有限公司	44	江苏梦兰集团公司
13	浙江远东化纤集团	45	罗蒙集团股份有限公司
14	浙江恒逸集团有限公司	46	邯郸发达纺织集团有限公司
15	上海申达（集团）有限公司	47	山东德棉集团有限公司
16	杉杉集团有限公司	48	浙江美欣达印染集团股份有限公司
17	内蒙古鄂尔多斯羊绒集团有限责任公司	49	孚日家纺股份有限公司
18	海澜集团公司	50	宁波申洲针织有限公司
19	东莞福安纺织印染有限公司	51	济南正昊化纤新材料有限公司
20	波司登股份有限公司	52	美特斯邦威集团有限公司
21	广东省开平涤纶企业集团公司	53	江苏虎豹集团公司
22	浙江永通染织集团有限公司	54	中国石化集团四川维尼纶厂
23	江苏华西集团公司	55	杭州道远化纤集团有限公司
24	无锡庆丰集团有限公司	56	浙江翔盛集团有限公司
25	浙江化纤联合集团有限公司	57	山东海龙股份有限公司
26	荣盛化纤集团有限公司	58	鲁泰纺织股份有限公司
27	石家庄常山纺织集团有限责任公司	59	湖北化纤集团有限公司
28	青岛即发集团控股公司	60	青岛星火纺织集团股份有限公司
29	浙江赐富化纤集团有限公司	61	开氏集团有限公司
30	浙江华孚集团有限公司	62	福建柒牌集团有限公司
31	中国神马集团有限责任公司	63	广东新会美达锦纶股份有限公司
32	厦门翔鹭化纤股份有限公司	64	天虹纺织集团有限公司

（续）

排序	企业名称	排序	企业名称
65	新乡白鹭化纤集团有限责任公司	83	湖南华升工贸进出口（集团）公司
66	山东大海集团有限公司	84	安徽皖维集团有限责任公司
67	互太（番禺）纺织印染有限公司	85	安徽华茂集团有限公司
68	天龙控股集团有限公司	86	浙江湖州大港纺织印染集团有限公司
69	宁波洛兹集团有限公司	87	无锡市第一棉纺织厂
70	黑龙江龙涤集团有限公司	88	浙江金鹰集团有限公司
71	大杨企业集团	89	浙江万亨盛印染有限公司
72	浙江珍贝有限公司	90	东营市天信纺织有限公司
73	宁波锦纶股份有限公司	91	山东樱花纺织集团有限公司
74	山东新郎希努尔股份有限公司	92	宁波太平鸟投资集团有限公司
75	报喜鸟集团有限公司	93	承德帝贤针织股份有限公司
76	江苏大生集团有限公司	94	桐乡市凤鸣合纤有限公司
77	晨风集团股份有限公司	95	森马集团有限公司
78	江苏万翔集团公司	96	内蒙古鹿王羊绒有限公司
79	江苏倪家巷集团有限公司	97	浙江绍兴华宇印染纺织有限公司
80	浙江华港染织有限公司	98	山东亚光纺织集团
81	泰丰纺织集团	99	浙江大普集团有限公司
82	河南新野纺织集团股份有限公司	100	法派集团有限公司

注：表 198～表 199 排序，由中国纺织工业协会及中国棉纺织行业协会等 9 个行业协会，于 2005 年 8 月 9 日网上发布。

表 200　2004—2005 年我国纺织工业毛纺织毛针织行业销售收入前 50 名企业

排序	企业名称	排序	企业名称
1	江苏阳光集团有限公司	20	广东美雅集团股份有限公司
2	内蒙古鄂尔多斯羊绒集团有限责任公司	21	肇庆市昆庆毛绒厂有限公司
3	海澜集团公司	22	宁夏圣雪绒国际企业集团有限公司
4	江苏华西集团公司	23	张家港保税区天宇毛纺织有限公司
5	江苏澳洋实业（集团）有限公司	24	利华（宁波）羊毛工业有限公司
6	山东如意科技集团有限公司	25	浙江正兴集团有限公司
7	浙江珍贝有限公司	26	张家港市普坤纺织实业有限公司
8	江苏倪家巷集团有限公司	27	张家港保税区澳丰毛纺有限公司
9	内蒙古鹿王羊绒（集团）公司	28	兰州三毛纺织（集团）有限责任公司
10	山东南山实业股份有限公司	29	上海春竹企业发展有限公司
11	云蝠投资控股有限公司	30	江苏鹿港毛纺集团有限公司
12	嘉兴市兔皇羊绒有限公司	31	常州市毛条厂有限公司
13	浙江新澳集团	32	常州三毛纺织集团
14	北京雪莲毛纺服装集团公司	33	无锡协新集团有限公司
15	宁夏马斯特羊绒集团	34	江苏蝶美集团公司
16	江苏澳洋实业股份有限公司	35	宁波中鑫毛纺集团有限公司
17	江苏振阳集团	36	浙江真爱毛纺有限公司
18	浙江华源兰宝有限公司	37	江苏灵丰纺织集团有限公司
19	维信深喜（临河）绒毛纺织有限公司	38	河北启发纺织集团公司

（续）

排序	企 业 名 称	排序	企 业 名 称
39	湖北仙桃毛纺集团有限公司	45	上海三毛企业（集团）股份有限公司
40	新疆天山毛纺织股份有限公司	46	包头富华羊绒衫有限公司
41	上海瀛春毛纺织有限公司	47	中山侨光纺织有限公司
42	江苏箭鹿毛纺股份有限公司	48	青岛韩一华瑞纺织有限公司
43	广东联发毛纺织有限公司	49	内蒙古双河羊绒集团有限公司
44	内蒙古东吴羊绒制品有限公司	50	北京市东方叶杨纺织有限公司

表 201　2004—2005 年我国纺织工业针织行业销售收入前 50 名企业

排序	企业名称	排序	企业名称
1	东莞福安纺织印染有限公司	26	宁波东方宏业制衣有限公司
2	青岛即发集团控股有限公司	27	雄鹰针织品印染（常熟）有限公司
3	东莞德永佳纺织制衣有限公司	28	宁波明达针织有限公司
4	宁波申洲针织有限公司	29	浙江宝娜斯袜业有限公司
5	承德帝贤针织股份有限公司	30	福建凤竹纺织科技股份有限公司
6	上海三枪（集团）有限公司	31	中山华泰纺织有限公司
7	浙江加佰利控股集团有限公司	32	浙江梦娜针织袜业有限公司
8	宁波布利杰针织集团有限公司	33	山东滨州春晓针织制衣集团有限公司
9	江苏东渡纺织集团有限公司	34	江苏兰瑞针织有限公司
10	武汉爱帝集团有限公司	35	上海嘉乐股份有限公司
11	富润控股集团有限公司	36	招远市针织厂有限公司
12	江苏 AB 集团有限责任公司	37	江苏爱娇集团
13	浙江巨鹰集团股份有限公司	38	浙江宏达经编股份有限公司
14	北京铜牛针织集团有限责任公司	39	山东兰凤针织集团有限公司
15	无锡新雪竹纺织有限公司	40	宁波康尔针织制衣有限公司
16	常州老三集团有限公司	41	青岛南南有限公司
17	宁波宏利集团有限公司	42	宁波茂宇制衣有限公司
18	武汉猫人服饰有限公司	43	济南元首针织股份有限公司
19	象山东风集团有限公司	44	浙江锦达新材料股份有限公司
20	浙江袜业有限公司	45	宁波健鹰针织有限公司
21	浙江芬莉袜业有限公司	46	浙江华尔针织有限公司
22	宁波甬南针织有限公司	47	浙江万方经编股份有限公司
23	南通海林集团有限公司	48	上海光明针织总厂
24	山东真情集团有限公司	49	宁波华中纺织有限公司
25	浪莎针织有限公司	50	上海飞马针织有限公司

表 202　2004—2005 年我国纺织工业丝绸行业销售收入前 30 名企业

排序	企业名称	排序	企业名称
1	广东省丝绸（集团）公司	16	四川南充六合（集团）有限责任公司
2	江苏吴江丝绸集团有限公司	17	吴江工艺织造厂
3	万事利集团有限公司	18	重庆金凤丝绸（集团）有限公司
4	浙江嘉欣丝绸股份有限公司	19	浙江康力亨集团有限公司
5	浙江丝得莉集团有限公司	20	山东天力丝绸有限公司
6	江苏新民纺织科技股份有限公司	21	浙江恒越绢纺有限公司
7	达利（中国）有限公司	22	无锡鼎球绢丝纺有限公司
8	成都天友发展有限公司	23	江苏泗绢集团有限公司
9	浙江巴贝领带织造有限公司	24	江苏富安茧丝绸股份有限公司
10	浙江天松集团有限公司	25	四川新世纪丝绸实业有限公司
11	大自然控股集团有限公司	26	海宁市海宁绢纺有限责任公司
12	杭州金富春丝绸化纤有限公司	27	浙江三环丝绸股份有限公司
13	浙江虹绢丝绸集团有限公司	28	山东锦冠丝业有限责任公司
14	浙江威莱集团公司	29	云南千佛茧丝绸集团有限公司
15	深圳华丝企业股份有限公司	30	广州丝绸印染厂有限公司

表 203　2004—2005 年我国纺织工业棉纺织行业销售收入前 50 名企业

排序	企业名称	排序	企业名称
1	山东魏桥创业集团有限公司	26	洛阳白马集团有限责任公司
2	华芳集团有限公司	27	南阳纺织集团有限公司
3	上海申达（集团）有限公司	28	兰雁集团股份有限公司
4	无锡庆丰集团有限公司	29	山东省冠县冠星纺织集团总公司
5	石家庄常山纺织集团有限责任公司	30	江苏向阳集团有限公司
6	浙江华孚集团有限公司	31	弘生集团
7	宁波百隆特种纺织品有限公司	32	湖北裕波纺织集团股份有限公司
8	上海华申国际企业（集团）有限公司	33	湛江纺织企业（集团）公司
9	广东溢达纺织有限公司	34	山东滨州环宇纺织集团有限责任公司
10	邯郸发达纺织集团有限公司	35	江苏通裕纺织集团有限公司
11	山东德棉集团有限公司	36	福建南纺股份有限公司
12	鲁泰纺织股份有限公司	37	江苏裕纶纺织（集团）有限公司
13	天虹纺织集团有限公司	38	武汉一棉集团有限公司
14	江苏大生集团有限公司	39	太仓利泰纺织厂有限公司
15	泰丰纺织集团	40	富丽达集团控股有限公司
16	河南新野纺织集团股份有限公司	41	武汉江南实业集团有限公司
17	安徽华茂集团有限公司	42	帛方纺织有限公司
18	无锡市第一棉纺织厂	43	河北衡水远大集团有限公司
19	东营市天信纺织有限公司	44	江苏联发集团股份有限公司
20	山东樱花纺织集团有限公司	45	湖北孝棉实业集团有限责任公司
21	河南嵩岳集团有限责任公司	46	柳州立宇集团有限责任公司
22	山东华乐实业集团公司	47	天津纺织集团天一有限公司
23	山东岱银纺织集团股份有限公司	48	安阳市昌泰纺织有限责任公司
24	青岛纺联集团有限公司	49	开平奔达纺织有限公司
25	黑牡丹（集团）股份有限公司	50	福懋兴业（中山）有限公司

表 204 2004—2005 年我国纺织工业化纤行业销售收入前 50 名企业

排序	企业名称	排序	企业名称
1	中国石化仪征化纤股份有限公司	26	宁波锦纶股份有限公司
2	江苏三房巷集团有限公司	27	江苏万翔集团有限责任公司
3	万杰集团有限责任公司	28	安徽皖维集团有限责任公司
4	桐昆集团股份有限公司	29	桐乡市凤鸣合纤有限公司
5	浙江远东化纤集团	30	浙江大普集团有限公司
6	浙江恒逸集团有限公司	31	山西三维集团股份有限公司
7	广东省开平涤纶企业集团公司	32	骏马化纤股份有限公司
8	浙江化纤联合集团有限公司	33	山东高密银鹰化纤有限公司
9	荣盛化纤集团有限公司	34	烟台氨纶集团有限公司
10	浙江赐富化纤集团有限公司	35	张家港市欣欣化纤有限公司
11	中国神马集团有限责任公司	36	浙江江南涤化有限公司
12	厦门翔鹭化纤股份有限公司	37	丹东化学纤维（集团）有限责任公司
13	浙江红剑集团有限公司	38	唐山三友集团化纤有限公司
14	浙江新凤鸣化纤有限公司	39	南京华纤股份有限公司
15	吉林化纤集团有限责任公司	40	东丽合成纤维（南通）有限公司
16	济南正昊化纤新材料有限公司	41	江苏华亚化纤有限公司
17	中国石化集团四川维尼纶厂	42	江苏金达莱集团公司
18	杭州道远化纤集团有限公司	43	江西涤纶厂
19	浙江翔盛集团有限公司	44	保定天鹅化纤集团有限公司
20	山东海龙股份有限公司	45	湖南金迪化纤集团有限公司
21	湖北化纤集团有限公司	46	福建纺织化纤集团有限公司
22	开氏集团有限公司	47	浙江华峰氨纶股份有限公司
23	广东新合美达锦纶股份有限公司	48	湖南省湘维有限公司
24	新乡白鹭化纤集团有限责任公司	49	海盐华明化纤有限公司
25	黑龙江龙涤集团有限公司	50	广西维尼纶集团有限责任公司

表 205 2004—2005 年我国纺织工业麻纺行业销售收入前 40 名企业

排序	企业名称	排序	企业名称
1	湖南华升工贸进出口（集团）公司	15	宜兴市华东亚麻纺织有限公司
2	浙江金鹰集团有限公司	16	黑龙江圆宝纺织股份有限公司
3	铜陵华源麻业有限公司	17	大竹县金桥麻业有限责任公司
4	浙江金达创业股份有限公司	18	湖南广源麻业有限公司
5	哈尔滨继佳纺织有限公司	19	新疆伊犁天一实业有限责任公司
6	湖北银泉纺织股份有限公司	20	达县智鹏苎麻纺织厂
7	重庆市涪陵金帝工业集团有限公司	21	东平洲际泰亚麻纺织有限公司
8	无锡天元实业有限公司	22	克山金鼎亚麻纺织有限责任公司
9	诸城市德利源纺织有限公司	23	辽宁海城市永发捻织有限公司
10	湖南益鑫泰麻业服装实业有限公司	24	湖北天化麻业股份有限公司
11	湖南洞庭苎麻纺织印染厂	25	山西绿洲纺织有限责任公司
12	浙江绍关新三江印染有限公司	26	哈尔滨亚麻纺织厂股份有限公司
13	咸宁市精华纺织有限公司	27	肇融亚麻纺织有限公司
14	山东曲阜市锦绣纺织有限公司	28	黑龙江金亚纺织有限公司

（续）

排序	企业名称	排序	企业名称
29	浙江梅荣市布业发展有限公司	35	深圳新龙亚麻纺织漂染有限公司
30	德科（苏州）纺织有限公司	36	苏州南亚企业集团有限公司
31	江苏泛佳亚麻纺织厂有限公司	37	重庆长丰麻纺织厂
32	延边金龙亚麻纺织股份有限公司	38	吉林省白城麻纺织股份有限公司
33	佳木斯佳鹏亚麻有限责任公司	39	山西省朔芳亚麻纺织有限公司
34	温州汇浩亚麻纺织有限公司	40	江西赣东纺织有限公司

表 206　2004—2005 年我国纺织工业印染行业销售收入前 50 名企业

排序	企业名称	排序	企业名称
1	浙江永通染织集团有限公司	26	华懋（厦门）织造染整有限公司
2	浙江航民实业集团有限公司	27	福建协盛协丰印染实业有限公司
3	浙江美欣达印染集团股份有限公司	28	安徽华皖碳纤维集团有限公司
4	山东大海集团有限公司	29	明石染厂有限公司
5	互太（番禺）纺织印染有限公司	30	佛山南方印染股份有限公司
6	天龙控股集团有限公司	31	江苏清印集团有限公司
7	浙江华港染织有限公司	32	无锡洛社印染有限公司
8	浙江湖州大港纺织印染集团有限公司	33	永新印染厂（深圳）有限公司
9	浙江方亨盛印染有限公司	34	常州东恒染织集团有限公司
10	浙江绍兴华宇印染纺织有限公司	35	福州福华纺织印染有限公司
11	华纺股份有限公司	36	深圳海润实业有限公司
12	乐祺纺织实业（无锡）有限公司	37	潍坊齐荣纺织有限公司
13	三元控股集团有限公司	38	杭州圣山实业有限公司
14	张家港市沙州纺织印染进出口有限公司	39	常州月夜灯芯绒有限公司
15	浙江天马实业股份有限公司	40	杭州钱江印染化工有限公司
16	浙江稽山印染有限公司	41	中山正兴纺织厂有限公司
17	浙江大和纺织印染服装（集团）有限公司	42	深圳中冠纺织印染股份有限公司
18	江苏紫荆花纺织科技股份有限公司	43	浙江同辉染整有限公司
19	江阴市康源印染有限公司	44	南通纺织控股集团织染有限公司
20	七海（广东）织染厂有限公司	45	浙江华东纺织印染有限公司
21	淮北印染集团公司	46	浙江维艺纺织印染集团有限公司
22	番禺潭州振裕纺织染印有限公司	47	晋江市维盛织造漂染有限公司
23	宁波众鑫印染有限公司	48	广州恒丰染整厂有限公司
24	浙江新天龙工贸有限公司	49	中山市凯联针织印染厂有限公司
25	辽宁时代集团熊岳印染有限责任公司	50	重庆市三五三三印染服装总厂

表 207 2004—2005 年我国纺织工业纺机行业销售收入前 50 名企业

排序	企业名称	排序	企业名称
1	经纬纺织机械股份有限公司	26	绍兴越剑机械制造有限公司
2	青岛星火纺织集团股份有限公司	27	天门市纺织机械有限公司
3	郑州纺织机械股份有限公司	28	福建红旗股份有限公司
4	浙江金鹰集团有限公司	29	南安市南星工业机械有限公司
5	上海二纺机股份有限公司	30	北京北方天鸟智能科技股份有限公司
6	马佐里（东台）纺织有限公司	31	南通金轮针布有限公司
7	江苏宏源纺机股份有限公司	32	卡尔迈耶纺织机械有限公司
8	北京中丽制机化纤工程技术有限公司	33	江阴市机械制造有限公司
9	连云港鹰游纺机有限责任公司	34	上海太平洋克罗斯罗尔机械有限公司
10	立信染整机械（深圳）有限公司	35	苏拉加捻系统（苏州）有限公司
11	中国纺织机械股份有限公司	36	海宁山山集团海宁纺织机械厂
12	浙江日发纺织机械有限公司	37	立达（常州）纺织机械有限公司
13	青岛纺织机械厂	38	陕西长岭纺织机电科技有限公司
14	江阴精亚集团	39	河北太行机械工业有限公司
15	浙江三友集团有限公司	40	常州钢筋有限公司
16	常熟纺织机械厂有限公司	41	江阴市纺织机件厂
17	青岛胶南东佳纺机集团有限公司	42	苏州必加东纺织机械有限公司
18	浙江华海机械制造有限公司	43	海鹰企业集团
19	上海纺织机械总厂	44	绍兴纺织机械集团有限公司
20	杭州引春机械有限公司	45	张家港市建业印染机械有限公司
21	浙江印染机械有限公司	46	浙江万利纺织机械有限公司
22	江苏金昇实业股份有限公司	47	天津纺织机械厂
23	山东同大纺机有限公司	48	张家港盛美机械有限公司
24	浙江泰坦股份有限公司	49	黄石纺织机械厂
25	常州第八纺织机械厂	50	陕西宝成新型纺织机械有限公司

表 208 2003 年我国 15 家被认定为“真皮标志生态皮革”的皮革企业

序号	企业名称	序号	企业名称
1	辛集东明皮革有限公司	9	河南省方圆皮革有限公司
2	浙江卡森股份有限公司	10	新乡黑白明亮制革有限公司
3	佰立特皮业有限公司	11	烟台制革有限责任公司
4	辛集腾跃皮革有限公司	12	河南鞋城（集团）总公司
5	宏四海皮革有限公司	13	南海中港皮业有限公司
6	远东皮革有限公司	14	成都立申实业有限公司
7	浙江金鑫皮革有限公司	15	晋江兴业皮革有限公司
8	山东茂德皮革集团有限公司		

资料来源：中国皮革工业协会提供。

表 209　2004 年我国皮革工业中荣获“真皮鞋王”的企业与品牌

序号	企　业　名　称	品　牌
1	威海市金猴集团有限责任公司	金　猴
2	石狮市富贵鸟集团公司	富贵鸟
3	奥康集团有限公司	奥　康
4	丽港鞋业（深圳）有限公司	百　丽
5	昆山哈森鞋业有限公司	哈　森
6	温州吉尔达鞋业有限公司	吉尔达
7	青岛亨达集团有限公司	亨　达
8	多尔康鞋业有限公司	多尔康
9	东艺鞋业有限公司	东　艺
10	红蜻蜓集团有限公司	红蜻蜓

资料来源：由中国皮革工业协会提供，表中序号排名不分先后。

表 210　2004 年我国皮革工业中荣获“真皮衣王”的企业与品牌

序号	企　业　名　称	品　牌
1	浙江兽王集团有限公司	兽　王
2	海宁蒙努集团有限公司	蒙　努
3	天津应大皮革时装有限公司	应　大
4	河北辛集東兰（集团）有限公司	東　兰
5	河北西曼集团有限公司	西　曼
6	恺撒（中国）股份有限公司	凯　撒
7	雪豹集团公司	雪　豹
8	北京庄子工贸有限责任公司	庄　子
9	云南瑞彪有限公司	瑞　彪
10	和泰集团（中国）投资有限公司	和　泰

表 211　2003 年重点造纸企业销售收入排名前 20 位企业　　单位：万元

序号	企　业　名　称	销售收入
1	金东纸业（江苏）有限公司	737 500
2	山东晨鸣纸业集团股份有限公司	727 496
3	山东华泰集团有限公司	313 001
4	山东太阳纸业股份有限公司	287 400
5	东莞玖龙纸业有限公司	253 770
6	山东博汇纸业集团有限公司	251 761
7	宁波中华纸业有限公司	237 648
8	芬欧汇川（苏州）有限公司	220 560
9	山东泉林纸业有限责任公司	220 000

（续）

序号	企业名称	销售收入
10	湖南岳阳林纸集团有限责任公司	215 418
11	金华盛纸业（苏州工业园区）有限公司	196 496
12	广州造纸集团有限公司	187 969
13	宁夏美利纸业集团有限责任公司	153 400
14	珠海红塔仁恒纸业有限公司	150 000
15	山东（临清）银河纸业集团有限公司	142 918
16	福建省南纸股份有限公司	136 341
17	青岛海王纸业股份有限公司	109 200
18	山东日照森博浆纸有限责任公司	109 100
19	中顺纸业集团纸业有限公司	100 000
20	苏州紫兴纸业有限公司	97 197

表 212　2003 年重点造纸企业利税总额排名前 20 位企业　　单位：万元

序号	企业名称	利税总额
1	山东晨鸣纸业集团股份有限公司	136 990
2	金东纸业（江苏）有限公司	131 739
3	山东华泰集团有限公司	55 688
4	山东太阳纸业股份有限公司	48 160
5	珠海红塔仁恒纸业有限公司	36 000
6	山东博汇纸业集团有限公司	35 116
7	山东泉林纸业有限责任公司	35 110
8	东莞玖龙纸业有限公司	34 509
9	湖南岳阳林纸集团有限责任公司	26 962
10	山东（临清）银河纸业集团有限公司	21 027
11	广州造纸集团有限公司	20 229
12	河南新乡新亚集团股份有限公司	16 600
13	宁波中华纸业有限公司	16 024
14	牡丹江恒丰纸业集团有限责任公司	15 172
15	恒安集团亚洲有限公司	12 654
16	浙江景兴纸业股份有限公司	12 175
17	苏州紫兴纸业有限公司	11 286
18	山东鲁南纸业集团	10 800
19	福建省南纸股份有限公司	10 186
20	中顺纸业集团纸业有限公司	10 100

表213　2003年重点造纸企业利润总额排名前20位企业

单位：万元

序号	企　业　名　称	利润总额
1	山东晨鸣纸业集团股份有限公司	94 976
2	金东纸业（江苏）有限公司	76 471
3	山东华泰集团有限公司	42 117
4	山东太阳纸业股份有限公司	34 120
5	山东博汇纸业集团有限公司	28 216
6	山东泉林纸业有限责任公司	22 430
7	东莞玖龙纸业有限公司	15 079
8	珠海红塔仁恒纸业有限公司	14 000
9	山东（临清）银河纸业集团有限公司	12 721
10	湖南岳阳林纸集团有限责任公司	12 558
11	恒安集团亚洲有限公司	12 427
12	河南新乡新亚集团股份有限公司	12 400
13	牡丹江恒丰纸业集团有限责任公司	10 141
14	民丰集团公司	9 963
15	广州造纸集团有限公司	7 969
16	山东日照东方纸业集团有限公司	7 400
17	山东华金集团有限公司	7 145
18	浙江景兴纸业股份有限公司	7 087
19	中顺纸业集团纸业有限公司	6 800
20	宁夏美利纸业集团有限责任公司	5 920

表214　2003年重点造纸企业产量排名前20位企业

单位：万t

序号	企　业　名　称	产量
1	山东晨鸣纸业集团股份有限公司	127.00
2	金东纸业（江苏）有限公司	121.40
3	东莞玖龙纸业有限公司	91.32
4	山东太阳纸业股份有限公司	59.74
5	山东华泰集团有限公司	58.48
6	东莞理文造纸有限公司	56.80
7	宁波中华纸业有限公司	47.22
8	山东博汇纸业集团有限公司	41.00
9	广州造纸集团有限公司	39.74
10	芬欧汇川（苏州）有限公司	36.76
11	安徽山鹰纸业股份有限公司	36.70
12	湖南岳阳林纸集团有限责任公司	34.75
13	金华盛纸业（苏州工业园区）有限公司	32.64
14	宁夏美利纸业集团有限责任公司	30.71
15	山东泉林纸业有限责任公司	27.31
16	福建省南纸股份有限公司	26.69
17	中山联合鸿兴造纸有限公司	26.29
18	山东（临清）银河纸业集团有限公司	25.00
19	浙江景兴纸业股份有限公司	24.78
20	福建青山纸业股份有限公司	24.52

表 215　2002—2003 年我国纸及纸板产量 100 万 t 以上的省　　单位：万 t

2002 年			2003 年		
序号	省　名	产量	序号	省　名	产量
1	山　东	666	1	山　东	853
2	浙　江	496	2	浙　江	601
3	广　东	410	3	广　东	543
4	河　南	355	4	河　南	420
5	江　苏	315	5	江　苏	339
6	河　北	288	6	河　北	275
7	福　建	123	7	福　建	144
8	湖　北	103	8	湖　南	125
			9	四　川	102

表 216　2003 年我国书刊印刷企业（含其他印刷）实现利税前 20 位企业

单位：万元

序号	企　业　名　称	实现利税
1	新华通讯社印刷厂	3 590.0
2	湖南印刷集团有限公司	2 993.0
3	人民日报社印刷厂	2 986.2
4	重庆新华印刷厂	2 624.0
5	沈阳新华印刷厂	1 789.0
6	山西新华印业有限公司	1 728.0
7	南京爱德印刷有限公司	1 497.0
8	辽宁美术印刷厂	1 479.0
9	安徽新华印刷厂	1 468.0
10	解放军报印刷厂（2230）	1 403.0
11	江苏新华印刷厂	1 382.0
12	中华印刷有限公司	1 270.6
13	浙江印刷集团公司	1 266.0
14	北京中科印刷有限公司	1 219.0
15	北京京华印刷总厂	1 213.4
16	利丰雅高长城印刷公司	1 199.5
17	河南第一新华印刷厂	1 199.5
18	商务上海印刷有限公司	1 163.0
19	江西新华印刷厂	1 099.0
20	北京新华印刷厂	1 004.0

表 217 2003 年我国书刊印刷企业（含其他印刷）胶印印刷前 20 位企业

序号	企 业 名 称	万对开色令
1	湖南印刷集团有限公司	403.0
2	利丰雅高长城印刷公司	304.0
3	中华印刷有限公司	224.3
4	山西新华印业有限公司	214.1
5	北京新华印刷厂	176.5
6	陕西省印刷厂	176.5
7	上海三印时报印刷公司	143.7
8	山东新华印刷厂临沂厂	138.0
9	西安新华印刷厂	134.0
10	河北新华印刷一厂	133.0
11	浙江印刷集团公司	124.9
12	山东新华印刷厂德州厂	112.2
13	辽宁美术印刷厂	111.0
14	河北新华印刷二厂	108.9
15	山东新华印刷厂	105.9
16	北京乾沣印刷公司	104.9
17	沈阳新华印刷厂	95.0
18	江西新华印刷厂	91.0
19	山东人民印刷厂	85.0
20	贵州新华印刷厂	84.9

表 218 2003 年我国包装印刷企业销售收入（亿元以上）前 15 位企业排序

序号	企 业 名 称
1	中国包装印刷厂生产基地
2	浙江广博集团股份有限公司
3	鹤山雅图仕印刷有限公司
4	天津环球磁卡股份有限公司
5	广州包装印刷集团有限责任公司
6	杭州中粮美特容器有限公司
7	宜宾五粮液精美印刷有限责任公司
8	浙江天外包装印刷有限公司
9	宁波三 A 集团有限公司
10	杭州爱迪尔包装集团公司
11	昆明彩印有限责任公司
12	山东鲁烟莱州印刷有限公司
13	苏州印刷总厂有限公司
14	上海外贸界龙彩印厂
15	北京德宝商三包装印刷有限公司

表 219　2003 年我国包装印刷企业实现利税总额（千万元以上）前 15 位企业排序

序　号	企　业　名　称
1	中国包装印刷厂生产基地
2	天津环球磁卡股份有限公司
3	浙江广博集团股份有限公司
4	浙江天外包装印刷有限公司
5	宜宾五粮液精美印刷有限责任公司
6	杭州爱迪尔包装集团公司
7	福建三华彩印有限公司
8	鹤山雅图仕印刷有限公司
9	山东鲁烟莱州印刷有限公司
10	杭州中粮美特容器有限公司
11	广州包装印刷集团有限责任公司
12	昆明彩印有限责任公司
13	苏州印刷总厂有限公司
14	上海外贸界龙彩印厂
15	厦门鑫叶印刷有限公司

表 220　2003 年销售收入 5 000 万元以上的重点造纸机械企业　单位：万元

序号	企　业　名　称	工业总产值
1	安丘汶瑞机械制造有限公司	12 006
2	昌华造纸机械有限公司	12 000
3	济宁华一轻工机械有限公司	11 000
4	淄博轻工股份有限公司	7 674
5	湖北沙市轻工机械有限公司	7 507
6	潍坊扬帆机械有限公司	6 700
7	潍坊凯信机械有限公司	6 280
8	滕州力华米泰克斯胶辊有限公司	5 600

表 221　2003 年利税总额 500 万元以上的重点造纸机械企业　单位：万元

序号	企　业　名　称	实现利税
1	安丘汶瑞机械制造有限公司	1 998
2	济宁华一轻工机械有限公司	1 680
3	昌华造纸机械有限公司	1 099
4	淄博轻工机械股份有限公司	758
5	潍坊扬帆机械有限公司	710
6	潍坊凯信机械有限公司	705
7	滕州力华米泰克斯胶辊有限公司	669
8	湖北沙市轻工机械有限公司	605

表 222　2003 年劳动生产率在 10 万元以上的重点造纸机械企业　单位：万元

序号	企　业　名　称	劳动生产率
1	湖北沙市轻工机械有限公司	25.53
2	潍坊凯信机械有限公司	20.00
3	济宁华一轻工机械有限公司	19.80
4	淄博轻工机械股份有限公司	18.20
5	安丘汶瑞机械制造有限公司	16.12
6	昌华造纸机械有限公司	15.83
7	潍坊扬帆机械有限公司	15.00
8	滕州力华米泰克斯胶辊有限公司	11.36

表 223　2002 年我国橡胶工业协会会员企业按销售收入排序

轮胎行业			力车胎行业		
排序	企业名称	销售收入（万元）	排序	企业名称	销售收入（万元）
1	安徽佳通轮胎公司	307 369	1	厦门正新橡胶工业有限公司	101 871
2	成山轮胎股份公司	247 716	2	杭州中策橡胶公司	58 357.5
3	三角集团有限公司	243 485	3	天津万达集团公司	31 775
4	上海轮胎橡胶公司	212 917	4	江苏飞驰股份公司	23 622
5	青岛黄海橡胶公司	208 795	5	广州第一橡胶厂	21 184.1
6	杭州中策橡胶公司	195 371	6	山东锦轮股份有限公司	17 416.5
7	双星华青轮胎公司	183 843	7	临沂正兴橡胶公司	11 178.8
8	贵州轮胎股份公司	154 988	8	天津飞亚达车胎厂	9 884.0
9	河南轮胎股份公司	136 154	9	临沂金宇轮胎有限公司	9 277.8
10	山东玲珑橡胶公司	110 866	10	昆明三叶轮胎公司	9 183.5
胶鞋行业			炭黑行业		
排序	企业名称	销售收入（万元）	排序	企业名称	销售收入（万元）
1	双星集团有限责任公司	103 660.2	1	江西黑猫炭黑股份有限公司	22 450.5
2	荣光集团有限公司	41 882.9	2	天津海豚炭黑有限公司	18 868.7
3	许昌骆驼鞋业有限公司	21 413.0	3	温州三维集团公司	16 982.6
4	解放军 3537 厂	21 047.8	4	苏州宝化炭黑有限公司	14 959.7
5	上海回力鞋业有限公司	15 231.1	5	青岛德固萨化学有限公司	13 059.3
6	常州鸿福鞋业有限公司	12 486.0	6	中橡（马鞍山）化学公司	10 591.6
7	杭州雅加实业有限公司	12 357.0	7	沙河炭黑厂	9 844.5
8	福祥集团（福建）有限公司	12 350.0	8	青州化工股份有限公司	7 544.5
9	青岛环球集团公司	11 869.0	9	杭州富春江化工有限公司	7 036.6
10	张家港贝顺橡胶有限公司	11 400.0	10	中橡集团炭黑研究院	6 212.4

（续）

乳胶行业			橡胶制品		
排序	企业名称	销售收入（万元）	排序	企业名称	销售收入（万元）
1	青岛双蝶集团股份有限公司	16 659.0	1	安徽宁国中鼎密封件有限公司	34 451
2	张家港大裕橡胶制品公司	11 783.6	2	中国人民解放军3517厂	31 382
3	桂林乳胶厂	11 256.8	3	沈阳第四橡胶厂	20 330
4	中橡集团上海乳胶厂	9 486.8	4	上海华向橡胶制品有限公司	17 866
5	广州第十一橡胶厂	8 354.1	5	铁岭华晨橡塑制品有限公司	13 926
6	大连乳胶厂	6 021.0	6	中国人民解放军3425厂	12 333
7	北京乳胶厂	5 731.0	7	中国人民解放军3531厂	12 055
8	沈阳乳胶厂	3 550.0	8	中南橡胶集团有限责任公司	10 731
9	宁波医用乳胶厂	3 123.0	9	石家庄第一橡胶股份有限公司	9 050
10	安徽中键塑胶制品公司	3 071.0	10	西北橡胶总厂	9 030

表224　2002年我国橡胶工业中自行车、手推车外胎和内胎产量前25位企业

单位：万条

序号	企业名称	外胎产量	内胎产量
1	杭州中策橡胶有限公司	4 426.8	3 318.6
2	厦门正新橡胶工业有限公司	4 230.0	5 877.0
3	建大橡胶（中国）有限公司	3 974.0	
4	天津万达轮胎集团有限公司	3 502.0	10 580.2
5	建大橡胶（深圳）有限公司	2 724.0	
6	山东锦轮股份有限公司	1 599.3	2 460.7
7	浙江洲际橡胶集团有限公司	1 448.8	
8	山东临沂正兴轮胎有限公司	1 128.1	1 562.6
9	广州第一橡胶厂	1 121.8	1 751.0
10	华丰橡胶（中国）有限公司	1 036.0	
11	天津飞亚达车胎厂	994.0	2 520.0
12	临沂金宇轮胎有限公司	904.7	534.5
13	天津津西前进橡胶综合福利厂	804.0	
14	江苏飞驰股份有限公司	768.8	1 277.3
15	昆明三叶轮胎制造有限公司	742.5	697.4
16	上海万虹胶制品有限公司	739.7	1 170.9
17	广州伊诺华橡胶有限公司	619.0	780.0
18	天津环宇自行车车胎厂	584.5	440.7
19	伊诺华橡胶（平湖）有限公司	579.0	
20	锦州新兴橡胶制品有限公司	462.0	
21	河北邢台平乡力车胎有限公司	394.0	901.0
22	江苏飞跃橡胶集团有限公司	376.0	
23	台州天轮集团有限公司	365.5	549.9
24	浙江磐安东方橡胶有限公司	329.0	750.0
25	无锡慰达橡胶有限公司	317.0	

表 225　2002 年我国橡胶工业中胶鞋行业主要经济指标前 10 位企业

企　业　名　称	胶鞋产量（万双）	胶鞋销售额（万元）	胶鞋利税额（万元）	胶鞋出口额（万美元）
双星集团有限责任公司	6 458.96	103 660.2	6 286.4	5 342.8
荣光集团有限公司	5 969.22	41 882.9	3 005.9	2 687.3
贵州 3537 制鞋总厂	2 804.90	21 047.8	2 477.8	
青岛环球集团公司	2 036.00	11 869.0	661.0	437.0
福祥集团（福建）有限公司	960.00	12 350.0	1 444.0	1 285.0
常州鸿福鞋业有限公司	886.11	12 486.0	1 327.0	1 687.0
许昌骆驼鞋业有限公司	958.00	21 413.0	1 526.0	168.0
张家港贝顺橡胶有限公司	958.00	11 400.0	841.6	397.0
杭州雅加实业有限公司	344.46	12 357.0	273.0	1 485.9
瑞安市大桥鞋厂	789.30	5 652.5	213.5	683.9

表 226　2002 年我国橡胶工业中胶鞋行业出口创汇排序前 10 位企业

序号	企　业　名　称	创汇额（万美元）
1	双星集团有限责任公司	5 342.80
2	荣光集团有限公司	2 687.30
3	浙江中华鞋业有限公司	2 125.14
4	常州鸿福鞋业有限公司	1 687.00
5	杭州雅加实业有限公司	1 485.95
6	福祥集团（福建）有限公司	1 285.00
7	沈阳胶鞋总厂	1 083.00
8	江苏双穗鞋业有限公司	813.88
9	瑞安市大桥鞋厂	683.00
10	青岛环球集团公司	437.00

表 227　2002 年我国橡胶工业中橡胶机械企业创利税前 10 位企业排序

序号	企　业　名　称	利税总额（万美元）
1	大连冰山橡塑股份有限公司	3 382
2	天津赛象科技股份有限公司	2 050
3	福建华橡自控技术股份有限公司	1 991.1
4	青岛高校软控股份有限公司	1 500
5	北京航空制造工程研究所	1 235
6	青岛双星橡塑机械有限公司	871
7	青岛环球橡胶机械股份有限公司	610
8	大连第二橡塑机械有限公司	600
9	无锡第一橡塑机械有限公司	552
10	桂林橡胶机械厂	500

表 228　2003 年我国中成药独立核算企业按产品销售收入、利润总额前 20 名企业排序

产品销售收入			利润总额		
排序	企业名称	产品销售收入(万元)	排序	企业名称	利润总额(万元)
1	广东广州医药集团有限公司	1 023 194	1	中国北京同仁堂集团有限责任公司	51 194
2	天津中新药业集团股份有限公司	243 491	2	广州医药集团有限公司	40 559
3	中国北京同仁堂集团有限责任公司	224 882	3	吉林修正药业集团	37 685
4	天津天士力集团有限公司	224 827	4	浙江正大青春宝药业有限公司	31 563
5	江西汇仁集团有限公司	217 344	5	天津天士力集团有限公司	27 306
6	上海雷允上药业有限公司	200 677	6	广东三九医药股份有限公司	23 610
7	吉林修正药业集团	168 346	7	南京医药产业（集团）有限责任公司	19 252
8	南京医药产业（集团）有限责任公司	125 303	8	四川成都地奥集团	18 513
9	成都地奥集团	107 775	9	广西桂林三金集团股份有限公司	16 495
10	浙江正大青春宝药业有限公司	107 277	10	山东东阿阿胶集团公司	15 508
11	陕西东盛集团有限公司	106 343	11	石家庄神威药业股份有限公司	15 273
12	湖南九芝堂股份有限公司	101 857	12	云南白药集团股份有限公司	13 130
13	江西江中药业股份有限公司	93 734	13	吉林延边敖东集团股份有限公司	12 445
14	重庆太极集团涪陵制药厂	88 414	14	江西江中药业股份有限公司	10 281
15	山东东阿阿胶集团公司	88 260	15	湖南九芝堂股份有限公司	10 120
16	山东鲁南制药股份有限公司	87 016	16	四川雅安三九药业有限公司	10 108
17	广东三九医药股份有限公司	79 247	17	天津中新药业集团股份有限公司	10 083
18	广西桂林三金集团股份有限公司	70 460	18	广州中药一厂	9 823
19	河南省宛西制药股份有限公司	59 936	19	浙江天皇药业有限公司	9 203
20	武汉红桃 K 集团股份有限公司	59 813	20	福建漳州片仔癀药业股份有限公司	8 979

资料来源：表中数据出自 2004 年版《中国中医药统计年鉴》。

表 229　2003 年我国中药饮片独立核算企业按产品销售收入、利润总额前 15 名企业排序

产品销售收入			利润总额		
排序	企业名称	销售收入(万元)	排序	企业名称	利润总额(万元)
1	上海市药材有限公司	57 530	1	四川江油恒源药业集团有限公司	2 631
2	四川江油恒源药业集团有限公司	16 831	2	内蒙古亿利科技实业股份有限公司甘草分公司	2 084
3	广东深圳津村药业有限公司	11 515	3	甘肃岷州实业股份有限公司	970
4	上海虹桥药业有限公司中药饮片厂	7 961	4	上海市药材有限公司	823
5	新疆特丰药业股份有限公司	6 397	5	青海金河藏药股份有限责任公司	693
6	广东中山市益和堂药业有限公司	6 164	6	天津市兴达中药材加工厂	682
7	上海华浦中药饮片有限公司	5 911	7	广东深圳津村药业有限公司	643
8	上海童涵春堂中药饮片厂	5 888	8	海南迪爱生微藻有限公司	438
9	贵州神奇盛世制药有限责任公司	5 399	9	天津市中医研究保健品厂	379
10	上海德华国药制品有限公司	5 267	10	安徽沪谯中药饮片厂	371
11	内蒙古亿利科技实业股份有限公司甘草分公司	5 208	11	上海虹桥药业有限公司中药饮片厂	300
12	安徽华龙中药饮片厂	5 154	12	甘肃亚兰特种药材饮片生产有限公司	292
13	广东鹰皇参茸制品有限公司	5 005	13	山西省浑源县恒山黄芪开发有限责任公司	290
14	甘肃岷州实业股份有限公司	4 922	14	新疆特丰药业股份有限公司	279
15	安徽亳州市永刚饮片厂	4 798	15	上海康桥中药饮片有限公司	256

资料来源：表中数据出自 2004 年版《中国中医药统计年鉴》。

表 230　2003 年我国中成药工业主要经济指标前 10 名省、自治区、直辖市

工业总产值			工业增加值		
排序	省、自治区、直辖市	总产值（万元）	排序	省、自治区、直辖市	增加值（万元）
1	广东	1 115 532	1	广东	602 208
2	四川	737 424	2	四川	412 573
3	吉林	732 187	3	吉林	354 702
4	贵州	447 432	4	贵州	171 548
5	湖北	402 545	5	浙江	166 971
6	浙江	396 101	6	山东	165 414
7	江西	387 692	7	湖北	158 274
8	山东	349 131	8	广西	153 958
9	广西	347 629	9	北京	147 544
10	天津	332 644	10	天津	140 935
产品销售收入			利润总额		
排序	省、自治区、直辖市	销售收入（万元）	排序	省、自治区、直辖市	利润总额（万元）
1	广东	1 561 558	1	广东	93 938
2	天津	722 263	2	四川	50 258
3	四川	563 607	3	天津	44 352
4	吉林	495 222	4	浙江	40 548
5	江西	424 055	5	山东	31 911
6	浙江	395 061	6	广西	31 649
7	湖北	368 813	7	吉林	29 820
8	贵州	342 409	8	江西	28 806
9	北京	340 343	9	北京	28 668
10	山东	331 806	10	贵州	24 430

资料来源：表中数据出自 2004 年版《中国医药统计年鉴》。

表 231　2003 年我国中药饮片工业主要经济指标前 10 名省、自治区、直辖市

工业总产值			工业增加值		
排序	省、自治区、直辖市	总产值（万元）	排序	省、自治区、直辖市	增加值（万元）
1	上海	48 302	1	上海	16 173
2	广东	35 319	2	广东	11 637
3	四川	22 618	3	四川	6 710
4	贵州	15 427	4	贵州	5 914
5	江苏	12 276	5	江苏	4 706
6	安徽	11 408	6	安徽	4 701
7	甘肃	10 776	7	甘肃	4 224
8	天津	9 564	8	天津	3 358
9	河北	8 441	9	河北	3 237
10	新疆	7 038	10	新疆	2 699

（续）

产品销售收入			利润总额		
排序	省、自治区、直辖市	销售收入（万元）	排序	省、自治区、直辖市	利润总额（万元）
1	上海	94 776	1	四川	2 654
2	广东	30 962	2	新疆	2 078
3	四川	18 026	3	上海	1 932
4	安徽	14 227	4	甘肃	1 389
5	江苏	10 908	5	广东	1 012
6	甘肃	9 394	6	天津	712
7	天津	9 320	7	青海	693
8	贵州	8 290	8	河北	454
9	河北	7 473	9	海南	438
10	新疆	6 397	10	安徽	351

资料来源：表中数据出自 2004 年版《中国医药统计年鉴》。

我国西部地区综合统计

表 232　我国西部地区农村劳动力数（2003—2004 年）　单位：万人

	2003 年	2004 年	2004 年比上年增减（%）
一、农村人口数	28 227.9	28 397.9	0.60
二、农村劳动力数	15 167.8	15 368.5	1.32
其中：男劳力	8 065.9	8 186.0	1.49
女劳力	7 101.9	7 182.5	1.13
1. 农林牧副渔业	10 740.6	10 610.7	－1.21
2. 工业	655.3	713.7	8.91
3. 建筑业	778.6	824.9	5.95
4. 交通运输、仓储及邮电通信业	289.8	310.8	7.25
5. 批发零售贸易、餐饮业	447.4	583.5	30.42
6. 其他非农行业	2 256.1	2 324.9	3.05

表 233　我国西部地区耕地面积占全国比重（2004 年）

地区	耕地面积（khm^2）	占全国比重（%）
全国总计	**130 039.2**	**100.00**
西部地区小计	49 573.4	
西部地区占全国比重（%）	38.12	
内蒙古	8 201.0	6.31
广西	4 407.9	3.39
重庆		
四川	9 169.1	7.05

（续）

地　区	耕　地　面　积（khm^2）	占全国比重（%）
贵　州	4 903.5	3.77
云　南	6 421.6	4.94
西　藏	362.6	0.28
陕　西	5 140.5	3.95
甘　肃	5 024.7	3.86
青　海	688.0	0.53
宁　夏	1 268.8	0.98
新　疆	3 985.7	3.07

资料来源：表中数据来源于国土资源部、国家统计局、全国农业普查办公室《关于土地利用现状调查数据成果的公报》，耕地面积数据为1996年10月31日的调查统计数据，据国家统计局初步测算，2001年全国耕地面积为127 082khm^2，其中常用耕地面积为105 826khm^2，临时性耕地面积为21 256khm^2。

表234　我国西部地区农村电力建设情况（2003—2004年）

	单　位	2003年	2004年	2004年比上年增减（%）
1. 乡村办水电站	个	7 290	6 786	−6.91
装机容量	万kW	206.7	213.7	3.39
发电量	亿kW·h	70.4	77.3	9.80
2. 农村用电量	亿kW·h	394.6	446.6	13.18

表235　我国西部地区各种运输线路长度（2002—2004年）

单位：km

年　份	铁路营业里程	公　路　里　程	内河航道里程
2002	26 719.7	725 724	26 332
2003	26 724.3	739 513	30 962
2004	27 062.0	757 258	30 782

表236　我国西部地区货运量情况（2002—2004年）

单位：万t

年　份	合　计	铁　路	公　路	水　运
2002	355 151	47 882	275 534	7 551
2003	348 670	53 252	286 968	8 450
2004	405 040	61 555	303 025	15 449

表237　我国西部地区主要农作物播种面积及构成（2003—2004年）

单位：khm^2

	2003年	2004年	2004年比上年增减（%）	2004年占全国比重（%）
农作物总播种面积	**48 214.0**	**48 923.8**	**1.47**	**31.86**
一、粮食作物	31 706.2	32 179.7	1.49	31.67
（一）谷物	23 028.4	23 240.0	0.92	29.29
稻谷	7 236.9	7 335.7	1.37	25.85
小麦	6 337.6	6 133.5	3.22	28.36

（续）

	2003年	2004年	2004年比上年增减（%）	2004年占全国比重（%）
玉米	7 578.6	7 958.7	5.02	31.28
谷子	257.3	238.1	−7.46	41.96
高粱	221.6	199.2	−10.11	35.10
（二）豆类	3 759.0	3 782.8	0.63	29.13
大豆	1 958.0	2 044.6	4.42	21.62
杂豆	1 801.0	1 738.2	−3.49	54.15
（三）薯类	4 919.3	5 157.0	4.83	54.53
马铃薯	2 966.7	3 169.3	6.83	68.95
二、油料作物	4 192.9	4 187.1	−0.14	29.01
花生	676.5	681.4	0.72	14.36
油菜籽	2 474.1	2 542.6	2.77	34.97
芝麻	45.2	48.1	6.42	7.71
胡麻籽	324.1	295.2	−8.92	71.37
向日葵籽	543.2	487.7	−10.22	52.17
三、棉花	1 213.2	1 332.3	9.82	23.40
四、麻类	93.1	114.2	22.66	34.39
黄红麻	9.0	7.2	−25.00	22.50
五、糖料	1 165.3	1 155.8	−0.82	73.71
甘蔗	1 054.6	1 054.5		76.51
甜菜	110.6	101.5	−8.23	53.42
六、烟叶	743.7	757.5	1.86	59.85
烤烟	671.5	687.5	2.38	60.06
七、药材	521.1	557.1	6.91	43.36
八、蔬菜、瓜果类	4 616.9	4 823.2	4.47	24.47

表 238　我国西部地区主要农产品产量（2003—2004 年）　单位：万 t

	2003年	2004年	2004年比上年增减（%）
一、粮食作物	12 529.1	12 971.4	3.53
（一）谷物	10 397.2	10 705.6	2.97
稻谷	4 479.4	4 506.8	0.61
小麦	1 941.4	1 983.9	2.19
玉米	3 549.1	3 802.9	7.15
谷子	37.8	32.3	−14.55
高粱	74.1	63.9	−13.77
（二）豆类	515.7	553.6	7.35
大豆	229.4	306.0	55.06
杂豆	286.3	247.6	−13.52

（续）

	2003 年	2004 年	2004 年比上年增减（%）
（三）薯类	1 616.4	1 712.4	5.94
马铃薯	898.8	1 008.6	12.22
二、油料作物	697.2	733.3	5.18
花生	139.4	145.0	4.02
油菜籽	398.7	434.9	9.08
芝麻	4.5	4.8	6.67
胡麻籽	34.4	33.2	－3.49
向日葵籽	104.1	98.4	－5.48
三、棉花	177.2	201.8	13.88
四、麻类	27.7	38.8	40.07
黄红麻	1.8	1.5	－16.67
五、糖料	7 316.9	7 373.6	0.77
甘蔗	6 814.7	6 916.3	1.49
甜菜	502.1	457.3	－8.92
六、烟叶	131.5	143.03	8.77
烤烟	118.0	126.2	6.95
七、茶叶	22.0	24.1	9.55
八、水果	3 024.6	2 373.2	21.54

表 239 我国西部地区主要农产品单位面积产量（2003—2004 年）

单位：kg/hm²

	2003 年	2004 年	2004 年比上年增减（%）
一、粮食作物	3 951.6	4 096.7	3.67
（一）谷物	4 514.9	4 547.6	0.72
稻谷	6 189.6	5 969.1	－3.56
小麦	3 063.2	3 246.1	5.97
玉米	4 683.0	5 118.3	9.30
谷子	1 468.0	1 398.9	－4.71
高粱	3 345.1	3 953.8	18.20
（二）豆类	1 371.9	1 764.1	28.59
大豆	1 171.5	1 718.8	46.67
杂豆			
（三）薯类	3 286.0	4 500.8	36.97
马铃薯	3 029.5	4 617.4	52.41
二、油料作物	1 662.8	1 725.2	3.75
花生	2 060.8	2 074.6	0.67
油菜籽	1 611.4	1 636.7	1.57
芝麻	993.5	896.1	－9.80
胡麻籽	1 059.9	1 440.7	35.92
向日葵籽	1 916.6	1 740.8	－9.17
三、棉花	1 460.4	959.1	－34.33
四、麻类	2 971.0	2 627.0	－11.58
黄红麻	1 996.3	1 559.0	－21.91

（续）

	2003 年	2004 年	2004 年比上年增减（%）
五、糖料	62 791.3	45 489.1	－27.56
甘蔗	64 618.1	47 800.5	－26.03
甜菜	45 379.6	25 706.6	－43.35
六、烟叶	1 767.6	2 713.1	53.49
烤烟	1 757.9	2 286.0	30.04

表 240 我国西部地区茶叶产量（2004 年） 单位：t

年 份	茶叶总产量	其中				
		红毛茶	绿毛茶	乌龙毛茶	紧压茶原料	其他茶
全国总计	**835 230**	**43 689**	**613 709**	**90 168**	**28 195**	**59 469**
地区小计	249 987	16 151	191 313	159	9 299	33 065
地区占全国比重（%）	29.93	36.97	31.17	0.18	32.98	55.60
内蒙古						
广 西	22 351	186	17 118			5 047
重 庆	16 064	3 217	9 662			3 185
四 川	86 464	881	61 090	147	8 944	15 402
贵 州	19 363	73	11 041	3	225	8 021
云 南	95 080	11 794	81 737	9	130	1 410
西 藏						
陕 西	10 239		10 239			
甘 肃	426		426			
青 海						
宁 夏						
新 疆						

表 241 我国西部地区水果产量（2003—2004 年） 单位：kt

品 种	2003 年	2004 年	2004 年比上年增减（%）
全国产量总计	**75 515**	**83 941**	**11.16**
地区产量小计	16 842	20 779	23.38
地区占全国比重（%）	22.30	25	11.00
苹 果	6 286	7 273	15.70
柑 橘	4 520	4 953	9.58
梨	2 383	2 465	3.44
香 蕉	1 206	1 294	7.27
菠 萝	94	89	－5.21
荔 枝	219	379	73.11
龙 眼	318	364	14.60
桃	808	967	19.72
猕猴桃	843	278	14.58
葡 萄	1 596	1 818	13.92
红 枣	191	266	39.27
柿 子	566	633	11.78

表 242 我国西部地区森林工业主要产品产量（2004 年）

产品	单 位	全国总产量	地区产量	地区产量占全国比重（%）
锯材	万 m^3	1 532.54	220.97	14.42
木片	万 m^3	2 400.82	1 693.12	70.52
胶合板	万 m^3	2 098.62	46.62	2.22
纤维板	万 m^3	1 560.46	268.81	17.23
刨花板	万 m^3	642.92	81.27	12.64
胶合木	万 m^3	40.81	4.24	10.39
木地板	万 m^2	12 300.47	1 421.61	11.56
卫生筷子	标准箱	8 183 212	2 661 156	32.52
人造板表面装饰板	万 m^2	34 058.77	303.75	0.89
单板	万 m^2	371 774.81	30 106.67	8.10
松香类产品	t	537 660	328 975	61.19
松节油类产品	t	86 779	29 190	33.64
樟脑	t	3 852	28	0.73
冰片	t	517	150	29.01
栲胶类产品	t	12 853	10 441	81.23
紫胶类产品	t	1 117	872	78.07
木材热解产品				
木炭	t	107 273	34 569	32.23
活性炭	t	98 384	522	0.53
软木制品				
软木砖	m^3	3 612	1 612	100.00
软木纸	m^3	12 388	12 388	100.00

表 243 我国西部地区热带、亚热带作物面积和产量（2004 年）

项 目	单 位	全国总计	西部地区小计	西部地区占全国比重（%）
一、橡胶（按干胶片计算）				
收获面积	khm^2	302.5	75.93	25.10
产 量	t	389 879	132 354	33.95
二、咖啡豆（按干咖啡豆计算）				
收获面积	khm^2	1.42	1.37	96.48
产 量	t	1 213	1 142	94.15
三、椰子（按果实计算）				
收获面积	khm^2	1.48		
产 量	万个	1 094		
四、剑麻、番麻（折纤维）				
收获面积	khm^2	7.01	2.23	31.81
产 量	t	23 710	8 355	35.24
五、胡椒				
收获面积	khm^2	3.97	0.020	0.50
产 量	t	7 635	34	0.45

表 244　我国西部地区主要畜产品产量（2004 年）

产　品	单　位	产　量	2004 年比上年增减（%）	占全国比重（%）
一、肉类总产量	万 t	1 991.56	5.80	27.49
猪　肉	万 t	1 370.09	3.22	29.14
牛　肉	万 t	184.24	10.26	27.26
羊　肉	万 t	194.54	16.91	48.72
禽　肉	万 t	197.13	9.40	14.59
二、其他畜产品产量				
奶　类	万 t	988.85	34.45	41.75
牛　奶	万 t	938.35	37.75	41.51
蜂　蜜	万 t	6.84	3.64	23.32
禽　蛋	万 t	359.67	6.32	13.21
山羊毛	t	16 999	8.38	45.06
羊　绒	t	9 825	6.10	67.69
绵羊毛	t	237 855	14.01	63.61
细羊毛	t	85 510	12.43	65.57
半细羊毛	t	52 876	8.70	44.24

表 245　我国西部地区水产品产量（2004 年）　　单位：kt

	全国总产量	产　量	2004 年比上年增减（%）	占全国比重（%）
水产品总产量	49 017.7	4 389.4	4.71	8.95
按海水、内陆分				
海水产品产量	27 677.9	1 658.0	−1.74	5.99
内陆产品产量	21 339.8	2 731.4	9.06	12.80
按生产性质分				
捕捞产量	16 930.7	1 067.4	3.37	6.30
养殖产量	32 087.0	3 322.0	7.61	10.35

表 246　我国西部地区人均主要农产品、畜产品、水产品产量（2003—2004 年）

单位：kg/人

	2003 年	2004 年	2004 年比上年增减（%）
一、主要农产品			
（一）粮食	340.4	350.3	2.91
1. 谷物	282.5	289.1	2.34
稻谷	121.7	121.7	
小麦	52.7	53.6	1.71
玉米	96.4	102.7	6.54
谷子	1.0	0.9	−10.00
高粱	2.0	1.7	−15.00
2. 豆类	14.0	15.0	7.14
大豆	6.2	8.3	33.87
杂豆	7.8	6.7	−14.10
3. 薯类	43.9	46.2	5.24
马铃薯	24.4	27.2	11.48

（续）

	2003 年	2004 年	2004 年比上年增减（%）
（二）油料	18.9	19.8	4.76
花生	3.8	3.9	2.63
油菜籽	10.8	11.7	8.33
芝麻	0.1	0.1	
胡麻籽	0.9	0.9	
向日葵籽	2.8	2.7	−3.57
（三）棉花	4.8	5.5	14.58
（四）麻类	0.8	1.0	25.00
黄红麻			
（五）糖料	198.8	199.2	0.20
甘蔗	185.2	186.8	0.86
甜菜	13.6	12.4	−8.82
（六）水果	82.2	89.7	9.12
（七）烟叶	3.6	3.8	5.56
烤烟	3.2	3.4	6.25
二、畜产品			
（一）猪牛羊肉	45.1	47.2	4.66
猪　肉	36.1	37.0	2.49
牛　肉	4.5	5.0	11.11
羊　肉	4.5	5.3	17.78
（二）奶类	20.0	26.7	33.50
牛奶	18.5	25.3	36.76
（三）禽蛋	9.2	9.7	5.43
三、水产品	11.4	11.8	3.51
鱼　类	7.6	8.6	13.16
虾蟹类	0.6	0.7	16.67

资料来源：表中数据出自 2005 年版《中国农村统计年鉴》。

表 247　我国西部地区农林牧渔业总产值、增加值及构成（2003—2004 年）

	总　产　值		增　加　值	
	2003 年	2004 年	2003 年	2004 年
一、绝对数（亿元）				
合　计	7 099.4	8 454.2	4 480.5	5 319.8
1. 农业	3 823.1	4 582.1	2 600.6	3 119.5
2. 林业	350.3	365.6	243.3	258.5
3. 牧业	2 507.5	3 239.5	1 377.0	1 756.9
4. 渔业	226.1	267.0	158.5	184.9
二、构成（%）				
农林牧渔业合计	100.00	100.00	100.00	100.00
1. 农业	55.35	54.20	58.04	58.63
2. 林业	5.07	4.32	5.43	4.86
3. 牧业	36.30	38.32	30.73	33.03
4. 渔业	3.27	3.16	3.54	3.48

（续）

	总产值		增加值	
	2003 年	2004 年	2003 年	2004 年
三、西部占全国的比重（%）				
农林牧渔业总产值合计	23.91	23.33	25.84	25.06
1. 农业	25.71	25.26	26.95	26.37
2. 林业	28.26	27.55	29.21	28.54
3. 牧业	26.29	26.61	29.59	29.51
4. 渔业	7.21	7.41	8.84	8.88

表 248　我国西部地区林业产业总产值（2004 年）　单位：万元

地区	总计	第一产业	第二产业	第三产业
全国总计	**68 922 066**	**38 875 371**	**25 611 234**	**4 435 461**
地区小计	14 003 649	10 380 252	2 674 364	949 034
地区占全国比重（%）	20.32	26.70	10.44	21.40
内蒙古	919 908	563 818	235 285	120 806
内蒙古集团	432 398	177 975	173 069	81 354
广西	2 470 827	1 686 248	749 184	35 395
重庆	790 527	473 192	86 468	230 867
四川	2 872 630	1 795 994	790 755	285 881
贵州	795 207	640 639	114 442	40 126
云南	1 898 219	1 417 878	407 324	73 017
西藏	65 321	32 500	30 071	2 750
陕西	1 223 148	1 148 878	56 729	17 541
甘肃	529 080	490 771	13 711	24 598
青海	27 453	26 532	50	871
宁夏	135 503	132 475	2 040	988
新疆	1 185 136	1 141 344	12 103	31 689
新疆兵团	658 292	652 008	3 133	3 151

表 249　我国西部地区林业系统森林工业固定资产投资完成情况（2004 年）

单位：万元

地区	总计	其中：基本建设	更新改造	其他投资
全国总计	**129 646**	**55 980**	**35 139**	**38 527**
地区小计	61 104	17 233	9 573	34 298
地区占全国比重（%）	47.13	30.78	27.24	89.02
内蒙古	19 329	1 475	1 717	16 137

（续）

地 区	总 计	其中：基本建设	更新改造	其他投资
内蒙古集团	19 329	1 475	1 717	16 137
广 西	4 525	456	4 069	
重 庆				
四 川	3 055	1 181	1 874	
贵 州				
云 南	13 762	11 602	196	1 964
西 藏				
陕 西	547	547		
甘 肃				
青 海				
宁 夏				
新 疆	557	497		60
新疆兵团				

表 250 我国西部地区林业系统农产品加工业总产值（2004 年） 单位：万元

地 区	非木质林产品加工制造业	木材加工及竹、藤、棕、草制品业				
		合 计	锯材木片加工业	人造板制造业	木制品制造业	竹藤棕草制品业
全国总计	**31 464**	**1 981 002**	**254 300**	**1 212 461**	**485 305**	**28 936**
地区小计	2 917	326 665	52 062	219 816	52 807	1 980
地区占全国比重(%)	9.27	16.49	20.23	18.13	10.88	6.84
内蒙古		27 838	3 618	18 912	5 308	
内蒙古集团		23 575	347	18 818	4 410	
广 西	38	103 881	7 450	96 431		
重 庆	750	4 369	990	2 829	430	120
四 川	238	85 177	3 725	40 117	40 752	583
贵 州	1 787	29 096	7 860	18 545	1 414	1 277
云 南		12 506	1 871	10 342	293	
西 藏	7	26 068	26 068			
陕 西	97	13 282		13 082	200	
甘 肃		740		740		
青 海						
宁 夏						
新 疆		133	133			
新疆兵团						

（续）

地　　区	木质、竹、藤家具制造业	木、竹浆造纸及纸制品业	林产化学产品制造业	木、竹、藤工艺品制造业	专用设备、仪器、仪表制造业
全国总计	**143 160**	**151 521**	**122 287**	**9 192**	**10 414**
地区小计	43 76	108 308	70 119	551	1 041
地区占全国比重(%)	3.06	71.48	57.34	5.99	10.00
内蒙古	10	26 844	791		
内蒙古集团		26 844	791		
广　西	481	42 588	57 660		847
重　庆	1 134			250	
四　川	570	12 000	676	20	
贵　州	1 777	32	1 668	279	
云　南	53		6 949		
西　藏				2	
陕　西	261		1 584		194
甘　肃	90				
青　海					
宁　夏					
新　疆					
新疆兵团					

表 251　我国西部地区林业系统农产品加工业销售产值(2004 年)

单位:万元

地　　区	非木质林产品加工制造业	木材加工及竹、藤、棕、草制品业				
		合　计	锯材木片加工业	人造板制造业	木制品制造业	竹藤棕草制品业
全国总计	**28 051**	**1 815 027**	**237 110**	**1 115 508**	**437 824**	**24 585**
地区小计	1 524	312 223	49 273	209 726	51 366	1 858
地区占全国比重(%)	5.43	17.20	20.78	18.80	11.73	7.56
内蒙古		26 279	3 418	17 957	4 904	
内蒙古集团		22 145	208	17 863	4 074	
广　西	38	100 725	8 139	92 586		
重　庆		2 366	10	2 325	31	
四　川	244	81 701	2 581	38 061	40 499	560
贵　州	1 171	23 906	3 937	17 257	1 414	1 298
云　南		12 545	1 879	10 372	294	
西　藏	9	28 968	28 968			
陕　西	62	12 725		12 575	150	
甘　肃		730		730		
青　海						
宁　夏						
新　疆		133	133			
新疆兵团						

（续）

地　区	木质、竹、藤家具制造业	木、竹浆造纸及纸制品业	林产化学产品制造业	木、竹、藤工艺品制造业	专用设备、仪器、仪表制造业
全国总计	**122 772**	**100 179**	**118 103**	**6 375**	**10 111**
地区小计	4 028	79 158	70 903	304	975
地区占全国比重(%)	3.28	79.02	60.03	4.77	9.64
内蒙古	8	26 235	1 389		
内蒙古集团		26 235	1 389		
广　西	481	43 295	58 120		765
重　庆	500				
四　川	845	9 600	675	20	
贵　州	1 777	28	1 652	279	
云　南	47		7 468		
西　藏				5	210
陕　西	268		1 599		
甘　肃	102				
青　海					
宁　夏					
新　疆					
新疆兵团					

表 252　我国西部地区林业系统农产品加工业国有独立核算大、中型工业企业经济效益指标完成情况（2004 年）

地　区	总资产贡献率（%）	资本保值增值率（%）	资产负债率（%）	流动资产周转率（次）	成本费用利润率（%）	全员劳动生产率（元/人）	产品销售率（%）
全国平均值	**4.6**	**106.1**	**66.2**	**1.1**	**4.7**	**17 273**	**96.4**
地区平均值	4.5	96.7	71.3	1.04	−2.5	34 022	97.5
内蒙古	8.3	117.1	45.0	1.6	5.5	24 377	98.0
内蒙古集团	8.3	117.1	45.0	1.6	5.5	24 377	98.0
广　西	7.4	107.7	69.9	1.6	3.3	121 087	101.0
重　庆							
四　川	6	87.9	73.4	1.4	5.4	61 703	98.1
贵　州	0.5	50.1	110.6	0.5	−11.4	9 336	92.7
云　南	2.7	153.9	90.6	0.3	−1.3	7 440	98.6
西　藏							
陕　西	7	101.6	40.1	0.6	2.4	26 559	93.1
甘　肃	−4.1	38.1	95.7	0.7	−29.4	−2 701	100.2
青　海							
宁　夏							
新　疆							
新疆兵团							

表 253　我国西部地区乡镇规模以上农产品加工企业主要经济指标（2004 年）

地　　区	企业单位数（个）	平均职工数（人）	工业增加值（万元）	工业总产值（万元）	工业销售产值（万元）
全国总计	**54 439**	**9 876 733**	**43 594 113**	**189 960 229**	**183 596 323**
地区小计	3 767	706 735	3 348 551	13 293 554	12 459 771
地区占全国比重（%）	6.92	7.16	7.68	7.00	6.79
内蒙古	418	97 392	891 032	2 832 672	2 537 739
广　西	353	76 510	140 856	750 466	690 604
重　庆	480	85 594	293 825	1 269 965	1 243 636
四　川	1 155	216 483	1 134 653	4 407 496	4 213 182
贵　州	181	26 753	111 254	459 095	445 996
云　南	265	49 751	153 294	758 739	739 187
西　藏	18		9 820	40 136	
陕　西	284	61 071	198 539	961 788	884 594
甘　肃	266	43 541	203 068	775 601	720 826
青　海	15	3 728	9 866	44 202	41 676
宁　夏	169	20 558	83 913	421 838	390 132
新　疆	163	25 354	118 431	571 556	552 199

表 254　我国西部地区食品工业分行业工业总产值（2003 年）　单位：亿元

地　　区	食品工业分行业工业总产值				
	合　计	农副食品加工业	食品制造业	饮料制造业	烟草加工业
全国总计	**12 911.42**	**6 152.32**	**2 290.07**	**2 233.22**	**2 235.81**
地区小计	2 483.71	866.99	301.67	461.75	853.30
地区占全国比重（%）	19.24	14.09	13.17	20.68	38.17
内蒙古	256.09	107.22	113.89	23.59	11.39
广　西	317.75	242.35	17.19	22.18	36.03
重　庆	115.39	36.72	17.31	23.03	38.33
四　川	603.21	228.39	55.49	252.07	67.26
贵　州	182.26	22.12	11.62	41.50	107.02
云　南	597.46	66.64	8.24	14.94	507.64
西　藏	2.29	0.19	0.25	1.85	
陕　西	174.83	61.13	27.93	36.28	49.49
甘　肃	98.85	39.14	11.03	18.91	29.77
青　海	9.68	5.98	0.84	2.86	
宁　夏	24.99	7.84	9.42	6.62	1.11
新　疆	100.91	49.27	28.46	17.92	5.26

表 255 我国西部地区纺织工业（全行业）主要经济指标完成情况（2004 年）

单位：亿元

地 区	企业单位数（个）	从业人员（万人）	工 业 增加值	工 业 总产值	产品销售 收 入	利润总额	出 口 交货值
全国总计	**29 831**	**894.6**	**3 989.9**	**16 107.7**	**15 481.3**	**513.5**	**4 887.9**
地区小计	1 122	54.97	161.58	573.53	553.51	4.72	95.72
地区占全国比重(%)	3.76	6.14	4.05	3.56	3.58	0.92	1.96
内蒙古	143	6.7	39.3	120.7	126.6	4.98	34.12
广 西	98	4.3	8.11	31.98	30.9	−0.22	2.23
重 庆	129	5.47	10.25	45.54	44.7	−0.16	9.67
四 川	340	14.06	45.29	174.5	163.1	2.87	25.41
贵 州	34	1.2	1.78	7.1	5.9	−0.10	0.65
云 南	29	1.85	3.59	10.3	9.5	0.45	1.45
西 藏	3	0.004 7	0.005 9	0.012	0.01	0.000 1	
陕 西	123	10.04	17.38	62.3	57.6	−2.74	9.77
甘 肃	109	3.89	7.59	24.4	27.4	1.29	2.09
青 海	9	0.39	0.98	2.9	3.9	0.29	0.49
宁 夏	25	0.79	11.34	33.0	29.3	1.45	6.61
新 疆	80	6.28	15.96	60.8	54.6	−3.39	3.23

表 256 我国西部地区纺织工业（国有及国有控股企业）
主要经济指标完成情况（2004 年）

单位：亿元

地 区	企业单位数（个）	从业人员（万人）	工 业 增加值	工 业 总产值	产品销售 收 入	利润总额	出 口 交货值
全国总计	**1 794**	**146.14**	**463.05**	**1 870.89**	**1 880.2**	**16.68**	**403.83**
地区小计	264	26.25	50.90	197.69	195.68	−5.92	34.89
地区占全国比重（%）	14.72	17.96	10.99	10.57	10.41		8.64
内蒙古	18	1.66	6.18	25.79	25.73	−0.27	7.82
广 西	30	1.92	3.40	15.17	14.92	−0.48	0.49
重 庆	15	2.58	3.00	14.31	13.55	−0.65	3.40
四 川	37	3.36	11.16	44.40	42.00	0.49	6.69
贵 州	17	0.61	0.94	3.20	2.75	−0.096	0.11
云 南	13	1.26	1.18	3.68	3.03	−0.25	0.85
西 藏	3	0.0047	0.0051	0.012	0.01	0.0001	
陕 西	59	7.73	11.50	42.62	41.53	−2.76	8.90
甘 肃	18	2.80	3.78	11.85	18.46	1.14	2.09
青 海	4	0.19	0.27	0.74	2.49	0.26	
宁 夏	5	0.32	2.96	8.27	7.41	0.21	2.14
新 疆	45	3.82	6.52	27.65	23.80	−3.51	2.40

表 257　我国西部地区森林工业主要产品产量（2004 年）

地　　区	锯材（万 m^3）	木片（万 m^3）	胶合板（万 m^3）	纤维板（万 m^3）	刨花板（万 m^3）	胶合木（万 m^3）	木地板（万 m^2）	卫生筷子（标准箱）
全国总计	**1 532.5**	**2 400.8**	**2 098.6**	**1 560.5**	**642.9**	**40.81**	**12 300.5**	**8 183 212**
地区小计	220.97	1 692.1	48.6	268.81	61.27	4.24	1 445.3	2 661 156
地区占全国比重（%）	14.42	70.48	2.32	17.23	9.53	10.39	11.75	32.52
内蒙古	66.01	1 564.2	14.95	19.41	23.54	2.38		1 613 280
内蒙古集团	2.12	6.92	0.12	7.80	15.48	1.19		784 298
广　西	32.61	35.82	9.79	140.53	8.23		119.2	
重　庆	20.15	0.07	4.89	3.55	0.30			207 600
四　川	22.76	1.18	4.69	34.10	3.31	0.02	1 098.7	6
贵　州	7.80	0.31	6.02	7.59	5.38		43.95	55 972
云　南	64.14	49.59	8.16	46.56	5.03	0.65	183.44	
西　藏	5.00							
陕　西	0.25			8.43				
甘　肃				0.84				
青　海								
宁　夏								
新　疆	0.13	34.00						
新疆兵团								

地　　区	单板（万 m^2）	松香类产品（t）	松节油类产品（t）	樟脑（t）	冰片（t）	栲胶类（t）	紫胶类产品（t）	木材热解产品（t）		软木制品（t）	
								木炭	活性炭	软木砖	软木纸
全国总计	**371 775**	**537 600**	**86 779**	**3 852**	**517**	**12 853**	**1 117**	**107 273**	**98 384**	**1 612**	**12 388**
地区小计	30 107	328 975	29 190	28	150	10 441	872	34 569	522	1 612	12 388
地区占全国比重（%）	8.10	61.19	33.64	0.73	29.01	81.23	78.07	32.23	0.53	100.00	100.00
内蒙古	30 110					3 194		574			
内蒙古集团						1 597		287			
广　西		263 865	16 671			5 550					
重　庆											
四　川		2 494	488				72				
贵　州		4 685	314					27 929			3 324
云　南	6.45	57 931	11 717	28	150		800	5 779	522	1 612	6 000
西　藏											3 064
陕　西						100					
甘　肃											
青　海											
宁　夏											
新　疆											
新疆兵团											

表 258　我国西部地区农垦系统主要农产品加工企业产品产量（2004 年）

地　区	机制纸及纸板（t）	纱（万 t）	布（万 m）	机制糖（t）	饮料酒（t）	乳制品（t）	食用植物油（t）
全国总计	**905 630**	**29.39**	**39 476.8**	**1 181 039**	**1 160 800**	**140 364**	**712 727**
地区小计	85 995	11.79	13 738.0	761 242	300 158	43 083	232 898
地区占全国比重（%）	9.50	40.12	34.80	64.46	25.86	30.69	32.68
内蒙古					587	15 227	18 980
广　西	12 300			557 094	88		
重　庆	525					976	
四　川							
贵　州					380	876	
云　南				71 995	178		
西　藏							
陕　西		0.46	4 680.0		142 327		7 021
甘　肃							
青　海						267	
宁　夏					96 258		98
新疆（兵团）	72 247	11.18	9 058.0	132 153	60 340	4 627	195 112
新疆（农业）						200	8 600
新疆（畜牧）	923	0.15				20 910	3 087

表 259　我国西部地区轻工系统农产品加工业产品产量（2003 年）

地　区	纸　浆（万 t）	机制纸（万 t）	机制纸板（万 t）	纸制品（万 t）	原　盐（万 t）	机制糖（万 t）	糖　果（万 t）	方便主食品（万 t）
全国总计	**1 310.77**	**2 996.61**	**1 852.72**	**1 034.49**	**3 437.70**	**1 083.94**	**54.54**	**256.23**
地区小计	129.00	424.65	131.04	103.86	728.74	868.00	1.39	31.48
地区占全国比重（%）	9.84	14.17	7.07	10.04	21.20	80.08	2.55	12.29
内蒙古	19.21	9.71	9.21	4.34	148.72	14.72		2.09
广　西	30.86	93.59	2.88	11.87	11.04	601.41	0.01	2.78
重　庆	1.38	11.36	19.41	16.51	46.41	0.15	0.30	4.17
四　川	39.65	91.62	43.54	44.41	341.82	13.56	1.04	4.22
贵　州	3.04	7.13	1.02	1.85		2.18	0.01	1.90
云　南	10.93	13.98	12.32	11.68	47.79	189.65	0.01	1.34
西　藏				0.08				
陕　西	0.38	145.22	21.66	3.89	10.12	0.01		12.24
甘　肃	3.29	4.62	6.41	1.58	3.65	0.87	0.01	0.13
青　海		0.34	0.08	0.12	66.45			
宁　夏	1.96	33.01	4.43	0.13			0.01	
新　疆	18.30	14.07	10.08	7.40	52.74	45.43		2.61

（续）

地 区	乳制品（万 t）	罐 头（万 t）	味 精（万 t）	食品添加剂（t）	淀 粉（万 t）	发酵酒精（万 t）	饮料酒（万 t）	软饮料（万 t）
全国总计	**140.59**	**259.61**	**118.97**	**523 264**	**868.71**	**251.34**	**3 001.33**	**2 374.40**
地区小计	38.67	60.05	7.32	66 181	86.28	51.78	460.68	233.80
地区占全国比重（%）	27.51	23.13	6.15	12.65	9.93	20.60	15.35	9.85
内蒙古	10.40	0.21			18.19	0.45	52.00	4.32
广 西		7.49	1.31	26 919	18.61	17.64	44.11	27.44
重 庆	0.09	2.19	2.26				50.21	46.81
四 川	4.81	7.13	1.56	20 232	2.75	13.17	141.55	69.09
贵 州	0.05	0.14			0.40	0.41	27.04	13.98
云 南	2.73	0.60	0.03	3 156	1.60	14.74	20.81	23.24
西 藏	0.14						3.42	0.25
陕 西	12.30	0.25		17	16.23	0.92	57.17	39.56
甘 肃	5.94	0.09			18.90	0.26	27.07	2.42
青 海	0.04						1.42	3.71
宁 夏	1.32		1.50	13 816	8.64	0.61	7.32	
新 疆	0.85	41.95	0.66	2 041	0.96	3.58	28.56	2.98

地 区	冷冻饮品（万 t）	液体乳（万 t）	轻革（万 m²）	皮鞋（万双）	革皮服装（万件）	毛皮（折羊毛皮）（万张）	毛皮服装（万件）	羽绒服装（万件）	生活用木制品（亿元）	家具（万件）
全国总计	**64.67**	**582.90**	**47 665.2**	**181 647**	**8 653.9**	**1 061.7**	**453.72**	**11 080.8**	**84.36**	**17 199.1**
地区小计	26.86	203.18	2 852.8	675.1	140.2	54.17	0.49	36.60	4.61	284.7
地区占全国比重（%）	41.53	34.89	5.99	0.37	1.62	5.10	0.11	0.33	5.46	1.66
内蒙古	22.88	160.81	5.11	0.16		34.42	0.06	2.91	0.73	3.81
广 西	0.75	2.25	1 356.8	22.3	0.2			2.13	2.16	15.01
重 庆	0.53	7.45	43.0	295.9				24.30	0.21	21.27
四 川	0.89	4.63	1 328.8	243.0	135.9			6.99	1.28	62.78
贵 州	0.66	1.95		3.5						14.19
云 南		5.72	32.9	16.0	0.54				0.05	5.45
西 藏	0.02			2.1	0.02					0.38
陕 西	0.49	1.74	46.3	72.8	1.94	13.61		0.27	0.07	10.69
甘 肃	0.42	1.62	12.1	13.5	1.56		0.31			9.56
青 海		0.24	9.2	3.9						0.42
宁 夏	0.02	10.38								3.59
新 疆	0.20	6.59	18.60	1.9	0.02	6.14	0.12		0.11	137.58

表 260　我国西部地区纺织工业纺织品、服装进出口额（2004 年）

单位：亿美元

地　区	出口			进口		
	小　计	纺织品	服　装	小　计	纺织品	服　装
全国总计	**973.85**	**357.69**	**616.16**	**168.04**	**152.73**	**15.31**
地区小计	36.45	11.67	24.78	1.33	0.48	0.85
地区占全国比重（%）	3.74	3.26	4.02	0.79	0.31	5.55
内蒙古	4.70	1.33	3.37	0.08	0.08	
广　西	2.48	0.50	1.98	0.25	0.21	0.04
重　庆	1.75	1.31	0.44	0.03	0.03	
四　川	7.71	3.80	3.91	0.26	0.07	0.19
贵　州	0.14	0.05	0.09	0.01	0.01	
云　南	1.19	0.74	0.45	0.02	0.01	0.01
西　藏	0.52	0.14	0.38	0.01	0.01	
陕　西	3.15	1.77	1.38	0.03	0.03	
甘　肃	0.64	0.24	0.40	0.01	0.01	
青　海	0.45	0.23	0.22			
宁　夏	0.43	0.06	0.37			
新　疆	13.29	1.50	11.79	0.63	0.02	0.61

表 261　我国西部地区农村居民收入及构成（2003—2004 年）

项　目	2003 年	2004 年	2004 年比上年增减（%）
一、总收入（元/人）	2 836.7	3 190.4	12.67
1. 工资性收入	540.9	590.4	9.15
2. 家庭经营收入	2 148.5	2 446.8	13.88
3. 财产性收入	41.8	43.8	4.78
4. 转移性收入	105.5	115.0	9.00
二、纯收入（元/人）	1 936.0	2 157.9	11.46
1. 工资性收入	540.9	590.4	9.15
2. 家庭经营收入	1 276.6	1 434.0	12.33
3. 财产性收入	41.8	43.8	4.78
4. 转移性收入	76.6	89.7	17.10
三、现金收入（元/人）	2 100.8	2 334.9	11.14
1. 工资性收入	540.4	588.8	8.96
2. 家庭经营收入	1 430.8	1 605.6	12.22
3. 财产性收入	34.3	34.5	0.58
4. 转移性收入	95.2	105.9	11.24
四、总收入构成（%）	100.00	100.00	
1. 工资性收入	19.10	18.5	−3.14
2. 家庭经营收入	75.70	76.6	1.19
3. 财产性收入	1.50	1.4	−6.67
4. 转移性收入	3.70	3.60	−2.70
五、纯收入构成（%）	100.00	100.00	
1. 工资性收入	27.90	27.40	−1.79

（续）

项　目	2003年	2004年	2004年比上年增减（%）
2. 家庭经营收入	65.90	66.50	0.91
3. 财产性收入	2.20	2.00	−9.09
4. 转移性收入	4.00	4.20	5.00
六、现金收入构成（%）	100.00	100.00	
1. 工资性收入	25.70	25.20	−1.95
2. 家庭经营收入	68.10	68.80	1.03
3. 财产性收入	1.60	1.50	−6.25
4. 转移性收入	4.50	4.50	

表 262　我国西部地区农村居民支出及构成（2003—2004年）

项　目	2003年	2004年	2004年比上年增减（%）
一、总支出（元/人）	2 514.2	2 884.87	14.74
1. 家庭经营费用支出	733.48	884.74	20.62
2. 购置生产性固定资产支出	111.47	112.90	1.28
3. 建造生产性固定资产雇工支出	1.63	1.18	−27.61
4. 税费支出	49.14	33.31	−32.21
5. 生活消费支出	1 524.22	1 732.70	13.68
6. 财产性和转移性支出	94.26	120.04	27.35
二、现金支出（元/人）	1 918.62	2 180.96	13.67
1. 家庭经营费用支出	548.21	663.90	21.10
2. 购置生产性固定资产支出	111.47	112.90	1.28
3. 建造生产性固定资产雇工支出	1.63	1.18	−27.61
4. 税费支出	47.35	32.39	−31.59
5. 生活消费支出	1 117.09	1 251.76	12.06
6. 财产性和转移性支出	92.87	118.83	27.95
三、总支出构成（%）	100.0	100.0	
1. 家庭经营费用支出	29.2	30.7	5.14
2. 购置生产性固定资产支出	4.4	3.9	−11.36
3. 建造生产性固定资产雇工支出			
4. 税费支出	2.0	1.2	−20.00
5. 生活消费支出	60.6	60.1	−0.83
6. 财产性和转移性支出	3.7	4.2	13.51
四、现金支出构成（%）	100.0	100.0	
1. 家庭经营费用支出	29.8	30.4	2.01
2. 购置生产性固定资产支出	3.9	5.2	33.33
3. 建造生产性固定资产雇工支出		0.1	
4. 税费支出	4.6	1.5	−67.39
5. 生活消费支出	55.9	57.4	2.68
6. 财产性和转移性支出	5.7	5.4	−5.26

其 他

表263 我国第三批农业产业化国家重点龙头企业

1	安徽益益乳业有限公司	35	东港黄海大市场有限公司
2	安徽太阳禽业有限公司	36	辽宁东亚种业有限公司
3	安徽省临泉山羊集团	37	沈阳乳业有限责任公司
4	合肥华泰食品有限责任公司	38	辽宁金实集团有限公司
5	蚌埠市花园油脂有限责任公司	39	海城市富有植物油厂
6	安徽济人药业有限公司	40	沈阳华美畜禽有限公司
7	安徽省稼仙米业集团有限公司	41	四平红嘴农业高新技术开发有限公司
8	北京天惠药业股份有限公司	42	吉林江山实业集团有限公司
9	北京水产总公司	43	吉林省乳业集团广泽有限公司
10	北京方圆平安食品开发有限公司	44	吉林省西洋参集团有限公司
11	北京市华都峪口禽业有限责任公司	45	吉林省吉禾豆品科技开发集团有限公司
12	中地种业有限公司	46	吉林紫鑫药业股份有限公司
13	天津市宁河原种猪场	47	黑龙江富华集团总公司
14	天津中敖畜牧集团有限公司	48	黑龙江成福食品集团有限公司
15	天津市水产供销有限公司	49	七台河市大自然油脂有限公司
16	河北明慧养猪集团有限公司	50	哈尔滨大众肉联集团有限公司
17	河北怡达食品集团有限公司	51	佳木斯希坡集团有限公司
18	河北五得利面粉集团有限公司	52	黑龙江北大荒麦芽有限公司
19	石家庄华牧牧业有限责任公司	53	上海大山合集团有限公司
20	河北省冀州市华林板业有限责任公司	54	上海瀛生实业有限公司
21	河北中旺食品集团有限公司	55	上海鲜花港企业发展有限公司
22	河北梅花味精集团有限公司	56	上海市都市农商社股份有限公司
23	山西宏明养殖有限公司	57	江苏凌家塘农副产品批发市场
24	芮城县丰润实业有限公司	58	江苏三零面粉集团公司
25	山西夏普赛尔食品饮料股份有限公司	59	江苏梁丰食品集团有限公司
26	山西天元种业有限公司	60	江苏大宏纺织集团有限公司
27	北京鹭峰科技开发股份有限公司	61	江苏海隆国际贸易有限公司
28	内蒙古鄂尔多斯羊绒集团有限责任公司	62	江苏兴云毛绒集团有限公司
29	内蒙古亿利科技实业股份有限公司	63	徐州中天棉业集团有限公司
30	维信（临河）羊绒实业有限公司	64	大亚科技集团有限公司
31	扎兰屯淳江油脂有限责任公司	65	江苏长寿集团
32	呼和浩特市东瓦窑农副产品批发市场有限责任公司	66	无锡天鹏集团公司
33	内蒙古海德实业集团有限公司	67	江苏银都集团有限公司
34	辽宁禾丰牧业股份有限公司	68	江苏野生植物科技产业有限公司

（续）

69	遵化栗源食品有限公司	109	河南省宛西制药股份有限公司
70	浙江新市油脂股份有限公司	110	许昌山花实业有限公司
71	浙江李子园牛奶食品有限公司	111	河南斯美特食品有限公司
72	浙江江山恒亮蜂产品有限公司	112	湖北长友现代农业股份有限公司
73	农夫山泉股份有限公司	113	湖北日月油脂股份有限公司
74	浙江中大新迪进出口有限公司	114	荆门市洪森实业有限公司
75	浙江省农村发展投资集团公司	115	武汉小蜜蜂食品有限公司
76	浙江千足珍珠股份有限公司	116	洪湖市德炎水产食品有限公司
77	浙江茶叶进出口有限公司	117	湖北金华麦面集团有限公司
78	浙江爱斯曼食品有限公司	118	湖北银丰实业集团有限责任公司
79	森宝（龙岩）实业有限公司	119	湖北汈汉湖绿色水产股份有限公司
80	福建紫山集团有限公司	120	湖南老爹农业科技开发股份有限公司
81	福州百洋海味食品有限公司	121	湖南省茶叶总公司
82	中绿（福建）农业综合开发有限公司	122	湖南熙可食品有限公司
83	宁德市南阳实业有限公司	123	湖南省怀其皮革集团制革有限公司
84	三和食品（三明）有限公司	124	湖南金农生物资源股份有限公司
85	江西赣南果业股份有限公司	125	湖南资兴东江鱼集团有限公司
86	江西省粮油总公司	126	长沙马王堆农产品股份有限公司
87	江西省德兴市百勤异Vc纳有限公司	127	湖南临武舜华鸭业发展有限责任公司
88	江西煌上煌集团有限公司	128	广东威华集团有限公司
89	江西国鸿实业有限公司	129	东进农牧（惠东）有限公司
90	汇仁集团有限公司	130	汕头市侨丰集团有限公司
91	济南佳宝乳业有限公司	131	广东省中山食品水产进出口集团有限公司
92	山东民和牧业股份有限公司	132	东莞市沙田顺发畜禽实业有限公司
93	山东益生种畜禽有限公司	133	汕头市粮丰集团有限公司
94	山东凯加食品股份有限公司	134	湛江金岭糖业有限公司
95	山东昱合食品集团有限公司	135	广东燕塘乳业有限公司
96	山东冬映红枣业有限公司	136	广西玉林市参皇养殖有限公司
97	山东德州扒鸡集团有限公司	137	广西梧州松脂股份有限公司
98	冠县冠丰种业有限责任公司	138	广西明阳生化科技股份有限公司
99	山东银香伟业集团有限公司	139	北海洪恩水产有限公司
100	兖州市绿缘食品有限公司	140	桂林市力源粮油食品有限公司
101	山东东方海洋科技股份有限公司	141	广西农垦糖业集团有限公司
102	山东中澳农工商集团有限公司	142	海南永青绿色农业食品加工有限公司
103	商丘市福源食品有限公司	143	椰树集团有限公司
104	新乡市新良粮油加工有限责任公司	144	海南泉溢食品有限公司
105	河南大用实业有限公司	145	海南农垦电子商务交易中心
106	河南双汇投资发展股份有限公司	146	太极集团有限公司
107	新乡市长远实业集团绿色食品发展有限公司	147	重庆金风丝绸有限公司
108	河南省正龙食品有限公司	148	重庆市利农一把手农业科技有限责任公司

（续）

149	重庆市钱江食品有限责任公司	180	青海万元工贸实业基地
150	重庆德佳食品（集团）有限公司	181	青海藏羊地毯（集团）有限公司
151	四川省资阳市四海发展实业有限公司	182	青海三江集团有限责任公司
152	四川高金食品股份有限公司	183	宁夏雄鹰皮革集团有限公司
153	四川省叙府茶业有限公司	184	宁夏灵汉渔业联合社
154	四川铁骑力士实业有限公司	185	宁夏夏绿脱水蔬菜（集团）有限公司
155	通威股份有限公司	186	新疆哈密长联肠衣有限公司
156	四川升达林产工业集团有限公司	187	新疆金牛生物股份有限公司
157	四川菊乐食品有限公司	188	新疆佳雨工贸（集团）有限公司
158	四川白家食品有限公司	189	新疆阿尔曼实业有限公司
159	贵阳南明老干妈风味食品有限公司	190	新疆博湖苇业股份有限公司
160	贵州永红食品有限公司	191	新疆溢达纺织有限公司
161	贵阳五里冲农副产品批发市场有限公司	192	新疆冠农果茸股份有限公司
162	贵阳新天药业股份有限公司	193	新疆塔里木农业综合开发股份有限公司
163	云南下关茶厂沱茶（集团）股份有限公司	194	新疆塔里木河种业股份有限公司
164	云南高原葡萄酒有限公司	195	新疆伊力特集团有限公司
165	云南神农农业产业集团有限公司	196	大连棒棰岛海产企业集团有限公司
166	昆明斗南花卉有限公司	197	大成食品（大连）有限公司
167	云南天然橡胶产业股份有限公司	198	大连獐子岛渔业集团股份有限公司
168	西藏龙湖工贸有限公司	199	青岛正大有限公司
169	西藏银河科技发展股份有限公司	200	青岛福生食品有限公司
170	陕西汉宝科技发展（集团）有限公司	201	青岛东生集团股份有限公司
171	陕西通达果汁集团有限公司	202	宁波天邦股份有限公司
172	陕西省饲料厂	203	宁波开诚工艺品有限公司
173	陕西和氏乳品有限责任公司	204	福建省厦门市食品公司
174	陕西八鱼农业科技集团有限公司	205	厦门兴盛食品有限公司
175	甘肃甘绿脱水蔬菜股份有限公司	206	厦门银洋集团有限公司
176	甘肃华羚乳品集团公司	207	深圳市果菜贸易公司
177	甘肃通达果汁有限公司	208	深圳旭联海洋生物养殖有限公司
178	甘肃扶正药业科技股份有限公司	209	中国乡镇企业总公司
179	天水长城果汁饮料有限公司	210	中国土产畜产进出口总公司

资料来源：来自 2004 年 9 月 11 日农民日报。

注：第三批农业产业化国家重点龙头企业由农业部、国家发展和改革委员会、财政部、商业部、中国人民银行、国家税务总局、中国证券监督管理委员会、中华全国供销合作总社八部委联合发出通知议定。至此，我国已形成了以 580 多家国家重点龙头企业为核心，2 000 多家省级重点龙头企业为骨干，数万家中、小型龙头企业为基础的农业产业化协调发展的良好的局面。

表 264 第一批全国农产品加工业示范企业（584 家）（2005 年）

	一、粮食加工企业（128 家）
	北京市
1	北京市宝金龙食品厂
2	北京庆和食品有限责任公司
3	北京市豆制品二厂
4	北京市美丹食品有限公司
5	北京资源亚太饲料科技有限公司
6	北京京日东大食品有限公司
	天津市
7	天津利金粮油股份有限公司
8	康地万达（天津）有限公司
9	天津桂月集团有限公司
10	津沽粮食工业有限公司
	河北省
11	河北建民淀粉糖业有限公司
12	河北五得利面粉集团有限公司
13	故城县三豆产业化经营合作社
14	河北兴达面业有限公司
15	华龙日清食品有限公司
16	阜城县福原食品有限公司
17	河北黑马粮油工业有限责任公司
18	馆陶县明玉面粉有限公司
19	河北玉锋淀粉糖业有限公司
	山西省
20	山西穗穗甜玉米（集团）有限公司
21	灵丘县平型关苦荞保健食品有限责任公司
22	山西丰田食品有限责任公司
23	山西来福老陈醋集团有限公司
24	山西汾河生化有限公司
	内蒙古自治区
25	内蒙古恒丰食品工业（集团）股份有限公司
	辽宁省
26	辽宁禾丰牧业股份有限公司
27	鲁洲生物科技（辽宁）有限公司
28	盘锦利足米业有限公司
29	辽宁五峰集团发展有限公司
30	沈阳万顺达集团有限公司
	吉林省
31	长春龙洋大豆生物蛋白股份有限公司
32	吉林裕丰米业股份有限公司
33	吉林东福实业有限责任公司
34	吉林省吉禾豆品科技开发集团有限公司
35	白城市天福食品有限公司
36	松源市二马泡绿色米业有限公司
37	吉安生化乾安酒精有限责任公司
38	长春通威饲料有限公司
	黑龙江省
39	黑龙江省镜泊湖农业开发股份有限公司
40	黑龙江省北大荒米业有限公司
41	黑龙江省五常市绿风优质米开发有限公司
42	黑龙江省金秋企业集团有限责任公司
43	庆安鑫利达米业有限公司
44	佳木斯市大明宝贝面粉有限公司
45	黑龙江农垦爱邦实业有限公司
46	黑龙江金绿脉马铃薯制品有限公司
	江苏省
47	南京市远望富硒农产品有限责任公司
48	泰兴市长寿面粉有限公司
49	江苏农垦米业有限公司
50	扬州大大饲料有限公司
51	淮安市华茂食品有限公司
52	江苏金叶粮油有限公司
53	江苏省淮安新丰面粉有限公司
54	江苏德盛食品有限公司
	安徽省
55	安徽新锦丰企业投资集团有限公司
56	安徽绿一粮油集团
57	安徽省风台县米王粮贸有限责任公司
58	安徽省东方面粉厂
59	安徽丰源集团有限公司
60	安徽雁湖面粉有限公司
61	马鞍山市黄池食品公司
62	安徽皖王面粉集团有限公司
	福建省
63	莆田市东南香米业发展有限公司
64	福建省连城县红心地瓜干集团有限公司
	江西省
65	江西双胞胎集团有限公司
66	江西维尔宝食品生物有限公司
67	江西南昌昌碧米业集团有限公司

（续）

68	江西圣牛米业有限公司	102	贵港扬翔饲料有限公司
69	江西省富饶米业有限公司	103	桂林市力源粮油食品有限公司
70	江西泰和大北农饲料有限公司		**海南省**
71	吉水县京九实业有限公司	104	海南裕泰科技饲料有限公司
72	江西五丰食品有限公司	105	海南大海水产饲料有限公司
73	江西国鸿集团有限公司		**四川省**
74	江西白云淀粉有限公司	106	四川东柳醪糟有限责任公司
	山东省	107	四川雄健实业有限公司
75	山东正航食品有限公司	108	成都统一企业食品有限公司
76	谷神生物科技集团有限公司	109	宜宾高洲酒业有限责任公司
77	滨州泰裕麦业有限公司	110	四川小角楼酒业有限责任公司
78	山东面王集团有限公司		**陕西省**
79	山东禹王实业有限公司	111	陕西红星软香酥食品有限责任公司
80	山东大米生物开发股份有限公司	112	陕西老牛面粉有限公司
81	山东省高唐蓝山集团总公司	113	陕西华祥食品（集团）有限公司
	河南省		**甘肃省**
82	安阳市健丰食品有限公司	114	武威市黄羊红太阳面粉厂
83	河南省中原康达实业有限公司	115	甘肃昆仑生化有限责任公司
84	新乡市新良粮油加工有限责任公司	116	白银华惠麦芽集团有限公司
85	河南省丰盛粮油食品有限责任公司	117	甘肃莫高实业发展股份有限公司
86	河南华星粉业有限公司	118	定西宏煊淀粉制品有限责任公司
87	河南省北徐集团有限公司		**青海省**
88	河南财鑫集团有限责任公司	119	青海省昶财粮油工贸有限责任公司
	湖北省	120	青海万元工贸实业基地
89	湖北稻花香集团		**宁夏回族自治区**
90	湖北枝江酒业股份有限公司	121	宁夏伊品食品集团有限公司
91	湖北银欣集团有限公司	122	宁夏兴唐米业集团有限公司
	湖南省	123	宁夏万胜生物工程有限公司
92	湖南三和食品有限公司	124	宁夏多维泰瑞制药有限公司
93	湖南金健米业股份有限公司	125	宁夏中宁淀粉糖厂
94	湖南省天龙米业有限公司	126	宁夏大北农饲料科技有限公司
95	柳州裕湘面业有限公司		**新疆维吾尔自治区**
96	湖南望云米业有限公司	127	新疆金西域实业有限责任公司
97	长沙华英实业集团有限公司	128	新疆西域绿嘉啤酒花有限公司
98	袁隆平农业高科技股份有限公司		**二、油料加工企业**（33家）
	广东省		**山西省**
99	汕头市粮丰集团有限公司	129	山西忠民集团有限公司
	广西壮族自治区		**内蒙古自治区**
100	广西黑五类食品集团有限责任公司	130	思凯旧货超储积压物资调剂中心
101	广西容县鸿大绿色饲料有限公司	131	蒙佳粮油工业集团有限公司

（续）

132	杭锦旗三星油脂淀粉有限公司
	辽宁省
133	辽宁富虹油品集团有限公司
134	大连连王集团
135	大连华农豆业集团股份有限公司
	黑龙江省
136	集贤县昌达油脂有限公司
137	黑龙江省阳霖油脂集团
138	黑龙江九三油脂有限公司
139	鹤岗市万源有限责任公司
140	克山县农产品经营开发有限公司
	安徽省
141	安徽大平工贸集团有限公司
	江西省
142	江西万华科技有限公司
143	青龙高科技股份有限公司
144	南昌安德利油脂有限公司
	山东省
145	济宁鲁鑫油脂有限公司
146	山东香驰粮油有限公司
147	高青县第三油棉厂
148	山东鲁花集团有限公司
149	莱阳齐花特香纯正花生油有限公司
150	青岛长生集团股份有限公司
151	青岛亮泉植物汪有限公司
152	青岛润德粮油制品有限公司
	河南省
153	河南省星河油脂有限公司
	湖南省
154	湖南金浩植物油有限公司
	云南省
155	云南丰瑞油脂有限公司
	陕西省
156	陕西建兴农业科技有限公司
157	陕西春光油脂有限公司
158	子洲县三丰油脂有限公司
159	陕西八鱼农业科技集团有限公司
	新疆维吾尔自治区
160	新疆三企工贸（集团）有限公司
161	新疆康尤美粮油集团有限公司
	三、果品加工企业（41家）
	北京市
162	北京顺鑫牵手果蔬饮品股份有限公司
163	北京汇源饮料食品集团有限公司
164	北京华邦食品有限公司
165	北京红螺食品集团
	天津市
166	中法合营王朝葡萄酿酒有限公司
	河北省
167	中国长城葡萄酒有限公司
	山西省
168	山西威特食品有限公司
169	山西维之王食品有限公司
170	山西胃乐食品有限责任公司
171	山西国投中鲁果汁有限公司
172	山西夏普赛尔食品饮料股份有限公司
	辽宁省
173	大连魁氏罐头食品有限公司
	江苏省
174	宿迁市罐头食品有限责任公司
175	徐州安德利果蔬汁有限公司
	浙江省
176	浙江天子果业有限公司
177	宁海县东达食品有限公司
178	宁波国盛食品有限公司
	福建省
179	漳州市龙海绿宝食品有限公司
	山东省
180	烟台山村果园绿色生物股份有限公司
181	山东滨州裕华集团有限公司
	河南省
182	灵宝阿姆斯果汁有限公司
	湖南省
183	湖南老爹农业科技开发股份有限公司
184	湖南李文食品有限公司
185	湖南熙可食品有限公司
186	永州市罐头食品有限公司
187	湖南洞庭食品有限责任公司
	广东省
188	新兴县马林食品有限公司

（续）

189	广东祯州集团有限公司
190	广东聪明人集团有限公司
191	高州碧臣矿泉饮料有限公司
	广西壮族自治区
192	北流市益富华罐头食品有限责任公司
193	广西美通食品有限公司
194	桂林莱茵生物科技股份有限公司
	重庆市
195	重庆三峡果业有限公司
	陕西省
196	咸阳富安果汁有限公司
197	陕西华圣企业股份有限公司
198	陕西恒兴果汁饮料有限公司
199	耀州济南实业有限公司
200	渭南华夏实业有限公司
	甘肃省
201	天水长城果汁饮料有限公司
202	甘肃通达果汁有限公司
	四、蔬菜加工企业（56 家）
	北京市
203	北京互润农业生态园有限公司
	天津市
204	天津谦德食品有限公司
	河北省
205	保定中旺果蔬速冻有限公司
206	秦皇岛市北戴河集发农业综合开发股份有限公司
	山西省
207	山西嘉利科技股份有限公司
	辽宁省
208	锦州通亚（百合）食品有限公司
209	大连全禾菌业有限公司
210	大连冰峪食品有限公司
211	大连天宝绿色食品股份有限公司
	吉林省
212	敦化市鸿发食品有限公司
	上海市
213	上海益升食品有限公司
214	上海大山合集团有限公司
215	上海新成食品有限公司
	江苏省
216	兴化中野食品有限公司
	浙江省
217	宁波铜钱桥食品菜业有限公司
218	海通食品集团股份有限公司
219	慈溪市蔬菜开发有限公司
220	宁波宏纬（嘉谊）食品有限公司
221	绍兴市精酿食品有限公司
222	上虞市舜地食品有限公司
223	富阳鸿利食品有限公司
224	湖州中味酿造有限公司
225	余桃市国泰实业有限公司
	福建省
226	三明市健盛食品有限公司
227	福建省建瓯明大有限公司
228	屏南县锦丰食品有限公司
229	晋江市永祥罐头食品有限公司
230	福建闽江源绿田实业投资发展有限公司
231	福建建瓯明良食品有限公司
232	福建紫山集团有限公司
233	福建省龙溪县胜达食品有限公司
234	福建盈丰食品集团有限公司
	江西省
235	江西昌顺集团有限公司
236	贵溪市金沙蔬菜加工厂
237	万载县青叶食品有限公司
	山东省
238	泰安泰山亚细亚食品有限公司
239	国峰食品（潍坊）有限公司
240	青岛万福集团股份有限公司
241	潍坊开发区华裕实业有限公司
	湖南省
242	湖南省映武黄花集团有限公司
243	安乡来得富绿色食品有限公司
244	湖南省楠竹山华鑫农副产品开发有限公司
	广东省
245	广东万绿宝食品有限公司
	广西壮族自治区
246	广西横县兴辉食品有限公司
	重庆市

（续）

247	重庆市涪陵辣妹子集团有限公司
	四川省
248	四川广乐食品有限公司
249	四川省味聚特食品有限公司
250	苍溪县广益食品有限公司
	贵州省
251	贵阳南明老干妈风味食品有限公司
252	遵义天阳食品有限公司
	云南省
253	昆明子弟食品有限公司
	甘肃省
254	临洮县腾胜蔬菜土特产购销有限责任公司
	宁夏回族自治区
255	宁夏夏绿脱水蔬菜（集团）有限公司
	新疆维吾尔自治区
256	中法合资新疆乡都酒业有限公司
	新疆生产建设兵团
257	新疆天业股份有限公司
258	新疆中基番茄制品有限责任公司
	五、肉类制品加工企业（80 家）
	北京市
259	北京御香苑畜牧有限公司
260	北京千喜鹤食品有限公司
261	北京金维福仁清真食品有限公司
262	北京卓宸畜牧有限公司
263	北京市京京肉食厂
264	北京牧洋园生物科技有限公司
	天津市
265	天津宝利肉牛屠宰有限公司
266	天津富莱食品有限公司
	河北省
267	河北华升清真肉类有限公司
268	河北宏达清真肉类有限公司
269	献县本斋群祥清真肉类有限公司
	内蒙古自治区
270	内蒙古草原兴发股份有限公司
271	内蒙古科尔沁牛业股份有限公司
272	内蒙古宇标食品有限责任公司
	辽宁省
273	铁岭市国美牧业有限责任公司
274	大连础明集团有限公司
	吉林省
275	吉林省长春皓月清真肉业股份有限公司
276	吉林华正农牧业开发股份有限公司
277	辽源金昌企业集团公司
278	长春市佳龙实业有限公司
279	吉林省陆路雪食品有限公司
	黑龙江省
280	大庆馋神食品有限公司
281	黑龙江省北大荒肉业有限公司
282	黑龙江省天源食品有限公司
283	黑龙江翔宇实业集团有限责任公司
284	绥化大众肉联有限公司
	上海市
285	上海农工商肉食品有限公司
	江苏省
286	南通市银燕食品有限公司
287	江苏福润肉类加工有限公司
288	徐州澳华食品有限公司
	浙江省
289	浙江崇苏食品有限公司
290	嵊州市畜产品有限公司
291	浙江华统控股有限公司
	安徽省
292	蒙城县五洲实业有限责任公司
	福建省
293	福建元隆食品有限公司
294	厦门银洋集团有限公司
295	宁德市南阳实业有限公司
	江西省
296	江西省圣丰高新农业综合开发有限责任公司
297	江西煌上煌集团有限公司
	山东省
298	临沂江泉肉制品有限公司
299	山东鲁西农牧发展集团有限公司
300	临沂新程金锣肉制品有限公司
301	山东维多利现代农业发展有限公司
302	曲阜恒达食品有限公司
303	得利斯集团有限公司
304	青岛康大外贸集团有限公司
305	青岛波尔旺肉业股份有限公司

（续）

306	山东凯银集团股份有限公司
	河南省
307	河南省漯河市双汇实业集团有限责任公司
308	河南汇通集团肉食品股份有限公司
309	洛阳新春都清真食品有限公司
310	河南省田园食品有限公司
311	河南众品食业股份有限公司
	湖南省
312	伟鸿食品有限公司
313	湖南正虹海原绿色食品有限公司
314	湖南正虹科技发展股份有限公司
315	唐人神集团股份有限公司
	广东省
316	东进农牧（惠东）有限公司
	广西壮族自治区
317	广西凤翔集团畜禽食品有限公司
	重庆市
318	重庆渝泰食品有限公司
	四川省
319	成都希望食品有限公司
320	内江福润肉类加工有限公司
321	四川省哈哥兔业有限公司
322	四川省井研县食品有限责任公司
323	成都市双流县东平肉联厂
324	四川省叙府肉类食品有限公司
325	四川鸿宇冷冻食品有限公司
326	绵阳市长林肉类食品有限公司
327	四川高金食品股份有限公司
328	四川省资阳市四海发展实业有限公司
329	四川张飞牛肉有限公司
330	四川省美宁食品有限公司
	贵州省
331	贵州牛来香实业有限公司
332	贵州永红食品有限公司
	云南省
333	云南宣威火腿集团有限公司
334	昆明三宝经贸有限公司
335	昆明市官渡区凤凰山养殖场
336	云南泰华食品有限公司
	陕西省
337	陕西省西乡县长林肉类食品有限公司
	宁夏回族自治区
338	宁夏六盘山泾河清真食品有限公司
	六、禽制品加工企业（31家）
	河北省
339	唐山中红普林食品有限公司
340	秦皇岛正大有限公司
	山西省
341	山西粟海集团有限公司
342	山西省文水县大象禽业有限公司
	辽宁省
343	辽宁大正集团有限公司
344	阜新市美中鹅业工贸有限责任公司
345	沈阳华美畜禽有限公司
346	大成农牧（铁岭）有限公司
347	开原市赢德肉禽有限责任公司
	吉林省
348	吉林卓越实业有限公司
349	柳河县康华牧业有限公司
350	大安市安大牧业有限责任公司
351	吉林德大有限公司
	江苏省
352	扬州馋神食品有限公司
353	兴云集团
	浙江省
354	不老神食品有限公司
	山东省
355	山东华誉集团有限公司
356	高青云龙大畜禽有限公司
357	青岛正大有限公司
358	山东六和集团有限公司
359	山东正邦食品有限公司
360	山东风祥有限责任公司
361	青岛九联集团股份有限公司
362	滨州市隆达食品有限责任公司
363	山东呱呱鸭制品有限责任公司
	河南省
364	淇县永达食业有限公司
365	河南大用实业有限公司
	湖南省

（续）

366 湖南临武舜华鸭业发展有限责任公司
367 湖南洞庭牧业有限责任公司

广东省

368 广东温氏食品有限公司

四川省

369 成都武田食品有限公司

七、乳制品加工企业（39家）

天津市

370 天津海河乳业有限公司

河北省

371 河北新天香乳业有限公司
372 河北天天乳业集团有限公司
373 河北小洋人生物乳业有限公司
374 邢台三鹿乳业有限公司

山西省

375 昔阳县德正乳业有限公司

内蒙古自治区

376 内蒙古蒙牛乳业股份有限公司
377 内蒙古伊利实业集团股份有限公司

辽宁省

378 沈阳乳业有限责任公司

吉林省

379 吉林省乳业集团广泽有限公司

黑龙江省

380 黑龙江红星集团股份有限公司
381 黑龙江省光明松鹤乳品有限责任公司
382 黑龙江兴安岭乳业有限公司

上海市

383 光明乳业股份有限公司

江苏省

384 徐州绿健乳业有限责任公司

浙江省

385 浙江金华市佳乐乳业有限公司

安徽省

386 安徽益益乳业有限公司
387 安徽曦强相山乳业有限公司

江西省

388 江西阳光乳业集团公司
389 江西维雀乳业有限公司

山东省

390 山东鹏程食品股份有限公司

河南省

391 金丝猴食品股份有限公司
392 河南三鹿花花牛乳业有限公司

湖南省

393 湖南亚华种业股份有限公司
394 湖南南山食品有限公司

广东省

395 深圳市光明集团有限公司
396 广东燕塘乳业有限公司

广西壮族自治区

397 广西皇氏生物工程乳业有限公司

四川省

398 成都菊乐企业集团股份有限公司

贵州省

399 贵阳三联乳业有限公司
400 贵州好一多乳业有限公司

云南省

401 大理来思尔乳业有限公司
402 云南大理东亚乳业有限公司
403 新希望云南邓泉蝶泉乳业有限公司

甘肃省

404 兰州市庄园乳业有限公司
405 甘肃华羚广酪素有限公司

青海省

406 青海天露乳业有限责任公司

宁夏回族自治区

407 银川维维北塔乳业股份有限公司
408 宁夏新华百货夏进乳业集团股份有限公司

八、水产品加工企业（64家）

河北省

409 河北斌扬集团山海关水产物资经销公司
410 唐山嘉美水产食品有限公司

辽宁省

411 中联食品（大连）有限公司
412 大连经济技术开发区金山水产有限公司
413 大连玉林企业集团有限公司
414 大连国富水产食品有限公司
415 大连鑫源水产有限公司
416 大连樟子岛渔业集团股份有限公司

（续）

417	大连海晏堂生物有限公司
	上海市
418	上海汉德食品有限公司
	江苏省
419	波力食品工业有限公司
420	新沂市正康食品有限公司
	浙江省
421	浙江海之味水产有限公司
422	浙江省远洋渔业集团有限公司
423	瑞安市华盛水产品加工厂
424	浙江鸥诗漫集团有限公司
425	杭州天海水产食品有限公司
426	舟山兴业有限公司
427	浙江佳丽珍珠首饰有限公司
428	舟山震洋发展有限公司
429	淳安千岛湖野娇娇特色食品有限公司
430	宁波无邦股份有限公司
	福建省
431	福建福鼎海鸥水产食品有限公司
432	福建福铭食品有限公司
433	福州百洋海味食品有限公司
434	龙海市嘉荣食品有限公司
435	福清市东威水产食品实业有限公司
436	厦门新阳洲水产品工贸有限公司
437	厦门市同安源水产有限公司
438	厦门华顺民业食品有限公司
	江西省
439	瑞金市红都水产食品有限公司
	山东省
440	青岛佳元水产集团有限公司
441	日照美佳食品工业有限公司
442	威海市宇王水产有限公司
443	青岛明月海藻集团有限公司
444	青岛浩源集团有限公司
445	山东大洋食品集团有限公司
446	青岛亿路发集团有限公司
447	青岛红福集团有限公司
448	山东俚岛水产有限公司
	湖北省
449	荆州市津港饲料有限公司
450	潜江市华山水产食品有限公司
451	湖北中科农业股份有限公司
452	仙桃市外婆家食品有限责任公司
453	潜江市莱克水产食品有限公司
454	洪湖市德炎水产食品有限公司
	湖南省
455	益阳益华水产品有限公司
456	湖南资兴东江鱼集团有限公司
457	南县顺祥水产品有限责任公司
	广东省
458	广东甘竹罐头有限公司
459	广东省中山食品水产进出口集团有限公司
460	湛江国联水产开发有限公司
461	亚洲海产（湛江）有限公司
462	中联水产（湛江）有限公司
463	汕头市瑞源实业有限公司
464	汕头市侨丰集团有限公司
465	广东新华海集团有限公司
	广西壮族自治区
466	北海市北海洪恩水产有限公司
467	北海正五实业有限公司
468	北海国发海洋生物产业股份有限公司
	海南省
469	海南泉溢食品有限公司
470	儋州珠联冷冻有限公司
471	海南翔泰渔业有限公司
	新疆维吾尔自治区
472	博湖县蓝翔水产有限公司
	九、其他加工企业（112 家）
	北京市
473	北京市天惠药业股份有限公司（西洋参）
474	北京康贝尔食品有限责任公司（糖果、巧克力）
	河北省
475	河北恒兴裘皮有限公司（裘皮）
	内蒙古自治区
476	内蒙古华资雪峰糖业有限责任公司(制糖)
477	内蒙古东达蒙古王集团有限公司(羊绒加工)
478	内蒙古兰田糖业有限责任公司（制糖）
	辽宁省
479	辽宁鑫态药业有限公司（中药材加工）

（续）

480 铁岭市永发茧厂产品有限公司（柞蚕丝加工）

吉林省

481 吉林中兴食品股份有限公司（小食品）
482 吉林省西洋参集团有限公司（西洋参）

黑龙江省

483 黑龙江黑宝药业股份有限公司（食用菌）
484 克山金鼎亚麻纺织有限责任公司（亚麻）
485 黑龙江省依安瑞雪糖业有限责任公司（制糖）
486 赛瑞集团有限公司（制糖）
487 哈尔滨绿色实业有限公司（速冻食品）

江苏省

488 如皋市太阳肠衣食品有限公司（肠衣）

浙江省

489 浙江蜂之语蜂业集团有限公司（蜂产品）
490 浙江省云森集团有限公司（棉花）
491 宁波恒康食品有限公司（小食品）

安徽省

492 安徽国润茶业有限公司（茶叶）
493 黄山市新安源有机茶开发有限公司（茶叶）
494 安徽省旌德麻业有限公司（苎麻）
495 安徽亚普竹业有限公司（竹材）
496 怀宁县科林人造板有限公司（木材）
497 亳州市亚强天然产物制品厂（天然食用色素）
498 安徽小刘食品股份有限公司（小食品）

福建省

499 福建品品香茶叶有限公司（茶叶加工）
500 福建省闽东力捷迅药业有限公司(太子参加工)

江西省

501 江西雨帆农业发展有限公司（木薯加工）
502 江西汪氏蜜蜂园有限公司（蜂产品加工）
503 江西汇仁药业有限公司（中药材加工）
504 仁和（集团）发展有限公司（中药材加工）
505 江西省天顺生态农业有限公司(天然色素加工)
506 江西天海集团有限公司（中药材加工）
507 江西远泉实业集团有限公司(茶叶、果品加工)
508 江西祥辉丝业有限公司（蚕丝加工）

山东省

509 青岛东生集团股份有限公司（花生制品）
510 乳山市金果花生制品有限公司（花生制品）
511 华隆（乳山）食品工业有限公司（花生制品）
512 山东北方纺织集团有限公司（棉花加工）
513 山东圣旺药业股份有限公司（甜叶菊加工）

湖北省

514 湖北新丰粮油土特产品有限公司（芝麻、花生加工）
515 湖北裕波纺织集团股份有限公司(棉花加工)
516 湖北龙王垭（集团）茶场（茶叶加工）
517 武汉小蜜蜂食品有限公司（蜂产品、藠头产品加工）
518 湖北国有三湖农场棉花公司（棉花加工）

湖南省

519 湖南省茶业有限公司（茶叶加工）
520 湖南省兰岭茶叶有限公司（茶叶加工）
521 湖南正清制药集团股份有限公司（中药材加工）
522 湖南星剑药业集团有限公司(中药材加工)
523 湖南省怀其皮革集团制革有限公司（皮革加工）

广东省

524 湛江金岭糖业有限公司（制糖）
525 广东省丰收糖业发展公司（制糖）
526 广东中谷糖业集团有限公司（制糖）
527 翁源县龙翔实业有限公司(制糖、蚕丝加工)

广西壮族自治区

528 广西来宾永鑫糖业有限公司（制糖）
529 南宁糖业股份有限公司（制糖）
530 广西来宾东糖迁江有限公司（制糖）
531 广西那彭欧亚糖业有限公司（制糖）
532 广西凤糖生化股份有限公司（制糖）
533 广西农垦糖业集团良圻制糖有限公司(制糖)
534 广西农垦糖业集团柳兴制糖有限公司(制糖)
535 广西农垦糖业集团昌菱制糖有限公司(制糖)
536 广西农垦糖业集团有限公司（制糖）
537 桂林中族中药股份有限公司(中药材加工)
538 田东县金荣纸业有限公司（蔗渣造纸）
539 柳州市汇利丰茧丝有限责任公司(蚕丝加工)
540 玉林市富英制革有限公司（皮革加工）

海南省

541 海南成信橡胶产业有限公司(天然橡胶加工)
542 儋州惠安庄园生物工程有限公司(海藻加工)

（续）

543	海南东方大慧淀粉制品有限公司（木薯加工）	566	通海丽都花卉有限公司（花卉加工）
	重庆市	567	云南特安呐制药股份有限公司(保健食品）
544	重庆市黔江区珍珠兰茶业有限责任公司（茶叶加工）		**陕西省**
		568	陕西安康秦东魔芋食品有限公司(魔芋加工）
545	重庆市荣发茶业进出口有限公司（茶叶加工）	569	现代新农业股份有限公司（饲料添加剂）
546	重庆三峡牧业集团有限公司（中药材加工）		**甘肃省**
547	重庆星星套装门有限责任公司（木材加工）	570	甘肃省武威市张义皮革厂（皮革加工）
548	重庆华立武陵山制药有限公司(青蒿加工青蒿素）	571	甘肃庆发绿色食品有限公司（小食品）
549	重庆金凤丝绸（集团）有限公司（蚕丝加工）	572	甘肃扶正药业科技股份有限公司（中药材加工）
550	重庆茂源实业有限公司（生物宠物玩具、宠物饲料）		**青海省**
	四川省	573	青海雪舟三绒集团（牦牛绒、羊绒加工）
551	四川省叙府茶叶有限公司（茶叶加工）	574	青海藏羊地毯(集团)有限公司(地毯加工）
552	四川龙都茶叶（集团）有限公司（茶叶加工）		**宁夏回族自治区**
553	乐山禹伽茶叶科技开发有限公司（茶叶加工）	575	宁夏盛源绒业有限公司（羊绒加工）
554	四川白家食品有限公司（红薯制品、调味品）	576	灵武市中银绒业有限公司（羊绒加工）
555	四川光友薯业有限公司（红薯加工）	577	宁夏固原试验区金泉有限责任公司（苜蓿草加工）
556	绵阳都乐魔芋制品有限责任公司（魔芋制品）		
557	四川豪吉食品（集团）有限责任公司（鸡精）		**新疆维吾尔自治区**
558	四川徽记食品产业有限公司（小食品）	578	玛纳斯凤祥棉业有限公司（棉花加工）
559	成都市裕邑丝绸有限责任公司（蚕丝加工）	579	和田阳光沙漠玫瑰有限责任公司（玫瑰花加工）
560	四川省恒泰食品添加剂实业有限责任公司（焦糖色素）		**新疆生产建设兵团**
561	四川南宝蜂产品有限公司（蜂产品）	580	新疆昆仑神农股份有限公司（棉花加工）
562	南充富达竹业有限公司（竹材加工）	581	奎屯锦业纺织有限责任公司（棉花加工）
	云南省	582	新疆昌恒纺织有限责任公司（棉花加工）
563	曲靖博浩生物科技有限公司（万寿菊加工）	583	新疆绿翔糖业有限责任公司（制糖）
564	昆明信威食品有限公司（小食品）	584	新疆金鹿药业科技有限责任公司（鹿产品加工）
565	玉溪市云溪香料香精有限公司（天然香料）		

资料来源：表 264、表 265 中的名单，为 2005 年农业部 12 月份发文公布的企业名单和示范基地名单。

表 265 第二批全国农产品加工业示范基地（161 家）（2005 年）

	北京市	9	顺义区赵全营农产品加工基地
1	大兴区青云店镇农产品加工示范基地		**天津市**
2	密云县久润绿色食品基地	10	宁河县乳品加工示范基地
3	房山县琉璃河镇农产品加工示范基地	11	宝坻蔬菜加工示范基地
4	顺义区北小营镇农产品加工基地		**河北省**
5	通州区潞城镇食品农民就业产业基地	12	临城县农产品加工示范基地
6	平谷区兴谷绿色农产品生产加工基地	13	馆陶县优质粮食加工示范基地
7	怀柔区经纬工业区	14	大厂回族自治县肉牛屠宰加工示范基地
8	怀柔镇富乐统一食品加工示范基地	15	秦皇岛市水产品加工出口基地

（续）

16	宁晋县西城区农产品加工示范基地
17	大名县优质面粉加工业示范基地
18	清苑县果蔬加工示范基地
	山西省
19	孝义市高阳农业科技示范园区
20	山阴县乳品加工示范基地
21	芮城县苹果业加工示范基地
22	高平市薯类加工示范基地
	内蒙古自治区
23	阿荣旗大豆加工示范基地
24	赤峰市元宝山区农产品加工示范基地
25	和林县乳产品加工业示范基地
26	海拉尔农垦（集团）有限责任公司
	辽宁省
27	大连皮口水产品加工示范基地
28	北宁市畜禽产品加工基地
29	营口市畜产品加工示范基地
30	抚顺市农产品加工示范基地
31	铁岭市肉牛加工示范基地
32	铁岭市种畜场农产品加工业示范基地
33	铁岭肉鸡屠宰加工基地
34	大连市旅顺口区龙王塘水产品加工示范基地
35	大连黑岛水产品加工示范基地
	吉林省
36	公主岭市商品瘦肉型猪基地
37	长白山中药材加工基地
38	长岭县农产品加工基地
39	东丰县梅花鹿养殖加工示范基地
40	农安县优质肉猪生产示范基地
41	梨树县农产品加工基地
42	蛟河市黑木耳生产基地
43	榆树市农产品加工基地
44	德惠市农畜产品出口加工基地
45	洮南市奶牛养殖示范基地
46	德惠市优质肉牛生产示范基地
	黑龙江省
47	大庆市奶牛示范基地
48	安达市奶牛生产基地
49	绥棱县农产品加工业示范基地
50	五常市绿色食品水稻加工业示范基地
51	穆棱市肉牛加工业示范基地
52	望奎县瘦肉型生猪生产基地
	上海市
53	南汇现代农业园区
54	金山现代农业园区
	江苏省
55	大丰市优质棉花生产加工示范基地
56	射阳县江苏纺织集团高品质棉产业化基地
57	丹阳市小麦加工示范基地
58	东台市富安工业集聚区
59	启东市水产品加工示范基地
60	泰州市弱筋小麦加工业示范基地
61	盐城市水产食品工业基地
	浙江省
62	仙居县神仙居农产品加工业示范基地
63	宁波（慈溪）绿色农产品加工基地
64	舟山市浦西海洋食品加工示范基地
65	余姚农产品加工业示范基地
66	湖州市吴兴食品加工示范基地
67	台州市椒江中心渔港后方基地水产品加工示范区
68	嵊州市农产品加工园区
69	宁波北仑现代农业综合开发区农产品加工示范基地
	安徽省
70	亳州中药材加工示范基地
71	宁国生态农产品加工示范基地
72	无为县江北棉花综合加工示范基地
73	桐城水禽产品加工示范基地
74	黄山(休宁)名优茶暨有机茶加工示范基地
	福建省
75	连城红心地瓜干加工示范基地
76	福清市龙田工业园区水产品加工示范基地
	江西省
77	九江市赤湖水产品加工示范基地
78	九江市棉花加工示范基地
79	高安市有机粮油产品加工示范基地
80	南昌县水禽及产品加工示范基地
81	瑞金市鳗鱼、螺旋藻加工出口示范基地
82	赣南脐橙加工示范基地

（续）

83	都昌县鄱阳湖区鱼虾、珍珠（核）加工与出口示范基地	115	广西风糖生化股份有限公司甘蔗加工业示范基地
	山东省	116	广西农垦糖业集团蔗糖加工示范基地
84	菏泽市华瑞专用小麦加工示范基地	117	南宁糖业甘蔗加工示范基地
85	青州市潭坊镇蔬菜加工示范基地		**海南省**
86	淄博市油棉深加工示范基地	118	定安县塔岭农副产品加工示范基地
87	滨州市牛羊加工业示范基地		**重庆市**
88	荣成市全国海带加工示范基地	119	荣昌夏布加工示范基地
89	寿光市蔬菜生产加工业示范基地	120	涪陵区榨菜加工示范基地
90	邹平县农产品加工业示范基地		**四川省**
91	青岛市城阳区水产品出口加工基地	121	大竹县优质苎麻加工示范基地
92	莱西市畜禽业加工基地	122	绵阳市无公害肉猪加工示范基地
93	菏泽市肉羊加工业示范基地	123	遂宁市船山农产品加工示范基地
94	蓬莱京鲁农产品加工业示范基地	124	成都市新都区优质稻加工示范基地
	河南省	125	成都市温江区农产品加工业示范基地
95	延津县金粒农产品加工业示范基地	126	成都市新津县畜产品加工示范基地
96	汤阴县农产品加工业示范基地	127	成都市经济技术开发区农产品加工业示范基地
97	许昌市农产品加工业示范基地		
98	临颍县优质小麦加工示范基地	128	雅安市农业高科技生态园区农产品加工示范基地
99	鹤壁市肉鸡生产加工示范基地		
100	驻马店农产品加工业示范基地		**贵州省**
101	淮南水禽产品加工业示范基地	129	贵阳市花溪区农产品加工示范基地
102	鹿邑县畜产品加工业示范基地		**云南省**
	湖北省	130	元谋无公害特色蔬菜加工基地
103	武汉市双柳农产品加工示范基地	131	大理白族自治州野生食用菌加工基地
104	鄂州市优势水产品加工业示范基地	132	曲靖市马铃薯加工示范基地
	湖南省	133	西双版纳天然橡胶加工基地
105	长沙隆平高科技园农产品加工示范基地	134	宣威市特色畜产品加工基地
106	耒阳市东江工业区粮油禽加工示范基地	135	思茅市茶叶加工基地
107	永州市凤凰园经济开发区工业园农产品加工示范基地		**陕西省**
		136	三原县农产品综合加工基地
108	长沙市望城县高科技食品加工示范基地	137	大荔县生态农业示范区加工业示范基地
109	湘阴洋纱湖农产品加工业示范基地	138	山阳县中药材规范化栽培及加工综合示范基地
110	湘乡皮革工业园皮革加工业示范基地		
111	湘潭市先锋工业经济园农产品加工示范基地	139	白水县苹果加工示范基地
	广东省	140	延安市果品加工示范基地
112	潮安县庵埠农产品加工示范基地	141	扶风县农产品加工基地
113	茂名市南亚热带水果加工业示范基地	142	兴平市金阳农产品加工业示范基地
114	新兴县农产品加工示范基地	143	咸阳市渭北苹果加工业示范基地
	广西壮族自治区	144	渭南市苹果加工业示范基地

（续）

	甘肃省	153	吴忠市利通区乳品加工示范基地
145	山丹县“双低”油菜加工示范基地	154	灵武市羊绒加工示范基地
146	兰州市榆中县无公害蔬菜加工示范基地		**新疆维吾尔自治区**
147	东乡县手抓羊肉加工示范基地	155	和田地区和墨洛地毯加工示范区
148	天水市麦积区甘铺苹果加工业示范基地	156	额敏县桥南工业园区
	宁夏回族自治区		**新疆生产建设兵团**
149	中宁县无公害枸杞加工示范基地	157	农七师奎屯天北新区番茄棉花加工示范基地
150	固原市马铃薯加工业示范基地	158	农四师香料加工业示范基地
151	石嘴山市惠农区脱水蔬菜加工示范基地	159	农四师黑加仑特色加工业示范基地
152	灵武市优质粳稻加工业示范基地	160	农二师二十一团“红色产业”综合加工基地

表266　我国轻工业系统中列入国家500强企业的农产品加工企业（2003年）

名次	企业名称	地区	营业收入（万元）	利润（万元）	收入增长率（%）	资产利润率（%）
			进、出口贸易业			
1	中国工艺品进出总公司	北京	863 525	−6 328	7.01	−0.87
2	中国纺织品进出口总公司	北京	642 392	20 880	−9.30	3.09
3	广东省纺织品进出口（集团）公司	广东	479 347	15 733	31.97	5.15
4	广州轻工出口集团有限公司	广东	262 533	2 068	9.82	1.69
			食品加工与制造业			
1	四川省宜宾五粮液集团有限公司	四川	1 006 706	150 810	22.91	10.51
2	杭州娃哈哈集团有限公司	浙江	883 023	120 805	41.70	20.35
3	河南漯河市双汇实业集团有限责任公司	河南	850 375	58 008	20.34	13.94
4	青岛啤酒股份有限公司	山东	693 673	23 076	31.46	2.58
5	维维集团股份有限公司	江苏	601 672	49 102	19.90	15.42
6	上海梅林正广和（集团）有限公司	上海	563 540	29 963	13.46	3.48
7	天津天狮集团有限公司	天津	532 508	51 367	50.88	23.99
8	东海粮油工业（张家港）有限公司	江苏	528 931	17 366	29.00	6.31
9	上海光明乳业股份有限公司	上海	502 150	22 631	42.65	7.70
10	北京燕京啤酒集团公司	北京	478 663	28 836	65.29	4.02
11	江苏雨润食品产业集团有限公司	江苏	413 079	19 763	32.06	7.62
12	内蒙古伊利实业集团股份有限公司	内蒙古	401 009	21 334	48.41	7.36
13	冠生园（集团）有限公司	上海	397 140	26 242	1.08	4.24
14	河北旭日集团有限责任公司	河北	394 239	10 560	23.77	15.16
15	大连华农豆业集团股份有限公司	辽宁	335 242	19 780	28.47	15.13
16	石家庄三鹿集团股份有限公司	河北	307 356	24 425	30.39	19.36
17	广东健力宝集团有限公司	广东	288 780	10 335	−7.12	2.74
18	广州市珠江啤酒集团公司	广东	283 415	16 006	3.70	3.53
19	中国贵州茅台酒厂有限责任公司	贵州	250 398	68 786	16.79	10.92

（续）

名次	企业名称	地区	营业收入（万元）	利润（万元）	收入增长率（%）	资产利润率（%）
			烟草加工业			
1	玉溪红塔烟草（集团）有限责任公司	云南	3 359 589	423 096	—1.76	7.19
2	上海烟草（集团）公司	上海	1 630 992	502 804	9.65	23.67
3	湖南省长沙卷烟厂	湖南	787 970	79 677	8.45	9.69
4	常德卷烟厂	湖南	607 415	52 831	17.16	10.53
5	杭州卷烟厂	浙江	566 396	67 498	24.20	16.07
6	颐中烟草（集团）有限公司	山东	509 682	19 428	—1.86	2.60
7	南京卷烟厂	江苏	406 246	84 626	37.38	26.24
8	贵阳卷烟厂	贵州	386 078	20 110	23.08	3.86
9	将军烟草集团有限公司	山东	357 920	4 966	2.32	0.75
10	广州卷烟二厂	广东	343 160	52 726	14.86	19.40
11	南昌卷烟厂	江西	323 392	31 115	14.98	16.71
12	淮阴卷烟厂	江苏	306 231	45 188	10.86	17.89
13	安徽蚌埠卷烟厂	安徽	264 555	36 274	8.15	23.35
14	芜湖卷烟厂	安徽	254 481	15 001	18.23	9.00
			纺织业			
1	广东丝绸（集团）公司	广东	1 339 620	9 848	64.07	2.45
2	山东魏桥纺织集团有限责任公司	山东	70 434	49 032	47.70	7.11
3	华芳集团有限公司	江苏	512 511	15 313	64.47	4.35
4	浙江省丝绸集团有限公司	浙江	490 139	16 325	26.01	5.52
5	东莞福安纺织印染有限公司	广东	379 417	13 221	9.80	5.79
6	广东省开平涤纶企业集团公司	广东	331 160	7 831	15.37	1.22
7	浙江远东化纤集团	浙江	321 539	16 424	55.87	6.12
8	宁波维科集团股份有限公司	浙江	313 355	16 079	—1.15	5.62
9	上海华申国际企业（集团）有限公司	上海	295 039	2 259	—11.26	0.41
10	鄂尔多斯羊绒集团有限责任公司	内蒙古	288 047	23 632	19.66	3.49
11	山东绮丽集团公司	山东	255 885	2 597	1.17	2.01
			服装及其他纤维品制造业			
1	雅戈尔集团股份有限公司	浙江	691 397	58 604	22.18	8.22
2	杉杉集团有限公司	上海	321 034	18 629	0.48	4.39
			木材加工、造纸及纸制品			
1	金东纸业（江苏）有限公司	江苏	601 259	61 885	18.59	4.63
2	上海新高潮（集团）有限公司	上海	563 863	20 868	1.48	4.25
3	山东晨鸣纸业集团股份有限公司	山东	454 645	73 176	89.00	7.48
4	中国吉林森林工业（集团）总公司	吉林	251 221	5 171	8.26	1.00
			橡胶、塑料制品			
1	双星集团有限责任公司	山东	570 884	14 926	17.68	3.53
2	三角集团有限公司	山东	311 098	15 248	41.99	6.50
3	佛山塑料集团股份有限公司	广东	280 389	20 209	11.55	5.87
4	山东成山轮胎股份有限公司	山东	260 027	13 613	34.71	4.80
5	杭州中策橡胶有限公司	浙江	253 728	13 205	23.46	6.97

5 第五部分

标准、专利

农产品加工业部分国家标准（2005年）

标 准 号	标 准 名 称	代替标准
GB 16869—2005	鲜、冻禽产品	GB 16869—2000
GB 18796—2005	蜂蜜	GB/T 18796—2002
GB 19855—2005	月饼	
GB 19883—2005	果冻	
GB 19635—2005	棉花　长绒棉	
GB 1103.3—2005	棉花　天然彩色细绒棉	
GB 19790.1—2005	一次性筷子　第1部分：木筷	
GB 19790.2—2005	一次性筷子　第2部分：竹筷	
GB/T 8966—2005	白肋烟	GB/T 8966—1988
GB/T 19618—2004	甘草	
GB/T 19722—2005	洗净绵羊毛	
GB/T 19723—2005	纺织纤维货批商业质量的测定	
GB/T 19782—2005	中国对虾	
GB/T 19783—2005	中华绒螯蟹	
GB 19690—2005	原产地域产品　余姚杨梅	
GB 19691—2005	原产地域产品　狗牯脑茶	
GB 19692—2005	原产地域产品　滁菊	
GB 19693—2005	原产地域产品　新昌花生（小京生）	
GB 19694—2005	原产地域产品　平遥牛肉	
GB 19695—2005	原产地域产品　秀油	
GB 19696—2005	原产地域产品　平阴玫瑰	
GB 19697—2005	原产地域产品　黄岩蜜橘	
GB 19698—2005	原产地域产品　太平猴魁茶	
GB 19742—2005	原产地域产品　宁夏枸杞	
GB 19776—2005	原产地域产品　昭通天麻	
GB 19777—2005	原产地域产品　山西老陈醋	
GB 19852—2005	原产地域产品　卢龙粉丝	
GB 19853—2005	原产地域产品　抚远鲟鱼子、鳇鱼子、大麻（马）哈鱼子	
GB/T 19676—2005	黄羽肉鸡产品质量分级	
GB 2707—2005	鲜（冻）畜肉卫生标准	GB 2707—1994
GB 2715—2005	粮食卫生标准	GB 2715—1981
GB 2716—2005	食用植物油卫生标准	GB 2716—1988
GB 2726—2005	熟肉制品卫生标准	GB 2726—1996
GB 2730—2005	腌腊肉制品卫生标准	GB 2730—1981
GB 2733—2005	鲜、冻动物性水产品卫生标准	GB 2733—1981
GB 2758—2005	发酵酒卫生标准	GB 2758—1981
GB 10132—2005	鱼糜制品卫生标准	GB 10132—1988

（续）

标　准　号	标　准　名　称	代替标准
GB 10133—2005	水产调味品卫生标准	GB 10133—1988
GB 10136—2005	腌制生食动物性水产品卫生标准	GB 10136—1988
GB 10138—2005	盐渍鱼卫生标准	GB 10138—1988
GB 10144—2005	动物性水产干制品卫生标准	GB 10144—1988
GB 10146—2005	食用动物油脂卫生标准	GB 10146—1988
GB 11674—2005	乳清粉卫生标准	GB 11674—1989
GB 13100—2005	肉类罐头卫生标准	GB 13100—1991
GB 13102—2005	炼乳卫生标准	GB 13102—1991
GB 13104—2005	食糖卫生标准	GB 13104—1991
GB 14939—2005	鱼类罐头卫生标准	GB 14939—1994
GB 16325—2005	干果食品卫生标准	GB 16325—1996
GB 16326—2005	坚果食品卫生标准	GB 16326—1996
GB 17325—2005	食品工业用浓缩果蔬汁（浆）卫生标准	GB 17325—1998
GB 19640—2005	麦片类卫生标准	
GB 19641—2005	植物油料卫生标准	
GB 19642—2005	可可粉固体饮料卫生标准	
GB 19643—2005	藻类制品卫生标准	
GB 19644—2005	乳粉卫生标准	
GB 19645—2005	巴氏杀菌、灭菌乳卫生标准	
GB 19646—2005	奶油、稀奶油卫生标准	
GB 1890—2005	食品添加剂　六偏磷酸钠	GB 1890—1989
GB 1894—2005	食品添加剂　无水亚硫酸钠	GB 1894—1992
GB 1901—2005	食品添加剂　苯甲酸	GB 1901—1994
GB 1902—2005	食品添加剂　苯甲酸钠	GB 1902—1994
GB 1904—2005	食品添加剂　羧甲基纤维素钠	GB 1904—1989
GB 6226—2005	食品添加剂　乳酸钙	GB 6226—1986
GB 7657—2005	食品添加剂　葡萄糖酸-δ-内酯	GB 7657—1987
GB 7658—2005	食品添加剂　山梨糖醇液	GB 7658—1987
GB 8850—2005	食品添加剂　对羟基苯甲酸乙酯	GB 8850—1988
GB 8851—2005	食品添加剂　对羟基苯甲酸丙酯	GB 8851—1988
GB 9993—2005	食品添加剂　高粱红	GB 9993—1988
GB 10617—2005	食品添加剂　蔗糖脂肪酸酯（丙二醇法）	GB 10617—1989
GB 15961—2005	食品添加剂　红曲红	GB 15961—1995
GB 19825—2005	食品添加剂　稀释过氧化苯甲酰	
GB 7655.1—2005	食品添加剂　亮蓝	GB 7655.1—1996
GB 7655.2—2005	食品添加剂　亮蓝铝色淀	GB 7655.2—1996

（续）

标 准 号	标 准 名 称	代替标准
GB 6227.2—2005	食品添加剂 日落黄铝色淀	GB 6277.2—1995
GB 4479.2—2005	食品添加剂 苋菜红铝色淀	GB 4479.2—1996
GB 19814—2005	分离机 安全要求	
GB 19815—2005	离心机 安全要求	
GB 19821—2005	啤酒工业污染物排放标准	
GB 5606.2—2005	卷烟 第2部分 包装标识	GB 5606.2—1996
GB 5606.3—2005	卷烟 第3部分 包装、卷制技术要求及贮运	GB 5606.3—1996
GB 5606.4—2005	卷烟 第4部分 感官技术要求	GB 5606.4—1996
GB 5606.5—2005	卷烟 第5部分 主流烟气	GB 5606.5—1996
GB 5606.6—2005	卷烟 第6部分 质量综合判定	GB 5606.6—1996
GB/T 5982—2005	脱粒机 试验方法	GB/T 5982—1986
GB/T 6826—2005	洗选设备 系列型谱	GB/T 6826—1986
GB/T 7682—2005	牛奶分离机 型式与基本参数	GB/T 7682—1987
GB/T 7779—2005	离心机 型号编制方法	GB/T 7779—1987
GB/T 7780—2005	过滤机 型号编制方法	GB/T 7780—1987
GB/T 7781—2005	分离机 型号编制方法	GB/T 7781—1987
GB/T 14466—2005	胶体磨通用技术条件	GB/T 14466—1993
GB/T 19818—2005	籽棉清理机	
GB/T 19819—2005	锯齿轧花机	
GB/T 19820—2005	液压棉花打包机	
GB/T 10901—2005	离心机 性能测试方法	GB/T 10901—1989
GB/T 15187—2005	湿式除尘器性能测定方法	GB/T 15187—1994
GB/T 19828—2005	食盐定点生产企业质量管理技术规范	
GB/T 19838—2005	水产品危害分析与关键控制点（HACCP）体系及其应用指南	
GB/T 8381.2—2005	饲料中志贺氏菌的检测方法	
GB/T 8381.3—2005	饲料中林可霉素的测定	
GB/T 8381.4—2005	配合饲料中T-2毒素的测定 薄层色谱法	
GB/T 8381.5—2005	饲料中北里霉素的测定	
GB/T 8381.6—2005	配合饲料中脱氧雪腐镰刀菌烯醇的测定 薄层色谱法	
GB/T 8381.7—2005	饲料中喹乙醇的测定 高效液相色谱法	
GB/T 8381.8—2005	饲料中多氯联苯的测定 气相色谱法	
GB/T 8381.9—2005	饲料中氯霉素的测定 气相色谱法	
GB/T 8381.10—2005	饲料中磺胺喹恶啉的测定 高效液相色谱法	
GB/T 8381.11—2005	饲料中盐酸氨丙啉的测定 高效液相色谱法	
GB/T 13085—2005	饲料中亚硝酸盐的测定 比色法	GB/T 13085—1991

（续）

标 准 号	标 准 名 称	代替标准
GB/T 17778—2005	预混合饲料中d-生物素的测定	GB/T 17778—1999
GB/T 19857—2005	水产品中孔雀石绿和结晶紫残留量的测定	
GB/T 4857.11—2005	包装 运输包装件基本试验 第11部分：水平冲击试验方法	GB/T 4857.11—1992
GB/T 4857.13—2005	包装 运输包装件基本试验 第13部分：低气压试验方法	GB/T 4857.13—1992
GB 19741—2005	液体食品包装用塑料复合膜、袋	
GB 19778—2005	包装玻璃容器 铅、镉、砷、锑溶出允许限量	
GB/T 19786—2005	木质包装容器检测规程	
GB/T 19787—2005	包装材料 聚烯烃热收缩薄膜	
GB/T 19788—2005	蜂窝纸板箱检测规程	
GB/T 19789—2005	包装材料 塑料薄膜和薄片氧气透过性试验 库仑计检测法	
GB/T 19817—2005	纺织品 装饰用织物	
GB/T 3903.6—2005	鞋类通用试验方法 防滑性能	
GB/T 3903.7—2005	鞋类通用试验方法 老化处理	
GB/T 3903.8—2005	鞋类 内底试验方法 层间剥离强度	
GB/T 3903.9—2005	鞋类 内底试验方法 跟部持钉力	
GB/T 3903.10—2005	鞋类 内底试验方法 尺寸稳定性	
GB/T 3903.11—2005	鞋类 内底、衬里和内垫试验方法 耐汗性	
GB/T 3903.12—2005	鞋类 外底试验方法 撕裂强度	
GB/T 3903.13—2005	鞋类 外底试验方法 尺寸稳定性	
GB/T 3903.14—2005	鞋类 外底试验方法 针撕破强度	
GB/T 11413—2005	皮鞋后跟结合力试验方法	GB/T 11413—1989
GB/T 15107—2005	旅游鞋	GB/T 15107—1994
GB/T 1543—2005	纸和纸板 不透明度（纸背衬）的测定（漫反射法）	GB/T 1543—1988
GB/T 3264—2005	单张纸平版印刷机	GB/T 3264—1989
GB/T 7975—2005	纸和纸板 颜色的测定（漫反射法）	GB/T 7975—1987
GB/T 7978—2005	纸浆 酸不溶灰分的测定	GB/T 7978—1987
GB/T 7979—2005	纸浆 二氯甲烷抽提物的测定	GB/T 7979—1987
GB/T 12032—2005	纸和纸板 印刷光泽度印样的制备	GB/T 12032—1989
GB/T 461.3—2005	纸和纸板 吸水性的测定（浸水法）	GB/T 461.3—1989
GB/T 2679.7—2005	纸板 戳穿强度的测定	GB/T 2679.7—1981
GB/T 19941—2005	皮革和毛皮 化学试验 甲醛含量的测定	
GB/T 19942—2005	皮革和毛皮 化学试验 禁用偶氮染料的测定	

农产品加工业农业行业标准（2004—2005年）

标准号	标准名称	代替标准
NY/T 846—2004	油菜产地环境技术条件	
NY/T 847—2004	水稻产地环境技术条件	
NY/T 848—2004	蔬菜产地环境技术条件	
NY/T 849—2004	玉米产地环境技术条件	
NY/T 850—2004	大豆产地环境技术条件	
NY/T 851—2004	小麦产地环境技术条件	
NY/T 852—2004	烟草产地环境技术条件	
NY/T 853—2004	茶叶产地环境技术条件	
NY/T 854—2004	京白梨产地环境技术条件	
NY/T 855—2004	花生产地环境技术条件	
NY/T 856—2004	苹果产地环境技术条件	
NY/T 857—2004	葡萄产地环境技术条件	
NY 862—2004	杏鲍菇和白灵菇菌种	
NY/T 863—2004	碧螺春茶	
NY/T 864—2004	苦丁茶	
NY/T 865—2004	巴梨	
NY/T 866—2004	水蜜桃	
NY/T 867—2004	扁桃	
NY/T 868—2004	沙田柚	
NY/T 869—2004	沙塘橘	
NY/T 870—2004	鲜芦荟	
NY/T 871—2004	哈密大枣	
NY/T 872—2004	芽菜	
NY/T 873—2004	菠萝汁	
NY/T 874—2004	胡萝卜汁	
NY/T 875—2004	食用木薯淀粉	
NY/T 876—2004	红掌　切花	
NY/T 877—2004	非洲菊　种苗	
NY/T 878—2004	兰花（春剑兰）生产技术规程	
NY/T 879—2004	长绒棉生产技术规程	
NY/T 880—2004	芒果栽培技术规程	
NY/T 881—2004	库尔勒香梨生产技术规程	
NY/T 891—2004	绿色食品　大麦	
NY/T 892—2004	绿色食品　燕麦	
NY/T 893—2004	绿色食品　粟米	
NY/T 894—2004	绿色食品　荞麦	
NY/T 895—2004	绿色食品　高粱	

（续）

标　准　号	标　准　名　称	代替标准
NY/T 896—2004	绿色食品　产品抽样准则	
NY/T 897—2004	绿色食品　黄酒	
NY/T 898—2004	绿色食品　含乳饮料	
NY/T 899—2004	绿色食品　冷冻饮品	
NY/T 900—2004	绿色食品　发酵调味品	
NY/T 901—2004	绿色食品　香辛料	
NY/T 902—2004	绿色食品　瓜子	
NY/T 903—2004	肉用仔鸡、产蛋鸡浓缩饲料和微量元素预混合料饲料	
NY/T 904—2004	马鼻疽控制技术规范	
NY/T 905—2004	鸡马立克氏病强毒感染诊断技术	
NY/T 906—2004	牛瘟诊断技术	
NY/T 907—2004	动物布氏杆菌病控制技术规范	
NY/T 908—2004	羊干酪性淋巴结炎诊断技术	
NY/T 909—2004	生猪屠宰检疫规范	
NY/T 910—2004	饲料中盐酸氯苯胍的测定　高效液相色谱法	
NY/T 911—2004	饲料添加剂　β-葡聚糖酶活力的测定	
NY/T 912—2004	饲料添加剂　纤维素酶活力的测定　分光光度法	
NY/T 913—2004	饲料级混合油	
NY/T 914—2004	饲料中氢化可的松的测定	
NY/T 915—2004	饲料用水解羽毛粉	
NY/T 916—2004	饲料添加剂　吡啶甲酸铬	
NY/T 917—2004	饲料级磷酸脲	
NY/T 918—2004	饲料中雌二醇的测定	
NY/T 919—2004	饲料中苯并（a）芘的测定　高效测相色谱法	
NY/T 920—2004	饲料级富马酸	
NY/T 921—2004	热带水果形态和结构学术语	
NY/T 922—2004	咖啡栽培技术规程	
NY/T 923—2004	浓缩天然胶乳　薄膜制品专用氨保存离心胶乳	
NY/T 924—2004	浓缩天然胶乳　氨保存离心胶乳生产工艺规程	
NY/T 925—2004	天然生胶　胶乳标准橡胶（SCR5）生产工艺规程	
NY/T 926—2004	天然橡胶初加工机械　撕粒机	
NY/T 927—2004	天然橡胶初加工机械　碎胶机	
NY/T 928—2004	天然生胶　恒粘橡胶生产工艺规程	
NY 929—2005	饲料中锌的允许量	
NY 930—2005	饲料级甲酸	
NY/T 931—2005	饲料用乳酸钙	
NY/T 932—2005	饲料企业 HACCP 管理通则	

（续）

标　准　号	标　准　名　称	代替标准
NY/T 934—2005	饲料中地西泮的测定　高效液相色谱法	
NY/T 935—2005	饲料级缩二脲	
NY/T 936—2005	饲料中二甲硝咪唑的测定　高效液相色谱法	
NY/T 937—2005	饲料中西马特罗的测定　高效液相色谱法	
NY/T 938—2005	动物防疫耳标规范	
NY/T 126—2005	饲料用菜籽粕	NY/T 126—1989
NY/T 222—2004	剑麻栽培技术规程	NY/T 222—1993
NY/T 264—2004	剑麻加工机械　刮麻机	NY/T 264—1994
NY 5014—2005	无公害食品　柑果类果品	NY 5014—2001
NY 5024—2005	无公害食品　常绿果树核果类果品	NY 5024—2001
NY 5034—2005	无公害食品　禽肉及禽副产品	NY 5034—2001
NY 5039—2005	无公害食品　鲜禽蛋	NY 5039—2001
NY 5053—2005	无公害食品　普通淡水鱼	NY 5053—2001
NY 5056—2005	无公害食品　海藻	NY 5056—2001
NY 5060—2005	无公害食品　石首鱼	NY 5060—2001
NY 5064—2005	无公害食品　淡水蟹	NY 5064—2001
NY 5074—2005	无公害食品　瓜类蔬菜	NY 5074—2002
NY 5078—2005	无公害食品　豆类蔬菜	NY 5078—2002
NY 5082—2005	无公害食品　根菜类蔬菜	NY 5082—2002
NY 5086—2005	无公害食品　落叶浆果类果品	NY 5086—2002
NY 5089—2005	无公害食品　绿叶类蔬菜	NY 5089—2002
NY 5109—2005	无公害食品　西甜瓜	NY 5109—2002
NY 5112—2005	无公害食品　落叶核果类果品	NY 5112—2002
NY 5140—2005	无公害食品　液态乳	NY 5140—2002
NY 5158—2005	无公害食品　淡水虾	NY 5158—2002
NY 5173—2005	无公害食品　荔枝、龙眼、红毛丹	NY 5173—2002
NY 5182—2005	无公害食品　常绿果树浆果类果品	NY 5182—2002
NY 5202—2005	无公害食品　粮用豆	NY 5202—2004
NY 5221—2005	无公害食品　薯芋类蔬菜	NY 5221—2004
NY 5230—2005	无公害食品　多年生蔬菜	NY 5230—2004
NY 5238—2005	无公害食品　水生蔬菜	NY 5238—2004
NY 5305—2005	无公害食品　粟米	
NY 5306—2005	无公害食品　食用植物油	
NY 5307—2005	无公害食品　落叶果树坚果	
NY 5308—2005	无公害食品　果蔗	
NY 5309—2005	无公害食品　聚复果	
NY 5310—2005	无公害食品　大豆	

（续）

标准号	标准名称	代替标准
NY 5311—2005	无公害食品　鲷	
NY 5312—2005	无公害食品　石斑鱼	
NY 5313—2005	无公害食品　鲍	
NY 5314—2005	无公害食品　蛏	
NY 5315—2005	无公害食品　蚶	
SC/T 1025—2004	罗非鱼配合饲料	SC/T 1025—1998
SC 1067—2004	大银鱼	
SC 1068—2004	暗纹东方鲀	
SC/T 1069.1—2004	暗纹东方鲀养殖技术规范　第1部分：亲鱼	
SC/T 1069.2—2004	暗纹东方鲀养殖技术规范　第2部分：人工繁育技术	
SC/T 1069.3—2004	暗纹东方鲀养殖技术规范　第3部分：鱼苗鱼种培育技术	
SC/T 1069.4—2004	暗纹东方鲀养殖技术规范　第4部分：养成技术	
SC/T 1073—2004	青鱼配合饲料	
SC/T 1074—2004	团头鲂配合饲料	
SC/T 1076—2004	鲫鱼配合饲料	
SC/T 1077—2004	渔用配合饲料通用技术要求	
SC/T 1078—2004	中华绒螯蟹配合饲料	
SC 2011—2004	皱纹盘鲍	
SC/T 2031—2004	大菱鲆配合饲料	
SC/T 3403—2004	甲壳质与壳聚糖	

农产品加工业机械行业标准（2005年）

标准号	标准名称	代替标准
JB/T 4064—2005	上悬式离心机	JB/T 4064—1992
JB/T 9098—2005	管式分离机	JB/T 9098—1999
JB/T 10502—2005	浓缩带式压榨过滤机	
JB/T 4333.1—2005	厢式压滤机和板框压滤机　第1部分：型式与基本参数	JB/T 5152—1991
JB/T 4333.2—2005	厢式压滤机和板框压滤机　第2部分：技术条件	JB/T 4333—1997
JB/T 4333.3—2005	厢式压滤机和板框压滤机　第3部分：滤板	JB/T 5283—1997
JB/T 4333.4—2005	厢式压滤机和板框压滤机　第4部分：隔膜滤板	
JB/T 8103.2—2005	碟式分离机　第2部分：碟式啤酒分离机	JB/T 5287.1—1991
JB/T 8103.3—2005	碟式分离机　第3部分：碟式乳品分离机	JB/T 5287.2—1991
JB/T 8103.4—2005	碟式分离机　第4部分：碟式乳胶分离机	JB/T 5287.3—1991
JB/T 8103.5—2005	碟式分离机　第5部分：碟式淀粉分离机	JB/T 6419—1992
JB/T 8103.6—2005	碟式分离机　第6部分：碟式植物油分离机	JB/T 7231—1994

农产品加工业轻工行业标准（2005 年）

标　准　号	标　准　名　称	代 替 标 准
QB/T 1253—2005	饼干　通用技术条件	QB/T 1253—1991
QB/T 1254—2005	饼干　试验方法	QB/T 1254—1991
QB/T 1433.1—2005	饼干　酥性饼干	QB/T 1433.1—1992
QB/T 1433.2—2005	饼干　韧性饼干	QB/T 1433.2—1992
QB/T 1433.3—2005	饼干　发酵饼干	QB/T 1433.3—1992
QB/T 1433.4—2005	饼干　压缩饼干	QB/T 1433.4—1992
QB/T 1433.5—2005	饼干　曲奇饼干	QB/T 1433.5—1992
QB/T 1433.6—2005	饼干　夹心饼干	QB/T 1433.6—1992
QB/T 1433.7—2005	饼干　威化饼干	QB/T 1433.7—1992
QB/T 1433.8—2005	饼干　蛋圆饼干	QB/T 1433.8—1992
QB/T 1433.9—2005	饼干　蛋卷及煎饼	QB/T 1433.9—1992
QB/T 1433.10—2005	饼干　装饰饼干	QB/T 1433.10—1992
QB/T 1433.11—2005	饼干　水泡饼干	QB/T 1433.11—1992
QB/T 1515—2005	工业用缝纫机　高速包缝缝纫机机头	QB/T 1515—1992
QB/T 1574—2005	工业用缝纫机　双针针送料平缝缝纫机机头	QB/T 1574—1992
QB/T 1576—2005	工业用缝纫机　暗缝缝纫机机头	QB/T 1576—1992
QB/T 1578—2005	工业用缝纫机　平缝缝纫机推板	QB/T 1578—1992
QB/T 2034.1—2005	缝纫机术语　第 1 部分：基础术语	QB/T 2034—1994
QB/T 2148—2005	工业用缝纫机　中速曲折缝缝纫机机头	QB/T 2148—1995
QB/T 2684—2005	甘蔗糖蜜	
QB/T 2685—2005	冰片糖	
QB/T 2686—2005	马铃薯片	
QB/T 2687—2005	啤酒用糖浆	
QB/T 2688—2005	绝缘纸板	QB/T 3503—1999
QB/T 1458—2005	非热封型茶叶滤纸	QB 1458—1992
QB/T 2250—2005	单面白纸板	QB/T 2250—1996
QB/T 2689—2005	滤嘴棒纸	QB/T 3508—1999
QB/T 2690—2005	复写原纸	QB/T 3512—1999
QB/T 2691—2005	半透明纸	QB/T 3514—1999
QB/T 2693—2005	彩色胶版印刷纸	QB/T 3527—1999
QB/T 2694—2005	热敏彩票纸	
QB/T 1002—2005	皮鞋	QB 1002—1997
QB/T 1063—2005	制鞋机械　带刀片革机	QB/T 1063—1991
QB/T 2696—2005	制鞋机械　折边机	
QB/T 2699—2005	纸面石膏板护面纸板	
QB/T 2703—2005	汽车装饰用皮革	
QB/T 2704—2005	手套用皮革	
QB/T 2705—2005	皮革　衣物洗染规范	
QB/T 2706—2005	皮革　化学、物理、机械和色牢度试验　取样部位	QB/T 3812.1—1999
QB/T 2707—2005	皮革　物理和机械试验　试样的准备和调节	QB/T 3812.2—1999
QB/T 2708—2005	皮革　取样　批样的取样数量	QB/T 3812.3—1999

（续）

标 准 号	标 准 名 称	代 替 标 准
QB/T 2709—2005	皮革　物理和机械试验　厚度的测定	QB/T 3812.4—1999
QB/T 2710—2005	皮革　物理和机械试验　抗张强度和伸长率的测定	QB/T 3812.5—1999
QB/T 2711—2005	皮革　物理和机械试验　撕裂力的测定：双边撕裂	QB/T 3812.6—1999
QB/T 2713—2005	皮革　物理和机械试验　收缩温度的测定	QB/T 3812.8—1999
QB/T 2714—2005	皮革　物理和机械试验　耐折牢度的测定	QB/T 3812.9—1999
QB/T 2715—2005	皮革　物理和机械试验　视密度的测定	QB/T 3812.10—1999
QB/T 2716—2005	皮革　化学试验　样品的准备	QB/T 3812.11—1999
QB/T 2717—2005	皮革　化学试验　挥发物的测定	QB/T 3812.12—1999
QB/T 2718—2005	皮革　化学试验　二氯甲烷萃取物的测定	QB/T 3812.13—1999
QB/T 2720—2005	皮革　化学试验　氧化铬（Cr_2O_3）的测定	QB/T 3812.15—1999
QB/T 2721—2005	皮革　化学试验　水溶物、水溶无机物和水溶有机物的测定	QB/T 3812.16—1999
QB/T 2722—2005	皮革　化学试验　含氮量和“皮质”的测定：滴定法	QB/T 3812.17—1999
QB/T 2723—2005	皮革　化学试验　鞣透度、革质及结合鞣质的计算	QB/T 3812.18—1999
QB/T 2724—2005	皮革　化学试验　pH 的测定	QB/T 3812.19—1999
QB/T 2725—2005	皮革　气味的测定	
QB/T 2726—2005	皮革　物理和机械试验　耐磨性能的测定	
QB/T 2727—2005	皮革色牢度试验　耐光色牢度：氙弧	
QB/T 2728—2005	皮革　物理和机械试验　雾化性能的测定	
QB/T 2729—2005	皮革　物理和机械试验　水平燃烧性能的测定	
QB 2238.1—2005	强化营养盐　钙强化营养盐	QB 2238—1996
QB 2238.2—2005	强化营养盐　锌强化营养盐	QB 2238—1996
QB 2238.3—2005	强化营养盐　硒强化营养盐	QB 2238—1996
QB 2238.4—2005	强化营养盐　铁强化营养盐	QB 2238—1996
QB 2238.5—2005	强化营养盐　核黄素强化营养盐	QB 2238—1996
QB 1013—2005	玻璃纸	QB 1013—1991
QB 2019—2005	低钠盐	QB 2019—1994
QB 2354—2005	药用明胶	QB 2354—1998
QB 2683—2005	罐头食品代号的标示要求	
QB 2731—2005	食品添加剂　亚麻籽胶	
QB 2732—2005	水解胶原蛋白	
QB/T 1995—2005	工业明胶	QB/T 1995—1994
QB/T 1996—2005	骨胶	QB/T 1996—1994
QB/T 2355—2005	饲料磷酸氢钙（骨制）	QB/T 2355—1998
QB/T 2734—2005	聚酯（PET）瓶装饮料生产线	
QB/T 2735—2005	制糖机械　无滤布真空吸滤机	
QB/T 2736—2005	桶装水饮料全自动冲洗灌装封口机	
QB/T 2737—2005	制酒饮料机械　热收缩塑膜包装机	
QB/T 2743—2005	泡菜盐	
QB/T 2744.1—2005	浴盐　第 1 部分：足浴盐	
QB/T 2744.2—2005	浴盐　第 2 部分：沐浴盐	
QB/T 2745—2005	烹饪黄酒	
QB/T 2746—2005	清爽型黄酒	

农产品加工业纺织行业标准（2005 年）

标准号	标准名称	代替标准
FZ/T 12007—2005	棉维混纺本色纱线	FZ/T 12007—1999
FZ/T 12008—2005	维纶本色纱线	FZ/T12008—1999
FZ/T 12011—2005	棉腈混纺本色纱	
FZ/T 12013—2005	坦西尔纤维本色纱线	
FZ/T 13002—2005	棉本色帆布	FZ/T 13002—1992
FZ/T 13014—2005	棉维混纺本色布	FZ/T 13014—1999
FZ/T 13015—2005	篷盖用维纶本色帆布	FZ/T 13015—1999
FZ/T 13018—2005	坦西尔纤维本色布	
FZ/T 14001—2005	棉印染帆布	FZ/T 14001—1992
FZ/T 14008—2005	棉维混纺印染布	FZ/T 14008—1999
FZ/T 14009—2005	篷盖用维纶染色防水帆布	FZ/T 14009—1999
FZ/T 42005—2005	桑蚕双宫丝	FZ/T 42005—1998
FZ/T 42008—2005	竹绢丝	
FZ/T 50001—2005	合成纤维长丝网络度试验方法	FZ/T 50001—1991
FZ/T 52005—2005	缝纫线用涤纶短纤维	
FZ/T90045—2005	纺织机械产品型号的编制方法	FZ/T 90045—1993
FZ/T 90060.1—2005	纺织机械　产品图样及设计文件　第 1 部分　总则	FZ/T 90060—1995
FZ/T 90060.2—2005	纺织机械　产品图样及设计文件　第 2 部分　编号	FZ/T 90061—1995
FZ/T 90060.3—2005	纺织机械　产品图样及设计文件　第 3 部分　图样的要求	FZ/T 90062—1995
FZ/T 90060.4—2005	纺织机械　产品图样及设计文件　第 4 部分　设计文件的要求	FZ/T 90063—1995
FZ/T 90060.5—2005	纺织机械　产品图样及设计文件　第 5 部分　格式	FZ/T 90064—1995
FZ/T 90060.6—2005	纺织机械　产品图样及设计文件　第 6 部分　完整性	FZ/T 90065—1995
FZ/T 90060.7—2005	纺织机械　产品图样及设计文件　第 7 部分　更改	FZ/T 90066—1995
FZ/T 90060.8—2005	纺织机械　产品图样及设计文件　第 8 部分　标准化审查	
FZ/T 90060.9—2005	纺织机械　产品图样及设计文件　第 9 部分　管理	FZ/T 90067—1995

农产品加工业商务行业标准（2004—2005年）

标准号	标准名称	代替标准
SB/T 10383—2004	商用木材及其制品标志	
SB/T 10384—2004	中央储备肉活畜储备基地场资质条件	
SB/T 10385—2004	中央储备糖储存库资质条件	
SB/T 10386—2004	畜禽肉中氯霉素的测定	
SB/T 10387—2004	畜禽肉和水产品中呋喃唑酮的测定	
SB/T 10388—2004	畜禽肉中磺胺二甲嘧啶、磺胺甲恶唑的测定	
SB/T 10389—2004	肉与肉制品中山梨酸的测定	
SB/T 10391—2005	酒类商品批发经营管理规范	
SB/T 10392—2005	酒类商品零售经营管理规范	
SB/T 10395—2005	畜禽产品流通卫生操作技术规范	
SB/T 10396—2005	生猪屠宰企业资质等级要求	
SB/T 10399—2005	牦牛肉	

农产品加工业发明专利（2004年）

［2004年农产品加工业（含加工制品、加工技术与设备）部分专利选摘］

申请或批准号	发明名称	申请人	通讯地址	发明人
200420035251.5	圆锯式花生脱粒机	凌美照	(330106) 江西省南昌市新建县义渡乡张仪中房村38号	凌美照
200420068601.8	一种剪式花生脱粒机	凌美照	(330106) 江西省南昌市新建县义渡乡张仪中房村38号	凌美照

（续）

申请或批准号	发 明 名 称	申请人	通 讯 地 址	发明人
200420074945.X	花生脱粒机	司文彬	(451191) 河南省新郑市龙湖镇柏树刘村9组	司文彬
200420088442.8	花生脱粒机	朱德文	(512026) 广东省韶关市南雄市全安镇陂头区大陂村	朱德文
200420005003.6	新型葵花脱粒机	巴特尔	(025550) 内蒙古自治区赤峰市阿旗畜牧局改良站	巴特尔
200420089476.9	向日葵脱粒机	胡彦飞	(025400) 内蒙古自治区赤峰市巴林左旗哈拉哈达乡哈拉哈达村	胡彦飞
200420012533.3	玉米脱粒机	李守忠	(130600) 吉林省长春市双阳区齐家街管家村老院内	李守忠
200420016353.2	玉米脱粒机	刘学锋	(063500) 河北省唐山市滦南县马城管理区栗园营村	刘学锋
200420030983.5	玉米脱粒机	胡长乐	(111300) 辽宁省灯塔市卫国西路灯塔市农用运输机械制造有限公司	胡长乐
200420051968.9	玉米脱粒机	霍宝明	(032100) 山西省文水县胡兰镇大象村红旗农牧机械厂	霍翔宏等
200420060833.9	玉米脱粒机	李荣武	(642350) 四川省资阳市安岳县驯龙镇双棚街34号	李荣武
200420061506.5	玉米脱粒机	甘学明	(629000) 四川省遂宁市市中区文成街12栋2单元4号	甘学明
200420086033.4	玉米脱粒机	何跃华	(723200) 陕西省城固县西环一路南段轻工机械厂家属楼北单元二楼	何跃华
200420063508.8	一种玉米脱粒机	李德林	(157000) 黑龙江省宁安市镜泊东街25号农机制造有限责任公司	李德林
200420070320.6	一种玉米脱粒机	董永祥	(118315) 辽宁省东港市新农镇新农农机厂	董永祥
200420008371.6	搓离式玉米脱粒机	王学光	(730519) 甘肃省临洮县八里铺镇王家大庄村二社58号	王学光
200420011241.8	家用小型玉米脱粒机	袁　木	(462344) 河南省郾城县商桥镇车站路口五金厂院内	袁　木
200420033049.9	高效电动干湿玉米脱粒机	张成斌	(652308) 云南省弥勒县虹溪镇密纳村	张成斌
200420053948.5	玉米脱粒机自动上料喂料装置	孙　广	(256411) 山东省淄博市桓台县周家镇辛兴村	孙　广
200420061726.8	铸铁玉米脱粒机	廖世奇	(643100) 四川省自贡市荣县观山镇四村九组	廖世奇
200420063178.2	新型双滚筒扒皮式玉米脱粒机	刘茂福	(157515) 黑龙江省穆棱市兴源镇东委	刘茂福
200420063522.8	送料绞龙可离合式玉米脱粒机	王国峰	(151100) 黑龙江省肇东市海城乡国峰农具厂	王国峰
200420074813.7	玉米、大豆脱粒机	叶保国	(463600) 河南省正阳县城关镇正阳县华夏贸易公司	叶保国

（续）

申请或批准号	发 明 名 称	申请人	通 讯 地 址	发明人
200420086794.X	新型的玉米脱粒机	寇荣平	（116000）辽宁省大连市庄河徐岭镇杨树房	寇荣平
200420150670.3	自走、自上料玉米脱粒机	于义学	（256400）山东省淄博市桓台县周家镇苇河村	于义学
200420008335.X	多功能脱粒机	陈保生	（331300）江西省吉安地区新干县神政桥乡庄上村委会田海村	陈保生
200420061249.5	多功能脱粒机	杨仕雄	（651200）云南省禄丰县中村乡粮所宏达五金厂	杨仕雄
200420063159.X	多功能脱粒机	王文海	（154200）黑龙江省萝北县凤翔镇利民农具修造厂	王文海
200420091790.0	多功能脱粒机	齐福海	（015100）内蒙古自治区五原县隆兴昌镇前进路法院南 20 米	齐福海等
200420105119.7	一种脱粒机	李长海	（628421）四川省广元市苍溪县歧坪镇新市街 42 号	李长海
200420105230.6	一种新型脱粒机	李长海	（628421）四川省广元市苍溪县歧坪镇新市街 42 号	李长海
200420034750.2	涡流式脱粒机	董学发	（675000）云南省楚雄市富民镇下白庙村委会董家队	董学发
200420063231.9	脱粒机	战美喜	（150902）黑龙江省通河县镇郊乡福兴村大兴屯	战美喜
200420006866.5	轴流式脱粒装置	文海涛	（164000）黑龙江省北安市庆华二村 1 号楼 101 号	文海涛
200420012104.6	悬挂式负压清选多功能脱粒机	杨全芳	（137200）吉林省通榆县七井子乡光明村哈拉吐屯	杨全芳
200420034491.3	一种通用型粮食脱粒机	吴贵华	（400039）重庆市九龙坡区渝州路 51 号	吴贵华
200420051488.2	多功能粉碎脱粒机	左大均	（613100）四川省乐山市井研县千佛镇合力村 3 组 25 号	左大均
200420058879.7	抽风式多功能粉碎脱粒机	左大均	（613100）四川省乐山市井研县千佛镇合力村 3 组 25 号	左大均
200420063003.1	脱粒机二次回收机构	李淑华	（154500）黑龙江省勃利县铁西街农富路 14 号	李淑华等
200420063271.3	复式脱粒机	石玉升	（152300）黑龙江省海伦市北二道街路海伦市农具厂	石玉升等
200420063496.9	收割机的无漏底脱粒机	张国福	（150500）黑龙江省哈尔滨市呼兰区北大街段家胡同 6 号	张国福等
200420074238.0	夹持式半喂入脱粒机	敖小平	（338000）江西省新余市仙来西大道老屋塘黄家赣西新闻传播中心	敖小平
200420061131.2	二次处理后排渣吸糠式脱粒机	甘学明	（629000）四川省遂宁市市中区文成街 12 栋 2 单元 4 号	甘学明
200420073846.X	多功能秸秆断截脱粒机	伍邦理	（618116）四川省中江县永太镇观英村 1 社	伍邦理

（续）

申请或批准号	发明名称	申请人	通讯地址	发明人
200420120946.3	新颖机动脱粒机	陆贤能	(537500) 广西壮族自治区容县杨梅镇杨梅村大仁山队	陆贤能
200420035123.0	双滚筒打稻机	邹群益	(411414) 湖南省湘乡市栗山镇新丰村第七村民组	邹群益
200420060906.4	人工稻麦脱粒机	李云安	(629300) 四川省大英县江南东路安通农机厂	李云安
200420068132.X	微型水稻脱粒机	刘昌玉	(425901) 湖南省东安县大庙口镇高枧村五组	刘昌玉
200420068304.3	一种打谷机	陈仲芳	(412200) 湖南省醴陵市东富乡大星塘村	陈仲芳
200420087468.0	微型动力脱谷机	颜福贤	(537400) 广西壮族自治区北流市北流镇勾漏村五组 58 号	颜福贤
200420088439.6	稻谷分离机	朱德文	(512026) 广东省韶关市南雄市全安镇陂头区大陂村	朱德文
200420092154.X	稻麦打谷机离合器	杨水清	(610061) 四川省成都市下东大街 18 号东方时代商城 430 号	杨水清
200420075254.1	新型结构的粮仓通风干燥增湿机	李保安	(471000) 河南省洛阳市王城路 8 号科委一楼牛丹峰转	李仕海等
200420002260.4	锤片式铡草揉草粉碎机	刘建业	(166300) 黑龙江省大庆市林甸县林甸镇东北街 6 委 140 组 2314 号	刘建业等
200420002737.9	梳打式铡草粉碎机	侯建忠	(831113) 新疆维吾尔自治区昌吉市三工镇红光二队	侯建忠
200420009475.9	鲜椒切碎机	廖长兴	(338000) 江西省新余市水西镇沙陂村委上首村小组	廖长兴
200420010355.0	多用饲草粉碎机	张伟民	(450052) 河南省郑州市大学路 51 号	张伟民等
200420011339.3	生物质压缩、打块装置	张复玲	(454003) 河南省焦作市工业路东四段焦作市晟光灯具厂	张复玲
200420018905.3	青贮铡碎揉碎粉碎多用机	宋晓祥	(161000) 黑龙江省齐齐哈尔市建华星火开发区齐黑公路 58 号	宋晓祥
200420022490.7	铡草粉碎两用机	陈　恒	(015000) 内蒙古自治区巴彦淖尔盟临河市新华西街农科巷 11 栋 1 号	陈　恒
200420029671.2	铡草粉碎机	杨树亭	(061022) 河北省沧县姚官屯乡马落坡永兴机械厂	杨树亭
200420031181.6	多功能饲料加工装置	邵玉金	(110200) 辽宁省沈阳市辽中县辽中镇西门街辽中县林业工艺厂张玉侠转	邵玉金
200420034402.5	多功能电热式储粮装置	吴定贵	(617062) 四川省攀枝花市弄弄坪攀钢提钒炼钢厂办公室	吴定贵
200420039267.3	多功能铡草粉碎揉搓机	王秀海	(262200) 山东省诸城市兴华西路 15 号棉织厂南家属院三楼 311 号	王秀海
200420041692.6	多功能秸秆丝片机	符必成	(725300) 陕西省紫阳县紫府路中段紫阳县农机公司	符必成

（续）

申请或批准号	发明名称	申请人	通讯地址	发明人
200420060581.X	直联式高效饲料粉碎机	张 新	（652100）云南省昆明市宜良县兴营农机修造厂（天力大酒店旁）	张 新
200420066695.5	草罐头加工机	樊金峰等	（162650）内蒙古自治区扎兰屯市草原站	樊金峰等
200420069686.1	滚筒式铡草机	董永祥	（118315）辽宁省东港市新农镇新农农机厂	董永祥
200420073340.9	一种青饲料切碎机	王新明	（830049）新疆维吾尔自治区吉木萨尔县三台镇东街新明农机厂	王新明
200420073502.9	一种揉草机	王新明	（830049）新疆维吾尔自治区吉木萨尔县三台镇东街新明农机厂	王新明
200420089797.9	风送盘式双刃铡草机	赵家安	（116314）辽宁省瓦房店市复州城镇工业园区大连通达水泵厂	赵家安
200420112355.1	擦揉草粉碎机	龚润平	（038300）山西省怀仁县东关小河湾东（原化工厂院内）	龚继东等
200420021456.8	剖蚌装置	姚一鸣	（321102）浙江省兰溪兰江街道青松村22幢204室	姚一鸣
200420025758.2	电动剪切丝螺机	宋永祥	（214035）江苏省无锡市北塘区新民村337号	宋永祥
200420026705.2	轧螺蚬机	张晓青	（211600）江苏省淮安市金湖县黎铜路99号	张晓青
200420046411.6	虾切背机	彭德权	（524200）广东省湛江市雷川市雷城镇城外下河灵山里87号	彭德权
200420049136.3	倾斜型除鱼鳞机	谢星海	（252059）山东省聊城市文化路34号聊城大学理工学院	谢星海等
200420049137.8	普通型除鱼鳞机	谢星海	（252059）山东省聊城市文化路34号聊城大学理工学院	谢星海等
200420049138.2	改进的除鱼鳞机	谢星海	（252059）山东省聊城市文化路34号聊城大学理工学院	谢星海等
200420085924.8	杀鱼器	冯正杰	（221600）江苏省沛县大屯煤电公司物资供应处支护科冯正秀转	冯正杰
200420088601.4	搅拌机用的搅肉刀具	黄顺贤	（528300）广东省佛山市顺德区桂洲镇红旗管理区竹山村	黄顺贤
200420089341.2	带收集容器的刮鱼鳞工具	史东生	（100007）北京市东城区汪芝麻胡同18号	马 杰等
200420024443.6	香肠灌肠机	周炳康	（213101）江苏省常州市横林镇常州市开源工具厂	周炳康
200420026781.3	香肠打结机	邹亚伟	（312024）江苏省常州市西林邹佚邹家村3号	邹亚伟
200420059926.X	切骨机	潘德明	（262200）山东省诸城市密州街道北十里一村183号	潘德明
200420060611.7	一种用于肠类制品加工的灌料及扭结装置	黄木昌	（610000）四川省成都市高新区石羊场清河村4组	黄木昌

（续）

申请或批准号	发 明 名 称	申请人	通 讯 地 址	发明人
200420060694. X	一种用于肠类制品加工的分节装置	黄木昌	（615000）四川省成都市高新区石羊场清河村 4 组	黄木昌
200420063154. 7	组合式多功能鲜肉加工机	钟柏松	（161000）黑龙江省齐齐哈尔市龙沙区龙北街龙沙小区 35 号楼 1114	钟柏松等
200420068174. 3	家畜脱毛机	梁忠成	（410300）湖南省浏阳市淮川办事处严家冲口 15 号	梁忠成
200420069681. 9	屠宰空心刀	程劲南	（110001）辽宁省沈阳市和平区西安街 74 号 2-3-2	程劲南
200420072190. X	电动拔毛器	刘莱生	（361000）福建省厦门市鼓浪屿区福建路 35 号	刘莱生
200420008884. 7	高温灭菌装置	韩　青	（750001）宁夏回族自治区银川市兴庆区民族北街 77 号楼 2 单元 401	韩　青
200420042225. 5	夹心奶片	李晓林	（721200）陕西省陇县城关镇陕西关山乳业有限责任公司	李晓林
200420042226. X	脆皮奶片	李晓林	（721200）陕西省陇县城关镇陕西关山乳业有限责任公司	李晓林
200420094800. 6	酸奶机	陈永基	（528300）广东省佛山市顺德容桂南边街梁家巷 5 号	陈永基
200420047125. 1	食物净化器	刘港平	（518001）广东省深圳市罗湖区解放路 4068 号	刘港平
200420001909. 0	一种米粉、粉丝加工机	陈清良	（361100）福建省厦门市同安城南工业区祥平街道西湖村	陈清良
200420010969. 9	全自动粉丝粉条机	厉彦彬等	（475400）河南省通许县练城乡厉大楼村	厉彦彬等
200420011379. 8	自动粉条机的烘干装置	郭俊明	（475400）河南省通许县粮店后街	郭俊明
200420017450. 3	自熟式自动粉丝机	黄安全	（336000）江西省宜春市考棚路 12 号 2 栋 4 号	黄安全
200420025397. 1	馅料粉丝	和相见	（221002）江苏省徐州市淮海西路 32 号机电建材资产经营公司	和相见
200420035100. X	蒸气粉丝机	陈　平	（410125）湖南省长沙市农业科学院宿舍 20 栋 503	陈　平
200420037911. 3	夹芯粉丝机	舒永祥	（265400）山东省招远市罗峰街道办事处南炉村 55 号	舒永祥
200420074541. 0	水晶粉丝加工机	崔新立	（475400）河南省通许县城关邢岗三组	崔新立
200420017980. 8	小型自动分装即蒸即食河粉机	陆耀忠	（537200）广西壮族自治区桂平市第 3 邮区 188 号	陆耀忠
200420035878. 0	无污染一步成型米粉机	程红梅	（417000）湖南省娄底市新星南路文化城 D 座转	程红梅
200420042120. X	蒸气式凉皮机	谭百福	（710021）陕西省西安市未央区谭家乡徐家堡新村 25 号	谭百福

（续）

申请或批准号	发明名称	申请人	通讯地址	发明人
200420102073.3	自动连续松丝即食米粉生产线	冯星愿	（524500）广东省吴川市人民东路	冯星愿
200420019011.6	现场制作冰棒的冰棒机	肖　爽	（152000）黑龙江省绥化市北二东路泰华嘉园门卫	刘方义等
200420020750.7	一种带真空防尘罩的刨冰机	郭　巍	（200011）上海市中华路1148弄惠德公寓1号201室	郭　巍
200420023726.9	全自动家用冰淇淋机	马宗超	（200082）上海市虹口区新港路街道东余杭路943弄42号后门	马宗超
200420030960.4	雪条棒自动送料机	吴志仁	（117022）辽宁省本溪市明山区紫金东路16号	吴志仁等
200420041336.4	一种雪糕	闫泽青	（262300）山东省日照市五莲县减震器总厂	闫泽青
200420050878.8	一种改进的软冰淇淋机	石志强	（225300）江苏省泰州市海陵区泰东浙江路泰州市科立机械制造有限公司	石志强
200420070455.2	雪糕	唐大伟	（112003）辽宁省铁岭市清河经济开发区唐府食品有限公司	唐大伟
200420076136.2	一种加桶冰淇淋机	邓　军	（100260）北京市大兴区郁花园一里32楼5单元501室	邓　军
200420011706.X	程控图形糖果生产装置	于　新	（130021）吉林省长春市朝阳区同志街80号	于　新
200420018757.5	冰糖葫芦机	宋大伟	（150030）黑龙江省哈尔滨市香坊区红旗大街1号104室	宋大伟
200420025114.3	蜜膏真空均质提取装置	陈荣华	（325000）浙江省温州市鹿城区府前街金来大厦803号	陈荣华
200420025861.7	巧克力精磨机	薛逸奇	（226500）江苏省如皋市绘园新村前楼104室	薛逸奇
200420108496.6	棉花棒糖	井恩生	（110115）辽宁省沈阳市苏家屯区瑰香街31号	井恩生
200420008883.2	红外线超高温瞬时灭菌机	韩　青	（750001）宁夏回族自治区银川市兴庆区民族北街77号楼二单元401	韩　青
200420008885.1	燃气红外线超高温瞬时灭菌机组	韩　青	（750001）宁夏回族自治区银川市兴庆区民族北街77号楼二单元401	韩　青
200420039898.5	食用菌蒸气灭菌节能装置	程学峰	（276600）山东省临沂市莒南县十字路镇北石桥村食用菌场	程学峰
200420061688.6	节能高温瞬时液体灭菌机	罗国彬	（628300）四川省广元市剑阁县下寺镇县畜牧食品局	罗国彬
200420112379.7	高压脉冲电场杀菌装置	中国农业大学	（100083）北京市海淀区清华东路17号	廖小军等
200420012620.9	松籽仁脱皮机	张杰夫	（135000）吉林省梅河口市银河大街8号天府酒楼	张杰夫
200420017411.3	莲籽穿芯脱壳机	张善彪等	（434020）湖北省荆州市长江大学机械工程学院西校区6-4-101	张善彪等

（续）

申请或批准号	发明名称	申请人	通讯地址	发明人
200420018783.8	风吸式坚果脱壳机	刘滨凡	（150040）黑龙江省哈尔滨市哈平路134号	战廷文
200420018313.1	一种瓜籽分离机	王维寿	（158300）黑龙江省密山市双胜农机配件厂	王维寿
200420018892.X	瓜籽分离机	李述芳	（158306）黑龙江省密山市裴德镇红旗农机厂	李述芳
200420019068.6	一种瓜籽分离机	王维寿	（158300）黑龙江省密山市双胜农机配件厂	王维寿
200420024112.2	豆类脱皮机	梁　平	（226213）江苏省启东市王鲍镇幸福街277号	梁　平
200420030107.2	新型花生脱壳机	李建国	（121402）辽宁省黑山县新立屯镇国街新华农具厂	李建国
200420037731.5	干果脱壳机	周　翔	（311300）浙江省临安市城中街浙临律师事务所	周　翔
200420044333.6	一种坚果脱壳机	刘清生等	（510225）广东省广州市海珠区东沙街24号	刘清生等
200420052133.5	一种花生仁红衣皮脱皮机	牛锡朋	（264006）山东省烟台市开发区长江路68号	牛锡朋
200420066367.5	一种连续蒸汽漂烫机	王凤良	（102615）北京市大兴区长子营镇北京元享蔬菜食品机械厂	王凤良
200420068728.X	一种板栗球剥壳机	印代隆	（419635）湖南省沅陵县五强溪镇兴隆机械厂	印代隆
200420070560.6	松仁脱衣机	赵成刚	（135000）吉林省梅河口市李炉乡凤城村一组	赵成刚
200420074588.7	卧式高效豆类脱皮机	蒋国太等	（475003）河南省开封市南关区小郭屯54号	左传峰等
200420074811.8	悬浮分选花生剥壳机	江振格	（453800）河南省获嘉县照镜镇银河水泵厂	江振格
200420074820.7	干法花生米脱皮机	李　彬	（450052）河南省郑州市嵩山南路81号16号楼1单元2号	李　彬等
200420111360.0	板栗脱壳机	郑之华	（443614）湖北省秭归县梅家河乡鲁家湾村8组	郑之华
200420120948.2	螺旋挤压式核桃破壳器	刘志英	（830084）新疆维吾尔自治区乌鲁木齐市小红沟煤矿煤销科	刘志英
200420015662.8	全自动红枣加工设备	王侯贵	（033211）山西省临县丛罗峪镇大王家塌村	王侯贵
200420017349.8	木薯淀粉渣及酒精糟快速干燥设备	吴国平	（530105）广西壮族自治区南宁市南宁华侨投资区广西侨阳饲料有限公司	吴国平
200420022872.X	洁净蔬菜风干装置	浙江大学	（310027）浙江省杭州市西湖区浙大路38号	王　俊等
200420041080.7	果蔬干燥机	刘桂梅	（261041）山东省潍坊市奎文区健康东街252号潍坊梨园食品机械有限公司	刘桂梅

（续）

申请或批准号	发明名称	申请人	通讯地址	发明人
200420058350.5	远红外热风脱水干燥机	张　亮	(100081) 北京市海淀区中关村南大街9号理工科技大厦908室	张　亮等
200420062304.2	紫菜干燥装置	王行安	(222100) 江苏省赣榆县青口镇万隆步行街B-6号	王行安
200420069378.9	连续式液态真空低温干燥灭菌微波装置	彭梅生	(411101) 湖南省湘潭市岳塘区书院路37号	彭梅生
200420022523.8	一种果蔬食品脱水设备	韩似良	(310014) 浙江省杭州市拱墅区香积寺巷28号2-211室	韩似良
200420040322.0	远红外蔬菜脱水装置	山东理工大学	(255049) 山东省淄博市张店区张周路12号	王相友
200420062443.5	真空微波脱水装置	邹　峰	(214044) 江苏省无锡市老轻院新大楼77号202室	刘　峰
200420076012.4	蔬菜脱水器	吴彩虹	(443000) 湖北省宜昌市沿江大道102号宜昌市三峡专利事务所转	吴彩虹等
200420061370.8	食用品冷藏保鲜箱	重庆大学	(400044) 重庆市沙坪坝区沙坪坝正街174号	付祥钊等
200420062144.1	气调保鲜箱	卢金言	(215002) 江苏省苏州市人民路979号科技大楼创元专利商标事务所	卢金言
200420069705.0	水储真空式保鲜装置	顾天清	(110032) 辽宁省沈阳市皇姑区巴山路45号9号楼3-5-1	顾天清
200420113233.4	高效物理酸菜机	崔芳田	(110043) 辽宁省沈阳市大东区小河路3号北航宿舍45号	崔芳田
200420007656.8	卷筒状食品	刘建国	(301600) 天津市静海县经济开发区地纬路中段2号	刘建国
200420011757.2	锅巴生产流水设备	韩美香	(133001) 吉林省延吉市开发区长白路145号	韩美香
200420011758.7	米锅巴加工机	韩美香	(133001) 吉林省延吉市开发区长白路145号	韩美香
200420029285.3	油炸食品减脂机	郝焕强	(300221) 天津市河西区友谊南路梅江云水园3-2-501	郝焕强
200420063393.2	速食营养食品	郭东滨	(150080) 黑龙江省哈尔滨市南岗区学府路125-6号	郭东滨
200420070331.4	电动爆米机	宋新冰	(117008) 辽宁省本溪市明山区卧龙镇大峪村02组	宋新冰
200420070779.6	自动爆米花机	陈　庆	(110013) 辽宁省沈阳市沈河区万寿寺街80号2-5-1	陈　庆
200420073089.6	卫生环保节能无烟烧烤食品机	李　举	(067400) 河北省承德县工商局家属楼2单元401室	李　举
200420097917.X	速成方便菜	韩克水	(255318) 山东省淄博市周村区萌水镇官三元村	韩克水
200420056695.7	带有咀嚼物的狗饼干	张士平	(300074) 天津市河西区围堤道125号天信大厦1609室	张士平等

（续）

申请或批准号	发明名称	申请人	通讯地址	发明人
200420056696.1	一种宠物食品	张士平	(300074) 天津市河西区围堤道125号天信大厦1609室	张士平等
200420087084.9	秸秆颗粒机	齐德杨	(157000) 黑龙江省牡丹江市爱民街北方医院	黄振江等
200420016356.6	花生脱脂预处理器	刘　锐	(056900) 河北省大名县农业开发办公室	刘　锐等
200420016549.1	自动控制旋转气流膨化器	刘　锐	(056900) 河北省大名县农业开发办公室	刘　锐等
200420016773.0	薯类清洗输送装置	郝文全	(066402) 河北省秦皇岛市卢龙县木井乡郝店子村	郝文全
200420016774.5	薯类粉碎渣浆分离装置	郝文全	(066402) 河北省秦皇岛市卢龙县木井乡郝店子村	郝文全
200420019657.4	旋转式电热肉酥炒制机装置	谢熙平	(310053) 浙江省杭州市滨江区北环路103号南都江滨花园12-3-101室	徐　波
200420011822.1	节能、高效不糊锅底的夹层豆浆锅	李　权	(130000) 吉林省松原市锦江路349号松原市环保局	田景海
200420025730.9	豆制品和渣机	徐国元	(214026) 江苏省无锡市广南里17号603室	徐国元
200420032110.8	大豆磨浆机	王光复	(110025) 辽宁省沈阳市铁西区北一东路21号1-7-3号	王光复
200420063842.3	一种豆浆机煮浆加热装置	孙长勇	(163000) 黑龙江省大庆市萨尔图区胜利村449号	孙长勇
200420108690.4	电极加热豆浆机	彭洪根	(210018) 江苏省南京市玄武区估依廊38号	彭洪根等
200420004376.1	冲击式粉碎机	尹贵玉	(064000) 河北省唐山市新区燕山路北侧唐山市盛源机械研究所	尹贵玉等
200420020791.6	食品粉碎机	邱建潮	(315040) 浙江省宁波市江东区东杏阳巷7号410室	邱建潮
200420025813.8	组合式多功能粉碎机	梁文学	(233522) 安徽省蒙城县立仓镇长营村前梁庄	梁文学
200420027814.6	连续自动喷淋式清洗消毒装置	侯梦斌	(350001) 福建省福州市西二环中路268号8楼福州金典投资有限公司	侯梦斌等
200420030488.4	自动进料、自动进冷气粉碎机	朱胜利	(116021) 辽宁省大连市沙河口区联合路4号	朱胜利
200420030589.1	多功能带馅食品加工机	聂雨淼	(110013) 辽宁省沈阳市沈河区万寿寺街20-4号431	聂雨淼
200420033998.7	一种饲料粉碎机	毛如全	(652105) 云南省昆明市宜良县蓬莱乡汝全农机修造厂	毛如全等
200420034265.5	顺击式饲料粉碎机	李正永	(652100) 云南省宜良县五百户营钢球厂内华宝食品厂李正春转	李正永
200420061043.2	多功能粉碎机	吴冬梅	(610041) 四川省成都市武侯区武侯大道广厦小区B幢5B	吴冬梅

（续）

申请或批准号	发 明 名 称	申请人	通 讯 地 址	发明人
200420078431.1	超低温粉碎机	王永清	（214416）江苏省江阴市祝塘镇北山祝文路北首1号	王永清
200420083997.3	一种破碎机	邵灿辉	（516211）广东省惠州市惠阳区司前28号三辉综合大楼	邵灿辉
200420036065.3	双螺杆自动进料食品膨化机	叶革胜	（414000）湖南省岳阳市云溪区长炼兴长安装防腐工程公司	叶革胜
200420047913.0	青红椒去籽机	张振兴	（015400）内蒙古自治区杭锦后旗团结街乳品东巷14号	张振兴
200420048878.4	立式饲料搅拌机	郭永祥	（014048）内蒙古自治区包头市九原区莎木佳镇	郭永祥
200420057447.4	脱松籽内皮装置	辛敏忠	（135001）吉林省梅河口市李炉乡三人班村二组	辛敏忠
200420062885.X	紫菜加工用复式切菜装置	王行安	（222100）江苏省赣榆县青口镇万隆步行街B-6号	王行安
200420070784.7	鲜杏脱肉分离机	王贺苓	（122000）辽宁省凌源市三十家子镇北街	王贺苓
200420076337.2	白萝卜清洗机	田玉怀等	（443514）湖北省长阳土家族自治县资丘镇凉水寺村一组	田玉怀等
200420078954.6	紫菜加工用调和装置	王行安	（222100）江苏省赣榆县青口镇万隆步行街B-6号	王行安
200420114682.0	高效果菜解毒机	王建明	（315500）浙江省奉化市岳林街道义门东路金义二弄一幢203室	王建明
200420102152.4	新型电火锅	简伟文	（528247）广东省佛山市南海区盐步镇环镇路	简伟文
200420102961.5	红外测温型电热锅	黎志强	（529261）广东省台山市大江镇工业区南区73号	黎志强
200420108289.0	绞肉机用动刀片	张文奇	（116012）辽宁省大连市西岗区长白街2号大连市科技局信息中心王连军收转	张文奇
200420114327.3	食品加热器	罗国良	（310016）浙江省杭州市近江住宅区文华苑1幢2单元302室	罗国良等
200420019175.9	果肉饮料机	宋大伟	（150030）黑龙江省哈尔滨市香坊区红旗大街1号104室	宋大伟
200420061497.X	一种榨汁机滤网、榨汁机过滤装置及榨汁机	彭韦华	（518000）广东省深圳市宝安区50区金叶茗苑G栋701室	彭韦华
200420115893.6	磨浆及切菜两用机	张恒勋	（061022）河北省沧县姚官屯乡马落坡村沧州铁狮磨浆机械有限公司	张恒勋
200420057446.X	电烤羊肉串机	王爱军	（730000）甘肃省兰州市城关区民主西路180号	王爱军
200420015774.3	多功能连续过滤机	刘贯博	（050071）河北省石家庄市新华区西三庄街（二环路南）石市泽绿灌溉公司	刘贯博
200420019359.5	网带式真空过滤机	王利品	（311800）浙江省诸暨市阳光花园17-3-105	白晓浪

（续）

申请或批准号	发明名称	申请人	通讯地址	发明人
200420029315.0	三效无菌过滤器	李洪存	（300480）天津市汉沽区永安里8号楼104室	李洪存
200420059725.X	悬浮液物料压滤干燥脱水设备	周明远等	（063000）唐山市高新技术开发区火炬路唐山市智能电子有限公司	周明远等
200420060035.6	压滤式脱水机	蒋晓波	（610036）四川省成都市蜀汉路千和茗居1-1-603	蒋晓波
200420064160.4	带式压滤机	胡杭虎	（310011）浙江省杭州市拱墅区登云路396号	胡杭虎
200420035284.X	油水分离器	朱良辉	（410007）湖南省长沙市人民新村5栋3门102室	朱良辉
200420115991.X	油水分离器	杨更生	（072754）河北省涿州中化地质矿山总局地质研究院	杨更生
200420037636.5	萃取分离过滤器	潘挺宇	（325000）浙江省温州市吴桥路90弄5号	潘挺宇
200420046853.0	一种微波固液连续萃取装置	华南理工大学	（510640）广东省广州市天河区五山路381号	郑必胜
200420015982.3	升降膜蒸发器	赵同昌	（302900）河北省大城县开发区通昌养蜂场	赵同昌
200420033488.X	三效浓缩器	李　侃	（541001）广西壮族自治区桂林市春江苑26-1	李　侃
200420047906.0	一种外循环多效浓缩系统	夏英杰	（325024）浙江省温州市永强高新技术产业园区温兄机械阀业有限公司	夏英杰
200420105807.3	多程加热蒸发装置	关克伟	（620010）四川省眉山市三苏大道东段应林集团有限公司	关克伟
200420009844.4	物料混合粉碎装置	韩　飞	（102208）北京市昌平区回龙观文化小区云趣园1-17-4-301	韩　飞
200420026194.4	一种快速混合反应器	陈　平	（243000）安徽省马鞍山市雨山西路鹊桥三村4-102室	陈　平等
200420062578.1	反应釜	沈建国	（215423）江苏省太仓市金浪镇红光村十二组11号	沈建国
200420077894.6	旋转喷射混合器	刘战平	（100076）北京市大兴区西红门镇星光社区工业大院B区	刘战平
200420097423.1	一种高效混合器	山东农业大学	（271018）山东省泰安市泰山区岱宗大街61号	董海洲等
200420032044.4	全自动调压式砻谷机	董洪林	（113305）辽宁省清原满族自治县大孤家镇半拉山村	董洪林
200420025490.2	淘米机	严雪林	（215200）江苏省吴江市远东开发区吴同公路庞南路口	严雪林
200420032613.5	直流式碾米机	龚仲文	（613100）四川省乐山市井研县研城镇顺河街153号	龚仲文等
200420032648.9	轴向螺旋碾米机	何德乾	（638500）四川省广安市邻水县鼎屏镇人民路北段84号	何德乾

（续）

申请或批准号	发 明 名 称	申请人	通 讯 地 址	发明人
200420033100.6	双重控制出米量的碾米机	李跃国	（641200）四川省资中县火车站站东街20号	李跃国
200420034034.4	带调压机构的碾米机	廖恒东	（613000）四川省井研县城北门口长河酒厂内四川省井研四达机械厂	廖恒东
200420059922.1	高效米机碾米装置	李朝宏	（537618）广西壮族自治区博白县旺茂镇南街050号	李朝宏
200420061704.1	自分离碾米机	李晓文	（614000）四川省乐山市市中区乐夹路19号东风机电厂	李晓文
200420061635.4	新式碾米机	王志云	（620038）四川省眉山市东坡区伏东乡石仁八组	王志云
200420073717.0	三分离精米机	方建军	（613100）四川省井研县研城镇研溪巷	方建军
200420099032.3	洗米机	崔美娟	（266000）山东省青岛市李沧区永安路12号1单元602	崔美娟
200420105837.4	碾米粉碎组合机控制装置	邹益平	（614800）四川省乐山市五通桥区桥沟镇十字街2段51栋	邹益平
200420105838.9	碾米粉碎组合机自动换向装置	邹益平	（614800）四川省乐山市五通桥区桥沟镇十字街2段51栋	邹益平
200320113746.0	直流式碾米机	王　平	（613100）四川省井研县研城镇城北开发区江河机器厂	王　平
200420117559.4	多功能农产品加工机	张建平	（613100）四川省井研县研城镇解放街101号	张建平
200420120969.4	自控式碾米机	张建平	（613100）四川省井研县研城镇解放街101号	张建平
200420077311.X	食物残渣处理机	王廷斌	（265402）山东省招远市蚕庄镇商业街招远金利电机有限公司	王廷斌
200420078871.7	食物残渣处理机	王欣南	（215005）江苏省苏州市干将东路636号丽景苑A604室	王欣南
200420080885.2	新型食物垃圾处理器	周怀香	（225002）江苏省扬州市湾头镇公园路20号扬州迪业塑化有限公司	周怀香
200420118361.8	食物垃圾处理机	诸洪平	（325000）浙江省温州市鸥海区茶山镇南柳路68号	诸洪平
200420054127.3	一种封闭式胶体磨	杨剑英	（325025）浙江省温州市永强沙城镇八甲	杨剑英
200420058470.5	胶体磨组合刀片部件	周　铁	（121000）辽宁省锦州市古塔区工学里23号	周　铁
200420004853.4	多功能超细粉磨机	徐永平	（730000）甘肃省兰州市城关区天水路216号兰州大学16号楼309室	徐永平
200420010178.6	一种高效薯类粉碎、浆渣分离机	左世钊等	（475200）河南省杞县城关镇西关西街121号	左世钊等
200420010531.0	超高细制粉机	邵成付	（450052）河南省郑州市棉纺东路24号	邵成付

（续）

申请或批准号	发　明　名　称	申请人	通　讯　地　址	发明人
200420030845.7	新型磨粉机	鲁　扬	（114001）辽宁省鞍山市铁东区鞍山市中心医院耳鼻喉门诊彭革丽转	鲁　扬
200420033087.4	新型磨粉机	彭德玉	（641419）四川省简阳市草池镇安顺街388号	彭德玉
200420120691.0	立式多辊磨粉机	孙学雅	（122000）辽宁省朝阳市双塔区中山大街一段31号	鲍春光
200420012716.5	卧式螺旋离心机	王树堂	（132101）吉林省吉林市九站街天河住宅6号楼2单元402室	王树堂
200420080294.5	卧螺离心机	吴培钧等	（215237）江苏省吴江市铜罗镇府前街别墅区	吴培钧等
200420024250.0	离心分级装置	伍真林	（210042）江苏省南京市玄武区蒋王庙街4号4栋101室	伍真林
200420037382.7	旋流沉降分离装置	华东理工大学	（200237）上海市徐汇区梅陇路130号	汪华林等
200420038569.9	粮食清洗装置	刘知东	（261041）山东省潍坊市奎文区健康东街252号潍坊梨园食品机械有限公司	刘知东
200420093174.9	带式磁选机	肖杰明	（310004）浙江省杭州市东新路806号杭州春江自动化研究所	肖杰明
200420111250.4	自动旋流除砂器	中国地质大学	（430074）湖北省武汉市洪山区鲁磨路388号	鄢泰宁等
200420063548.2	多功能粮食清选机	赵希军	（161300）黑龙江省讷河市讷河镇兴华街14组	赵希军
200420035741.5	一种用于粮食、油菜籽的碎土除杂振动筛	罗宏富	（415522）湖南省澧县如东乡黄虎港村七组	罗宏富
200420043157.4	一种坚果分级机	刘清生等	（510225）广东省广州市海珠区东沙街24号	刘清生等
200420008674.8	无烟味炒茶机	徐成龙	（312472）浙江省嵊州市崇仁镇广利乡地雅园村	徐成龙
200420020157.2	多功能龙井茶机	洪天明	（311602）浙江省建德市乾潭镇陵上12号	洪天明
200420022949.3	一种炒茶锅的加热装置	杨汉宣	（312500）浙江省新昌县南明三村3幢241室	杨汉宣
200420031168.0	降解茶叶中有机污染物的装置	孙　强等	（116103）辽宁省大连市大连大学化学与化学工程系	孙　强等
200420076284.4	多功能茶叶电炒锅	高兴会	（430090）湖北省武汉市汉南区沙帽街微湖路117号汉南区科技局	高兴会
200420076623.9	燃气式炒茶炉	曾晓波	（443400）湖北省五峰县民族事务委员会	顾建红
200420081391.6	茶叶炒制机	王士达	（312500）浙江省新昌县城关镇湖滨1路323号	王士达
200420087064.1	静电电流可调型茶叶静电拣梗机	柳小林	（311311）浙江省临安市于潜镇桥北村沈建华转	柳小林

（续）

申请或批准号	发明名称	申请人	通讯地址	发明人
200420089536.7	带有静电消除器的茶叶静电拣梗机	柳小林	（311311）浙江省临安市于潜镇桥北村沈建华转	柳小林
200420091445.7	新型多功能茶机	李福顺	（313306）浙江省安吉县晓墅茶馆弄4号	李福顺
200420091764.8	卧式茶叶静电拣梗机	柳小林	（311311）浙江省临安市于潜镇桥北村沈建华转	柳小林
200420091765.2	茶叶静电拣梗机匀叶送叶装置	柳小林	（311311）浙江省临安市于潜镇桥北村沈建华转	柳小林
200420091766.7	输送联合式茶叶静电拣梗机	柳小林	（311311）浙江省临安市于潜镇桥北村沈建华转	柳小林
200420091767.1	输送上料式茶叶静电拣梗机	柳小林	（311311）浙江省临安市于潜镇桥北村沈建华转	柳小林
200420091768.6	阶梯式茶叶静电拣梗机	柳小林	（311311）浙江省临安市于潜镇桥北村沈建华转	柳小林
200420027727.0	带有隔菌层的香烟	林　振	（351100）福建省莆田市湄州湾北岸开发区秀屿镇锦山村后江仔83号	林　振
200420032796.0	防伪香烟	徐　凌	（611530）四川省邛崃市南岳街66-6号	徐　凌
200420033451.7	一种分段式安全香烟	庄伟文等	（650216）云南省昆明市东郊王大桥62号信箱附15号1中队	庄伟文等
200420040833.2	新型香烟	高文汇	（034000）山西省忻州市忻府区长征西街忻州日报社韩少伟转	高文汇
200420049099.6	一种带过滤片的卷烟	邓少臣	（017000）内蒙古自治区鄂尔多斯市割蛇壕一号街坊173号	邓少臣
200420052957.2	卫生滤嘴香烟	李永昌	（271000）山东省泰安市环山东路8号山东省环境监理干部培训中心	李永昌
200420061019.9	金属滤嘴香烟	付雅莉	（610041）四川省成都市浆洗街8号国嘉南苑5-4号	付雅莉
200420075105.5	一种有截止标识的香烟	郭　奇	（456382）河南省安阳市内黄县高堤乡关村	郭　奇
200420082368.9	一种香烟	鲍建军	（314000）浙江省嘉兴市油车港镇马家港村南浜鲍新荣收转	鲍建军
200420085027.7	新概念减量包装卷烟	王云飞	（100083）北京市海淀区花园东路乙九号院1号楼2单元502室	王云飞
200420096966.1	一种结构改良的卷烟	曹宇铉	（361000）福建省厦门市湖里区南山路青翔花园49栋3楼304室	曹宇铉
200420111266.5	带可擦燃材料头的香烟	李国勇	（441804）湖北省老河口市张集镇李岗村1组18号	李国勇
200420111715.6	无污染香烟	肖　璇	（430010）湖北省武汉市汉口球场路武汉市六中高二（18）班	肖　璇
200420113739.5	一种自熄安全卷烟	长沙卷烟厂	（410007）湖南省长沙市劳动中路426号	丁时超等

（续）

申请或批准号	发明名称	申请人	通讯地址	发明人
200420113740.8	一种防火自熄卷烟	长沙卷烟厂	（410007）湖南省长沙市劳动中路426号	丁时超等
200420113741.2	一种防火自熄卷烟及其制备装置	长沙卷烟厂	（410007）湖南省长沙市劳动中路426号	丁时超等
200420113743.1	一种防火自熄安全型卷烟	长沙卷烟厂	（410007）湖南省长沙市劳动中路426号	丁时超等
200420007606.X	香烟过滤嘴	李　军	（234000）安徽省宿州市宿州监狱卫生所	李　军
200420013036.5	一种香烟过滤嘴	李　刚	（014010）内蒙古自治区包头市昆都仑区友谊19街坊5区2栋82号	李　刚
200420013925.1	吸烟用净化水瓶喷嘴	裘锡贤	（210017）江苏省南京市水西门大街153号	裘锡贤
200420028155.8	新型安全文明烟嘴	汪震林	（223002）江苏省淮安市清浦区长青路10-6号	汪震林
200420031798.8	复合强效过滤嘴	吴景新	（122000）辽宁省朝阳市第三人民医院检验科	吴景新
200420032186.0	过滤器烟嘴	魏德华	（125000）辽宁省葫芦岛市锦葫中路华明高压泵厂	魏德华
200420054775.9	卷烟复合过滤嘴	南京师范大学	（210031）江苏省南京市宁海路122号	顾中铸
200420067660.3	安全烟嘴	杨克俭	（164423）黑龙江省逊克县逊克农场五十四队	杨克俭
200420069113.9	新型液体吸收过滤香烟滤嘴	周　毅	（412002）湖南省株洲市芦淞区新华二村7栋209号	周　毅
200420093834.3	健康过滤烟嘴	陈彦川	（512026）广东省韶关市芙蓉新城碧岛豪庭D座401房	陈彦川
200420095862.9	可降低焦油危害的卷烟过滤嘴	周秦平	（715509）陕西省蒲城县党木镇蒋吉村三组	周秦平
200420104447.5	一种健康烟嘴	张立苗	（315327）浙江省慈溪庵东镇人和街409号农业银行老办事处宿舍	张立苗
200420006940.3	环保烟盒	肖继元	（100093）北京市海淀区香山北正黄旗3号	肖继元
200420058800.0	新型烟盒	金东哲	（154403）黑龙江省桦南县梨树乡永和村	金东哲
200420111553.6	卫生型自动香烟盒	徐　斌	（430060）湖北省武汉市武昌区彭刘杨路112号3单元102室	徐　斌
200420111695.2	电子打火式自动烟盒	杨　益	（430064）湖北省武汉市武昌区千家街4号华师一附中	杨　益
200420117196.4	带有烟卡的新型卫生硬纸质烟盒	宋俊伟	（035400）山西省定襄县南王乡大南邢村300号	宋俊伟
200420118822.1	抽拉型卫生卷烟盒	周雄鹰	（311311）浙江省临安市于潜镇方元工业区	周雄鹰

（续）

申请或批准号	发 明 名 称	申请人	通 讯 地 址	发明人
200420150264.7	多功能烟盒	高长友	（116000）辽宁省大连市开发区第8小区安盛里安盛花园1号楼908	高长友
200420003672.X	香烟增香器	陈永华	（422001）湖南省邵阳市双清区晏家岭2栋207号何正转	陈永华
200420007187.X	自动送烟器	王东林	（342300）江西省于都车溪乡车胜村松塘6号	王东林
200420015602.6	消声香烟过滤器	庞若谷	（050061）河北省石家庄市新华区柏林南区4-4-401室	庞若谷
200420063714.9	香烟过滤器	赵修丰	（154101）黑龙江省鹤岗市南山区47委2组	赵修丰
200420020288.0	防火、卫生烟具	平宝元等	（201500）上海市金山区朱泾镇南圩新村148号302室	平宝元
200420026195.9	安全环保吸烟用具	张汝平	（235000）安徽省淮北市矿务局干校体育组孟凡平转	张汝平
200420035106.7	环保多功能一体化烟具	何 力	（410008）湖南省长沙市东风路东风1村市政协宿舍1栋东403室	何 力
200420017179.3	裤样板	王汉生	（443000）湖北省宜昌市葛洲坝五公司劳务市场	王汉生
200420010673.7	静力真空服装粘衬机	武正光	（450003）河南省郑州市黄河食品城1区49号	武正光
200420022281.2	用于服装模型的可伸缩连接装置	徐新法	（315302）浙江省慈溪市浒山街道墙里头甲	徐新法
200420049007.4	服装样板平面设计滑动坐标尺	朱香龙	（315100）浙江省宁波高教园区宁波服装职业技术学院总值班室转	朱香龙
200420080648.6	锁扣机的传动机构	田角峰	（215128）江苏省苏州市碧波花园16幢504室	田角峰
200420086470.6	自吸式气动充绒机	傅张良	（311203）浙江省杭州市萧山区高桥丁家庄21幢东单元101室	傅张良
200420110438.7	新型旋转式人体体型测量装置	东华大学	（200051）上海市长宁区延安西路1882号	方 方等
200420062760.7	一种连体服装	张建国	（221009）江苏省徐州市泉山区和平北巷1-3-403	张建国
200420097210.9	多功能组合套装	尹德志	（250013）山东省济南市天桥区历山路36号山东教育学院04级中文系	尹德志
200420012784.1	录音式无线对讲安全帽	徐惠基	（130012）吉林省长春市宽平大路395号	徐惠基
200420057624.9	凉爽帽	向 波	（430064）湖北省武汉市武昌区千家街4号华师一附中	向 波
200420087264.7	高弹性安全帽	郭云飞	（010010）呼和浩特市乌兰察布东路电机厂宿舍楼8号楼西单元1楼	郭云飞
200420121239.6	定距离预警和路径记录安全帽	杨劲松	（230088）安徽省合肥市长江西路669号科创投资大厦9楼	杨劲松

（续）

申请或批准号	发明名称	申请人	通讯地址	发明人
200420014538.X	制鞋机械用的除尘装置	王太岳	（518029）广东省东莞市厚街镇赤岭村大元组	王太岳
200420020650.4	鞋用成形机抽真空装置	吴新华等	（325011）浙江省温州市经济技术开发区上江新江路口机场大道5005号	吴新华等
200420034481.X	鞋机单片机控制装置	刘作勤	（610000）四川省成都市青羊区清江东路120号	刘作勤
200420047252.1	削泡棉机	王太岳	（518029）广东省东莞市厚街镇赤岭村大元组	王太岳
200420048862.3	鞋帮鞋底压合机	郑豪迈	（325000）浙江省温州市牛山北路2号鹿城鞋革设备厂	郑豪迈
200420069156.7	除湿杀菌鞋楦	周起能	（410078）湖南省长沙市开福区黑石渡小学周蓉健转	周起能
200420070190.6	一种皮鞋、革鞋烘干设备	张汝家	（114202）辽宁省海城市南台镇向阳街道办事处	张汝家
200420078623.2	鞋垫仿生成型器	朱庭春	（325000）浙江省温州市稽师山庄路42号	朱庭春
200420102050.2	鸡眼铆合机之垫片自动送料装置	何光亮	（523000）广东省东莞市余屋管理区莞龙公路宏亮五金制品厂	何光亮
200420006341.1	定量包装机的截料阀	王新民	（100077）北京市丰台区洋桥北里34-2-905号	王新民
200420015721.1	热缩膜封包机	孙景涛	（057650）河北省石家庄市新石北路368号新汇金公司	林金表等
200420015913.2	双层兜底果袋机	马长合	（062450）河北省河间市兴村镇南李子口村	马长合
200420018487.8	白瓜籽分离机自动灌袋装置	邢继生	（155625）黑龙江省宝清县八五二农场五分场	邢继生
200420024497.2	连续滚式制袋机	乔　琦	（214062）江苏省无锡市滨湖区河埒镇乔巷29号	乔　琦
200420029907.2	方砖形饮料产品生产线上的附加装置	王　南	（300191）天津市南开区迎水道科海公寓44203号	王　南
200420038172.X	自动定量配料机	林清娇	（362400）福建省安溪县凤城镇中山街166－702	林清娇
200420048174.7	自动涂胶轮转模切贴标机	李凤颜	（518028）广东省深圳市福田区园岭园东花园一幢15楼C室	李凤颜
200420048448.2	自动封签的袋泡茶包装机	伊江平	（361004）福建省厦门市开元区公园东路12号301室	伊江平
200420050940.3	真空包装机	黄兆宝等	（264000）山东省烟台市楚玉路8号烟台东泰食品机械有限公司	黄兆宝等
200420051331.X	全自动透明纸裹包机	常日平	（276006）山东省临沂市曹王庄工业园南区一路14巷西88号	常日平
200420060726.6	光电自控酱类物质灌装机	许安国	（400051）重庆市九龙坡区石坪桥九龙坡区星火食品机械厂	许安国

（续）

申请或批准号	发明名称	申请人	通讯地址	发明人
200420090035.0	一种灌装封口机	谢剑峰	（201305）上海市南汇区书院镇三三公路4633号	谢剑峰
200420091231.X	双层蜂窝纸板涂胶装置	赵振宁	（266100）山东省青岛市李沧区城东小区三号楼四单元402室	赵振宁
200420094170.2	全自动真空包装机	刘富坤	（528303）广东省佛山市顺德区容奇镇丰泽路20号	刘富坤
200420108152.5	食用菌料装袋机	张　伟	（113317）辽宁省抚顺市清原县南口前镇前程机械厂	张　良等
200420110771.8	自动贴标机	张国卿	（315040）浙江省宁波市江东区百丈东路百灵街101号宁波鸿发文具有限公司	张国卿
200420008364.6	立式棉籽脱绒机	王　强	（832000）新疆维吾尔自治区石河子市种子加工厂	王　强
200420017630.1	组合式全自动籽棉清理机	艾道寰	（434020）湖北省荆州市荆州区荆东路54号	艾道寰
200420027195.0	纺织纤维异色识别及分离专用设备	郭云生	（213200）江苏省金坛市丹阳门中路22号	郭云生
200420041594.2	棉壳分离机	雷运林等	（715100）陕西省大荔县段家乡花城二组	雷运林等
200420049802.3	一种组合式棉籽脱绒机	王　强	（832000）新疆维吾尔自治区石河子市种子加工厂	王　强
200420051848.9	棉桃脱壳机	王志城等	（233000）安徽省蚌埠市吴湾路453号涂山新技术开发部	王志城等
200420060002.1	一种新型弹花机	杨　三	（620020）四川省眉山市三苏大道中段红旗机器厂	杨　三
200420062387.5	纺织纤维复合开棉机	李钟平	（213242）江苏省金坛市西岗镇西岗集镇港城南路201号	李钟平
200420074566.0	壳、棉分离机	曹超峰	（477174）河南省郸城县石槽镇红旗大队曹楼村五组	曹超峰
200420075958.9	精制棉清理机	周家贵	（448000）湖北省钟祥市横埂街117号金汉江纤维素有限公司	周家贵
200420078354.X	高效混开棉机	潘雪平	（213200）江苏省金坛市沿河西路20号	高志勤等
200420015957.5	一种棉秆破碎机	李进彬	（051530）河北省石家庄市赵县城关镇居民7759号	李进彬等
200420000701.7	循环水动力复合纸分离还原纸浆机	徐考伸	（100022）北京市朝阳区六里屯北街2号内2号	徐考伸
200420002619.8	纸张浸渍处理机	赵振宁	（266100）山东省青岛市李沧区毛杨路中段青岛迈斯克新材料有限公司	赵振宁
200420004379.5	造纸机用匀浆脱水成型器	李奎庭	（064400）河北省迁安市迁安镇三里营村53号	李奎庭
200420026711.8	原浆纸粉碎机	任金玉	（223200）江苏省淮安市楚州区朱桥镇苗庄村苗庄组12号	任金玉

（续）

申请或批准号	发　明　名　称	申请人	通　讯　地　址	发明人
200420034377.0	双面无光帘纹造纸机	万建明	(614100) 四川省乐山市夹江县漹城镇东大街300号	万建明
200420048893.9	制纸浆用木材膨化器	鲁来斌	(466335) 河南省沈丘县莲池大郑营工业区	鲁来斌
200420063039.X	秸秆剥皮揉搓机	朱晓平	(100088) 北京市海淀区今典花园2号楼2302号	朱晓平
200420063040.2	环保餐盒成型机	朱晓平	(100088) 北京市海淀区今典花园2号楼2302号	朱晓平

6 第六部分

大事记

1 月

14 日 国家食物与营养咨询委员会在北京启动国家“大豆行动计划”标志商标许可使用工作，目的是规范实施国家“大豆行动计划”，促进我国大豆产业健康快速发展。国家“大豆行动计划”标志商标已向国家工商总局商标局申请注册，用以证明大豆制品或相关产品具有营养、安全、优质的品质，标志可以用在大豆类食品或相关产品上。国家食物与营养咨询委员会有关负责人指出，国家“大豆行动计划”标志商标是受法律保护的无形资产，未经允许或不按规定使用、仿冒等行为都是违法行为，将受到法律制裁。国家“大豆行动计划”产品标志的许可工作，由国家食物与营养咨询委员会“大豆行动计划”推广中心负责具体实施。凡从事大豆食品加工的企业或相关产品的企业均可申请、使用标志。申请使用标志为企业的自主行为，自愿申请，不受强制。对允许使用标志的产品在有效期内实行监督管理，包括抽查、检测、市场调研和受理投诉等。证明商标许可使用属市场行为，因此许可使用为有偿使用。按照国家食物与营养咨询委员会的要求，所收费用主要用于国家“大豆行动计划”产品标志、计划推广、大豆营养膳食的宣传工作和标志许可的本身运作费用。收费根据申报产品的品种、效益确定合理标准。

18～19 日 科技部农产品深加工项目管理办公室在哈尔滨组织召开了“农产品深加工关键技术与设备研究开发”重大科技专项 2004 年度工作会议。科技部农社司、农村中心、农业部科教司、教育部科技司、国家林业局科技司、国家粮食局行政管理司、中华全国供销合作总社、专项 23 个课题的负责人及有关地方科技主管部门的 130 多名代表参加了会议。科技部农社司贾敬敦副司长出席了会议并就专项实施以来的总体进展情况和下一阶段的总体工作思路做了重要讲话。会议采用课题汇报、专家质询的方式进行。各课题负责人围绕本课题的实施进展、取得的重要成果、组织管理经验等内容进行了认真的汇报。专家评议组在听取汇报后对各课题的执行情况、研究进展等进行了质询，并对照各课题合同和研究、示范任务完成情况等指标，指出相应课题研究中存在的问题及下阶段的工作重点、注意事项等。专家组对专项的总体进展表示满意，大部分课题在关键技术攻关、产品开发、产业化示范建设、专用原料品种筛选和生产基地建设方面都取得了良好的成绩。会议对专项下一步的工作做了明确部署，提出要及时凝练标志性成果，加大产业化示范和市场推广力度，加强农产品加工发展战略研究，尽快编制“十一五”农产品加工项目可行性研究报告，并认真做好总结、检查和宣传工作，迎接专项验收。

27 日 科学技术部农产品深加工项目管理办公室在北京西郊宾馆组织召开了“十五”重大科技专项“农产品深加工关键技术与设备研究开发”集中采访会，中央电视台、新华社、人民日报社、光明日报、科技日报、经济参考报等 15 家媒体的 20 多位记者参加并进行了采访。专项总体组专家用详实的数据和典型的事例介绍了专项的管理运行机制和实施以来取得的重大技术突破与成效。“十五”期间，在科技攻关的有效支撑下，我国以食品加工为主的农产品加工业依靠科技进步实现了快速的发展。到 2004 年，食品工业总产值已超过 1.6 万亿元，5 年翻了一番，与农业总产值之比突破 0.5∶1，我国以食品加工为主体的农产品加工体系初步形成。科技部农社司贾敬敦副司长与专项总体专家组专家一起，分别就记者们提出的关于专项的管理运行机制、成果转化与推广、重大技术突破带动产业发展和促进农业结构调整及农民增收、专项成果改善人们生活等提问做了回答。专项实施的成效说明，“十五”确立“农产品深加工”重大专项及时、正确，是在长远战略上事关有效缓解“三农”问题的重大战略举措，将对我国农产品加工业的可持续发展产生深远的影响。

2 月

1 日 中国植物油行业协会发布了《关于我国大豆压榨业有关情况的公告》（2005 年第 1 号）。该公告是根据国家发展和改革委员会、商务部委托协会建立大豆压榨监测预警机制而发布的。协会的统计调查显示，截止到 2004 年 12 月 31 日，我国有重点大豆压榨企业 169 个，年总加工能力 7 010 万 t，是市场实际需求的两倍多；产能重点分布在 19 个省、自治区、直辖市。其中，日处理大豆 1 000t 以上的榨油企业主要分布在辽宁、山东、江苏、浙江、福建、广东和广西等沿海地区，占全国千吨以上榨油企业总加工能力的 73%。《公告》警示社会各界投资者，要理性地正视大豆压榨能力过剩的现实，慎重抉择，谨慎投资。

21 日 “国际食品微生物标准委员会（ICMSF）中国分委员会第一次会议”于北京召开。来自政府部门、大专院校、检测技术公司、企业等各部门的代表和食品微生物学专家参加了本次会议，会议由分委会主任中国疾病预防控制中心首席专家刘秀梅研究员主持。ICMSF 成立于 1962 年，从属于国际微生物联盟，作为国际食品法典委员会（CAC）、联合国粮农组织（FAO）和世界卫生组织（WHO）的智囊机构，聚集了来自美国、加拿大、丹麦、德国、瑞士、荷兰、日本、巴西等国家的精英。他们从科学的层面深入研究食品微生物的标准问题，为国际食品法典委员会（CAC）提供了大量有建设性的专家意见和建议，这些意见和建议成为制定国际微生物标准的重要依据。此次会议为分委会召开的首次专家会议。本次会议中，各位专家对如何进一步完善分委会的机制，充分发挥分委会的作用各抒己见，并按照既定的会议内容详细讨论了分委会章程及 2005 年的工作计划。新成立的中国分委员会在本年度将组织开展国际资料的编译、召开相关研讨会等工作。

3 月

18 日 “中国家具协会厨房家具专业委员会”在大连召开成立大会，来自全国各主要省市的橱柜企业代表 70 多人参加了会议。全国政协委员、原轻工业部副部长傅立民先生，中国家具协会贾清文理事长等领导出席了会议并讲话。中国家具协会副理事长朱长岭首先向与会代表做了工作报告，报告详细分析了我国厨房家具发展的现状和世界经济一体化带给中国橱柜企业的发展机遇。朱长岭先生还就厨房家具专业委员会的成立工作向大会代表做了汇报，向与会代表介绍了专业委员会即将开展的包括标准制定等八项主要工作，就如何促进我国的橱柜行业的健康发展，广泛征求代表意见。大会随后进行了中国家具协会厨房家具专业委员会主任、副主任、秘书长和副秘书长以及常务理事单位的选举。随后，协会向大会代表介绍了委员会 2005 年开展的主要工作，主要有：举办高水平的上海—欧洲橱柜论坛，举办橱柜设计大赛，举办橱柜星级服务店评选，出版委员会刊物，开展店面导购人员培训等具体工作计划。

22 日 “全国农产品市场形势视频研讨会”召开。会议由农业部信息中心杜维成副主任主持，农业部信息中心处级以上领导及办公厅、政法司、市场司、计划司、科技司、种植业司、部农研中心、农科院文献中心、有关媒体的相关工作人员参加了会议。并在北京、黑龙江、吉林、辽宁、新疆、山东、河南、江苏、安徽、湖南等省、直辖市农业厅（局、委）信息中心开设分会场。会议的目的就是要加强工作交流，创新工作方式，提高信息分析质量，增强信息服务能力。在这次会议中，农业部信息中心有关人员分别对国内外大豆、棉花、玉米、稻米、小麦的市场形势做出分析；河南省、江苏省和吉林省信息中心有关人员分别对各省内小麦、稻米和玉米的产销情况做了介绍。最后，农业部市场司陈丽水处长和农业部信息中心方瑜主任做了相关讲话。

29～30 日 “第十八次全国食品卫生标准委员会会议”在北京召开，各标委会委员、单位委员、通讯成员共 50 余名代表参加会议。标委会主任委员陈君石、副主任委员兼秘书长王茂起、委员张志强分别主持会议，卫生部卫生执法监督司赵同刚司长参加会议并作讲话。按照议程安排，陈君石主任委员做了“法典标准危险性评估与危险性管理”的学术报告；随后，各位委员讨论了食品卫生标准“十一五”规划项目。会议还审查了 12 项送审的食品卫生标准，并就标准协作组的建设等问题进行了充分讨论。

4 月

11～13 日 中国植物油行业协会在福建省武夷山市召开了“全国夏季油脂油料市场分析会”。出席会议的有协会会长高秀山、副会长林永清等协会领导、专家和业界资深人士、协会团体会员和业内企事业单位的代表，参会人员达 400 多人。会上，农业部种植业管理司曾令清处长做了《油菜生产发展概况及今年夏收油菜长势情况分析》的报告；农业部信息中心刘忠岫高级工程师做了《全球油菜籽及国内油脂油料市场供求形势分析》的报告。中国农业大学经济管理学院、浙江新市油脂股份有限公司、安徽省油脂公司、秦皇岛金海粮油工业有限公司、益海粮油集团（上海）有限公司、中谷期货经纪有限公司、东海粮油工业（张家港）有限公司等单位的领导和专家也分别做了发言。会议结束时，副会长董朝永做了会议总结。

22 日 由卫生部和经济日报社主办、嘉里粮油集团协办的中国首届“营养·健康·发展北京论坛”在北京嘉里中心召开。卫生部王陇德副部长出席论坛并讲话，经济日报社、世界卫生组织、联合国儿童基金会等有关方面的代表和专家参加了论坛。王陇德副部长说，卫生部针对目前国民营养健康的现状，已经制定了相应的政策、策略和措施。今后卫生部将会在政策支持、市场指导和公众教育三个方面继续推进。我们将提请政府制定相应的法规，并把重点工作和目标纳入到“十一五”规划中；对与食品和营养相关的农业生产、食品加工业以及膳食增补剂等方面给予科学的指导，鼓励企业生产更多的营养合理的食品；和有关的媒体、社会团体配合，广泛地传播科学营养膳食知识，指导群众养成合理、科学的饮食习惯，提高健康意识。本次论坛上，有关专家围绕“小康社会与营养均衡”这一主题进行了研讨，深度剖析国民营养健康与小康社会的关系及对社会经济发展的影响。

24日 中国食品工业协会、国家发改委经济运行局、国家统计局工交司，联合在京召开2004年度全国食品工业经济运行情况发布会。中国食品工业协会王文哲会长介绍说：据统计，2004年全国规模以上食品企业实现工业增加值5 529.82亿元，占全国工业经济增加值10.09%，比上年同期增长14.30%。全国食品工业完成工业总产值16 079.14亿元，同比增长25.65%，占全国工业经济份额的8.63%；全行业实现利税总额2 757.42亿元，占全国工业经济的13.65%；其中盈亏相抵后利润总额比上年增长三成，达到915.90亿元。2004年全国食品进出口总额404.56亿美元，占全国商品进出口总额的3.50%，比上年同期增长22.40%；其中食品出口金额203.26亿美元，占全国全商品出口总额的3.43%，比上年同期增长8.35%；食品进口金额201.30亿美元，占全商品进口金额的3.59%，比上年同期增长40.83%；进出口相抵，食品进出口贸易顺差1.96亿美元。

5 月

11日 “第二届大豆食品发展论坛暨中国食品科学技术学会大豆食品分会成立大会”在北京召开。会议由中国食品科学技术学会主办，中国食品发酵工业研究院、国家大豆工程技术研究中心协办，会议的中心目的是成立中国食品科学技术学会大豆食品分会，旨在“发挥学会的跨部门、跨地区、跨行业、跨学科，包容社会各界的优势，以及与国际食品科技组织联系广泛的特点，通过开展大豆食品方面国内外学术交流合作，倡导科学发展观，有效应用现代先进科技手段，提升研发水平，促进传统大豆食品推陈出新，创新产品层出不穷，不断满足人民营养健康的需求”。会议由中国食品科学技术学会孟素荷秘书长主持，著名营养学家中国学生营养促进会名誉会长于若木同志、中国食品科学技术学会名誉副理事长尹宗伦教授、中国食品科学技术学会副理事长刘兴信教授、中国食品发酵工业研究院陈学忠院长、民政部民间组织管理中心主任乔申乾同志、全国政协常委任玉岭研究员等到会并讲话。

20日 “中国食品工业协会营养指导工作委员会2005年年会”在北京召开。以“调查研究、综合协调、国际合作、信息交流、专业培训、咨询服务”等六大功能作为委员会宗旨，服务社会。现任的委员会由著名营养保健专家于若木和卢良恕、顾方舟、吴祖泽、李连达、张树政五位院士以及晁福寰、洪昭光、于小冬、张志祥等134名教授、研究员组成，云集了我国营养学术界权威人士。我国著名营养保健专家齐聚一堂，针对我国国民营养健康等不容忽视的问题进行全面的把脉。专家指出，我国面临着营养缺乏与营养结构失衡的双重挑战。当前国民营养健康中存在亟须解决的若干问题：一是农村儿童营养不良仍然严重；二是营养素缺乏的问题普遍；三是与营养过剩密切相关的慢性病大幅增加。我国已经进入全面建设小康社会的新时期，国民营养工作已被例入基本国策。随着国家“营养法”的出台和“营养产业”列入“十一五”支柱产业计划，营养保健任务越来越繁重。

30日 “UNDP中国农产品加工技术发展战略研讨会”在江苏无锡召开，科学技术部中国农村技术开发中心农业处于双民处长、商务部中国国际经济技术交流中心王静处长、江苏省科技厅农村科技处支书平处长、农产品深加工专项总体专家组成员、UNDP项目承担单位代表和有关地方科技主管部门负责人参加了会议。会议由于双民处长主持，于处长首先介绍了UNDP“在WTO框架内提高中国农产品加工能力建设”项目的总体进展情况、取得的主要成果、本次会议研讨内容和要求等。王静处长对UNDP项目的总体情况做了进一步的说明，指出UNDP的实施为完善我国农产品加工发展战略和“十一五”发展计划的制定提供了有力支持。会上，大豆、苹果和“双低”油菜等示范点代表分别就我国大豆、苹果和“双低”油菜等加工技术现状及“十一五”发展方向做了大会发言，介绍了“十五”期间取得的主要成绩，并根据企业的需求和国内外农产品加工发展趋势提出了“十一五”发展重点。

31日 “中国纺织工业协会社会责任建设推广委员会成立大会”在北京举行，中国纺织工业协会副会长许坤元发表主旨讲话，副会长杨东辉宣读了《关于成立“中国纺织工业协会社会责任建设推广委员会”的决定》。中华全国总工会中国财贸轻纺烟草工会主席贾艳敏、劳动和社会保障部国际劳工与信息研究所副所长张峻峰及多家企业代表在会上发言，中国纺织工业协会社会责任建设推广办公室副主任卢来珍博士向大会介绍了中国纺织企业社会责任管理体系CSC 9000T的基本内容，来自政府相关部门、行业机构、工会、企业和国内外新闻媒体的代表参加了这一盛会。160余家优秀纺织服装企业、全国和地方协会组织作为首批成员，并将与中国纺织工业协会共同推动中国纺织企业社会责任管理体系CSC 9000T。与国际上其他社会责任要求相比，CSC 9000T增加了对劳动合同的规定，通过有效合法的劳动合同，帮助员工切实维护自己的权益、督促企业遵守合同的规定。CSC 9000T 的建立，将帮助企业把社会责任管理纳入到企业整体管理中去，使人力资源真正成为企业的核心竞争力之一。

6 月

15～17 日 “全国粮食调控工作会议”在银川市召开，各省（自治区、直辖市）粮食局负责调控工作的主管局长、调控处长及统计人员等参加了会议。国家粮食局曾丽瑛副局长在讲话中，回顾和总结了上年以来的粮食调控工作，分析了当前粮食流通的总体形势和调控工作面临的新情况，同时着重对下一步粮食调控工作进行了安排和部署：一是正确分析和把握粮食供求形势，认真做好粮食总量平衡工作；二是认真做好夏粮收购工作，落实好稻谷最低收购价执行预案；三是继续做好社会粮食流通统计工作，为领导决策提供信息服务；四是加强市场分析预测工作，加快建立粮食监测预警系统；五是进一步完善粮食应急体系，做好粮食应急预案的培训演练工作；六是继续做好退耕还林、退牧地区粮食供应工作，确保当地粮食需要。在此次全国粮食调控工作会议上，还会审汇编了 2004 年度全国粮油统计年报；表彰了 2004 年度全国粮食统计工作综合评比先进单位；研究、讨论了“国家粮食局粮油市场监测点定点布局方案”、“全国粮食统计先进单位和个人评比办法”和“早籼稻最低收购价执行预案”等会议材料。

7 月

14～15 日 “全国粮油标准化技术委员会一届四次会议”在内蒙古自治区呼伦贝尔市召开，全国粮油标准化技术委员会委员及企业代表共 74 人参加了会议，国家标准化管理委员会的有关负责同志到会进行指导。国家粮食局副局长、全国粮油标准化技术委员会主任委员任正晓同志在粮标委工作报告中，总结回顾了一年来粮标委在加强粮油标准化队伍建设、健全管理体制、组建工作机构、开展标准制修订工作、积极参与国际交流等方面所作的工作和取得的成绩，对粮标委的下一步工作进行了部署。任正晓同志强调：要进一步抓好粮油标准化工作的制度和工作体系建设，尽快印发《粮油标准制修订管理办法》等管理制度，完成技术工作组的组建工作；要围绕行业中心工作、解决行业急需，切实做好一批重点标准的制修订工作；要加大粮油标准宣传贯彻工作力度，推进粮油标准的贯彻实施；要积极参与国际标准化组织的各项活动，促进我国粮油标准化工作与国际接轨，进一步提升我国标准化工作水平；要加强粮标委自身的建设，强化责任意识，提高整体素质，提高工作水平，坚持科学发展观，为推进粮油标准化工作的发展做出积极的贡献。会上，粮标委秘书处通报了国标委下达的 2005 年粮油标准制修订计划，报告了标准技术工作组筹备情况，并就《粮油标准制修订管理办法》、《技术工作组工作细则》等四个规章制度的制修订情况做了说明。会议审定并原则通过了《小麦粉》、《谷朊粉》、《小麦硬度及测定方法——抗粉碎指数法》、《小麦粉溴酸盐的测定》、《粮食干燥机技术条件》、《散粮汽车卸车装置》6 项国家标准；对《营养强化小麦粉》国家标准提出了进一步修改的意见。

8 月

2～5 日 由中国作物学会大豆专业委员会主办、云南省农业科学院粮食作物研究所承办的“第八届全国大豆学术讨论会在云南省昆明市举行。来自全国 26 个省、自治区、直辖市、香港特别行政区和海外的 273 位代表参加了会议。大会开幕式由大豆专业委员会副理事长刘忠堂主持，常汝镇理事长作理事会工作报告。常汝镇理事长指出，大豆专业委员会定期举办全国性大豆学术讨论会和大豆科研生产研讨会，成为全国大豆科技工作者开展交流合作的重要渠道。大豆专业委员会积极促成全国大豆科技工作者的合作，组织专家参与农业部大豆振兴计划、科技入户工程等科技推广活动，向政府有关部门提出关于大豆生产和科研的建议，为我国大豆生产的发展发挥了积极作用。他希望全国大豆科技工作者齐心协力，提升我国大豆生产的科技水平，为立足国内解决我国大豆的基本需求做出贡献。这次会议共收录论文 228 篇，有 68 位代表做了学术报告，内容涉及大豆育种、栽培、生理、种质资源、基因组学、分子生物学、加工利用、宏观政策、经济信息等。

9 日 “2005 中国纺织服装行业竞争力发布会主题论坛”在北京召开，吸引了来自全国的政府相关人士、行业领导、专家学者及企业代表，共同探讨当前的全球纺织业的竞争形势、中国企业在当前市场环境下必须要考虑的问题等，同时围绕竞争力测评体系中的主要指标探讨提升企业竞争力的关键问题，分享优秀企业的经验。本次论坛由中国纺织工业协会主办，中国纺织信息中心主任孙瑞哲担当论坛主持，并就本次论坛的核心目的及意义做主旨发言。中国纺织工业协会新闻发言人孙淮滨发表了题为“居高可望远——站高一层看中美、中欧贸易摩擦”的演讲，从行业协会的角度全面分析了当前纺织市场形势，为摸索中艰难前行的纺织企业指明了前进的方向和发展空间。此外，作为优秀企业代表的天鸿纺织集团有限公司总裁洪天祝，以及浙江华孚集团有限公司总裁孙伟挺分别从企业实战的角度，结合自身先进经验就如何切实提升企业的竞争力，保持持续成长动力等问题与到会嘉宾企业进行了深入交流与探讨。

17～18日 农业部农产品质量安全中心和中国绿色食品发展中心在南京召开了“全国无公害农产品绿色食品工作会议”。会议紧紧围绕“全面加快发展、全力打造品牌”的主题，立足当前，着眼长远，对无公害农产品、绿色食品和有机食品工作做出了全面部署，达到了在新形势下统一思想、理清发展思路、明确工作任务的目的。农业部市场与经济信息司张玉香司长主持了会议，进一步明确了当前农产品质量安全工作的任务，马爱国主任代表农产品质量安全中心和绿色食品发展中心做了工作报告。会议邀请了农业部相关司局的领导、各省、自治区、直辖市农业厅局（委、办）分管领导和农产品质量安全工作主管处长参加；67个无公害农产品省级承办机构、42个地方绿色食品管理机构、18家检测机构的负责人参加了会议；会议代表共有260名。会议期间，江苏、黑龙江、湖南、山东、浙江5个省和农业部广州蔬菜品质监测中心做了大会经验交流，江西、吉林、辽宁、湖北、福建、四川、广东、宁夏、内蒙古9个省、自治区做了书面经验交流，农产品质量安全中心金发忠副主任对会议进行了总结。工作会议取得了以下重要成果：一是明确了发展的基本方向；二是确立了工作的中心任务；三是理清了工作的基本思路；四是提出了工作推进的措施；五是增强了加快发展的信心。

23日 “‘马佐里（东飞）杯’2005年度中国纺织工业协会科学技术奖冠名签约仪式”在北戴河举行，中国纺织工业协会副会长许坤元、中国纺织工业协会科学技术奖励办公室主任李金宝、中国纺织工业协会科学技术奖励委员会秘书长徐新荣、马佐里（东台）纺机有限公司总经理朱鹏及2005年度中国纺织工业协会科学技术奖评审委员会专家出席了冠名签约仪式。仪式由纺织奖励委员会秘书长徐新荣主持，纺织奖励办公室主任李金宝与马佐里（东飞）纺机有限公司总经理朱鹏签订了合作协议。纺织奖励办公室主任李金宝代表中国纺织工业协会，对马佐里（东台）有限公司支持中国纺织工业协会科学技术奖表示诚挚的感谢。李金宝说，作为我国纺织行业唯一的科学技术奖，坚持以科学、公正作为纺织科学技术奖的生命线，科技奖励工作已成为推动纺织行业科技进步的一个重要环节，在广大的纺织科技人员中享有较高的声誉，对纺织科技的发展、提高行业的整体技术水平、创新能力和竞争能力起到了积极的推动作用。

27～29日 “中国乳制品工业协会成立十周年庆典暨第十一次年会”在呼和浩特市举行，全国乳制品行业的企业家、专家、教授以及同乳制品行业密切相关企业的代表，政府有关部门的领导，来自国外乳制品行业的协会、企业代表，共计2 000余人出席这一行业盛会。开幕式由牟静君主持，宋昆冈致开幕词。本次年会展示会参展企业有128家，摊位近300个，汇聚了国内外的知名企业，展出的产品有乳品加工机械设备、检测仪器、包装材料及印刷、食品配料及添加剂等。本次展示会由于受场地条件所限，展厅是临时搭建的棚房，但参展企业及参观者表示理解和满意，取得了良好的展出效果。特别是一些公司展出了他们的最新技术和设备，受到了乳制品企业的关注。常务副理事长牟静君同志报告了本次年会筹备情况，关于授予伊利、蒙牛等21家企业为“优秀企业”的说明，报告了协会本年度财务收支情况。宋昆冈理事长报告了秘书处2005年度的工作及下半年度的工作重点，有关开展乳制品感官质量评鉴师工作情况，开展乳业特色区域授予工作情况以及呼和浩特市被授予“中国乳业之都”的情况说明。

29日 “2005中国国际绿色食品市场高峰论坛”在北京开幕，原全国人大常委会副委员长布赫出席了论坛开幕式，中国名牌战略推进委员会林宗棠主任、中国绿色食品协会名誉会长张延喜，原国家轻工业部副部长杜子端、国家发改委公众营养与发展中心主任于小东、国家食品检测中心主任程劲松等出席了本次高峰论坛。本次高峰论坛结合当前我国农业和农村经济新阶段的新任务和新形势，按照农业部关于加快发展绿色食品促进农民增收和农产品竞争力增强的有关部署，紧扣加强绿色食品市场建设的主题，以绿色食品企业关注的产品营销、品牌经营、市场开拓和贸易扩展为核心内容，旨在通过论坛的学习、交流，传播绿色营销思想，锻造绿色品牌理念，拓展国内、国际市场，帮助企业提高核心竞争力。本论坛由中国绿色食品协会主办，中国绿色食品协会市场流通专业委员会（筹）和北京格润福德广告有限公司共同承办，该论坛已成为研究中国绿色食品事业发展、共商绿色食品市场开拓大计的盛会。

9 月

19日 “中美农业科技合作联合工作组第四次会议”在北京举行，中国科学技术部副部长李学勇、美国农业部副部长任筑山分别代表两国政府，在会上签署草地生态系统恢复、水土保持和环境保护、小麦品质及病理学、促进植物遗传资源交换、农产品加工等五份合作协议。此举标志着中美农业科技领域的合作向着实质性进展迈出了坚实的一步，双方还在本次会议上建议设立中美合作特别基金，促进双方合作向更深层次发展。《中美农业科技合作议定书》签署以来，两国在农业生物技术、自然资源管理、奶制品生产、食品安全、农产品加工、节水农业技术等六个重要领域，开展了一系列富有成效的合作，包括启动一批合作研究和技术转让项目、开展种质资源交换工作等。

19～20日 “中国农产品加工业发展与奥运经济论坛”在北京举办，该论坛是由农业部农产品加工业领导小组办公室（农业部乡镇企业局）和北京市农村工作委员会主办，北京市乡镇企业局承办，北京奥组委市场开发部、北京市发展和改革委员会、财政局、工业促进局、食品安全办公室和投资促进局等作为该活动的支持单位。论坛期间，同步举行了农产品加工精品展和北京市农产品加工业投资洽谈会，并参观了顺义区顺鑫农业鹏程食品、汇源集团和怀柔区御食园等加工企业。论坛的各项活动内容丰富，成效显著。主要呈现有以下特点：一是论坛层次高；二是参与比较广泛；三是展示水平高；四是取得的效果好。这次论坛的成功举办，对于促进中央有关“三农”政策的落实，对于统一思想，整合力量，形成积极推动农产品加工业发展的共识发挥了重要作用，同时为农产品加工企业借助奥运经济商机加快发展指明了路子。

21～24日 由中国科学技术部和美国农业部共同主办，中国农业机械化科学研究院、南京农业大学和美国农业部合作研究教育推广局、农业研究服务局共同承办的“中美农产品加工与食品安全高层论坛”在北京举行。中国科学技术部李学勇副部长、美国农业部任筑山副部长出席了开幕式并分别做了主题报告。“中美农产品加工与食品安全高层论坛”共收到学术论文74篇，其中美方23篇，中方51篇。40多位来自美方的政府官员、企业家代表和中方80多位政府官员、领域专家、企业代表及高校师生参加了为期四天的学术研讨。此次论坛分三个分会场同步进行，64名与会代表在会上就共同关注的农产品加工与食品安全问题，包括农产品加工工程技术、生物工程与信息技术、农产品加工业发展战略以及食品安全关键检测控制技术、食品安全保障体系等内容，展开了广泛而深入的学术研讨，中美双方初步达成了20多个项目合作意向。此次高层论坛是中美农产品加工和食品安全领域一次重要的互利互惠的交流活动，它极大地增强了合作双方的了解，通过这个平台进一步推进了中美两国农产品加工和食品安全领域科技界、产业界的相互交流与合作，它必将为双方实现优势互补和双赢，使双方在上述领域的合作提高到一个新水平，为两国乃至世界农业科技进步做出积极的贡献。

24～26日 由中国畜产品加工研究会牵头组织的“第五届中国肉类科技大会”在北京召开，本届大会以“科技、质量、品牌、发展”为主题，出席会议的200多位中外科学家、专家和行业代表会聚一堂，共同商议中国肉类行业的管理和科技创新，共同谋划中国肉类工业的前途和未来，共同交流中国肉类科技发展的信息和经验，共同探讨中国肉类工业的发展和进步。大会共有22位中外专家作精彩的肉类科技成果报告。与会者就肉类工业的发展趋势和前景进行了研讨，并形成了三点共识：一是我国正处在现代化建设的转型时期，在挑战与机遇面前，肉类产业必须努力提高产品品质，要在“特”字上做文章。二是中国肉制品多为手工作坊加工，许多传统风味的名优特品种还未得到发掘、整理和推广，应用高新技术改造传统肉类加工业潜力巨大。三是在我国畜产品加工行业中，科学技术的每一次飞跃，都带来了企业生产力和生产方式的巨大进步，都极大地促进了行业的迅速发展。

10 月

12～14日 “中国纺织工程学会第23届全国会员代表大会”在北京召开，近300名代表和特邀嘉宾汇聚一堂，共商中国纺织工程学会为行业技术进步、产业升级、提高核心竞争力服务和为广大会员服务的工作大计。中国纺织工业协会会长、中国纺织工程学会理事长杜钰洲在开幕式上做了重要讲话，对目前纺织行业的重点工作提出了三点意见：一是深化结构调整，加快产业升级，是中国纺织工业应对新时期竞争和挑战的必然选择；二是提高产业的创新能力是中国纺织工业产业升级、结构调整的重中之重；三是纺织行业围绕科技进步、产业升级、提高创新能力要加强行业性服务和自律。他在讲话中还指出，科技进步是纺织行业结构调整、产业升级、提高国际竞争力的最根本的条件。中国纺织工程学会是纺织行业中历史最悠久的学会，一定能继续发扬好的传统，调动广大科技人员的积极性，为建设现代化纺织强国做出新的贡献。

16日 “中国粮食行业协会第三届第二次理事会暨第三届第二次常务理事会”在成都市召开。会议由白美清会长主持，出席会议的副会长、理事、常务理事共216人。2004—2005年度全国粮食行业优秀协会工作者、中国粮食行业协会优秀会员及第五批放心粮油生产企业的代表也出席了会议。国家粮食局局长聂振邦在会上就当前的粮食形势和任务以及如何贯彻十六届五中全会精神作了报告；白美清会长做了题为《学习贯彻十六届五中全会精神，把新时期粮食行业的工作做好》的总结讲话。会议审议并原则通过了宋丹丕秘书长所作的协会工作报告；会议表彰了2004—2005年度全国粮食行业优秀协会工作者和中国粮食行业协会优秀会员，发布了《中国粮食行业协会、中国植物油行业协会关于授予天津市正弘食品有限公司藻藻牌特等晚粳米等455个产品"放心粮油"称号的决定》，并为优秀协会工作者、优秀会员和"放心粮油"企业的代表颁发了证书、奖牌。赵凌云副会长作了《让适销对路的放心粮油走进农村千家万户》的书面报告。

17日　由农业部组织召开的"促进中国农产品出口贸易报告会"在北京举行，报告会邀请了中央财经领导小组办公室、质检总局、农业贸促中心、质检总局进出口食品安全局、英国农业食品联合会、美中自由贸易促进会、山东省农业厅的领导、专家、学者共同交流经验，探索强化农产品出口贸易管理的突破口。农业部副部长牛盾在致辞时说，我国是世界农产品进出口贸易大国，农产品贸易不仅直接关系到农民的增收，而且在保障我国粮食安全方面也具有重要意义。他指出，农业部针对中国农产品出口贸易状况和将要面临出口难度加大的问题，确立了基本的发展思路：一是充分发挥比较优势，通过加快农业技术推广、加强对农产品生产者培训和技术支持，依靠科技进步，提高中国农产品质量，增强其国际竞争力；二是充分发挥政府法规职能部门的作用，通过积极为农产品出口企业提供信息、培训咨询及相关服务，建立中国农产品出口"绿色通道"，便利中国农产品出口；三是充分发挥企业的自主作用，在政府协调资助农产品出口企业进行各种类型的促销活动，积极开拓国际农产品市场；四是充分发挥农民合作组织与行业协会的作用，通过改变行业协会的性质，加强政府、企业、生产者和行业协会之间的协调，积极为农产品出口服务。

17～21日　"第三届中国国际农产品交易会"在北京全国农业展览馆举办，这届农交会由农业部主办，国家发展和改革委员会、财政部、商务部、海关总署、国家质量监督检验检疫总局、北京市人民政府、中国国际贸易促进委员会等多部委协办。第三届农产品交易会组委会由农业部杜青林部长任主任，尹成杰、牛盾副部长和各协办单位一位领导任副主任，农业部市场与经济信息司张玉香司长任秘书长。农业部副部长牛盾主持开幕式，农业部部长杜青林致开幕词，国务院副总理回良玉宣布"第三届中国国际农产品交易会"开幕。第三届农产品交易会坚持"展示成果、推动交流、促进贸易"的办展宗旨和"按产品分区、以企业为主体"的布展原则。参展企业须是农业产业化国家重点龙头企业或产品获得无公害认证、绿色食品认证、有机农产品认证的企业；大中型农产品出口企业；优秀农机、农资、水产生产企业，外商投资及港澳台农业企业。参展产品须是无公害农产品或绿色食品、有机农产品、优质农业生产资料及先进适用的农牧渔机具。本届农产品交易会提出了"展示新农业、描绘新农村"的主题口号，力争把农产品交易会办成气势更大、企业更强、产品更精、服务更加周到，在境内外有较大影响的国际农产品交易盛会，牢固树立中国农业"精品、开放、务实"的形象。全国31个省、自治区、直辖市和30多个国家和地区的企业、经销商达1 700多家，采购商10 000多人参展。

18日　由农产品交易会组委会主办、农民日报社承办的"农产品安全与安全农资论坛"在北京召开，农业部副部长牛盾出席会议并作了重要讲话，他指出：农产品质量安全关系到广大人民群众的身体健康和生命安全，关系到政府和国家的形象，农产品质量安全问题日益成为农业和农村经济发展中需着力解决的问题。牛盾强调指出：提高农产品质量安全水平是一项长期任务，必须立足当前，规划长远，标本兼治，着力治本，建立健全监管制度和长效机制，要使农资生产企业、农产品生产、加工和流通企业，以全面提高农产品质量安全水平为核心，各自发挥优势，形成合力，共同为提高我国农产品质量安全水平贡献力量。农业部市场与经济信息司司长张玉香在会上做了题为"大力倡导安全农资、积极推进农产品安全进程"的重要讲话。会后150家涉及农产品产、供、销等相关环节的企业在北京共同签署了《农产品安全合作宣言》。会议由农民日报社党委书记、社长张德修主持。

19日　由科学技术部、农业部联合主办，陕西省科技厅、西北农林科技大学、西安银桥股份有限公司承办的"首届中国奶业科技发展论坛"在西安召开。科技部副部长刘燕华、农业部副部长张宝文、陕西省副省长朱静芝等领导出席了论坛开幕式。该论坛以"加强科技自主创新、促进我国奶业健康可持续发展"为主题，是我国奶业科技界的一次盛会，有来自全国各地的政府管理人员、奶业界的专家和企业负责人共150多人参加。与会人士通过对奶业发展现状和问题、奶产业竞争力、国内外奶业科技发展趋势及我国奶业科技发展等重点问题的研讨，提出我国奶业发展的科技需求、奶业科技的发展方向和优先发展的领域，为我国奶业的中长期发展战略和政策的制定提供有益的建议。

22日 “中国服装协会服装辅料专业委员会年度工作会议”在江苏省常熟市召开。会上，中国服装协会常务副会长、服装辅料专业委员会主任蒋衡杰就目前行业面临的形势做了重要讲话。他指出，在这个新的历史发展机遇期中，在世界服装市场多变的情况下，企业家要保持清醒的头脑，看清目前形势，要有充分的信心，改变以前的发展方式，做到“靠头脑、要面子”，将企业自身的优势核心竞争力做好做足，将企业特色不断深入，企业还要树立诚信框架。大会由中国服装协会会员部主任、服装辅料专业委员会秘书长张桂华主持，她代表专委会秘书处做了《中国服装协会服装辅料专业委员会工作报告》。报告对第二届服装辅料专业委员会的工作进行了回顾，同时对今后的工作做了设想和安排。报告指出服装辅料专业委员会将积极推动行业的健康发展，加强行业自律；通过实施名牌发展战略，促进辅料业的产业升级；进一步加强辅料企业与服装生产企业之间的交流与合作；同时也要不断加强专业委员会的自身建设，努力为企业做好各方面的咨询和信息服务工作。会上，国家环保总局环境认证中心副主任朱文彬向参会的各企业代表介绍了国内外环保方面的发展情况及各企业如何进行环保认证。会议期间，组织与会代表参加江苏省常熟服装节开幕式及服装论坛活动，活动中组织开展了辅料企业与服装企业对接交流。

23～28日 “全国造纸工业标准化技术委员会年会”在昆明召开，共有来自造纸企业、检测部门及相关单位的100多名专家代表出席了会议，国家标准化管理委员会及中国轻工业联合会的领导出席了会议并做了重要讲话。本次会议共对包括《字典纸》、《胶版印刷纸》、《扑克牌纸板》及《漂白硫酸盐木浆》在内的12项造纸标准进行了审查，并对《卫生巾（含卫生护垫）》及《无碳复写纸》两项国家标准进行了研讨。会议期间，专家代表们积极参与讨论，踊跃发表自己的见解，为标准的制修订提出了许多宝贵的意见和建议，使标准的制修订水平得到了很大提高，从而使制修订的标准也更加科学合理、可操作性更强。同时会议也希望更多的造纸企业、检测站及相关单位加入到造纸标委会来，共同为推动我国造纸工业标准化发展而努力。

25～26日 “农产品加工西部行动暨科技经贸合作活动”在宁夏举办，这次活动是由宁夏回族自治区政府主办，农业部农产品加工业领导小组办公室协办，宁夏回族自治区农牧厅、招商局和银川市政府承办的。这次活动呈现出以下三个突出特点：一是活动规模大，商气足，人气旺；二是重点突出，特色鲜明；三是内容丰富，成效显著。通过这次活动举办，有很多的启示。启示之一，实现农业的快速发展，必须在加大结构调整力度，做大做强优势特色产业上下功夫。启示之二，实现农业的快速发展，必须在提高农业科技水平，加强农业科技推广上下功夫。启示之三，实现农业的快速发展，必须实施“走出去”战略，在农业对外开放上下工夫。启示之四，实现农业的快速发展，必须在转变职能，创新工作指导机制，努力提高服务“三农”水平上下工夫。启示之五，实现农业的快速发展，必须在不断提高干部素质，恪尽职守，发挥团队精神上下工夫。

11 月

1～4日 “亚太地区有机农业与绿色食品信息网技术推广研讨会”在广东省深圳市召开。本次会议由中国APEC科技产业发展基金资助，目的是为了加强APEC成员体之间在有机农业与绿色食品领域的交流与合作，促进亚太地区有机农业与绿色食品信息网络技术的推广与应用。中国绿色食品和有机食品已具备了一定的发展基础和总量规模，在农业结构调整、农民增收、农产品出口等方面发挥了积极作用，特别是在全面提高农产品质量安全水平、打造安全优质农产品品牌上起到了重要的示范带动作用。在本次会议上，中国绿色食品发展中心和中国绿色食品协会向与会各国代表介绍了近年来我国绿色食品发展的基本情况。本次研讨会由农业部主办，中国绿色食品协会和深圳市农林渔业局共同承办。农业部国际合作司副司长金世生、中国绿色食品发展中心副主任张华荣、广东省农业厅副厅长潘嘉念等领导出席会议开幕式并致辞。中外来宾共计60多人出席了会议。本次会议的召开，有助于推动APEC经济体之间示范、推广绿色食品信息化建设，加强APEC成员体和亚太各国在有机农业与绿色食品方面的交流与合作，促进亚太地区有机农业与绿色食品事业的健康发展。

3～6日 由中国羽绒工业协会主办的“第11届中国羽绒制品及服装服饰博览会”在北京举行。中国是世界上最大的羽绒制品生产国、出口国和消费大国。2004年我国羽绒行业出口创汇16.3亿美元，年产值280多亿元，成为国民经济中一个发展潜力巨大的朝阳产业。中国羽绒及制品占据国际市场70%的份额，中国羽绒业在国际市场上占有举足轻重的地位。举办中国羽绒制品及服装服饰博览会的目的，是为中国羽绒制品生产商、批发商、零售商搭建一个展示企业和产品形象、进行商业贸易洽谈的平台，也是行业间相互学习、交流、洽谈贸易的极好机会。本次博览会有三大亮点：一是“热身”2008奥运会，启动羽绒寝具市场；二是2005新一届羽绒服、羽绒寝具“中国名牌”设特装区，羽绒行业第一次以强大的明星阵容，展示新一届中国名牌的最新风采；三是博览会期间召开中国羽绒工业协会三届二次理事扩大会议。全国羽绒行业的领军人物、专家、学者和国际羽绒界朋友广泛交流信息，深入探讨羽绒行业发展趋势，研究羽绒制品生产的工艺和标准，酝酿羽绒行业发展的新思路和市场策略。

4～5日 农业部在北京召开“全国农业转基因生物安全监管工作会议”，农业部有关司局以及各省（自治区、直辖市）农业转基因生物安全管理办公室主管领导和负责人参加了会议。农业部农业转基因生物安全管理办公室首先通报了《农业转基因生物安全管理条例》实施以来的监管情况，上海、河北、吉林、湖南、海南等省、直辖市做了大会交流发言，介绍了本省（直辖市）的做法和经验，并就转基因生物标识执法检查和田间试验监管进行了专题讨论。张宝文副部长在讲话中分析了农业转基因生物安全管理形势，提出了明确的要求，对下一步工作做出了重要部署。他强调，农业转基因生物安全管理部门要树立五个意识：一是法律意识；二是责任意识；三是全局意识；四是服务意识；五是开拓意识。

8日 “第四届中国国际棉纺织会议暨第二届中国国际针织会议”在昆明召开，这次会议由中国纺织工业协会主办，中国棉纺织行业协会、中国色织行业协会、中国针织工业协会、中国纺织国际交流中心共同承办。来自印度、孟加拉国、美国、澳大利亚等多个国家的棉纺、针织行业业内人士与中国的企业代表共计300余名济聚一堂，共同商讨在新的国际贸易形势下，如何寻求适合自己的发展道路，实现共赢。中国纺织工业协会会长杜钰洲为大会做主题报告，中国棉纺织行业协会会长徐文英向与会代表介绍了中国棉纺行业协会“十一五”发展规划的构想，中国针织工业协会理事长王智分析了我国上半年针织工业经济运行情况和出口形势。

8～11日 由中国橡胶工业协会组织的“2005年全国橡胶工业信息发布会”在上海召开。这次会议的主题是发布关于中国橡胶工业2010年需求预测及发展建议的信息。参加此次会议的有160多人。会上，中国橡胶工业协会会长鞠洪振就“十五”完成情况预测及“十一五”发展目标发表了演讲。中国橡胶工业已步入发展成熟期，“十一五”期间将全面进入产品更新换代的转型期，在优化产品结构、提高效益和降低消耗的基础上，以安全、节能、环保新产品替代现有老产品，力争发展速度保持在8%～10%，出口总值占生产总值的1/3左右。

10～12日 “第十届中国国际渔业博览会和中国国际水产养殖展览会”首次在广州举办，这次会议由农业部支持，中国国际贸促会农业行业分会主办，同时得到了广东省委省政府、广州市政府及有关部门的高度重视和大力支持。有来自阿根廷、澳大利亚、比利时、加拿大、智利、丹麦、法国、德国、印度、印度尼西亚、伊朗、日本、韩国、马来西亚、缅甸、荷兰、新西兰、尼日利亚、挪威、秘鲁、俄罗斯、新加坡、南非、西班牙、斯里兰卡、瑞士、泰国、英国、美国、越南、也门等30多个国家和地区的600多家企业参展，有来自54个国家和地区的15 000余名专业观众参观了展会。

12～13日 “全国渔业科技工作座谈会”在广西南宁召开，会议总结交流了“十五”期间我国渔业科技发展经验和成就，深入分析了目前困扰渔业科技工作的突出问题，研究探讨了渔业科技“十一五”乃至中长期的发展思路。农业部渔业局副局长陈毅德、中国水产科学研究院院长王衍亮、全国水产技术推广总站副站长孙喜模，以及各省级渔业行政主管部门的有关领导和科技处处长60余人出席了会议。陈毅德在座谈会上做了重要讲话，陈毅德强调，要进一步明确今后一段时期渔业科技工作的思路和重点，扎实推进科研工作，力争在以下重点领域取得突破：第一，水产养殖业可持续发展领域，主攻品种培育、养殖模式和集约化养殖技术，提高水产养殖良种化水平，发展“资源节约、环境友好”型健康养殖模式；第二，水产品综合利用领域，主攻水产品加工和产物资源综合利用，提高水产品加工率和产品附加值，开发水产产物新资源；第三，资源与环境领域，主攻远洋渔业资源开发和近海渔业资源养护，强化渔业资源和环境监测与评估；第四，水产品质量安全领域，主攻水产品质量安全和风险评估，为建立和完善水产品质量安全标准体系和管理体系提供技术支撑；第五，渔业装备与工程领域，主攻水产养殖、加工设施和远洋渔业装备，加强新技术和新材料在渔业领域的开发应用；第六，渔业信息化领域，主攻数字渔业技术，实现信息共享。同时，要深入开展渔业科技体制改革，稳妥推进基层水产技术推广体系改革工作。

14日 由中国轻工业联合会和北京大学中国地方政府研究中心共同主办的“2005全国县域食品经济发展高峰论坛”在北京隆重开幕。本次论坛的主题为“提高农业综合生产能力，促进县域食品经济发展”。来自全国各省、市和地区的食品强县有关领导、农副产品深加工龙头企业代表、政府官员、经济学家及食品科技专家到会。本次论坛不仅为全国食品强县交流经验搭建了一个平台，也是全面贯彻落实党的十六届五中全会精神的具体体现。会上，出席论坛的领导、专家、学者从不同层面就当前我国县域食品经济发展的战略重点、相关政策、管理模式、发展农业产业化的经验等问题发表演讲，并就企业家关心的“当前国家农业产业化政策”、“‘十一五’规划与企业发展环境”、“2006 年中国食品行业的经济形势和走势预测”等展开深入探讨，来自食品强县的领导和优秀企业代表就农业产业化发展的成功经验进行了交流。

14～15 日　商务部、中宣部、科技部、财政部、铁道部、交通部、卫生部、工商总局、环保总局、食品药品监管局、全国供销总社、国家认监委、国家标准委等 13 个部门，在北京召开了“全国三绿工程工作会议”。会议全面总结了 6 年来的三绿工程工作，交流了食品安全管理工作经验，研究了当前食品安全工作面临的突出问题，部署了新阶段的三绿工程工作。会议要求，各部门要分工协作，齐抓共管，形成推动三绿工程发展的合力。宣传部门重点组织协调三绿工程的宣传报道工作；科技部门负责组织研发和推广食品安全的新技术、新产品；财政部门负责落实财政扶持政策；铁道、交通部门重点负责开辟鲜活农产品流通绿色通道工作；工商部门负责食品流通环节的执法监督；卫生部门负责食品生产经营企业的卫生许可和餐饮业、食堂等消费环节的执法监督；环保部门重点负责组织农产品有关环境监测、质量评价和监督管理；食品药品监管部门负责对食品安全的综合监督、组织协调和依法查处重大事故；国家认监委会同商务部负责绿色市场认证及其监督管理工作；国家标准委重点负责建立健全“三绿工程”的标准体系；全国供销总社主要负责搞活农村农产品流通。商务部门牵头组织实施三绿工程，主要负责食品流通、消费和畜禽屠宰加工环节的行业管理和屠宰执法工作，重点负责培育绿色市场、提倡绿色消费工作。

15～16 日　农业部市场与经济信息司组织有关专家对其归口的 11 项“十五”重大科技专项课题进行了验收，验收专家组认真听取了课题完成情况汇报，经过审阅、质疑、讨论，同意 11 项“十五”重大科技专项课题通过验收。11 项课题分别为主要种植农产品（粮油、菜果茶、棉麻丝）安全限量及控制标准研究；农产品产地环境控制与安全技术标准研究；肥料、饲料安全控制技术标准研究；主要林木花卉安全限量及控制标准研究；马铃薯脱毒种薯安全限量及控制技术标准研究；粮食烘干技术标准研究；工厂化农业技术标准研究；国际食品法典委员会（CAC）标准采用研究及相关水产品标准研制；主要肉蛋奶产品和蜂产品安全限量及控制标准研究；主要养殖水产品按恰如限量及控制标准研究；畜禽产品质量安全关键控制技术系列标准研究。

25～27 日　由中国植物油行业协会和大连商品交易所联合举办的“全国油脂油料市场展望会暨企业避险增利论坛”在海南省三亚市召开。高秀山会长参加了会议，林永清常务副会长、矫庆丰副会长、董朝永副会长参加并分别主持了大会，到会代表 200 多人。这次大会围绕“分析油脂市场形势、研讨贸易避险问题”这个主题，分别举行了报告会和专题论坛。会上，国家发改委经贸司和商务部外贸司的有关领导在报告中认为，在我国加入 WTO 后，国内外两个市场已经接轨的环境下，国内大豆产业和榨油业面临着巨大的竞争压力，由于市场意识和风险防范意识不足，在过去的两年时间里有关企业蒙受了比较大的损失。但我们的学费不能白交，一方面有关协会、商会应在大豆产业和油脂行业的发展中发挥积极作用，通过行业自律和统一协调，保障民族产业的利益和市场的有序竞争；另一方面，有关企业应尽快提高市场意识和风险防范意识，在有效规避市场风险的基础上实现企业的发展和壮大。会议期间，中国植物油行业协会还召集部分油脂企业，举行了植物油进口企业资质研讨会，讨论了今后我国在植物油进口方面的行业自律等有关问题。

28 日　商务部在北京举办了“欧盟、日本食品安全新法规与中国农产品出口研讨会”，来自全国各地商务主管部门、农产品重点出口企业、行业协会及专家学者约 100 人参加了研讨会。研讨会上，来自欧盟欧委会、国家质检总局标准法规中心、农业部蔬菜检测中心、青岛出入境检验检疫局、商务部、中国食品土畜进出口商会的中外专家，分别介绍了日本、欧盟食品安全新法规的出台背景和主要内容、对中国农产品出口的影响以及中日、中欧双边农产品贸易情况。针对企业普遍关心的新法规应对问题，专家们分别从加强国际认证、提高农产品质量安全水平的角度，并对在生产加工过程中应注意的问题给予建议，指导企业积极采取应对措施。日本、欧盟分别是我国农产品的第一、第二大出口市场，约占我农产品出口总额的 43.3%，仅日本就占约 1/3。以日本、欧盟为主销市场的出口企业分别占农产品出口企业总数的 38%和 27%。日本、欧盟食品安全新法规进一步提高了我农产品出口的技术门槛。如不及时应对，将对我优势农产品出口产生重大影响，削弱我国农产品出口竞争力，直接影响到农民增收、农业生产和农产品的加工。

29 日　商务部在北京召开 2005 年度农产品出口信息发布会，商务部副部长于广洲出席发布会并讲话。扩大农产品出口是促进农民增收，加快农业对外开放和转变外贸增长方式的重要途径，为此，商务部始终把千方百计扩大农产品出口作为一项重要工作来抓。商务部在扩大农产品出口方面重点开展了四项工作：一是编制农产品出口“十一五”发展规划。认真分析“十一五”期间我国农产品出口的国际环境，竞争优势和主要问题，提出扩大农产品出口的发展目标和政策措施。二是推动有机农产品出口。商务部会同国家认监委联合举办“有机农产品出口”培训，帮助农产品出口企业和地方主管部门学习、借鉴有机农产品生产、认证和贸易方面的先进经验，了解国内外有机农产品领域最新的发展动态。三是积极支持企业开拓国际市场。2005 年，商务部首次组织来自全国 20 个地区的 145 家企业参加科隆国际食品展。展览期间举办了“中国食品日”活动；在第二届中国—东盟博览会上举办了“感受中国水果”的推介活动，这些活动提升了我国农产品在国际市场的知名度。四是继续大力推广农产品出口信用保险。在商务部、财政部，特别是中国出口信用保险公司的共同努力下，农产品出口信保取得可喜成绩。

12 月

15～16 日 国家粮食局在西安召开了“全国粮食安全生产工作会议”，共有 30 个省、自治区、直辖市粮食局、新疆生产建设兵团粮食局、中国储备粮管理总公司、中国粮油食品（集团）有限公司及中谷粮油集团公司等单位 71 名代表参加了会议。国家粮食局党组书记、局长聂振邦同志，副局长郄建伟同志到会。聂振邦同志做了“关于粮食安全生产工作”的主题报告，报告中明确提到“要从经济发展和社会稳定大局的高度，充分认识安全生产工作的重要性，认清实现安全发展是构建和谐社会的必然要求”；同时要求各地对安全生产要思想认识到位、安全措施到位、责任落实到位，安全生产责任重于泰山，要确保今冬明春粮食行业各项生产安全，逐步建立起适合粮食行业特点的安全生产长效机制。会议还安排了专题讲座，以会代训，并组织参会代表进行了分组讨论。郄建伟副局长在分组讨论后做了大会总结。

20 日 中国家具协会在海南三亚召开了“全国家具协会秘书长工作会议”。会议对 2005 年中国家具协会的工作进行了全面回顾和总结，同时提出了 2006 年的工作计划，还对制定中国家具业“十一五”规划的思路进行了探讨。中国家具协会理事长贾清文主持会议并就协会建设等问题发表讲话，副理事长朱长岭、陈宝光分别就年度工作总结和计划以及制订“十一五”规划的基本构思问题做了介绍，各省市家具协会的负责人就各地的工作情况和明年的打算进行了沟通和交流。

27 日 全国农业产业化和农产品加工推进行动暨乡镇企业专业工作会议在北京召开，参会人员有各省、直辖市主管局长、农业产业化办公室主任、农产品加工办公室主任，会议由农业部总经济师薛亮主持，农业部范小建副部长出席会议并做了重要讲话，出席会议的领导还有农业部乡镇企业局甘士明局长、农村合作经济指导司郑文凯司长。范小建副部长明确提出：农业产业化和农产品加工推进行动是农业部确定的九大行动之一，其主要目标有两个：一是要始终围绕提高对农户的带动力这个核心，今后五年龙头企业对农户的带动能力，要力争年均提高 1 个百分点以上；二是要抓住农产品加工增值这个关键环节，“九五”末农产品加工业产值与农业产值之比是0.6：1，2005 年达到 1：1，预计到 2010 年达到1.5：1，平均每年提高 0.1 个点；主要农产品加工转化率（初加工以上）达 40%～50%，精深加工比重明显增加，促进农产品增值增效。2006 年是推进行动的第一年，要抓紧对建立国家及重点农产品加工研究中心和工程技术中心的可行性研究，争取尽快批准立项，重点推广 20～30 项农产品加工适用和重大关键技术；结合实施优质粮食产业工程，组织粮食加工企业进行技术设备工艺的改造与创新，提高其精深加工和综合利用的能力；制定实施《“十一五”农产品加工标准制修订指南》和扶持农产品加工业创业的实施意见，选择 100 家农业产业化龙头企业开展全程质量控制体系试点。

29 日 农业部部长杜青林宣布，为推动“十一五”农业和农村经济发展和社会主义新农村建设，农业部从 2006 年起正式启动“九大行动”：一是社会主义新农村建设示范行动；二是粮食综合生产能力增强行动；三是优势农产品产业带促进行动；四是农业科技提升行动；五是畜牧水产业增长方式转变行动；六是农业产业化和农产品加工推进行动；七是农产品质量安全绿色行动；八是生态家园富民行动；九是禽流感等重大动物疫病防控行动。

7 第七部分

附　录

附录简要说明

1. 本部分统计资料数据主要包括：香港、澳门特别行政区和台湾省相关统计数据；世界和部分国家主要农产品收获面积、单产和总产量；禽畜产品产量；主要国家农业与农产品加工业生产指数；农产品加工业主要经济指标；世界主要国家农、林、畜、禽产品进、出口情况；按营业额排序的世界最大500家企业中农产品加工工业企业。

2. 本部分统计资料数据主要来源于国家统计局、农业部、2004年联合国粮农组织数据库、2004年联合国工发组织出版的《国际工业统计年鉴》、2004年版《国际统计年鉴》、世界银行统计数据。未注明“资料来源”的数据，均采用国家统计局公布的数据。

3. 本部分统计资料中符号使用说明：“空格”表示该项统计指标数据不详或无该项数据；“*”、“①”、“△”表示本表下面有注解。

表 1 部分国家（地区）土地利用情况（2002 年） 单位：khm^2

国家或地区	总面积	土地面积	耕地面积	多年生作物面积	永久性牧场面积
世界总计	**13 427 933**	**13 066 942**	**1 404 052**	**130 260**	**3 485 339**
埃　及	100 150	99 550	2 900	500	
南　非	121 910	121 450	14 750	960	83 930
加拿大	997 060	922 100	45 740	140	29 000
美　国	962 910	915 900	176 020	2 050	233 800
巴　西	851 490	845 940	58 980	7 600	197 000
中　国	959 805	932 742	142 621	11 335	400 001
印　度	328 730	297 320	161 720	8 400	11 060
日　本	37 790	36 450	4 420	340	430
韩　国	12 050	12 040	2 500	200	50
法　国	55 150	55 010	18 450	1 130	9 970
德　国	35 700	34 900	11 790	210	4 970
意大利	30 130	29 410	8 290	2 780	4 380
俄罗斯	1 707 540	1 688 850	123 470	1 840	91 350
英　国	24 290	24 090	5 750	50	11 140
澳大利亚	774 120	768 230	48 300	300	398 400

资料来源：联合国粮农组织数据库。

表 2 香港特别行政区土地利用情况和人口情况（2002—2004 年）

项　目	2002 年	2003 年	2004 年
总面积（km^2）	1 101	1 103	1 104
已发展土地（km^2）	206	212	233
未建设土地（km^2）	895	891	871
耕地（km^2）	54	58	56
林地（km^2）	190	285	268
草地和灌木地（km^2）	549	456	463
红树林和沼泽（km^2）	4	5	1
鱼塘（km^2）	13	13	17
荒地（劣地、石矿场、石岸）（km^2）	24	15	9
水体（水塘、河道、明渠）（km^2）	28	28	27
其他（km^2）	33	31	29
总人口（千人）	6 787	6 803	6 883
劳动力人口（千人）	3 487	3 496	3 529
男劳动力人口（千人）	1 965	1 961	1 963
女劳动力人口（千人）	1 522	1 535	1 566
就业人口（千人）	3 232	3 219	3 288
失业人口（千人）	256	277	241
失业率（%）	7.3	7.9	6.8

表 3　澳门特别行政区土地利用情况和人口情况（2002—2004 年）

项　目	2002 年	2003 年	2004 年
总面积（km^2）	26.8	27.3	27.5
总人口（千人）	439	445	457
劳动力人口（千人）	214	216	229
男劳动力人口（千人）	113	115	122
女劳动力人口（千人）	101	101	107
就业人口（千人）	201	203	218
失业人口（千人）	13	13	11
失业率（%）	6.3	6.0	4.8

表 4　我国台湾省土地利用情况和人口情况（2002—2004 年）

项　目	2002 年	2003 年	2004 年
总面积（万 km^2）	3.6	3.6	3.6
总人口（千人）	22 521	22 605	22 689
劳动力人口（千人）	9 969	10 076	10 240
男劳动力人口（千人）	5 896	5 904	5 968
女劳动力人口（千人）	4 074	4 172	4 272
就业人口（千人）	9 454	9 573	9 786
失业人口（千人）	515	503	454
失业率（%）	5.2	5.0	4.4

表 5　部分国家（地区）农业生产指数（2004 年）

（1999—2001＝100）

单位：%

国家或地区	农　业	种植业	畜牧业	食品业	非食品业
世界总计	**109.0**	**109.5**	**108.2**	**108.9**	**111.2**
埃　及	108.9	105.1	119.2	108.8	110.7
南　非	103.8	98.5	109.8	104.4	83.2
加拿大	101.8	102.8	103.5	102.2	83.4
美　国	107.3	110.5	102.0	106.8	117.8
巴　西	125.4	126.7	123.6	123.7	154.1
中　国	122.1	117.2	129.6		
印　度	104.6	102.1	111.2	104.1	115.2
日　本	97.8	98.8	99.6	97.9	94.2
韩　国	92.2	90.5	98.7	92.5	77.2
法　国	100.0	104.3	97.3	100.0	100.9
德　国	102.8	105.5	101.0	102.8	80.4
意大利	95.4	95.6	98.1	95.5	89.8
俄罗斯	114.2	117.0	107.7	114.3	101.1
英　国	97.9	99.3	97.2	98.0	84.0
澳大利亚	90.9	92.1	93.2	93.3	71.1

表 6 我国台湾省农业生产指数（2001—2003 年） （2001=100）

年 份	总指数	种植业	林 业	畜牧业	渔 业
2001	100.0	100.0	100.0	100.0	100.0
2002	104.1	105.5	111.6	98.1	108.1
2003	104.3	102.7	117.1	96.2	115.8

表 7 部分国家（地区）主要粮食收获面积、单产、总产量（2004 年）

国家或地区	小麦			稻谷		
	收获面积（khm^2）	单产（kg/hm^2）	总产量（kt）	收获面积（khm^2）	单产（kg/hm^2）	总产量（kt）
世界总计	**217 556**	**2 869**	**624 093**	**153 257**	**3 970**	**608 496**
埃 及	1 110	6 525	7 178	630	9 524	6 000
南 非	900	2 278	2 050	1	2 286	3
加拿大	9 907	2 469	24 462			
美 国	20 317	2 898	58 881	1 349	7 581	10 228
巴 西	2 741	2 202	6 036	3 732	3 579	13 356
中 国	21 730	4 203	91 330	29 420	6 347	186 730
印 度	27 300	2 640	72 060	42 500	2 927	124 400
日 本	220	3 750	825	1 650	6 909	11 400
韩 国	4	3 000	12	990	6 415	6 351
法 国	5 231	7 578	39 641	21	5 619	118
德 国	3101	8 174	25 346			
意大利	2 300	3 478	8 000	215	6 279	1 350
俄罗斯	22 200	1 901	42 200	143	3 357	480
英 国	1 991	7 889	15 706			
澳大利亚	12 200	1 844	22 500	65	8 231	535

国家或地区	玉米			谷子			高粱		
	收获面积（khm^2）	单产（kg/hm^2）	总产量（kt）	收获面积（khm^2）	单产（kg/hm^2）	总产量（kt）	收获面积（khm^2）	单产（kg/hm^2）	总产量（kt）
世界总计	**145 143**	**4 859**	**705 293**	**34 601**	**831**	**28 765**	**43 727**	**1 347**	**58 884**
埃 及	830	6 988	5 800				160	5 938	950
南 非	3 200	2 597	8 311	21	571	12	130	3 455	449
加拿大	1 063	7 590	8 064						
美 国	29 668	10 052	298 233	241	1 419	342	2 637	4 381	11 555
巴 西	12 437	3 373	41 947				919	2 327	2 139
中 国	25 584	5 154	131 860	1 100	2 000	2 201	785	3 964	3 110
印 度	6 800	2 059	14 000	9 800	959	9 400	9 400	801	7 530
日 本	0.065	2 462	0.16	0.3	1 000	0.3			
韩 国	17	4 118	70	1.7	1 136	2	1.5	1 333	2
法 国	1 796	8 766	15 743	4.7	5 532	26	47.7	5 399	258
德 国	540	7 522	4 062						
意大利	1 190	9 513	11 320				34.2	6 286	215
俄罗斯	655	3 359	2 200	935	1 195	1 117	26.2	1 670	43.7
澳大利亚	79	4 962	392	35	1 000	35	570	3 247	1 851

表 8　部分国家（地区）马铃薯收获面积、单产、总产量（2004 年）

国家或地区	收获面积（khm^2）	单　产（kg/hm^2）	总产量（kt）
世界总计	**18 630**	**17 586**	**327 624**
波　兰	713	19 279	13 746
德　国	295	44 217	13 044
俄罗斯	3 134	11 458	35 914
法　国	160	45 442	7 254
荷　兰	161	46 429	7 488
加拿大	171	30 322	5 171
美　国	472	43 771	20 681
日　本	90	31 544	2 839
乌克兰	1 556	13 339	20 755
意大利	72	25 009	1 809
印　度	1 400	17 857	25 000
英　国	140	42 857	6 000
中　国	4 302	16 283	70 048

表 9　部分国家（地区）甘薯收获面积、单产、总产量（2004 年）

国家或地区	收获面积（khm^2）	单　产（kg/hm^2）	总产量（kt）
世界总计	**8 619**	**14 751**	**127 140**
巴布亚新几内亚	104	5 000	520
布隆迪	125	6 675	834
菲律宾	120	4 519	544
卢旺达	163	5 570	908
美　国	37.6	19 458	731
尼日利亚	516	4 876	2 516
日　本	40	25 225	1 009
坦桑尼亚	500	1 940	970
乌干达	602	4 402	2 650
印　度	100	9 000	900
印度尼西亚	183	10 251	1 876
越　南	204	7 543	1 536
中　国	4 909	21 429	105 197

表 10 部分国家（地区）木薯收获面积、单产、总产量（2004 年）

国家或地区	收获面积（khm²）	单 产（kg/hm²）	总产量（kt）
世界总计	**18 512**	**10 947**	**202 648**
印 度	240	27 917	6 700
中 国	250	16 799	4 202
巴 西	1 773	13 556	24 039
菲律宾	205	7 997	1 641
尼日利亚	4 118	9 271	38 179
泰 国	1 050	19 429	20 400
坦桑尼亚	660	10 439	6 890
印度尼西亚	1 267	15 199	19 264
越 南	384	14 827	5 688
莫桑比克	1 050	5 857	6 150
乌干达	407	13 514	5 500
加 纳	784	12 424	9 739
卢旺达	134	6 813	912
巴拉圭	306	17 974	5 500

表 11 部分国家（地区）主要油料收获面积、单产、总产量（2004 年）

国家或地区	大 豆			花 生		
	收获面积（khm²）	单产（kg/hm²）	总产量（kt）	收获面积（khm²）	单产（kg/hm²）	总产量（kt）
世界总计	**91 611**	**2 253**	**206 410**	**26 376**	**1 367**	**36 057**
埃 及	6	2 993	18	59	3 237	191
南 非	115	1 805	208	96	1 042	100
加拿大	1 205	2 424	2 920			
美 国	29 943	2 864	85 741	562	3 393	1 906
巴 西	21 475	2 291	49 205	98	2 255	221
中 国	10 580	1 678	17 750	5 125	2 746	14 075
印 度	7 550	927	7 000	8 000	938	7 500
日 本	150	1 867	280	9.5	2 309	22
韩 国	80	1 306	105	4	2 206	9
法 国	60	2 533	152			
德 国	0.7	1 429	1			
意大利	146	3 347	487			
俄罗斯	430	1 047	450			
英 国						
澳大利亚	33	2 242	74	25	1 600	40

（续）

国家或地区	芝麻			油菜籽			向日葵		
	收获面积（khm^2）	单产（kg/hm^2）	总产量（kt）	收获面积（khm^2）	单产（kg/hm^2）	总产量（kt）	收获面积（khm^2）	单产（kg/hm^2）	总产量（kt）
世界总计	**6 666**	**489**	**3 257**	**26 230**	**1 664**	**43 654**	**21 394**	**1 225**	**26 208**
埃及	30.5	1 213	37				16	2 259	35
南非							630	1 127	710
加拿大				4 939	1 418	7 001	75	1 467	110
美国				341	1 677	572	720	1 508	1 086
巴西	24.5	633	15.5	34	1 677	57	126	1 587	200
中国	651	999	651	7 500	1 587	11 900	1 170	1 607	1 880
印度	1 850	368	680	6 750	1 007	6 800	2 070	604	1 250
日本				0.3	2 167	0.65			
韩国	35	342	12	0.6	1 333	0.80			
法国				1 117	3 546	3 961	616	2 364	1 456
德国				1 279	2 929	5 250	55	2 000	110
意大利	0.17	10 000	1.7	4	1 500	6	127	2 228	283
俄罗斯				150	967	145	4 500	956	4 300
英国				557	2 894	1 612			
澳大利亚				1 114	1 391	1 549	46	1 261	58

表 12　部分国家（地区）籽棉、黄麻收获面积、单产、总产量（2004 年）

国家或地区	籽棉			黄麻		
	收获面积（khm^2）	单产（kg/hm^2）	总产量（kt）	收获面积（khm^2）	单产（kg/hm^2）	总产量（kt）
世界总计	**34 925**	**1 929**	**67 375**	**1 369**	**2 026**	**2 774**
埃及	270	2 778	750	0.95	2 316	2.2
南非	45	1 556	70			
孟加拉国	20	2 250	45	437	1 831	800
美国	5 351	2 315	12 388			
巴西	1 154	3 140	3 623	1.4	1 543	2
中国	5 700	3 158	18 000	36	1 889	68
印度	8 700	828	7 200	820	2 182	1 789
缅甸	290	621	180	50	1 000	50
巴基斯坦	3 100	1 936	6 000	0.02	1 100	0.022
泰国	33	1 390	46.3	3.4	1 471	5
土库曼斯坦	550	4 000	2 200			
土耳其	725	3 545	2 570			
塔吉克斯坦	290	1 879	545			
伊朗	160	1 938	310			
澳大利亚	307	3 853	1 183			

表 13　部分国家（地区）烟叶、茶叶收获面积、单产、总产量（2004 年）

国家或地区	烟叶			茶叶		
	收获面积（khm^2）	单产（kg/hm^2）	总产量（kt）	收获面积（khm^2）	单产（kg/hm^2）	总产量（kt）
世界总计	**4 028**	**1 635**	**6 588**	**2 461**	**1 299**	**3 197**
印度尼西亚	156	865	135	116	1 367	159
南　非	14	2 029	28	7	1 940	13
加拿大	17	2 824	48			
美　国	166	2 417	401			
巴　西	470	1 977	928	4	2 209	8.6
中　国	1 352	1 779	2 405	943	871	821
印　度	435	1 368	595	445	1 899	845
日　本	22	2 262	50	47	2 021	95
韩　国	21	2 264	48	1.4	1 062	1.5
法　国	9	2 822	25			
德　国	5	2 400	12			
意大利	37	2 816	103			
土耳其	193	787	152	76.7	1 708	131
伊　朗	20	1 050	21	30	1 667	50
巴基斯坦	47	1 789	84			

表 14　部分国家（地区）甘蔗、甜菜收获面积、单产、总产量（2004 年）

国家或地区	甘蔗			甜菜		
	收获面积（khm^2）	单产（kg/hm^2）	总产量（kt）	收获面积（khm^2）	单产（kg/hm^2）	总产量（kt）
世界总计	**20 115**	**65 532**	**1 318 178**	**5 844**	**40 704**	**237 858**
埃　及	135	121 000	16 335	65	44 008	2 861
南　非	305	63 252	192 918			
加拿大				12	56 667	680
美　国	389	70 670	275 013	537	50 319	27 002
巴　西	5 455	75 344	411 010			
中　国	1 316	70 821	93 200	300	21 000	6 300
印　度	4 100	59 707	244 800			
日　本	24	56 250	1 350	68	56 868	3 867
韩　国						
法　国				384	76 612	29 419
德　国				450	56 637	25 487
意大利				217	46 083	10 000
俄罗斯				863	21 428	18 500
英　国				154	49 351	7 600
澳大利亚	415	88 896	36 892			

表 15 部分国家（地区）蔬菜、水果和坚果产量（2004 年） 单位：kt

国家或地区	蔬菜和瓜类	水　果	坚　果
世界总计	**855 074**	**497 437**	**8 437**
埃　及	14 873	7 466	34
南　非	2 186	5 462	12
加拿大	2 430	672	
美　国	38 925	29 965	1 353
巴　西	7 643	35 862	256
中　国	423 335	78 228	1 231
印　度	80 261	46 971	491
日　本	11 798	3 778	25
韩　国	11 020	2 440	86
法　国	8 496	11 490	52
德　国	3 603	4 607	17
意大利	14 980	17 090	247
俄罗斯	15 680	3 702	52
英　国	2 726	248	
澳大利亚	1 814	3 558	49

表 16 部分国家（地区）甘蓝、番茄收获面积、单产、总产量（2004 年）

国家或地区	甘　蓝			番　茄		
	收获面积（khm^2）	单产（kg/hm^2）	总产量（kt）	收获面积（khm^2）	单产（kg/hm^2）	总产量（kt）
世界总计	**3 242**	**21 094**	**68 390**	**4 398**	**26 365**	**115 951**
埃　及	19	29 474	560	191	35 497	6 780
南　非	6	29 333	176	15	30 667	460
加拿大	10	19 134	186	9	81 772	734
美　国	105	23 227	2 450	176	70 455	12 400
巴　西				57	59 101	3 395
中　国	1 669	19 528	32 601	1 255	24 016	30 142
印　度	280	21 429	6 000	540	14 074	7 600
日　本	54	42 593	2 300	12.5	59 200	740
韩　国	50	56 000	2 800	4	65 802	270
法　国	11	20 952	220	7	131 539	855
德　国	16	46 875	750	0.33	145 455	48
意大利	24	18 750	450	130	50 000	6 500
俄罗斯	178	25 281	4 500	155	13 484	2 090
英　国	11	21 422	234	0.45	177 778	80
澳大利亚	2	40 000	80	9	42 867	364

表17 部分国家（地区）茄子、青辣椒和青胡椒收获面积、单产、总产量（2004年）

国家或地区	茄子			青辣椒和青胡椒		
	收获面积（khm^2）	单产（kg/hm^2）	总产量（kt）	收获面积（khm^2）	单产（kg/hm^2）	总产量（kt）
世界总计	**1 707**	**17 515**	**29 904**	**1 646**	**14 379**	**23 667**
埃　及	36	19 722	710	26	15 000	390
墨西哥	2	28 000	56	141	13 175	1 854
加拿大				2	18 268	37
美　国	2	29 048	61	32	26 507	845
荷　兰	0.1	390 000	39	1.2	262 500	315
中　国	902	18 334	16 529	603	19 964	12 028
印　度	510	16 078	8 200	5.5	9 182	51
日　本	12	34 783	400	4	37 500	150
韩　国	0.3	16 667	5	65	5 231	340
法　国	0.5	40 000	20	0.7	38 571	27
印度尼西亚	44	6 778	301	160	3 563	570
意大利	13	30 078	385	14	25 714	360
以色列	0.65	72 308	47	2	55 000	110
英　国				0.06	216 667	13
澳大利亚				2.5	16 423	41

表18 部分国家（地区）西葫芦和南瓜、黄瓜收获面积、单产、总产量（2004年）

国家或地区	西葫芦和南瓜			黄瓜		
	收获面积（khm^2）	单产（kg/hm^2）	总产量（kt）	收获面积（khm^2）	单产（kg/hm^2）	总产量（kt）
世界总计	**1 468**	**12 950**	**19 016**	**2 395**	**16 780**	**40 190**
埃　及	39	18 112	710	31	20 323	630
南　非	18	18 889	340	1	13 636	15
加拿大	5	13 285	69	4	40 770	156
美　国	35	21 137	740	72	14 541	1 047
墨西哥	39	14 359	560	16	27 188	435
中　国	304	18 696	5 674	1 503	17 006	25 558
印　度	360	9 722	3 500	18	6 667	120
日　本	16	14 375	230	14.5	48 276	700
韩　国	8.8	30 921	272	6.5	67 692	440
法　国	5	41 177	210	0.9	153 333	138
德　国				3.5	65 714	230
意大利	16	28 750	460	2	32 500	65
俄罗斯				60	11 917	715
英　国				0.2	315 000	63
澳大利亚	6.6	14 160	93	1	15 455	17

表 19　部分国家（地区）干洋葱、大蒜收获面积、单产、总产量（2004 年）

国家或地区	干洋葱			大蒜		
	收获面积（khm^2）	单产（kg/hm^2）	总产量（kt）	收获面积（khm^2）	单产（kg/hm^2）	总产量（kt）
世界总计	**3 069**	**17 459**	**53 591**	**1 137**	**12 355**	**14 048**
埃　及	23	27 391	630	9	23 226	216
南　非	19	17 632	335			
加拿大	6	30 224	184			
美　国	65	49 005	3 163	14	19 992	283
巴　西	58	19 621	1 133	11	8 044	90
中　国	851	21 203	18 035	637	16 600	10 578
印　度	530	10 377	5 500	120	4 167	500
日　本	24	50 000	1 200			
韩　国	12	60 331	745	33	11 432	379
法　国	10	37 000	370	4	7 000	28
德　国	7.5	37 333	280			
意大利	14	25 000	350	3	8 333	25
俄罗斯	117	13 889	1 625	30	7 333	220
英　国	9	43 678	380			
澳大利亚	5	43 437	229			

表 20　部分国家（地区）西瓜、胡萝卜收获面积、单产、总产量（2004 年）

国家或地区	西瓜			胡萝卜		
	收获面积（khm^2）	单产（kg/hm^2）	总产量（kt）	收获面积（khm^2）	单产（kg/hm^2）	总产量（kt）
世界总计	**3 461**	**27 010**	**93 481**	**1 077**	**21 921**	**23 607**
埃　及	60	26 667	1 600	4	28 101	111
南　非	4.5	10 299	46	4.5	24 444	110
加拿大	0.18	14 444	2.6	9.3	31 633	293
美　国	61	28 689	1 750	44	42 940	1 900
巴　西	74	8 378	620			
中　国	2 016	33 887	68 300	453	18 326	8 293
印　度	20	12 750	255	24	14 583	350
日　本	16	30 648	487	21	31 429	660
韩　国	23	33 044	760	3.3	37 268	124
法　国	0.2	35 000	7	11.5	40 843	469
德　国				9	46 154	420
意大利	15	33 333	500	13	44 615	580
俄罗斯	153	2 941	450	90	20 278	1 825
英　国				8.8	73 864	650
澳大利亚	4	25 595	111	7.4	41 492	306

表 21 部分国家（地区）樱桃、葡萄收获面积、单产、总产量（2004 年）

国家或地区	樱桃			葡萄		
	收获面积（khm^2）	单产（kg/hm^2）	总产量（kt）	收获面积（khm^2）	单产（kg/hm^2）	总产量（kt）
世界总计	**375**	**5 055**	**1 897**	**7 674**	**8 533**	**65 486**
埃 及				65	16 985	1 104
南 非	0.26	3 640	0.95	121	13 245	1 600
加拿大	1	7 394	8	9	6 174	58
美 国	29	7 586	220	380	14 498	5 509
巴 西				70	18 180	1 280
中 国	4	3 750	15	423	12 628	5 343
印 度	1.7	4 706	8	60	20 000	1 200
日 本	4	4 837	19	19	11 458	220
韩 国				23.5	15 319	360
法 国	12	4 689	57	900	8 667	7 800
德 国	33	3 636	120	99	15 025	1 480
意大利	29	3 472	100	850	9 882	8 400
俄罗斯	27	3 519	95	57	6 404	365
英 国	0.38	2 632	1	0.75	1 600	1.2
澳大利亚	1.7	5 733	9.5	150	12 000	1 800

表 22 部分国家（地区）橙、芒果等产量（2004 年） 单位：kt

国家或地区	橙	柑 橘	柠檬、酸橙	芒 果	菠 萝	香 蕉
世界总计	**63 040**	**108 095**	**12 126**	**26 286**	**15 287**	**70 629**
埃 及	1 750	2 562	300	327		880
南 非	1 160	1 850	210	49	168	280
墨西哥	3 970	6 475	1 825	1 503	721	2 027
美 国	11 730	14 908	732	2.8	270	10
巴 西	18 263	20 543	950	845	1 436	6 593
中 国	1 893	14 482	618	3 622	1 475	6 220
印 度	3 070	4 720	1 420	10 800	1 300	16 820
日 本	90	1 470			13	0.5
韩 国		621			1.1	
泰 国	340	1 116	80	1 750	1 700	1 800
印度尼西亚	1 600	1 600		800	700	4 400
马来西亚	12	30	4	19.6	320	500
法 国	0.6	24.5	0.6			
意大利	1 800	2 950	550			0.4
澳大利亚	490	625	34	39	105	265

表 23　部分国家（地区）苹果、草莓等产量（2004 年）　　单位：kt

国家或地区	苹　果	梨	桃、油桃	草　莓	栗　子	核　桃
世界总计	**61 919**	**18 098**	**15 409**	**3 491**	**1 122**	**1 472**
埃　及	490	42	260	68		27
南　非	763	374	222	6		
加拿大	370	14.4	30	24.6		
美　国	4 571	810	1 390	1 004		295
巴　西	978	22	216	2.75		2
中　国	22 163	10 345	5 832	12	805	415
印　度	1 470	200	150			34
日　本	881	393	152	205	24	
韩　国	350	300	189	210	60	0.92
法　国	2 217	262	387	52	12.7	26
德　国	1 592	398	13.3	119		17
意大利	2 069	833	1 673	168	50	15
俄罗斯	2 030	95	50	215	18	13.5
英　国	125	30		42		
澳大利亚	300	150	115	23		0.085

表 24　部分国家（地区）天然橡胶产量（2001—2004 年）　　单位：kt

国家或地区	2001 年	2002 年	2003 年	2004 年
世界总计	**7 195**	**7 959**	**8 283**	**9 693**
泰　国	2 424	2 456	2 506	3 030
印度尼西亚	1 607	2 186	2 203	2 766
印　度	630	650	711	762
中　国	477	527	565	600
越　南	313	373	384	400
尼日利亚	108	112	142	142
科特迪瓦	128	123	130	137
利比里亚	107	109	110	115
巴　西	88	96	96	97
菲律宾	86	87	88	96
喀麦隆	53	52	46	46
斯里兰卡	86	91	92	92
马来西亚	882	890	986	1 190
柬埔寨	39	32	46	46
缅　甸	36	37	40	36

表 25 部分国家（地区）生咖啡、可可豆收获面积、单产、总产量（2004 年）

国家或地区	生咖啡			可可豆		
	收获面积 (khm²)	单产 (kg/hm²)	总产量 (kt)	收获面积 (khm²)	单产 (kg/hm²)	总产量 (kt)
世界总计	**10 217**	**760**	**7 761**	**7 076**	**510**	**3 607**
尼日利亚	3.9	907	3.5	1 062	345	366
墨西哥	744	418	311	83	582	48.4
利比里亚	16	200	3.2	10	150	1.5
美国	2.4	1 370	3.2			
巴西	2 383	1 039	2 476	592	286	169
中国	16	1 563	25			
印度	328	838	275	18	444	8
越南	492	1 697	835			
印度尼西亚	1 002	701	702	500	860	430
泰国	66.5	902	60	0.8	500	0.4
缅甸	6	500	3			
马来西亚	52	754	39	41	815	33.4
菲律宾	131	768	101	10.8	523	5.7
古巴	62	208	13	6.7	239	1.6
加纳	8	225	1.8	1 500	491	736

表 26 我国台湾省主要农产品产量（2001—2003 年）

单位：万 t

年份	稻谷	槟榔	菠萝	芒果	甘蔗	茶叶	花生	香蕉
2001	139.6	16.5	38.9	21.3	218.0	2.0	5.6	20.5
2002	146.1	16.2	41.6	21.3	197.3	2.0	7.7	22.7
2003	133.8	16.0	44.8	22.1	169.6	2.1	7.3	22.3

表 27 部分国家（地区）牲畜、禽类的存栏数（2004 年）

国家或地区	牛（千头）	绵羊（千头）	猪（千头）	鸡（千只）	鸭（千只）	火鸡（千只）
世界总计	**1 339 296**	**1 058 601**	**947 801**	**16 351 860**	**1 056 023**	**277 424**
埃及	3 900	5 110	30.5	95 000	9 200	1 850
乌克兰	7 712	893	7 322	121 200	20 000	1 200
加拿大	14 660	1 005	14 623	160 000	1 150	6 000
美国	94 882	6 090	60 389	1 970 000	6 900	88 000
墨西哥	31 477	6 820	14 625	425 000	8 100	4 806
中国	106 540	155 731	472 896	4 214 748	710 361	186
印度	185 500	62 500	14 300	425 000	33 000	
日本	4 478	11	9 724	286 000		3
法国	19 320	9 151	15 004	200 000	24 000	35 000
德国	13 386	2 170	26 495	110 000	2 300	9 000
荷兰	3 767	1 236	11 097	100 000	706	1 112
俄罗斯	24 935	14 669	15 980	328 501	573	2 500
英国	10 504	35 500	5 038	170 000	3 000	8 000
澳大利亚	26 420	94 500	2 658	90 000	540	1 400

表 28 世界主要养蜂国家蜂群数（2003—2004 年） 单位：万群

国家或地区	2003 年	2004 年	2004 年比上年增减（%）
世界总计	**5 924**	**6 168**	**3.96**
中国	710	720	1.39
土耳其	429	500	14.20
俄罗斯	344	341	−0.88
伊朗	340	340	
埃塞俄比亚	333	423	21.28
坦桑尼亚	265	270	1.85
美国	259	259	
肯尼亚	249	249	
西班牙	190	225	15.56
墨西哥	180	180	
韩国	177	187	5.35
埃及	159	159	
中非共和国	138	138	
波兰	130	130	
希腊	130	130	
法国	115	115	
安哥拉	110	110	
德国	93	93	
意大利	90	90	
巴西	83	83	

表 29 部分国家（地区）肉牛、绵羊、猪屠宰头数、每头胴体重和肉产量（2004 年）

国家或地区	肉牛			绵羊			猪		
	屠宰头数（千头）	胴体重（kg）	肉产量（kt）	屠宰头数（千头）	胴体重（kg）	肉产量（kt）	屠宰头数（千头）	胴体重（kg）	肉产量（kt）
世界总计	**294 110**	**201**	**59 153**	**885 021**	**14.2**	**12 596**	**1 284 516**	**78.5**	**100 889**
埃及	1 620	184	298	3 400	22.4	76	74	43.1	3.2
加拿大	4 300	340	1 460	750	21.5	16	23 000	83.9	1 930
美国	33 760	334	11 261	2 906	31	90	103 573	89.9	9 312
墨西哥	7 480	206	1 543	4 714	17.8	84	13 867	76.3	1 058
中国	48 575	134	6 494	288 626	13.7	3 953	627 723	76.9	48 267
印度	14 400	103	1 483	67 400	10.6	714	14 200	35	497
日本	1 265	406	513	6.5	26.5	0.17	16 578	76.6	1 270
巴西	36 500	213	7 774	7 303	16	117	38 400	81	3 110
法国	5 555	286	1 590	7 622	17.2	131	25 485	91	2 320
德国	4 141	304	1 258	2 265	23.1	52	46 904	92.2	4 323
俄罗斯	11 560	165	1 907	7 515	18.7	141	19 950	83	1 656
意大利	4 320	264	1 142	6 700	9	60	13 250	122.1	1 618
英国	2 300	304	700	14 800	20.9	310	9 200	73.4	675
澳大利亚	8 779	232	2 033	27 533	20.9	575	5 591	72.6	406
南非	2 561	244	625	10 567	13.7	144	1 927	69.8	134
荷兰	1 852	206	381	700	23.5	16	13 855	92.9	1 287

表 30 部分国家（地区）肉鸡、鸭、火鸡屠宰只数、每只胴体重和肉产量（2004 年）

国家或地区	肉鸡			肉鸭			火鸡		
	屠宰只数（千只）	胴体重（kg）	肉产量（kt）	屠宰只数（千只）	胴体重（kg）	肉产量（kt）	屠宰只数（千只）	胴体重（kg）	肉产量（kt）
世界总计	**46 964 595**	**1.44**	**67 775**	**2 325 676**	**1.45**	**3 361**	**687 834**	**7.60**	**5 225**
埃及	373 000	1.5	560	15 050	2.60	39	2 100	5.00	10.5
乌克兰	181 000	1.63	295						
加拿大	613 251	1.58	970	3 600	2.06	7.4	19 515	7.43	145
美国	8 950 000	1.73	15 513	24 800	2.12	52.5	256 500	9.52	2 442
墨西哥	1 277 030	1.74	2 225	8 100	2.50	20	8 255	3.30	27.2
中国	7 167 200	1.38	9 881	1 736 860	1.30	2 260	350	11.43	4
印度	1 750 000	0.94	1 650	50 000	1.30	65			
日本	629 968	1.96	1 238				5	3.00	0.015
法国	810 500	1.36	1 105	80 700	2.95	238	95 400	6.55	624
德国	510 000	1.19	609	21 500	2.07	44.5	44 000	8.64	380
荷兰	400 000	1.50	600	7 000	2.00	14	10 000	4.00	40
俄罗斯	782 000	1.32	1 030						
英国	805 000	1.54	1 242	19 500	2.23	43.5	23 000	10.00	230
澳大利亚	420 054	1.62	681	4 500	2.00	9	7 400	3.50	25.9
巴西	5 260 000	1.65	8 668	5 700	1.30	7.4	34 300	6.41	220

表 31 部分国家（地区）肉类产量（2003—2004 年） 单位：kt

国家或地区	2003 年	2004 年	2004 年比上年增减（%）
世界总计	**253 536**	**259 368**	**2.25**
埃及	1 377	1 391	1.00
南非	1 828	1 821	−0.38
加拿大	4 219	4 548	7.23
美国	38 911	38 891	−0.05
巴西	18 389	19 919	7.68
中国	71 184	74 432	4.36
印度	5 941	6 032	1.51
日本	3 019	3 031	0.40
韩国	1 770	1 717	−3.09
法国	6 408	6 313	−1.50
德国	6 602	6 798	2.88
意大利	4 049	4 132	2.01
俄罗斯	4 945	4 822	−2.55
英国	3 272	3 212	−1.87
澳大利亚	3 850	3 751	−2.64

表 32 部分国家（地区）牛奶产量（2003—2004 年） 单位：kt

国家或地区	2003 年	2004 年	2004 年比上年增减（%）
世界总计	**516 560**	**515 840**	**—0.14**
埃　及	2 600	2 600	
南　非	2 920	2 550	—12.67
加拿大	7 880	8 000	1.52
美　国	77 250	77 570	0.41
巴　西	23 320	23 320	
中　国	17 463	22 606	29.45
印　度	38 300	37 800	—1.31
日　本	8 400	8 350	—0.60
韩　国	90	90	
法　国	24 610	24 200	—1.67
德　国	28 350	28 000	—1.23
意大利	11 000	11 790	7.18
俄罗斯	33 000	30 850	—6.52
英　国	15 060	14 600	—3.05
澳大利亚	10 650	10 380	—2.54

表 33 部分国家（地区）黄油、奶酪、奶油产量（2004 年） 单位：kt

国家或地区	黄　油	奶　酪	奶　油
世界总计	**8 304.8**	**18 115.2**	
埃　及	116	661	
南　非	12.5	41.7	
加拿大	88.4	366.4	
美　国	552	4 361	
巴　西	80	39	
中　国	92.3	240.4	
印　度	2 705		
日　本	80	124.6	
韩　国	54.3		
法　国	420	1 852	
德　国	444	2 047	
意大利	125	1 315	
俄罗斯	271	522	
英　国	160	370	
澳大利亚	130	364	

表 34 部分国家（地区）鸡蛋产量（2003—2004 年） 单位：kt

国家或地区	2003 年	2004 年	2004 年比上年增减（%）
世界总计	**56 755**	**58 205**	**2.49**
埃 及	240	240	
南 非	328	340	3.53
加拿大	393	377	−4.24
美 国	5 183	5 288	1.99
巴 西	1 550	1 560	0.64
中 国	22 509	24 326	7.47
印 度	2 371	1 890	−25.45
日 本	2 525	2 472	−2.14
韩 国	535	500	−7.00
法 国	996	1 010	1.39
德 国	814	798	−2.01
意大利	708	693	−2.16
俄罗斯	2 040	1 993	−2.36
英 国	704	700	−0.57
澳大利亚	152	155	1.94

表 35 部分国家（地区）蜂蜜产量（2003—2004 年） 单位：t

国家或地区	2003 年	2004 年	2004 年比上年增减（%）
世界总计	**1 338 724**	**1 345 672**	**0.52**
中 国	294 721	306 000	3.69
埃塞俄比亚	37 800	38 100	0.79
安哥拉	23 000	23 000	
中非共和国	13 000	13 000	
澳大利亚	16 000	16 000	
巴 西	24 000	24 500	2.04
波 兰	11 620	11 000	−5.64
德 国	23 691	16 000	−48.07
俄罗斯	48 048	52 000	7.60
法 国	15 000	15 000	
韩 国	26 000	26 000	
加拿大	34 602	32 755	−5.64
肯尼亚	22 000	21 500	−2.33
罗马尼亚	17 409	14 500	−20.06
美 国	82 144	82 000	−0.18
墨西哥	57 045	56 808	−0.42
坦桑尼亚	26 500	27 000	1.85
土耳其	69 540	69 540	

（续）

国家或地区	2003 年	2004 年	2004 年比上年增减（%）
乌克兰	53 550	54 000	0.83
乌拉圭	9 958	13 200	24.56
西班牙	35 279	36 695	3.86
希　腊	15 146	15 000	−0.97
匈牙利	21 000	16 000	
伊　朗	29 000	29 000	
意大利	7 000	8 000	12.50
印　度	52 000	52 000	
越　南	12 758	10 701	−19.22
智　利	15 000	16 000	6.25

表 36　部分国家（地区）羊毛产量（2003—2004 年）　　单位：kt

国家或地区	2003 年	2004 年	2004 年比上年增减（%）
世界总计	**2 198**	**2 159**	**−1.81**
埃　及	7.6	7.6	
南　非	44.2	44.2	
加拿大	1.5	1.5	
美　国	17.3	18	3.89
巴　西	11.4	11.4	
中　国	338	325	−4.00
印　度	51.4	51.4	
蒙　古	19.2	19.2	
新西兰	230	230	
法　国	22	22	
德　国	15	15	
意大利	10.5	11	4.55
俄罗斯	43.4	45	3.56
英　国	60	60	
澳大利亚	545	528	−3.22

表 37　部分国家（地区）人均每天食物热值、蛋白质和脂肪含量（2003 年）

国家或地区	食物热值（J）	蛋白质（g）	脂肪含量（g）
世界平均	**11 746.8**	**75.7**	**79.6**
埃　及	14 034.8	94.0	59.5
南　非	12 387.9	77.4	77.6
加拿大	15 075.7	104.8	148.4
美　国	15 698.0	114.7	155.2
巴　西	13 155.3	85.3	95.4
中　国	12 295.9	81.8	96.3

（续）

国家或地区	食物热值(J)	蛋白质(g)	脂肪含量(g)
印度	10 340.0	58.8	53.3
日本	11 574.9	91.5	86.2
韩国	12 693.2	89.6	83.1
法国	15 152.2	117.2	168.3
德国	14 569.7	100.3	141.9
意大利	15 368.0	113.5	156.1
俄罗斯	13 039.1	92.0	85.7
英国	14 426.6	105.5	134.7
澳大利亚	13 108.9	111.3	132.3
荷兰	14 615.7	105.0	139.6
丹麦	14 521.2	108.9	138.5
墨西哥	13 259.9	90.5	89.1
瑞典	13 416.7	108.2	126.6
匈牙利	14 854.5	95.6	151.8

资料来源：表中数据出自 2006 年 3 月联合国粮农组织数据库。

表 38 我国农业主要产品产量居世界位次（1949—2004 年）

项目	1949 年	2002 年	2003 年	2004 年
谷物		1	1	1
肉类	3	1	1	1
棉花	4	1	1	1
大豆	2	4	3	3
花生	2	1	1	1
油菜籽	2	1	1	1
甘蔗		3	3	3
茶叶	3	2	2	1
水果		1	1	1

表 39 我国天然橡胶生产在世界主要产胶国中的地位（2002 年）

国家或地区	植胶面积（万 hm^2）		名次	干胶产量（万 t）	名次	单产水平（kg/hm^2）
	总面积	投产面积				
印度尼西亚	320	250	1	160	2	639
泰国	196	156.3	2	235.7	1	1 507.5
马来西亚	143	125	3	53.5	4	427.5
中国	63.13	42.8	4	52.6	5	1 230
印度	56.30	39	5	63.04	3	1 615.5
越南	31.50	17	6	30.0	6	718.5
巴西	18.00	7.7	7	7.4	10	960.0
斯里兰卡	15.80	13.11	8	8.7	9	552.0
利比里亚	11.00	8.58	9	10.5	8	963.0
科特迪瓦	10.00	6.70	10	11.8	7	1 612.5
菲律宾	9.15	7.81	11	7.33	11	937.5

表 40　世界主要农畜产品最大生产国（2004 年）

农畜产品	第一位国家	产量（kt）	第二位国家	产量（kt）	第三位国家	产量（kt）
谷物	中国	413 568	美国	389 069	印度	233 360
小麦	中国	91 330	印度	72 060	美国	58 738
稻谷	中国	186 730	印度	124 400	印度尼西亚	54 060
玉米	美国	298 233	中国	131 860	巴西	41 864
谷子	印度	9 400	尼日利亚	6 282	尼日尔	2 500
高粱	美国	11 555	尼日利亚	8 028	印度	7 530
马铃薯	中国	70 048	俄罗斯	35 914	印度	25 000
甘薯	中国	105 197	乌干达	2 650	尼日利亚	2 516
木薯	尼日利亚	38 179	巴西	24 039	印度尼西亚	19 264
大豆	美国	85 741	巴西	49 205	中国	17 750
甘蔗	巴西	411 010	印度	244 800	中国	93 200
甜菜	法国	29 419	美国	27 002	德国	25 487
可可豆	科特迪瓦	1 331	加纳	736	印度尼西亚	430
茶叶	印度	845	中国	821	斯里兰卡	303
烟叶	中国	2 405	巴西	928	印度	595
籽棉	中国	18 000	美国	12 388	印度	7 200
肉类	中国	74 432	美国	38 891	巴西	19 919
鸡蛋	中国	24 326	美国	5 288	日本	2 472
奶类	印度	92 000	美国	77 470	俄罗斯	32 156
鸡肉	美国	15 513	中国	9 881	巴西	8 668

表 41　部分国家（地区）国内生产总值和人均国民总收入（2002—2003 年）

国家或地区	国内生产总值（亿美元）		人均国民总收入（美元）	
	2002 年	2003 年	2002 年	2003 年
世界总计	**322 527**	**363 562**	**5 080**	**5 500**
埃　及	898	824	1 470	1 390
南　非	1 042	1 599	2 600	2 780
加拿大	7 157	8 344	22 300	23 930
美　国	104 168	108 816	35 060	37 610
巴　西	4 524	4 923	2 850	2 710
中　国①	12 371	14 099	940	1 100
印　度	5 150	5 990	480	530
日　本	39 788	43 264	33 550	34 510
韩　国	4 767	6 053	9 930	12 020
法　国②	14 096	17 480	22 010	24 770
德　国	19 762	24 007	22 670	25 250
意大利	11 809	14 659	18 960	21 560
俄罗斯	3 465	4 335	2 140	2 610
英　国	15 524	17 949	25 250	28 350
澳大利亚	4 106	5 184	19 740	21 650

注：①世界银行统计数据；②包括法属圭亚那、瓜德罗普、马提尼克和留尼汪。

资料来源：世界银行数据库。

表 42 部分国家（地区）国内生产总值的产业构成（2001—2002 年）

单位：%

国家或地区	第一产业（农业）		第二产业（工业）		第三产业（服务业）	
	2001 年	2002 年	2001 年	2002 年	2001 年	2002 年
世界总计	**3.8**		**28.6**		**67.7**	
埃　及	16.8	16.8	33.1	33.0	50.1	50.2
南　非	3.5	3.8	31.5	32.1	65.0	64.2
巴　西	6.1	6.1	22.3	21.0	71.6	72.9
中　国	15.8	15.3	50.1	50.4	86.5	87.1
印　度	25.0	22.7	25.9	26.6	49.4	50.7
日　本	1.4		30.6		68.1	
韩　国	4.3	4.0	42.0	40.9	53.7	55.1
法　国	2.8	2.7	25.5	24.9	71.7	72.4
德　国	1.3	1.2	30.1	29.6	68.6	69.2
意大利	2.8	2.7	29.0	28.5	68.2	68.7
美　国	1.6		23.1		75.3	
加拿大						
英　国	1.0	1.0	27.6	26.4	71.5	72.6
俄罗斯	6.5	5.8	35.6	33.8	57.9	60.5
澳大利亚	3.8		25.6		70.6	

资料来源：数据来源于 2004 年版《国际统计年鉴》。

表 43 香港特别行政区工业生产指数（2001—2004 年）（2000 年＝100）

工业组别/组别内选定工业	2001 年	2002 年	2003 年	2004 年
所有制造行业	95.6	86.2	78.3	80.6
食品、饮品及烟草制品业	98.4	106.4	94.1	99.4
服装制品业（鞋类除外）	99.9	93.3	95.1	94.7
纺织制品业（包括针织）	99.7	92.5	82.6	79.1
纸品及印刷业	98.8	98.6	98.2	95.9
化学产品、橡胶制品、塑橡制品及非金属矿产制品业	92.2	76.3	77.3	76.0
塑橡制品业	84.8	75.7	69.6	68.1
基本金属及金属制品业	84.6	64.5	60.3	65.4
金属制品业（机械及设备除外）	89.8	63.4	48.3	49.9
电器及电子制品、机械、专业设备及光学用品制造业	92.1	71.7	56.4	63.0
电器及电子制品制造业	100.0	76.4	65.9	61.2
机械、设备、仪器及零件制造业	91.5	76.1	58.9	68.4
其他产品制造行业	94.9	98.5	91.8	95.9

表 44　我国台湾省工业生产指数（2001—2004 年）　（2001 年＝100）

年　份	总指数	矿业	制造业	电、煤气、水	建筑业
2001	100.00	100.00	100.00	100.00	100.00
2002	107.92	108.28	109.39	103.31	79.34
2003	115.58	100.24	117.46	107.20	86.38
2004	126.96	95.81	129.85	110.36	90.64

表 45　我国台湾省农产品加工业主要产品产量（2000—2004 年）

年　份	食　品（万 t）	饮　料（万 L）	饲　料（万 t）	各种成衣（万打）	纸　板（万 t）	人造纤维（万 t）	轮　胎（万条）
2000	39.4	43 689.7	539.5	2 760.5	323.4	330.8	1 775.8
2001	37.1	44 224.1	545.6	2 188.5	259.1	314.9	1 679.0
2002	38.4	43 499.8	523.3	1 858.1	323.5	335.8	1 932.6
2003	37.4	44 741.7	510.8	1 597.8	340.4	333.3	2 261.9
2004	36.8	39 974.5	482.9	1 473.1	355.5	334.2	2 399.3

表 46　美国农产品加工业主要经济指标（1999 年）

按国际标准产业分类（第三版分类）	雇员数（千人）	工业总产值（百万美元）	工业增加值（百万美元）	固定资本形成（百万美元）
制造业合计	**26 728**	**6 165 844**	**3 064 163**	**235 041**
肉类、鱼类、水果蔬菜、油类等	668	177 561	58 907	4 622
乳制品	131	62 327	18 999	1 478
谷物、淀粉及制品牲畜精饲料	106	57 112	24 281	2 114
其他食品	587	131 980	75 680	4 999
饮料	136	63 517	30 597	2 346
烟草制品	28	45 321	38 059	310
纺织品	271	41 555	16 768	1 611
服装	494	55 228	27 048	773
皮革制品	40	5 898	2 682	101
木材制品	340	50 000	22 089	1 662
纸及纸制品	553	155 575	73 790	6 986
印刷	838	102 404	62 428	4 834
橡胶制品	21	35 524	19 163	1 629

资料来源：表中数据出自联合国工发组织编制的《国际工业统计年鉴》2003 年版。

表 47　日本农产品加工业主要经济指标（2001 年）

按国际标准产业分类（第三版分类）	机构数（家）	雇员数（千人）	工业总产值（10 亿日元）	工业增加值（10 亿日元）	固定资本形成*（10 亿日元）
制造业合计	**316 207**	**8 477**	**286 609**	**103 268**	**11 301**
肉类、鱼类、水果蔬菜、油类等	12 610	320	7 235	2 267	132

（续）

按国际标准产业分类（第三版分类）	机构数（家）	雇员数（千人）	工业总产值（10亿日元）	工业增加值（10亿日元）	固定资本形成*（10亿日元）
乳制品	728	40	2 248	705	89
谷物、淀粉及制品牲畜精饲料	1 649	31	2 340	538	37
其他食品	24 502	747	13 092	5 880	364
饮料	3 054	74	6 560	2 399	229
烟草制品	31	6	2 951	613	40
纺织品	7 356	115	1 785	811	43
服装	10 868	189	1 372	713	11
毛皮制品	57	1	11	5	
皮革制品	1 926	21	384	150	7
木材制品	10 989	121	2 262	908	36
纸及纸制品	8 998	225	7 554	2 870	355
印刷	20 697	373	7 757	3 574	194
橡胶制品	3 114	109	2 742	1 283	131

资料来源：表中数据来自联合国工发组织编制的《国际工业统计年鉴》2004 年版。

* 为 2000 年数据。

表 48　德国农产品加工业主要经济指标（2000 年）

按国际标准产业分类（第三版分类）	机构数（家）	雇员数（千人）	工业总产值（百万欧元）	工业增加值（百万欧元）	固定资本形成（百万欧元）
制造业合计	**232 954**	**7 520**	**1 301 702**	**414 051**	**57 400**
肉类、鱼类、水果、蔬菜、油类等	19 308	268.7	38 521	8 041	1 145
乳制品	325	41.1	18 797	2 674	431
谷物、淀粉及制品牲畜精饲料	1 003	25.8	8 155	1 876	307
其他食品	21 629	448.6	40 687	13 177	1 564
饮料	1 802	80.5	19 555	5 431	1 381
烟草制品	37	12.7	14 432	1 843	166
纺织品	1 197	54.6	6 465	2 188	304
服装	5 586	77.2	10 563	2 829	158
毛皮制品	808	2.1	111	34	3
皮革制品	920	11.3	1 271	380	52
木材制品	13 654	148.5	15 926	5 657	1 008
纸及纸制品	1 589	155.2	30 951	9 645	2 103
印刷	13 585	196.5	21 263	9 744	1 741
橡胶制品	625	78.2	10 283	4 206	513

资料来源：表中数据出自联合国工发组织编制的《国际工业统计年鉴》2004 年版。

表 49 英国农产品加工业主要经济指标（2000 年）

按国际标准产业分类（第三版分类）	机构数（家）	雇员数（千人）	工业总产值（百万英镑）	工业增加值（百万英镑）	固定资本形成（百万英镑）
制造业合计	**167 476**	**4 020.2**	**439 350**	**148 499**	**19 631.4**
肉类、鱼类、水果蔬菜、油类等	2 222	189.5	17 620	5 003	645.4
乳制品	609	36.3	5 978	1 296	223.3
谷物、淀粉及制品牲畜精饲料	723	31.6	6 429	1 609	298.4
其他食品	3 581	203.0	17 609	7 113	809.5
饮料	747	56.9	12 444	4 046	567.1
烟草制品	27	6.4	8 130	1 266	86.2
纺织品	1 412	41.3	2 690	993	93.2
服装	6 326	121.3	5 063	2 021	80.4
毛皮制品	29	0.5	28	8	0.4
皮革制品	628	9.4	634	243	11.4
木材制品	7 414	65.2	4 782	1 851	219.1
纸及纸制品	2 735	98.3	11 344	3 987	573.4
印刷	18 933	190.8	14 223	6 972	1 026.8
橡胶制品	745	41.2	2 973	1 313	175.4

资料来源：表中数据出自联合国工发组织编制的《国际工业统计年鉴》2004 年版。

表 50 法国农产品加工业主要经济指标（2000 年）

按国际标准产业分类（第三版分类）	机构数（家）	雇员数（千人）	工业总产值（百万欧元）	工业增加值（百万欧元）	固定资本形成（百万欧元）
制造业合计	**21 150**	**2 715**	**622 006**	**162 856**	**24 699**
纺织品	639	46.6	7 221.6	1 806	208
服装	1 165	77.8	9 353.5	2 555	140.4
毛皮制品	10	0.285	64.9	14.8	0.274
皮革制品	172	14.7	1 450.4	666.3	38.4
木材制品	583	41	6 124.4	1 695.7	385.5
纸及纸制品	636	85.5	1 858.08	4 845	998.6
印刷	1 190	73.4	9 097.7	3 249.7	450.3
橡胶制品	171	69.4	8 456.7	3 374.7	466.5

资料来源：表中数据出自联合国工发组织编制的《国际工业统计年鉴》2004 年版。

表 51 意大利农产品加工业主要经济指标（1999—2000 年）

按国际标准产业分类（第三版分类）	机构数（家）		雇员数（千人）		工业总产值（百万欧元）		工业增加值（百万欧元）		固定资本形成（百万欧元）	
	1999 年	2000 年	1999 年	2000 年	1999 年	2000 年	1999 年	2000 年	1999 年	2000 年
制造业合计	**559 406**	**560 956**	**3 975.4**	**4 017**	**686 995.7**	**783 262.4**	**187 785**	**204 184.1**	**34 165.4**	**38 724.3**
肉类、鱼类、水果蔬菜、油类等	10 987	10 927	87.1	85.4	25 370.8	25 353.7	4 224.5	3 922.4	1 131.8	1 107.7

（续）

按国际标准产业分类（第三版分类）	机构数（家）		雇员数（千人）		工业总产值（百万欧元）		工业增加值（百万欧元）		固定资本形成（百万欧元）	
	1999 年	2000 年	1999 年	2000 年	1999 年	2000 年	1999 年	2000 年	1999 年	2000 年
乳制品	4 285	4 228	48.9	49.0	14 275.6	14 092.3	2 652.1	2 635.4	796.1	585.1
谷物、淀粉及制品牲畜精饲料	2 797	2 674	17.4	16.3	8 678.5	8 717.8	1 217.8	1 051.7	317.0	411.7
其他食品	47 673	47 853	142.8	136.6	22 947.1	23 385.5	7 182.0	6 929.7	1 482.9	1 216.8
饮料	3 190	3 225	33.3	33.3	12 140.3	11 916.5	2 237.8	2 484.1	828.6	650.0
烟草制品	78	67	9.8	8.5	1 098.5	1 127.0	339.1	408.4	69.5	43.3
纺织品	10 806	10 307	149.3	145.8	21 121.3	20 823.7	6 375.1	6 528.2	924.3	1 014.6
服装	46 359	45 646	252.0	240.0	25 281.8	27 855.1	7 231.5	8 166.5	724.5	668.5
毛皮制品	2 466	2 378	3.4	3.1	495.9	384.0	136.2	123.9	9.4	14.1
皮革制品	9 992	10 024	49.1	52.2	9 601.6	11 711.1	2 038.1	2 312.8	275.6	353.1
木材制品	45 078	44 434	92.7	96.4	11 528.7	13 269.5	3 728.3	4 147.4	972.3	1 004.2
纸及纸制品	4 700	4 733	75.4	76.2	14 543.4	18 072.0	4 056.2	4 474.6	930.2	994.2
印刷	20 174	20 400	91.8	99.1	11 159.5	13 092.9	4 326.2	4 644.0	833.4	910.8
橡胶制品	1 709	1 701	45.9	46.8	6 631.5	6 947.8	2 209.0	2 316.3	269.7	417.1

资料来源：表中数据出自联合国工发组织编制的《国际工业统计年鉴》2004 年版。

表 52 加拿大农产品加工业主要经济指标（2000—2001 年）

按国际标准产业分类（第三版分类）	机构数（家）		雇员数（千人）		工业总产值（百万加元）		工业增加值（百万加元）	
	2000 年	2001 年	2000 年	2001 年	2000 年	2001 年	2000 年	2001 年
制造业合计	**53 399**	**54 031**	**1 958**	**1 976**	**600 735**	**580 613**	**234 854**	**222 404**
肉类、鱼类、水果蔬菜、油类等	1 899	1 880	106*	129	29 396*	33 819	8 304*	8 867
乳制品	440	434	20	20	10 454	11 525	2 949	3 374
谷物、淀粉及制品牲畜精饲料	758	777	18*	22	9 261*	9 587	3 229*	3 191
其他食品	2 436	2 454	66	66	12 166	12 999	6 078	6 394
饮料	472	490	27	26	9 275	9 478	5 425	5 497
烟草制品	23	23	3	3	3 106	3 068	2 173	2 201
纺织品	433	416	17	18	2 929	2 805	1 136	1 230
服装	2 454	2 437	82	87	7 570	7 346	3 815	3 763
毛皮制品	203	194	3	3	371	278	236	119
皮革制品	236	246	4	4	429	410	158	153
木材制品	1 830	1 789	51	52	10 975	10 735	4 839	4 522
纸及纸制品	872	850	99	100	39 473	37 188	18 253	16 193
印刷	4 748	4 788	78	81	11 692	12 186	6 408	6 874
橡胶制品	363	367	24	27	5 299	5 412	2 259	2 367

资料来源：表中数据出自联合国工发组织编制的《国际工业统计年鉴》2004 年版。

* 为 1999 年的数据。

表 53　澳大利亚农产品加工业主要经济指标（2001 年）

按国际标准产业分类（第三版分类）	机构数（家）	雇员数（人）	工业总产值（百万美元）	工业增加值（百万美元）	固定资本形成（百万美元）
制造业合计					
肉类、鱼类、水果蔬菜、油类等	1 099	76 467	20 413	8 063	705
乳制品	168	19 399	8 087	2 898	395
谷物、淀粉及制品牲畜精饲料	385	14 248	5 424	2 205	166
其他食品					
饮料	551	22 329	10 034	5 185	480
烟草制品	2	2 305	1 342	824	16
纺织品	454	9 765	1 909	943	49
服装	2 759	20 931	2 469	1 270	18
毛皮制品	94	2 787	843	261	20
皮革制品					
木材制品					
纸及纸制品					
印刷					
橡胶制品	285	8 118	1 488	771	5

资料来源：表中数据出自联合国工发组织编制的《国际工业统计年鉴》2004 年版。

表 54　印度农产品加工业主要经济指标（2000 年）

按国际标准产业分类（第三版分类）	机构数（家）	雇员数（千人）	工业总产值（百万卢比）	工业增加值（百万卢比）	固定资本形成（百万卢比）
制造业合计	**123 552**	**7 753.7**	**8 995 420**	**1 763 664**	**446 414**
肉类、鱼类、水果蔬菜、油类等	3 740	144.4	359 479	26 311	4 101
乳制品	735	79.3	184 148	23 670	2 871
谷物、淀粉及制品牲畜精饲料	12 446	309.4	349 698	27 462	5 252
其他食品	5 985	716.5	482 050	89 903	18 932
饮料	1 082	83.0	100 103	22 567	11 139
烟草制品	2 697	483.2	119 757	42 332	2 550
纺织品	10 031	1 112.8	770 760	143 377	37 174
服装	3 353	329.4	165 552	36 566	7 750
毛皮制品	21	1.6	696	90	3
皮革制品	1 196	50.6	43 338	4 279	1 758
木材制品	1 699	38.6	18 619	3 322	785
纸及纸制品	3 425	179.7	187 124	45 899	10 550
印刷	2 526	63.0	36 459	10 691	2 160
橡胶制品	1 998	106.1	115 586	29 312	5 322

资料来源：表中数据出自联合国工发组织编制的《国际工业统计年鉴》2004 年版。

表 55 韩国农产品加工业主要经济指标（2000—2001 年）

按国际标准产业分类（第三版分类）	机构数（家）		雇员数（千人）		工业总产值（十亿韩元）		工业增加值（十亿韩元）		固定资本形成（十亿韩元）	
	2000 年	2001 年	2000 年	2001 年	2000 年	2001 年	2000 年	2001 年	2000 年	2001 年
制造业合计	**98 110**	**105 873**	**2 573.4**	**2 561.4**	**564 834**	**583 793**	**219 425**	**221 860**	**48 579**	**37 245**
肉类、鱼类、水果蔬菜、油类等	2 080	2 300	60.8	63.2	8 121	8 807	2 814	2 887	398	489
乳制品	103	103	8.8	9.3	3 439	4 079	1 375	1 483	133	149
谷物、淀粉及制品牲畜精饲料	896	982	15.9	15.9	8 524	9 237	2 255	2 138	342	331
其他食品	2 912	3 162	69.3	69.0	11 260	11 792	5 590	5 605	710	734
饮料	430	438	17.0	16.8	6 090	5 936	3 712	3 434	507	268
烟草制品	13	12	3.1	2.7	3 696	3 642	2 372	2 403	47	110
纺织品	4 776	5 110	150.9	136.9	17 664	16 332	7 614	4 801	1 547	775
服装	8 493	9 016	139.1	132.4	9 146	10 752	4 343	4 832	249	260
毛皮制品	136	130	2.3	1.7	312	299	117	92	15	4
皮革制品	999	957	18.5	16.2	3 197	3 348	1 055	985	89	61
木材制品	1 144	1 233	17.6	17.3	2 269	2 340	926	896	210	139
纸及纸制品	2 673	2 826	54.4	56.2	13 410	13 418	4 899	4 994	1 194	845
印刷	3 171	3 667	34.4	36.9	3 030	3 343	1 489	1 685	208	234
橡胶制品	986	1 012	35.5	34.3	5 313	5 352	2 474	2 542	539	627

资料来源：表中数据出自联合国工发组织编制的《国际工业统计年鉴》2004 年版。

表 56 部分国家（地区）进口、出口商品构成（2002 年） 单位：%

国家或地区	农业原材料		食 品		燃 料		制成品	
	进口	出口	进口	出口	进口	出口	进口	出口
世界总计	**1.9**	**1.8**	**7.8**	**7.2**	**9.7**	**7.2**	**75.0**	**78.0**
埃 及	4.4	0.1	27.7	8.9	4.0	33.6	51.2	35.4
南 非	1.5	3.1	5.0	10.6	12.5	12.3	70.4	62.6
加拿大	1.3	5.5	6.0	7.5	4.9	12.7	83.6	63.3
美 国	1.4	2.4	4.6	8.2	10.1	1.8	77.9	81.5
巴 西②	1.5	4.1	6.8	27.6	15.3	3.6	73.5	54.3
中 国①	4.0	0.8	3.3	5.0	6.5	2.6	80.4	89.8
印 度	3.1	0.4	5.8	12.3	33.4	5.1	51.9	75.2
日 本	2.6	0.5	13.3	0.5	19.4	0.4	58.1	93.0
韩 国	3.0	0.9	6.0	1.5	21.3	4.0	63.9	92.1
法 国	1.7	1.0	8.7	11.2	9.2	2.5	77.9	81.4
德 国	1.6	0.4	7.3	4.2	8.1	1.4	71.4	85.9
意大利	3.4	0.7	9.1	6.7	9.2	1.8	80.2	88.0
俄罗斯	1.4	3.6	22.8	2.2	2.5	55.5	70.2	21.6
英 国	1.5	0.5	8.3	5.3	4.1	7.7	79.1	79.0
澳大利亚	1.1	5.4	4.9	21.8	7.5	21.7	84.3	28.8

资料来源：表中数据出自 2004 年版《国际统计年鉴》。

注：①为世界银行数据。②为 2001 年数据。

表 57 我国台湾省出口与进口商品分类（2001—2004 年） 单位：亿美元

年 份	出口				进口			
	出口额	农产品	农产加工品	工业产品	进口额	原材料	资本货物	消费品
2001	**1 228.7**	**3.0**	**16.6**	**1 209.1**	**1 072.4**	**704.8**	**268.6**	**98.9**
2002	1 306.0	3.5	17.0	1 285.5	1 125.3	761.7	259.2	104.3
2003	1 441.8	3.8	17.7	1 420.3	1 272.5	896.7	260.3	115.5
2004	1 740.1	3.8	20.8	1 715.5	1 678.9	1 181.5	359.9	137.5

表 58 部分国家（地区）农产品进口额和出口额（2001—2002 年） 单位：亿美元

国家或地区	进口额		出口额	
	2001 年	2002 年	2001 年	2002 年
世界总计	**4 357.2**	**4 640.6**	**4 121.8**	**4 411.4**
埃 及	32.2	36.9	6.3	7.7
南 非	12.2	14.5	22.6	24.1
加拿大	120.4	127.1	172.7	164.7
美 国	449.4	450.7	567.1	555.9
巴 西	32.1	32.6	160.6	167.3
中 国①	163.9	161.1	129.9	144.7
印 度	40.6	40.2	52.8	55.2
日 本	345.7	336.3	24.8	16.4
韩 国	82.7	89.6	16.0	16.8
法 国	232.2	252.6	310.0	345.2
德 国	321.6	370.0	235.8	265.6
意大利	10.6	221.9	23.9	174.5
俄罗斯	87.1	93.9	11.2	18.4
英 国	268.4	291.5	133.5	146.6
澳大利亚	28.7	32.3	157.8	154.2

资料来源：表中数据出自 2004 年版《国际统计年鉴》。

注：①数据出自粮农组织数据库。

表 59 部分国家（地区）牲畜进口数和出口数（2003 年） 单位：头

国家或地区	肉牛		绵羊		猪	
	进口数	出口数	进口数	出口数	进口数	出口数
世界总计	**6 955 500**	**7 743 406**	**16 526 379**	**14 464 810**	**19 988 546**	**20 596 170**
埃 及			119 018	12 237		
印度尼西亚	247 888	49	2 321		678	277 932
加拿大	69 707	513 588	421	68 867	4 280	7 442 352
美 国	1 752 576	100 944	67 778	172 726	7 438 254	171 310
巴 西	476	2 657	2 890		652	194
中 国	50 007	50 645	5 261	1 248	1 829	1 887 295
印 度	5 442	848		6	8 441	
日 本	23 169		9		158	23
荷 兰	391 986	105 348	16 801	144 510	320 208	5 077 523

（续）

国家或地区	肉牛		绵羊		猪	
	进口数	出口数	进口数	出口数	进口数	出口数
法国	134 855	1 717 920	386 408	577 685	201 648	266 894
德国	185 361	727 790	120 051	93 074	4 537 551	813 455
意大利	1 441 226	35 254	1 807 480	15 414	1 017 972	16 006
俄罗斯	9 591	11 441	36	69 446	32 996	345
英国	11 221		24	51 100	330 810	40 220
澳大利亚	23	774 226		4 742 432		556

表 60 部分国家（地区）牲畜进口金额和出口金额（2003 年）

单位：万美元

国家或地区	肉牛		绵羊		猪	
	进口金额	出口金额	进口金额	出口金额	进口金额	出口金额
世界总计	**376 955**	**410 226**	**100 332**	**75 218**	**162 349**	**163 094**
埃及			452	35		
印度尼西亚	6 941	3	14.7		17.6	2 173
加拿大	2 827	42 666	2.9	784	200	40 083
美国	87 413	4 487	721	1 027	40 054	3 362
巴西	145	135	6.5		17	4.8
中国	7 183	3 067	501	3	204	21 634
印度	24	7.5		8.7	13.3	
日本	3 065		9.4		65	5.7
荷兰	11 573	6 923	125	1 409	3 460	40 402
法国	8 395	151 244	3 160	3 326	1 763	4 390
德国	5 889	29 011	772	627	37 089	8 065
意大利	116 058	1 370	10 197	109	14 102	154
俄罗斯	1 296	376	0.8	230	416	6
英国	448		0.5	434	3 664	688
澳大利亚	41	31 692		22 290		25

表 61 部分国家（地区）禽畜进口数和出口数（2003 年） 单位：千只

国家或地区	鸡		鸭		火鸡	
	进口数	出口数	进口数	出口数	进口数	出口数
世界总计	**697 651**	**721 306**	**24 191**	**13 076**	**44 393**	**55 094**
埃及	4 876	6 950	160	25	89	55
印度尼西亚	5 715	508				
加拿大	22 902	9 450	309	1 086	4 766	8 352
美国	9 065	45 280	248	429	8 702	7 883
巴西	557	5 947	2			
中国	1 508	38 588	53	287	18	119
印度	80	2 045	2	2 050		30
日本	1 039				2	
荷兰	79 700	89 929	248	2	134	406
法国	16 229	110 118	16	351	1 194	22 259
德国	85 486	87 441	16	74	868	6 114

（续）

国家或地区	鸡		鸭		火 鸡	
	进口数	出口数	进口数	出口数	进口数	出口数
意大利	21 315	12 947	153		3 631	351
俄罗斯	4 894	928			18	
英 国	4 361	29 412	38		1 969	2 703
澳大利亚						

表 62 部分国家（地区）禽畜进口金额和出口金额（2003 年）

单位：万美元

国家或地区	鸡		鸭		火 鸡	
	进口金额	出口金额	进口金额	出口金额	进口金额	出口金额
世界总计	**89 537**	**85 710**	**4 938**	**3 488**	**9 768**	**11 380**
埃 及	456	361	16.9	4	14.8	6.7
印度尼西亚	1 108	125				
加拿大	2 056	1 041	49.5	601	569	1 643
美 国	882	9 268	18.9	65.4	2 114	885
巴 西	667	804	5.2			
中 国	1 539	6 571	189	81	4.3	20.2
印 度	11.2	49.3	4.3	67		0.5
日 本	872				0.3	
荷 兰	10 824	7 045	77.5	3.2	130	426
法 国	1 585	13 563	44.5	186	746	3 619
德 国	3 611	13 953	6.4	22	1 125	958
意大利	2 102	454	17.7		871	19.4
俄罗斯	1 290	45.4			67.6	
英 国	532	9 152	11.9	0.3	272	2 062
澳大利亚						

表 63 部分国家（地区）牛肉进、出口数量与金额（2003 年） 单位：kt、万美元

国家或地区	进 口		出 口	
	数 量	金 额	数 量	金 额
世界总计	**7 551**	**1 745 131**	**8 017**	**1 796 646**
埃 及	123	15 237	0.63	68
印度尼西亚	14.9	1 911	0.29	47.4
加拿大	274	59 400	373	98 943
美 国	1 261	274 198	1 101	319 657
巴 西	57.8	6 018	1 023	150 764
中 国	104	26 467	38	6 011
印 度	0.01	0.8	346	33 149
日 本	770	219 540	0.66	539
荷 兰	298	75 189	398	150 700
法 国	270	85 040	312	93 997
德 国	187	61 600	441	117 438
意大利	468	170 236	160	28 116
俄罗斯	630	62 365	9.17	907
英 国	515	114 774	13	4 554
澳大利亚	6.3	1 337	1 143	239 621

表 64 部分国家（地区）绵羊肉进、出口数量与金额（2003 年） 单位：kt、万美元

国家或地区	进口		出口	
	数量	金额	数量	金额
世界总计	**850**	**304 003**	**873**	**301 084**
埃及	0.33	65	0.085	10.3
印度尼西亚	0.48	154	0.017	3.8
加拿大	17.8	7 036	0.10	34.8
美国	77.5	37 553	3.36	786
巴西	3.14	611	0.012	5.5
中国	57.9	8 932	12.5	2 063
印度	0.002	0.6	16.82	2 371
日本	22.4	8 861		
荷兰	10	6 645	6.40	4 004
法国	134	56 844	11.86	7 096
德国	32.8	20 190	6.51	3 965
意大利	24.7	12 215	0.66	318
俄罗斯	3.45	448		
英国	111	41 116	74.9	30 782
澳大利亚	0.78	139	247	66 643

表 65 部分国家（地区）猪肉进、出口数量与金额（2003 年） 单位：kt、万美元

国家或地区	进口		出口	
	数量	金额	数量	金额
世界总计	**3 152**	**831 801**	**2 528**	**475 502**
埃及				
印度尼西亚	0.15	11.6	5.8	299
加拿大	47	12 387	532	110 482
美国				
巴西	0.009	4.6	312	40 399
中国	172	11 564	192	23 924
印度	0.003	2.9	0.03	3.9
日本	751	384 081	0.003	3.1
荷兰	73	13 665	344	59 895
法国	199	41 949	134	24 276
德国	352	71 535	275	54 986
意大利	578	107 104	20	4 990
俄罗斯				
英国	238	55 071	27	4 896
澳大利亚				

表 66　全球纺织品进、出口额前 15 名国家（地区）（2003 年）单位：亿美元

排　序	出　口				进　口			
	国家（地区）	金　额	占总（%）	同比（%）	国家（地区）	金　额	占总（%）	同比（%）
	全　球	1 694.2	100.0	11	全　球	1 785.8	100.0	11
1	欧盟（15）	589.4	34.8	11	欧盟（15）	525.3	29.4	12
	欧盟以外	263.7	15.6	14	从欧盟外	199.7	11.2	16
2	中　国	269.0	15.9	31	美　国	182.9	10.2	8
3	中国香港	130.8	7.7	6	中　国	142.2	8.0	9
	本港产	7.6	0.4	−22				
4	美　国	109.2	6.4	2	中国香港	129.3	7.2	8
5	韩　国	101.2	6.0	−6	墨西哥	54.6	3.1	−2
6	中国台湾	93.2	5.5	−2	日　本	50.4	2.8	11
7	印　度	65.1	3.8	9	加拿大	38.6	2.2	1
8	日　本	64.3	3.8	7	土耳其	34.2	1.9	21
9	巴基斯坦	58.1	3.4	21	波　兰	30.4	1.7	11
10	土耳其	52.4	3.1	24	韩　国	29.4	1.6	−8
11	印度尼西亚	29.2	1.7	1	罗马尼亚	28.7	1.6	21
12	加拿大	22.7	1.3	4	越　南	27.9	1.6	35
13	泰　国	21.6	1.3	12	阿联酋	20.7	1.3	
14	墨西哥	21.0	1.2	−5	俄罗斯	19.3	1.1	30
15	捷　克	16.5	1.0	21	澳大利亚	16.7	0.9	13
合　计		**1 520.5**	**89.7**		**合　计**	**1 207.2**	**67.6**	

表 67　全球成衣进、出口额前 15 名国家（地区）（2003 年）　单位：亿美元

排　序	出　口				进　口			
	国家（地区）	金　额	占总（%）	同比（%）	国家（地区）	金　额	占总（%）	同比（%）
	全　球	2 259.4	100.0	12	全　球	2 359.4	100.0	12
1	欧盟（15）	599.5	26.5	15	欧盟（15）	1 012.9	42.9	17
	欧盟以外	190.4	8.4	15	从欧盟外	603.9	25.6	18
2	中　国	520.6	23.0	26	美　国	712.8	30.2	7
3	中国香港	231.5	10.2	4	日　本	194.9	8.3	11
	本港产	82.0	3.6	−1				
4	土耳其	99.4	4.4	23	中国香港	159.5	6.8	2
5	墨西哥	73.4	3.2	−5	加拿大	45.0	1.9	12
6	印　度	64.6	2.9	7	瑞　士	39.3	1.7	14
7	美　国	55.4	2.5	−8	俄罗斯	37.1	1.6	−4
8	孟加拉国	43.6	1.9	8	墨西哥	30.3	1.3	−9
9	印度尼西亚	41.1	1.8	4	韩　国	25.0	1.1	11
10	罗马尼亚	40.7	1.8	25	澳大利亚	21.9	0.9	20
11	泰　国	36.2	1.6	7	新加坡	19.4	0.8	7
12	越　南	35.6	1.6		阿联酋	17.8	0.8	
13	韩　国	33.9	1.5	−8	挪　威	15.2	0.6	12
14	摩洛哥	28.3	1.3	16	中国	14.2	0.6	5
15	巴基斯坦	27.1	1.1	22	沙　特	10.3	0.4	13
合　计		**1 783.4**	**75.9**		**合　计**	**2 206.0**	**93.5**	

表 68 全球纺织品、成衣进口额合计排名前 10 位国家（地区）（2003 年）

单位：亿美元

排 序	国家（地区）	纺织品	成 衣	合 计	占总（%）
	全 球	1 785.8	2 359.4	4 145.2	100.0
1	欧盟（15）	525.3	1 012.9	1 538.2	37.1
	欧盟 15 国以外	199.7	603.9	1 003.7	24.2
2	美 国	182.9	712.8	895.7	21.6
3	中国香港	129.3	159.5	288.8	7.0
4	日 本	50.4	194.9	245.3	5.9
5	中 国	142.2	14.2	156.4	3.8
6	墨西哥	54.6	30.3	84.9	2.0
7	加拿大	38.6	45.0	83.6	2.0
8	俄罗斯	19.3	37.1	56.4	1.4
9	韩 国	29.4	25.0	54.4	1.3
10	瑞 士	14.5	39.3	53.8	1.3

表 69 全球纺织品、成衣出口额合计排名前 10 位国家（地区）（2003 年）

单位：亿美元

排 序	国家（地区）	纺织品	成 衣	合 计	占总（%）
	全 球	1 694.2	2 259.4	3 953.6	100.0
1	欧盟（15）	589.4	599.5	1 188.9	30.1
	欧盟 15 国以外	263.7	190.4	454.1	11.5
2	中 国	269.0	520.6	789.6	20.0
3	中国香港	130.8	231.5	362.3	9.2
	香港转口	123.3	149.5	272.8	6.9
4	美 国	109.2	55.4	164.6	4.2
5	土耳其	52.4	99.4	151.8	3.8
6	韩 国	101.2	36.1	137.3	3.5
7	印 度	65.1	64.6	129.7	3.3
8	墨西哥	21.0	73.4	94.4	2.4
9	巴基斯坦	58.1	27.1	85.2	2.1
10	印度尼西亚	29.2	41.1	70.3	1.8

表 70 欧盟（15）、美国、日本纺织品、成衣进口市场中前 5 名供货国和地区（2003 年）

单位：亿美元

欧　盟（15）

排　序	纺织品进口			成衣进口		
	国家（地区）	金　额	占总（%）	国家（地区）	金　额	占总（%）
	总　额	525.3	100.0	总 额	1 012.9	100.0
1	欧盟（15）	325.7	62.0	欧盟（15）	409.0	40.4
2	中　国	27.6	5.3	中国	123.6	12.2
3	土耳其	25.1	4.8	土耳其	83.2	8.2
4	印　度	18.9	3.6	罗马尼亚	41.6	4.1
5	巴基斯坦	13.6	2.6	孟加拉国	34.5	3.4
	合　计	**410.9**	**78.2**	**合　计**	**692.1**	**68.3**

美　国

排　序	纺织品进口			成衣进口		
	国家（地区）	金　额	占总（%）	国家（地区）	金　额	占总（%）
	总　额	182.9	100.0	总　额	712.8	100.0
1	中　国	36.3	19.8	中　国	120.1	16.9
2	欧盟（15）	28.1	15.4	墨西哥	72.6	10.2
3	加拿大	19.5	10.7	中国香港	39.7	5.6
4	墨西哥	15.8	8.6	欧盟（15）	26.6	3.7
5	印　度	15.3	8.4	洪都拉斯	26.2	3.7
	合　计	**115.0**	**62.9**	**合　计**	**285.2**	**40.0**

日　本

排　序	纺织品进口			成衣进口		
	国家（地区）	金　额	占总（%）	国家（地区）	金　额	占总（%）
	总　额	50.4	100.0	总　额	194.8	100.0
1	中　国	24.3	48.3	中　国	155.8	80.0
2	欧盟（15）	6.8	13.5	欧盟（15）	15.9	8.2
3	印度尼西亚	3.5	6.9	越　南	5.0	2.6
4	韩　国	3.1	6.1	韩　国	3.4	1.8
5	美　国	2.5	5.1	泰　国	2.6	1.3
	合　计	**40.2**	**79.8**	**合　计**	**182.7**	**93.7**

表 71 世界和中国纺织纤维产量（含 PP 纤维）（2001—2003 年）

单位：万 t

年　份	世界纤维产量				中国纤维产量			
	总计	天然纤维	化学纤维		总计	天然纤维	化学纤维	
			小计	其中合纤			小计	其中合纤
2001	5 570.4	2 210.6	3 359.7	3 151.1	1 449.8	608.3	841.5	780.4
2002	5 750.0	2 157.2	3 592.8	3 381.0	1 552.3	561.1	991.2	915.1
2003	6 092.8	2 301.1	3 791.7	3 565.7	1 809.0	563.3	1 245.7	1 147.2

表 72　世界和中国天然纤维及化学纤维比重（2001—2003 年）　　单位：%

年　份	世界				中国			
	总计	天然纤维	化学纤维		总计	天然纤维	化学纤维	
			小计	其中合纤			小计	其中合纤
2001	100.0	39.7	60.3	55.6	100.0	42.0	58.0	53.8
2002	100.0	37.5	62.5	58.8	100.0	36.1	63.9	59.0
2003	100.0	37.8	62.2	58.5	100.0	31.1	68.9	63.4

表 73　世界主要国家（地区）化纤产量（含 PP 纤维）（2001—2003 年）

单位：万 t

年　份	世界	中国	美国	欧盟（15）	中国台湾	韩国	日本	印度	中国占（%）
2001	3 359.7	841.5	406.9	382.8	310.5	248.7	153.5	182.2	25.0
2002	3 592.8	991.2	474.6	392.5	335.6	245.4	136.1	197.6	27.6
2003	3 791.7	1 245.7	415.7	400.6	333.2	228.5	128.1	212.8	32.9

表 74　世界主要国家（地区）合成纤维产量（含 PP 纤维）（2001—2003 年）

单位：万 t

年　份	世界	中国	美国	欧盟（15）	中国台湾	韩国	日本	印度	中国占（%）
2001	3 150.1	780.4	394.3	339.0	297.8	248.7	142.8	157.0	24.8
2002	3 381.0	915.2	466.5	349.3	324.2	244.8	129.3	169.0	27.1
2003	3 565.7	1 147.2	402.7	356.5	321.0	227.1	119.8	179.2	32.2

表 75　世界主要国家棉花产量（2001—2003 年）　　单位：万 t

年　份	世界	中国	美国	印度	巴基斯坦	土耳其	俄罗斯	中国占（%）
2001	2 070.5	479.9	435.2	258.4	185.3	90.0		23.2
2002	1 915.7	492.0	374.4	230.7	169.8	89.2		25.7
2003	2 060.7	486.9	397.4	300.0	173.4	90.0		23.6

表 76　世界主要国家棉花耗用量（2001—2004 年）　　单位：万 t

国　家	耗用量	2001 年	2002 年	2003 年	2004 年
世　界	耗用量	2 013.5	2 070.8	2 133.8	2 190.2
	占总（%）	100.0	100.0	100.0	100.0
中　国	耗用量	549.9	559.9	709.9	759.9
	占总（%）	27.3	27.0	33.3	34.7
美　国	耗用量	168.1	177.4	141.3	135.8
	占总（%）	8.3	8.6	6.6	6.2
印　度	耗用量	290.7	296.5	294.9	298.3
	占总（%）	14.4	14.3	13.8	13.6
巴基斯坦	耗用量	185.0	194.3	210.0	218.4
	占总（%）	9.2	9.4	9.8	10.0

（续）

国　家	耗用量	2001 年	2002 年	2003 年	2004 年
土耳其	耗用量	130.0	140.0	132.5	132.5
	占总（%）	6.5	6.8	6.2	6.0
日　本	耗用量	22.1	21.7	17.7	17.2
	占总（%）	1.1	1.0	0.8	0.8
巴　西	耗用量	86.0	87.5	80.0	84.0
	占总（%）	4.3	4.2	3.7	3.8

表 77　世界人均纤维消费量（1990—2004 年）　单位：kg/人·年

	年份	1990 年	1995 年	2002 年	2004 年
世界平均		7.7	8.5	8.5	8.6
发达国家	平　均	20.9	25.6	25.6	26.4
	美　国	25.9	30.9	33.0	33.9
	欧盟（15 国）	18.0	23.0	23.0	23.5
	其他欧盟国家	13.8	14.2	14.2	15.8
	日　本	21.8	26.2	26.2	27.0
	其他发达国家	14.6	18.8	18.8	19.8
东　欧	平　均	14.1	10.5	10.5	11.0
	前苏联	14.8	10.0	10.0	10.5
	其他东欧国家	11.6	12.0	12.0	12.5
发展中国家（地区）	平　均	4.1	4.9	4.9	5.0
	中国（港、台）	5.5	6.5	6.5	6.6
	拉丁美洲	5.7	6.4	6.4	6.4
	南　亚	2.7	3.1	3.1	3.2
	东南亚	4.7	6.3	6.3	6.7
	其他发展中国家	3.0	3.6	3.6	3.7

表 78　世界纸浆分类产量（2003 年）　单位：万 t

类　别	2003 年	2003 年比上年增减（%）
纸浆总产	18 517	1.55
化学制浆	12 573	1.54
机械制浆	3 611	1.55
其他浆	2 333	1.52

表 79　部分国家（地区）纸浆制造业纸浆产量（2003—2004 年）　单位：kt

国家或地区	2003 年	2004 年
世界总计	**186 809**	**189 870**
芬　兰	11 948	12 619
印度尼西亚	5 587	5 587

（续）

国家或地区	2003 年	2004 年
加拿大	26 003	26 223
美 国	52 542	53 646
中 国	18 381	18 381
印 度	3 212	3 212
日 本	10 519	10 519
瑞 典	12 095	12 464
法 国	2 315	2 426
德 国	2 450	2 244
挪 威	2 255	2 389
俄罗斯	6 605	6 725
英 国	504	344
澳大利亚	1 170	1 170

表 80 部分国家（地区）纸浆制造业木浆产量（2004 年） 单位：kt

国家或地区	木浆总产量	机制木浆	半化学制木浆	化学制木浆	可溶解木浆
世界总计	**173 781**	**36 126**	**8 556**	**126 146**	**2 953**
芬 兰	12 619	4 336	500	7 783	
印度尼西亚	5 482		277	5 205	
加拿大	26 424	12 139	592	13 452	241
美 国	54 301	4 209	3 086	46 106	900
中 国	4 075	565	1 710	1 785	15
印 度	1 746	350	120	1 022	255
日 本	10 451	1 236		9 215	
瑞 典	12 106	3 397	292	8 417	
法 国	2 503	699	133	1 551	120
德 国	2 244	1 396		848	
挪 威	2 528	1 783	43	563	139
俄罗斯	6 885	1 255	460	5 010	160
英 国	344	258	86		
澳大利亚	1 170	449	93	628	

表 81 部分国家（地区）机制纸及纸板制造业产量（2004 年） 单位：kt

国家或地区	机制纸与纸板总产量	新闻纸产 量	印刷纸＋书写纸产量	包装纸＋包装板产量	再生纸产量	家庭用纸＋卫生纸产量	其他纸张＋纸板产量
世界总计	**336 765**	**38 220**	**100 583**	**154 841**	**149 306**	**21 991**	**197 963**
芬 兰	14 036	1 002	9 022	3 510	740	151	4 012
印度尼西亚	7 223	557	2 697	3 673	1 163	181	3 969
埃 及	460		100	240	380	90	360
加拿大	20 578	8 201	6 968	4 506	1 478	753	5 409
美 国	83 612	5 097	21 126	46 937	43 102	6 451	57 390
中 国	37 929	2 029	8 310	18 144	16 344	2 521	27 590
印 度	4 145	700	1 530	1 694	850	40	1 915

（续）

国家或地区	机制纸与纸板总产量	新闻纸产　量	印刷纸＋书写纸产量	包装纸＋包装板产量	再生纸产量	家庭用纸＋卫生纸产量	其他纸张＋纸板产量
日　本	30 457	3 552	11 168	12 143	14 841	1 672	15 737
瑞　典	11 589	2 649	3 033	5 465	1 500	311	5 907
法　国	10 249	1 118	3 475	4 541	5 942	716	5 656
德　国	20 392	2 403	7 880	7 597	13 219	1 071	10 109
挪　威	2 294	861	954	392	478	27	479
俄罗斯	6 789	1 979	601	2 920	1 900	160	4 209
英　国	6 503	1 117	1 515	2 493	7 642	806	3 871
澳大利亚	3 090	499	518	1 863	1 653	200	2 073

表 82　世界与中国纸浆、纸及纸板生产与消费情况（2001—2003 年）

单位：万 t

分　　项		2001 年	2002 年	2003 年
世界	纸浆总产量	17 937	18 200	18 516.5
	纸浆总消费量	18 257	18 265	18 442.3
	纸和纸板总产量	31 815	33 070	33 881.5
	纸和纸板总消费量	31 802	33 076	33 912.5
	纸和纸板人均年消费量（kg）	51.8	53.7	51.7
中国	纸浆总产量	2 490	2 944	3 309
	纸浆总消费量	2 980	3 470	3 910
	纸和纸板总产量	3 200	3 780	4 300
	纸和纸板总消费量	3 683	4 332	4 806
	纸和纸板人均年消费量（kg）	29	33	37

资料来源：PPI 杂志及《中国统计年鉴》。

表 83　我国台湾省主要纸品产销量情况（2003 年）　　单位：t

主要产品	产　量	同比增长（%）	销售量	同比增长（%）	内销量	同比增长（%）	外销量	同比增长（%）
纸与纸板总计	4 533 466	3.2	4 528 804	2.1	3 422 019	0.8	1 106 785	6.3
纸张合计	1 119 628	－0.5	1 124 181	－0.7	942 424	－0.6	181 757	－1.2
印刷书写纸	686 188	－1.8	689 380	－1.0	549 479	－0.9	139 901	－1.5
其中：铜版纸	358 959	1.5	360 413	1.9	259 641	1.9	100 772	2.0
道林纸	227 457	－6.3	227 840	－5.7	202 358	－6.3	25 482	－1.0
模造纸	77 936	6.8	77 913	8.7	64 329	15.6	13 584	－15.2
新闻纸	4 379	－52.5	6 129	－50.3	6 129	－50.3		
生活用纸	199 696	4.5	201 930	5.2	200 601	5.6	1 329	－31.4
纸板合计	3 413 838	4.5	3 404 623	3.0	2 479 595	1.3	925 028	7.9
纸箱用纸	2 503 594	6.6	2 491 164	4.6	1 888 086	1.5	603 078	15.8
其中：牛皮纸板	1 203 950	4.1	1 199 934	2.2	956 197	－0.7	243 737	15.5
瓦楞芯纸	1 206 654	8.5	1 198 444	6.6	843 331	2.8	355 113	16.9
白纸板	654 627	－2.4	658 037	－3.3	361 529	2.0	296 508	－4.8

表 84　我国台湾省工业用纸需求状况（2001—2003 年）　单位：t

年份		牛皮纸板		芯纸		白牛皮纸板		合计		关税（%）
		需求量	同比增长%	需求量	同比增长%	需求量	同比增长%	需求量	同比增长%	
2001	内销	927 264	3.8	779 850	−11.0	72 318	−9.5	1 779 432	−9.0	5.0
	进口	57 702	−8.3	35 563	−3.2	1 433	−24.8	94 698	−6.7	
2002	内销	962 929	3.8	820 329	5.2	76 914	6.4	1 860 172	4.5	4.5
	进口	57 733	0.1	19 417	−45.4	2 158	50.6	79 308	−16.3	
2003	内销	956 197	−0.7	843 331	2.8	88 558	15.1	1 888 086	1.5	2.2
	进口									

表 85　我国台湾省省内进入“千家”制造业企业中纸业企业排序（2003 年）

纸业排序	进入省内千家企业中的排序	纸业名称	营业收入（亿元）	营收增长率（%）	税后纯利（亿元）	获利率（%）	资产收益率（%）	股东权益收益率（%）	负债率（%）	员工人数（人）	员工产值（百万元）
1	65	永丰余造纸	288.18	14.30	22.42	9.83	7.38	12.57	41.28	3 041	7.50
2	76	正隆	187.57	14.89	12.36	6.59	5.21	8.65	39.80	2 350	7.98
3	254	中华纸浆	56.45	7.96	5.53	9.80	5.47	7.15	23.43	855	6.60
4	295	荣成纸业	47.99	−3.25	2.84	5.92	3.02	4.75	36.57	743	5.09
5	366	台湾纸业	38.94	−10.67	1.80	4.62	1.99	4.71	57.63	625	6.23
6	400	万有纸业	35.38	14.98	6.76	19.11	−10.24		124.92	493	7.18
7	457	天隆造纸厂	30.51	7.66	0.37	1.21	1.18	1.81	35.00	457	6.68
8	545	永丰纸业	25.20	12.20	0.72	2.86	2.19	4.10	46.40	531	4.75
9	609	广源造纸	21.81	7.17	0.68	3.12	1.77	5.37	67.14	320	6.82
10	627	士林纸业	20.98	−4.51	−2.46	−11.72	−3.66	−4.67	21.66	381	5.51
11	742	合众纸业	16.55	7.26	0.16	0.97	1.03	1.49	30.45	333	4.97
12	780	高冠企业	15.33	0.46	0.41	2.67	2.73	4.73	42.23	334	4.59
13	835	东汉造纸	14.14	2.84	0.36	−2.55	−1.84	−21.69	91.52	311	4.55
14	999	统奕包装	10.93	29.04	0.62	5.67	4.97	18.22	72.74	244	4.48
总计			**749.96**		**38.33**						
平均			**53.57**	**7.17**	**2.74**	**1.42**	**1.51**	**3.63**			

注：表中经济指标均以新台币计。

表 86　世界天然橡胶和合成橡胶产量、消耗量（2000—2002 年）　单位：kt

年份	天然橡胶		合成橡胶	
	产量	消耗量	产量	消耗量
2000	6 730	7 340	10 870	10 820
2001	7 190	7 080	10 470	10 300
2002	7 110	7 390	10 880	10 720

表 87　世界主要国家（地区）合成橡胶产量（2000—2002 年）　单位：万 t

国家或地区	2000 年	2001 年	2002 年
世界总计	**1 087.0**	**1 047.0**	**1 088.0**
加拿大	18.7	14.3	15.0
美　国	239.5	206.4	215.0
巴　西	37.2	33.5	33.1
中　国	83.6	105.2	113.3
中国台湾省	46.5	48.0	52.3
印　度	5.9	6.8	7.7
日　本	159.2	146.5	152.2
韩　国	67.8	66.2	67.8
法　国	66.9	67.2	65.1
德　国	84.9	82.8	83.0
意大利	28.5	27.4	26.2
俄罗斯	83.7	91.9	91.9
英　国	28.6	27.0	28.1
澳大利亚	3.0	0.4	0.8
荷　兰	20.0	18.8	17.6

表 88　世界主要国家（地区）橡胶消耗量（2000—2002 年）　单位：kt

国家或地区	2000 年	2001 年	2002 年
中　国	2 535	2 790	3 060
中国台湾省	359	326	394
美　国	3 384	2 813	2 999
日　本	1 889	1 814	1 826
印　度	809	802	870
德　国	882	859	859
韩　国	714	705	710
法　国	790	746	700
巴　西	546	550	583
俄罗斯	574	610	571
西班牙	432	437	476
马来西亚	440	426	438
泰　国	386	393	408
意大利	430	412	395
加拿大	381	358	383

表 89 世界主要国家橡胶产耗情况（2002 年） 单位：kt

美 国

项 目	天然胶干胶	天然胶乳胶	合 计	合成胶干胶	合成胶乳胶	合 计	总 计
生 产						2 150.2	2 150.2
进 口	1 008.0	118.4	1 126.4	588.2	18.5	606.6	1 733.1
出 口	11.6	10.8	22.4	812.0	52.5	864.4	886.9
新 供	996.4	107.6	1 104.0			1 892.4	2 996.4
消 费	995.4	108.8	1 104.2			1 895.0	2 999.2
期末库存						390.0	
期初库存						377.0	

日 本

项 目	天然胶干胶	天然胶乳胶	合 计	合成胶干胶	合成胶乳胶	合 计	总 计
生 产				1 281.3	240.7	1 522.0	1 522.0
进 口	770.5	6.9	777.4	147.4	27.6	175.0	952.4
出 口	5.2		5.2	531.0	43.7	574.7	579.9
新 供	765.3	6.9	772.2	897.7	224.6	1 122.3	1 894.5
消 费	731.3	6.9	738.2			1 087.6	1 825.8
期末库存	73.3	3.1	76.4			362.7	439.1
期初库存		3.2	49.3			405.9	455.2

德 国

项 目	天然胶干胶	天然胶乳胶	合 计	合成胶干胶	合成胶乳胶	合 计	总 计
生 产						869.2	869.2
进 口	244.9	20.7	265.6	388.2	49.3	437.5	703.1
出 口	17.8	5.1	22.9	439.3	183.7	623.0	645.9
新 供	227.1	15.5	242.6			683.7	926.3
消 费	231.0	16.0	247.0			612.0	859.0
期末库存							
期初库存							

法 国

项 目	天然胶干胶	天然胶乳胶	合 计	合成胶干胶	合成胶乳胶	合 计	总 计
生 产						681.1	681.1
进 口	248.7	4.9	253.5	291.2	46.0	337.2	590.7
出 口	22.1	0.8	22.8	505.9	43.1	549.0	571.9
新 供	226.6	4.1	230.7			469.3	700.0
消 费	226.5	4.2	230.7			469.3	700.0
期末库存						240.3	
期初库存						239.9	

（续）

意　大　利

项　目	天然胶干胶	天然胶乳胶	合　计	合成胶干胶	合成胶乳胶	合　计	总　计
生　产						250.0	250.0
进　口			145.9			325.4	471.3
出　口			9.5			317.0	326.5
新　供			136.4			258.4	394.8
消　费			133.0			262.0	395.0
期末库存							
期初库存							

英　国

项　目	天然胶干胶	天然胶乳胶	合　计	合成胶干胶	合成胶乳胶	合　计	总　计
生　产						281.0	281.0
进　口	74.2	19.1	93.3	128.7	30.3	159.0	252.3
出　口	8.7	1.2	9.8	206.3	84.7	291.0	300.8
新　供	65.6	17.9	83.5			149.0	232.5
消　费			83.5			162.0	245.5
期末库存						18.3	
期初库存						31.3	

西　班　牙

项　目	天然胶干胶	天然胶乳胶	合　计	合成胶干胶	合成胶乳胶	合　计	总　计
生　产						88.0	88.0
进　口	178.5	7.1	185.6			284.5	470.1
出　口	3.2	0.4	3.6			80.0	83.6
新　供	175.3	6.7	182.0			292.5	474.5
消　费			184.0			292.0	476.0
期末库存							
期初库存							

俄　罗　斯

项　目	天然胶干胶	天然胶乳胶	合　计	合成胶干胶	合成胶乳胶	合　计	总　计
生　产						919.0	919.0
进　口	15.8	3.3	19.1	18.5	9.4	27.9	47.0
出　口	0.1	0.1	0.1	405.0	0.8	405.8	405.9
新　供	15.7	3.2	18.9			541.1	560.1
消　费	15.8	3.2	19.0			552.0	571.0
期末库存						230.0	
期初库存						240.7	

（续）

韩 国

项 目	天然胶干胶	天然胶乳胶	合 计	合成胶干胶	合成胶乳胶	合 计	总 计
生 产						678.0	678.0
进 口	301.0	24.8	325.8	139.3	3.0	142.3	468.1
出 口	2.3	0.1	2.4	380.8	55.0	435.8	438.2
新 供	298.7	24.7	323.4			384.5	707.9
消 费	301.0	24.6	325.6			384.5	710.1
期末库存							
期初库存							

中 国

项 目	天然胶干胶	天然胶乳胶	合 计	合成胶干胶	合成胶乳胶	合 计	总 计
生 产	566.7	73.6	640.3	16.5	60.7	77.2	717.5
进 口	26.1		26.1	49.5	73.7	123.2	149.3
出 口	43.5		43.5				43.5
新 供	549.3	73.6	622.9	66.0	134.4	200.4	823.3
消 费	603.4	75.1	678.5	63.3	128.7	192.0	870.5
期末库存	136.1	15.6	151.7	13.2	25.1	38.3	190.0
期初库存	236.1	11.9	248.0	11.9	18.3	30.2	278.2

巴 西

项 目	天然胶干胶	天然胶乳胶	合 计	合成胶干胶	合成胶乳胶	合 计	总 计
生 产	95.9		95.9			382.4	478.3
进 口	131.6	13.1	144.7	98.4	1.7	100.1	244.8
出 口	0.3		0.3	136.3	3.6	139.9	140.2
新 供	227.3	13.1	240.4			342.6	582.9
消 费	225.4	15.1	240.5			343.0	583.5
期末库存			43.0			50.0	
期初库存			42.0			48.0	

印 度

项 目	天然胶干胶	天然胶乳胶	合 计	合成胶干胶	合成胶乳胶	合 计	总 计
生 产	566.7	73.6	640.3	16.5	60.7	77.2	717.5
进 口	26.1		26.1	49.5	73.7	123.2	149.3
出 口	43.5		43.5				43.5
新 供	549.3	73.6	622.9	66.0	134.4	200.4	823.3
消 费	603.4	75.1	678.5	63.3	128.7	192.0	870.5
期末库存	136.1	15.6	151.7	13.2	25.1	38.3	190.0
期初库存	236.1	11.9	248.0	11.9	18.3	30.2	278.2

表 90　我国台湾省天然橡胶和合成橡胶消费量（2000—2002 年）　单位：万 t

	2000 年	2001 年	2002 年
合　计	**35.7**	**30.9**	**35.5**
天然橡胶	9.7	9.1	10.5
合成橡胶	26.0	21.8	25.0

表 91　我国台湾省天然橡胶进口和自产合成橡胶情况（2000—2002 年）

单位：万 t

	进口或自产	2000 年	2001 年	2002 年
合　计		**57.72**	**54.35**	**63.71**
天然橡胶*	进口	10.92	9.35	10.21
合成橡胶	自产	46.8	45.0	53.5

注：台湾省不产天然橡胶，全部靠进口。

表 92　我国台湾省橡胶工业产值（2000—2002 年）　单位：新台币亿元

项　目	2000 年	2001 年	2002 年
总产值	611.5	575.5	637.9
胶鞋	9.8	5.6	3.5
轮胎	255.5	241.2	278.9
工业及其他橡胶制品	356.2	328.8	355.5
增长率（%）	−0.62	−5.89	10.84

表 93　我国台湾省主要橡胶制品生产状况（2002 年）

单位：万条、新台币亿元

橡胶制品	产量（万条）	年增长率（%）	产值（新台币亿元）	占总产值比重（%）
汽车外胎	1 879.9	15.14	192.64	30.2
汽车内胎	279.8	−16.97	2.27	0.4
摩托车外胎	1 116.1	11.45	26.17	4.1
摩托车内胎	741.1	19.62	3.04	0.5
自行车外胎	2 599.5	6.38	15.05	2.4
自行车内胎	3 605.0	−17.17	7.31	1.2
胶管（万 m）	4 888.8	−0.34	10.57	1.7
橡胶密封件（新台币亿元）	31.75	15.62	31.75	5.0

表 94　我国台湾省橡胶制品进、出口情况（2002 年）

产　品	单　位	出　口			进　口		
		数　量	金　额	与上年金额相比（%）	数　量	金　额	与上年金额相比（%）
子午线轮胎	万条、万美元	671.35	17 676.4	23.83	252.92	10 819.3	21.41
汽车外胎	万条、万美元	592.50	11 179.4	30.16	24.29	1 263.4	−56.06
汽车内胎	万条、万美元	64.46	112.7	−9.15	26.96	63.3	88.89

（续）

产品	单位	出口			进口		
		数量	金额	与上年金额相比（%）	数量	金额	与上年金额相比（%）
摩托车外胎	万条、万美元	726.85	6 448.7	28.42	7.75	99.2	9.12
摩托车内胎	万条、万美元	586.80	752.6	3.96	2.67	1.9	189.77
自行车外胎	万条、万美元	1 242.18	2 337.4	−7.79	319.49	556.8	30.63
自行车内胎	万条、万美元	1 803.51	1 164.8	−23.27	11.84	49.0	−32.95
其他外胎	万条、万美元	428.50	5 793.9	10.16	134.13	498.9	−8.61
其他内胎	万条、万美元	278.97	369.7	31.12	15.46	31.3	−6.37
车胎类小计	万条、万美元	6 395.17	45 846.4	18.79	902.05	13 383.2	3.02
胶管	t、万美元	3 224.64	1 295.5	10.59	4 557.76	3 299.0	23.03
V带	t、万美元	1 908.66	690.7	7.69	290.82	420.9	−1.77
输送带	t、万美元	583.10	342.6	−3.77	711.27	464.6	11.21
其他输送带	t、万美元	14 619.80	2 952.8	−0.08	1 634.43	3 333.8	6.73
橡胶油封	t、万美元	52.98	62.8	−98.49	110.28	49.7	−98.21
橡胶手套	t、万美元	1 541.15	752.6	22.94	3 543.86	725.3	10.77
胶丝	t、万美元	1 913.99	341.9	−0.15	5 022.14	756.8	6.22
其他橡胶制品	t、万美元	51 414.84	19 033.4	2.70	28 537.25	7 724.2	14.12
非轮胎类小计	t、万美元	75 259.15	25 472.3	−14.54	44 407.81	16 774.3	−4.47
合计			**71 319.2**	**4.27**		**30 157.5**	**−1.29**

表 95 世界主要国家（地区）汽车轮胎（轿车＋卡车）产量（2000—2002 年）

单位：万条

国家或地区	2000 年	2001 年	2002 年
加拿大	3 759	3 638	
美国	27 676	24 665	24 272
巴西	3 738	3 438	3 641
南非	864	830	
墨西哥	1 948	1 580	
中国	12 160	13 356	16 050
中国台湾省	1 707	1 633	
马来西亚	842	865	
印度尼西亚	2 200	2 050	
泰国	1 353	1 405	
印度	1 562	1 551	1 771
日本	16 443	16 229	16 831
韩国	7 018	6 745	6 952
法国	6 771	6 379	6 100

（续）

国家或地区	2000年	2001年	2002年
德　国	6 314	6 535	6 932
意大利	3 158	3 220	3 145
俄罗斯	2 779	3 217	3 300
英　国	2 511	2 171	
波　兰	1 900	1 980	2 140
土耳其	1 440	1 540	
罗马尼亚	262	221	678
乌克兰	650	686	
塞尔维亚和黑山	464	564	595
斯洛伐克	424	465	
阿根廷	852	791	899

表96　世界主要国家（地区）胶鞋产量（1990—2002年）　单位：万双

国家或地区	1990年	1995年	2000年	2001年	2002年
世界总计	**167 200**	**162 000**	**160 000**		
中　国	89 760	133 200	124 000	100 000	95 800
美　国	10 500		6 000		
印　度	3 310	2 780	2 700		
日　本	5 080	2 970	1 250		
俄罗斯	12 310	2 260	2 000		
德　国		260			
西班牙	2 520	1 900			

资料来源：表中数据出自2004年版《中国橡胶工业年鉴》。

表97　世界10大制鞋企业销售额排序（2000年）　单位：亿美元

生　产　企　业	销　售　额	占世界比例（%）
耐克/美国	56.9	34.6
阿迪达斯/德国	24.4	14.8
锐步/英国	16.4	10.0
纽巴伦/法国	11.0	6.7
阿席克斯/日本	5.8	3.6
斐乐/意大利	4.6	2.8
彪马/德国	3.8	2.3
匡威/美国	3.5	2.2
万世	3.1	1.9
凯德	2.6	1.6

表 98 世界轮胎生产前 75 强企业（2003 年）

位次	公司/总部	轮胎销售额（亿美元）	占公司销售总额比例（%）	位次	公司/总部	轮胎销售额（亿美元）	占公司销售总额比例（%）
1	米其林/法国	137.52	95	39	费茨/阿根廷	1.59	97.0
2	普利司通/日本	134.65	75	40	马塔道尔/斯洛文尼亚	1.51	57.5
3	固特异/美国	123.00	88.8	41	华丰/中国台湾	1.42	100.0
4	大陆/德国	47.96	88.8	42	DMIB/马来西亚	1.42	87.2
5	住友橡胶/日本	27.17	73.8	43	金狮集团/马来西亚	1.37	100.0
6	倍耐力/意大利	26.93	41.0	44	颚木斯克/俄罗斯	1.35	100.0
7	横滨橡胶/日本	23.54	71.7	45	山东玲珑橡胶/中国	1.34	100.0
8	库珀轮胎橡胶/美国	17.14	51.9	46	比拉轮胎/印度	1.32	100.0
9	锦湖/韩国	14.44	67.0	47	井上橡胶/日本		
10	东洋轮胎橡胶/日本	13.07	62.4	48	马郎贡尼/意大利	1.30	50.8
11	韩国轮胎/韩国	13.01	87.5	49	雅罗斯拉夫轮胎/俄罗斯	1.27	97.7
12	正新橡胶工业/中国台湾	6.47	100.0	50	南港/中国台湾	1.26	99.7
13	山东三角集团/中国	6.30	100.0	51	夏一哈莱拉-拉麦尔/墨西哥	1.25	100.0
14	山东成山橡胶/中国		100.0	52	联合橡胶/中国台湾	1.24	98.7
15	MRF/印度	4.38	95.2	53	第聂波罗彼德罗夫斯克/乌克兰		
16	J. K. 工业/印度	4.08	92.6				
17	阿波罗轮胎/印度	4.05	100.0	54	银川（长城）/中国	1.14	100.0
18	安徽佳通/中国	3.71	100.0	55	米塔斯/捷克	1.13	88.1
19	诺基亚/芬兰	3.15	69.0	56	暹罗轮胎/马来西亚	1.04	100.0
20	佳通/印度尼西亚	2.97	50.0	57	联合轮胎橡胶/以色列	0.94	100.0
21	下卡玛斯克/俄罗斯	2.79	100.0	58	东风轮胎/中国	0.92	100.0
22	上海轮胎橡胶/中国	2.57	100.0	59	罗沙瓦/乌克兰	0.80	100.0
23	黄海橡胶集团/中国	2.52	100.0	60	登曼轮胎/美国	0.75	100.0
24	西雅特轮胎/印度	2.50	100.0	61	基洛夫轮胎/俄罗斯	0.75	100.0
25	特雷勒堡/瑞典	2.45	13.5	62	可门轮胎橡胶/伊朗	0.75	95.1
26	杭州中策橡胶/中国	2.36	100.0	63	双喜轮胎/中国	0.72	100.0
27	卡莱尔/美国	2.30	11.7	64	广州珠江橡胶/中国	0.70	100.0
28	建大橡胶工业/中国台湾	2.29	99.0	65	桦林橡胶集团/中国	0.68	100.0
29	BRISA 普利司通-萨巴奇轮胎/土耳其	2.28	100.0	66	巴斯轮胎/伊朗	0.65	100.0
				67	银河轮胎和车轮公司/美国	0.65	92.8
30	双星华青轮胎/中国	2.22	100.0	68	特种轮胎/美国	0.65	80.0
31	下世纪（原宇成）/韩国	2.15	98.6	69	运输工程/埃及		
32	白俄罗斯轮胎/白俄罗斯			70	泰加尔橡胶/塞尔维亚	0.62	85.0
33	弗雷德斯坦/荷兰	1.89	66.4	71	厄瓜多尔橡胶/厄瓜多尔	0.62	97.2
34	贵州轮胎/中国	1.87	100.0	72	麦特罗轮胎	0.51	100.0
35	GTY 轮胎/美国	1.75	100.0	73	山东中策轮胎/中国	0.48	100.0
36	太腾国际/美国	1.75	38.0	74	突尼斯轮胎/突尼斯	0.48	100.0
37	河南风神轮胎/中国	1.65	100.0	75	TVS Srichakra 公司/印度	0.48	97.3
38	邓录普轮胎/南非	1.61	97.1				

表 99　世界轮胎三巨头销售额及所占轮胎市场份额（1998—2000 年）

年份	销售额（亿美元）			所占市场份额（%）		
	普利司通	米其林	固特异	普利司通	米其林	固特异
1998	171.0	138.8	126.4	18.8	19.2	16.8
1999	183.4	151.3	128.8	19.4	19.4	16.6
2000	186.2	145.9	144.1	19.8	19.0	18.3

表 100　世界主要国家（地区）橡胶年消耗量排序（2003 年）

国家或地区	位　次	年消耗量（万 t）
中　国	1	306.0
中国台湾	14	39.4
美　国	2	299.9
日　本	3	182.6
印　度	4	87.0
德　国	5	85.9
韩　国	6	71.0
法　国	7	70.0
巴　西	8	58.3
俄罗斯	9	57.1
西班牙	10	47.6
马来西亚	11	43.8
泰　国	12	40.8
意大利	13	39.5
加拿大	15	38.3

资料来源：表中数据出自 2004 年版《中国橡胶工业年鉴》。

表 101　按营业额排序的世界最大 500 家企业中农产品加工企业（2003 年）

企　业　名　称	国家或地区	营业额位次	营业额（百万美元）
食品业			
家乐福	法国	22	79 773.8
雀巢	瑞士	33	65 414.6
联合利华	英国/荷兰	70	48 318.4
阿彻-丹尼尔斯-米德兰公司	美国	145	30 708.0
泰森食品公司	美国	197	24 549.0
康尼格拉	美国	226	22 052.5
萨拉·李公司	美国	280	18 291.0
麦当劳公司	美国	305	17 140.5
达能集团	法国	321	16 376.6

（续）

企 业 名 称	国家或地区	营业额位次	营业额（百万美元）
中国粮油食品进出口公司	中国	415	13 290.1
饮料业			
百事可乐公司	美国	173	26 971.0
可口可乐公司	美国	237	21 044.0
可口可乐企业	美国	299	17 330.0
安霍伊泽-布什公司	美国	387	14 146.7
迪阿吉奥	英国	472	11 537.6
森林和纸制品			
国际造纸公司	美国	191	25 179.0
惠好公司	美国	251	19 873.0
金佰利-克拉克有限公司	美国	381	14 348.0
斯达拉恩索	芬兰	396	13 776.2
出版和印刷业			
大日本印刷公司	日本	451	11 897.9
凸版印刷公司	日本	475	11 485.5
橡胶和塑料业			
布里奇斯通轮胎公司	日本	250	19 877.3
米其林公司	法国	288	18 047.6
固特异轮胎和橡胶公司	美国	356	15 119.0
烟草业			
菲利普·莫里斯	美国	40	60 704.0
英美烟草公司	英国	253	19 684.1
日本烟草公司	日本	290	17 881.4
肥皂与化妆品业			
宝洁	美国	86	43 377.0
欧莱雅	法国	327	15 877.6

图书在版编目（CIP）数据

中国农产品加工业年鉴．2005/科学技术部农村与社会发展司，中国农业机械化科学研究院，中国包装和食品机械总公司编．—北京：中国农业出版社，2006.9
ISBN 7-109-11175-X

Ⅰ．中… Ⅱ．①科…②中…③中… Ⅲ．农产品加工—加工工业—中国—2005—年鉴 Ⅳ．F326.5-54

中国版本图书馆 CIP 数据核字（2006）第 110343 号

ISBN 7-109-11175-X

9 787109 111752 >

中国农业出版社出版
（北京市朝阳区农展馆北路 2 号）
（邮政编码 100026）
出版人：傅玉祥
责任编辑 孟令洋 赵立山

中国农业出版社印刷厂印刷 新华书店北京发行所发行
2006 年 9 月第 1 版 2006 年 9 月北京第 1 次印刷

开本：787mm×1092mm 1/16 印张：34.75
字数：1100 千字 印数：1～800 册
定价：240.00 元